イタリア文解読法

小林 惺著

東京 大学書林 発行

イギリス文学論攷

小林 正佳 著

大学堂書店

はしがき

　題名が示すとおり，これは，イタリア文を読み解くための一つの方法を，読者に提供することを目的として書かれた書物です．
　イタリアないしイタリア文化へ関心を向ける日本人は，このところますます増加しつつあるやに見受けられますが，ただイタリア語という言葉の学習をはじめた場合，入門ないしは話し言葉の段階を離れて，広くイタリア文を読みこなそうと試みてみると，おそらく大抵の方が，最初予想していたほど簡単には事が運ばないことに気がつかれることと思います．
　筆者が勉強をはじめたのは何十年も昔のことで，参考書，辞書などの勉強の道具がたいへんに貧弱だった頃ですから，ある意味では当然ともいえますが，イタリア文の解読には私自身相当な苦労をいたしました．もちろん世の中には才能のある人は結構いるもので，そうした人は造作もなくこの世界に入っていきますが，しかしもう一方で，筆者が経験したような悩みや苦労を抱えている人も，おそらくけっして少なくはないでしょう．
　さてそうした苦労を重ねているうちに筆者は，異能や秀才は別として，自分のようなごく普通の学習者になんとか役立つような解読法は開発できないものだろうか，と頭をめぐらすようになりました．そしてその思いはいつしか筆者の執念（?）と化した感がありますが，もとより格別目新しい奇策や名案があるはずもありません．ただ文章の解読にあたっては，短くは単語，そして英語でいう collocation（連語関係）を含む熟語・成句，続いて単文と複文，さらにはそれを連ねた長文にいたるまで，すべて広い意味での「構造」をすばやく読みとることがまず第一に要請されますから，となればその「構造」の分析を試みてみたらどうだろうか，と思いたつにいたったのです．
　しかしいったん志を立てはしたものの，仕事は順調には進捗せず，何回となく停滞と中断が繰返されました．基本的に，自分なりに納得のいく分析と説明の方法が，なかなか見つからなかったのがその大きな原因です．結局二，三の書物の記述からいくつかの解決のヒントを与えられ，そこからようやく道が開けたのですが，しかし最終的には随所で「仮説」的見解ないしは「独断と偏見」を思いきって提示せざるをえませんでした．おそらく御批判の少なくない著作になったものと思われます．

は し が き

　もちろんこの書物を読んだだけで，にわかに読解力が増進するわけはありません。さまざまな分野の書物に触れることによって，一種のカンを養う必要がありますが，それともう一つ，単語力，さらにはそれ以上に熟語・成句に関する知識を身につけることが大切です。その意味で，昨今の伊和辞典のレベルの向上ぶりは大いに喜ぶべきことですが，ただ筆者の眼から見ると，とくに熟語・成句と collocation の部分には，いまなお改良，補強の余地がかなり残されているようです。今後，筆者自身挑戦してみたい課題の一つですが，その解決の大体の方向も，本書の記述（とくに第2章，第6章，第7章など）のなかである程度暗示しておきました。

　なにはともあれ，このようなきわめて「反時代的」な著作が，一般に受けいれられるかどうか，はなはだ心許ないかぎりです。しかし万が一にもイタリアの歴史や文物，そして文化一般への接近を志している方々が，イタリア文読解にあたって，ここからなんらかの有効な知見や方法を拾いだしてくださるならば，筆者長年の足元不確かな試行錯誤にも，それなりの意味があったことになります。

　最後になりましたが，この，いかにも時代に逆行する書物の出版を御決断くださった大学書林の佐藤政人社長，そして書林に筆者を紹介してくださった，敬愛する先輩高橋久氏のお二方には，心からの御礼の言葉を申しあげたいと思います。同時に，数年前まで，長い間文法と講読の授業を担当させていただいた日伊協会で，筆者の数々の煩わしい質問に親切に答えてくださった何人ものイタリア人講師の方々，そしてつたない授業（このとき作成したノートが本書の基礎になりました）を辛抱強く聴いてくださった受講生の皆様にも，あらためて感謝の言葉を捧げます。さらにもう一つ，妻をはじめわが家族から，長い間さまざまな支援を受けました。どうもありがとう。

　　平成12年8月

　　　　　　　　　　　　　　　　　　　　　　　　　　　　著　者

凡例 および 略語

1　記号
　（　）→ （1）省略可能　（2）補足説明．
　〔　〕→ 〔　〕内の語句は，直前の語句と代替・交換可能．
　＋, ＝, ≒ → 数学記号の借用．プラス，イコール，近似値を表わす．

2　略語
(1)
　この(1)のグループの略語については，本書の記述の中でその都度説明を加えてあるが，念のため最初にそのすべてを掲載しておく．

　agg.　→　aggettivo 形容詞
　avv.　→　avverbio 副詞
　cond.　→　condizionale 条件法
　cong.vo　→　congiuntivo 接続法
　CP　→　complemento predicativo 叙述補語（英語の補語）
　ger.　→　gerundio ジェルンディオ
　imp.　→　impersonale 非人称の, impersonalmente 非人称的に
　imp.to　→　imperfetto 半過去
　ind.　→　indicativo 直説法
　inf.　→　infinito 不定詞
　n. または N　→　nome 名詞（ときに, pronome 代名詞, を含む）
　O　→　oggetto 目的補語
　p. ps.　→　participio passato 過去分詞
　prep.　→　preposizione 前置詞
　qc　→　qualcosa 物, 何
　qu　→　qualcuno 人
　trap.　→　trapassato 大過去
　V　→　verbo 動詞
　VI　→　verbo intransitivo 自動詞
　V imp.　→　verbo impersonale 非人称動詞, vervo usato impersonalmente

凡例　および　略語

　　　　　非人称的に用いられた動詞
VR　→　verbo riflessivo 再帰動詞 (verbo pronominale 代名動詞, を含む)
VT　→　verbo transitivo 他動詞
cf.　→　confer …と比較せよ，…を参照．
ecc.　→　eccetera …など．

(2)
　(文)　→　文語
　(古)　→　古語，古用法
　(方)　→　方言的
　(地方)　→　地方語
　(古風)　→　古風語
　(詩)　→　詩語
　(話)　→　話語
　(俗)　→　俗語
　(親)　→　親愛語
　(トスカ)　→　トスカーナ語
　(戯)　→　戯れ気味に

参 考 文 献

参考文献の記載は,もっとも重要なものだけに限定させていただいた.同時に,例文収集にあたって活用した文章類も,煩雑になるのを避けるため,作者〔著者〕名のみ記し,その書名,題名はすべて割愛した.

1 イタリア語文献
(1) S. Battaglia ; *Grande Dizionario della Lingua Italiana*, 21 volumi か(現在 vol. 20 まで刊行), UTET
(2) *Vocabolario della Lingua Italiana*, 4 volumi, Istituto della Enciclopedia Italiana, 1994
(3) *Dizionario Enciclopedico Italiana*, 12 volumi, Istituto della Enciclopedia Italiana, 1955～1961
(4) N. Zingarelli ; *Vocabolario della lingua italiana*, Zanichelli, 1970
(5) E. De Felice, A. Duro ; *Vocabolario Italiano*, Palumbo, 1974
(6) *Il grande dizionario Garzanti della lingua italiana*, Garzanti, 1987
(7) *Dizionario Sandron della lingua italiana*, Sandron, 1977
(8) *Grandi Dizionari Sansoni, Dizionario delle lingue italiana e inglese*, Sansoni, 1972
(9) V. Ferrante, E. Cassiani ; *Nuovo dizionario moderno, italiano-francese, francese-italiano*, SEI, 1991
(10) M. Dardano ; *La formazione delle parole nell' italiano di oggi*, Bulzoni, 1978
(11) P. Tekavčić ; *Grammatica storica dell' italiano*, Il Mulino, 1972
(12) P. M. Bertinetto ; *Tempo, aspetto e azione nel verbo italiano, il sistema dell' indicativo*, L' Accademia della Crusca, 1986
(13) G. B. Moretti, G. R. Orvieto ; *Grammatica Italiana*, vol. 1, *Il verbo*, 1978 e vol. 2, *Il verbo*, 1980, Benucci
(14) G. B. Moretti ; *Riflessioni sulla concessione e sull' ammissione nell' italiano contemporaneo*, Università per Stranieri, 1983
(15) G. B. Moretti ; *Riflessioni sul costrutto consecutivo esplicito in*

参考文献

italiano, Università per Stranieri, 1982
(16) G. B. Moretti ; *Riflssioni sul costrutto causale esplicito nella lingua italiana contemporanea*, Università per Stranieri, 1982
(17) G. Herczeg ; *Sintassi delle proposizioni consecutive nell' italiano contemporaneo*, "*Studi di Grammatica Italiana*, vol. III", Sansoni, 1974
(18) G. Herczeg ; *Sintassi delle proposizioni comparative nell' italiano contemporaneo*, "*Studi di Grammatica Italiana*, vol. VII", Sansoni, 1971
(19) G. Herczeg ; *Sintassi delle proposizioni concessive nell' italiano contemporaneo*, "*Studi di Grammatica Italiana*, vol. V", Sansoni, 1977
(20) G. Herczeg ; *Sintassi delle proposizioni ipotetiche nell' italiano contemporaneo*, "*Acta Linguistica Academiae Scientiarum Hungaricae*, Tomus 26", 1976
(21) (a cura di) L. Renzi ; *Grande grammatica italiana di consultazione*, vol. I 1988, vol. II 1992, Il Mulino
(22) J. S. Jensen ; *Subjonctif et Hypotaxe en italien*, Odense University Press, 1977（この書物のみフランス語）
(23) K. Katerinov, M. C. B. Katerinov ; *Lingua e vita d'Italia*, Mondadori, 1981
(24) K. Katerinov, M. C. B. Katerinov ; *La lingua italiana per stranieri*, Guerra, 1985
(25) A. Chiuchiù, F. Minciarelli, M. Silvestrini ; *Grammatica Italiana per Stranieri, in italiano*, Guerra, 1985
(26) L. Serianni ; *Grammatica italiana, italiano comune e lingua letteraria*, UTET, 1988
(27) A. Lepschy, G. Lepschy ; *La Lingua Italiana*, Bompiani, 1981

2　日本語文献
（1）A. S. ホーンビー，伊藤健三訳注；「英語の型と語法」オックスフォード大学出版局，1977
（2）新倉俊一他；「フランス語ハンドブック」白水社，1978

目　次

第1章　語形成 ……………………………………………………1
1.1.　派生語 …………………………………………………………1
 1.1.1.　主要な接頭辞（数量表現に関する辞は除く）((1)〜(78)) ………1
 1.1.2.　数量を表わす接頭辞 ((1)〜(20)) ……………………………20
 1.1.3.　主要な接尾辞………………………………………………21
  1.1.3.1.　派生名詞………………………………………………21
   A　〈名詞＋接尾辞〉……………………………………………21
    a　「人」（通常，職業人，専門家，または住民）を表わす名詞((1)〜(10)) ………………………………………………………………21
    b　「場所」を表わす名詞 ((1)〜(6)) ………………………24
    c　「道具・器具類」を表わす名詞 ((1)〜(4)) ………………25
    d　「行為」を表わす名詞 ((1)〜(3)) ………………………26
    e　「状態」を表わす名詞 ((1)〜(2)) ………………………26
    f　「集合」を表わす名詞 ((1)〜(9)) ………………………27
   B　〈形容詞＋接尾辞〉((1)〜(13)) ……………………………29
   C　〈動詞＋接尾辞〉………………………………………………33
    a　「動作主体〔手段・場所〕ときに器具・製品」を表わす名詞((1)〜(10)) ………………………………………………………………33
    b　「動作」を表わす名詞 ((1)〜(11)) ………………………36
  1.1.3.2.　派生形容詞………………………………………………40
   A　〈名詞＋接尾辞〉((1)〜(23)) ………………………………40
   B　〈動詞＋接尾辞〉((1)〜(10)) ………………………………46
  1.1.3.3.　派生動詞((1)〜(7)) …………………………………50
  1.1.3.4.　その他の派生語 ((1)〜(3)) …………………………53
1.2.　合成語…………………………………………………………54
 1.2.1.　複合名詞……………………………………………………54
  1.2.1.1.　〈名詞（A）＋名詞（B）〉………………………………54
   A　結合形 ((1)〜(4)) ……………………………………………54
   B　分離形 ((1)〜(3)) ……………………………………………55

目　次

1.2.1.2. 〈形容詞＋名詞〉……………………………………56
 A　結合形……………………………………………56
 B　分離形……………………………………………56
1.2.1.3. 〈名詞＋形容詞〉……………………………………57
 A　結合形……………………………………………57
 B　分離形……………………………………………57
1.2.1.4. 〈動詞＋名詞〔稀に副詞，不定詞〕〉………………57
 A　〈動詞（命令法2単形）＋単数・複数名詞〉……57
 B　〈動詞＋副詞（句）〉………………………………58
 C　〈動詞＋動詞（両者とも命令法2単形）〉…………58
 D　〈動詞＋不定詞〉…………………………………58
1.2.1.5. 〈前置詞＋名詞〉……………………………………58
1.2.1.6. 〈副詞＋名詞〉………………………………………58
1.2.1.7. 〈前置詞＋不定詞〉…………………………………58
1.2.1.8. 三つ以上の要素の結合………………………………58
1.2.1.9. 新しい結合法（語の一部を省略）……………………59
1.2.2. 複合形容詞…………………………………………………59
1.2.2.1.〈形容詞（A）＋形容詞（B）〉…………………………59
 A　結合型……………………………………………59
 B　ハイフンによる結合……………………………59
1.2.2.2.〈形容詞（A）＋名詞（B）〉……………………………59
1.2.2.3.〈副詞＋形容詞〔分詞〕〉………………………………59
1.2.2.4. 副詞句（←〈前置詞＋名詞・代名詞〉）の形容詞化…60
1.2.3. 構成要素……………………………………………………60
1.2.3.1. ラテン語起源 ((1)～(38))………………………………60
1.2.3.2. ギリシャ語起源 ((1)～(164))……………………………62
1.3. 変意語…………………………………………………………69
1.3.1. 変意名詞・形容詞…………………………………………69
1.3.1.1. 縮小・親愛辞 ((1)～(6))………………………………69
1.3.1.2. 増大辞 ((1)～(4))………………………………………71
1.3.1.3. 軽蔑辞 ((1)～(4))………………………………………71
1.3.1.4. 近似辞 ((1)～(3))………………………………………72

目　次

  1.3.2.　変意動詞 ((1)〜(4)) ……………………………………73
1.4.　短縮語……………………………………………………74

第2章　単文の文型と語の結合型 …………………………75
2.1.　動詞型……………………………………………………77
  2.1.1.　**V**（VI・VR）＋**prep.**＋n. ……………………………77
    2.1.1.1.　自動詞の場合………………………………………77
    2.1.1.2.　再帰動詞の場合……………………………………83
  2.1.2.　**V**（VI・VT・VR）＋**prep.**＋*inf.* …………………90
    2.1.2.1.　自動詞の場合………………………………………90
    2.1.2.2.　他動詞の場合………………………………………92
    2.1.2.3.　再帰動詞の場合……………………………………94
  2.1.3.　**VT**＋n.（A）＋**prep.**＋n.（B）……………………95
  2.1.4.　**VR**＋**prep.**（a）＋n.（A）＋**prep.**（b）＋n.（B） ……100
  2.1.5.　**VT**＋**O**（通常 qu）＋**prep.**＋*inf.* ………………100
  2.1.6.　**VT**＋a qu＋**di**＋*inf.* ………………………………102
  2.1.7.　**V**（VI・VT・VR）＋**che**＋*ind.*〔*cong. vo*〕 ……103
  2.1.8.　**V imp.**（**di**）＋*inf.* …………………………………107
  2.1.9.　**V imp.**＋a qu（**di**）＋*inf.* …………………………108
  2.1.10.　**V imp.**＋**che**＋*ind.*〔*cong. vo*〕 …………………109
  2.1.11.　**V imp.**＋a qu〔qu〕＋**che**＋*ind.*〔*cong. vo*〕 ……110
  2.1.12.　**V imp.**＋a qu＋**CP**（**di**）＋*inf.*／**che**＋ind.〔*cong. vo*〕 ……111
  2.1.13.　**essere**（imp.）＋**agg.・n.**＋*inf.*／**che**＋*ind.*〔*cong. vo*〕………111
  2.1.14.　**essere**(imp.)＋**p.ps**(VT)＋(a qu)（**di**）＋*inf.*／**che**＋*ind.*〔*cong. vo*〕 ……………………………………113
  2.1.15.　**si**＋**VT**（imp.）　**di**＋inf.／**che**＋*ind.*〔*cong.vo*〕 ………114
  2.1.16.　成句的非人称構文 ……………………………………114
2.2.　形容詞型 ………………………………………………116
  2.2.1.　**Agg.**＋**prep.**＋n. ……………………………………116
  2.2.2.　**Agg.**＋**prep.**＋inf. …………………………………122
  2.2.3.　**Agg.**＋**che**＋*ind.*〔*cong. vo*〕 ……………………124
2.3.　名詞型……………………………………………………125

2.3.1.　**N＋che＋***ind.*〔*cong. vo*〕 ················125
　　2.3.2.　**N＋essere＋che＋***ind.*〔*cong. vo*〕 ········127

第3章　法と時制 ························130
3.1.　「完了動詞」と「未完了動詞」 ················130
3.1.1.　完了動詞 ····························132
3.1.2.　未完了動詞 ··························133
3.2.　直説法（indicativo） ························134
3.2.1.　現在（presente） ························134
　A　特性 ····································134
　(1)　「今」という名の現在性 ····················134
　(2)　時間的制約からの自由 ······················135
　B　用法 ····································135
　(1)　現在における「今」 ························135
　　1)　一般的用法 ····························135
　　　a　瞬間的動作 ····························135
　　　b　持続・継続的動作・状態 ··················136
　　　c　習慣・反復的動作・状態 ··················136
　　2)　報道・現場報告の現在 ····················136
　(2)　現在に隣接した「今」 ······················137
　　a　近接過去 ································137
　　b　近接未来 ································137
　　c　確実な未来 ······························137
　(3)　過去へ移動した「今」：歴史的現在 ············138
　(4)　不易の「今」 ······························139
　　a　超時的現在 ······························139
　　b　没時的現在 ······························140
　(5)　心の「今」 ································140
　　a　想像と仮定 ······························140
　　b　願望；命令 ······························141
3.2.2.　直説法過去3時制の相互比較 ················141
3.2.2.1.　近・遠・半過去相互比較表 ················142

— x —

目　次

    3.2.2.2.　過去 3 時制の比較上の問題点 …………………………143
      A　広く「近・遠過去」と「半過去」の比較 ………………………145
      B　〈(主語＋)essere＋形容詞・名詞〉という文形式における「近・遠過去」対「半過去」……………………………………………147
      C　〈essere(3 単形)＋形容詞＋inf.[che 節]〉という非人称構文における「近過去」対「半過去」………………………………148
      D　〈per poco non…「危うく…しそうになる」〉などの成句と併用された「遠過去」対「半過去」………………………………154
      E　「近過去」と「遠過去」の比較……………………………………155
3.2.3.　近過去 (passato prossimo) …………………………………156
  A　特性 ……………………………………………………………156
    (1)　基本特性 ……………………………………………………156
      a　現在とつながりのある過去 1 回性 ……………………156
      b　一応の完了・完結性 ……………………………………157
    (2)　派生特性 ……………………………………………………157
      超時的完了性（あるいは，メタ完了性）……………………157
  B　用法 ……………………………………………………………158
    (1)　基本用法 ……………………………………………………158
      a　時間的に近い過去 ………………………………………158
      b　心理的に近い過去 ………………………………………158
      c　〈過去＋現在〉 ……………………………………………159
        (a)　現在への結果残存 …………………………………159
        (b)　現在を含む過去 ……………………………………159
    (2)　特別用法（超時的完了性に基づく用法）……………………160
      a　大過去との近似用法 ……………………………………160
        (a)　「歴史的現在」から見た近過去 …………………………160
        (b)　擬似的大過去 ………………………………………161
      b　前未来・単純未来との近似用法 ………………………161
        (a)　前未来的用法 ………………………………………161
        (b)　近接未来 ……………………………………………161
      c　仮空性・習慣性・超時間性 ………………………………162
3.2.4.　半過去 (imperfetto) …………………………………………163

目　次

- A　特性 …………………………………………………………… 164
  - (1) 基本特性 ………………………………………………… 164
    - a　持続・継続性 ………………………………………… 164
    - b　同時・背景性 ………………………………………… 164
    - c　習慣・反復性 ………………………………………… 164
    - d　非限定性（動作の期間と回数）………………………… 164
  - (2) 派生特性 ………………………………………………… 164
    - a　半現実性 ……………………………………………… 164
    - b　可能・仮想性 ………………………………………… 164
- B　用法 …………………………………………………………… 165
  - (1) 基本用法（基本特性に基づく用法）……………………… 165
    - a　描写と説明 …………………………………………… 165
    - b　同時・背景性の表現 ………………………………… 166
    - c　習慣・反復的動作 …………………………………… 168
  - (2) 特別用法（ 2），3) は派生特性に基づく用法）………… 168
    - 1) 持続・継続性の延長用法 ……………………………… 168
      - a　物語体半過去 (imperfetto narrativo) とその派生形 …… 168
      - b　確認・念押し；補足説明の半過去 …………………… 171
      - c　直説法大過去との近似用法 …………………………… 172
    - 2) 半現実性に基づく用法 ………………………………… 173
      - a　実現途上の動作 ……………………………………… 173
      - b　婉曲・丁寧語法 ……………………………………… 173
    - 3) 可能・仮想性に基づく用法 …………………………… 174
      - 〔i〕条件法過去との近似用法 …………………………… 174
        - a　夢想；想像；推測 …………………………………… 174
        - b　認識；判断 …………………………………………… 175
          - (a) dovere, potere, volere の半過去 ……………… 175
          - (b) 適否・必要性の判断 ………………………… 176
        - c　過去から見た未来 …………………………………… 176
        - d　条件文帰結節 ………………………………………… 177
        - e　credere, pensare など「想像活動」を表わす動詞の 1 人称否定形 …………………………………………… 177

目　次

　　　〔ii〕接続法半・大過去との近似用法：仮想（条件文条件節）………178
3.2.5.　遠過去（passato remoto）……………………………………………178
　A　特性………………………………………………………………………179
　　(1)　基本特性……………………………………………………………179
　　　a　明確な完結性……………………………………………………179
　　　b　画然たる過去１回性……………………………………………179
　　　c　限定性（動作の期間と回数）…………………………………179
　　(2)　二次特性……………………………………………………………179
　　　a　確固たる現実性…………………………………………………179
　　　b　未知・突発性……………………………………………………179
　B　用法………………………………………………………………………180
　　(1)　基本用法……………………………………………………………180
　　　a　時間的に遠い過去………………………………………………180
　　　b　心理的に距てのある過去………………………………………180
　　　　(a)　客観的事実の報告…………………………………………180
　　　　(b)　小説・物語空間での完結動作の記述……………………180
　　　c　遠過去使用の諸相………………………………………………181
　　　　(a)　瞬間ないし準瞬間的動作とその継起……………………181
　　　　(b)　一定期間内，もしくは限定された回数の反復動作……181
　　　　(c)　遠過去と近過去の併用……………………………………182
　　(2)　特別用法……………………………………………………………182
　　　a　実現間近な動作の瞬間の相の定着……………………………182
　　　b　直説法大・前過去との近似用法………………………………183
　　　c　過去１回性の，超時間性への昇華……………………………183
　　　　(a)　諺，格言……………………………………………………183
　　　　(b)　個性・特性の結晶化………………………………………183
3.2.6.　大過去（trapassato prossimo）……………………………………184
　A　特性………………………………………………………………………184
　　　a　完了・完結性……………………………………………………184
　　　b　未完了性…………………………………………………………184
　B　用法………………………………………………………………………186
　　(1)　基本用法……………………………………………………………186

— xiii —

目次

   a　完了・完結性に基づく用法 ……………………………………186
    (a)　過去から見た近過去 …………………………………………186
    (b)　過去から見た遠過去 …………………………………………187
   b　未完了性に基づく用法 → 過去から見た半過去……………188
  (2)　特別用法：叙法〔主観〕性に基づく用法 ………………………189
   a　婉曲・丁寧語法 …………………………………………………189
   b　「想像活動」を表わす動詞の 1 人称形否定形………………189
   c　条件文での大過去 ………………………………………………189
3.2.7.　前過去（trapassato remoto）…………………………………………190
 A　特性 ……………………………………………………………………190
  即時完了・完結性 ……………………………………………………190
 B　用法 ……………………………………………………………………190
  (1)　一般用法 …………………………………………………………190
  (2)　特別用法 …………………………………………………………191
   a　半・大・前過去が「基準の時空間」を形成 …………………191
   b　独立節・主節での前過去 ………………………………………191
3.2.8.　単純未来（futuro semplice）…………………………………………192
 A　特性 ……………………………………………………………………192
  a　未来性 ……………………………………………………………192
  b　不確実性と主観性 ………………………………………………192
 B　用法 ……………………………………………………………………193
  (1)　基本用法 …………………………………………………………193
   1)　未来の動作・状態 ……………………………………………193
    a　予測 …………………………………………………………193
    b　意志・意図 …………………………………………………193
   2)　不確実性と主観性の表現 ……………………………………193
    a　現在の事実の推測 …………………………………………194
    b　叙法的用法 …………………………………………………194
     (a)　命令的意志 ……………………………………………194
      ⅰ）婉曲的命令 ………………………………………194
      ⅱ）定言的命令 ………………………………………194
     (b)　可能性の表現 …………………………………………195

(2) 派生用法 ··195
　　　1) 過去への視点移動（回顧した時点から見た未来：歴史記述）···195
　　　2) 格言，金言（未来に向かって開かれた真理）··············196
3.2.9. 前未来（futuro anteriore）···························196
　A　特性 ···196
　　a　未来完了性 ··197
　　b　不確実性と主観性 ······································197
　B　用法 ···197
　　(1) 基本用法 ···197
　　　1) 未来のある時点までの完了動作 ························197
　　　2) 不確実性と主観性に基づく用法 ························197
　　　　a　過去の出来事の推測 ································197
　　　　b　叙法的用法 ··198
　　(2) 派生用法 ···198
　　　　永続的未来の表現 ·····································198
3.3. 接続法（congiuntivo）·································199
3.3.1. 総説 ··199
3.3.2. 用法 ··200
　I　従属節での用法 ··201
　A　名詞節 ··201
　　1　目的補語節 ···201
　　2　主語節（非人称構文）·································204
　　3　叙述補語節 ···204
　　4　同格節 ···205
　　5　間接疑問節 ···205
　B　形容詞節（関係詞節）··································205
　　(1) 最上級およびそれに準ずる表現（語調緩和）············205
　　(2)「想定」された先行詞 ·································206
　　　1) 目的 ··206
　　　2) 譲歩 ··206
　　　3) 条件・仮想 ···206
　　　4) 否定・疑問 ···207

目　次

   C　副詞節 ……………………………………………………………207
    (1)　譲歩節 ……………………………………………………………207
    (2)　条件節 ……………………………………………………………207
    (3)　目的節 ……………………………………………………………207
    (4)　程度・結果節 ……………………………………………………207
    (5)　除外節 ……………………………………………………………208
    (6)　様態節 ……………………………………………………………208
    (7)　否定原因節 ………………………………………………………208
    (8)　限定節 ……………………………………………………………208
    (9)　比較文第2項 ……………………………………………………208
    (10)　時間節 ……………………………………………………………208
  II　独立節での用法 …………………………………………………………208
   1　願望・祈願 …………………………………………………………209
   2　疑念 …………………………………………………………………210
   3　勧告・要請；認容 …………………………………………………211
 3.3.3.　接続法4時制の特性 ………………………………………………213
  1　接続法現在 ……………………………………………………………214
  2　接続法過去（完了・完結性）………………………………………214
  3　接続法半過去（持続・継続性，同時・背景性，習慣・反復性を備
   える）……………………………………………………………………214
   a　一般用法 →「過去」に関する表現 ……………………………214
   b　特別用法 →「現在・未来」に関する表現 ……………………215
  4　接続法大過去（完了性と未完了性を兼ね備える）………………216
   a　一般用法 →「過去」に関する表現 ……………………………216
   b　特別用法 →「過去未来」と「未来」に関する表現 …………217
3.4.　条件法（condizionale）……………………………………………………218
 3.4.1.　総説 …………………………………………………………………218
 3.4.2.　用法 …………………………………………………………………222
  1　婉曲表現 ………………………………………………………………222
   (1)　願望・意向 ………………………………………………………222
   (2)　意見・判断 ………………………………………………………223
  2　疑念・躊躇(ためらい)・憶測をこめた推測的判断 ……………………………224

目　次

　　3　意図だけに終った願望や動作の可能性 …………………………226
　　4　情意表現 ……………………………………………………………226
　　　a　暗示された情意 ………………………………………………227
　　　　(1)　強い願望的意志 …………………………………………227
　　　　(2)　忠告，催促 ………………………………………………227
　　　　(3)　非難，抗議；拒否 ………………………………………227
　　　　(4)　不満，当惑 ………………………………………………228
　　　　(5)　後悔，歎き ………………………………………………228
　　　　(6)　不安，危惧 ………………………………………………228
　　　　(7)　からかい，ふざけ ………………………………………229
　　　b　明らかな情意 …………………………………………………229
　　5　伝聞もしくは不確実な情報に基づく推定 ………………………231
　　6　現在から未来にかけての実現不可能事 …………………………231
　　7　条件節〔句，語〕の帰結節 ………………………………………232
　　8　過去から見た未来 …………………………………………………233
　3.4.3.　伊仏両国語条件法比較から見たイタリア語条件法の特性……236

第4章　複文の構造 …………………………………………………244
4.1.　時間節 (proposizione temporale) ……………………………245
　4.1.1.　定形動詞節 …………………………………………………245
　　4.1.1.1.　「時点・時況」…………………………………………245
　　4.1.1.2.　「同時性」………………………………………………246
　　4.1.1.3.　「直後」…………………………………………………247
　　4.1.1.4.　「以後」…………………………………………………247
　　4.1.1.5.　「動作完了後の帰結」…………………………………247
　　4.1.1.6.　「以前」…………………………………………………248
　　4.1.1.7.　「毎度」…………………………………………………250
　　4.1.1.8.　「漸進」…………………………………………………251
　　4.1.1.9.　「期限」…………………………………………………251
　4.1.2.　不定形動詞節 ………………………………………………251
　　4.1.2.1.　〈前置詞（句）+inf.〉 …………………………………251
　　4.1.2.2.　過去分詞 ………………………………………………252

目　次

- 4.1.2.3. ジェルンディオ …………………………………253
- 4.1.2.4. 現在分詞 …………………………………………253
- 4.1.2.5. 従属節に準ずる表現 ……………………………253
- 4.2. 条件節 (proposizione condizionale) …………………………254
  - 4.2.1. 定形動詞節 ……………………………………………254
    - 4.2.1.1. 広く「仮定条件」の se 節 …………………254
    - 4.2.1.2. 「万が一の仮定」 ……………………………256
    - 4.2.1.3. 「強調的または限定的仮定」 ………………256
    - 4.2.1.4. 「選択的条件」 ………………………………257
    - 4.2.1.5. 「条件の提示」 ………………………………257
    - 4.2.1.6. 時間・場所の疑問副詞の転用 ………………258
    - 4.2.1.7. 「状況の想定」 ………………………………258
    - 4.2.1.8. 否定条件 ………………………………………259
    - 4.2.1.9. 〈過去分詞＋che＋助動詞 essere, avere の接続法半・大過去〉 ……………………………………………………260
    - 4.2.1.10. 倒置文〈接続法半・大過去（＋主語）〉 …260
    - 4.2.1.11. 〈命令法＋e（そうすれば）/o〔oppure, altrimenti, se no〕（さもなければ）〉 ………………………………260
    - 4.2.1.12. 疑問文 …………………………………………261
    - 4.2.1.13. 関係詞節 ………………………………………261
  - 4.2.2. 不定形動詞節 …………………………………………261
    - 4.2.2.1. 〈前置詞（句）＋inf.〉 ………………………261
    - 4.2.2.2. 過去分詞 ………………………………………262
    - 4.2.2.3. ジェルンディオ ………………………………262
- 4.3. 譲歩節 (proposizione concessiva) ……………………………262
  - 4.3.1. 定形動詞節 ……………………………………………264
    - 4.3.1.1. 〈副詞 bene・ancora＋che〉＋動詞 …………264
    - 4.3.1.2. 〈前置詞 nonostante・malgrado（＋che）〉＋動詞 …265
    - 4.3.1.3. 〈(ammettere など，「仮想・想定」などの意味をもつ）特定動詞の過去分詞・ときに命令法 1 人称複数形＋che〉 ……265
    - 4.3.1.4. 〈se〉または〈se＋副詞〉＋動詞 ……………266
    - 4.3.1.5. 〈時間・場所の接続詞〉＋動詞 ………………267

— xviii —

目　次

- 4.3.1.6. 〈per quanto, quantunque〉＋動詞 ……………………………268
- 4.3.1.7. 〈不定関係代名〔形容・副〕詞；不定代名詞〉＋動詞 ………268
- 4.3.1.8. 〈così・come・quanto＋形容詞〉＋動詞……………………269
- 4.3.1.9. 〈con tutto・tanto＋che〉＋動詞 …………………………270
- 4.3.1.10. 〈per＋形容詞・副詞・不定詞＋che＋特定動詞〉…………270
- 4.3.1.11. 倒置文 …………………………………………………………270
- 4.3.1.12. 直説法未来時制・条件法 …………………………………271
- 4.3.1.13. 〈命令法＋反意の接続詞〉 ………………………………272
- 4.3.1.14. essere・trattarsi の成句的表現 ……………………………272
- 4.3.1.15. 選択的譲歩（A o B, など）………………………………273
- 4.3.1.16. 短縮節 …………………………………………………………274
- 4.3.1.17. 古語のなかの譲歩接続詞（句）……………………………276
- 4.3.2. 不定形動詞節 ……………………………………………………276
  - 4.3.2.1. 不定詞 …………………………………………………………276
  - 4.3.2.2. 過去分詞 ………………………………………………………277
  - 4.3.2.3. ジェルンディオ ………………………………………………277
- 4.3.3. その他の譲歩表現 ………………………………………………277
- 4.4. 原因・理由節 (proposizione causale)……………………………278
  - 4.4.1. 定形動詞節 ………………………………………………………278
    - 4.4.1.1. 明確な因果関係 ………………………………………………279
    - 4.4.1.2. 時間的前後関係 ………………………………………………280
    - 4.4.1.3. 「様態」からの派生……………………………………………281
    - 4.4.1.4. 状況判断 ………………………………………………………281
    - 4.4.1.5. 「程度・分量」表現からの派生………………………………282
    - 4.4.1.6. 「事実関係」からの派生………………………………………282
    - 4.4.1.7. 否定原因 ………………………………………………………283
    - 4.4.1.8. 否定原因と肯定原因の並立 …………………………………283
    - 4.4.1.9. 原因・理由節の並立 …………………………………………284
  - 4.4.2. 不定形動詞節 ……………………………………………………285
    - 4.4.2.1. 不定詞 …………………………………………………………285
    - 4.4.2.2. 過去分詞 ………………………………………………………286
    - 4.4.2.3. ジェルンディオ ………………………………………………286

目　次

- 4.4.3. 「判断の根拠」という名の原因・理由 ……………287
  - 4.4.3.1. 定形動詞節 ……………287
  - 4.4.3.2. 不定形動詞節 ……………288
- 4.5. 目的節（proposizione finale）……………288
  - 4.5.1. 定形動詞節 ……………288
    - 4.5.1.1. 本来の接続詞 ……………288
    - 4.5.1.2. 〈前置詞＋名詞（目的・意図・期待）＋che〉その他 ………289
    - 4.5.1.3. 〈per＋paura・timore＋che〉……………289
  - 4.5.2. 不定形動詞節 ……………289
- 4.6. 程度・結果節（proposizione consecutiva）……………291
  - 4.6.1. 定形動詞節 ……………291
    - 4.6.1.1. 〈程度の副詞＋形容詞・副詞・動詞＋che〉……………291
    - 4.6.1.2. 〈程度の形容詞＋名詞＋che〉……………292
    - 4.6.1.3. 〈主語＋essere＋tale・tanto＋che〉……………293
    - 4.6.1.4. 〈程度の副詞・形容詞＋che〉……………293
    - 4.6.1.5. 〈in〔di〕modo・maniera・guisa（方法・様式）che〉……294
    - 4.6.1.6. 〈fino〔sino〕a punto（点）・segno（印）che〉……………295
    - 4.6.1.7. その他の表現形式 ……………295
  - 4.6.2. 不定形動詞節 ……………296
    - 4.6.2.1. 不定詞 ……………296
    - 4.6.2.2. ジェルンディオ（結果・連続動作）……………298
- 4.7. 比較節（proposizione comparativa）……………298
  - 4.7.1. 非同等比較 ……………299
  - 4.7.2. 同等比較 ……………301
    - 4.7.2.1. 程度・数量の比較 ……………302
    - 4.7.2.2. 類似性の比較 ……………303
  - 4.7.3. 最上級 ……………304
    - 4.7.3.1. 形容詞の最上級 ……………304
    - 4.7.3.2. 副詞の最上級 ……………305
- 4.8. 様態・仮想節（proposizione modale-ipotetica）……………307
  - 4.8.1. 定形動詞節 ……………307
    - 4.8.1.1. come とその派生形 ……………307

  4.8.1.2. quasi とその派生形 …………………308
  4.8.1.3. secondo, conforme, stando などを用いる形 ………308
  4.8.1.4. その他 ……………………………………309
 4.8.2. 不定形動詞節 …………………………………309
  4.8.2.1. 不定詞 ……………………………………309
  4.8.2.2. 過去分詞とジェルンディオ ……………310
4.9. 限定節 (proposizione limitativa) ……………………310
 4.9.1. 定形動詞節 ……………………………………310
  4.9.1.1. 〈前置詞＋quanto〔quello che〕〉………310
  4.9.1.2. secondo (che) …………………………311
 4.9.2. 不定形動詞節 …………………………………311
  4.9.2.1. 不定詞 ……………………………………311
4.10. 除外節 (proposizione eccettuativa) ………………312
 4.10.1. 定形動詞節 …………………………………312
  4.10.1.1. 接続詞（句）「…を除いて」…………312
  4.10.1.2. 接続詞（句）「…することなしに」……313
 4.10.2. 不定形動詞節 ………………………………314
  4.10.2.1. 不定詞 …………………………………314
  4.10.2.2. 過去分詞 ………………………………315
4.11. 反意節 (proposizione avversativa) …………………315
 4.11.1. 定形動詞節 …………………………………315
 4.11.2. 不定形動詞節 ………………………………316
4.12. 代替節 (proposizione sostitutiva) …………………316
 4.12.1. 不定詞 ………………………………………316
 4.12.2. 過去分詞 ……………………………………317
4.13. 付加節 (proposizione aggiuntiva) …………………317
 4.13.1. 不定詞 ………………………………………317
 4.13.2. 過去分詞 ……………………………………318
4.14. 手段・方法節 (proposizione strumentale) ………318
 4.14.1. 不定詞 ………………………………………318
 4.14.2. ジェルンディオ ……………………………318
4.15. 場所節 (proposizione locativa) ……………………319

目　次

- 4.15.1. 「…のところへ・に・で」 … 319
- 4.15.2. 不定の場所「…するところはどこでも」 … 319
- 4.16. 関係詞節 (proposizione relativa) の問題点 … 319
  - 4.16.1. 関係詞節内の動詞の法 … 320
  - 4.16.2. 不定形動詞を用いた関係詞節 … 321
    - 4.16.2.1. 〈関係詞＋inf.〉 … 322
    - 4.16.2.2. 関係詞節に代る〈a＋inf.〉 … 322
  - 4.16.3. 破格構文 … 323
  - 4.16.4. 補語人称代名詞の先行詞 … 324
  - 4.16.5. 叙述補語用法の che … 324
  - 4.16.6. quale の特性 … 324
    - 4.16.6.1. 関係代名詞としての quale … 324
    - 4.16.6.2. 関係形容詞としての quale … 326
  - 4.16.7. その他 … 326
    - 4.16.7.1. 前文を受ける il che … 326
    - 4.16.7.2. 関係副詞 … 327
- 4.17. 間接疑問節 (proposizione interrogativa indiretta) … 327
  - 4.17.1. 定形動詞節 … 327
  - 4.17.2. 不定形動詞節 … 328
- 4.18. 主語節，目的補語節，同格節，叙述補語節 … 329

第5章　不定形動詞類 … 331

- 5.1. 不定詞 (infinito) … 331
  - 5.1.1. 形態と機能 … 331
  - 5.1.2. 不定詞の主語と時制 … 332
    - (1) 主語 … 332
    - (2) 時制 … 333
  - 5.1.3. 独立節〔文〕での用法 … 333
    - (1) 叙述，描写 … 333
    - (2) 〈inf.?〉または〈疑問詞＋inf.?〉 … 334
    - (3) 願望・祈願 … 334
    - (4) 命令，要請 … 335

目　次

　　(5)　情意表現 ……………………………………………………336
　　(6)　特殊構文 ……………………………………………………336
　5.1.4.　文の構成要素としての不定詞 …………………………337
　　(1)　主語 …………………………………………………………337
　　(2)　叙述補語 (complemento predicativo. 英語の補語) ………338
　　(3)　目的補語など，動詞の補語 ………………………………339
　　(4)　知覚・使役動詞との併用 …………………………………339
　5.1.5.　形容詞の補語 ………………………………………………340
　5.1.6.　形容詞節（句）相当用法 …………………………………341
　　(1)　名詞の補語 …………………………………………………341
　　(2)　関係詞節における不定詞 …………………………………343
　5.1.7.　副詞節（句）相当用法（〈a＋inf.〉ほか100タイプ）………344
　5.1.8.　不定詞名詞化の諸相 ………………………………………348
5.2.　現在分詞 (participio presente) …………………………………349
　5.2.1.　形態，意味，機能 …………………………………………349
　　(1)　形態 …………………………………………………………349
　　(2)　意味と機能 …………………………………………………350
　5.2.2.　用法 …………………………………………………………350
　　(1)　名詞化 ………………………………………………………350
　　(2)　形容詞化 ……………………………………………………350
　　　1)　形容詞 ……………………………………………………350
　　　2)　形容詞的用法 ……………………………………………350
　　(3)　形容詞節（関係詞節）相当用法 …………………………351
　　(4)　副詞節相当用法 ……………………………………………251
5.3.　過去分詞 (participio passato) …………………………………352
　5.3.1.　形態，意味，機能 …………………………………………352
　　(1)　形態 …………………………………………………………352
　　(2)　意味 …………………………………………………………353
　　(3)　機能 …………………………………………………………353
　5.3.2.　用法 …………………………………………………………353
　　(1)　名詞化 ………………………………………………………353
　　(2)　形容詞化 ……………………………………………………353

(3)　受動態的意味をもつ複合時制 …………………………354
　　(4)　形容詞節（関係詞節）相当用法 ……………………355
　　(5)　副詞節相当用法 ………………………………………355
5.4.　ジェルンディオ（gerundio） ………………………………357
　5.4.1.　形態と機能 …………………………………………………357
　　(1)　形態 ……………………………………………………357
　　(2)　機能 ……………………………………………………358
　5.4.2.　用法 …………………………………………………………358
　　(1)　副詞節相当用法 ………………………………………358
　　　1)　現在（単純形） ……………………………………358
　　　2)　過去（複合形） ……………………………………359
　　(2)　特殊構文〈stare・andare・venire＋ger.〉 ………360
　　(3)　名詞・形容詞化 ………………………………………362
　　　1)　形容詞 ………………………………………………362
　　　2)　名詞 …………………………………………………362

第6章　基本前置詞・特定副詞の用法 …………………………363
6.1.　基本前置詞 ……………………………………………………363
　6.1.1　a ………………………………………………………………363
　　6.1.1.1.　空間 ………………………………………………363
　　　A　物理的空間 …………………………………………363
　　　B　比喩的空間 …………………………………………364
　　6.1.1.2.　時間 ………………………………………………365
　　　A　時点「…で・に」 …………………………………365
　　　B　「A時点から（da）B時点まで（a）」………………366
　　6.1.1.3.　間接目的補語 ……………………………………366
　　6.1.1.4.　付加，添加；結合；愛着；所属「…に，へ」……367
　　6.1.1.5.　目的，目標「…のために；…へ・を」…………367
　　6.1.1.6.　習性；適性；適合「…に」……………………367
　　6.1.1.7.　相似，近似「…に・と」………………………368
　　6.1.1.8.　種類，特徴；性状，形態 ………………………368
　　6.1.1.9.　手段，道具 ………………………………………369

目　　次

6.1.1.10.　方法, 方式；様態「…(方)式に〔の〕, 風に〔の〕, 流に〔の〕」…369
6.1.1.11.　媒体, 判断の根拠「…で, によって；…によると」…………370
6.1.1.12.　限定, 関連部位「…に関し, について（は）」……………370
6.1.1.13.　（心身の反応を惹き起す）誘因, 動因「…が原因で, に反応して」……………………………………………………………370
6.1.1.14.　価格, 価値, 尺度「…で」………………………………………371
6.1.1.15.　刑罰「…に」……………………………………………………371
6.1.1.16.　比較「…と；…より；…にくらべて」………………………371
6.1.1.17.　役割, 資格「…として（目的補語の叙述補語, つまり英語の目的格補語の成分）」………………………………………372
6.1.1.18.　割合, 配分「…あたり, につき；…ずつ」……………………372
6.1.1.19.　反復, 重層；強調「…毎に, ずつ」……………………………372
6.1.1.20.　商店・レストラン・ホテルの名称「(顧客に対する誘い, 呼びかけ→)…へどうぞ, のニュアンス」………………………373
6.1.1.21.　数学「…乗された」……………………………………………373
6.1.1.22.　〈動詞＋a＋inf.〉〈形容詞＋a＋inf.〉〈名詞＋a＋inf.〉……373
6.1.1.23.　〈a＋inf.〉（副詞節（句）相当用法）…………………………373
6.1.1.24.　前置詞句の成分…………………………………………………374
6.1.1.25.　虚辞的用法………………………………………………………374
6.1.2.　con ……………………………………………………………………374
6.1.2.1.　同伴, 随伴；同居「…と一緒に」………………………………375
6.1.2.2.　所持, 携帯；具備；添付；付属「…をもった〔て〕, つきの」…375
6.1.2.3.　性質；特徴「…つきの, の特徴をもつ」………………………375
6.1.2.4.　連結, 結合；混合；拘束「…と」………………………………375
6.1.2.5.　態度, 動作・関心の対象「…に対して」………………………376
6.1.2.6.　相互関係, 協力, 交換「…と, とともに」………………………376
6.1.2.7.　一致, 調和；符合, 類似「…と, に対して」……………………377
6.1.2.8.　反対, 対抗, 競争；遭遇「…と, に対して」……………………377
6.1.2.9.　比較, 対比「…と」………………………………………………377
6.1.2.10.　手段；道具, 材料「…によって, を用いて」…………………378
6.1.2.11.　方法, 様式, 様態……………………………………………………378
6.1.2.12.　付帯状況「…で, して, のとき；…とともに」………………378

— xxv —

6.1.2.13. 同時性「…とともに；…になったら」……………………379
6.1.2.14. 譲歩「(あらゆる〔たくさんの〕)…にもかかわらず，ではあるが」………………………………………………………379
6.1.2.15. 結果，効果「…なことに」………………………………379
6.1.2.16. 原因，理由「…が原因で，のせいで」…………………380
6.1.2.17. 限定，関連対象「…は，のことは，に関しては」……380
6.1.2.18. 補足句の成分………………………………………………380
6.1.2.19. 〈con＋(現代では)定冠詞＋inf.〉(副詞節(句)相当用法)…381
6.1.2.20. 前置詞句の成分………………………………………………381

6.1.3. **da** …………………………………………………………………381
  6.1.3.1. 起点，出発点…………………………………………………381
    A 空間 ……………………………………………………………381
    B 時間 ……………………………………………………………382
  6.1.3.2. 距離，距たり「…から」………………………………………382
  6.1.3.3. 分離；解放，その他「(おおむね)…から」………………383
  6.1.3.4. 方向；地点，位置；所在「…のところに・で・へ」ときに「…の近く〔あたり〕に・で・へ」…………………………384
  6.1.3.5. 通過点（＝per）「…を通って」……………………………385
  6.1.3.6. 動作主，動因「…によって，の力で」……………………385
  6.1.3.7. 原因，理由，動機「…のために，のせいで」……………385
  6.1.3.8. 媒体，媒介………………………………………………………386
  6.1.3.9. 目的，用途，機能………………………………………………386
  6.1.3.10. 品質，特徴……………………………………………………386
  6.1.3.11. 価格，価値，数量「…に値する，に相当する」…………387
  6.1.3.12. 関連部位………………………………………………………387
  6.1.3.13. 相応性，適応性；様態「…らしい〔く〕，にふさわしい〔く〕；…風の〔に〕；…のような〔に〕」……………………387
  6.1.3.14. 役割，役職，資格「…として，の資格で」………………388
  6.1.3.15. 年齢，身分，状態「…のとき，の頃；…になったら」……388
  6.1.3.16. 根拠，基準「…に従って〔た〕，によった〔て〕；…によると」388
  6.1.3.17. 〈da＋人称・再帰代名詞〉……………………………………389
  6.1.3.18. 概数，概算……………………………………………………389

目　　次

6.1.3.19. 〈名詞＋da＋inf.〉……………………………………………390
6.1.3.20. 成句的表現………………………………………………390
6.1.4. **di** ……………………………………………………………392
　6.1.4.1. 所有，所属，属性 ………………………………………392
　6.1.4.2. 種類，種別 ………………………………………………392
　6.1.4.3. 個性化 ……………………………………………………392
　6.1.4.4. 動作名詞と主語の関係 …………………………………393
　6.1.4.5. 動作名詞と目的補語の関係 ……………………………393
　6.1.4.6. 数量規定 …………………………………………………394
　6.1.4.7. 起源，出所，由来 ………………………………………394
　6.1.4.8. 起点，出発点「…から」…………………………………394
　6.1.4.9. 方向「…へ向かう」………………………………………395
　6.1.4.10. 同格「…という」………………………………………396
　6.1.4.11. 材料，素材「…で，でできた」…………………………396
　6.1.4.12. 主題，題目，対象「…について（の），に関して（の）」…396
　6.1.4.13. 用途，目的………………………………………………397
　6.1.4.14. 品質，特性「…という性質をもった」…………………397
　6.1.4.15. 分離，離別；解放，救済；除去，奪取「…から」…………398
　6.1.4.16. 手段，道具「…で，を用いて，によって」………………398
　6.1.4.17. 原因，動機，動因「…（のせい）で，（のため）に〔の〕」……399
　6.1.4.18. 豊富，欠乏；供給，配備「…で，を，が」………………400
　6.1.4.19. 罪，罰，責任……………………………………………401
　6.1.4.20. 方式，様式………………………………………………401
　6.1.4.21. 比較級，最上級；相似 …………………………………402
　6.1.4.22. 時点，時節………………………………………………403
　6.1.4.23. 時間，年齢，価格，長さ，重量…………………………404
　6.1.4.24. 限定，関連部位「…が，に関し；…で」…………………404
　6.1.4.25. 数値；差違，程度………………………………………405
　6.1.4.26. 不定・指示・疑問・関係代名詞＋di＋品質形容詞…………405
　6.1.4.27. 部分冠詞と部分・不定の表現……………………………405
　6.1.4.28. 叙述補語(complemento predicativo. 英語の補語)の成分 406
　6.1.4.29. 比喩的呼称（感歎もしくは強調）………………………407

— xxvii —

目　　次

6.1.4.30.　〈名詞＋di＋inf.〉「…するという…（同格）」…………407
6.1.4.31.　成句的表現の成分………………………………………407
6.1.5.　**fra〔tra〕**…………………………………………………………408
6.1.5.1.　空間…………………………………………………………408
6.1.5.2.　時間…………………………………………………………409
6.1.5.3.　行為中，行為の方式………………………………………409
6.1.5.4.　中間・混交的状態〈fra〔tra〕A e B〉……………………410
6.1.5.5.　相互〔相関〕関係，仲間〔同類，内輪〕同士「…同士，の間で」…410
6.1.5.6.　集団，仲間，グループの内部……………………………410
6.1.5.7.　対立，敵対；差別，区別；二者択一；類似，相似………411
6.1.5.8.　最上級；部分…………………………………………………411
6.1.5.9.　原因，理由……………………………………………………411
6.1.5.10.　全体，総量……………………………………………………412
6.1.5.11.　不定もしくは中間的数量……………………………………412
6.1.5.12.　成句的表現……………………………………………………413
6.1.6.　**in**………………………………………………………………413
6.1.6.1.　空間…………………………………………………………413
　A　地点・場所での動作・状態………………………………413
　B　地点・場所への〔に向けての〕運動・動作………………414
6.1.6.2.　時間（時点，期間，歳月，年齢）…………………………414
6.1.6.3.　比喩的空間…………………………………………………416
　A　心身部位……………………………………………………416
　B　態度，姿勢，状態；行為…………………………………416
　C　状況，事情…………………………………………………416
　D　動作，運動…………………………………………………417
6.1.6.4.　衣服着用〈in＋衣服〉………………………………………417
6.1.6.5.　著作，文章，作品…………………………………………418
6.1.6.6.　変化，推移；分配，配分…………………………………418
6.1.6.7.　感情・関心の対象「…を，に対し」……………………419
6.1.6.8.　道具，手段…………………………………………………419
6.1.6.9.　表現形式・手段「…で」…………………………………420
6.1.6.10.　方式，様態「…で，に」…………………………………420

目　　次

6.1.6.11. 形態，形式，外見「…で(の)，による」……………421
6.1.6.12. 材料「…で作った」………………………………………421
6.1.6.13. 原因，理由「…に，で，して」…………………………421
6.1.6.14. 目的，用途；資格，機能，役割………………………422
　(1) 目的，用途「…のために，すべく」……………………422
　(2) 資格，機能，役割「…として」…………………………422
6.1.6.15. 限定，関連部位「…で，のことで」……………………422
6.1.6.16. 評価，総合的判断…………………………………………423
6.1.6.17. 数量表現……………………………………………………424
6.1.6.18. 結婚相手……………………………………………………424
6.1.6.19. 〈in＋定冠詞＋inf.〉（副詞節〔句〕相当用法）…………425
6.1.6.20. 熟語・成句の成分…………………………………………425
6.1.7. **per** ………………………………………………………………426
　6.1.7.1. 空間………………………………………………………427
　6.1.7.2. 時間………………………………………………………428
　6.1.7.3. 利害，関与；恩恵，被害；寄与「…のために；…にとって；…に対して」……………………………………428
　6.1.7.4. 賛成，味方「…賛成〔味方〕して」……………………429
　6.1.7.5. 適性，性向；宛先「…に向いた，のための；…気味の；…宛の」……………………………………………………429
　6.1.7.6. 感情・関心の対象「…に対して（の）」…………………429
　6.1.7.7. 目的，用途「…のための〔に〕」………………………430
　6.1.7.8. 手段，道具；媒介「…による，によって；…を介して」……430
　6.1.7.9. 方式，様式………………………………………………431
　6.1.7.10. 原因，理由「…のために，が故に，が原因で」………431
　6.1.7.11. 価格；長さ，範囲………………………………………432
　6.1.7.12. 把握部位〈他動詞＋A per B〉…………………………432
　6.1.7.13. 資格，要件「…として」…………………………………433
　6.1.7.14. 交換，交替；代理「…の代りに；…として」…………433
　6.1.7.15. 刑罰………………………………………………………434
　6.1.7.16. 関連，限定………………………………………………434
　6.1.7.17. 配分；割合，百分率……………………………………435

目　次

　　6.1.7.18.　誓約, 祈願「…にかけて」……………………………436
　　6.1.7.19.　譲歩表現の成分…………………………………………436
　　6.1.7.20.　乗法, 除法………………………………………………436
　　6.1.7.21.　（文、古）起源、由来「…から、より、を通して」………437
　　6.1.7.22.　〈per＋inf.〉（副詞節〔句〕相当用法）………………437
　6.1.8.　su ……………………………………………………………438
　　6.1.8.1.　位置, 場所 ………………………………………………438
　　6.1.8.2.　運動の方向, 目標 ………………………………………439
　　6.1.8.3.　打撃, 攻撃, 襲撃の目標「…に対して, に向けて, 目指して」…440
　　6.1.8.4.　重層, 反復「…に重ねて；…の次に」…………………441
　　6.1.8.5.　優位, 支配；監視「…の上に・で・を・へ」……………441
　　6.1.8.6.　近接, 俯瞰「…に面した〔て〕, に臨んで, に接した」……442
　　6.1.8.7.　近似値……………………………………………………442
　　6.1.8.8.　同時, 瞬間 ………………………………………………443
　　6.1.8.9.　主題「…について」………………………………………443
　　6.1.8.10.　基準, 模範；根拠「…に従って；…に基づいて」…………444
　　6.1.8.11.　基調, 調子；基層物質……………………………………444
　　6.1.8.12.　依存, 依拠「…に頼って, に身をゆだねて；…を基礎にして」
　　　　　　　………………………………………………………………445
　　6.1.8.13.　比率, 対比………………………………………………445
　　6.1.8.14.　〈su＋inf.〉（副詞節的用法）……………………………446
　　6.1.8.15.　他の前置詞との併用, その他……………………………446
6.2.　特定副詞　su, giù, fuori, via ……………………………………447
　6.2.1.　su ……………………………………………………………447
　　6.2.1.1.　「上方に・へ・を・で」……………………………………447
　　6.2.1.2.　「上の階に・で」…………………………………………447
　　6.2.1.3.　〈su＋場所〉………………………………………………447
　　6.2.1.4.　〈場所の副詞＋su〉………………………………………447
　　6.2.1.5.　su su「高く高く；ずっと上の方へ・に・を；だんだんと；
　　　　　　　ずっとさかのぼって」……………………………………448
　　6.2.1.6.　強調的ニュアンスの冗語的用法 ………………………448
　　6.2.1.7.　su e giù「上へ下へと；行ったり来たり」………………448

6.2.1.8. più su「もっと上に・で；もっと先の方に・で；もっと北方に・で」···448
6.2.1.9. 前置詞との併用 ···449
 (1) in su「上方へ・に・を；北に・へ・で」···························449
 (2) in su e in giù (＝su e giù)···449
 (3) 〈da＋数詞＋in su〉「…以上」······································449
 (4) di〔da〕su「上から」···449
 (5) con su「上に…がついた」···449
 (6) su per「…を経て〔通って〕（次第に）上へ」·················449
6.2.1.10. 間投詞的に「さあ，そら；おいおい」···························450
6.2.1.11. 〈動詞＋su〉···450
 (1) andare su ··450
 (2) fare su ···450
 (3) mettere su ···450
 (4) saltare su ··450
 (5) tirare su ···450
 (6) venire su ··451
6.2.2. **giù**···451
 6.2.2.1. 「下に・で・へ・を；下の階に・へ・で」·················451
 6.2.2.2. 「南に・へ；死者の国で」······································451
 6.2.2.3. 〈giù＋場所〉···451
 6.2.2.4. giù giù「だんだん下の方へ；ずっと時代をくだって」······451
 6.2.2.5. 〈E（ときにeなしで）giù＋名詞〉······························452
 6.2.2.6. 前置詞との併用 ···452
 6.2.2.7. 成句的表現 ···453
 6.2.2.8. 間投詞的に「さあ〔おい〕降りたまえ〔置くんだ；とりたまえ；脱ぎたまえ〕；やめろ」···································453
 6.2.2.9. 〈動詞＋giù〉···453
 (1) andare giù ··453
 (2) buttare giù ···454
 (3) buttarsi giù ··454
 (4) dare giù ···454

(5)　essere〔stare, sentirsi, ecc.〕 giù ·················454
　　　(6)　mandare giù ·······································454
　　　(7)　mettere giù··454
　　　(8)　tirare giù ···454
　　　(9)　venire giù ··454
6.2.3.　**fuori**··455
　6.2.3.1.　「外に・で・へ・を」·····························455
　6.2.3.2.　「家〔店，事務所など〕を離れて，外出して」········455
　6.2.3.3.　「ほかの地方，都市，国に・で」····················455
　6.2.3.4.　〈là〔lì〕・qui〔qua〕+fuori〉···················455
　6.2.3.5.　「外面〔外見〕は・では・に」······················455
　6.2.3.6.　〈前置詞+fuori〉·································456
　6.2.3.7.　間投詞的用法 ····································456
　6.2.3.8.　〈動詞+fuori〉····································456
　　　(1)　andare fuori ·····································456
　　　(2)　buttare fuori ····································456
　　　(3)　cacciare fuori···································457
　　　(4)　dare fuori ·······································457
　　　(5)　essere fuori·····································457
　　　(6)　fare fuori ·······································457
　　　(7)　lasciare fuori ···································457
　　　(8)　mettere fuori ···································457
　　　(9)　passare〔trapassare, ferire〕 fuori ·············457
　　　(10)　restare〔rimanere〕 fuori ······················457
　　　(11)　saltare fuori ····································458
　　　(12)　tagliare fuori ···································458
　　　(13)　tirare fuori ·····································458
　　　(14)　venire fuori ····································458
6.2.4.　**via**···458
　6.2.4.1.　e via (via)「そして，すばやく立ち去った」··········458
　6.2.4.2.　e così via〔via così〕, e via dicendo〔discorrendo〕, e via
　　　　　di questo passo, e via di seguito「…など（など），等々」···458

目　次

- 6.2.4.3. via via「次第に，だんだんと，少しずつ；(古)すぐに，間もなく」，via via che+ind.「…するにつれて少しずつ」 …459
- 6.2.4.4. 間投詞的に …459
- 6.2.4.5. 〈動詞＋via〉 …459
  - (1) andare via …459
  - (2) buttare〔gettare〕via …460
  - (3) dare via …460
  - (4) essere〔stare, restare, rimanere〕via …460
  - (5) mandare via …460
  - (6) mettere via …460
  - (7) portare via …460
  - (8) tirare via …460
  - (9) tirarsi via …460
  - (10) venire via …460
  - (11) その他 …460

第7章　重要機能語の解明 …461

- 7.1. **altro**（熟語・成句(1)～(56)）…462
- 7.2. **che** …468
  - 7.2.1. 疑問詞の che ((1)～(7)) …468
  - 7.2.2. 関係詞としての che …469
    - 7.2.2.1. 叙述補語（英語の補語）を先行詞とする che …469
    - 7.2.2.2. 〈前置詞＋che〉（古，俗）…470
    - 7.2.2.3. 前文を受ける che …470
    - 7.2.2.4. 破格用法（俗，話）…471
    - 7.2.2.5. 関係代名詞 che の省略（古）…471
  - 7.2.3. 不定代名詞の che …471
    - (1) un bel che …471
    - (2) un che/un certo che/(un) non so che (cosa)/un certo non so che …472
    - (3) un gran che, gran che〔granché〕（俗，話）…472
    - (4) un minimo che, ogni minimo che …472

目　次

- 7.2.4. 接続詞としての che ……………………………………………473
  - 7.2.4.1. 目的補語節 ……………………………………………473
  - 7.2.4.2. 時間節 …………………………………………………473
  - 7.2.4.3. 程度・結果節 …………………………………………474
  - 7.2.4.4. 比較節 …………………………………………………475
  - 7.2.4.5. 目的節 …………………………………………………475
  - 7.2.4.6. 原因・理由節 …………………………………………476
  - 7.2.4.7. 限定節 …………………………………………………477
  - 7.2.4.8. 反意節 …………………………………………………477
  - 7.2.4.9. 独立節の che ……………………………………………478
  - 7.2.4.10. 強調の che ……………………………………………478
  - 7.2.4.11. 推論の根拠を表わす che 節 …………………………479
  - 7.2.4.12. その他 …………………………………………………479
- 7.2.5. 感歎詞 ((1)〜(2)) ………………………………………………481
- 7.3. **come** ……………………………………………………………………482
  - 7.3.1. come を含む熟語・成句 ((1)〜(30)) …………………………482
  - 7.3.2. 接続詞としての come ((1)〜(5)) ………………………………486
  - 7.3.3. 〈叙述補語＋come＋essere (*ind.*)〉 ((1)〜(3)) ………………487
  - 7.3.4. 近似性を表わす副詞 come ((1)〜(3)) …………………………488
- 7.4. **così** ……………………………………………………………………489
  - 7.4.1. 熟語・成句 ((1)〜(20)) …………………………………………489
  - 7.4.2. 譲歩の così ………………………………………………………493
  - 7.4.3. 形容詞の così「このような，こうした」……………………493
  - 7.4.4. 虚辞的 così ………………………………………………………493
- 7.5. **meno** (熟語・成句(1)〜(29)) ………………………………………493
- 7.6. **niente** (熟語・成句(1)〜(22)) ……………………………………501
- 7.7. **non** ……………………………………………………………………505
  - 7.7.1. 熟語・成句 ((1)〜(7)) …………………………………………505
  - 7.7.2. 虚辞の non ((1)〜(6)) …………………………………………507
  - 7.7.3. その他 ((1)〜(3)) ………………………………………………508
- 7.8. **nulla** (熟語・成句(1)〜(11)) ………………………………………508
- 7.9. **più** (熟語・成句(1)〜(51)) …………………………………………511

目　　次

- 7.10.　**poco**（熟語・成句(1)〜(31)）……………………………………519
- 7.11.　**quale** ……………………………………………………………523
  - 7.11.1.　意味・機能の概観………………………………………524
  - 7.11.2.　熟語・成句((1)〜(9))………………………………………525
  - 7.11.3.　関係代名詞 quale の特殊用法……………………………527
  - 7.11.4.　関係形容詞の quale ………………………………………528
- 7.12.　**quanto** …………………………………………………………529
  - 7.12.1.　意味・機能の概観………………………………………529
  - 7.12.2.　熟語・成句(1)〜(31)………………………………………531
- 7.13.　**se**………………………………………………………………538
  - 7.13.1.　熟語・成句((1)〜(18))……………………………………538
  - 7.13.2.　願望・祈願；遺憾；驚きなどを表わす se 節 …………543
  - 7.13.3.　条件以外の se 節 ((1)〜(4))………………………………544
- 7.14.　**tale** ………………………………………………………………545
  - 7.14.1.　意味・機能の概観………………………………………545
  - 7.14.2.　熟語・成句 ((1)〜(15))……………………………………549
- 7.15.　**tanto** ……………………………………………………………552
  - 7.15.1.　意味・機能の概観………………………………………552
  - 7.15.2.　熟語・成句 ((1)〜(51))……………………………………556
- 7.16.　**tutto** ……………………………………………………………568
  - 7.16.1.　意味・機能の概観………………………………………568
  - 7.16.2.　熟語・成句 ((1)〜(41))……………………………………570

第8章　語順に関する補章 ……………………………………………579

- 8.1.　倒置構文 ………………………………………………………583
  - 8.1.1.　〈自動詞・再帰動詞・受動態（＋状況補語）＋主語〉……583
  - 8.1.2.　〈時間・場所・方式その他，広く状況補語＋自動詞・再帰動詞・受動態＋主語〉………………………………………584
  - 8.1.3.　〈(状況補語＋）目的補語＋他動詞〔または，他動詞＋目的補語〕＋主語〉……………………………………………587
  - 8.1.4.　〈叙述補語（英語でいう補語）＋essere 類〔または essere 類＋叙述補語〕＋主語〉……………………………………589

- 8.2. 強調構文 …………………………………………………………592
  - 8.2.1. 〈直接・間接目的補語（名詞）＋（目的補語に代る）補語人称代名詞＋動詞（＋主語）〉 ……………………………………592
  - 8.2.2. 〈(動詞の後の目的補語に代る）補語人称代名詞＋（主語＋）動詞＋直接・間接目的補語（名詞）〉 ………………………593
  - 8.2.3. 〈essere＋名詞・代名詞（A）＋a＋$inf.$（B）〉「AこそBするものである，BするのはAである」 …………………594
  - 8.2.4. 〈essere＋名詞・副詞・〈前置詞・名詞〉（A）＋che＋$ind.$（B）〉「AなのであるBするのは，BするのはAである」 …………594

第1章 語形成

　語形成という観点から見た場合，ほかの多くの印欧語でもほぼ同じように考えられるが，イタリア語の単語は，単純語，派生語，合成語，変意語，そして短縮語の5種類に分類することができる．このうち，もっとも基本的な，語幹ないし語根がそのまま単語と化した単純語はここでは対象から外し，あくまでも語の「構造解明」という見地に立って，主として1派生語，2合成語，3変意語の三者について検討を加えるのが，本章の課題である．なおもう一つの，4短縮語は，イタリア語ではそれほど広い発達を見せていないので，本書ではいくつかの事例をあげるだけにとどめておく．

1.1. 派生語

　派生語は一般に，接頭辞か接尾辞をつけることによって誕生する．

1.1.1. 主要な接頭辞（数量表現に関する辞は除く）

　ところで，接頭辞の具体的な事例に立ちいるまえに，接頭辞つき派生語とはいったいどのような語か，まずはその形態を一覧しておく必要がある．おおむね，次の五つのタイプに大別できる．そしてこの場合，d と e は，単語に接頭辞をつけただけの単純な派生形ではなく，〈派生名詞・派生形容詞＋動詞語尾 are・ire〉という形の複接派生，つまり2重の派生語である．

　　a　〈接頭辞＋名詞〉→ 派生名詞（この形は，ときに副詞として用いられる場合もある）
　　b　〈接頭辞＋形容詞〉→ 派生形容詞
　　c　〈接頭辞＋動詞〉→ 派生動詞
　　d　〈接頭辞＋名詞＋**are**・**ire**〉→（複接）派生動詞
　　e　〈接頭辞＋形容詞＋**are**・**ire**〉→（複接）派生動詞

　なお，接頭辞なるものは一般に，それぞれ上記5形態のいずれか一つだけで用いられるわけではなく，一つの接頭辞が二つ以上の形式にまたがって用いられるのが通例である．以下接頭辞の配列はアルファベット順，略号ラはラテン語，ギはギリシャ語起源であることを示す．

第1章 語形成

（1）**a-**（ラ　ād）：接近，方向，傾向「…方向に向って」→
　たいへん広い用途をもち，通常派生動詞を形成する．その場合〈a＋動詞〉という単純な形のほか，複接派生の形になることも少なくない．綴り字に関していえば，a-の後へ置かれる子音字（hとqを除くすべて）は発音上2重になる．なお，これと同じ形のa-という接頭辞に，もう一つ本項の〈備考〉欄に記した，「分離（ラ　āb）」の意味をもつa〔as〕-があるが，それが用いられる事例はごく少数にすぎない．
　1）〈a＋動詞〉　元の動詞のもつ動作の意味が加速されるか，それになんらかの方向性が付与される：abbattere 倒す　accorrere 駈けつける　acconsentire 同意する　addivenire 達する　aggiungere 達する；付け加える　apportare もたらす　attraversare 横切る　avvenire 発生する
　2）〈a＋名詞＋are・ire〉　名詞の方向に向う動作か，名詞を手段・方式（…によって；…風に）とする動作を表わす：(a＋bottone ボタン＋are) abbottonare (…の) ボタンをかける　(a＋fetta 薄片＋are) affettare 薄く切る　(a＋terra 大地＋are) atterrare 倒す
　3）〈a＋形容詞＋are・ire〉　形容詞の意味に動きが付与される：(a＋bello 美しい＋ire) abbellire 美しくする　(a＋denso 濃い＋are) addensare 濃厚にする　(a＋dolce 甘い＋ire) addolcire 甘くする
　4）〈a＋副詞＋are〉：(a＋retro 後へ＋are) arretrare 後退する
　　〈備考〉「分離」の意味のa〔as〕-がつく稀な例：astenere 遠ざける astrarre 抽象する．

（2）**a-**〔**an-**〕（ギ　alfa）：無，欠除，否定　→
　日常的な生活語にはまず登場することがなく，学術用語の世界で広く使用される．すでにギリシャ語の段階でa-がついていたものと，近代になってから作られた語の2タイプがある．
　　abulia 無意志（症），無為　acefalo (軟体動物の) 無頭綱；無頭の　afasia 失語（症）　agamia 無性生殖　anemia 貧血　apolitico 非政治的な

（3）**ana-**（ギ　aná-)：再び；反対に，後退して　→
　　anacronismo 時代錯誤　anabattista 再洗礼派　anatocismo〔財〕複利

（4）**anfi-**（ギ　anphí)：周囲；2重の　→
　　anfiteatro 円形劇場　anfibologia 曖昧語法　anfibio 両生動物；両生の

（5）**ante-**, **anti-**（ラ　ānte)：前の〔に〕→

— 2 —

1.1. 派 生 語

　　動詞につくことは少なく，主として名詞・形容詞の接頭辞となる．
　anteporre 前に置く　antivenire 防止する；先を越す　anticamera 次の間
　anteprima 試写（会）　antipasto 前菜　antimeridiano 午前の
（6） **anti**-（ギ　antí）：反（対），対抗；否定　→
　　古くから用いられたが，現代生活の文明化，工業化の進展とともに，政治，科学，技術，医学などの用語として広い範囲にわたって使用されている．
　　antinomia 二律背反　antipode 対蹠地(せき)　antifurto 盗難防止の；盗難防止装置　antiprotone 反陽子　anticomunista 反共主義者　antalgico 鎮痛薬；鎮痛性の　antiallergico 抗アレルギー性の
（7） **apo**-（ギ　apó）：分離，喪失　→
　　使用例はかなり限られている．
　　apofonia 母音交替　apostata 棄教者　apologia 弁明
（8） **archi**-（ギ　archi）：先頭の，優位の，上位の　→
　　arcavolo〔a〕高祖父〔母〕；祖先　archidiocesi（＝arcidiocesi）大司教管区　architetto 建築家；創始者　architrave 軒桁　archivista 古文書館員
（9） **arci**-（ギ　archi）：
　1) 極端，超過　→　現代での用法は限られているが，とくに話し言葉で，ごく一部の形容詞に付し，絶対最上級を作ることがある．
　　arcicontento 大満足の　arcinoto 超有名な　arciricco 大金持（の）
　2) 頭，トップ，首席　→　この意味の場合は，学術語の接頭辞(8) archi- が，生活語に転用されて arci- になったケースである．
　　arcidiavolo 大悪魔　arciduca 大公　arcipelago 群島　arciprete 司祭長　arcivescovo 大司教　arcidiocesi 大司教区
（10） **avan**-, **avam**-（ラ　āb＋ānte）：前の〔に・へ〕　→
　　avambraccio 前腕　avanguardia 前衛　avamposto 前哨（地点）　avanscena 前桟敷　avanporto 外港　avanspettacolo 前座のショー
（11） **bi**-（ラ　bi）：二つの，2回の，2重の　→
　　ラテン語から直接伝わった語も少なくないが，さらにイタリア語成立後に作られた語がそれに加わり，時代が下るとともに，科学・技術関係の用語が数多く派生した．その場合，英仏語を経ることによってイタリア語となった語も少なくない（例：bicycle（英）　→　bicyclette（仏）　→　bicicletta（伊））．
　　bicentenario 2百年祭　bicolore 2色の　bilancia 秤(はかり)　bilingue 2ヶ国語

を話す〔で書かれた〕　bicloruro 2塩化物　binomio 2項式
(12) **bis**-（ラ bīs）：
(11)**bi**-に意味は似ているが，用例はずっと少ない．
1）繰り返しの，二つの → bisarca 自動車運搬用2階立貨車
2）次の段階の，二つ目の，さらに遠い → biscroma 32分音符　bisdrucciolo 語末から4番目の音節にアクセントのある　bisnonno 曽祖父　bisavo 曽祖父；祖先　biscugino 又従兄弟　bisnipote 曽孫；甥・姪の子
3）強調 → bisunto 油まみれの　bislungo 長細い　biscotto（よく焼けた）ビスケット
4）軽蔑，否定的意味 → bistrattare 虐待する　bistorto ねじれ曲った
5）まずまずの → bistondo 丸まっこい
(13) **caco**-（ギ kakós）：悪い，悪質の → 専門・学術用語に用いる．
cachessia 悪液質　cacofonia 不協和音　cacografia 悪文；綴りの間違い
(14) **circum**-，**circo**-，**circon**-（ラ cīrcum）：…のまわりを・に →
circondare 取り囲む　circonflettere 湾曲させる　circumnavigare 周航する　circostanza 事情　circospezione 用心深さ　circoscritto 外接する
(15) **cis**-（ラ cīs）：…からこちら側に → 例は少ない．
cisalpino アルプスのこちら側の　cislunare 月から地球に近い　cismarino 海のこちら側の　cismontano 山のこちら側の　cispadano ポー河の南の
(16) **con**-，**co**-（ラ cūm）：共同，仲間（共に，一緒に）→
用例多数．ラテン語の段階ですでにこの接頭辞が用いられている語と，イタリア語になってから形成された語の2タイプがある．〈co＋母音字または《s＋子音字》（稀にほかの子音字も）〉，〈con＋（b・m・p；l・r以外の）子音字〉，〈com＋b・m・p〉，〈col＋l〉，〈cor＋r〉というように，次に置かれる字母によって形が変る．
1）動詞：coabitare 一緒に住む　condolersi お悔みを述べる　congiungere 結びつける　comporre 組立てる　comprimere 押しつける
2）名詞：coetaneo 同時代人　consocio 共同経営者　coscritto 新兵（仲間）correo 共犯者　conterraneo 同郷〔国〕人　compatriota 同国人
3）形容詞：collaterale 並行する　coincidente 同時的な　compartecipe 共同参加の　collegiale 同業者団体の
(17) **contro**-，**contra**-（ラ cōntra）：

1.1. 派 生 語

〈contro＋子音字〉，〈contr(o)＋母音字〉，〈contra＋2重子音字〉という結合になる．

1) 対抗；対置，反対 → contraddire 反論する　contrapporre 対抗させる　controvento 風に逆らって；(風よけ用) よろい戸　contromisura 対抗措置　controluce 逆光　contrabbando 密輸　controproposta 反対提案
2) 取消し，修正 → contrordine 取消し命令　controrelazione 修正報告　contravviso 修正〔取消〕告示　contranota 修正の注
3) 交換，代理〔置〕 → controfigura スタンドイン，代役　controscritta 写し　contraccambio 返礼　controchiave 合鍵
4) 深化；重層 → controporta 2重扉の外戸　controcoperta (船の) 軽甲板　controcassa 外箱　controfondo 2重底　controricevuta 再領収書
5) 確認 → contrappello 再点呼　controprova 再照合　controfirma 副〔連〕署　controdata 確認用日付　contromarca 再確認マーク
6) 接近 → controfiletto (牛の) 背肉サーロイン　controgirello (牛の) 股の上部肉

(18) **de-**, **di-** (ラ dē)

de-, di-ともに同じような意味・用法を備えているが，とくに近・現代では di-の使用は減退し，de-が一般的になった．用例は多く，科学・技術分野にも広く浸透．なによりも動詞に利用され，名詞，形容詞は動詞から派生している．

a　**de**-の場合
1) 分離，離脱，奪取，除去；悪化；否定 → deportare 流刑にする　derogare (に) 背く　deviare それる　decelerare 減速する　decifrare 解読する　decrescere 縮小〔減退，低下〕する
2) 強調（ときに下降運動か，否定的ニュアンスを含む）→ defluire 流れこむ　decadere 衰える　decedere (cedere は行く) 死去する　declinare 傾く　denudare 裸にする　derubare 奪う　denegare (きっぱり) 否定する

b　**di**-の場合
1) 分離，離脱，奪取，除去 → digrassare 脂肪分をとる　digrossare 粗削りする　dilavare 洗い流す　disperare 絶望する
2) 強調（ときに下降運動のニュアンスを伴なう）→ dibattere 討論する

第1章 語形成

　　　　discendere 降りる　　dileguare 消える；消し去る　　dimostrare 明示する
(19) **dia**-（ギ　diá）:〈dia＋子音字〉,〈di＋母音字〉という結合になる．
　1）横断，貫通（…を通して〔介して〕）→ diacronia 通時態〔論〕
　　　diagramma 図表，図式　　diaframma 横隔膜；鼓膜　　dialogo 対話
　2）分離 → diafonia（電話の）漏話　　diaforesi 発汗(療法)
　3）手段 → diapositiva スライド
(20) **dis**-（ラ　dīs）: 3）の意味では，ときにsが脱落する．
　　用例は実に多く，ときによるとこの接頭辞と併用する形で, de-, di-, さらにはとりわけ s- などといった，類似した意味の接頭辞がつく語を同時に派生しているケースもあるが，意味領域，ニュアンスは多少異なる(例　disbrigare ↔ sbrigare, discolorare ↔ decolorare, disvellere ↔ divellere, svellere)．
　1）離脱，除去，奪取 → disaffezionare（の）気持を冷ます　　disarmare（の）武器を取りあげる　　disgelare 解氷〔凍〕する　　disimpegnare 免除する　　disidratare 脱水する　　distogliere そらす　　disgregare 解体する　　dislivello 落差　　dismisura 過度　　disincantato 迷いから覚めた
　2）反対，否定 → disdire（前言を）打ち消す　　disobbedire 従わない　　disfare こわす　　dissentire 同意しない　　disinteresse 無関心　　disagio 居心地の悪さ　　disavanzo 赤字　　disgrazia 不運　　disonore 不名誉
　3）分〔拡〕散；分割（あちこちに；こなごなに）→ diffondere（あちこちにふりまく）拡散させる　　discorrere（あちこちへ走る）論じる　　dirompere（こなごなにこわす）破壊する　　distribuire（あちこちに分ける）分配する　　disciogliere（こまかくほどく）ほどく；溶かす
(21) **dis**-（ギ dys）: 困難，異常，異様，不十分，機能不全 → 主として医学用語に用いられる．
　　　discromia 皮膚色素異常　　disfasia 不全失語(症)　　disuria 排尿困難　　disfonia 発声障害　　dislalia 構音障害
(22) **e**-, **es**-（ラ　ēx）:
　　英仏語のex-に当るが，多くの場合，すでにラテン語の段階でこの接頭辞との結合が成立している．後にくる字母によって形が変り，〈e＋有声子音字(b・d・g・l・m・n・r)〉,〈ec＋c〉,〈ef＋f〉,〈es＋母音字またはp・s・t〉，ときに〈ex＋sまたは母音〉という結合になる．

1.1. 派 生 語

1) 外部へ向う運動（外へ・に）→ eccedere（外へ行く）（の)範囲を越す eccellere（外側へ突きでる）抜きんでる　effondere（外へふりまく）撒き散らす　esprimere（外へ押しだす）表現する　espellere（外へ押す）追いだす　evocare（外へ呼ぶ）呼びだす　eccesso 行き過ぎ　esodo（外の道へ）国外脱出　enorme（規範の外へ）巨大な

2) 行為の完成（完全に，すっかり）→ elabolare（完全に作りあげる）念入りに作りあげる　espugnare（完全に打倒する）攻略する　escogitare（徹底的に考える）案出する　enumerare（完全に数える）数えあげる

(23) **ecto**-（ギ　ektós）：外部（外へ）→ 主として医学・生物学用語.
　　ectasia 拡張(症)　ectoderma 外胚葉　ectopia 転位(症)　ectoplasma 外質，皮質　ectoparassita 外部寄生動物

(24) **emi**-（ギ　hēmi. ラの sēmi に相当）：半分，中間 → 科学・医学用語.
　　emianopsia 半盲　emicrania 偏頭痛　emisfero 半球　emiciclo 半円形建築〔劇場〕　emiparesi 片側不全麻痺

(25) **endo**-（ギ　éndon）：内部 → 科学・学問用語.
　　endocarco 内果皮　endoderma 内皮　endogamia 族内婚　endocardico 心内膜　endoplasma 内質　endogeno 内生の；内因性の　endoscopio 内視鏡

(26) **entro**-（ラ　íntro）：内部 → 用例少なし.
　　entroterra 後背地，ヒンターランド　entrovalle 渓谷の内部

(27) **epi**-（ギ　epí）：上・外部；追加，再度 → 科学・技術用語.
　　epicarpo 外果皮　epicardio 心外膜　epistassi 鼻出血　episcopio（戦車の）潜望鏡　epifita 着生植物　epidermide（皮膚の）表皮

(28) **equi**-（ラ　aequi）：同等の → equiangolo 等角の　equivoco 多義（の）equilibro 平衡　equidistante 等距離の

(29) **eso**-（ギ　1) éxo, 2) ésō か éisō)：
　　通常は，1)「外部」の意味で用いられ，2)「内部」の意味の例は稀.
　1) 外部 → esogamia 族外婚　esocrino 外分秘(性)の　esogeno 外因〔発〕性の　esocarpo 外果皮　esoderma（根の）外皮層
　2) 内部 → esoterico 秘教的な（ちなみに，反対語は essoterico 公教的な.この語の2重の s は，混同を避けるためのもの）　esotropia 内斜視

(30) **estro**〔**a**〕-（ラ　ēxtra）：外部へ → (34)の1)と同じ意味.

estrapolare 外挿する；抽出する　estroflettere 外へ曲げる　estromettere 外に出す，排除する　estrovertere 外へ向ける

(31) **etero**-（ギ hêteros）異なる，別の →
　　eterodossia 異端　eterogamia 異形配偶　eterogeneo 異種の　eterosessuale 異性愛の

(32) **eu**-（ギ êu）：良，快 → 語頭が母音字の語につく場合は ev になる．
　　euforia 快感，幸福感　eufonia 好音調　eugenetica 優生学　evangelo 福音　eufemismo 婉曲語法　eutanasia 安楽死

(33) **ex**-（ラ ex）：元，以前の，前任の →
　　ex(-)ministro 前大臣　ex(-)allievo 昔の生徒　ex(-)amante 元恋人　ex(-)presidente 元会長〔大統領など〕

(34) **extra**-（ラ ēxtra）：1）外部，2）超過，の二つの意味がある．

1）外部の〔に・へ〕→ (70) **stra**-とほぼ同義．ただし stra-が生活語の領域にまで広く及んでいるのに反し，こちらは政治・法律用語などの特定の分野に限られている．通常，形容詞か名詞を派生する．
　　extraparlamentare（＝estraparlamentare）議院外の　extraterritoriale（＝estraterritoriale）治外法権の　extrareddito 臨時収入　extraurbano 市外の　extrasensibile 感覚を超えた

2）超過，過剰 → 広告・新聞用語によく登場する．
　　extralusso 超豪華の　extrafino 極上の（qualità extra 超品質の，などのように形容詞的にも用いる）

(35) **fra**-（ラ infra ← infer または inferus）：間；一緒に，ごたまぜに →
　　(74)，5）の **tra**-とほぼ同義のため，そのどちらを用いても同じ意味になるケースも見られる．しばしば2重同一子音字を従える．
　　frammezzo 間に　frattempo その間　frattanto その間に　frammettere（＝tramettere）（の）間に置く　framezzo（＝tramezzo）仕切り　frammescolare 混ぜ合わせる　fraintendere 誤解する

(36) **fuori**-, **fuor**-, **for**-（ラ fŏris, fŏras）：外へ〔に・で〕→
　　fuoriclasse（仲間のなかで）際立って優秀な（者）　fuoricorso 留年の；留年学生　fuorilegge無法の；無法者　fuoriserie特別注文の；特別な　fuoriprogramma 予定外の催し物〔番組〕　fuoristrada オフロードの（車）　forsennato 正気を失った；狂人

1.1. 派 生 語

(37) **giusta**-（ラ iūxta）：近接（近くに）→ 用例は稀．
giustapporre 並置する　giustapposizione 並置〔列〕

(38) **in**-（ラ īn）：1）内部方向，2）否定，の二つの意味がある．次の字母との結合の仕方は，〈in+l・m・r〉は ill, imm, irr に，〈in+b・p〉は imb・p,〈in+s〉は is か ins, 他の子音字および母音字と結合する場合は in のまま，というように行われる．ただし〈in+a・e〉は稀に n が 2 重化（innalzare, inalzare も）する．

1）内部方向，運動化；付加（…の中へ，…の方向へ；…に加えて）→ おおむね動詞を派生し，方向性をもつ動作，付加動作，ときに変化，生成のニュアンスが加わる．**a**-と並ぶ，「方向性」を示す 2 大接頭辞の一つであるが，〈内部方向への運動〉というニュアンスはより鮮明である．a-と同様，多くの複接派生動詞（in+名詞・形容詞+are・ire）を形成する．

① 〈in+動詞〉incamminare 歩かせる，導く　infondere 吹きこむ　immettere（の）中に入れる　impiantare 設置する　irridere 嘲笑する　irrompere 押し入る

② 〈in+名詞+are・稀に ire〉illuminare (lume) 照らす　imbarcare (barca) 船積みする　incassare (cassa) 箱に入れる；入金する　innamorare (amore) 魅惑する　inondare (onda) 浸水する　inquadrare (quadro) 額縁におさめる　installare (stallo) 就任させる；据えつける

③ 〈in+形容詞+are・ire〉imbiancare (bianco) 白くする　impallidire (pallido) 青ざめる　indurire (duro) 固くする　indebolire (debole) 弱める　ingrandire (grande) 大きくする　innervosire (nervoso) 苛立たす

2）否定（すなわち，非…，不…）→ 主として形容詞・名詞を派生する．ただ，〈in+名詞〉の形は少なく（inazione, insuccesso），一方〈in+形容詞（とくに～abile）〉は広い用途をもつ．と同時に，この形容詞に接尾辞がつく形の派生名詞がしばしば形成される（logico → illogico → illogicità）．ギリシャ語の否定接頭辞 a-と同じ語根から生じたものであるが，意味には微妙な違いがある．すなわち，**a**-は単に「無・欠除」を意味するのに反し，**in**-には，「否定」的働きかけのニュアンスがある．たとえば，amorale, areligioso は道徳や宗教への無関心・無関係を表わし，immorale, irreligioso には，否定さらには侵害，の積極的意味が加わる．さらに，a-

は学術・技術用語の世界に偏在しているのに反し，in-の使用は広い分野にわたっている．

　　illecito 不法な，不正な　illogico 非論理的な　immobile 不動の；不動産　immorale 不道徳な　impaziente 辛抱できない　inabilità 無能力

(39) **inter**-（ラ inter）：1）間，2）相互関係の二つの意味をもつ．

　1）（時間的・空間的な）間 → interatomico 原子内の　interbellico 両大戦間の　intermedio 中間の；中間生成物　intercalare 間に入れる　intercettare さえぎる　interdire 禁じる　intercedere 仲介に入る

　2）相互関係；共同，協力 → interattivo 対話方式の　intercomunale 市町村間の　intercomunicante（相互に）つながっている　interazione 相互作用

(40) **intra**-, **intro**-（ラ intro）：内部の〔における，への〕 → intracellulare 細胞内の　intradermico 真皮内の　introspezione 内省　introdurre 導入する　intravedere ちらりと見る　intromettersi 仲裁する

(41) **iper**-（ギ hypér）：超，過剰；最高度 → 主として学術語，とくに病理を示す医学用語に広く用いられる．ラテン語源の(73) **super**-とよく似た意味をもち，ときにこの二つの接頭辞が同じ語につく（ipernutrizione, supernutrizione）．

　　ipersensibile 過敏性の（人）　ipersonico 極超音速の　ipercritico 批評過剰の　iperacidità 過酸症　iperalgesia 痛覚過敏　iperbole 誇張　ipermetro 音節過剰　ipermercato 大型スーパーマーケット

(42) **ipo**-（ギ hypó）：下位，減少 → (41) **iper**-の反対の意味をもち，とくに医学用語，学問用語の世界に広く登場する．

　　ipoderma 下皮　ipogastrico 下腹部　ipocondria 心気症　ipotrafia 栄養不良　ipocentro 震源　ipotesi 仮説　ipoteca 抵当　ipostasi 実体；位格

(43) **medio**-, **medi**-（ラ medĭu(m)）：中，中間 → mediocredito 中期貸付け　mediolatino 中世ラテン語・文化；中世ラテンの　medioevo 中世　medioleggero 中量級の（選手）　mediterraneo 地中海（の）

(44) **meta**-（ギ metá）：主として学術・専門用語として用いられる．

　1）（状態・位置の）変化，移転 → metamorfosi 変身　metatesi 音位転換　metempsicosi 輪廻　metabolismo 代謝　metastasi（病気の）転移

　2）後続 → metacarpo〔解〕中手　metatarso〔解〕中足

1.1. 派生語

　3）超越，包括性 → metapsichica 超心理学　metalinguistica メタ言語学　metafisica 形而上学　metagalassia 銀河系外星雲

　4）〔化学〕メタ → metaldeide メタアルデヒド　metabisolfito メタ重亜硫酸塩

(45) **mezzo**-（ラ　medĭu(m)）：半分，真中 →
mezzogiorno 正午　mezzobusto 半身像　mezzofondo 中距離レース

(46) **mis**-（ラ　mé, més）：悪い，誤まった；否定，反対 →
misfatto 大罪　misconoscere 誤〔否〕認する　miscredente 無信仰の（人）

(47) **non**-（ラ　nōn）：
noncurante 無頓着な　nonsenso ナンセンス　nonconformista 非国教徒；非順応主義者　non intervento 不干渉(主義)

(48) **ob**-（ラ　ōb）：（に）対（抗）して；（の）ために；（の）前に → もっぱら動詞の接頭辞として用いられ，イタリア語以前のラテン語の段階で形成された語が大半を占める．綴字は，しばしば obb, occ, opp, oss, ott, ときに o のみになる．
obbligare（ŏb+ligāre（=legare））強制する　occupare（ŏb+capĕre（=prendere））占拠する　opporre 対置する　offendere（ŏb+fĕndere（=urtare））傷つける　offrire（ŏb+fĕrre（=portare））提供する

(49) **oltr(e)**-（ラ　ultra）：（の）上の，（を）越えた →
oltralpe アルプスの向う側の（土地）　oltremare 海の彼方の（土地）　oltrepassare 越える　oltremisura はなはだしく　oltretutto さらに加えて

(50) **para**-, **par**-（+母音）（ギ　pará）：ギリシャ語の段階で成立している語と，近代になってから造成されたものの二つのタイプがある．

　1）近似，近接；平行；準，副 → parallelo 平行の；平行円　parassita（pará のもとで+sítos 食物）寄生の；寄生生物　parastatale 半公共的な　parapolitico 政党活動に平行した

　2）ずれ，変異；異常；擬似 → paradosso 逆説　paranoia 偏執病　parodia パロディ　parentesi 括孤；挿入語句

(51) **per**-（ラ　pēr）：科学用語を除き，ほとんどの語が，ラテン語の段階でこの接頭辞と結合している．

　1）（を）通って，越えて → percorrere 走り抜ける〔回る〕　perforare 穴をあける　pervenire 到来する　percorso 通過，行程

2）一貫して，ずっと；完全に → perfetto 完全な　perseguire 追求する　persistere（ずっといる）持続する　perpetuo（絶えず進む）永遠の
3）強調（とくに科学用語）→ pertosse 百日咳　peracido 過酸　perclorico 過塩素酸の　perborato 過硼酸塩

(52) **peri**-（ギ　perí）
　1）周辺 → periferia（周辺に生成されたもの）郊外　periodo（周りの道）期間　perifrasi 迂言法　periartrite 関節周囲炎
　2）最接近点（天文学用語）→ periastro 近星点　perielio 近日点

(53) **post**-（ときに **po**-, **pos**-）（ラ　post）：(空間的・時間的に) 後に → postbellico 戦後の　postmoderno ポストモダンの　pomeriggio (meriggio 正午) 午後　postoperativo 手術後の　posporre 後置する；延期する

(54) **pre**-（ラ　prāe）
　1）（通常，時間的に）前もって先に；（稀に空間的に）前の・に → precedere 先行する　preavviso 予告　preallarme 予備警報　predestinare 宿命づける　predisporre 予め手筈を整える　premettere 前提する　prealpino アルプス前山（地域）の　preporre 前に置く；優先さす
　2）優先，優越 → predilezione 偏愛　prepotente 高圧的な　prevalere 優越する　preferire 好む　preominidi 先行人類

(55) **preter**-（ラ　praeter- ← prae）：(を)越えた，(の)向うの → preternaturale 超自然的な　preterintenzionale 故意でない；結果的加重の

(56) **pro**-（ラ　prō）：
　1）前に・へ；公けに → 空間的・時間的に，前方や外側へと向う動作を表わす．同じような意味をもつ，(54) **pre**-が静的性格の「前の・に」であるのに反し，この **pro**-は動的方向性のニュアンスをもつ．
　procedere（前へ行く）進む　proclamare（前へ向って呼ぶ）宣言する　produrre（前に導く）生産する　proferire（前に運ぶ）表明する　provenire（…から前に来る）由来する　promettere（前に置く）約束する　progresso（← progredire）進歩　pronunciare（公けに知らせる）宣言する
　2）（公職の）代理，副 →「代理」を表わす接頭辞としては，もう一つ(78) **vice**-がある．そしてその vice- の方がより一般的．
　proconsole（古代ローマの）属州総督　prosindaco 助役　prorettore 副学長

1.1. 派 生 語

3）血縁関係（先祖；子孫）→ pronipote 曽孫；子孫　proavo 曽祖父；先祖　progenitore 元〔先〕祖　prozio 大伯〔叔〕父　propaggine 分枝〔派〕

4）賛成，支持（やや稀）→ procurare （のために配慮する）配慮する；手にいれる　propugnare （のために戦う）防衛する　promemoria メモ，覚書

(57) **pro**-（ギ pró）：（空間的・時間的に）前に → 学術用語での使用が一般的.

proemio 序言, 前置き　profeta 預言者　profilassi 予防〔策〕　prognosi 予後　programma 計画　proscenio 前舞台　prostata 前立腺

(58) **re**-, **ri**-（ラ re）→

re-, **ri**-は両者ともに同じような意味・用法をもつが，**re**-のほうが使用範囲が狭い．そして両方とも同じ語に結合する場合は，**re**-はやや文語的，ないし学術語的ニュアンスを帯びる傾向がある（recezione ↔ ricezione 受取り　recuperare ↔ ricuperare 回収〔復〕する　repugnare ↔ ripugnare 嫌悪する）．

a　**re**-：すでにラテン語の段階で結合している語が少なくない（たとえば recitare, reclutare, reperire, resistere, revocare）．

1）繰返し → ⟨re＋i⟩ の結合が多い．この意味のとき，ri-と結合する語が re-とも同時併用される場合は，むしろ ri-のほうが一般的（reimpiegare ↔ rimpiegare 再び用いる）．
reidratare 再水化する　reintegrare 再統合する　respirare （繰返し息を吐く）呼吸する　resistere （繰返し留まる）抵抗する　reiterare 反復する　restare （繰返し居る）留まる

2）後戻り，復帰 → recedere （後ろへ行く）後退する　recepire （後ろへ引き寄せる）受けいれる　restituire （元へ置く）返却する　revocare （元へ戻す）取り消す　redimere （買い戻す）あがなう

3）反対，対抗 → reagire 反応する　respingere （反対方向に押す）拒否する　renitente （対抗して逆らう）（に）従わない

4）強調 → recitare 唱える　redarguire （強く示す）難詰する　recinto 囲い　resezione 切除

b　**ri**-：**ri**-の使用はたいへん広範囲にわたり，同時に ⟨ri＋名詞・形容詞＋are・ire⟩ という複接派生の語も少なくない（例：ri＋basso＋are → ribassare)．**ri**-（ときに **re**-のときも）の後に **a**-・**in**-という，もう一つ別な接頭辞がつく場合もあって，その場合はしばしば〈ri＋a → ra〉，〈ri＋in → rin・rim〉というように，形が変化する (rabbonire；rintrodurre)．

1）繰返し → riaccendere 再点火する　riandare 再び行く　rimbalzare 跳ね返る；反射する　riscrivere 書き直す　rivedere 再会する

2）取返し，後戻り，復帰 → ribattere 繰返し打つ；打ち返す；反駁する　riconoscere 見分ける　ritrovare 見つけだす　rinviare 返送する

3）強調（以下の動詞の接頭辞 **ri**-は，〈繰返し；後戻り〉の意味の残影をときに感じさせながらも，実はその意味は薄れ，むしろ強調的ニュアンスをもつにいたった例）→（adunare →）radunare 集合させる　(assicurare →) rassicurare 保証する　(accorciare →) raccorciare 短縮する　(cercare →) ricercare 探す　(inchiudere →) rinchiudere 閉じこめる　(scaldare →) riscaldare 暖める

4）新ニュアンス付加 → ricadere（再び倒れる →）垂れ下がる　ricavare（再び取り出す →）引き出す，抽出する　rilegare（再び縛る →）製本する　riunire（結び合わす →）集める

5）相互動作 → ricambiare 交換する　riamare 愛し返す

(59)　**retro**-（ラ rētro）：(空間的・時間的に) 後ろへ・の → retroattivo 遡及的な　retroscena 舞台裏　retrospettivo 回顧的な　retrocedere 後退する　retrogradare 逆行する　retromarcia 後進

(60)　**s**-（ラ ĕx）：

「除去；否定」と「強調」の二つの基本義を備えているが，前者から「悪化」，後者からは「過度」のニュアンスが生じた．**a**-，**con**-，**de**-，**in**-，**ri**-などとともに，もっとも広く，かつもっとも古くから用いられている接頭辞の一つ．複接派生〈s＋名詞・形容詞＋are・ire〉(s＋natura＋are → snaturare, s＋nudo＋are → snudare など) の語も数多い．主として動詞の，同時にしばしば形容詞・名詞の接頭辞にもなる．ちなみに，同種の意味をもつ接頭辞に，**de**-と **dis**-がある．

1）分離，離脱；除去 → sbarcare 下船〔車〕させる　sconfinare 越境する　sbucare 穴から出る　scaricare 積荷を降ろす；負荷を除く　slegare ほどく　sgombrare 除去する　smontare 解体する　spostare 位置を移す

2）否定，反対，中止 → scongelare 解凍する　sparecchiare 後片づけをす

1.1. 派生語

　る　stonare 調子を狂わす　svezzare 習慣をやめさせる；離乳させる　scontento 不満な　sleale 不誠実な　scortesia 無作法　sfiducia 不信
　3）悪化　→　sparlare 悪口を言う　sfondare 底を抜く；つぶす　snaturare 変性させる　scostumato ふしだらな　svista 見落し
　4）強調；過度　→　sbattere 強打する　scancellare 抹消する　scacciare 追い払う　sbalzare 振り落す　sbeffare あざ笑う　slanciare 投げ飛ばす　smuovere 移動さす　stordire 目をまわさす；仰天さす　smorto 蒼白な
　5）新ニュアンス付加　→　scadere（外へ倒れる・落ちる）低下する；期限が切れる　spalmare（手の平で広げる）塗る　svenire 気を失なう

(61) **sci**-（ラ　ēx）：奪取，除去；否定，反対　→　sciacquare（水をとる）ゆすぐ　scioperare（働かない）ストライキをする　sciagurato（ツキを奪われた）不運な　sciagura 災難

(62) **se**-（ラ　sēd）：分離して，別個に　→
sedurre（脇に連れて行く）誘惑する　secessione（別々に行くこと）分離　separare（離して準備する）分ける　segregare（群から遠ざける）隔離する

(63) **semi**-（ラ　sēmi）：半分；ほとんど；部分的に　→
semiaperto 半開きの　semiacerbo 充分熟していない　semivocale 半母音

(64) **senza**-（ラ　absentīa）：欠除，欠落　→
senzapatria 祖国のない人；無国籍者　senzatetto 宿無し；罹災者

(65) **sin**-（ギ　sýn）：共同，同時性，結合（つまり，共に，同時に）　→　〈sin+b・m・p〉は sim，〈sin+l〉が sil，〈sin+r〉は sir，〈sin+s〉は sis，というように綴り字が変わる．
　simbolo（一緒に置かれたもの）象徴　simpatia（共に抱く感情）共感　sincronia 同時性　simmetria（同じ寸法）左右対称　sistema 組織

(66) **so**-（ラ　sūb）：1）下に，2）不充分，の二つの意味がある　→
　綴り字〈so+b・c・f・g・m・r・p〉が，sobb, socc, soff, sogg, somm, sorr, sopp というようになり，後続の子音が2重化する．
　1）下に〔へ・の・で〕　→　soccombere（下に横たわる）屈伏する　soccorrere（下方へ走る）救助する　sobbalzare がたがた揺れる　sommergere（水面下に浸す）沈める　sopprimere（下方に押しつける）廃止する
　2）不充分，不完全，半分　→　socchiudere 半開きにする　sorridere 微笑す

る

(67) **sopra-**, **sovra-**（ラ　sūpra）：

　両者とも，基本的に「上」の意味を備えているが，**sovra-**はやや文章語的で，物理的な「上」よりもむしろ，「超越，超過」といった比喩的意味になる．しばしば両者は交換可能であるが（さらには，sopraintendere, sovraintendere, soprintendere, sovrintendere の4形が可能な語もある），どちらが一般的か，簡単には断定できない．〈～+母音字〉は，〈sopr(a)・sovr(a)+母音〉，〈～+子音字〉は，おおむね2重同一子音字（sovraccarico）という綴り字になる．

a　**sopra-**：

　　1）上，付加 → soprabito スプリングコート　sopracciglio 眉（毛）　sopraccoperta ベッドカバー　sopraddetto 前述〔記〕の　sopral(l)uogo 現場検証　soprassuolo 地表　soprannome 仇名　sopravvivere 生き残る

　　2）超越，超過 → soprappieno 過度に　soprappaga ボーナス　soprasensibile 超感覚的な　sopraffino 極上の　sopraffare 屈伏させる

b　**sovra-**

　　1）上，付加 → sovrapposto 2重に重ねた　sovrastruttura 上部構造物　sovrappasso〔sovrappassaggio〕陸橋　sovrapporre（の）上に置く

　　2）超越，超過 → sovraccarico 過重の　sovraffolato 超満員の　sovrimposta 割増税（賦課）　sovralimentazione 過食；（燃料）過給　sovraffaticare 疲労困憊させる　sovreccitare 過度に興奮させる

(68) **sor-**, **sur-**（ラ　sūper）：

　sopra-, **sovra-**, および **super-** などと同じように，「上に・の」の意味をもち，**sor-**, **sur-** ともに使用範囲はやや限られていて，**sur-** には比喩的意味が加味される．

a　**sor-**：上に〔の・を〕，を越えて → sorpassare（上を過ぎる）越える　sorvegliare 監視する　sormontare（の）上に載る　sorprendere 不意にとらえる

b　**sur-**：

　　1）上の〔に・を〕→ surricordato 前記の　surriferito 前述の

　　2）過度；超越 → surgelato 急速冷凍した；冷凍食品　surrealismo 超

1.1. 派 生 語

現実主義　surcompressione 過圧　surriscaldamento 過熱

(69) **sotto**-（ラ　sūbtus）：通常副詞として用いられる sotto が接頭辞に転化したもので，sub-と同じような意味をもつ．使用例は数多い．

1)（空間的に）下の〔にある〕→ sotterra 地下に・で　sottomano 手の届くところに　sottochiave 鍵をかけて　sottomarino 海中の　sottoscritto 下に書かれた；署名者　sottabito（女性の）下着　sottobosco（森の）下生え　sottopiatto 受け皿　sottopassaggio 地下道　sottotetto 屋根裏　sottomettere 下に置く　sottolineare 下線を引く

2)（質，量，程度，規範，地位などが）下位の，従属的な，二次的な → sottofamiglia（生物の）亜科　sottocapo 次席，次長　sottocultura サブカルチャー　sottogoverno（政府，企業，組織の）派閥活動　sottoprodotto 副産物　sottocosto 原価割れで　sottoprezzo 相場より安く　sottesposto 露出不足の　sottomettere 服従させる；委ねる

(70) **stra**-（ラ　ēxtra）：

(34) **extra**-と同じ語源から誕生した接頭辞であるが，**stra**-のほうが日常的かつ一般的．原義の「外部の〔に・へ〕」の用例は稀．

1) 外部の → stragiudiziale（=extragiudiziale）法廷外の

2) 限界，逸脱；過剰 → stracotto 調理し過ぎの　stramaturo 熟れ過ぎの　stravagante（逸れてさ迷う）逸脱した；風変りな　stralunare 目を丸くする　strapotere 絶大な（権）力　strafare やり過ぎる　straperdere 大損をする　stravedere 見間違いをする

3) 絶対最上級 → stracarico 積荷を満載した　straricco 大金持（の）

4) 外へ（(74) tra-，1）の強調）→ straboccare 溢れ出る　strapaese（地方同士の連帯）第一次大戦後の「郷土派」　stracittà「都会派」

(71) **su**-（ラ　sū (sum)）：上，以前に →

綴り字のうえでは，〈su+d・l・m・n〉は，子音字が2重になる．(72) **sub**-（下の・に）との違いに注意．用例は少ない．

suddetto 前述の　sunnominato 前記の　sunnotato さきに触れた

(72) **sub**-（ラ　sūb）：原義は「下の・に」→

とくに〈sub+c・d・f・g・p・r〉という結合の場合，b が脱落して次の子音字が2重になり（たとえば succ），後ろの語との結合度が強まると，接頭辞の意味がやや薄れることがある．

第1章 語形成

　　1）下の・に；近接の → subacqueo 水中の　subaereo（大気の下の）地表の　subalpino アルプス山麓の；アルプスに近接した　subtropicale 亜熱帯　subantartico 亜南極の　subartico 亜北極の
　　2）（地位，程度，行為が）下位の，従属した，副次的な，第2段階の → subalterno 下位の，下級の；下級職員　subacido 弱酸性の　subfebbrile 微熱のある　subsonico 亜音速の　subvedente 弱視の（人）　subaffitto 又貸し　subinquilino 転借家人　subentrare 取って替る
　　3）〈su＋2重同一子音字〉の場合 → successo 成功　suffisso 接尾辞　supporre（下に置く）仮定する　sussistere 存続する
(73) **super**-（ラ　sūper）：同種の接頭辞，(67) **sopra**-，**sovra**-に較べて，やや学術的，知的ニュアンスを有する．
　　1）上部；重層，追加 → superstrato 上層（言語）　superderivato 2重派生　superfamiglia（生物分類の）上科，超科
　　2）（サイズ，規模，能力，程度が）超；優位 → superdotato 並外れた能力の　supercolosso（映画の）超大作　superstrada 高速道路　superdonna スーパーウーマン　supertestimone 決定的証人
　　3）過剰 → superaffollato 過密の　superalimentazione（＝supernutrizione）栄養過多　superlavoro 過労　superdecolato 過剰装飾（の）
(74) **tra**-（ラ　trāns）：
　　この **tra**-および，(75) **trans**-，(76) **tras**-の三つは，すべて同じラテン語の trāns（越えて）に由来する語であるが，それぞれ三者三様の発達をみた．そしてこの **tra**-がもっとも意味が多様である．
　　1）（を）越えて，向う側へ；通過して → traboccare（流体が容器から）溢れ出る　trafelare 喘ぐ　traforare 穴をあける　trapelare 漏れる
　　2）変〔転〕化，変身 → tradurre 翻訳する　tramortire 失神させる　trascrivere 書き写す
　　3）近接；緩和；過誤 → trasognato 夢うつつの　trasentire 小耳にはさむ　travedere 見誤まる
　　4）ここかしこに → traballare よろめく　trabalzare はね返る
　　5）（の）中に〔で・を〕（この場合のみ，ラ　intra が語源．前置詞 tra と同義）→ tramezzare 挿入する　trascegliere（の中から）選り分ける
(75) **trans**-（ラ　trāns）：通過；横断，貫通 →

— 18 —

1.1. 派 生 語

　すでにラテン語の段階で作られた語 (transito, transigere など) は別として，一般にこの接頭辞との結合は比較的新しいものが多く，とくに地理や科学・技術の用語に偏っている．
　transalpino アルプスの向う側の；アルプスを通る　transatlantico 大西洋の向う側の；大西洋横断の　transessuale 性転換に関する　transfuga 脱党者　transcodificare (他のコードへ) 翻訳する

(76) **tras**-（ラ trāns）：
　古くは trans-の形を用いた語が少なくないが (transfigurare → trasfigurare, transportare → trasportare など)，次第に発音しやすさという利便が働いて n が脱落した．ときに〈tras＋名詞・形容詞＋are〉の複接派生の形も見られる (tras＋umano＋are → trasumanare)．
　1) 越えて，向う側へ；通して → trasandare (限度を) 越える；なおざりにする　trasferire 移す　trasgredire 侵犯する　traspirare 発散する
　2) 転換 → trascolorare 変色する　trasfigurare 変貌させる　trasformare 変える　trasporre 置き換える

(77) **ultra**-（ラ ūltra）：
　1)「上方」など物理的な意味のときは，主として科学・技術用語で，2) の比喩的意味では政治，思想関係の語として用いられる傾向がある．
　1) 向う側；上方, 超越 → ultracentenario 百歳を超えた　ultracorto 超短波の　ultramicroscopio 限外顕微鏡　ultrasuono 超音波
　2) 過度，ウルトラ → ultradestra 極右　ultramoderno 超モダンな　ultramontanismo 教皇権至上主義　ultrarapido 猛スピードの

(78) **vice**-（ラ vīce）：(役職の) 代理，代行 →
　古くから用いられたが，とりわけ17世紀以降に普及．軍隊，行政，司法関係の語に広く登場する．通常は役職についている人に，ときに役職名，さらにはその管轄区域を表わす語にもつく．日常的には，接頭辞でなく，校長，所長などの「代理・代行 (をつとめる人)」を意味する vice という名詞としても用いられる．
　viceammiraglio 海軍中将　viceconsole 副領事　vicemadre 養母　vicepresidenza 副大統領〔議長，社長〕職・の地位　vicereame 副王〔総督〕の管轄地域

第1章 語 形 成

1.1.2. 数量を表わす接頭辞

(1) **cent(i, o)**-（ラ　cēntum）：100, $\frac{1}{100}$ →
　　centigrado 100分度の　centenario 100歳〔年目〕の；100年祭　centuria 百人隊〔組〕

(2) **deca**-（ギ　déka）：10 →
　　decagrammo 10グラム　decagono 10角形　decacordo 10弦琴

(3) **deci**-（ラ　decīmus）：$\frac{1}{10}$ →
　　decigrammo デジグラム　decimetro デシメートル

(4) **di**-（ギ　di）：2 →
　　dicronismo 2色性　digramma 2重字　dilemma 両刀論法

(5) **enna**-（ギ　ennéa）：9 →
　　ennagono 9角形　enneade 9人1組のもの

(6) **ese**-（ギ　héx）：6 →
　　esamotore 6発エンジンの（飛行機）　esagono 6角形　esaedro 6面体

(7) **etta**-, **epta**-（ギ　heptá）：7
　　ettacordo〔eptacordo〕7弦琴　ettaedro 7面体　ettagono 7角形

(8) **ett(o)**-（ギ　hekatón）：100 →
　　ettaro ヘクタール　ettametro ヘクトメートル　ettolitro ヘクトリットル

(9)) **milli**-（ラ　mīlle）：$\frac{1}{1000}$ →
　　milligrammo ミリグラム　millibar ミリバール

(10) **mon(o)**-（ギ　mónos）：1つの，単一の →
　　monogamia 一夫一婦制　monarca 君主　monopolia 独占；特権

(11) **non(o)**-（ラ　nonus）：9 →
　　nonagenario 90歳の（人）　nona 9時課；9度音程

(12) **ott(a)**-（ギ　okta）：8 →
　　ottaedro 8面体　ottagono 8角形　ottonario 8音節の（語句）

(13) **pent(a)**-（ギ　penta）：5 →
　　pentagono 五角形　pentagramma 五線譜表

(14) **quadr(i)**-（ラ　quadri）：4 →
　　quadrifoglio 四つ葉のクローバー；四つ葉模様　quadricromia 4色刷　quadriennio 4年間

(15) **quin**-, **quinque**-（ラ　quinqūe）：5 →

quintetto 5重奏　quintana 5日熱　quintuplo 5倍（の）　quinquennale 5年毎〔間〕の
(16) **se-, sest-**（ラ sĕxtu(m)）： 6 →
sessennio 6年間　sestina 6行詩節　sestiga 6頭立馬車
(17) **sett-**（ラ sĕptem）： 7 →
settemplice 7倍〔重〕の　settiforme 七つの形をもつ　settimana 週
(18) **tetra-**（ギ tétra）： 4 →
tetragono 4角形　tetracloruro 4塩化物　tetracordo 4弦琴；4度音列　tetralogia 4部劇
(19) **tri-**（ラ，ギ tri）： 3 →
trinità 三位1体　tricolore 3色の；3色旗　tricromia 3色写真法　trifoglio クローバー
(20) **un-**（ラ úni）： 1 →
uniforme 画一的な；制服　unire 結合する　unità 単一性；統一

1.1.3. 主要な接尾辞

　接頭辞ばかりでなく，接尾辞をつけることによっても，さまざまな語が派生する．そして接頭辞同様，結合によって誕生するのは，主として派生名詞，派生形容詞，派生動詞の三つの品詞である．

　ところで，接尾辞の分類と配列の仕方であるが，接頭辞の場合のような単なるアルファベット順配列によるのでは，接尾辞の鮮明な全体像は描きにくいように思われる．そこでよく行われるように，接尾辞による派生語をすべて，まず品詞別，意味別にグループ分けしたうえで，はじめてそのグループ内の説明をアルファベット順にする，という分類方式をとることにした．同時に，すべての接尾辞にアクセント記号を記しておく．

1.1.3.1. 派生名詞
A 〈名詞＋接尾辞〉
a 「人」（通常，職業人，専門家，または住民）を表わす名詞
（1）**～ãio**[1]（ときに f. **～aia**）：（を）作る・商う人
　　現代的職業人に用いられることは比較的少なく，その場合は，この形の代りに，**～ista** などを用いるのが一般的傾向である．

第1章 語形成

benzina ガソリン → benzinaio (スタンドの) 給油係　camicia (Y・半袖) シャツ → camiciaio シャツ仕立職人　giornale 新聞 → giornalaio 新聞売り　orologio 時計 → orologiaio 時計職人〔商〕　forno オーブン → fornaio パン屋

(2) ～aiŏlo, ～aiŭlo, ～arŏlo (f. ～arŏla):（に関する）仕事をする人．現代ではやや稀．

arma 武〔兵〕器 → armaiolo 兵器製造業者，武器商人　barca 舟 → barcaiolo 船頭；貸し舟屋　vigna 葡萄園 → vignaiolo 葡萄作り

(3) ～àno[1] (f. ～a):（の）監督，管理者；（の）住人〔民〕

なんらかの場所を表わす名詞や地名から「人」を派生させる接尾辞としては，～ese に続いてもっとも広く普及し，同時に通常は形容詞としても使用される (cf. 1.1.3.2 派生形容詞, A, (5) ～ano)．さらに，固有名詞からの派生語は，一般に「国語」，「方言」の意味も兼ね備えている．

castello 城 → castellano 城主　orto 菜園 → ortolano 菜園管理人　Sicilia シチリア → siciliano シチリア人〔島民〕　isola 島 → isolano 島民

(4) ～ànte[1]〔ごく稀に～ente〕:（に関係のある）職業人；（ときに）…する人．

この形は，むしろ現在分詞の転用，つまり動詞から派生した名詞・形容詞の語尾として用いるのが普通であって，その意味では，名詞からの派生形であるこのケースの場合は，その現在分詞とのアナロジー作用が働いて，誕生したものと考えられる．

braccio 腕 → bracciante 日雇農業労働者　cavallo 馬 → cavallante 馬番，馬丁　bagno 水浴 → bagnante 水浴する人　gita 行楽, 遠足 → gitante 行楽客

(5) ～àrio[1] (f. ～a):（に）関係する職業人；（の）所有者．

同時にこの接尾辞は，道具・器具類を表わす名詞，さらには形容詞語尾としても広く用いられる (cf. 1.1.3.1, A, c, (2) および 1.1.3.2 派生形容詞, A, (7))．

biblioteca 図書館 → bibliotecario 図書館員，司書　impresa 事業；請負 → impresario 事業主；請負業者　proprietà 所有（権） → proprietario 所有者

(6) ～àro (f. ～a):（に）関係のある人；（に）所属する人

montagna 山 → montanaro 山地の住民　scuola 学校 → scolaro 生徒

1.1. 派　生　語

　ところでこの形は，従来は使用例が少なかったものの，近年次のような造語が広く行われるようになった．
　　borgata（ローマの）郊外地帯 → borgataro 郊外地帯の住民　cinematografo 映画産業〔芸術〕→ cinematografaro（主として皮肉や軽蔑的ニュアンスをこめて）映画人，活動屋　gruppetto（とくに左翼の）院外小会派，ミニ政党 → gruppettaro その一員

(7) ～ése[1]：(の) 住人〔民〕
　国名，地名など固有名詞からの派生が多く，同時に形容詞，およびそこで話される言語を表わす語としても使用される．たいへん広い用途をもつ (cf. 1.1.3.2　派生形容詞，A, (10))．
　　Milano ミラノ → milanese ミラノ市民　Francia フランス → francese フランス人　borgo 町，村落 → borghese 〈borgo〉の住民；(中産) 市民

(8) ～ière[1] (f. ～iera)：(に関する) 職業人．用例，多数．
　1)〈無生物名詞 → 人〉
　　banca 銀行 → banchiere 銀行家　barba ひげ → barbiere 理髪師
　2)〈抽象名詞 → 人〉
　　faccenda 事件，問題 → faccendiere フィクサー，寝業師　giustizia 正義，法 → giustiziere 死刑執行人；(古くは) 裁判官
　3)〈生物名詞 → 人〉
　　cavallo 馬 → cavaliere 馬乗り；騎士　infermo 病人 → infermiere 看護人（～a 看護婦）(cf. formica 蟻 → formichiere 蟻食い)
　4)〈言葉に関係ある語 → 人〉
　　romanzo 小説 → romanziere 小説家　conferenza 会議，講演 → conferenziere 会議を主宰する人；講師
　　〈備考〉いまでは用いられなくなった古い意味に基づく派生のために，派生関係がやや不明瞭になった語もある（例：ragione (古) 計算 → ragioniere 会計士）．

(9) ～ìno[1] (f. ～ina)：(に関係する) 職業人；(の) 住民．
　この語尾は，道具・装身具を表わす名詞・形容詞や縮小辞などにも用いられる (cf. 1.1.3.1, C, a, (4))．
　　contado 都市近郊農村 → contadino 農民　posta 郵便 → postino 郵便配達　Trieste トリエステ → triestino トリエステ市民

(10) ~ìsta(男女同形)：以下のように，意味は三つに分けられる．なおこの形は一般に，同族語として，主義，思想，態度などを表わす~ismo，形容詞~istico といった語尾の語群を従えている．そして~istico 語尾の形容詞に加えて，名詞~ista もしばしば形容詞として用いられる．

1)〈職業人〉
auto 自動車→ autista 運転手　giornale 新聞 → giornalista ジャーナリスト　dente 歯 → dentista 歯医者　chitarra ギター → chitarrista ギタリスト

2)〈主義・思想の信奉者〉：一般に，派生の源は形容詞か名詞．
femminismo (← femminile) フェミニズム → femminista フェミニスト　realismo (← reale) 現実主義 → realista 現実主義者　Budda 仏陀 → buddista 仏教徒

3)〈専門家，(…の)活動・研究に従事する人〉
economia 経済 → economista エコノミスト　Italia イタリア → italianista イタリア研究者　Dante ダンテ → dantista ダンテ学者

b 「場所」を表わす名詞

(1) ~àio²：(の)ある・いる場所，(が)保管されている場所．

主として動・植物，原材料を表わす名詞につく (cf. 職業人を表わす~aio¹ → 1.1.3.1, A, a, (1))．ちなみに「集合」を表わす女性語尾の~aia が，この~aio 同様，「場所」の意味を帯びることもある (cf. 1.1.3.1, A, f, (3))．
bagaglio (手)荷物 → bagagliaio (鉄道の)荷物運搬車；(車の)トランク；(駅の)手荷物保管所　grano 穀物 → granaio 穀物倉　pollo 鶏 → pollaio 鶏舎　paglia 藁 → pagliaio 藁置場；藁の山

(2) ~àto¹：職業人の活動の場

一般に，この種の語は，「役職；地位；任期」の意味を兼ね備える (こうした比喩的意味を主体としている語については，1.1.3.1　派生名詞，A, e「状態」を表わす名詞，(1) ~ato²の項を参照されたい)．
console 領事 → consolato 領事館；領事職　rettore 学長；修道院長 → rettorato〈rettore〉の執務する建物；その職・地位・任期

(3) ~erìa¹：(の)店，工房

用途は広く，同時に「活動，行為」を，さらにはしばしば「集合」的意味も兼備．ときに形容詞や動詞からも派生する．

1.1. 派 生 語

  birra ビール → birreria ビアホール orologio 時計 → orologeria 時計店；時計製造業 segretario 秘書 → segreteria 秘書課；秘書の仕事 libro 本 → libreria 書店；書庫〔架〕：蔵書 civetta コケット → civetteria 媚態

（4）～éto[1]〔ときに～eta〕：(の) 栽培・自生場所；(の) 集合．

  canna アシ（の類）→ canneto アシの生えている場所 frutto 果実 → frutteto 果樹園 pino 松 → pineto〔a〕松林

（5）～ifìcio：(の) 工場，製作の場

  （3）の～erìa に較べ，やや規模の大きい産業活動の場を表わす．元来，～fizio の語尾には，「製造技術〔活動〕；（あるいは単に）行動」の意味が備わっていたが（例：artifizio 器用さ，技巧 benefizio 便益；利益），その後 z が c に変り，19世紀末から20世紀にかけて，産業化の進展とともに，「場所」の意味で用いられるようになった．ときに集合的意味も帯びる．さらに現代では，皮肉なニュアンスをもつ，比喩的用法も登場している（diplomificio（教育的機能を充分果していない学校，つまり）卒業証書作製所）．

  cotone 綿 → cotonificio 綿紡績工場 seta 絹 → setificio 絹紡績工場 pasta パスタ → pastificio パスタ製造所

（6）～ìle[1]：(の) 置場，(を) 保管〔貯蔵・管理〕してある場所，使用例はかなり限られている．

  campana 鐘 → campanile 鐘楼 fieno 乾草 → fienile 乾草置場 cane 犬 → canile 養犬場 ponte 橋 → pontile 船着場，桟橋

c 「道具・器具類」を表わす名詞

（1）～àle[1]：(に) 着ける物．使用例はあまり多くない．

  braccio 腕 → bracciale 腕章；腕輪 dito 指 → ditale 指貫 gamba 脚 → gambale ゲートル；ブーツの胴

（2）～àrio[2]：(が) 備えられた道具・家具

  同時に「(の) 集合体」の意味を併せもつことが少なくない．「人」を表わす～ario は前出（1.1.3.1 派生名詞，A，a，(5)）．

  casella（タンス，引出し，棚などの）仕切り → casellario 整理棚 lampada 灯り → lampadario 大燭台 scheda カード，票 → schedario カード・ボックス；索引カード（の集合） vacabolo 語 → vocabolario 辞書，語彙（集）

（3）～ièra[1]：(を) 入れる〔おさめる〕容器

  用例はかなり広い範囲にわたる．ときに「集合」体，さらには「増大辞」

第1章 語形成

的意味が加わる．
　frutta 果物 → fruttiera 果物入れ　antipasto 前菜 → antipastiera オードヴル鉢　zuppa（肉・野菜・魚入り）スープ → zuppiera スープ鉢　insalata サラダ → insalatiera サラダ・ボール　sale 塩 → saliera 塩入れ　dente 歯 → dentiera 有床義歯　specchio 鏡 → specchiera 大型鏡台

（4）～ière² :（を）置く〔おさめる〕器具．
　この～iere の形は，むしろ「（に）関する職業人」（cf. 1.1.3.1 派生名詞，A, a,（8））を表わす場合が多く，この意味での用例は限られている．
　bilancia 秤；バランス → bilanciere 時計の振り子；（器械類の）釣り装置　brace 炭火 → braciere 金属製焜炉〔火鉢〕　candela ろうそく → candeliere 燭台　incenso 香 → incensiere 釣り香炉

d 「行為」を表わす名詞

（1）～ãta¹ :（を）を用いた一打〔撃〕．
　通常，棒や武器，身体の部位による打撃を表わす．
　bastone 棒 → bastonata 棒の一撃　mano 手 → manata 手でたたくこと（「手一杯の量」を表わすこともある．f「集合」を表わす名詞，（5）を参照）．coltello ナイフ → coltellata ナイフで刺す〔突く〕こと　fucile 銃 → fucilata 銃撃〔声〕　gomito 肘 → gomitata 肘で突く〔押す〕こと

（2）～ãta² :（の・による）行為・振舞
　（1）の～ata¹（打撃）以上に比喩的意味を含む．ともあれ，（1）も，この（2）も，名詞からだけでなく動詞からの派生形も多い（cf. C. b「動作」,（3））．
　occhio 眼 → occhiata 視線　onda 波 → ondata 波の動き，砕ける波　buffone 道化(者) → buffonata おどけ，ふざけ　riso 笑い → risata 笑い声　telefono 電話 → telefonata 電話をかけること

（3）～ãta³ :（の）経過・期間．
　人間生活の時間的区分を表わす語につけ，その期間内の天候や，さまざまな出来事が生起してゆく，そこでの時間の経過をとらえた語を派生する．
　giorno 昼 → giornata 1日　sera 夕，夜 → serata 夜（の時間）　anno 年 → annata 1年（の時の流れ）　inverno 冬 → invernata 冬（の期間）

e 「状態」を表わす名詞

（1）～ãto² : 役職，地位；権威，権能；活動の結果．
　ときに，活動する「場所」（cf. b「場所」を示す名詞，（2）～ato¹）の意

1.1. 派生語

味を兼ね備えている語もある．

　arbitro 仲裁人；審判 → arbitrato 仲裁裁定　artigiano 職人 → artigianato 職人活動；その製品；地位・状態　celibe 独身男性 → celibato 独身(状態)　dottore ドットーレ，学士 → dottorato その称号・資格　novizio 修練者，見習い → noviziato 修練期；見習期間　patriarca 家父長；総大司教 → patriarcato 家父長制；総大司教の職・地位・権威（その管轄区域も）

（2）〜ismo〔やや稀に〜esimo〕：主義・主張；態度・姿勢；行動様式；スポーツ活動；制度・仕組み；自然〔社会・言語〕現象．

　上に述べたような多様な意味を有し，使用範囲はじつに広い．人・形容詞を表わす〜ista，形容詞〜istico は同族語．名詞だけでなく，形容詞，副詞，成句，さらには動詞からもこの形の語は派生している．

1）主義，主張，思想
ateo 無神論者 → ateismo 無神論　Calvino カルヴァン → calvinismo カルヴァン主義　impressione 印象 → impressionismo 印象主義　futuro 未来 → futurismo 未来派

2）姿勢，心身の状態，行動様式
ego 自我 → egoismo 利己主義　centro 中央 → centrismo 中道主義（的姿勢）　disfatta 敗北 → disfattismo 売国的行為；敗北主義　snob 俗物 → snobismo きざな俗物根性〔趣味〕

3）娯楽，スポーツ活動
automobile 自動車 → automobilismo 自動車レース；モータリゼーション　ciclo 自転車 → ciclismo サイクリング，自転車競技

4）制度，仕組み
cesare 皇帝 → cesarismo 専制権力　proibizione 禁止 → proibizionismo（特にアメリカの）禁酒法〔制度〕　giornale 新聞 → giornalismo ジャーナリズム

5）自然・社会・言語現象
alcool アルコール → alco(o)lismo アルコール中毒（症）　consumo 消費 → consumismo 消費拡大傾向　francese フランス語 → francesimo フランス語風〔法〕

f　「集合」を表わす名詞

— 27 —

第1章 語形成

（1）～àglia：（の）集合
　　農業関係の語を除き，ときに軽蔑的ニュアンスが加わる．
　　bosco 林，森 → boscaglia（よく繁茂した大きな）雑木林　muro 壁 → muraglia 城壁，外壁　accozzo 寄せ集め → accozzaglia ごたまぜ；(浮浪者などの) 雑多な集団　gente 人びと → gentaglia 賤民，ごろつき

（2）～àggio[1]：（の）集合
　　この形は，むしろ動詞からの派生語として広く用いられ（cf. C, b「動作」，（1）），名詞からの派生例はあまり多くない．いずれにしろ，フランス語の～age にならった語形．
　　caserma 兵舎 → casermaggio（集合的に）兵舎施設〔設備〕　cortina カーテン → cortinaggio 寝台のカーテン（一式）　erba 草 → erbaggio 野菜類

（3）～àia：（の）集合
　　動・植物，原・材料を表わす語につくことによって，その「集合体」は，しばしばそれが群がる〔生える，置かれる〕場所，の意味を帯びることになる（cf. b「場所」を示す語，（1）～aio[2]）．
　　abete 樅(もみ)の木 → abetaia 樅の林　cento 百 → centinaia(centinaio の複数形) 数百　ghiaccio 氷 → ghiacciaia 氷室，貯氷庫　legna 薪 → legnaia 薪小屋〔置場〕

（4）～àme：(…) 類
　　動植物，原・材料を表わす名詞につくことが多いが，「人」につくときは，軽蔑的ニュアンスを帯びる．
　　bestia 動物 → bestiame 家畜類　pollo にわとり → pollame 家禽類　foglia 葉 → fogliame（樹木全体の）葉叢　ragazzo 若者 → ragazzame 不良少年仲間

（5）～àta[4]：（に）入る〔載る〕分量．
　　広く「容器（状のもの）」を表わす名詞から派生する．
　　bocca 口 → boccata 1口（の量）　bicchiere グラス，コップ → bicchierata グラス1杯（の量）　cucchiaio さじ → cucchiata 1さじ(の量)　secchia 手桶，ばけつ → secchiata 手桶〔ばけつ〕1杯（分）

（6）～àta[5]：（の）連続・集合．
　　建物の一部などを集合的にとらえた形．

— 28 —

1.1. 派生語

　　balcone バルコニイ → balconata 長いバルコニイ　cancello 格子 → cancellata（長くつながる）格子柵　scalino（階段の）段 → scalinata（一連の）大きな階段

（7）〜ièra²：(の) 集合

　　この語尾は，むしろ「容器」を表わす語尾として広く用いられる（cf. c「道具・器具類」，(3)）．

　　pedale ペダル → pedaliera（集合的に）ペダル　raggio 光線 → raggiera 光の束，放射光　scacco チェスの駒 → scacchiera チェスボード　scoglio 岩 → scogliera（集合的に）岩礁

（8）〜ìna：(…) くらいの数，〈数詞＋ina〉の形．

　　dieci 10 → d(i)ecina 10くらい　dodici 12 → dozzina（12ひとまとめ）ダース

（9）〜ùme¹：(の) 集合

　　軽蔑的ニュアンスを伴なう．形容詞からも派生する（cf. B〈形容詞＋接尾辞〉, (12)）．

　　canaglia 下賤な輩, ごろつき → canagliume（ごろつきの）群・集まり　polvere ほこり → polverume ほこりの山；ほこりをかぶったもの

　　〈備考〉　なお，すでにラテン語の段階で造語が行われているため，イタリア語では接尾辞としての扱いはうけないものの，上と同じようにやはり「集合」の意味をもつ〈〜èla〉という語尾がある．ここであえてこの形をもちだしたのは，イタリアの文化と社会に深く根ざした，次の2組の語に注目しておきたいからである．

　　　　cliente 顧客，お得意 → clientela（集合的にとらえた）顧客（群）；取り巻き　　parente 親戚，親類 → parentela 親族関係，親類縁者

B 〈形容詞＋接尾辞〉

〈名詞＋接尾辞〉の場合と異なり，性質や状態を表わす形容詞の名詞化は，通常，性状を表わす抽象名詞を派生させる．もとより，そこから具象的な意味・用法も当然生まれることはいうまでもない．

（1）〜àggine

　　否定的ないし軽蔑的ニュアンスがこめられるが，おおむね，すでに形容詞の段階でそうした意味合を含む．

　　balordo 愚かな，間抜けた → balordaggine 愚かしい言行　dappoco 無能

な；取るに足らない → dappocaggine 無能さ；愚かしい振舞　lungo 長い → lungaggine 長ったらしさ

（2）**～ànza**[1]，**～ènza**[1]

この語尾をもつ語はたいへんに多く，大半は形容詞化した現在分詞 **～ante**，**～ente** から派生するが，そうでない場合もある（例：lontano 遠い → lontananza 距たり　baldo 大胆な → baldanza 大胆）．

1）**～anza** グループ

abbondante 豊かな → abbondanza 豊かさ　costante 不変の → costanza 不変　elegante 優美な → eleganza 上品，優美

2）**～enza** グループ

assistente 立会いの → assistenza 列席　credente 信じている；信仰心のある → credenza 信念；信仰　paziente 辛抱強い → pazienza 辛抱

〈備考〉「人」を表わす具象名詞から，この語尾をもつ「人間関係」を示す抽象名詞が派生する場合がある．cittadino 市民 → cittadinanza 市民権　fratello 兄弟 → fratellanza 兄弟関係

（3）**～erìa**[2]：

おおむね，人間性の否定面を表わす形容詞から派生し，軽蔑的ニュアンスを伴なう．

buffone おどけた → buffoneria おどけた〔馬鹿げた〕言動　furbo 抜け目のない → furberia 狡智　porco 卑劣な，忌わしい → porcheria 不潔（なもの）；卑劣な行為　poltrone 怠惰な → poltroneria 怠惰

（4）**～ézza**

形容詞から名詞を派生させるにあたって，もっとも広く行われる形で，主要な基本的形容詞は，おおむねこの語尾になる．通常，多くの比喩的意味を兼ね備えている．

bello 美しい → bellezza 美　grande 大きい → grandezza 大きさ　alto 高い → altezza 高さ　forte 強い → fortezza 強さ　ricco 豊かな → ricchezza 豊かさ

（5）**～ía**，**～ìa**

抽象名詞を派生するが，厄介なのは，アクセントの位置が二つに分れることである．残念ながらこれを見分けるための決定的基準は存在しないが，通常～cia 語尾では，～cìa になる傾向がある．

1.1. 派 生 語

1) ～ia グループ
audace 大胆な → andacia 大胆　efficace 有効な → efficacia 有効

2) ～ìa グループ
allegro 快活な → allegria 快活　cortese 礼儀正しい → cortesia 礼節

〈備考〉　参考までに，形容詞からの派生の問題を離れて，広く一般に～ia 語尾の語のアクセントの位置について，ここで簡単に触れておくことにしよう．これは，些細なことのように見えて，相当に注意を要する問題なのである．

a　～ìa アクセントの語
①ギリシャ語起源の学術・専門用語（cf. 1.2.3 構成要素，の項）：～archìa（monarchìa 王制）　～filìa（anglofilia イギリスびいき）　～fobìa（idrofobia 恐水病）　～fonìa（eufonia（音の）調和）　～grafìa（fotografia 写真）　～iatrìa（pediatria 小児科（学））　～logìa（glottologia 言語学）　～manìa（biblomania 蔵書癖）　～metrìa（geometria 幾何学）　～nomìa（economia 経済学）　～scopìa（radioscopia X 線透視診療）　～sofìa（filosofia 哲学）　～tomìa（anatomia 解剖学）　など．

②集合的意味，ないし社会的身分・状況・組織を表わす語：borghesia 中産階級　compagnia 同伴：団体　libreria 蔵書：書店

b　～ia アクセントの語
こちらは，どちらかといえば，ラテン語起源の語に集中している．意味は省略し，ごく日常的な語をいくつか，次に列挙しておこう（蛇足ながら，アクセントの位置も記しておく）．

astùzia　audàcia　bestèmmia　cerimònia　commèdia　glòria　gràzia　invìdia　misericòrdia　perfìdia　piòggia　sèdia　smòrfia　tragèdia, など．

(6) ～ìgia
ごく一部の語でしか用いられない.
altero 高慢な → alterigia（実質を伴わない）高慢さ　franco 義務を免がれた → franchigia 免除　cupido 熱望する；強欲の → cupidigia 強欲

(7) ～ità, ～età, ～tà
　（4）の～ezza と並ぶ，形容詞から名詞を派生させるもっともありふれた接尾辞で，形容詞の表わす性状概念を実体化する．

1) ～ità グループ

— 31 —

abile 有能な → abilità 能力　felice 仕合せな → felicità 幸福　semplice 単純な → semplicità 簡単；簡素

2）〜età グループ

proprio 固〔特〕有の → proprietà 特性　contrario 反対の → contrarietà 対立；不運　vario 様々な → varietà 多様性

3）〜tà グループ（〜tà の前に〈l・m・n・r＋母音字〉の語尾の形容詞が置かれるときは，母音字が脱落する）

buono 善良な → bontà 善意　fedele 忠実な → fedeltà 誠実　libero 自由な → libertà 自由

（8）〜**itùdine**

性質・状態を表わす抽象名詞を派生するが，あまり広くは用いられず，意味範囲も限られている．

alto 高い → altitudine 高度（cf. altezza 高さ）　beato 仕合せな → beatitudine 至福　grato 感謝した → gratitudine 感謝の気持　solo 独りの → solitudine 孤独

（9）〜**ìzia**

性質・状態を表わす抽象名詞になる．（2）〜**anza**，〜**enza** や，（4）の〜**ezza** ほど広くは用いられないが，人間の性質や感情，あるいは人間生活の諸事象や人間性に対する価値判断を表わす形容詞は，しばしばこの形の名詞を派生する．

avaro けちな → avarizia けち　giusto 正しい；正義にかなった → giustizia 正しさ；正義　lieto 楽しい，嬉しい → letizia 歓喜　pigro 怠惰な → pigrizia 怠惰　mesto 哀切な → mestizia 悲哀

（10）〜**ǒre**

とくに色彩や視覚的印象を表わす形容詞を名詞化するが，どちらかといえば文章語的ニュアンスをもつ．

bianco 白い → biancore 白色（名詞の形は，むしろ bianco や bianchezza が一般的）　giallo 黄色の → giallore 黄色　grigio 灰色の → grigiore 灰色の感じ〔色調〕　rosso 赤い → rossore 赤；赤味

（11）〜**tù**

用例はごく限定されていて，ほぼ次の3例に限られている．

giovane 若い → gioventù 青年期　schiavo 奴隷（の）→ schiavitù 奴隷

1.1. 派 生 語

身分〔状態〕 servo 従属した，縛られた → servitù 従属，隷属

(12) ~ùme²

軽蔑的ニュアンスをもつ．これと同じ形が，名詞からも派生し，その場合「集合」的意味になるが（cf. 1.1.3.1, A, f, (9)），その影響もあってか，ときに集合性を帯びる．

giallo 黄色の → giallume よごれた〔どぎつい〕黄色；黄色のよごれ grasso 肥った；脂肪分を含む → grassume 過剰脂肪 vecchio 古い → vecchiume 古臭いもの；かび臭い思想〔習性〕

(13) ~ùra¹

形容詞からの派生語としては，あまり広く行われてはいない（動詞からの派生については，cf. C, b, (9) ~ura²参照）．なお，同じ形容詞が，(4)の~ezza その他の派生形を併せもつ場合が少なくなく，この~ura の場合はほかの形に比べ，意味・用法がかなり限定されている．

alto 高い → altura 高地 (cf. altezza) fresco 涼しい → frescura 涼しい木陰 (cf. freschezza) bravo 優れた → bravura 優秀（さ）

〈備考〉 同じく~ura の語尾をもつ，形容詞からではなく，名詞からの派生語として，「場所・役職」を表わす prefetto 県知事 → prefettura 県庁；県知事職，「集合」を表わす capegli (capelli の古形) 髪の毛 → capigliatura 頭髪，などがあるが，これらはすでにラテン語の段階で成立した語である．

C 〈動詞＋接尾辞〉

a 「動作主体〔手段・場所〕，ときに器具・製品」を表わす名詞

(1) ~àndo (f. ~anda)

~are 動詞のジェルンディオが名詞化したもので，「義務履行・修練の段階，または生成・準備過程にある人」を表わす．どちらかというと北イタリアで用いられる傾向があるが，次の項目(2)の~ante, ~ente に較べると，それほど広くは普及していない．

maturare (に) 高校卒業資格を与える → maturando 高校卒業試験の受験生 laureare (に) 大学卒業資格を与える → laureando 大学卒業予定者 operare 手術する → operando 手術を受ける患者 educare 教育する → educanda (女子修道院附属学校の) 寄宿生

〈備考〉 なお，~ere〔ire〕動詞のジェルンディオ~endo〔a〕から派生した例も，稀ではあるが存在する：agire 実行する → agenda 手帳；議事予定表（← 実

行すべきこと）　leggere 読む → leggenda 伝説（← 読むべきもの）　fare（← facere）なす → faccenda 用事；状況（← なすべきこと）

（2）〜ànte², 〜(i)ènte²

この現在分詞の名詞化（さらには形容詞化）は，たいへんに広く見られる現象である．

　1)「…する人」

　　cantare 歌う → cantante 歌手　insegnare 教える → insegnante 教師　credere 信ずる → credente 信者；（主義の）信奉者　dormire 眠る → dormiente 眠っている人

　2)「…する物（しばしば化学製品）」

　　antecedere 先立つ → antecedente 先例　battere 打つ，たたく → battente (戸・窓の) 扉；ノッカー　colorare 着色する → colorante 着色剤，染料　essicare 乾かす → essicante 脱水〔乾燥〕剤

（3）〜erìa³：おおむね「場所」を表わす

この語尾の場合，動詞からの派生は少なく，通常，名詞からの派生形として広く行われている（cf. 1.1.3.1 派生名詞，A, b, (3)）．

　　distillare 蒸溜する → distilleria 蒸溜所　fondere 鋳造する → fonderia 鋳造工場　stirare アイロンをかける → stireria 洗濯屋（のアイロン工房）

（4）〜ino²（f. 〜ina）：「(比較的社会的地位の低い) 職業人」または「器具・道具」を表わす．

この語尾は，むしろ名詞からの派生形として広く用いられ（cf. 1.1.3.1 派生名詞，A, a, (9)），動詞からの派生はさほど多くはない．

　1）職業人

　　imbiancare (壁に) 塗料を塗る → imbianchino 壁塗り職人　spazzare (道具・床を) 掃除する，磨く → spazzino 清掃夫，ballare 踊る → ballerino 踊り手

　2）器具・道具

　　colare 漉す → colino 漉し器　scaldare 暖める → scaldino あんか，手あぶり　temperare (の先を) とがらす → temperino 小刀　accendere 火をつける → accendino ライター　lavandare 洗う → lavandino 流し

（5）〜óne (f. 〜ona)：「…する人」稀に「器具・道具」

「…する人」の意味では，もっとも広く用いられる(8)の〜tore (f. 〜trice)

1.1. 派 生 語

が，意味的に無色なのに反し，この〜**one** は，行為に習慣性や強意が加わり，増大もしくは軽蔑のニュアンスを帯びる．派生源の動詞が，すでにそうした意味合いを含むことが少なくない．

　　accattare 物乞いする → accattone 乞食　chiacchierare お喋りをする → chiacchierone お喋り　imbrogliare だます → imbroglione いかさま師　bere 飲む → be(v)one 呑んべえ（cf. bevitore 酒飲み）

　2）「器具・道具」

　　soffiare 息を吹きかける → soffione ふいご　spazzolare ブラシをかける → spazzolone 床掃除用ブラシ

（6）〜**sóre**[1]（f. 〜**sora**）：「…する人」または「器具・機械」

　　（8）の〜**tore**[1]（f. 〜**trice**）の同類で，過去分詞が〜so または〜sso の形になる動詞につく．

　1）「…する人」

　　invadere（過去分詞 invaso）侵入〔侵略〕する → invasore 侵略者　difendere（過去分詞 difeso）守る → difensore 守護者　uccidere（過去分詞 ucciso）殺す → uccisore 殺人者

　2）「器具・機械」

　　diffondere（過去分詞 diffuso）拡散させる → diffusore（車の）ディフューザー，（照明光の）拡散笠　comprimere（過去分詞 compresso）圧縮する → compressore 圧縮機，コンプレッサー

（7）〜**tòio**：「道具」または「（特定の動作が行われる）場所」

　　abbeverare（家畜に）水を飲ます → abbeveratoio 水桶；（家畜の）水飲場　asciugare 乾かす；拭く → asciugatoio ドライヤー；浴用タオル　mungere（家畜の）乳を搾る → mungitoio 乳を入れる容器；搾乳場

（8）〜**tóre**[1]（f. 〜**trice**）：「…する人」または「器具・機械；製品」（形容詞として用いられるときは「…する」の意）

　　〈〜are・ire 動詞の過去分詞〜ato・ito+re〉，または〈〜ere 動詞の命令法現在 2 単形+tore（例：tessere → tessitore, vincere → vincitore）〉，さらには〈不規則形過去分詞〜to〔tto〕+re〉の結合形である．なかには，ラテン語の過去分詞から派生した語もある(edītus → editore)，おおむね，形容詞（前述のように，「…する」の意）としても用いられる．

　1）「…する人」

amare 愛する，好む → amatore 愛好家　lavorare 働く → lavoratore 働き手，労働者　ricevere 受取る → ricevitore 金銭収納係〔機関〕　scrivere 書く → scrittore 作家　finire 終える → finitore 仕上げ工

　2)「器具・機械；製品」(〈apparecchio・macchina・liquido など+〜tore〔trice…する〕〉という結合の，前半の名詞の部分を省略した形)
amplificare 増幅する → amplificatore 増幅器，アンプ　sviluppare 現像する → sviluppatore 現像液　lavare 洗う → lavatrice 洗濯機

(9) 〜tòrio：通常「(…する)場所」
consultare 診察する；相談する → consultorio 診療所；(社会問題などの)相談所　dormire 眠る → dormitorio 寄宿舎　parlare 話す → parlatorio (刑務所，寮などの)面会所　cremare 火葬にする → crematorio 火葬場

(10) 接尾辞ゼロ
「接尾辞ゼロ」とは，接尾辞をつけるのではなく，語の後半部分を切り取るか，変形させることによって派生する語を分類するための便宜的な呼び名であるが，このタイプが，「動作主体〔手段・場所〕」を表わす名詞の場合に用いられることはかなり稀である．それに反し，次の項の「動作名詞」(cf. 1. 1.3.1 C, b, (11) 例：disprezzare 軽蔑する → disprezzo 軽蔑)では，たいへんありふれた形になる．
guidare 案内する → guida 案内人，ガイド　procacciare 入手する〔させる〕→ procaccia 便利屋

b　「動作」を表わす名詞
以下，「動作名詞」は，基本的には「…すること」という抽象名詞になるが，多くの場合，具象的な意味を兼ね備えている．

(1) 〜**àggio**[2]：「…すること」
本来，フランス語の〜**age** がイタリア語化したもの．現代では，通常はフランス語，ときに英語(〜age)のモデルにならいながら，技術用語の世界に深く浸透している．もっぱら〜are 動詞から派生して，〈〜(are)+aggio〉の形になる．
atterrare 着陸する → atterraggio 着陸 (← 仏 atterrissage)　lavare 洗う → lavaggio 洗濯〔浄〕(← 仏 lavage)　montare 組立てる → montaggio 組立て (← 仏 montage)　sondare 探測する → sondaggio 探測 (← 仏

1.1. 派 生 語

sondage）

（2）～ãnza², ～ẽnza²

　～**mento**, ～**zione** らの接尾辞の動作名詞に較べて，その数は限られている．ところで，広く行われている，形容詞化した現在分詞～ante，～ente から派生した同じ話尾の名詞 (cf. B〈形容詞＋接尾辞〉,（2））とは区別して考える必要がある．なお，このタイプには，abitanza, amanza, confidanza など，すでに用いられなくなった語も含まれている．

　adunare 集める → adunanza 集合　dipendere 依存する → dipendenza 依存　conoscere 知る → conoscenza 認識　sperare 望む → speranza 希望

（3）～ãta⁶, ～ũta, ～ĩta：「…する1回の行為」ときに「行為の結果」またはそれが「行われる場所」

　しばしば，すばやく，あるいは簡単に行われた，というニュアンスを伴なう（例：lavata 洗い ↔ lavaggio, lavatura 洗濯〔浄〕）．とくに話し言葉で，この表現の生きのよさが広く活用されている．名詞から派生した～**ata** 語尾の語と比較してみていただきたい (cf. A〈名詞＋接尾辞, d,（1）～（3），および f.（5）～（6））．

　andare 行く → andata 行くこと　armare 武装させる → armata 軍隊　chiamare 呼ぶ → chiamata 呼ぶこと　giocare 賭ける → giocata 賭け　ricevere 受け取る → ricevuta 受領；領収証　spremere（果物などを）搾る → spremuta 搾ること；ジュース　bandire 公告（示）する → bandita（特定の公示がされている場所 →）禁猟・漁区

　　〈備考〉　すでに見てきたように，～**ata** 話尾の派生名詞は，このタイプを含めて，全部で6種類あるが（～**ãta**¹ → ～**ãta**⁶），結局のところそれらは大別して，「行為」「連続性」「分量」の三つの意味に分類できるかと思われる．

（4）～ãto³, ～ĩto¹：「…すること〔もの・場所〕」

　（3）の～**ata**, ～**uta**, ～**ita** という，女性語尾の名詞に較べると，使用範囲はかなり限定されている．

　abitare 住む → abitato 集落　cucire 縫う → cucito 縫うこと；裁縫（技術）　odorare 嗅ぐ → odorato 嗅覚　tracciare（の）線を引く → tracciato 設計図　udire 聞く → udito 聴覚（器官），聴力

（5）～ẽsa, ～ẽtta, ～ĩtta, ～õtta, ≈lta, ～ẽrta：「…すること・もの」

第1章　語　形　成

不規則形過去分詞の女性形の名詞化である．過去分詞の不規則形ということになると，そのほとんどが〜ere動詞からの派生形になる（ただし，〜ertaの場合は〜ire動詞）attendere 待つ → attesa 待つこと　difendere 守る → difesa 防衛　disdire 取り消す → disdetta 取り消し；解約通告　sconfiggere 打ち負かす → sconfitta 敗北　raccogliere 集める；収穫する → raccolta 集めること；収穫　coprire おおう → coperta 毛布；カバー

（6）〜ìo

声や音など，聴覚的イメージを表わす動詞から派生する場合が多く，「連続性」や「強調」のニュアンスが付与される．

brontolare 不平をいう → brontolìo ぐちり　calpestare 踏む → calpestìo 繰り返し踏むこと　mormorare 呟く → mormorìo 呟き，囁き　lavorare 働く → lavorìo たゆみない労働

（7）〜ìta，〜ìto

（3），（4）の〜ìta，〜ìtoの場合と違って，過去分詞形との関連はなく，アクセントが語末から3番目の音節に置かれる．あまり広くは行われず，なんらかの意味で「生成」や「得失」のニュアンスを含む語を派生する．battere 打つ → battito 動悸　crescere 成長する → crescita 成長　lasciare 残す → lascito 遺贈　nascere 生まれる → nascita 誕生　prestare 貸す → prestito 貸与

（8）〜ménto

（10）の〜zioneとともに，抽象名詞，とくに科学・技術用語の接尾語としてもっとも広く普及している形である．この二つの接尾辞のどちらが優先されるか，その定式化は不可能で，同時に二つの形が併用されることも少なくない．その場合，両者の意味が似通っている場合と，明らかに別な場合がある（例：regolazione 調整；規制 ↔ regolamento 規則　tradizione 伝承 ↔ tradimento 裏切り　trattazione 論述 ↔ trattamento 取扱い，処理；治療）．意味が共通している場合は，おおむね二つのうちのどちらかに次第に比重がかかるようになる．どちらかといえば，〜zione のほうがやや優勢，というのが現代の傾向である（ちなみに，〜eggiare，〜ecchiare 語尾の動詞は，〜mento になるのが通例である）．最後に，〜mento が接合されるにあたって，〜are 動詞は〜amento，〜ere・ire 動詞は〜imento という形になる．

affidare 委ねる → affidamento 信託；信頼　affollare 群がる → affol-

1.1. 派 生 語

lamento 混雑　caricare 積む → caricamento 積み込み　ornare 飾る → ornamento 装飾（品）　abbattere 倒す → abbattimento 打倒　fallire 失敗する；破産する → fallimento 失敗；破産　impedire 妨げる → impedimento 妨害

(9)　~ùra²

過去分詞の語尾母音をとり，その後に~ura を接合させた形で，しばしば「集合」的意味を兼ね備える．

　1)〈過去分詞規則形（~ato・ito）+ura〉

　　dentare 嚙む → dentatura 歯並び；歯列　filare 紡ぐ → filatura 紡績　cucire 縫う → cucitura 裁縫　fornire 供給する → fornitura 供給（物）

　2)〈過去分詞不規則形+ura〉

　　ardere 焼く（過去分詞 arso）→ arsura 猛暑　cuocere 煮る（cotto）→ cottura 煮ること；料理（法）　leggere 読む（letto）→ lettura 読書　chiudere → chiusura 閉鎖　tingere 染める → tintura 染色

(10)　~zióne, ~sióne

(8)の~mento 以上に，もっとも広く用いられる接尾辞．まず~are 動詞は~azione という形になってもっとも数が多く（とくに~izzare, ~ficare から技術・専門用語が派生），続いて~ire 動詞が~izione になるが，~ere 動詞の場合は，稀に~izione の形になるものの(iscrivere → iscrizione)，通常は不規則形過去分詞から派生する（aggiungere → aggiunto → aggiunzione, commuovere → commosso → commozione．なお~so・sso 形過去分詞のときは，通常は~sione の形）．

　　creare 創造する → creazione 創造　dirigere 向ける；指導する（過去分詞 diretto）→ direzione 方向；指導　accendere 点火する（acceso）→ accesione 点火　discutere 論ずる（discusso）→ discussione 議論　dividere 分ける（diviso）→ divisione 分割

(11)　**接尾辞ゼロ**

接尾辞ゼロとは，前にも述べたように，語の後半部分を切除するか変形することによって誕生する語を便宜的に示す用語であるが，この場合，~are 動詞からの派生語が大半を占め，~ere・ire 動詞から生まれる語はごく稀である．男性名詞（=直説法現在1人称単数），女性名詞（=直説法現在3人称単数形）の二つの場合があって，どちらもその事例はたいへんに多い．

第1章 語形成

1）**男性名詞**
aiutare 助ける → aiuto 救助　accordare 同意させる → accordo 同意　comandare 命令する → comando 命令　impiegare 用いる → impiego 使用　guadagnare 稼ぐ → guadagno 稼ぎ　nuotare 泳ぐ → nuoto 泳ぎ

2）**女性名詞**
accusare 非難する；告発する → accusa 非難；告発　cacciare 狩る → caccia 狩り；追跡　cercare 探す → cerca 探索　domandare 尋ねる；頼む → domanda 質問；請求　firmare 署名する → firma 署名　pagare 支払う → paga 賃金

1.1.3.2. 派生形容詞

A 〈名詞＋接尾辞〉

（1）～**àceo**：「…様〔状・色〕の」
品質，類似性，色調を表わす．
carta 紙 → cartaceo 紙の（ような）　erba 草 → erbaceo 草のような　viola すみれ → violaceo すみれ色の　perla 真珠 → perlaceo 真珠色の　sapone 石鹸 → saponaceo 石鹸質〔状〕の

（2）～**àio**[3]：「…用の」など
通常「用途」を表わすが，この接尾辞は，むしろ「職業人」や「場所」を示す名詞の語尾として広く用いられる（cf. 1.1.3.1　派生名詞，A，a，（1）およびb，（1））．
carro(馬)車 → carraio 車用の，車が通れる　fieno 干し草 → fienaio 干し草用の　parola 言葉 → parolaio 口数の多い

（3）～**àle**[2]：「…の」
さまざまな分野で広く用いられ，名詞の「状・様態」「条件」「所属」などを表わす．
fine 終り → finale 終りの　industria 産業 → industriale 産業の　morte 死 → mortale 死の；致命的な　nave 船 → navale 船舶の　posta 郵便 → postale 郵便の　stato 国家 → statale 国の

（4）～**àneo**：「…の」
「様態」を表わすが，あまり広くは用いられず，「時間」を表わす名詞から

1.1. 派 生 語

派生する語が散見されるだけである.
 istante 瞬間 → istantaneo 瞬間の, 即時の　momento 暫しの間 → momentaneo 束の間の　subito 一瞬 → subitaneo 突然の　tempo 時間 → temporaneo 一時的な, 臨時の

(5) ～àno² :「…の, に属する, と関係のある」
 普通名詞からの派生と, 国名・地名・人名などの固有名詞からの派生形に分れる. 固有名詞からの派生語尾としては, ～ese に次いで広く用いられる. なお, 名詞語尾としての～ano については, 1.1.3.1 派生名詞, A, a, (3)を参照されたい.
 1) 普通名詞からの派生形
 isola 島 → isolano 島の　mondo 世間；現世 → mondano 世間の；現世の　paese 田舎, 地方 → paesano 田舎の　popolo 大衆, 庶民 → popolano 大衆の, 大衆的な　repubblica 共和国〔制〕 → repubblicano 共和国〔制〕の
 2) 固有名詞からの派生形 (～(i・e)tano の形も)
 America アメリカ → americano アメリカの　Sicilia シチリア → siciliano シチリアの　Napoli ナポリ → napoli〔または e〕tano ナポリの　Manzoni マンゾーニ → manzoniano マンゾーニの　De Amicis デ・アミーチス → deamicisiano アミーチスの

(6) ～àre :「…に関する；の性質を有する」
 かなり広い範囲にわたって用いられる.
 esempio 模範 → esemplare 模範になる　famiglia 家族, 家庭 → famigliare (または familiare) 家族〔庭〕の；親しみやすい　popolo 民衆 → popolare 民衆の；人気のある　regola 規則 → regolare 規則的な　salute 健康 → salutare 健康によい　alimento 栄養物；食品 → alimentare 栄養の〔になる〕；食品の

(7) ～àrio³ :「…の, に関する, の性質を有する」
 この形の用例もかなり広い範囲にわたっている (cf. 1.1.3.1 派生名詞, A, a, (5) および c, (2)).
 confine 境界 → confinario 境界の　ferrovia 鉄道 → ferroviario 鉄道の　ordine 秩序 → ordinario (順序に従った →) 通常の　finanza 財政 → finanziario 財政の　pubblicità 宣伝, 広告 → pubblicitario 宣伝の, 広告の

第1章 語形成

（8）～āto⁴, ～ùto¹（稀に～ìto²）：「…をもった，を備えた，を生やした；…に似た」ときに「…を蒙むった」

過去分詞からの派生と混同されかねないが，動詞と直接の関係はない．

ala 翼 → alato 翼のある〔をもった〕　dente 歯 → dentato 歯の生えた　fortuna（幸）運 → fortunato 幸運な　baffi 口ひげ → baffuto 口ひげを生やした　capelli 髪 → capelluto 豊かな髪をもつ　pancia 腹 → panciuto 太鼓腹の　sapore 味（覚）→ saporito 味のいい

（9）～ésco：「…風・流の，…味を帯びた」

しばしば，なにがしかの軽蔑的ニュアンスを伴なう．

avvocato 弁護士 → avvocatesco 弁護士一流の，三百代言風の　bambino 子供 → bambinesco 子供じみた〔っぽい〕(cf. infantile 子供の)　libro 本 → libresco 机上の，実生活に即さない；学者ぶった (cf. libraio 本の)　pazzo 気狂い → pazzesco 気狂いじみた　Ottocento 19世紀 → ottocentesco 19世紀風の

（10）～ése²：「…の，に関する」

国名・地名からの派生形として，もっとも広く用いられる（これに続くのが，（5）の～ano）．通常，名詞（…の人；…語）を兼ねる (cf. 1.1.3.1 派生名詞，A, a, (7))．

Giappone 日本 → giapponese 日本の　Olanda オランダ → olandese オランダの　Piemonte ピエモンテ → piemontese ピエモンテの　Milano ミラノ → milanese ミラノの

（11）～évole：「…にふさわしい；…を可能にする」

しばしば，情愛，快・不快，人物評価などを表わす名詞から派生．ときに，動詞から派生する場合もある（例：lodare 賞める → lodevole 賞賛に値いする．cf. B〈動詞＋接尾辞〉,（7））．

amore 愛 → amorevole 情愛深い　amico 友人 → amichevole 友人にふさわしい，友好的な　onore 名誉；尊敬 → onorevole 名誉ある；尊敬に値いする　colpa 罪 → colpevole 有罪の

（12）～fico：「…をなす，を生む；…化する」

一般に，～co 語尾の名詞・形容詞は，男性複数形が～chi (co と同じ音)になる場合が多いが，次項(13)の～ico とともに，この接尾辞は～fici になる．

bene 善；幸福；利益 → benefico 役に立つ　calore 熱（量）→ calo-

— 42 —

1.1. 派 生 語

rifico 熱を生じる　onore 名誉 → onorifico 名誉（上）の　pace 平和 → pacifico 平和を好む

(13) ~**ico**：「…の，的な，に関する，のような」

使用領域は広範囲に及び，とりわけ，科学・技術用語の世界に深く浸透している．形態上二つのグループに分けられる．

1)〈語末を切除した名詞＋ico〉

accademia 学会 → accademico 学会の　atomo 原子 → atomico 原子の　simpatia 好意 → simpatico 感じのよい　storia 歴史 → storico 歴史の

2)〈語末を切除した名詞（～ma という語はそのまま）＋tico〉

dramma 劇 → drammatico 劇の；劇的な　energia エネルギー → energetico エネルギーの（cf. energico 精力的な）　fantasia 空想 → fantastico 空想的な

(14) ~**ièro**：「…の，に関する」，ときに「…にふさわしい」

albergo ホテル → alberghiero ホテルに関する　battaglia 戦闘 → battagliero 好戦的な　costa 海〔沿〕岸 → costiero 沿岸の　giorno 日 → giornaliero 毎日の　mattina 朝 → mattiniero 早起きの

(15) ~**ìgno**：

「相似・近似」性を表わす．

ferro 鉄 → ferrigno 鉄に似た　sangue 血 → sanguigno 血の；血の気の多い；血のような色　dolce 菓子 → dolcigno 甘味を帯びた，甘ったるい

(16) ~**ìle**²：「…風の，的な」

「性状」「能力」「適性」などを表わすが，現代では派生関係が不明確になった日常語にも広く登場する（例：gentile, civile, ostile, sottile)．febbre 熱 → febbrile 熱の（ある）　mercante 商人 → mercantile 商人の　primavera 春 → primaverile 春の（ような）　servo 奴隷；召使い → servile 奴隷の；卑屈な

(17) ~**ìneo**：「…の（ような）」

使用範囲はかなり限定されている．

fulmine 稲妻 → fulmineo 電光石火の　femmina 女児，女 → femmineo〈詩・古〉女の（cf. femminile が一般的)　vergine 処女，乙女 → vergineo〔または virgineo〕乙女（のような）(cf. verginale が一般的)

— 43 —

第1章　語形成

(18) ～**ìno**[3]：「…の，のような」

この接尾辞は，名詞語尾 (cf. 1.1.3.1　派生名詞，A, a, (9)) や，変意形容詞・名詞の縮小辞としても用いられる，たいへんに広く行われている形である．名詞からの派生形容詞としては，次の三つのグループに分類できる．

1) 〈地名+ino〉（名詞としては，「…の人；…語」の意）

　Alpi アルプス山脈（地方）→ alpino アルプス（地方）の　Firenze フィレンツェ → fiorentino フィレンツェの　Parigi パリ → parigino パリの　Perugia ペルージャ → perugino ペルージャの　Trieste トリエステ → triestino トリエステの

2) 〈動物名詞+ino〉

　bove 牛 → bovino 牛の　capra 山羊 → caprino 山羊の　cavallo 馬 → cavallino 馬の　porco 豚 → porcino 豚の

3) 〈材料，起源などを表わす名詞+ino〉

　argento 銀 → argentino 銀色の；(音が) 銀の鈴のように澄んだ　cenere 灰 → cenerino 灰色の　sale 塩 → salino 塩の，塩を含んだ　mare 海 → marino 海の

(19) ～**ìstico** 〔～**àstico**〕：「…の；…的・調の」

この語尾の形容詞は，同族の名詞として，～**ista** または～**ismo** という語尾の語を伴なうことが少なくない．なお，この～**ista** という形の派生名詞は，その項 (cf. 1.1.3.1　派生名詞，A, a, (10)) でも述べたように，名詞だけでなく，しばしば形容詞としても用いられるが（例：buddista 仏教徒；仏教の=buddistico），とくにその項目は設けなかったので，念のためそのことを言い添えておく．

　dente 歯 → dentistico 歯医者の（cf. dentista 歯医者）　arte 芸術 → artistico 芸術の（cf. artista 芸術家）　ego 自己 → egoistico 利己的な（cf. egoista 利己主義者，egoismo 利己主義）　prosa 散文 → prosastico 散文調の

(20) ～**ìvo**[1]：「…の性質の；…する傾向の；…的な」

「能力」「傾向」「品質」などを表わし，通常～**tivo** または～**sivo** の形になる．ときに名詞としても用いられる．また，同じ語尾の形容詞が，過去分詞からも派生する (cf. 1.1.3.2　派生形容詞，B 〈動詞+接尾辞〉, (9))．

　atto 行為，動作 → attivo 活動的な　difesa 防御 → difensivo 防御の

— 44 —

1.1. 派 生 語

offesa 侮辱 → offensivo 侮辱的な   sport スポーツ → sportivo スポーツの

(21) **～ìzio**:「…の，に関する；…を生む」

あまり広くは用いられない．

cardinale 枢機卿 → cardinalizio 枢機卿の   credito 信用（貸し）→ creditizio 信用（貸し）に関する   impiegato 勤め人 → impiegatizio 勤め人の   reddito 所得，収益 → redditizio 収益をもたらす

(22) **～òso**:「…を有する，がいっぱいの，の特性をもつ」

日常，もっとも広く用いられる形容詞語尾の一つである．ただ，この接尾辞のもつ面白さは，たんなる日常性という範囲内だけにとどまらないところにある．つまり一方で，広告用語としてその感覚的特性を発揮するかと思うと，ときに名詞化して隠語の世界にも入りこんでいく．どうやら，なんらかの「磁気」を帯びやすい，という性向を備えているかに見える．

amore 愛 → amoroso 愛の；愛情深い   dubbio 疑い → dubbioso 疑わしい   grazia 優しさ → grazioso 優美な   noia 退屈 → noioso 退屈な

〈広告用語の例〉

scicche 優雅 → sciccoso シックな   comodo 快適 → comodoso ゆったりと快適な   scatto ダッシュ，スパート → scattoso（車の）出足がいい

〈隠語の例〉

fango 泥 → fangoso 泥まみれの → le fangose 靴   buio 暗闇 → buioso 真暗な → la buiosa 刑務所

(23) **国名・地名を表わす形容詞**

前述の，(5)～ano，(10)～ese 以外に，国名・地名を表わす形容詞の接尾辞には，次のようなものがある．～ano，～ese 同様，おおむね，住民とそこで話される言語の意味を兼ね備えている．

1) **～àcco**

Polonia ポーランド → polacco ポーランドの   Slovenia スロヴェニア → slovacco スロヴェニアの

2) **～àsco**

Como コモ → comasco コモの   Monaco モナコ公国；ミュンヘン → monasco モナコの；ミュンヘンの

3) **～àte**

第1章　語　形　成

Ravenna ラヴェンナ → ravennate ラヴェンナの　Assisi アッシーシ → assisiate アッシーシの

4）～ènse

Ostia オスティア → ostiense オスティアの　Este エステ家 → estense エステの

5）～èo

Europa ヨーロッパ → europeo ヨーロッパの　Ragusa（ユーゴのドブロブニク，またはシチリアの都市）ラグーザ → raguseo ラグーザの

6）～igiàno

Alpi アルプス → alpigiano アルプス地方に住む　Parma パルマ → parmigiano パルマの

7）接尾辞ゼロ

Arabia アラビア → arabo アラビアの，アラブの　Russia ロシア → russo ロシアの　Svizzera スイス → svizzero スイスの

B 〈動詞＋接尾辞〉

(1)～àce：「…の能力をもった；…の傾向にある」

　　実のところこの接尾辞をもつ語は，イタリア語の動詞からの派生形ではなく，すでにラテン語の段階で作られたものである．ただ，よく見かける語尾なので，念のためここでその派生の過程を確認しておくことにしたい．

　　ラテン語 audēre（＝osare 敢行する）→ audace 大胆な　ラテン語 cāpere（＝capire 理解する）→ capace 有能な　ラテン語 fūgere（＝fuggire 逃げる）→ fugace 移ろいやすい　ラテン語 rāpere（＝rapire 強奪する）→ rapace 強欲な；肉食の

(2)～ànte[3]，～(i)ènte[3]：「…する（ような）」

　　現在分詞が形容詞化したもので，じつに広く用いられているが，名詞としての使用範囲も同じように広い（cf.1.1.3.1　派生名詞，C, a,（2））．「状態」もしくは「進行・生成・過程」を表わす．

　　abbondare 富む，豊かにある → abbondante 豊かな，たっぷりある　affascinare 魅了する → affascinante 魅惑的な　dipendere 依存する → dipendente 従属する　nutrire 養う → nutriente 栄養になる

(3)～àto[5]，～ùto[2]，～ìto[3]（以上，過去分詞規則形）；～so，～to，～tto，～sso，～sto，～erto（以上，過去分詞不規則形）：「…した，してしまった；

1.1. 派 生 語

〜された」

　見られるとおり，過去分詞の形容詞化であるが，この場合，もとの動詞の意味を知っているだけでは，かならずしも的確な意味・用法がつかめない語もあるので，それなりの注意をはらう必要がある．自動詞・再帰動詞は能動的意味，他動詞の過去分詞は受身の意味をもち，「動作完了後の結果」または，その結果生じた「状態・性質」を表わす（cf. 第5章不定形動詞類，5.3 過去分詞，5.3.2 用法，（2）形容詞化）．

　andare 行く → andato 過ぎ去った；落ちぶれた　aprire 開ける → aperto 開いた；広々とした；明らかな　decidere 決める → deciso 果断な；決然とした　muovere 動かす → mosso 動きのある，動的な　perdere 失なう → perso 失われた；負けた　tenere 保つ → tenuto 保存された；義務を負った

（4）〜ándo, 〜éndo：「…すべき；…することになっている」

　ジェルンディオが形容詞化したもので，用例は限られている．以下に見るとおり，従来は「感情」を表現する動詞から派生するのが通例だったが，同じ語尾の派生名詞の場合と同じように，いまでは「予定」を意味する用法も見られるようになった（cf. 第5章不定形動詞類，5.4 ジェルンディオ，5.4.2，（3）名詞・形容詞化）．

　esecrare 呪う，憎む → esecrando 呪うべき　stupire 驚かす → stupendo 驚くべき　venerare 崇拝する → venerando 尊敬に値いする　designare 任命する → designando 任命予定の

（5）〜tóre[2]（f. 〜trice），〜sóre[2]（f. 〜sora）：「…する」

　この語尾は通常，「…する人」の意味の名詞を派生させるが（cf. 1.1.3.1 派生名詞，C, a,（6）および（8）），多くの場合形容詞としても用いられるのである．

　amplificare 拡大する → amplificatore 拡大する　creare 創造する → creatore 創りだす　ricevere 受けとる → ricevitore 受ける；受信する　invadere 侵入する → invasore 侵入してくる　succedere 後を継ぐ → successore 後継の

（6）〜ábile, 〜úbile, 〜íbile：「…されうる（受動的）；…しうる（能動的）」

　「能力」や「可能性」を表わす形容詞としては，もっとも広く用いられる形である．〜are 動詞は〜abile，〜ere 動詞は〜ubile か〜ibile，〜ire 動詞は

〜ibile の形になる．大半は他動詞からの派生で，自動詞からの派生は限られている．ときに名詞からも派生するが，名詞からの派生形容詞の項では触れなかったので，ここで取りあげておく．
1）他動詞からの派生
　　amare 愛する → amabile 愛らしい　portare 運ぶ → portabile 運搬できる　solvere 解く → solubile 可溶性の　bere (← bevere) 飲む → bevibile 飲用できる
2）自動詞からの派生
　　durare 続く → durabile 持続性のある　rinunciare あきらめる → rinunciabile あきらめられる
3）名詞からの派生
　　carro 車（両）→ carrabile 車両が通れる　papa 教皇 → papabile 教皇に選ばれる可能性のある　tasca ポケット → tascabile ポケットに入れられる

（7）〜évole：「…されうる；…しうる」
　　（6）の〜a〔u・i〕bile と同じような意味をもつ．ただ，古くは広く用いられたのであるが，現代では使用例はかなり限られてきている．この〜evole，さきの〜a〔u・i〕bile の両方の形容詞を派生させている動詞も結構存在するが，その場合，同じ意味の2語が競合状態になっているタイプと，意味の異なる2語の併用という形をとるタイプとの，二つの種類に分れる（例：意味が同じケース → lodevole, lodabile 称賛に値いする；意味が違うタイプ → agevole 容易な ↔ agibile（建物などが）使用可能な）
　　cedere たわむ；くずれる → cedevole たわみやすい；くずれやすい　piegare 曲げる → pieghevole しなやかな　valere 価値がある → valevole 値打ちのある；効果のある

（8）〜ido：「…するような；…状・様の」
　　この接尾辞も実は，（1）の〜ace 同様，ラテン語の段階から派生語尾として用いられている．
　　ラテン語 avēre (=bramare 熱〔渇〕望する) → avido 熱・渇望した　ラテン語 fervēre (=fervere 燃えあがる) → fervido 燃えたつような，熱烈な　ラテン語 nitēre (=risplendere 光り輝く) → nitido ぴかぴかの　ラテン語 tepēre (=essere alquanto caldo あたたかい) → tiepido（なま）あたたか

1.1. 派 生 語

い，ぬるい

(9) ～**ìvo**[2]：「…する性質の；…する（傾向の）；…的な」

　この接尾辞は名詞にもつくが (cf.1.1.3.2　派生形容詞，A, (20))，以下のように過去分詞～to〔so・sso〕から派生することもある．

　affermare 断言〔肯定〕する → affermato → affermativo 断定〔肯定〕的な　alludere 暗示する → alluso → allusivo 暗示する　educare 教育する → educato → educativo 教育的な　informare 形づくる；知らせる → informato → informativo 形を与える；情報の〔をもたらす〕　succedere 続いて起る → successo → successivo 続きの，連続的な

(10) ～**òrio**：「…する（ような）」

　「関係」や「様式」を表わすが，前項(9)の～ivo 同様，過去分詞につく接尾辞である．

　adulare へつらう → adulato → adulatorio へつらうような，お追従の　contraddire 反論する；矛盾する → contraddetto → contradditorio 矛盾した　dividere 分つ → diviso → divisorio 区分けする，仕切る　diffamare 中傷する → diffamato → diffamatorio 中傷する，名誉を傷つける　illudere 惑わす → illuso → illusorio 偽わりの；はかない　obbligare 強制する → obbligato → obbligatorio 義務の，強制的な　preparare 準備する → preparato → preparatorio 予備〔準備〕の

　〈備考〉以上，1.1.3.1 派生名詞と，1.1.3.2 派生形容詞を形成する接尾辞のうち，同じ接尾辞が二つ以上の項目にまたがっている場合が，次に記すように22形存在する．便宜上，それぞれの接尾辞の右肩に，たとえば～aggio[1]，～aggio[2]というように，名詞，形容詞をひっくるめた通し番号を記してある．
(1) ～**aggio**：名詞2　(2) ～**aio**：名詞2, 形容詞1　(3) ～**ale**：名詞1, 形容詞1　(4) ～**ano**：名詞1, 形容詞1　(5) ～**ante**：名詞2, 形容詞1　(6) ～**ario**：名詞2, 形容詞1　(7) ～**ata**：名詞6　(8) ～**ato**：名詞3, 形容詞2　(9) ～**ente**：名詞2, 形容詞1　(10) ～**eria**：名詞3　(11) ～**ese**：名詞1, 形容詞1　(12) ～**iera**：名詞2　(13) ～**iere**：名詞2　(14) ～**ile**：名詞1, 形容詞1　(15) ～**ino**：名詞2, 形容詞1　(16) ～**ito**：名詞1, 形容詞2　(17) ～**ivo**：形容詞2　(18) ～**sore**〔**sora**〕：名詞1, 形容詞1　(19) ～**tore**〔**trice**〕：名詞1, 形容詞1　(20) ～**ume**：名詞2　(21) ～**ura**：名詞2　(22) ～**uto**：形容詞2

1.1.3.3. 派生動詞

　〜**are**, 〜**ere**, 〜**ire** という動詞の三つのタイプを，語形成という観点に立ってみた場合，〜are 型がもっとも多様で多彩な派生動詞群を擁し，〜ire 型がそれに次いでいる．それに反し，〜ere 型の新しい動詞が作られることはまず皆無といってよく，それどころか前から存在する〜ere 型の動詞のうちには，活用形の一部が使用されなくなったものもあって，むしろ〜ere 型は数のうえでは後退の傾向すら見られるのである．そればかりではない．語形成という問題を別にしても，本来動詞そのものの絶対数という点で，〜are グループが圧倒的優位を占めており，そしてそれに続くのが，やはり〜ire 型なのである．しかも〜are 型は，今後も，新動詞が作られるたびにその数を増すだろうことが予想される．ただ，だからといって，もう一つの〜ere 型動詞群の存在を軽視するのは禁物であって，いま述べたように，将来新たな造語が行われる可能性はほとんどないものの，一方この仲間には，長い歴史を経てきた，古くからの最重要基本動詞が相当数含まれていることを忘れてはならない．その意味で語形成の面でも，たとえば〈接頭辞＋重要基本 ere 動詞〉という結びつきの習得は，学習上たいへん重要な課題をなしている (cf. 1.1.1　主要な接頭辞)．ちなみに，重要基本〜ere 動詞としては，すぐ思いつくものだけでも，durre (← ducere), mettere, porre (← ponere), prendere, tenere, trarre (← traere, traggere) などを挙げることができる．

　派生動詞の形を概観すると，ほぼ次のようになる．

　　a　名詞からの派生　→　名詞＋are・ire・eggiare・izzare・ificare；接頭辞＋名詞＋are・ire

　　b　形容詞からの派生　→　形容詞＋are・ire・eggiare・izzare・ificare；接頭辞＋形容詞＋are・ire

このうち，形容詞からの派生形もかなり存在するが，それ以上に名詞からの派生動詞が多く，なかでも〈名詞＋are〉という単純な形と，複接派生の〈接頭辞＋名詞＋are〉という形がもっとも広く行われている．

（1）〈名詞＋**are**〉

　　この形が数のうえでは抜きんでているのであるが，その場合，自動詞にくらべて他動詞を派生するケースが圧倒的に多い．

　1) 他動詞

　　　anima 魂，生命　→　animare 生気を与える　　azione 動作　→　azionare 作

1.1. 派生語

動させる　causa 原因 → causare（の）原因になる　forma 形 → formare（に）形を与える；形成する　giudice 判事 → giudicare 判断する；裁く　lode 賞賛 → lodare 褒める　privilegio 特権 → privileggiare（に）特権を与える

2）自動詞

ciarla お喋り → ciarlare お喋りをする　fatica 努力 → faticare 努力する　lotta 闘争 → lottare 争う　marcia 歩行，行進 → marciare 行進する

(2) 〈名詞+ire〉

〈名詞+are〉にくらべると数はぐんと少なくなる．

colore 色 → colorire 着色する　custode 守護〔衛〕→ custodire 保護〔管理〕する　gesto 身振り → gestire 身振りをする　servo 召使い → servire 仕える

(3) 〈名詞+eggiare〉

「…（を）する〔…になる〕」「…のように振舞う」くらいの意味になり，「連続的発展」「繰返し」あるいは「強意」のニュアンスをもつ．〈名詞+are〉型にくらべれば，もとより数は少ないが，古くから話し言葉の領域で広く用いられ，現代でも新語造成に一役買っている（例：bambino 子供 → bambineggiare 子供っぽく振舞う　radicale 急進派 → radicaleggiare 政治的急進主義者である）．次項(4)の〜izzare がおおむね他動詞化するのに反し，〜eggiare は一般に，現代では自動詞として用いられることが多い．

corte 宮廷；取巻き → corteggiare 取巻きになって機嫌をとる；（女性を）口説く　favola 寓話 → favoleggiare 作り話をする　nolo 運送〔賃貸〕料 → noleggiare 賃貸する　sorte 運（命）→ sorteggiare くじ引きで決める

(4) 〈名詞+izzare〉

「…化〔的に〕する」の意味をもち，ときに「緩和，限定，縮小」のニュアンスが加わる．近年，科学・技術用語をはじめとして，政治，経済，行政，さらにはジャーナリズムの世界に深く浸透している．英語の〜ize, 仏語〜iser, 独語〜isieren らに相当するところから，外国語の言い方をモデルにした語も少なくない（例：英語 pressurize 加圧する → pressurizzare　仏語 préconiser（司教を）任命宣言する → preconizzare）．

— 51 —

analisi 分析 → analizzare 分析する　carbone 石炭 → carbonizzare 炭化する　canale 運河；チャンネル → canalizzare (に)運河を開く；一定方向に向ける　metallo 金属 → metallizzare 金属で被覆する

（5）〈名詞＋**ificare**〉

「…にする〔変える〕」「…を作る〔生産する〕」の意味をもつ．この語尾は，〈fare＋名詞（…する）〉という表現法に通ずる大きな有用性をもつところから，最近ますます広く用いられるようになっている．名詞語尾〜tore，〜zione（例：amplificare → amplificatore, amplificazione），形容詞語尾〜ivo，〜orio（例：emplificare (→ emplificato) → emplificativo, emplificatorio）と深い関係をもっている．また，英語の〜fy，フランス語の〜fier と同じ意味をもつために，これら外国語が直接イタリア語と化す例にもしばしば遭遇する（例：仏語 codifier 法典化する → codificare）．

calcio カルシウム → calcificare 石灰化する　persona 人 → personificare 擬人化する　esempio 例 → esemplificare 例証する　pontefice 教皇 → ponteficare（司教・教皇が）ミサを執行する

（6）〈接頭辞＋名詞＋**are・ire**〉

この複接派生については詳細を避け，いくつかの例を挙げるにとどめておく．接頭辞の意味・用法については，1.1.1　主要な接頭辞，の項を参照していただきたい．

〈a＋bottone ボタン〉 → abbottonare (の)ボタンをかける　〈a＋socio 会員〉 → associare 参加させる　〈in＋amore 愛〉 → innamorare 魅了する　〈s＋corteccia 樹皮〉 → scortecciare (の)皮を向く　〈s＋bandiera 旗〉 → sbandierare 誇示する　〈di＋ramo 枝〉 → diramare 枝に分つ；広める，公表する；(の)枝を払う　〈in＋sapore 味〉 → insaporire 味付けする

（7）〈形容詞＋**are・ire**〉など

形容詞からの派生も，名詞ほどではないが，広く行われている．ただ，その意味・用法は，名詞に準ずるものと考えていいので，名詞の場合のように細別せず，いくつかの事例を挙げるだけにとどめたい．

attivo 活動的な → attivare 始動させる　chiaro 明らかな → chiarire 明らかにする　formale 正式な → formalizzare 正式化する　italiano イタリアの → italianizzare イタリア化する　destro 巧みな → destreggiare 巧みに振舞う　intenso 強度の → intensificare 強化する　〈a＋simile 同種

の〉 → assimilare 同化する 〈in+timido 臆病な〉 → intimidire びくつかせる 〈di+magro 瘠せた〉 → dimagrare 瘠せる〔瘠せさせる〕

1.1.3.4 その他の派生語
(1) ~éssa

　男性名詞を女性名詞化する接尾辞として，一般に「職業，身分，肩書；動物」などを表わす名詞につくが (例：professore 教師〔授〕 → professoressa 女性教師〔授〕 principe 王子；公爵 → principessa 王女；公爵夫人 leone 牡ライオン → leonessa 牝ライオン)，こうした広く知られている用法のほかに，次のような興味深い使用法も誕生させている．すなわち，一方で「冗長」のニュアンスが加味される語を派生し，もう一方で「大」の意味合いが加わる語を生成させているのである．本来，人や生物の性を転換させるという役割だけをもっていたはずの接尾辞が，「物」の女性化(?)にも一役買っているわけで，さすがはイタリア，おそらくアメリカならば，フェミニストたちの憤激の的になったかもしれない．

　articolo 論説 → articolessa 長ったらしく退屈な論説　sonetto ソネット → sonettessa 定型の14行以上の長さのソネット；長すぎるソネット　pennello はけ → pennellessa 大きなはけ　brache ズボン → brachesse トルコ風幅広ズボン；だぶだぶのズボン

(2) ~ménte

　あらためて説くまでもなく，大部分の，性質や様態を表わす品質形容詞を，「…風に，のように；…の手段を用いて；…の視点に立って」などの意味の副詞に変える，たいへんポピュラーな接尾辞である．

　raro 稀な → raramente 稀に　veloce 速い → velocemente 速く　cordiale 真心をこめた → cordialmente 心から　regolare 規則的な → regolarmente 規則的に (~le，~re 語尾の形容詞の場合は，e を語尾切断して 〈+mente〉)

(3) ~óni〔ときに~one〕

　通常，名前の語尾につけることによって，身体の姿勢やポーズ，そして歩き方などを表わす副詞を派生させる．しばしば「滑稽味」ないし「親愛感」を添える．

　bocca 口 → bocconi うつ伏せに　dandolo 揺れ → dandoloni ゆらゆ

ら；ぶらぶらと　ginocchio 膝　→　ginocchioni 膝をついて，膝立ちで　gatto 猫　→　gattoni 四つんばいで；そろりそろりと　saltello 跳ね（ること）　→　saltelloni 跳ねながら　zoppo びっこ　→　zopponi びっこをひきながら

1.2. 合成語

二つ（ときに三つ）の語を組合せることによって作られる語が合成語である．通常イタリア語の合成語としては，**複合名詞** (1.2.1) と，**複合形容詞** (1.2.2) の2種類が考えられるが，ここではもう一つ，これら合成語とはやや性質の違う，**構成要素** (1.2.3) を含む語群も，この仲間に含めて考えることにしたい．ところでこの構成要素なるものは，一見接頭〔尾〕辞によく似ているために，それとの区別が多少微妙に思われるケースがないでもない．しかしよく見れば，接頭〔尾〕辞よりもう少し具体的な意味内容を備えた単位であることに気づく．かといって語としての独立性を有しているわけではなく，その意味ではこの要素を含む語は，派生語と合成語との中間的性格を備えている，といえるかもしれない．いずれにせよ，構成要素を含む語を合成語のグループに加えたのは，あくまでも分類上の便宜的手段にすぎない．

1.2.1. 複合名詞

1.2.1.1. 〈名詞（A）＋名詞（B）〉

通常 B を語尾変化させて複数形を作るが，ときに A, B 両者ともに語尾変化する．以下限定詞とは，形容詞のように名詞を修飾する働きをもつ語のことであり，一方被限定詞は，被修飾語を指すものと理解していただきたい．

A　結合形

(1)〈限定詞（A）＋被限定詞（B）〉：〈A の〔による，から成る〕B」
　　acquedotto 水道　banconota 銀行券　ferrovia 鉄道　manoscritto 原稿　madrelingua 母国語

(2)〈被限定詞（A）＋限定詞（B）〉
　1)「B の〔による，を用いた，のための〕A」
　　calzamaglia タイツ　cartapecora 羊皮紙　pannolino 亜麻布
　2)「B のような〔としての〕A」
　　cartamoneta 紙幣　cavolfiore カリフラワー　pescecane サメ

1.2. 合 成 語

(3) 〈**capo**+名詞 (A)〉
　1)「capo の A」：語尾のみ数変化
　　capogiro 目眩い　capoverso (文頭，改行の) 字下り
　2)「capo である A」：通常は A の語尾のみが，ときに capo, A ともに語尾変化する．
　　capoluogo 県〔州〕庁所在地　capolavoro 傑作　capocomico 座長
　3)「A (場所・組織など) の〔を代表する〕capo」：capo を数変化
　　capobanda 楽団長　capofabbrica 工場長　caporeparto 係長，現場主任
　　capofamiglia 世帯主　capostazione 駅長

(4) 〈**名詞** (A)+**名詞** (B)〉
　A, B 二つの名詞が，並列・等置の関係にある場合で，両者はときにハイフン (trattino) で結合される．
　　compravendita 売買　gattopardo 山猫 (pardo は leopardo 豹の短縮語)
　　decreto-legge (法律に準ずる) 政令　nave-ospedale 病院船

B　分離形

　これは，準複合名詞ともいうべきもので，独立した二つの名詞が，一つのまとまった意味，つまりは一種の名詞句を形成する場合である．

(1) 〈**被限定詞** (A)+**限定詞** (B)〉
　1)「B の A」
　　busta paga 給料袋；給料明細票　blocco cilindri シリンダー・ブロック
　　silenzio stampa (新聞の) 箝口令
　2)「B のような〔としての〕A」：たいへん広い用途をもつ．
　　ape regina 女王蜂　città dormitorio ベッド・タウン　romanzo fiume 大河小説　parola chiave キーワード　foresta vergine 処女林
　　なお，B として広く用いられる名詞としては，base (基本)，chiave (鍵)，tema (テーマ)，fiume (大河)，modello (モデル)，guida (指標)，tipo (タイプ) などがある．
　3)「B をもった〔備えた〕A」
　　città giardino 田園都市　scatola sorpresa びっくり箱　sigaretta filtro フィルターつき煙草
　4)「B のための A」
　　buono benzina ガソリン券　pausa caffè コーヒー・ブレーク　tariffa

bambini 子供料金　parcheggio clienti 顧客専用駐車場
5）「Bに対するA」
assicurazione incendi 火災保険　difesa antigelo 霜害予防装置
6）「B同士のA」
associazione capitale-lavoro 労使の提携　rapporto genitori-ragazzi 親子関係
7）「Bによる〔での〕A」
conferenza stampa 記者会見　giornale radio ラジオ・ニュース

（2）〈被限定詞（A）+限定詞（Bの1：特定名詞）+限定詞（Bの2）〉

〈Bの1〉の「特定名詞」としては，colore（色），formato（判，型），genere（種類），marca（マーク），misura（寸法），stile（スタイル），tipo（タイプ），uso（慣習 → にならった，紛いの）などの語がよく用いられる．

scarpe color caffè コーヒー色の靴　canottiera misura bambino 子供寸法のシャツ　tavolo stile Luigi XIV ルイ14世風のテーブル　borsa uso pelle 人造皮革（皮を真似た）のバッグ

（3）〈名詞（A）+名詞（B）〉の等置・並列関係：「AとBの併存；AであってB」

ときに trattino（ハイフン）で結合し，上記A結合形，（4）のようになることもある．

testa(-)coda（車の）急な逆向き方向化　odio amore 愛憎　diritto dovere〔dovere-diritto〕権利義務　spazio-tempo 時空　rapporto significante significato シニフィアンとシニフィエの関係　casa albergo 住居設備付きホテル　caffè concerto 演芸喫茶　divano〔poltrona〕letto ソファー・ベッド　studio salotto 書斎兼応接間

1.2.1.2.　〈形容詞+名詞〉

A　結合形　よく用いられる形容詞は，alto，buon(o)，gran(de)，mal(o)，mezzo など．通常，名詞語尾のみ数変化．

altopiano 高原　bassorilievo 浅浮彫　buonuscita 退職手当　carovita 物価高　francobollo 切手　malalingua 毒舌家　purosangue サラブレッド

B　分離形　これは，二つの名詞の並列の場合と同じように，複合名詞というよりも，成句化した2語の結びつきである．

1.2. 合成語

alta marea 満潮　belle lettere 文芸　buon fucile 射撃の名手　pieno impiego 完全雇用　pubblica opinione 世論　secondo fine 下心

1.2.1.3. 〈名詞＋形容詞〉
A　結合形　通常は，名詞，形容詞の両方が，ときに名詞のみ，数変化する．
　camposanto 墓地　caposaldo 目印；拠点　cassaforte 金庫　terraferma 陸地；大陸　pastasciutta（スープの具として調理されたパスタ，つまり pasta in brodo とは別様の）ソースその他で味つけしたパスタ

B　分離形　〈形容詞＋名詞〉の分離形と同じように，複合名詞というよりも，意味的に一体化した2語のまとまりである．用例はきわめて多い．
　centro storico 史跡地区　processo verbale 調書　servizio pubblico 公共サービス　sciopero bianco 順法スト　tavola calda 軽食堂

1.2.1.4. 〈動詞＋名詞〔稀に副詞，不定詞〕〉
　主として，「道具・器具；事物」か「（職業，身分，役割における）人」を表わす名詞になる．「人」の場合は，ときに諧謔的ニュアンスがこめられる．

A　〈動詞（命令法2単形）＋単数・複数名詞〉
　通常，男性名詞になるが，人間の場合，ときに女性名詞になる語もある．なお複数形に変えるときは，後接の名詞を，次のように語尾変化させる．
　① 男性単数名詞後接の場合：〜**o**・**e** 語尾の語 → 〜**i**
　② 女性単数名詞後接の場合：〜**a**・**e** 語尾の語 → 無変化；〜**o** 語尾の語 → 〜**i**
　③ 複数名詞後接の場合：無変化

（1）〈他動詞＋目的語〉
　このタイプが大半を占めている，といっていいほど用例は多く，用いられる動詞は量的に，〜are 動詞，〜ere 動詞，〜ire 動詞の順になる．とりわけ，guardare, lavare, parare, portare, battere, aprire, coprire などの動詞は，使用頻度が高い．
　1）道具・器具；事物
　　apriscatole 缶切り　asciugamano タオル　batticarne 肉たたき　grattacielo 摩天楼　guardaroba 衣裳ダンス〔部屋〕　paravento 風除け
　2）人（職業，身分，役割）

falegname 大工　guardaportone 門衛　portabagagli ポーター　spazzapietra 石工　rompicollo 向う見ず　tagliaboschi きこり

（2）〈自動詞＋主語〉

batticuore 動悸　corrimano（階段の）手摺り，（乗物の）横棒　crepacuore 胸が張り裂けんばかりの悲しみ　marciapiede 歩道

B　〈動詞＋副詞（句）〉：しばしば単複同形

cascamorto 恋い焦がれた男　buttafuori（盛り場の）用心棒　posapiano のろま　passavanti（後甲板から前甲板への）通路　saltimbanco 軽業師

C　〈動詞＋動詞（両者ともに命令法2単形）〉：おおむね単複同形

andirivieni（人・車の）往来　bagnasciuga（船の）吃水線　dormiveglia 夢現つ　giravolta（爪先きでの）旋回　parapiglia 突発的大混乱

D　〈動詞＋不定詞〉

lasciapassare 通行証

1.2.1.5.　〈前置詞＋名詞〉

この種の名詞は一般に，男性名詞であるが，数変化しない単複同形のものと，変化するものとに分れる．よく用いられる前置詞には，dopo, con, fuori, senza, sopra, sotto などがある．

dopoguerra 戦後　doposcuola（課外の）補習教室　condirettore 共同経営者　fuoriserie 特別注文の車；スーパースター　sottaceto 酢漬け食品

1.2.1.6.　〈副詞＋名詞〉

用いられる副詞は，bene, lungo, male など．

benedizione 祝福　maleducazione 無教養　malgoverno 悪政

1.2.1.7.　〈前置詞＋不定詞〉

daffare 仕事；用事

1.2.1.8.　三つ以上の要素の結合

bellimbusto（← bello in busto）伊達者，ダンディ　tirassegno（← tira a segno）射撃場　capodanno 年頭（← capo di anno）　nontiscordardime（← non ti scordare di me）忘れな草

1.2. 合成語

1.2.1.9. 新しい結合法（語の一部を省略）

fantascienza (← fanta(sia)＋scienza) SF 小説　cantautore (← cantare＋autore) シンガーソング・ライター　lavasecco (← lava(ggio)＋a secco) ドライ・クリーニング　telegiornale (← tele(visione)＋giornale) テレビ・ニュース

1.2.2. 複合形容詞

1.2.2.1. 〈形容詞（A）＋形容詞（B）〉
A　結合形：B の形容詞のみ性数変化

aeronavale 海空の　agrodolce 甘酸っぱい　angloamericano 英米の　grigioverde 灰緑色の　tragicomico 悲喜劇的な　sordomuto 聾啞の
B　ハイフンによる結合：後置された語のみ性数変化

とくに，政治，経済，社会，歴史その他文化一般の事象を表わす語として広く用いられているが，便宜的，一時的な造語も少なくない．逆に，前後二つの語の結合度が高まって，ハイフン (trattino) が省略されるようになる例もよく見られる．

anarco-sindacalista アナルコ・サンディカリズムの　italo-americano 米伊の　economico-sociale 経済社会的な　piccolo-borghese 小市民的な　storico-culturale 歴史・文化的な

1.2.2.2. 〈形容詞（A）＋名詞（B）〉
「B のような A 色の」といった色彩を表わす形容詞に用いられる形で，形容詞のみ語尾変化する．ただし，rosa, arancio, avana など，本来名詞である語を形容詞として前に置く場合は，その形容詞も無変化になる．

giallo oro 黄金色に近い黄色の　grigio perla 真珠色がかった灰色の　rosso fuoco 燃えるような赤の　verde bottiglia 濃緑色の

1.2.2.3. 〈副詞＋形容詞〔分詞〕〉

malcontento 不満な　benestante 安楽な　noncurante 無頓着な　sempreverde 常緑の　chiaroveggente 見通しのきく　sopraccitato さきに引用した

1.2.2.4. 副詞句（←〈前置詞＋名詞・代名詞〉）の形容詞化

ammodo 見事な，立派な　dabbene 立派な，きちんとした　dappoco つまらない，無価値の

> 〈備考〉　なお，〈**bene・male**＋動詞〉という形の動詞（例：benavere 仕合せ・平穏に生きる　benedire 祝福する　benemeritare 功労がある；maledire 呪う　malgiudicare 不当に評価する　maltrattare 苛める，ひどく扱う，など）を，「複合動詞」として分類することも可能であるが，ほぼこの種のタイプだけに限られる以上，あらためて独立した項目をたてて論ずるほどのテーマではないものと思われる．したがってここでは，こうした動詞の存在を指摘するだけにとどめておく．

1.2.3. 構成要素

ラテン語起源，ギリシャ語起源の二つのグループに分けることができる．単語の前につく「前接」の場合と，後ろへ置かれる「後接」の場合の二つのケースがあって，さきにも述べたように，接頭辞もしくは指尾辞に似ている形がときに散見される．しかし実は，それよりもう一段だけ，具体的な意味内容を備えている単位である．

1.2.3.1. ラテン語起源

(1) **acqu**-「水」：acqualina よだれ　acquerello 水彩画　acquaio 流し
(2) **agri**-, **agro**-「畑」：agro 畑地，平野　agreste 田舎〔田園〕の
(3) **alt**-, **alz**-「高い」：altero 尊大な　alzare 持ちあげる
(4) **anim**-「魂，生気」：animale 動物　animare 生気を与える
(5) **audi**(**o**)-「聞く」：audiometro 聴力計　auditorio 講堂
(6) **calori**-「熱」：calorifico 熱を生じる　calorifugo 断熱の
(7) **capit**-「頭」：capitano 隊長　capitale 首都；資本　capitolo 章
(8) **carn**-「肉」：carnefice 死刑執行人　carnevale 謝肉祭
(9) -**cìda**「殺人者」, -**cìdio**「殺人行為」：omicida 殺人犯　suicida 自殺者　genocidio 大量虐殺　parricidio 尊属殺人
(10) -**colo**「栽培・培養に関する」, -**coltore**「…を栽培・培養する人」, -**coltura**「…の栽培・培養技術」：viticolo ブドウ栽培の　apicoltura 養蜂
(11) **cred**-「信」：credito 信用　credenza 信仰；信念

1.2. 合成語

(12) **dom**-「家；主人」：domicilio 住所　domestico 家の
(13) **-fórme**「…形・状の」：aeriforme 空気のような　filiforme 糸状の
(14) **-gero**「…を運ぶ・着用する（人）」：armigero 武装した（者）　lanigero 毛の密な
(15) **mater**-, **matri**-「母」：materno 母の　matrice 母型；子宮
(16) **maxi**-「最大〔最高〕の」：maxigonna マキシスカート　maximoto 大型オートバイ
(17) **mini**-「小さい（この要素は，正確には英語起源）」：minibus マイクロバス　minibar (ホテルの) 部屋備えつけ冷蔵庫　minimercato 小規模スーパー
(18) **miss**-「送られた」：missile ミサイル　missione 派遣；使節団
(19) **moto**-「動く」：motoscafo モーターボート　motore エンジン
(20) **multi**-「多量・豊富な」：multicolore 多色の　multiforme 多形の
(21) **omi**-「人間」：omicidio 殺人　ominidi ヒト科
(22) **onni**-, **omni**-「すべての；どこでも」：onnipresente 偏在する　onnipotente (=onnipossente) 全能の　omnibus 乗合馬車
(23) **ora**-「語る」：oratore 弁士　oratorio 弁士；礼拝堂；オラトリオ
(24) **ov**-「卵」：ovale 卵形の　ovario 卵巣　ovidotto 卵管
(25) **pat(e)r**-「父」：paternità 父性　patrono 守護者；弁護人
(26) **ped**-「足」：pedana 敷物　pedone 歩行者　pedale ペダル
(27) **-plo**「…倍〔重・層〕の（もの）」：triplo 3倍〔重〕の　multiplo 多種多様の；倍数
(28) **plur(i)**-「多数〔複数〕の」：pluralismo 多元論；複数制　pluriclasse 合同クラス　pluriennale 何年も続く
(29) **radio**-「輻射，放射；電波，無線」：radioattività 放射能　radiogramma 無線電報；レントゲン写真　radiostella 電波源
(30) **radic**-「根」：radicale 根元の；急進的な
(31) **rett**-「真直ぐな」：rettifica 修正　rettitudine 公正
(32) **sal**-「塩，賃金」：salario 賃金　salare 塩味をつける
(33) **sangu**-「血」：sanguisuga ヒル　sanguinario 流血を好む
(34) **turbo**-「タービン（この意味は仏語起源）；騒乱」：turbogetto ターボジェット機　turbolento 騒ぎを好む
(35) **vetero**-「古い」：veterano 老練者　veterotestamentario 旧約の

(36) **via**-「運搬；道」：viadotto 陸橋　viavai 往来
(37) **video**-「ビデオ」：videofrequenza ビデオ周波　videofono ビデオ電波　videocassetta ビデオ・カセット
(38) **-voro**「食べる，消費〔吸収〕する」：carnivoro 肉食の　insettivoro 食虫性の　idrovoro 排水の

1.2.3.2. ギリシャ語起源

(1) **acro**-「先端，頂点」：acrobazia 曲芸　acropoli アクロポリス
(2) **aero**-「空気；航空」：aerometro 気量計　aeroporto 空港
(3) **algo**-, **-algìa**「痛み」：algofobia 痛覚恐怖症　nevralgia 神経痛
(4) **allo**-「他の」：allogeno 他民族の；少数異民族　alloctono 異地性の　allopatia 逆症療法
(5) **ana**-「上に，高く；後に；再び；反対，対抗」：anagogia 法悦　anacronismo 時代錯誤　anabiosi 蘇生　anatossina アナトキシン
(6) **andro**-, **-andro**「人，男，雄」, **-andrìa**「…の人・男・雄の状態」：androceo 雄しべ〔ずい〕群　poliandria 一妻多夫；多雄ずい性
(7) **anto**-「花」：antografia 花の描写　antologia 詞華集
(8) **antropo**-, **-àntropo**「人間」, **-antropìa**「～の状態」：antropologia 人類学　filantropo 博愛家　misantropia 人間嫌い
(9) **-àrca**「命令・支配する人」, **-archìa**「命令・支配の制度・状態」：monarca 君主　oligarchia 寡頭政治　anarchia 無秩序状態
(10) **arche(o)**-「古い」：archetipo 元型　archeologia 考古学
(11) **arterio**-「動脈」：arterioso 動脈の　arteriosclerosi 動脈硬化
(12) **astro**-「星，天体，宇宙」：astronomia 天文学　astronave 宇宙船
(13) **auto**-「自分；車」：autodidatta 独習者　autoparco 駐車場
(14) **biblio**-「本」：biblioteca 図書館；書庫　bibliografia 書誌
(15) **bio**-, **-bio**「生命」, **-bìosi**「～の状態」：biologia 生物学　microbio 細菌　necrobiosi 死生（症）
(16) **caco**-, **cach**-「悪，誤り，不快」：cacografia 悪文；誤記　cacofonia 不快な音調　cachettico 悪液質の
(17) **calo**-, **calli**〔**o**〕-「美」：calomelano 甘汞（かんこう）　calligrafo 能書家　calligrafismo（芸術上の）形体美の偏重

1.2. 合　成　語

(18) **cardi(o)-, -càrdio**「心臓」, **-cardìa**「～の状態」: cardiaco 心臓に関する　cardiopatio 心臓病　miocardio 心筋　tachicardia 心悸亢進

(19) **cefalo-, -cèfalo**「頭」, **-cefalìa**「…の頭をもつ状態」: cefalalgia〔cefalea〕頭痛　acefalo 無頭の　microcefalia 小頭症

(20) **ch(e)iro-**「手」: chirografo 自署証書　chiromanzia 手相(術)

(21) **ciclo-, -cìclo**「輪；周期」: ciclico 周期の　triciclo オート三輪

(22) **cine-**「動き；映画」: cinepresa 小型撮影機　cinecittà 映画都市

(23) **cino-**「犬」: cinodromo ドッグレース場　cinofilo 愛犬家(の)　(参考: cinese の略 cino- は「中国の」← (Cina)」: cino-giapponese 日中の)

(24) **cito-, -cìto〔a〕**「凹み；細胞」: citogenesi 細胞形成　fagocita〔o〕食細胞　linfocita〔o〕リンパ球

(25) **copro-**「糞」: coprofagia 食糞症　coprolito 糞(化)石

(26) **cosmo-, -còsmo**「世界, 宇宙」: cosmologia 宇宙論　microcosmo 小宇宙

(27) **-crate**「力をもつ人」, **-crazìa**「力, 支配, 制度」: autocrate 専制君主　burocrate 官僚　plutocrazia 金権政治

(28) **crio-**「寒冷」: criogenia 低温生成　criologia 低温科学

(29) **cripto-, critto-**「秘密, 隠蔽」: criptografia 暗号通信法　crittogramma 暗号（文）

(30) **cromo-, -cromo**「色彩」, **-cromìa**「着色, 装飾」: cromofotografia カラー写真術　monocromo 単色の　policromia 多彩装飾

(31) **crono-, -crono**「時間」, **-cronìa**「～の状態」: cronografia 年代学〔記〕　isocrono 等時性の　sincronia 共時態

(32) **dattilo-, -dàttilo**「指」: dattiloscopia 指紋検出　dattiloscritto タイプした（原稿）　tridattilo 3 指の

(33) **demo-**「民衆；人口；民主的」: demografia 人口(統計)学　demoscopia 世論調査　democristiano キリスト教民主党員；～党の

(34) **dermo〔a〕-, -dèrma**「皮膚」, **-dermìa**「～の状態」: dermatosi 皮膚疾患　ipoderma 皮下組織　pachidermia 強皮症

(35) **dinamo-**「力, エネルギー (仏語起源)」: dinamica (動)力学

(36) **dosso-, -dòsso**「意見, 説（の；の持主)」**-dossìa**「意見の在り方」: dossologia (ミサの) 栄唱, paradosso 逆説, eterodossia 異端〔説〕

第1章 語形成

(37) ⁼dromo「競技場」: autodromo サーキット　cinodromo ドッグレース場
(38) eco¹-「家，環境」: economia 経済　ecofobia 居宅恐怖症
(39) eco²-「こだま，反響」: ecografia 超音波造影　ecometro 音響測深器
(40) -èdro〔a〕「基礎，面」: cattedra 教壇　decaedro 十面体
(41) elettro-「光，電気」: elettrochimica 電気化学　elettrodomestico 家庭用電気製品(の)
(42) emer(o)-「昼」: emeralopia 昼盲(症)　emeralopo 昼盲症の(患者)
(43) emo〔a〕-, emat(o)-「血」, -emìa「〜の症状」: emazia 赤血球　ematuria 血尿(症)　emofilia 血友病　anemia 貧血(症)
(44) entomo-「昆虫」: entomofago 食虫性昆虫　entomofilo 虫媒の
(45) erg(o)-「仕事」: ergonomia 人間工学　ergoterapia 作業療法
(46) etero-「別種，異種」: eterogamia 異形配偶　eterogeneo 異種の
(47) eu-「良，快」: eucalipto ユーカリ樹　eufemismo 婉曲語法
(48) etio-, ezio-「原因」: et〔z〕iologia 原因論；病因学
(49) fago-「食べる」, ⁼fago「…を食べる人(の)」, -fagìa「…を食べる状態」: fagocitare 細胞を食べる　esofago 食道　aerofagia 空気嚥下症
(50) filo¹-「愛，共感；性向 (の人)」, ⁼filo「…好き (の)」, -filìa「…愛，びいき」: filologo 言語学者　cinefilo 映画好き　anglofilia イギリスびいき
(51) filo²-「一族，血統，子孫」: filogenesi 系統発生
(52) filo³-「有線の」: filobus トロリーバス　filodiffusione 有線放送
(53) fillo-, -fìllo「葉」: fillotassi 葉序　difillo 2枚の葉のある
(54) fisio-「自然」: fisiologia 生理学　fisionomia 容貌
(55) fleb(o)-「脈」: fleboclisi 静脈注射　flebografia 静脈造影(法)
(56) fono-, ⁼fono「音」, -fonìa「〜の姿」; ⁼fono「…を話す(人)」: fonografo 蓄音機　dittafono インターフォン　omofonia 同音　francofono フランス語を話す (人)　anglofono 英語を話す (人)
(57) ⁼foro「運ぶ；産む」, -forìa「〜状態」: termoforo 電気懐炉　reoforo 電線　euforia 多幸症
(58) fosfo-「リン」: fosforato リンを含む　fosforite リン灰土
(59) foto-「光；写真」: fotometria 測光　fotomontaggio 合成写真
(60) gala(tto)-「乳」: galassia 銀河　galattoforo 乳を出す
(61) gamo-, ⁼gamo「結婚；生殖 (の)」, -gamìa「〜の制度」: gamopetalo

1.2. 合成語

(花が)合弁の　monogamo 一夫一婦制の　esogamia 外婚制
(62) **gastr(o)**-「胃」：gastronomia 美食　gastroscopio 胃鏡
(63) **geno**-, -**geno**「生誕；種族；発生」：genotipo 遺伝子型　indigeno 土着の　autogeno 自生の　lacrimogeno 催涙性の
(64) **geo**-「大地」：geofisica 地理物理学　geodeta 測地学者
(65) **gero**[1]-, **geronto**-「古, 老」：geriatria 老人(病)学　gerontocomico 養老院　gerontocrazia 長老政治
(66) **gero**[2]- (=**iero**-)「神聖な」：gerarchia 階級　geroglifo 象形文字
(67) **gimno**-, **ginno**-「裸の」：gimnosofista 裸行者　ginnasta 体操選手
(68) **gino**-, -**gino**, **gineco**-「女」：ginandro 雌雄同体の　ginecologia 婦人科学　misogino 女嫌いの(男)
(69) **gloss(o)**-, -**glòsso**「舌；言語手段・能力」：glossario 古語〔難語〕辞典　ipoglosso 舌下の(神経)
(70) **glott(o)**-, -**glòtto**「舌, 声；言葉」：glottide 声門　poliglotto〔a〕数ヶ国語に通じた(人)
(71) -**gonìa**「発生, 起源」：cosmogonia 宇宙起源(論)　teogonia 神統記
(72) **gonio**-, -**gono**「角」：goniometria 角度測定　poligono 多角形
(73) **grafo**-「書く」, -**grafo**「書く(人・字・器具)」, -**grafìa**「記録法；記述物」：grafologia 筆蹟学　stenografo 速記者　cronografo 精密時間記録計　tipografia 活版印刷　autografo 自筆(の)
(74) -**gràmma**「通信；文字, 図形, 記録」：telegramma 電報　fonogramma 音声曲線　criptogramma 暗号文
(75) -**iàtra**「医師」, -**iatrìa**「治療(法)」：pediatra 小児科医　geriatra 老人病専門医　psichiatria 精神医学
(76) **icono**-「(聖)像」：iconografia 図像学　iconoclasta 偶像破壊論者
(77) **ideo**-「観念」：ideogramma 表意文字　ideografia 表意(文字)法
(78) **idro**-, -**idro**「水」：idrografia 水圏学　anidro 無水の
(79) **iero**- (=**gero**-)「神聖な」：ierocrazia 僧侶政治　ierologia 聖文字
(80) **ipno**-「眠り」：ipnologia 催眠学　ipnotismo 催眠術
(81) **ippo**-「馬」：ippica 馬術　ippodromo 競馬場
(82) **iso**-「同, 等」：isobara 等圧線　isocronismo 等時性
(83) -**ìte**「炎症；鉱物」：bronchite 気管支炎　grafite 黒鉛

(84) **-làtra**「崇拝する人」, **-latrìa**「崇拝」: idolatra 偶像崇拝者　ginolatria 女性崇拝　autolatria 自己崇拝
(85) **lisi-**, **-lisi**「分解」, **-lito**「分解力」: lisina リジン　analisi 分析〔分解〕　elettrolito 電解質〔液〕
(86) **lito-**, **-lito**〔e〕「石」: litografia 石版印刷　aerolito〔e〕隕石
(87) **logo-**「言葉」, **-logo**「学者；論述，言葉」, **-logìa**「学説，学問，論」: logica 論理学　monologo 独白　sociologia 社会学
(88) **macro-**「巨大」: macrocosmo 大宇宙　macroeconomia マクロ経済学
(89) **-manìa**「狂気状態」, **-mane**「～の人」: grafomania 書字狂症　erotomane 色情狂
(90) **mega-**「大」: megafono 拡声器　megaciclo メガサイクル
(91) **megalo-**「巨大」: megalite 巨石遺構　megalopoli 巨大都市
(92) **melano-**「黒」: melanodermia 黒皮症　melanismo 黒性〔化〕
(93) **melo-**「音楽，歌」: melodramma 音楽劇　meloterapia 音楽療法
(94) **meso-**「中間」: mesone 中間子　mesozoico 中生代の
(95) **meteor-**「上空の」: meteora 気象；流星　meteorite 隕石
(96) **metro-**, **-metro**「測定器；尺度」, **-metrìa**「測定（法）」: metrologia 度量衡学　eliometro 太陽儀　barometria 気圧測定法
(97) **micro-**「小」: microbilancia 微量天秤　microclima 微気候
(98) **miso-**「嫌悪，憎悪」: misogamia 結婚嫌い　misologia 理屈嫌い
(99) **mito-**「神話，伝説」: mitografia 神話記述　mitomania 虚言癖
(100) **mono-**「単一の」: monoteismo 1神論〔教〕　monoposto 1人乗りの
(101) **morfo-**「形」, **-mòrfo**「…の形の」: morfogenesi 形態形成〔発生〕　amorfo 無定形の　eteromorfo 異形の
(102) **necro-**「死」: necrofagia 死肉嗜食　necropoli（大）共同墓地
(103) **neo-**「新」: neologismo 新造語　neofito〔a〕新信者；新党員
(104) **neuro-**, **nevro-**「神経」: nevrosi 神経症　neuroma 神経腫
(105) **odo-**, **-odo**「道，歩行」: odometro 歩行距離計　metodo 方法
(106) **odonto-**「歯」: odontoiatra 歯科医　odontalgia 歯痛
(107) **-òide**「類似」: anarcoide 無政府主義的な（人）　mattoide 風変りな　tifoide チフス性の
(108) **oligo-**「少」: oligopolio 寡占　oligoemia 貧血症

1.2. 合成語

(109) **olo**-「全体，完全」：olocene 完新世　olocausto 生贄(にえ)
(110) **-òma**「腫瘍」：angioma 血管腫　mioma 筋腫
(111) **omo-**，**omeo-**「同，相似」：omogeno 同質の　omeopatia 同毒療法
(112) **onco-**「塊；腫瘍」：oncogeno 腫瘍形成性の　oncologia 腫瘍学
(113) **-ònimo**「言葉；名前(の)」，**-onimìa**「～の集合・研究」：anonimo 無名の　toponimo 地名　omonimia 同意異議語
(114) **onoma-**「名前」：onomatopea 擬音語　onomastica 固有名詞研究
(115) **onto-**「存在；有機体」：ontologia 存在論　ontogenesi 個体発生
(116) ˗**ope**「…眼の(人)」，**-opìa**「…眼の状態」：miope 近視の(人)　ambliopia 弱視
(117) **-opsìa**「検査」：autopsia 検屍　biopsia 組織検査
(118) **opto-**「眼，視覚」：optometria 検眼(法)　optometrista 検眼士
(119) **orto-**「正，真」：ortografia 正字法　ortopedia 整形外科(学)
(120) **-òsi**「非炎性疾病」：artrosi 関節症　psicosi 精神病
(121) **ossi-**「酸(素)」：ossido 酸化物　ossigeno 酸素
(122) **oste(o)-**「骨」：osteogenesi 骨生成　ostealgia 骨痛
(123) **oto-**「耳」：otoiatria 耳科学　otoscopio 耳鏡
(124) **paleo-**「古い」：paleografia 古文書学　paleobotanica 古植物学
(125) **pan-**「汎，全体」：panorama 全景　panteismo 汎神論
(126) **panto-**「総，全」：pantocreatore 宇宙支配者；～支配の　pantofago 雑食の　pantomima パントマイム
(127) **pato-**「病，苦」，**-patìa**「感情，苦，病」，**-pàtico**「…病・苦；感情の」：patologia 病理学　nefropatia 腎(臓)症　apatico 無気力の
(128) **ped¹-**「子供」：pedologia 児童学　pediatria 小児科(学)
(129) **ped²-**「土壌」：pedologia 土壌学　pedogenesi 土壌生成論
(130) **piro-**「火」：pirofilo 耐熱性の　pirolisi 熱分解
(131) **pneum(o)-**「息；空気，ガス；肺」：pneumatico 空気の；タイヤ　pneumopatia 肺疾患　pneumatologia 霊魂学
(132) **pod(o)-**，˗**pode** [o]「足」：podismo 競歩　antipodi 対蹠地
(133) ˗**poli**「都市」：metropoli 首都　cosmopoli 国際都市
(134) **poli-**「多」：policlinico 綜合病院　polifonia 多声音楽
(135) **proto-**「最初，原始」：protozoi 原生動物　protoplasma 原形質

第1章　語　形　成

(136) **pseudo**-「偽, 似非」: pseudonimo 偽名　pseudomorfo 仮像
(137) **psic(o)**-「魂, 精神」: psicologia 心理学　psicopatia 精神病
(138) **reo**-「流れ」: reografo 電流計　reologia 流動学
(139) **-scopìa**「検査；観察」, **-scòpio**「～の器具」, ˸**scopo**「～する人」, **-scòpico**「～の」: radioscopia X 線透視(法)　microscopio 顕微鏡　necroscopo 検屍医
(140) **sema**-「記号, 意味」: semaforo 交通信号機　semantica 意味論
(141) **sfer(o)**-, -**sfèra**「球；圏」: sferometro 球面計　atmosfera 大気圏　fotosfera 光球
(142) **sider(o)**-「鉄」: siderosi 鉄沈着症　siderurgia 製鉄(術)
(143) **silo**-「木」: silofono 木琴　silografia 木版刷
(144) **stereo**-「立体」: stereoscopia 立体視法　stereometria 体積測定
(145) **tacheo**-, **tachi**-「速い」: tachicardia 頻脈　tachigrafo タコグラフ
(146) **tass(i)**-, **tatt(i)**-, -**tàssi**「秩序, 配列」: tassia 走性　tattica 戦術　paratassi (文の) 並列
(147) **-tèca**「置場；収集物」: discoteca ディスコ　pinacoteca 絵画館
(148) **tecn(o)**-, -**tecnìa**「技術；専門」: tecnocrate 技術官僚　tecnico 技術的な　zootecnia 畜産学
(149) **tele**-「遠隔；テレビ」: telefono 電話　telecamera テレビカメラ
(150) **te(o)**-「神」: teologia 神学　teismo 有神論
(151) **terap(eut)**-「治療」, **-terapìa**「治療法・学」: terapeutica 治療学　aeroterapia 大気療法　termoterapia 熱療法
(152) **termo**-「熱；温度」, **-tèrmo**「～の(器具)」, **-termìa**「～の状態・療法」: termometro 温度計　aerotermo 温風ヒーター　ipotermia 低体温
(153) ˸**tesi**「主題, 命題」: ipotesi 仮説　sintesi 総合；合成
(154) **tip(o)**-, **-tìpo**「型；手本」, **-tipìa**「印刷工程・方法」: tipografia 印刷所　biotipo 生物型　cromotipia 色刷活版印刷
(155) **-tomìa**「分割, 切断, 切開」, ˸**tomo**「～する道具・人」: anatomia 解剖学　reotomo 遮断機　microtomo ミクロトーム
(156) **ton(o)**-, ˸**tono**「緊張；圧力；調子」, **-tonìa**「～の状態」: tonalità 調性　monotono 単調な　atonia 無緊張症
(157) **topo**-, ˸**topo**「場所」, **-topìa**「～の状態・特性」: toponimo 地名

cronotopo 三次元空間　isotopia 同位体現象

(158) **trico**-「髪，毛」, ⁼**trico**「〜の」: tricosi 異処発毛症　cimotrico（髪が）縮れた　lissotrico（髪が）真直ぐの

(159) **trofo**-「栄養」, ⁼**trofo**「〜の」, -**trofìa**「〜の状態」: trofoneurosi 栄養神経症　autotrofo 自給栄養の　ipotrofia 栄養不良

(160) **ur(o・e)**-「尿」, -**urìa**「〜の状態」: uroscopia 尿検査　ematuria 血尿(症)　poliuria 多尿，夜尿症

(161) -**urgìa**「仕事；加工」, -**ùrgo**「〜する人」: metallurgia 冶金学（術）　chirurgo 外科医

(162) **uro**[1]-, -**ùro**「尾」: uropigio（鳥の）尾部　siluro 魚雷

(163) -**ùro**[2]「…化物（仏語起源）」: carburo 炭化物　solfuro 硫化物

(164) **zoo**-, -**zòo**（通常複数-**zoi**）「動物」: zoologia 動物学　metazoi 後生動物　epizoo 体外寄生動物

1.3. 変意語

　イタリア語では，派生語以外に，単語にある種の接尾辞を添えることによって，もとの語の意味になんらかの味つけないし変容が加えられる，いわゆる変意語がたいへんに広く行われている．以下に見るように，1.3.1. **変意名詞・形容詞**（稀に副詞）と，1.3.2. **変意動詞**の二つに大別できる．

1.3.1. 変意名詞・形容詞

　これには4種類のタイプがあり，以下1.3.1.1. **縮小・親愛辞**，1.3.1.2. **増大辞**，1.3.1.3. **軽蔑辞**，そして1.3.1.4. **近似辞**，の順に見ていくことにしよう．

1.3.1.1. 縮小・親愛辞

　通常，「小」さく，「可愛」らしい，というニュアンスが添えられるが，場合によって，「皮肉」や「同情」，軽い「軽蔑」の意味がこめられる．

（1）-**ìno**〔**a**〕

　縮小・親愛辞のなかでもっとも広く用いられ，身近かな人や物，食べ物，身体の部分を表わす語の味つけとして，日常欠かすことのできない単位である．これに限らず，縮小・親愛辞なるものは，一般に「可愛」らしいものへ

第1章 語形成

熱い関心を向ける，イタリア文化の特徴の一面を鮮やかにうかがわせる表現法だといっていい．

bacio キス → bacino 可愛いいキス　camera 部屋 → camerino 小部屋；(楽屋の) 化粧室　mano 手 → manina お手々　mamma ママ → mammina (愛情をこめて) ママ　Concetta コンチェッタ → Concettina コンチェッタの愛称　cervello 人 → cervellino 思慮の欠けた人物　bello すばらしい → bellino まあまあ好ましい

adagio ゆっくり，急がずに → adagino あまり慌てずに，慎重に

(2) -(i)cìno〔a〕

-ìno〔a〕の異形．とくに身近かな事物や動物名に用いる．

bastone 杖，棒 → bastoncino 小さな杖〔棒〕　lezione レッスン → lezioncina 小レッスン　festa 祭り → festicina ささやかな催おし

(3) -olìno〔a〕：-ìno〔a〕の異形．

cane 犬 → cagnolino 小犬　figlia 娘 → figliolina 可愛い娘　freddo 寒い → freddolino ちょっぴり寒い

(4) -étto〔a〕

-ino〔a〕同様広く用いられるが，そちらに較べると，盛りこまれる感情の量はやや少なく，ときに「皮肉」ないし「軽蔑」的意味合が添えられる．

camera 部屋 → cameretta 小部屋　donna 女 → donnetta 少女；低い身分の〔とるに足らぬ〕女　aspro 酸っぱい → aspretto やや酸味のある

(5) -èllo〔a〕

-ino〔a〕ほど広くは用いられないが，しばしば「親愛」感がこめられる．

albero 木 → alberello 小さな木　asino ロバ → asinello 可愛いロバ　paese 村 → paesello 小さな村　cattivo 悪い → cattivello いけない，困った

(6) その他

1) -(i)cello, -erèllo〔a〕, -arèllo〔a〕：すべて-ello〔a〕と同じ意味の接尾辞．

2) -ùccio〔a〕, -ùzzo〔a〕：「親愛」感，ときに軽い「軽蔑」の情を添える．

3) -icciòlo〔a〕：しばしば「軽蔑・貶下」的ニュアンスを加味．

4) -(u)òlo〔a〕：ときに軽蔑的ニュアンスを含む．

5) -àtto〔a〕, -(ici)àttolo〔a〕：用途は広くなく，動物の名前によくつく．

1.3. 変意語

fiume 川 → fiumicello 小川，せせらぎ　banco 陳列台 → bancarella 屋台　casa 家 → casuccia 小屋（しょうおく）　strada 道路 → stradicciola 小道　orso → orsatto 小熊

1.3.1.2. 増大辞
（1）**-óne**〔ときに**a**〕

もっとも広く用いられる増大辞．

coltello ナイフ → coltellone 大型のナイフ　nebbia 霧 → nebbione 濃霧　lavoro 仕事；作品 → lavorone（芸術上の）大作

〈備考〉
1）大きさの増大というよりも，「特性強調」になる場合：testardo 頑固な → testardone ひどく頑固な
2）形容詞にはしばしば皮肉なニュアンスが加味される：sciocco 間抜けな → scioccone 大阿呆

（2）**-ótto**〔**a**〕

「若く，元気な」の意味が加わる．動物や人間に用いられる．

aquila ワシ → aquilotto 若ワシ　vecchio 老人；古い → vecchiotto かくしゃくたる老人；多少古い　semplice 無邪気な → sempliciotto お人好しの

（3）**-acchióne, -acchiótto**〔**a**〕

やや「皮肉」な味わい，ときに「親愛」感がこめられる．

furbo 抜け目のない → furbacchione 目から鼻に抜けるような　volpe 狐 → volpacchiotto 若い狐；油断のならない奴

（4）1）**-óccio**〔**a**〕

おおむね「粗野」のニュアンスが加味される．

2）**-ózzo**：増大の意味は薄れ，ときに「滑稽」味を帯びる．

grasso 肥った → grassoccio でぶちんの；粗野な　predica お説教 → predicozzo 友情をこめた忠告

1.3.1.3. 軽蔑辞
（1）**-àccio**〔**a**〕（トスカ），**-àzzo**〔**a**〕（北・南伊）

軽蔑辞の代表．ときに多少の「増大」のニュアンスが加味される．形容詞

の場合は，軽蔑の意味がやや緩和される．

amore 愛, 恋 → amoraccio たわむれ〔かりそめ〕の恋　casa 家 → casaccia あばら家　povero 貧しい；憐れな → poveraccio 憐れをもよおす

（2） -àstro〔a〕

-àccio〔a〕に次ぐ広い用途をもつ．

giovine 若者 → giovinastro やくざな若者　politico 政治家 → politicastro 政治屋，政治ゴロ

〈備考〉

1）親族名詞につき，軽蔑でなく，「義理」の関係を表わす場合：figliastro（夫か妻の）連れ子，fratellastro 片親違いの兄・弟．

2）「五感」を表わす形容詞は，軽蔑よりもむしろ，ある種の「近似値」を表わす：bianco → biancastro 白ばっこい　dolce → dolciastro 甘ったるい．

（3） -ùcolo〔a〕

「軽蔑」プラス「縮小」のニュアンスをもち，「みすぼらしさ」「卑少」の感じを伴なう．

paese 村 → paesucolo 貧村　poeta 詩人 → poetucolo 無名のへぼ詩人

（4）1） -ònzolo：使用範囲はあまり広くない．

2） -iciàttolo：「軽蔑」プラス「縮小」

medico 医者 → mediconzolo 藪医者　mostro 怪物 → mostriciattolo 忌わしい小怪物

1.3.1.4. 近似辞

主として，「色彩」や「五感」を表わす形容詞につく接尾辞で，「近似的」味わいを添える．

（1） -ìccio：「…味を帯びた，やや…，…っぽい，…気味の」

giallo 黄色の → gialliccio 黄ばんだ　malato 病んだ → malaticcio 病気がちの　nero 黒い → nericcio 黒ずんだ

（2） -ìgno：「…気味の」

近似性および完全性欠除の意味合を帯びる．

dolce 甘い → dolcigno 甘みを帯びた　aspro 酸っぱい → asprigno いくらか酸っぱみのある

1.3. 変意語

(3) **-ógnolo**:「…気味の，…がかった」

azzurro 青い → azzurrognolo 青味がかった　verde 緑色の → verdognolo ほのかな緑色の

〈備考〉　二つの変意接尾辞の併用もよく行われている．

　　1)〈二つの縮小辞〉foglietino, fiorellino　2)〈縮小辞＋軽蔑辞〉librettaccio　3)〈増大辞＋縮小辞〉scarponcino　4)〈増大辞＋軽蔑辞〉ricconaccio　5)〈軽蔑辞＋増大辞〉porcaccione

1.3.2. 変意動詞

普通の動詞に，以下のような接尾辞をつけることによって，「程度縮小，緩和；繰返し；増大，強意」などのニュアンスが添えられる場合がある．

(1) **-erellare, -ellare, -arellare**

「そっと，気を抜いて，気楽に，ちょこちょこ」などといった意味が加味される．

cantare 歌う → cantarellare 低声〔鼻声〕で歌う；balzare 飛び跳ねる → balzellare 小刻みに跳ねる　girare 歩き回る → girellare ぶらつく

(2) **-ettare** 〔**-attare**《トスカ》〕, **-ottare** (稀):「程度緩和」と「繰返し」

fischiare 口笛を吹く → fischiettare そっと口笛を吹く　picchiare 打つ，たたく → picchiettare 繰返し軽くたたく　schizzare 噴出する → schizzettare はねかける

(3) **-icchiare, -acchiare, -ecchiare, -ucchiare**:「意味縮小」と「繰返し」

dormire 眠る → dormicchiare うたたねする　lavorare 働く → lavoricchiare のんびり働く　rubare 盗む → rubacchiare ちょくちょく盗みを働く　mangiare 食べる → mangiucchiare ちびちび食べる

(4) **-azzare, -uzzare**; **-icciare, -acciare**:「意味増大」と「強意」．

なお，-azzare には，「繰返し」と「軽蔑」的意味合が加味される．

ghignare 嘲笑う → ghignazzare 高らかに嘲笑う　tagliare 切る → tagliuzzare 細かく切り刻む　ammassare 積み重ねる → ammassicciare 積み固める

1.4. 短縮語

イタリア語の世界では，略語は別として，単語の一部（とくに後半）を省略して作られる，いわゆる短縮語は従来それほど広くは行われていなかった．しかし近年の科学・技術文明の普及・浸透とともに，少しずつ使用が広まってきている．そしてそれはとくに，現代文明生活関連用語，すなわち乗物，電気通信機器など，いわゆる文明の利器を表わす語に集中している感がある．いくつかの例を挙げるにとどめておく．

auto (mobile) 自動車　(auto) bus バス　cine (matografo) 映画　foto (grafia) 写真　metro (politana) 地下鉄　moto (cicletta) オートバイ　radio (～telegrafia 無線電信，～fonia ラジオ放送，～ricevitore ラジオ受信機，～trasmissione ラジオ放送) ラジオ　turbo (compressore) ターボ圧縮器　eco (grafia) 超音波造影法　(penna) stilografica 万年筆　mono (fonico) モノラルの　tele (visione) テレビジョン

第2章　単文の文型と語の結合型

　構造という観点から見たイタリア語の分析が本書の中心課題である以上，当然のことながら，「単文の文型」と「語の結合型」の解明は欠かすことができない．そこで，いままではほとんどすべての英和辞典で採用されている，A. S. Hornby 創案の英語の型を参考にし，動詞型(動詞を自動詞，他動詞，再帰動詞，非人称動詞の4タイプに分類したうえで，延べ) 48, 形容詞型4, 名詞型5, 副詞型2, 計59の型を試作してみた．その結果，それぞれの型は，その中心になる動詞(そして形容詞，名詞，副詞)の意味と深い関係を有していることが，おのずと明らかになった．もとよりそのすべてを公開し，それぞれの「意味と型の関係」を詳しく説明したいとは思うものの，もしそれを行なったならば，本書の構成は大きくくずれることになる．つまりこの章だけで，優に一つの大冊になるだけのページ数を必要とするからである．やむをえず，動詞型，形容詞型，そして名詞型の，とくに注意を要すると思われるものだけに焦点をしぼらざるをえなかった．

　さて，型をパタン化して示す必要上，便宜上いくつかの略語を採用した．以下のとおりである．

　Agg.または agg.＝aggettivo 形容詞　cong. vo＝congiuntivo 接続法　CP＝complemento predicativo 叙述補語(英語の補語)　imp.＝impersonale 非人称の，impersonalmente 非人称的に　ind.＝indicativo 直説法　inf.＝infinito 不定詞　n.または N＝nome 名詞(pronome 代名詞，も含む)　O＝oggetto 目的補語　p. ps.＝participio passato 過去分詞　prep.＝preposizione 前置詞　qc＝qualcosa 物　qu＝qualcuno 人　V＝verbo 動詞　VI＝verbo intransitivo 自動詞　V imp.＝verbo impersonale 非人称動詞(verbo usato impersonalmente 非人称的に用いられた動詞，も含む)　VR＝verbo riflessivo 再帰動詞(verbo pronominale 代名動詞，を含む)　VT＝verbo transitivo 他動詞

　とりあげる型をひとまず一覧しておこう．動詞型16, 形容詞型3, 名詞型2, 計21である．おそらくこの数ですら，多過ぎる嫌いがあるかもしれない．なるべく詳説は避け，要点だけ説明するつもりである．ただ必要以上に非人称動詞

第 2 章 単文の文型と語の結合型

(ないし構文) に拘わったのは，もっぱら学習上の便宜を考えたからにすぎない．また動詞型の場合，とりわけ注意を要するのは，動詞と，前置詞・不定詞・che 節などの結びつきかと思われるので，おのずとこの種のタイプの，しかもその代表的な文型にのみ限定せざるをえなかった．さらにもう一つ，このうちの che 節を従えるタイプであるが，これは明らかに単文ではなく複文であって，原理的には，本来第 4 章「複文の構造」で扱うべき性格の文である．しかしながら，英語の that 節を従える文もそうであるように，これも単文の文型の仲間の一つとして捉えるほうが，実際的にははるかに有用でもあれば，わかりやすくもある．最後に，おのおのの型を構成するものとして列挙した動詞，形容詞，そして名詞は，もとよりそのすべてではなく，一部のものにすぎないものと御承知いただきたい．

2.1. 動詞型
2.1.1. **V** (VI・VR)＋**prep.**＋n.
2.1.2. **V** (VI・VT・VR)＋**prep.**＋*inf.*
2.1.3. **VT**＋n.(A)＋**prep.**＋n.(B)
2.1.4. **VR**＋**prep.**(a)＋n.(A)＋**prep.**(b)＋n.(B)
2.1.5. **VT**＋**O** (通常 qu)＋**prep.**＋*inf.*
2.1.6. **VT**＋a qu＋**di**＋*inf.*
2.1.7. **V** (VI・VT・VR)＋**che**＋*ind.*〔*cong. vo*〕
2.1.8. **V imp.**＋(**di**) *inf.*
2.1.9. **V imp.**＋a qu (**di**)＋*inf.*
2.1.10. **V imp.**＋**che**＋*ind.*〔*cong. vo*〕
2.1.11. **V imp.**＋a qu〔または単に qu〕＋**che**＋*ind.*〔*cong. vo*〕
2.1.12. **V imp.**＋a qu＋**CP** (**di**)＋*inf.*/**che**＋*ind.*〔*cong. vo*〕
2.1.13. **essere** (imp.)＋**agg.**・**n.**＋*inf.*/**che**＋*ind.*〔*cong. vo*〕
2.1.14. **essere** (imp.)＋**p. ps.** (VT)＋(a qu) **di**＋*inf.*/**che**＋*ind.*〔*cong. vo*〕
2.1.15. **si**＋**VT** (imp.)＋**di**＋*inf.*/**che**＋*ind.*〔*cong. vo*〕
2.1.16. 成句的非人称構文

2.2. 形容詞型
2.2.1. **Agg.**＋**prep.**＋n.

2.2.2.　**Agg.＋prep.＋***inf.*
2.2.3.　**Agg.＋che＋***ind.*〔*cong. vo*〕

2.3.　名詞型
2.3.1.　**N＋che＋***ind.*〔*cong. vo*〕
2.3.2.　**N＋essere＋che＋***ind.*〔*cong. vo*〕

2.1.　動詞型

2.1.1.　**V（VI・VR）＋prep.＋n.**
① Il cane ubbidisce al padrone.犬は主人に忠実である．
② Soffro di mal di dente.歯が痛む．
③ Il suo carattere non concorda con il mio.彼と私は相性が悪い．
④ Non mi sono accorto di lui.私は彼に気づかなかった．
⑤ Togliti da quella seggiola.その椅子から離れたまえ．

　自動詞および再帰動詞と前置詞との結合は，一つひとつ数えあげれば厖大な数にのぼり，とうていそのすべてを挙げるわけにはいかない．ただこの章の冒頭にも述べたように，どのような意味の動詞が，どんな前置詞と相性がいいか，といった問題には，おのずと一定のパタンが形成されているのであって，それについての知識を多少なりとも手にいれることは，動詞と前置詞の結合に関する勘を養う手がかりになるものと思われる．要するに英語でいう，語の colloca-tion（連語関係）に関するセンスを養成するというのが，この型にかぎらず，この章全体の大きな目標だといっていい．

2.1.1.1.　自動詞の場合
（1）〈**a**〉との結合
　　〈自動詞＋a＋名詞〉の結びつきにおける〈a〉の意味を簡単に概説するのはむつかしいが，広い意味での「（物理的・心理的）方向」を表わすか，「接触面・点」を示すか，詳しくは第6章基本前置詞・特定副詞の用法，6.1.　前置詞，6.1.1.　a を参照していただきたい．ただ，後にくる名詞には，「物(qc)」「人(qu)」のいずれもが用いられる場合と，「物（そして事）」か「人」のどちらかに限定される場合があって，とりあえず後者のケースのみ，（〜a qu）

— 77 —

(いうまでもなくこの場合 qu には,「擬人的」に用いられた「物」も含まれる)というように，その旨記してある．

①接近, 到着：arrivare, giungere, addivenire, approdare, accedere　②遡行, 到達, 方向：risalire, condurre, portare, volgere, rimontare　③達成, 合計：assommare, sommare, ascendere, ammontare, assurgere　④語り・笑いかけ，叫び（主に～a qu）：parlare, rispondere, scrivere, arridere, sorridere, gridare　⑤称賛, 喝采：inneggiare, osannare, acclamare, plaudire, applaudire　⑥暗示, 予告：accennare, alludere, preludere　⑦姿勢：arieggiare　⑧信頼：credere, confidare　⑨失敗, 欠落, 欠乏：mancare, venire meno, fallire　⑩利害, 関心, 関与（主に～a qu）：riguardare, spettare, interessare, importare, concernere, toccare, competere, premere　⑪快・不快（～a qu）：piacere, gustare, compiacere, comodare, fare comodo；dispiacere, spiacere, scomodare, ributtare　⑫合致・不一致（～a qu）：stare, andare, quadrare, corrispondere, consonare, calzare；disdire　⑬推測的判断（～a qu＋CP）：parere, sembrare, apparire, sapere　⑭結果, 判明（～a qu）：risultare, riuscire　⑮目標, 指向：tenere, puntare, intendere, tendere, mirare, tirare, pretendere　⑯渇望, 熱望：aspirare, agognare, ambire, anelare　⑰充足, 満足：adempiere, soddisfare　⑱補足, 補修；交替：riparare, rimediare, ovviare, sopperire；subentrare, succedere　⑲反対, 否認；放棄；対抗：contraddire, resistere, abdicare, rinunciare, ripugnare, derogare, ostare, reggere　⑳譲歩, 賛意, 同意：acconsentire, assentire, consentire, accondiscendere, condiscendere, cedere, soggiacere, indulgere, soccombere, annuire　㉑従順, 従属；不服従：ubbidire, obbedire, sottostare, ottemperare；disubbidire, trasgredire　㉒参加, 寄与, 貢献；援助：partecipare, intervenire, contribuire, assistere, presenziare, sovvenire　㉓協力, 合同, 一致：cooperare, collaborare, cospirare　㉔労働, 遂行：lavorare, operare, assolvere, adempiere　㉕随行, 続行：seguire, procedere　㉖仕方, ゲーム：giocare, fare　㉗配慮, 考慮, 監視：badare, pensare, guardare, attendere, accudire, rimirare, riflettere, vigilare, invigilare, sov〔p〕rintendere　㉘便益, 寄与：giovare, servire, contribuire；sacrificare　㉙必要, 適・不適（主に～a qu）：bisognare,

2.1. 動詞型

occorrere, convenire ; disconvenire, sconvenire ㉚偶発, 発生(主に〜a qu)：accadere, avvenire, arrivare, capitare, succedere, pervenire, incogliere, prendere ㉛逃亡, 逸脱(a から)：fuggire, evadere, scappare, sfuggire, scampare ㉜類似, 相似：sommigliare, assomigliare, equivalere ㉝参照(〜a qc)：rimandare, rinviare, richiamare, riportare ㉞訴え, 依拠：ricorrere, fare appello ㉟所属：appartenere, attenere ㊱付着：aderire, inerire ㊲抽出：attingere, intingere ㊳価値(〜a qu)：valere ㊴延期, 延命：soprassedere, sopravvivere ㊵打撃：battere, bussare, picchiare, など

(2) ⟨**con**⟩ との結合

a 「**人〔物〕との係り合い → …とともに；…に対して**」

①結合, 連結：legare, combinare, confinare, comunicare ②一致, 符合：consentire, concordare, coincidere, combacinare, consonare, confrontare, collimare, combinare, quadrare ③調和, 親和：armonizzare, familiarizzare, simpatizzare, fraternizzare ④対話, 協定, 相互関係：parlare, discutere, conversare, conferire, transigere, patteggiare, contrattare ⑤交流, 交際：corrispondere, comunicare ; amoreggiare, bazzicare, fornicare, trescare, trattare ⑥協力, 協働：cooperare, collaborare, faticare, lavorare, studiare ⑦共生：convivere, coesistere, pareggiare ⑧対立：contrastare, cozzare, stonare ⑨対抗, 競争：lottare, competere, contendere, gareggiare, combattere, guerreggiare, rivaleggiare, litigare ⑩仲違い：rompere ⑪動作・関心の対象：scherzare, fingere ⑫呪い：sacramentare ⑬過度使用：esagerare ⑭瞞着：barare, など.

b 「**同時性 → …とともに**」

①開始：cominciare, iniziare, principare, attaccare, esordire ②終結, 頂点：terminare, finire, concludere, など.

(3) ⟨**da**⟩ との結合

a 「**起源, 由来；離脱, 区別**など → 広く, …から」

①出身, 起源；発生, 由来, 原因：derivare, provenire, originare, risultare, procedere, conseguire, muovere, nascere, sorgere, risorgere, partire, uscire, scendere, discendere, venire, andare, emanare ②分岐：di-

第2章　単文の文型と語の結合型

ramare　③湧出, 流出：scatuire, schizzare, sprizzare, sgorgare, erompere, effondere　④超過, 突出：traboccare, esorbitare, sporgere　⑤垂下：pendere, spenzolare, ciondolare, penzolare　⑥従属：dipendere　⑦分離, 離別：prescindere, staccare, evadere, disaffezionare　⑧離脱, 逸脱：deviare, divergere, traviare, digredire, divagare, deflettere, astrarre, declinare, sconfinare, derogare, disertare　⑨逃避, 回避, 脱却：campare, scampare, fuggire, rifuggire, sfuggire, esulare, scappare, sfollare, aborrire, scapolare, guarire　⑩欠落：mancare　⑪中断, 退散：sostare, cessare, desistere, recedere　⑫退化：degenerare, decadere　⑬相違, 区別；違和：differire, distare, divergere, discordare, dissentire, dissomigliare, dissonare　⑭相似：tenere, ritrarre

　b　「**原因・理由 → …のせいで**」
　広く,「身体・感情の反応」を表わす動詞群：tremare, bubbolare, tremolare, ardere, bollire, arrabbiare, arrossire, urlare, friggere, soffocare, affogare, ammalare, smaniare, scoppiare, schiantare, crepare, morire, schiattare, sobbalzare, zoppicare, cascare, crollare, cadere など（以上の動詞は, むしろ〈〜di〉という結合になることが少なくない）.

　c　「**役割 → …として**」fare (da padre, giudice, ecc.)

（4）〈**di**〉との結合
　a　「**起源・分離**など → 広く, …から」
　①退出：uscire　②分離, 離脱：fuggire, scampare, sfollare, sgusciare　③起源：nascere　④治癒：guarire　⑤特徴具備：partecipare, tenere

　b　「**精神活動の対象 → …について**」
　①話題, 論題：parlare, dire, discutere, discorrere, conversare, giudicare, dissertare, argomentare, parlamentare, narrare, confabulare, ragionare, dialogare, trattare, riferire, ciarlare, chiacchierare, sparlare, spettegolare, mormorare, parlottare, bisbigliare, sussurrare　②認識：leggere, sapere, sentire, sognare　③問いかけ：chiedere, domandare　④疑念：dubitare, sospettare, diffidare, temere　⑤責任：rispondere, など.

　c　「**手段；材料 → …を用いて, によって；…から**」
　①生存：vivere, campare, pulsare　②利用, 活用：usare, fruire, dispor-

2.1. 動詞型

re, approfittare, profittare, beneficiare, usufruire, abusare ③労働，遊戯：lavorare, giocare ④用途：servire ⑤構成：consistere, constare ⑥授与：largheggiare ⑦競争：gareggiare ⑧着衣：vestire ⑨決定：decidere, など．

d 「感情などの原因 → …のせいで」

①快・喜：godere, gioire, giubilare, gongolare, insuperbire ②興奮，輝き：trionfare, balzare, sobbalzare, ardere, arrossire, avvampare, bollire, friggere, cuocere, soffiare, sbuffare, risentire, arrabbiare, impallidire, sbiancare；splendere, risplendere, luccicare, rifulgere, sfavillare, raggiare, brillare, sfolgorare ③発狂，熱狂：impazzire, delirare, smaniare, spiritare, spasimare, scoppiare, schiantare ④身震い：tremare, bubbolare, sussultare, vibrare, fremere, palpitare, tremolare ⑤歎息：sospirare ⑥絶望：disperare ⑦受苦，苦悩，死：patire, soffrire, languire, crepare, morire, finire ⑧罪：peccare ⑨香り，味：profumare, puzzare, odorare, sapere

e 「限定 → …が，の点で」

①豊富：abbondare, soprabbondare, ridondare, brulicare, formicolare, pullulare, ripullulare, traboccare, riboccare, straboccare, straripare, sov〔p〕erchiare, rigurgitare, fiorire, turgere ②欠乏：mancare, difettare, scarseggiare ③必要：abbisognare, necessitare, bisognare ④増加：crescere, aumentare ⑤減少，喪失：perdere, scemare, diminuire, scadere, calare ⑥上昇：salire, montare ⑦変化：cambiare, mutare, variare ⑧功労：meritare, demeritare ⑨滴たり：grondare, gocciolare

(5) 〈**in**〉との結合

a 「方向性，目標，終点 → …へと，に向って」

①流入，導入；集合；侵入：confluire, influire, affluire, sfocciare, sboccare, imboccare, concorrere, incorrere, penetrare ②介入：interferire ③陥入，没入；落下：affondare, sprofondare；cadere, ricadere ④遭遇：incappare, intoppare ⑤終止，結末，変化：terminare, finire, andare, ritornare, mutare ⑥上昇：montare, salire, culminare ⑦開始；出現，出没：esordire；bazzicare ⑧感情吐露；衝突：esplodere, scoppiare, rompere, erompere, dare, sbottare, urtare ⑨刻印：colpire, incidere, など．

b 「動作の支点・基盤 → …で，において」
①成功：riuscire ②失敗, 躓き：fallire, inciampare, peccare, sbagliare, incespicare, impuntare ③衰退；欠乏；喪失, 損失；老化, 悪化：calare, scadere, scapitare, sfumare, invecchiare, degradare, degenerare ④成長：crescere ⑤過度；贅沢：esagerare, eccedere, trascendere；ridondare, sfoggiare ⑥労働：lavorare ⑦商売, 操作：negoziare, commerciare, mercanteggiare, trafficare ⑧競争：gareggiare, rivaleggiare ⑨傑出：primeggiare, eccellere, emergere, spiccare ⑩模索；試行：annaspare, sguazzare, guazzare, nuotare, brancolare ⑪持続, 前進：insistere, permanere, durare, perdurare, dimorare, persistere, continuare, perseverare, procedere, progredire, avanzare ⑫一致・不一致：concordare, convenire；differire ⑬獲得：acquistare, migliorare ⑭利益抽出：intingere, pretendere, など．

c 「心理的対象 → …に対し」
信頼, 希望：credere, fidare, confidare, sperare, など．

(6) ⟨per⟩ との結合

a 「態度 → …に対して」
賛成, 味方：parteggiare, votare, tenere, essere, stare, simpatizzare, propendere

b 「感情・動作の原因 → …のせいで，のために」
①苦悩, 受苦：penare, soffrire, patire ②恐れ, 震え：tremare, trepidare, sussultare, palpitare ③苛立ち：smaniare ④泣き, 歎き：piangere, sospiare, mugolare ⑤狂気：impazzire, delirare ⑥喜悦, 歓喜：gioire, esultare ⑦偏愛：stravedere ⑧情熱：ardere, arrosire ⑨衰弱：languire, intristire ⑩老化：invecchiare ⑪傑出：brillare, sovrastare ⑫相違：spiccare, differire ⑬価値：valere

c 「同時 → …とともに；適性 → …向きの；判断 → …として」
①開始：cominciare, iniziare ②終止：finire ③適性：essere, fare, andare ④判断, 評価：passare

(7) ⟨su⟩ との結合

2.1. 動詞型

a 「**主題** → …に関して」
①議論, 論及, 思念, 意見, 調査：discutere, riferire, dissertare, vertere, parlare, ridire, chiacchierare, malignare, ridere, scherzare, criticare, polemicare, giudicare, meditare, riflettere, fantasticare, mulinare, almanaccare, sentenziare, speculare, sottilizzare, indagare, trasvolare ②主張：insistere, ribattere ③一致, 合意：convenire, concordare

b 「**方向性** → …に向って, に対して」
①影響；圧力：influire, affluire, agire, operare, gravare, pesare, gravitare, incidere, premere, forzare ②反射：rimbalzare, balzare, riflettere ③傾斜：pendere, incombere, ripiegare ④干渉：intervenire ⑤襲撃；狙い：piombare, infierire, sparare, tirare, sputare, soffiare ⑥進行：marciare, dirottare ⑦賭け：scommettere, giocare, puntare ⑧集中：convergere, sboccare ⑨達成, 到達：culminare ⑩回帰：tornare ⑪偶発：toccare, cadere, など.

c 「**上位, 優位** → …の上に, に臨んで」
①近接, 俯瞰：dare, guardare, prospettare ②監視, 監督：vigilare, vegliare, spaziare, sorvolare ③支配：regnare, dominare, signoreggiare, comandare ④勝利, 優位：vincere, trionfare, prevalere ⑤傑出, 顕著：spiccare, emergere, risultare, eccellere, grandeggiare, staccare

d 「**根拠, 依存** → …に乗っかって；…のことで」
①依拠, 依頼：contare, posare, stare, appoggiare, poggiare, fidare, confidare ②作業, 労働：lavorare, sgobbare ③手段, 材料：vivere, campare, ingrassare ④節約：lesinare, risparmiare ⑤遅れ：ritardare ⑥苦しみ：penare

2.1.1.2. 再帰動詞の場合
(1) 〈a〉との結合
a 「**物理的方向性** → …へ・に・と, に対し；…から」
①接近：avvicinarsi, accostarsi, appressarsi, approssimarsi, stringersi, affiancarsi ②突進：lanciarsi ③進行, 方向：avviarsi, dirigersi, volgersi, rivolgersi, voltarsi ④随行：accodarsi ⑤出現：affacciarsi ⑥離脱：sottrarsi ⑦低頭：abbassarsi, chinarsi, piegarsi ⑧対抗, 対置：

contrapporsi, frapporsi ⑨代置；交替：sostituirsi, alternarsi ⑩類似, 類比：assimilarsi, assomigliarsi, uguagliarsi, paragonarsi, commisurarsi ⑪登録：iscriversi, など．

b 「**心理的方向性 → …へ・に, に対し**」

①専心, 没入：impegnarsi, applicarsi, darsi, restituirsi ②帰依, 献身：offrirsi, donarsi, promettersi, votarsi, dedicarsi, consacrarsi, raccomandarsi, immolarsi ③愛着, 興味：affezionarsi, disaffezionarsi, appassionarsi, interessarsi ④準備：prepararsi, acconciarsi, apparecchiarsi, disporsi, predisporsi, prestarsi ⑤訓練：allenarsi, esercitarsi, addestrarsi ⑥試行：provarsi ⑦挑戦, 対抗：sfidarsi, attentarsi, ribellarsi, rivoltarsi ⑧自己露出；自己押付け：esporsi, imporsi ⑨習慣：abituarsi, assuefarsi, avvezzarsi, accostumarsi, adattarsi ⑩自己放棄, 自己委任：buttarsi, abbandonarsi, affidarsi ⑪反抗：ribellarsi ⑫拒否：rifiutarsi ⑬内面告白：scoprirsi, confessarsi, dischiudersi, confidarsi, aprirsi ⑭改宗, 変身：convertirsi, mimetizzarsi ⑮着想：ispirarsi ⑯諦観：rassegnarsi ⑰降伏：arrendersi ⑱訴え：appellarsi ⑲自己限定：limitarsi ⑳態度, 振り：atteggiarsi, erigersi, intitolarsi, impancarsi, improntarsi, など．

c 「**結合, 付着 → …に・へ**」

①結合, 連合：associarsi, accoppiarsi, aggregarsi, connettersi, riconnettersi, allacciarsi, riallacciarsi, ricongiungersi, legarsi, collegarsi, ricollegarsi, accomunicarsi, comunicarsi, unirsi, accompagnarsi ②付着：appigliarsi, attenersi, attorcigliarsi, attaccarsi, avvinghiarsi, avviticchiarsi, inchiodarsi ③把握, 把持：apprendersi, afferrarsi, aggrapparsi, agguantarsi, abbrancarsi, abbracciarsi ④帰着, 起因：riferirsi, richiamarsi, rapportarsi, ridursi ⑤垂下：impiccarsi, appendersi ⑥厳守：tenersi, attenersi ⑦適合, 合致：addirsi, confarsi, adattarsi, intonarsi, adeguarsi, attagliarsi ⑧順応：conformarsi, informarsi ⑨依頼：rimettersi ⑩従属：sottoporsi, sottomettersi, assoggettarsi, asservirsi ⑪もたれ：appoggiarsi, addossarsi ⑫阿諛：strusciarsi, strofinarsi, など．

（2）〈**con**〉との結合

2.1. 動 詞 型

「結合，対立など〈対他関係〉→ …と，に対し，など」

①結合，連結：accoppiarsi, associarsi, articolarsi, legarsi, collegarsi, congiungersi, connettersi, combinarsi, ricongiungersi, imparentarsi, maritarsi, ammogliarsi, sposarsi, vincolarsi　②一致，調和，符合：concordarsi, accordarsi, adattarsi, intonarsi, conciliarsi　③親和，同調：familiarsi, pacificarsi, sincronizzarsi, accomunarsi　④同一化：identificarsi　⑤味方：schierarsi　⑥不和，反対：guastarsi, scontrarsi　⑦争い：contendersi, litigarsi　⑧混合：mescolarsi, confondersi, amalgamarsi　⑨係り合い：compromettersi, impacciarsi, impicciarsi, impaniarsi, infognarsi　⑩交換：alternarsi, barattersi　⑪相談（〜con qu）：consultarsi, consigliarsi　⑫告白，内面吐露（〜con qu）：aprirsi, confidarsi, confessarsi, sfogarsi, sbottonarsi　⑬弁解（〜con qu）：scusarsi, giustificarsi　⑭態度，振舞（〜con qu）：comportarsi, regolarsi　⑮祝意（〜con qu）：congratularsi, felicitarsi, complimentarsi, compiacersi, rallegrarsi, consolarsi　⑯怒り，不快感（〜con qu）：adirarsi, sdegnarsi, infuriarsi, irritarsi, stizzarsi, spazientarsi, scottarsi, imbestiarsi, piccarsi, prendersela　⑰歎き（〜con qu）：rammaricarsi, lagnarsi, lamentarsi, dolersi　⑱自慢（〜con qu）：vantarsi　⑲同情（〜con qu）：condolersi　⑳自己試練，競争（〜con qu）：cimentarsi, provarsi, uguagliarsi　㉑努力：industriarsi, adoperarsi　㉒拘束：indebitarsi　㉓解放：sdebitarsi, disobbligarsi　㉔比較，対比：commisurarsi, paragonarsi, confrontarsi，など．

(3)〈**da**〉との結合

①分離，離脱：dividersi, distaccarsi, separarsi, staccarsi, sganciarsi, discostarsi, dipartirsi, partirsi, allontanarsi, alzarsi, sollevarsi　②逸脱：dissociarsi, alienarsi, straniarsi, isolarsi, scuotersi, riscuotersi, sviarsi, deviarsi　③離別；退出：accomiatarsi, divorziarsi, congedarsi　④起源：originarsi　⑤欠席：assentarsi　⑥逃避，退避：scansarsi, ritirarsi, appartarsi, dimettersi, esiliarsi, sottrarsi　⑦突出：protendersi, affacciarsi, sporgersi　⑧回避，中断：disaffezionarsi, smuoversi, disamorarsi, svogliarsi　⑨解放，脱却：liberarsi, affrancarsi, emanciparsi, esonerarsi, disimpegnarsi, esimersi, redimersi, sprigionarsi,

第2章 単文の文型と語の結合型

disancorarsi, esentarsi, rimuoversi, districarsi, svincolarsi, sciogliersi, sganciarsi, disoccuparsi　⑩重荷・罪からの解放：dispensarsi, sbrigarsi, sgravarsi, scagionarsi, purgarsi, discolparsi, correggersi, emendarsi　⑪回復：rifarsi, riaversi, rimettersi, risollevarsi, comporsi　⑫防衛；用心，慎重：difendersi, pararsi, salvarsi, proteggersi, schernirsi, cautelarsi, ripararsi, astenersi, contenersi, badarsi, guardarsi, riguardarsi, trattenersi　⑬区別，相違：differenziarsi, diversificarsi　⑭苦悩（の原因）：torcersi, contorcersi, rodersi, macerarsi, struggersi, divorarsi, corrodersi, consumarsi, disfarsi, sbudellarsi, smascellarsi, sbellicarsi, など．

（4）〈**di**〉との結合

a　「離脱，解放，除去の原因　→　…から」

disfarsi, sbarazzarsi, sbrigarsi, svuotarsi, privarsi, liberarsi, scaricarsi, disimpegnarsi, spogliarsi, svestirsi, alleggerirsi, correggersi, emendarsi, consolarsi, disingannarsi, など．

b　「精神活動の対象　→　…を，について」

①認識，理解：accorgersi, avvedersi, informarsi, intendersi　②確認，確信：assicurarsi, accertarsi, convincersi, persuadersi, fidarsi, certificarsi, chiarirsi, capacitarsi　③記憶，想起：ricordarsi, rammentarsi, sovvenirsi　④忘却：dimenticarsi, scordarsi　⑤夢想：sognarsi　⑥錯誤：sbagliarsi　⑦関心，興味：interessarsi, incuriosirsi, occuparsi, invogliarsi, curarsi, incaricarsi　⑧興味喪失：disinteressarsi, disamorarsi, svogliarsi　⑨問題無視；係り合い：infischiarsi, fottersi, fregarsi, impiparsi, impicciarsi, intrigarsi　⑩弁明：scusarsi　⑪誇り；満足，快，喜：gloriarsi, vantarsi, onorarsi, lodarsi, tenersi, boriarsi, insuperbirsi, piccarsi；contentarsi, accontentarsi, appagarsi, consolarsi, lusingarsi, soddisfarsi, illuminarsi；rallegrarsi, compiacersi, complimentarsi, bearsi, esaltarsi, dilettarsi　⑫恐れ，不安：impaurirsi, preoccuparsi, impensierirsi, insospettirsi　⑬不快，苦悩，不満：dispiacersi, spiacersi, dolersi, disgustarsi, incupirsi, infastidirsi, scandalizzarsi, stomacarsi, schifarsi, rammaricarsi, scocciarsi, mortificarsi, seccarsi, stuccarsi, logorarsi, rodersi, struggersi, tormentarsi, ammalarsi, disperarsi,

2.1. 動詞型

consumarsi, lagnarsi, lamentarsi ⑭当惑：imbarazzarsi, sgomentarsi ⑮驚き：meravigliarsi, stupirsi, spaventarsi, ammirarsi, sorprendersi ⑯興奮, 熱狂：accendersi, infiammarsi, eccitarsi, ubriacarsi, infocarsi, inebriarsi, infatuarsi, invaghirsi, incapricciarsi ⑰倦怠：annoiarsi, stancarsi, saziarsi ⑱幻惑：abbagliarsi ⑲軽蔑, 嘲笑：ridersi, burlarsi, beffarsi, gabbarsi, など.

c 「**利害対象** → …を, に対し」

①利用, 活用：approfittarsi, giovarsi, servirsi, avvalersi, valersi, rivalersi, espropriarsi, avvantaggiarsi, appropriarsi ②所有, 獲得：impossessarsi, impadronirsi, accreditarsi ③罪, 責任：incolparsi, accusarsi ④復讐, 仕返し：vendicarsi, rivendicarsi, rifarsi ⑤態度：improntarsi

d 「**自己給付** → …で」

①供給：provvedersi, fornirsi, rifornirsi, munirsi, premunirsi, approvigionarsi ; sfornirsi, sprovvedersi ②装備：armarsi, attrezzarsi, corredarsi ③充満, 充填：arricchirsi, empirsi, riempirsi, gremirsi, saziarsi, rinzepparsi, saturarsi, stiparsi, rimpinzarsi ④負荷；付与：caricarsi, incaricarsi, sovraccaricarsi, investirsi ⑤装飾：adornarsi, addobbarsi, imperlarsi, fregiarsi, contornarsi ⑥彩色, 塗布：cololarsi, colorirsi, tingersi, iridarsi, smaltarsi, spalmarsi, arricchirsi ⑦汚れ：macchiarsi, insozzarsi, imbrattarsi, insudiciarsi, sbrodolarsi ⑧浸透, 濡れ：imbeversi, inzupparsi, abbeverarsi, impregnarsi, intridersi, compenetrarsi ⑨包囲：circondarsi, avvolgersi ⑩被覆：coprirsi, ammantarsi, vestirsi, rivestirsi, velarsi, incrostarsi ⑪栄養補給：cibarsi, nutrirsi, pascersi, alimentarsi, sostentarsi, など.

e 「**限定** → …が」

①増加：accrescersi ②減少：ridursi ③変化：cambiarsi, mutarsi, など.

(5) 〈**in**〉との結合

a 「**物理的・心理的方向性** → …に・へ (向って)」

①進入, 没入：mettersi, cacciarsi, ricacciarsi, inserirsi, reinserirsi, introdursi, addentrarsi, infilarsi, inoltrarsi, internarsi, insinuarsi,

第2章 単文の文型と語の結合型

innestarsi, perdersi, sperdersi, disperdersi, affondarsi, profondarsi, sprofondarsi, immergersi, inabissarsi, precipitarsi　②突入，突進：abbattersi, imbattersi, scaraventarsi, scontrarsi, tuffarsi, lanciarsi, slanciarsi, gettarsi　③封入，包含：rinchiudersi, avvilupparsi, invilupparsi, insaccarsi, avvolgersi, involgersi, cullarsi, involtarsi, incastrarsi, inquadrarsi　④混入；干渉：mescolarsi, mischiarsi, immischiarsi, inframmettersi, intromettersi, ingerirsi, intrugliarsi, impacciarsi, impicciarsi, intrigarsi　⑤融解：stemperarsi, risolversi, sciogliersi, dissolversi, liquefarsi　⑥拘束，拘泥：impacciarsi, infangarsi, impegolarsi, impantanarsi, ingolfarsi, impigliarsi, invischiarsi, dibattersi, ficcarsi, conficcarsi, piantarsi　⑦専心，企て：impegnarsi, imbarcarsi　⑧固執：fissarsi, figgersi, infiggersi, ostinarsi, incaponirsi, confermarsi, accanirsi, infervorarsi　⑨統合：congiungersi　⑩変化：trasformarsi, cambiarsi, mutarsi, volgersi　⑪縮小，閉鎖；隠退：stringersi, restringersi, ridursi, ritirarsi, rifugiarsi, confinarsi, isolarsi, appiattarsi, nascondersi　⑫信頼，委任：fidarsi, confidarsi　⑬同一化：identificarsi, accomunarsi　⑭自己集中：concentrarsi，など．

b　「心理的・物理的動作の場　→　…で，において」
①硬化：irrigidirsi, fossilizzarsi　②続行，継続：continuarsi, diffondersi, adagiarsi, protendersi, impuntarsi, attardarsi, perpetuarsi　③強化；鈍化：rafforzarsi；intorpidirsi　④努力，試行，敢行；尽力：impiegarsi, provarsi, arrischiarsi, cimentarsi, avventuarsi；prodigarsi　⑤節制，抑制：regolarsi, misurarsi, moderarsi, limitarsi, contenersi, risparmiarsi　⑥訓練：esercitarsi, allenarsi, destrarsi, addestrarsi, impratichirsi　⑦専門化，上達：specializzarsi, perfezionarsi, scaltrirsi, smaliziarsi　⑧促進：avvantaggiarsi　⑨伸長，拡大：allargarsi, accrescersi　⑩消耗：disfarsi, sciogliersi, disciogliersi, macerarsi, cuocersi, bruciarsi, dissolversi, logorarsi, struggersi, esaurirsi, infiacchirsi, indebolirsi, consumarsi, sprecarsi, tormentarsi　⑪喜び：dilettarsi, deliziarsi, crogiolarsi　⑫錯誤：imbrogliarsi, ingannarsi　⑬自己顕示：pavoneggiarsi　⑭自己発揮：distinguersi, differenziarsi, segnalarsi　⑮模範視：specchiarsi　⑯形成：costituirsi　⑰分割：dividersi, articolar-

2.1. 動詞型

si, suddividersi, spezzarsi, spaccarsi, など.

(6) 〈**per**〉との結合

a 「(主に，感情発生の) **原因・理由** → …のために，のせいで」
①悲しみ：rattristarsi, rattristirsi, intristirsi, accorarsi ②歎き；落胆：lagnarsi, lamentarsi；avvilirsi ③苦悩：affliggersi, corrucciarsi, rodersi, amareggiarsi, distruggersi, tormentarsi, affannarsi, angustiarsi, dannarsi ④怒り，苛立ち：adirarsi, sdegnarsi, offendersi, indispettirsi, risentirsi, consumarsi, stizzirsi, urtarsi, invelenirsi, impennarsi, impermalirsi, adontarsi, seccarsi, imbestialirsi, rodersi, cuocersi, indignarsi, arrabbiarsi, scaldarsi, piccarsi, arrovellarsi, impazientirsi ⑤当惑；戸惑い：disturbarsi, rimescolarsi；sgomentarsi, imbarazzarsi ⑥驚き，衝撃：impaurirsi, sgomentarsi, sbigottirsi, formalizzarsi ⑦辟易：infastidirsi, scandalizzarsi ⑧不安，怯え：inquietarsi, adombrarsi, intimidirsi ⑨疑い：insospettirsi ⑩夢中，熱狂：entusiasmarsi, esultarsi, incantarsi, infatuarsi, appassionarsi, estasiarsi, commuoversi, infiammarsi, eccitarsi, sviscerarsi ⑪自惚れ：inorgoglirsi ⑫衰弱：indebolirsi, struggersi, ammalarsi ⑬傑出，区別：segnalarsi, distinguersi, など.

b 「**方向性** → …に対し，のことで；…に賛成して」
①努力：adoperarsi, battersi, affannarsi, prodigarsi ②自己犠牲：sacrificarsi, immolarsi ③賛成：pronunc[z]iarsi ④資格取得：qualificarsi ⑤自己正当化：giustificarsi ⑥準備：prepararsi ⑦調整：aggiustarsi ⑧好奇心：incuriosirsi ⑨偽称（per として）：darsi, spacciarsi, など.

(7) 〈**su**〉との結合

a 「**方向** → …に向って，に対して，を狙って」
①狙い：dirottarsi, appuntarsi, ritorcersi ②集中：concentrarsi ③方向，移動：dirigersi, orientarsi, spostarsi ④襲撃，攻撃；飛び掛り：scagliarsi, gettarsi, slanciarsi, schiantarsi, sfogarsi, accanirsi, rovesciarsi, ripercuotersi, rivalersi, infrangersi, avventarsi, piombarsi ⑤自己押付け：imporsi ⑦傾斜：inclinarsi, など.

b 「**依存，依拠** → …によって，にのっかって」

①支え：basarsi, fondarsi, appoggiarsi, posarsi, reggersi, imperniarsi, incentrarsi　②遅滞，拘わり：addormentarsi, soffermarsi, attardarsi, intrattenersi, ostinarsi, diffondersi, prolungarsi, allungarsi, stendersi　③肥満：利得：ingrassarsi　④埋め合せ：(～su qu 人を犠牲にして) rivalersi，など．

c 「**主題** → …に関し，のことで」
①情報：informarsi, documentarsi, istruirsi, illuminarsi, disingannarsi　②意見表明：pronunc〔z〕iarsi　③意見衝突：cozzarsi　④反省，熟慮：riflettersi, specularsi　⑤感動：commuoversi　⑥立腹：impennarsi　⑦調整，一致：aggiustarsi, regolarsi, combinarsi, accordarsi，など．

d 「**上部** → …の上に・へ」
①登攀：arrampicarsi, inerpicarsi　②出現：affacciarsi　③上位：elevarsi　④優位：avvantaggiarsi　⑤移植：innestarsi　⑥発生：ingenerarsi　⑦概数：(su の近くを) aggirarsi，など．

2.1.2.　V(VI・VT・VR)+**prep.**+*inf*.

① Badate a non cadere.　転ばないよう気をつけたまえ．
② Ha rinunciato a presentarsi candidato.　彼は立候補をあきらめた．
③ Credetti di udire dei passi.　私は足音を聞いたように思った．
④ Perché non provi a camminare un po'?　少し歩いてみたらどう？
⑤ Mi astenni dall' interrogarlo.　私は彼に尋ねることを思いとどまった．
⑥ Si pente di non esserci andata.　彼女はそこへ行かなかったことを悔いている．

①，②が自動詞，③，④が他動詞，⑤，⑥が再帰動詞の文例である．この文型に関しても，1.1の〈前置詞＋名詞〉の場合のように，用いられる動詞をできる限り列挙したいのであるが，残念ながら必要最小限の説明にとどめざるをえない．

2.1.2.1.　自動詞の場合

前置詞を介しての自動詞と不定詞の結びつきは，〈**a**〉の場合が圧倒的に多い．続いて，〈**in**〉,〈**con**〉,〈**da**〉,〈**per**〉を介する場合が多少散見されるが，〈他動詞・再帰動詞＋di＋inf.〉の結びつきがたいへんに広く見られるに反し，〈**di**〉を

2.1. 動詞型

介して不定詞とつながる自動詞は実に稀である．
（1）〈**VI**+**a**+*inf.*〉
　a 「方向性 → …へ・に（向けて）」
　　①移動：andare, venire, arrivare, tornare　②目標・意図；配慮：ambire, mirare, tirare, provvedere　③継続：continuare, durare, rimanere, stare　④価値, 用途：valere, servire　⑤努力：stentare, faticare　⑥拒否：rinunciare，など．
　b 「動作の支点・場 → …で，において」
　　①可能：riuscire, farcela　②正誤：sbagliare, avere ragione〔torto〕　③遅滞，躊躇：riluttare, tardare, indugiare, esitare，など．
（2）〈**VI**+**con**（…とともに）+**定冠詞**+*inf.*〉
　現代イタリア語では，この場合に限らず，con と不定詞の結合にあたっては，通常定冠詞（男性単数形）を介在させる．ともあれ，この結合を形成する動詞はあまり多くなく，①開始 cominciare, iniziare　②終止：finire, terminare　③継続：continuare, seguitare，といった意味の動詞に限られるようである．
（3）〈**VI**+**da**（…から）+**定冠詞**+*inf.*〉
　〈da〉の場合も，通常定冠詞を介在させる．そして用いられる動詞は，①由来：nascere, venire　②爆発，破裂：scoppiare, schiantare　③中断：cessare, rinunciare　④回避：rifuggire　⑤捨象：prescindere　⑥忍耐：resistere，などである．
（4）〈**VI**+**di**+*inf.*〉
　さきにも述べたように，〈di〉を介して不定詞を結合する自動詞はごく稀で，①疑念, 危惧：temere, dubitare, sospettare　②喜び：godere，くらいのものだろうか．ただこの場合，自動詞と他動詞の区別はどこにあるのか疑問に思われる向きもあるかもしれない．要するにこれらの動詞は，名詞を従える場合も，その間に〈di〉を介するのが普通で，唯一つ godere を除き，名詞を直接従える他動詞としての用法は備えてはいないのである．
（5）〈**VI**+**in**（…において）+**定冠詞**+*inf.*〉
　〈in〉も通常, 定冠詞を介在させ，①過度：esagerare, eccedere, trascendere　②持続：consistere, insistere, persistere　③一致：concordare　④快：godere　⑤過誤：incespicare, sbagliare　⑥模索：annaspare　⑦戸惑い：

balbettare，などの動詞が用いられる．
（6）〈**VI**＋**per**＋*inf.*〉
　いうまでもなくこの文型は，あくまでも〈VI＋per＋inf.〉という3者が一体化したものであって，任意の動詞と，「目的」その他の意味をもつ副詞節〔句〕的用法の〈per＋inf.〉との結びつきとは，まったく性質を異にする．そしてこの文型を形成する動詞もたいへんに少なく，「終結」の意味をもつ finire, concludere くらいのものかと思われる．なお，〈finire per＋inf.〉は，上記（2）で触れた，〈finire con＋定冠詞＋inf.〉とほぼ同義（結局…になる，最後に…する）である．

2.1.2.2. 他動詞の場合
　〈VT＋prep.＋inf.〉の結合は，大部分が〈**di**〉，若干の動詞が〈**a**〉を媒介させ，当然のことながら，それ以外の前置詞は用いられない．
（1）〈**VT**＋**a**＋*inf.*〉
　後述する〈di〉の場合にくらべると数はずっと少ない．
　①開始，始動（この場合の〈a〉は，「…に向って」動作が開始する，ということで，一種の「方向性」を表すものと考えることができる．ちなみに「開始」の反対の「終止」を表わす動詞は，後に見るように〈di〉を介在させる）：cominciare, prendere, iniziare, attaccare　②仕方，方式：imparare, insegnare, apprendere　③試行：provare（「証明する」の意味のときは〈～di＋inf.〉），fare　④期待：aspettare　⑤招集，派遣（〈VT＋qu a＋inf.〉の qu の省略形）：mandare, chiamare, convocare，など．
（2）〈**VT**＋**di**＋*inf.*〉
　この結合にあたって di は，前置詞本来の意味をほとんど喪失し，むしろ動詞と不定詞をつなぐ，いうなれば「連結器」のような役割を果たす．そしてこの文型を形成する動詞は相当な数に達するが，そのほとんどが，広く「精神活動」を表わす動詞だというところに，この文型のユニークな特徴がある．もっとも精神活動とはいうものの，それをかりに「知」「情」「意」の三つに分けた場合，他動詞の場合は，「知」的，ないし「意」志的活動が中心をなし，感「情」を表わす動詞はほとんど見当たらないといっていい．そしてこの「情」的活動は，自動詞や他動詞に代って，もっぱら再帰動詞が分担する．したがって後述するように，〈VR＋di＋inf.〉という形での感情表現は，たいへんに

2.1. 動詞型

多様である．
a 知的精神活動
とうていそのすべてを挙げることはできないが，以下の動詞を一覧すれば，ほぼその全容が大摑みできるものと思われる．
①言明，確言，証明：dire, affermare, assicurare, provare ②通知，通告；約束，誓言：annunc〔z〕iare, dichiarare, promettere ③叙述，記述：raccontare, scrivere ④告白，明示：confessare, dimostrare ⑤沈黙：tacere ⑥意見，判断；想像，推測：credere, pensare, ritenere, presumere ⑦理解，了解：capire, riconoscere, sapere ⑧記憶：忘却，省略：ricordare, dimenticare, mancare ⑨容認：sopportare, tollerare, soffrire, など．

b 意志的精神活動
①意図，計画；決心；努力；配慮；選択：intendere, contare, decidere, disegnare, cercare, fare, procurare, tentare, vedere, ottenere, scegliere ②願望，要求；希望，期待；夢想：desiderare, amare, chiedere, pretendere, sperare, ambire, aspettare, sognare ③否定，拒否，禁止；隠蔽：contestare, negare, rifiutare, nascondere ④振り：fingere, affettare ⑤終止，中止；回避：finire, cessare, smettere, evitare ⑥試行，敢行：tentare, rischiare, など．

〈備考〉
1) さきにも述べたように，〈VT＋di＋inf.〉の結合型を形成する他動詞は，おおむね「精神活動」を表わすが，その枠から外れる動詞としては，まずmeritare（…に値いする）を挙げることができる．さらに，上記⑤終止，中止；回避と，⑥試行，敢行，の二つの項目に記された動詞も，ときに「精神活動」の枠を外れてしまう．

2) もう一つここで，前置詞を介さないで直接不定詞が動詞につく型〈V＋inf.〉について，少しだけ触れておくことにする．広く知られた，dovere, potere, volere, sapere 以外に，次のような動詞がこの形をとることができる．

①意志，願望（～di＋inf. も可能）：ardire, desiderare, amare, contare, intendere, favorire, gradire, osare, preferire ②習慣：usare, solere, costumare（di＋inf. も可） ③外見，様子：parere, sembrare, apparire, risultare（以上の動詞は，非人称的に用いると，〈di〉が介在してくる．非人称動詞の型を御参照いただきたい）　④意味：significare, voler dire　⑤使役：fare, lasciare，など．

2.1.2.3. 再帰動詞の場合

ここでは，前置詞〈a〉か〈di〉（ときに同じ動詞が，両方の前置詞を仲立ちにする）を後ろに従える動詞が大半を占める．続いて〈in〉，そして〈da〉が用いられる．

(1) 〈**VR**＋**a**＋*inf.*〉

a 「**方向性** → …すべく，するために」
①進行，進入，開始：darsi, mettersi, condursi, porsi, voltarsi, rifarsi　②決心，固執：decidersi, rivolgersi, ostinarsi, incaponirsi　③準備：prepararsi, apparecchiarsi, disporsi, ordinarsi, prestarsi　④試行，敢行：provarsi, esercitarsi, attentarsi　⑤努力：adoperarsi, accanirsi, affaticarsi, ingegnarsi, impegnarsi　⑥急ぎ：affrettarsi, sbrigarsi, sollecitarsi　⑦停止，遅滞：fermarsi, soffermarsi, trattenersi　⑧確信：convincersi, persuadersi　⑨習性，習慣：avvezzarsi, abituarsi, assuefarsi，など．

b 「**動作の支点・場，起点** → …して，することにおいて」
①快，喜：dilettarsi, deliziarsi, spassarsi, divertirsi　②屈託，戸惑い，羞恥：annoiarsi, seccarsi, sgomentarsi, vergognarsi　③怒り：arrovellarsi, arrabbiarsi　④驚き：meravigliarsi, sorprendersi, stupirsi　⑤誇り：inorgoglirsi　⑥態度：impancarsi，など

(2) 〈**VR**＋**da**＋定冠詞＋*inf.*〉
①免除，解放：dispensarsi, esimersi　②用心，慎重，我慢：astenersi, badarsi, contenersi, tenersi, ritenersi, guardarsi, trattenersi, frenarsi　③弁明，釈明：scusarsi，など．

(3) 〈**VR**＋**di**＋*inf.*〉

a 知的精神活動
①知覚，認識，確言：accorgersi, assicurarsi, convincersi, fidarsi　②思念，想像，夢想：pensarsi, immaginarsi, figurarsi, sognarsi　③記憶，忘却：ricordarsi, dimenticarsi　④弁明，弁解：scusarsi，など．

2.1. 動 詞 型

　b　情的精神活動
　　①快, 満足：accontentarsi, contentarsi, compiacersi, gloriarsi, rallegrarsi　②誇り, 自慢：vantarsi, inorgoglirsi, onorarsi　③驚き：meravigliarsi, sorprendersi　④後悔：pentirsi, rimproverarsi　⑤歎き；羞恥：lamentarsi, lagnarsi, dolersi, vergognarsi　⑥心配：preoccuparsi, impensierirsi, crucciarsi　⑦不快, 怒り：seccarsi, cuocersi, stizzarsi　⑧倦怠：annoiarsi, stancarsi　⑨絶望：disperarsi, など.
　c　意志的精神活動
　　①期待, 予想：augurarsi, aspettarsi, prevedersi　②意図, 固執：proporsi, profiggersi, fissarsi　③努力：sforzarsi, ingegnarsi, studiarsi　④わざわざ〔あえて〕の行為：degnarsi, permettersi, offrirsi, arbitrarsi　⑤配慮：premurarsi, darsi cura　⑥気持：sentirsi　⑦保証, 約束：impegnarsi, incaricarsi　⑧断念, 拒否：privarsi, rifiutarsi, negarsi, ricusarsi　⑨躊躇：peritarsi　⑩振り：infingersi, など.

（4）〈**VR**＋**in**＋定冠詞＋*inf.*〉
　　①訓練：esercitarsi, addestrarsi　②節度, 自己抑制：regolarsi, misurarsi, moderarsi, limitarsi, controllarsi, contenersi　③快, 楽；法悦：deliziarsi, dilettarsi；estasiarsi　④苦悩, 興奮：agitarsi, accalorarsi　⑤固執：intestardirsi　⑥錯誤：sbagliarsi, imbrogliarsi, confondersi　⑦遅滞：allentarsi, diffondersi　⑧切り抜け：disimpegnarsi　⑨交替：alternarsi, など.

2.1.3.　**VT**＋n.(A)＋**prep.**＋n.(B)

① Preferisco il treno alla macchina.　私は車より汽車のほうがいい.
② Ha accompagnato una lettera con un regalo.　彼は贈り物に手紙を添えた.
③ Ti ringrazio del consiglio.　助言ありがとう.
④ Lui mi investì di domande.　彼は私を質問攻めにした.

　この文型には, 実は二つのタイプがある. 一つは, 上記①, ②の文のように, 二つの名詞 A と B が意味のうえで並列している場合であり, もう一つは, ③, ④の例文のように, むしろ〈VT＋qu（擬人的に用いられる qc も含む）＋prep.＋qc〉という風にパタン化できるタイプである. つまり後者の場合は, 前者とち

— 95 —

第2章 単文の文型と語の結合型

がって，A，B 2つの名詞は並立的役割を果すのではなく，ひとまず〈VT＋qu〉という結びつきが提示され，続いてその意味を補なうために〈prep.＋qc〉が添えられる，という仕組みである．当然一つの動詞がこの両方の用法を兼ね備えていることもあれば，単に片方だけの用法を有している動詞も存在する．通常英和や仏和の辞書では，この二つのタイプをそれぞれ別個にパタン化して示す方式が採用されているが，いうまでもなくイタリア語の学習に際しても，この2タイプの異同にはそれなりの注意を払う必要がある．さらにもう一つ，この文型によく似たものとして，英語でいう「授与動詞（dative verb）」つまり直接目的補語と間接目的補語の二つの補語を必要とするタイプがあるが，それについては，備考欄でわずかだけ触れるだけにとどめた．

（1）〈VT＋A＋a＋B〉

①接近：accostare, avvicinare, apprestare ②付加，添加：accoppiare, accompagnare, apporre, allegare, attaccare, applicare, collegare ③併合，連合：unire, aggregare, associare ④固定：inchiodare, cucire ⑤垂下：appendere, agganciare, sospendere ⑥混合：mescolare, frammischiare ⑦対置，並置：anteporre, contrapporre ⑧前置，前提：premettere, presupporre ⑨後置：posporre ⑩重層：sovrapporre ⑪従位，従属：sottoporre, sottomettere, subordinare, asservire, assoggettare ⑫対比：paragonare, comparare ⑬同等：assomigliare, uguagliare, assimilare, equiparare ⑭符号，調和：assortire, intonare, contemperare ⑮帰因，帰着：attribuire, ascrivere, riferire ⑯導入，方向：avviare, dirigere, introdurre ⑰差し向け，振り向け：distinare, volgere, drizzare, indirizzare, adibire, destinare, finalizzare ⑱準備：preparare, disporre, acconciare ⑲好み：preferire, preparre ⑳習性，適性（主に～qu a qc）：abituare, assuefare, avvezzare, allenare, addestrare ㉑形成：conformare, educare, formare ㉒刻印：improntare, imprimere ㉓交替：avvicendare ㉔入手：attingere ㉕借り（～qc a qu）：dovere ㉖羨望（～qc a qu）：invidiare ㉗選択，指名：eleggere, nominare ㉘刺激，慫慂：incitare, esortare, sollecitare, spingere, spronare ㉙関心（主に～qu a qc）：interessare, appassionare ㉚強要，強制（主に～qu a qc）：costringere, imporre ㉛称揚（主に～qu a qc）：esaltare, elevare ㉜再認（～qu a qc か，～qc a qu）：riconoscere，など．

2.1. 動詞型

(2)〈**VT**＋A＋**con**＋B〉

①結合：accoppiare, allacciare, combinare, collegare, congiungere, connettere, legare, unire, accompagnare　②混合：mescolare, confondere, mischiare, amalgamare　③一致, 符号；調和：armonizzare, accordare, concordare, conciliare, assortire　④交換, 交捗：cambiare, scambiare, sostituire, convertire, barattare, alternare, avvicendare　⑤比較, 対比：paragonare, comparare, confrontare, riscontrare　⑥同等化：pareggiare, identificare　⑦照合：collezionare　⑧分割（主に〜qc con qu）：dividere, condividere, spartire　⑨装飾, 装備：cingere, circondare, decorare, arredare, guarnire　⑩被覆：coprire, vestire　⑪迷惑（主に〜qu con qc）：importunare, infastidire, seccare, tormentare　⑫報い, 支払い：pagare, ripagare　⑬詫び（〜A con B　A に代わって B に）：scusare　⑭付与（主に〜qu con qc）：gratificare, など.

(3)〈**VT**＋A＋**da**＋B〉

①分離, 分割；離脱：dividere, separare, staccare, disgiungere, distaccare　②隔離；逸脱：allontanare, appartare, alienare, sviare, deviare, distrarre, distogliere　③除去, 奪取；除外：levare, cavare, strappare, togliere, purgare, spogliare, escludere, sottrarre, sgombrare（この種の動詞は, しばしばマイナスの「授与動詞」, つまり〈〜qc *a* qu → 人から何を〉の文型にもなる）　④追放, 放逐；回避：espellere, cacciare, deporre, sfrattare, scansare　⑤中断, 断念, 放棄（主に〜qu da qc）：dissuadere, disaffezionare　⑥救出, 解放, 免除（主に〜qu da qc）：liberare, affrancare, salvare, redimere, emancipare, emendare, esonerare, disimpegnare, disobbligare, distrarre, scolpare, svagare　⑦保護, 防衛（主に〜qu da qc）：difendere, proteggere, parare, garantire, preservare　⑧区別, 識別：distinguere, differenziare, diversificare, discernere, discriminare　⑨抽出, 引出：desumere, dedurre, arguire, derivare, trarre, ricavare, astrarre；scavare　⑩入手源, 根拠：prendere, ottenere, avere, ricevere, esigere, pretendere, scuotere, sapere, sentire, conoscere, apprendere　⑪媒介, 媒体（〜qu da qc）：giudicare, capire, riconoscere　⑫警告（〜qu da qc）：diffidare（この動詞は, 意味は逆になるが, 〜qu a qc（人に何するよう強く求める）の形も可）, など.

第2章 単文の文型と語の結合型

（4）〈VT＋A＋**di**＋B〉
①除去，奪取(主に～qu di(から)qc)：cavare, levare, privare, strappare, cacciare, spogliare, espropriare, defraudare, svuotare　②解放，軽減(主に～qu di qc)：consolare, alleggerire, guarire(da も)　③通知，通告(～qu di(について)qc)：informare, avvertire, avvisare, prevenire　④説得(～qu di qc)：convincere, persuadere　⑤質問(～qu di qc)：domandare　⑥補償：compensare, rifare, pagare　⑦刺激，熱中：infiammare, ubriacare, infatuare, invaghire　⑧供給(～qu di qc)：fornire, provvedere, approvvigionare, munire　⑨充満，充填：arricchire, stipare, colmare, empire, inzeppare, completare, saziare, farcire, affollare, stipare, gremire　⑩負荷：caricare, incaricare, accollare, addebitare　⑪授与，付与(主に～qu di qc)：investire, insignire, beneficiare, favorire, degnare, gratificare　⑫装飾，被覆：adornare, ornare, dotare, coronare, fregiare, guarnire, coprire, vestire, venare, spalmare, fasciare, incrostare　⑬彩色：colorare, tingere, iridare, macchiare　⑭塗布：spalmare, infarinare, ungere　⑮作製：fare, costruire　⑯織物：intrecciare, tessere　⑰打撃・食の手段：colpire, mangiare, divorare　⑱装備：attrezzare, corredare, equipaggiare　⑲配付，配置：punteggiare, spruzzare, cospargere, schizzare, spargere　⑳浸透：compenetrare, impregnare, bagnare, imbevere, intridere, permeare　㉑包囲：attorniare, cingere, circondare, affollare, stringere　㉒攻撃，攻勢：tempestare, mitragliare, assillare, bombardare, bersagliare　㉓栄養補給(主に～qu di qc)：nutrire, pascere, alimentare, sostenere　㉔罪，罰；非難(～qu di qc)：accusare, incolpare, imputare, minacciare　㉕賞讃(～qu di qc)：lodare　㉖同情(～qu di qc)：compiangere, compatire　㉗許容(～qu di qc)：perdonare, scusare　㉘感謝(～qu di qc)：ringraziare　㉙依頼(～qu di qc)：supplicare　㉚性質付与(～qu di qc)：improntare, など．

（5）〈VT＋A＋**in**＋B〉
①導入：mettere, rimettere, porre, indurre, riporre, instradare　②侵入：immergere, affondare, sprofondare　③融解：stemperare, sciogliere, diluire　④挿入，差込み：inserire, infilare, ficcare, inficcare, incastrare, inquadrare, configgere, rinchiudere　⑤吹き込み，鼓吹：insinuare, ispira-

2.1. 動詞型

re, infondere ⑥包み込み：coinvolgere, avvolgere, inviluppare, involtare ⑦切り込み：incidere, imprimere ⑧変化：cambiare, trasformare, mutare, convertire ⑨分割, 分断（〜A in B（数量語））：dividere, ripartire, suddividere, tagliare, spezzare, distribuire ⑩消費, 使用：spendere, impiegare, sprecare ⑪援助, 補強（主に〜qu in（において）qc. ちなみに, 以下⑫〜⑯の項目の in はすべて,「において」の意）：aiutare, assecondare, sostenere, coadiuvare, proteggere ⑫妨害（〜qu in qc）：ostacolare, frustrare ⑬優越（〜qu in qc）：sperare, avanzare, eccellere, sorpassare ⑭評価（〜qu in qc）：(ri)valutare ⑮確証（〜qu in qc）：confermare, riconfermare ⑯喜ばす（〜qu in qc）：compiacere

（6）〈**VT**＋A＋**per**＋B〉

①所有, 把握（B によって〔を摑んで〕A を持つ）：avere, afferrare, prendere, tenere ②理解（per として）：tenere, avere, intendere ③運搬, 誘導：menare, portare, condurre ④思いこます：dare, spacciare ⑤準備：preparare, apparecchiare, disporre ⑥傑出, 優越（〜qu per（の故に, のことで）qc）：superare, sovrastare ⑦交換：scambiare, cambiare ⑧推挙（〜qu per qu）：proporre ⑨分類：classificare ⑩選択：scegliere ⑪刑罰（〜qu per qc）：accusare, multare, condannare ⑫警告（〜qu per qc）：ammonire ⑬同情（〜qu per qc）：compiangere, compatire ⑭感謝（〜qu per qc）：ringraziare ⑮許し（〜qu per qc）：scusare ⑯羨望（〜qu per qc）：invidiare, など.

（7）〈**VT**＋A＋**su**＋B〉

①狙い, 方向づけ：puntare, dirottare, rivolgere ②ぶちまけ：rovesciare, scagliare, scaraventare, versare, riversare, spargere ③集中, 固定：concentrare, fissare, fermare, affissare, affiggere, incentrare ④刻印：incidere ⑤モデル化：modellare, aggiornare ⑥支持, 依拠：basare, fondare, imperniare, poggiare, appoggiare, posare, impostare, porre ⑦積載：ammassare, ammucchiare ⑧作用：esercitare ⑨強制：forzare ⑩傾斜, 凭せ掛け：reclinare, adagiare ⑪移植：innestare ⑫設置：impiantare ⑬同調：sintonizzare ⑭摩擦：sfregare, strisciare, strofinare ⑮情報伝達（〜qu su qc）：avvertire, informare ⑯引留め（〜qu su qc）：intrattenere, trattenere ⑰賭け：scommettere, giocare

⑱誓言：giurare　⑲保証（～qu su qc）：rassicurare　⑳勝利：vincere，など．

2.1.4.　**VR＋prep.**(a)＋n.(A)＋**prep.**(b)＋n.(B)

① Si vendicò con lei dell'offesa che gli aveva fatto．彼は彼女から受けた侮辱に仕返しをした．
② Mi rallegro con voi per i vostri progressi．皆様方の進歩のほど，御同慶に存じます．
　この文型を形成する動詞の数は限られているが，結構重要な構文だと思われるので取上げてみた．以下のように分類することができる．
（1）〈**VR＋con** qu **di**〔**per**〕qc〉
　①喜び，祝意：congratularsi, compiacersi, felicitarsi, rallegrarsi, complimentarsi　②遺憾，歎き：dispiacersi, condolersi, dolersi, lamentarsi, lagnarsi　③苛立ち，立腹：irritarsi, risentirsi　④報恩：sdebitarsi, disobbligarsi　⑤誇り：vantarsi　⑥諦観：consolarsi
（2）〈**VR＋a** qu **in** qc〉
　共感：accomunarsi
（3）〈**VR＋per** qu **di** qc〉
　恥：vergognarsi
（4）〈**VR＋di** qc **su** qu〉
　復権，復讐：rivalersi, vendicarsi（～si **di** qc **con** qu も）
　なお，この文型の範囲をいくらか逸脱するが，同種のものとして，〈impegnarsi con qu a＋inf.　→　…することを人に約束する〉というような形も可能である．

2.1.5.　**VT＋O**（通常 qu）＋**prep.**＋*inf.*

① La fame li costrinse ad arrendersi．飢えのために彼らは降伏を余儀なくされた．
② L'ho avvertito di non far rumore quando rientra．今度入ってくるときは物音をたてないようにと，彼に注意をうながした．
③ Mi minacciò a ricorrere a misure legali．彼は私を，法律的手段に訴えるといって脅かした．

2.1. 動　詞　型

　この文型では，前置詞は〈**a**〉を用いるものがもっとも多く，続いて〈**di**〉，そして〈**da**〉, 〈**per**〉, 〈**in**〉を用いる動詞が少数ある．
（1）〈**VT**+qu〔ときに qc〕+**a**+*inf.*〉
　a　「**方向性　→　…へ（と），すべく**」
　　①派遣，導入：mandare, inviare, spedire, mettere, portare, delegare　②勧誘；勧告；激励：invitare, chiamare, incitare, sollecitare, stimolare, spronare, spingere, esortare, invogliare, incoraggiare, disporre, destinare; ammonire, consigliare, convincere　③強制，束縛；脅迫：obbligare, costringere, sforzare, necessitare, coartare, forzare, impegnare, condannare, minacciare　④習慣付け，訓練：avvezzare, abituare, disabituare, assuefare, addestrare; esercitare, abilitare, など．
　b　「**動作の支点・場　→　…で，において**」
　　補助，許容：aiutare, autorizzare
　　〈備考〉
　　　1）この文型によく似た成句として，avere〔trovare〕difficoltà a+inf.（…するのに苦労する），avere interesse〔ripugnanza, scrupolo〕a+inf.（…することに関心〔嫌悪，ためらい〕をいだく），provare vergogna〔soddisfazione〕a+inf.（…するのに羞恥〔満足〕を感じる），などがある．
　　　2）〈VT+ a qu **a** +*inf.*〉という珍しい文型を形成する動詞に，insegnare（教える）がある．Lui mi ha insegnato a nuotare.　彼は私に泳ぎ方を教えてくれた（mi は直接目的ではなく，間接目的）．
（2）〈**VT**+qu+**di**+*inf.*〉
　①通告，忠告；暗示：avvertire, avvisare, prevenire, consigliare, sconsigliare; accennare　②感謝：ringraziare　③許容：scusare, perdonare　④非難，責任・罪指摘：accusare, incolpare, imputare, tacciare, rimproverare, addebitare, incaricare, rinfacciare　⑤依頼，懇願：pregare, supplicare, implorare, scongiurare, など．
（3）〈**VT**+qu〔ときに qc〕+**da**+定冠詞+*inf.*〉
　①警告：diffidare　②制止，断念勧告：dissuadere, sconsigliare, distogliere, trattenere　③解除，放免：disobbligare, dispensare, など．
（4）〈**VT**+qu〔ときに qc〕+**in**+定冠詞+*inf.*〉

この文型で〈in〉を用いるタイプは，ごく少数しか見られないようである（いうまでもなく，「…するときに」などの意味をもつ，副詞節相当語句としての〈in＋定冠詞＋inf.〉とこれとは，いくらか性質が別である）．〈intralciare qu in＋定冠詞＋inf. → …で人の邪魔をする〉といった表現のほか，成句的表現として，〈provare soddisfazione〔compiacenza〕in＋定冠詞＋inf. → …することに満足〔喜び〕を感じる〉，〈avere esitazione in＋定冠詞＋inf. → …することをためらう〉，〈impiegare qc（時間，その他）＋in＋定冠詞＋inf. → …するのに…を用いる〉，などが考えられる．

（5）〈**VT**＋qu＋**per**＋*inf.*〉
①許容：scusare　②非難：rimproverare, riprendere, biasimare, accusare, sgridare　③感謝：ringraziare

2.1.6.　**VT**＋a qu＋**di**＋*inf.*

① Vi raccomando di far presto.　皆さん急いでください．
② Il rumore mi impediva di dormire.　騒音のために私は眠れなかった．
③ Non ha concesso a nessuno di aprir bocca.　彼は誰の発言も許さなかった．

この文型は，英語でいう「授与動詞（dative verb）」（間接，直接二つの目的を従える動詞）の不定詞版とでもいうべきもので，〈a qu〉が間接目的補語，〈di＋inf.〉が直接目的補語の働きをする．いうまでもなく，「授与動詞」は広く「与える（ときにその反対の，奪う）」という意味をもつが，与えられるのは，「物」のほか，しばしば「言葉」でもあって，その意味でこの文型は，伝達される「言葉」の意味内容を，不定詞で表わしたものとみなすことができる．

①言明, 通告, 告白, 説明：dire, scrivere, telefonare, telegrafare, rispondere, gridare, accennare, confidare, comunicare, confessare, spiegare, dimostrare　②忠告, 警告：consigliare, suggerire, ammonire　③約束, 保証：promettere, garantire　④要求, 依頼, 懇願, 委託：chiedere, domandare, richiedere, raccomandare, commettere　⑤提案：proporre　⑥命令：ordinare, comandare, imporre, intimare, ingiungere, prescrivere　⑦禁止：proibire, impedire, vietare, inibire　⑧許可：concedere, permettere, autorizzare, consentire, assentire　⑨祈願：augurare, など．

ところでこの文型の動詞は，inf. の主語は何か，という点をめぐって，次の二

2.1. 動詞型

つのタイプに分かれる．
1）⟨a qu⟩ の qu（人）が inf. の主語になるタイプ
Gli ho detto di venire da me. 私は彼にうちへ来るようにいった．
2）文の主語が inf. の主語も兼ねるタイプ
Mi promise di tornare subito. 彼は私にすぐ戻ることを約束した．

すなわち，1）のタイプでは，inf. の動作を行なうのは主語ではなく間接補語であるが，その場合文の主語は，間接補語に対しその動作を行なうよう，主語自身の「意志」を伝える，という役を担っている．これに反し，2）のタイプの文での inf. の動作は，同時に主語自身の動作でもあって，この場合は，間接補語への主語の意志の働きかけは行われず，主語自身が行なう，動作という名の「事実」を「伝達」するにすぎない．そしてこの後者のタイプの動詞としては，comunicare（伝える），confessare（告白する），confidare（打ち明ける），spiegare（説明する），promettere（約束する），garantire（保証する）などを挙げることができる．これは，この文型の姉妹型 ⟨**VT**＋a qu＋**che**＋*ind.*〔*cong.vo*〕⟩ なるタイプ（本書では，例文，説明ともに割愛）とも共通している問題で，そしてこちらの場合には，che 節内の動詞が，主語の「意志」がこめられれば「接続法」，単なる「事実の伝達」のときは，直説法になるのである．

2.1.7. V(VI・VT・VR)＋che＋*ind.*〔*cong.vo*〕

① Tutti i testimoni dichiarono che l'imputato era innocente. どの証人も，被告は無実であると述べた．
② Sentì che qualcuno bussava alla porta. （彼は）ドアをノックする音を聞いた．
③ Bada che nessuno ti veda. 誰にも見つからないよう気をつけたまえ．
④ Godo che tu sia di nuovo tra noi. 君がまた私たちのところへ戻ってくれると嬉しいね．
⑤ Ciò non impedisce che sia un ladro. だからといってそいつが泥棒でないとはいえない．
⑥ Suppongo che sia tornata verso mezzanotte. 彼女が帰ったのは夜の12時頃ではないかと思う．
⑦ Non mi aspettavo che tu arrivassi subito. あんたがすぐにもやってくるなんて思ってもいなかった．

⑧ I farisei si sdegnavano che Gesú guarisse di sabato. ファリザイ人たちは，イエスが土曜日に医療活動をすることで腹を立てていた．

　以上 8 例のうち，従属節 che 節内の動詞が直説法のものは①と②，そして残りの③〜⑧はすべて che 節内は接続法である．そして接続法の che 節を従えているこの六つの例文のうち，主節の動詞が自動詞のものが③と④，⑤と⑥は他動詞，⑦と⑧は再帰動詞である．

　このように，自動詞，他動詞，再帰動詞いずれのタイプの動詞も，che 節を従えることができるが，ここで問題になるのは，その主節の動詞の意味と，che 節内の動詞の法（直説法か接続法か）との関係をどのように考えるべきか，ということである．というよりも端的にいって，いったいどのような場合に che 節内は接続法になるのであろうか．詳しくは，第 3 章法と時制，3.3 接続法の項の説明を御参照いただきたいが，とりあえずいまは，当面必要なことだけに限定して考えてみることにしよう．

　要するに，物事を見聞・了解した（あるいは，するだろう）ままの「事実」として述べる「直説法」に対し，その物事を「脳内活動」あるいは「精神活動」を通したうえで，事実ならぬ「想念（主観）」として捉えるのが「接続法」であるが，この文型では，その精神活動を担当するのは主節の動詞の役目である．

　となれば，この「精神活動」の意味内容を知ることが最大のポイントになる．いまかりに，精神活動を，「知」「情」「意」の三つの分野に分類した場合，「情」と「意」は，すべて接続法の従属節を従えるものと考えていいのであるが，問題は残りの「知」的活動である．つまり知的活動には，実のところ「直説法」的活動と，「接続法」を必要とする活動の二つの種類があるからである．直説法が「経験的事実プラス確実性」，接続法が「想念プラス不確実性」という特性をもつものだとすれば，同じ「知」的活動でも，話し手〔作者〕の主観的見解をまじえない「単なる事実のやりとり」，たとえば「伝達」「主張」「告白」「理解」などの活動は，本来接続法とは無縁であり，同様にそれがかりに「思考」活動であっても，「確実」な事実として捉えられた「確信」も，接続法的精神活動からは除外されてしまうことになる．

　また動詞によっては，従属節内で，「直説法」と「接続法」の両者を場合によって使い分けるタイプも存在する．そしてその場合，接続法の動詞が使われるのは一般に，主節の動詞の意味に「主観的判断」や「意志」が加わったり，文が肯定平叙文でなく否定文や疑問文になって，「不確実性」が加味された結果生

2.1. 動詞型

じる現象である．
(1) 〈**che**+*ind.*〉を従える動詞
  a　他動詞
   ①言明；付言；反復：dire(cong. vo も), dichiarare, annunciare, fare; aggiungere; ripetere　②陳述, 記述, 叙述：riferire, raccontare, narrare, scrivere(cong. vo も), descrivere, registrare　③確言, 誓言, 主張；説教：affermare, assicurare, precisare, accertare, attestare, confermare, asserire, garantire, scommettere, giurare, appurare, constatare, ribadire, certificare, verificare, stabilire, inferire, giudicare(cong. vo も), sostenere (cong. vo も); predicare (cong.vo も)　④叫び：gridare (cong. vo も), urlare, esclamare　⑤通告, 通知：avvertire, informare, avvisare, comunicare, prevenire　⑥説明, 回答, 約束：spiegare, replicare, esporre, rispondere(cong. vo も), telefonare(cong. vo も), promettere　⑦告白, 開示：confessare, svelare　⑧教示, 指示, 指摘：insegnare, indicare, dimostrare, mostrare, comprovare, provare, rilevare, osservare　⑨忠告, 示唆：ammonire, insinuare　⑩断定, 推論, 結論：decidere (cong. vo も), dedurre (cong. vo も), desumere, concludere, arguire　⑪理解, 了解, 確認, 感知, 発見：capire(cong. vo も), comprendere(cong. vo も), intendere (cong. vo も), intuire (cong. vo も), concepire (cong. vo も), sapere, vedere, notare, osservare, apprendere, imparare, rilevare, sentire, leggere, trovare, scoprire　⑫反論, 異議：obiettare, eccepire　⑬同意, 賛意, 承認；無視：convenire, concordare, riconoscere, consentire (cong.vo も); ignorare　⑭銘記, 想起, 記憶；忘却：considerare(cong. vo も), ricordare, rammentare；dimenticare, scordare　⑮結果：risultare　⑯意味：significare, voler dire, など．
  b　再帰動詞
   ①認知, 理解：accorgersi, avvedersi（当然, rendersi conto などの動詞句も含まれる）　②確認, 納得（以下の動詞はときに cong.vo も使用）：accertarsi, convincersi, assicurarsi, persuadersi, constatarsi, sincerarsi, mettersi in mente　③想起：ricordarsi, rammentarsi　④忘却, 失念：dimenticarsi, scordarsi, など．
(2) 〈**che**+*cong. vo*〉を従える動詞

第2章 単文の文型と語の結合型

a **自動詞**
①注意，配慮：badare, guardare, provvedere, vigilare ②希求：tenere ③承認，同意：acconsentire, condiscendere ④疑念：dubitare ⑤歎き：deplorare ⑥受苦，許容：soffrire ⑦利用：approfittare, profittare ⑧喜び：godere ⑨嘲笑：ridere ⑩主張：insistere

上記の動詞は，通常は前置詞を介して名詞につながる用法をもつもので，その場合，①，②，③は〈a〉，④～⑨は〈di〉，⑩は〈in, su〉を従える．なお，この文型をとる動詞句としては，avere paura（心配）(di), avere piacere（快）(di), avere dispiacere・rincrescimento（遺憾）(di) などがある．

b **他動詞** (以下とくに〈知的活動〉に属する一部の動詞は，意味次第で〈＋ind.〉も可)

1）**知的活動**
①意見，判断：credere (ind. も), pensare (ind. も), ritenere, giudicare (ind. も), considerare (ind. も), stimare（参考：avere l'impresione らの成句も） ②想像，仮想，推測，予測：immaginare, supporre, presumere, ammettere, mettere, arguire(ind. も), dedurre(ind. も), opinare(ind. も), concepire (ind. も), fingere, prevedere (ind. も), indovinare, auspicare, presentire, divinare, presagire（参考：porre〔mettere, fare〕il caso, fare finta などの動詞句もこの仲間） ③示唆：ammicare ④価値：meritare，など．

2）**情的活動**
①疑惑，心配：temere, sospettare（参考：avere il sospetto〔dubbio〕らの動詞句も） ②哀惜，歎き：rimpiangere, lamentare, deplorare，など．

3）**意志的活動**
①願望：volere, desiderare, preferire, intendere, bramare, ambire, gradire, invocare ②予測的意図：contare(ind. も), calcolare(ind. も), sognare（参考：fare conto, avere in mente らの動詞句も） ③希望，期待：sperare, augurare, attendere, aspettare, confidare（参考：avere〔nutrire〕la speranza らの動詞句も） ④祈願，懇願：pregare, implorare, supplicare ⑤要求，勧め：esigere, chiedere, domandare, pretendere,

richiedere, invitare, sollecitare ⑥努力, 配慮：procurare, cercare, ottenere, curare, controllare (ind. も), avvertire (参考：avere cura, fare attenzione らの動詞句も) ⑦命令：comandare, ordinare, intimare, ingiungere, disporre(ind. も), prescrivere, imporre ⑧否認, 禁止：negare, contestare, disapprovare, impedire, vietare, proibire ⑨回避：evitare ⑩除外：togliere, escludere ⑪許容：ammettere (ind. も), tollerare, accettare, assentire, consentire, sopportare, permettere, approvare, concedere ⑫使役, 放任：fare, lasciare, など．

c　再帰動詞
 1) 知的活動
　①確認, 納得(ind. も)：convincersi, persuadersi, assicurarsi, accertarsi, sincerarsi（参考：fissarsi in mente らの動詞句も）②想像：figurarsi, immaginarsi　③幻想：illudersi, lusingarsi, など．
 2) 情的活動
　①驚き：meravigliarsi, stupirsi, sorprendersi　②遺憾, 後悔：lagnarsi, lamentarsi, vergognarsi, dolersi, rammaricarsi, pentirsi　③怒り：sdegnarsi　④喜び, 快：rallegrarsi, consolarsi, gloriarsi, compiacersi, felicitarsi, congraturarsi, complimentarsi　⑤心配：preoccuparsi, など．
 3) 意志的活動
　①願い：reccomandarsi　②祈願：augurarsi　③反対：opporsi　④期待：aspettarsi, attendersi, sognarsi, など．

2.1.8.　V imp.(di) + *inf*.

① Bisognerà chiamare il medico.　医者を呼ぶ必要があるでしょう．
② Basta riposarsi per star bene.　元気でいるためには休息しさえすればいい．
③ Fa piacere vederlo mangiare.　彼が食べるのを見ているのは楽しい．
④ Non mette conto di parlarne.　そのことは話すまでもないことだ．
　この文型の場合，その動詞の数こそ少ないものの，ときに前置詞〈di〉を媒介することがある．したがって，di をめぐって二つのタイプに分けることができる．
（1）〈di〉を必要としないタイプ

①必要性：bisognare, occorrere, necessitare, volere（文）　②適否，好・不都合：convenire, andare〔stare, fare, portare〕bene・male　③重要性：importare, premere, montare（主に否定，《文，古》），contare　④緊急性：urgere　⑤有用：giovare, mettere〔tornare, porre, meritare〕conto　⑥価値：valere, meritare　⑦充足：bastare　⑧効果：fare effetto　⑨有意味：avere(un)senso〔significato〕　⑩快：fare piacere　⑪憐れみ：fare pena　⑫明白：risultare　⑬相違：fare differenza（＋inf.(A)o inf.(B)→ AするかBするか），など．

（2）〈**di**〉を必要とするタイプ

①有益；価値(di なしも)：tornare〔mettere, portare, meritare〕conto　②自発性：venire spontaneo　③推測的判断：sembrare, parere（〈di〉のない形，〈S.(主語)＋sembrare・parere＋inf.〉は人称用法），など．

2.1.9.　V **imp.**＋a qu(**di**)＋*inf*.

① Ti conviene stare zitto？　君，黙ってるほうがいいわけ？
② Tocca sempre a me cedere primo.　最初に譲るのはいつも私だ．
③ Mi rincresce di non poterlo fare.　それができなくて残念です．
④ Le accade mai di parlare nel sogno？　夢の中で話をするような経験は，まったくありませんか？
⑤ Come mi tarda di rivedervi！　一刻も早く皆さんと再会したいものだ．

2.1.8.の型に，〈a qu〉なる間接目的補語が添えられた形であるが，やはり〈di〉を介在させる動詞と，そうでないものの二つのタイプに分けられる．

（1）〈**di**〉を介在させないタイプ

①適当：convenire　②都合・不都合：andare〔fare, stare〕bene・male　③重要性：importare, interessare　④緊急性：premere（di も）　⑤価値：valere　⑥職務，順番：toccare（しばしば di も），spettare, appartenere, competere, stare(a qu のほか in qu も)　⑦結果明白：risultare(di も)　⑧快：piacere, essere〔riuscire, rimanere〕gradito, fare piacere〔comodo〕, comodare　⑨不快，遺憾，恐れ（しばしば di も）：dispiacere, spiacere, rincrescere, dare pena〔fastidio, paura〕, fare dispetto　⑩驚き：fare specie，など．

（2）〈**di**〉を介在させるタイプ

2.1. 動詞型

①偶発性（ときに a qu なしで）：accadere, arrivare, avvenire, capitare, succedere, venire〔scappare, uscire, sfuggire〕detto・fatto　②有用性，価値（ときに di なしで）：tornare〔mettere, porre, meritare〕conto　③重要・緊急性：premere（di なしも）　④懸念：cuocere, pesare　⑤切望：tardare（文）　⑥想起：ricordare（文）　⑦可能性：riuscire, entrarci　⑧推測的判断：parere, sembrare　⑨快：andare, garbare, piacere, fare piacere, essere〔rimanere〕gradito（上記のうち piacere 以下は，むしろ di なしで）　⑩不快，遺憾（しばしば di なしで）：dispiacere, spiacere, rincrescere, ripugnare, incomodare, seccare, dolere, nuocere, dare pena〔fastidio〕, fare dispetto, など．

2.1.10. V imp.＋che＋*ind*〔*cong.vo*〕

① Ne consegue che sei tu a mentire. そのことから，嘘をいっているのはあんたのほうだということがわかる．
② Vuol dire che ci andrò da solo. つまりぼくが独りで行くということです．
③ Conviene che egli lo sappia. 彼がそのこと知っているほうがいい．
④ Succede che i fatti della storia si ripetano. 歴史上の出来事は繰返し起ることがある．

　che 節，つまり意味上の主語節の内部の動詞は，直説法，接続法いずれかの法になる．

（1）〈**che**＋*ind.*〉の場合

　①結果明白：risultare, conseguire, susseguire, emergere（以上，しばしば ne とともに）, saltare fuori　②意味：significare, voler dire　③状態：andare　④当然：andare da sé　⑤成行：andare a finire　⑥幸運：meno male（非人称動詞的に用いられた感歎詞句）　⑦事実：fatto stare (stare が3単形に)　⑧関係：entrarci　⑨好機：tempo〔giorno〕venire（文）　⑩別問題：fare〔essere〕capitolo a parte, など．

（2）〈**che**＋*cong. vo*〉の場合

　①偶発性：accadere, arrivare, avvenire, capitare, succedere　②必要：bisognare, occorrere, necessitare, volerci　③好都合，適否：convenire, comodare, fare comodo, andare〔stare, fare, portare〕bene・male　④

重要性：importare, interessare ⑤緊急性：urgere, premere ⑥可能性：poter essere, poter darsi, (poter) dar(si) il caso, esserci(il) caso ⑦未発の可能性：mancar(ci) poco, non mancar(ci) molto, correrci poco ⑧快：piacere, far piacere(以上、むしろ次項2.1.11のタイプ、つまり+a qu)、rallegrare（次項のタイプ+qu も） ⑨不快、遺憾：dispiacere, spiacere, rincrescere, seccare, dolere, fare noia〔turbamento, inquietudine, fastidio, disturbo, dispetto〕(以上、むしろ、+a qu を伴なう)；annoiare, infastidire, inquietare ⑩驚き：meravigliare ⑪価値：valere, meritare ⑫同等：tanto valere ⑬判断：darsi per+agg. ⑭評判、噂（+ind. も）：correre fama〔voce〕 ⑮結果：restare, rimanere(以上、《文》), finire ⑯結果明白 (cong. vo も)：constare ⑰切望：tardare (+a qu も)《文》，など．

2.1.11.　V imp.+a qu〔qu〕+che+*ind.*〔*cong. vo*〕

① Mi risulta che vi siete visti ieri. 君たちが昨日会ったことはわかっている．
② Mi è sfuggito che oggi è il tuo onomastico. 今日があなたの聖名祝日だということを忘れていたわ．
③ Gli sembrava che tutto si accomodasse. 彼にはすべて片がつくように思われた．
④ Ci duole che siate giunti tardi. 諸君の到着が遅れたのは残念だ．
　この文型は、2.1.10の文型に、間接目的補語〈a qu〉か、直接目的補語〈qu〉が組合わさったものである．〈a qu〉のほうは広く行われているが、〈qu〉を従える、つまり動詞が他動詞になる例はごく稀にしか見られず、かりに他動詞が登場しても、しばしば直接目的補語である〈qu〉なしの文になってしまう．
（1）〈～a qu **che**+*ind.*〉のタイプ
　　①忘却：sfuggire ②想起：venire in mente ③偶発行為：venire〔scappare, sfuggire〕detto・fatto・pensato ④結果明白（否定、不確実の場合は+cong. vo)：risultare, constare、など．
（2）〈～a qu **che**+*cong. vo*〉のタイプ
　　①快：piacere, comodare, far piacere ②不快、遺憾、迷惑：dispiacere, spiacere, rincrescere, dolere, seccare, dare noia〔fastidio, disturbo, turbamento, inquietudine, pena〕 ③驚き：fare meraviglia〔caso〕, dare

2.1. 動 詞 型

stupore, fare specie ④怒り：fare rabbia, dare esasperazione ⑤重要性：importare, interessare, premere ⑥許容：andare giù, など．

（3）〈～qu che+*cong. vo*〉のタイプ

実際にはあまり見かけない形であるが，理論的には，さまざまな「感情」を表わす他動詞が，この文型をとりうる．たとえば，①快：rallegrare ②不快：annoiare, infastidire, disturbare, irritare ③驚き，衝撃：meravigliare, stupire；abbattere, umiliare ④心配：preoccupare ⑤興奮：eccitare, esaltare, など．

2.1.12. V imp.+a qu（ときに省略）+CP(di)+*inf.*/che+*ind.* 〔*cong. vo*〕

① Ti pare giusto agire così?　そういうやり方がいいと思ってるの？
② Gli sembrava sconveniente non accettare.　それを受けいれないのは彼には場違いなように思われた．
③ Risulta chiaro che egli non ha partecipato a quella congiura.　彼がその陰謀に加わらなかったのははっきりしている．
④ Mi pare strano che lei non lo abbia fatto.　彼女がそれをしなかったのが不思議だ．

この文型をとる動詞は，たいへん少ない．①推測的判断：sembrare, parere（以上+cong. vo）；sapere（通常+ind.）②結果明白（+ind. 否定，不確実なときは+cong. vo）：risultare, apparire，くらいだろうか．

2.1.13. essere(imp.)+agg.・n.+*inf.*/che+*ind.*〔*cong. vo*〕

① Con questo rumore è impossibile lavorare.　この騒音では仕事はできない．
② Era evidente che per quella costa c'era già salito altre volte.　彼がその斜面を何回か登ったことは明らかだった．
③ Era ben improbabile che tutti e tre potessero perire.　3人とも死んでしまうなんてことはまずありそうもなかった．

広く用いられているこの文型の問題点は，ほぼ次の二つに要約できる．第1は，動詞 essere の代りに，英語でいう「連結動詞」(copulative verb)」，つまり diventare, rimanere など，「叙述補語（英語でいう補語）」を従える動詞が

第2章　単文の文型と語の結合型

用いられることがある，ということであり，もう一つは，che 節内の動詞の直説法，接続法の区別をどのように考えるべきか，ということである．また〈agg.・n.〉と記された部分に名詞が用いられるケースは比較的少なく，多くの場合形容詞が用いられるが，いずれにせよ che 節内が直説法になるときは，形容詞の意味が，「明白」か「確実」なときに限られている．そして広くこの文型で接続法が用いられる理由は，この種の言い方は，「客観」的な「事実」の提示であることは少なく，話者の「主観」的「判断」（つまり，精神活動）を示す場合がほとんどだからである（cf. 3.3.接続法）．

（１）〈**agg.**＋**che**＋*ind.*〉のタイプ（このタイプも，否定・疑問文では cong. vo）
①明白：chiaro, manifesto, noto, notorio, evidente, palese, pacifico, logico, sottinteso　②確実：certo, sicuro, vero, indubbio, ovvio, innegabile, contestabile, indiscusso, sacrosanto (cong. vo も), stabilito, fuori di dubbio, など．

（２）〈**agg.**＋**che**＋*cong. vo*〉のタイプ（多数）
①難易：difficile, facile（可能性＝probabile の意も）　②蓋然性；可能・不可能：probabile, possibile, capace; improbabile, impossibile　③当・不当：giusto; ingiusto　④適・不適：comodo, conveniente, opportuno, igienico; scomodo, inconveniente, sconveniente, inopportuno　⑤有用・不用：utile; inutile　⑥有利・不利：vantaggioso; svantaggioso　⑦妥当性：plausibile, verosimile, decente　⑧自然・不自然：naturale; innaturale　⑨正常・異常：normale; annormale　⑩道理・非合理：logico; illogico　⑪奇妙, 不可解, 奇怪：strano, curioso, assurdo, incomprensibile, incredibile, inconcepibile, mostroso　⑫重要, 有意義：importante, indispensabile, capitale, significativo　⑬無意味：irrilevante, insignificante, privo di importanza, ozioso　⑭危険, 有害：pericoloso, arrischiato, dannoso　⑮是非, 善悪：bene, meglio, consigliabile, preferibile, augurabile; male, peggio, sconsigliabile　⑯疑念：dubbio, dubitabile, azzardoso　⑰許容：lecito, ammissibile　⑱稀：raro　⑲緊急：urgente, stretto　⑳予想可能：prevedibile　㉑暗示的：sintomatico　㉒皮相的：superfluo　㉓形容詞句：d'obbligo（義務），di rito（習慣），d'uso（習性），di regola（取り決め），などなど．

（３）〈**n.**＋**che**＋*cong. vo*〉のタイプ

2.1. 動 詞 型

①習慣：abitudine, consuetudine, mio〔tuo, …〕costume　②癖：un vezzo
③規則：regola, norma　④過ち：un delitto, una scorrettezza　⑤運命：destino　⑥嘘：una bugia　⑦噂, 作り話：fama, voce, una storia, una frottola　⑧好機：tempo, ora, il momento　⑨アイデア：un'idea　⑩不正義：un'ingiustizia　⑪恥, 愚行：una vergogna, uno sconcio, una bassezza　⑫（…な）事実：una cosa・un fatto piacevole〔spiacevole, increscioso, noioso, strano, ecc.〕⑬運・不運：una fortura〔sfortuna〕⑭楽しみ：un divertimento, una delizia, una festa　⑮意図：mia〔tua…〕intenzione　⑯信念：mia〔tua…〕credenza, など。

〈備考〉
　　dubbio, non chiaro など「疑問」の意味を含む形容詞は, se・疑問詞節を従えることもできる。① È dubbio se sia stato lui o un altro.　彼だったのかほかの人間だったのか明らかでない。② Non era chiaro di che cosa vissero.　彼らが何を食べて生きているのかはっきりしなかった。

2.1.14.　**essere**(imp.)＋**p.ps**(VT)＋(a qu)(**di**)＋*inf.*/**che**＋*ind.*〔*cong. vo*〕

① È vietato attraversare i binari.　線路を横切ることは禁じられています。
② Ai soldati fu comandato di restare negli accampamenti.　兵隊たちには, キャンプにとどまるよう命令がくだった。
③ Resta convenuto che partirai.　君の出発は手筈通りだ。
④ È ormai fisso che ci vediamo domani.　私たちは明日会う約束になっている。

これは, いわゆる「非人称受動構文」であるが, che 節を従えるケースの場合, 過去分詞を形容詞と考えることもできるだろう。essere の代りに, rimanere〔restare〕, andare（…ねばならない）なども用いられる。
（１）〈不定詞の構文〉
　①許容：concesso, permesso, consentito　②禁止（しばしば, a qu や di なしで）：vietato, proibito　③同意：convenuto　④命令：detto, comandato　⑤示唆：suggerito, など。
（２）〈**che**＋*ind.*〔*cong. vo*〕〉（おおむね ind. その場合も, 意味に, 不確実性が加わると cong. vo）

①言明, 記述, 指摘, 伝達：scritto, riferito, notato, tramandato　②同意, 了解：convenuto（ときに＋cong. vo）, saputo, sottinteso（通常＋cong. vo）　③決定, 設定：detto, stabilito, fisso, predisposto　④証明：provato, dimostrato　⑤予見：scontato, previsto（ときに＋cong. vo）　⑥回答：risposto　⑦除外：escluso（＋cong. vo）　⑧禁止：vietato（＋cong. vo）, など.

2.1.15.　**si＋VT**(imp.)**di**＋*inf.*／**che**＋*ind.*〔*cong. vo*〕

① Si dispera di ritrovare qualcuno in via.　途中で誰かに会うことは期待できない.
② Si dichiara che questa è la firma del compratore.　これが購入した人のサインであることは明らかである.
③ Si temeva che il nemico potesse marciare sulla città.　敵が都市へ進撃してくる恐れがあった.

不定詞を従える文はそれほど一般的ではないが, che 節を従える文型は広く用いられ, これまた直説法, 接続法の二つのタイプが存在する. 現在形以外の形も当然用いられるが, わかりやすいように, 以下, 代表的な動詞の直説法現在形を記すことにする.

（1）〈～**che**＋*ind.*〉のタイプ

①言明, 主張（ときに＋cong. vo）：si dice, si afferma, si aggiunge, si sostiene, si racconta, si ribatte　②認知, 指摘：si sa, si nota, si rileva　③了解, 発見：s'intende, si comprende, si capisce, si vede, si osserva, si trova　④想起；忘却：si ricorda；si dimentica　⑤結論：si conclude, など.

（2）〈～**che**＋*cong. vo*〉のタイプ

①想像, 推測：si ritiene, si calcola, si assume, si presume, si suppone, si deduce, si vuole　②許容：si permette　③否定：si nega　④心配：si teme　⑤希望, 期待：si spera, si aspetta　⑥噂：si sussurra, si vocifera, など.

2.1.16.　成句的非人称構文

熟語ないし成句としての非人称表現は, かなりの数にのぼるが, その代表的

2.1. 動　詞　型

なものを紹介しておこう．例文は省略し，意味を記すだけにとどめておく．
（1）〈**V imp.**（主に essere）＋**特定名詞**＋**di**＋*inf.*／**che**＋*cong. vo*〉
①価値：valere la pena〔la fatica, la spesa, la posta〕di＋inf.／che＋cong. vo「…するに値いする」　②好機：essere tempo〔il momento〕di＋inf.／che＋cong. vo「…する好機である」　③適合性：esser(ci) il caso di＋inf.／che＋cong. vo「…するに値いする，にふさわしい；…しうる」, mettere〔porre, meritare〕(il) conto (di)＋inf.「…する値打ちがある；…するのに役に立つ」　④可能性：esserci caso di＋inf.／che＋cong. vo「…する方法・手段がある，することはありうる」　⑤必要性：esserci bisogno di＋inf.／che＋cong. vo「…する必要がある」　⑥疑念：esserci dubbio di＋inf.／che＋cong. vo「…するのは疑わしい」，など．

（2）〈**V imp.** a qu **da**＋*inf.*〉
①衝動：venire〔scappare〕a qu da〔a も〕＋inf.「人が…しそうになる」　②義務：restare〔rimanere〕(a qu) da〔a も〕＋inf.「人にはまだ…すべきことが残っている」((Mi) resta da esaminare l'ultimo punto. まだ最後に最終チェックをしなければならない), non restare〔rimanere〕a qu che＋inf.「人はあと…するだけである」(Ora non gli restava che farsi l'equipaggiamento. いまや彼は，装備を整えさえすればよかった)

（3）その他
①場違い：esserci poco da＋inf.「…する場合ではない，する理由はない，すべきではない」　②費用，負担：costare a qu＋A＋inf.「…することは人にAという負担をかける」　③関係性：trattarsi di＋n.〔inf.〕「…に関する〔係わる〕ことである，が問題である；…である」　④危険：andarne di＋n.「…が危険にさらされる；…を失なう，損なう」　⑤重要性：importare a qu di qc「人によって何が重要である」, non fregare a qu di qc「人にとって何なんぞどうでもいいことだ」　⑥依存：dipendere da＋inf.「（それは）…することにかかっている」　⑦理由：essere perché＋ind.「（それは）…という理由のためである，のせいである」　⑧適合性：essere da qu＋inf.「…するのは（…の）人らしい」　⑨容易：volerci poco a＋inf.「…するのは簡単（あとわずか）である」，など．

〈備考〉
　　この章の冒頭でも述べたように，試作した文型は全部で59，そのうち動詞型

は48である．したがってここで取りあげた16種の動詞型以外に，かなりの数の型を省略したことになるが，以下参考までに，省略した型のうち，とくにめぼしいものを，パタン化した図式の形で記しておく．
1）〈VT＋OD(oggetto diretto 直接目的)＋OI(oggetto indiretto 間接目的)〉（これは見られるとおり，英語でいう「授与動詞」の文型である．そしてこの場合，間接目的補語は通常〈a qu［ときに qc］〉になるが，この前置詞〈a〉には四つの意味がある．第6章基本前置詞・特定副詞の用法，6・1・1 a，6・1・1・3 間接目的補語，参照）
2）〈V(VI・VR)＋CP〉
3）〈VT＋O＋CP〉
4）〈VT＋CP(di)＋inf.〉
5）〈VT＋CP＋che＋cong. vo〉
6）〈VT＋qu＋che＋ind.〔cong. vo〕〉
7）〈VT＋a qu＋che＋ind.〔cong. vo〕〉

2.2. 形容詞型

2.2.1. **Agg.＋prep.＋n.**

① Siamo avezzi alle comodità. 私たちは文明生活に慣れている．
② Sono sicura della sua sincerità. 私はあの人の誠実さを信じています．
③ Ciò non sarà esente dal pericolo. そうしたからといって危険が避けられるわけではないだろう．
④ Lui è esperto in problemi economici. 彼は経済問題の専門家だ．
⑤ Sei ancora indeciso sulla scelta？ 君，まだ選択をためらっているの？

形容詞と前置詞の結びつきは，動詞の場合と同様，じつにさまざまで，ここでそのすべてを挙げることはむつかしいが，やはり前置詞感覚，ないし語の結合感覚を養成するという意味から，ぜひともその代表的な形を紹介することにしたい．

（1）〈**a**〉との結合
　a 「**物理的・心理的方向性** → …に向って，に対して；…に，…とって」
　①傾向，性向，姿勢：disposto, diretto, incline, inclinato, portato, pronto, proclive（文）　②気質，態度：devoto, fedele, ligio, arrendevole, docile,

2.2. 形容型

indocile, ossequiente, corrivo, comprensibile, indulgente, supino, rassegnato, sommesso, aperto, facile, disponibile, coerente, pronto, puntuale, sensibile, insensibile, sordo, indifferente ③習性, 習慣：avvezzo, abituato, disabituato, assuefatto, consueto, usato, addestrato, rotto ④反対, 違和, 拒否：contrario, estraneo, avverso, alieno, ostile, opposto, negato, riluttante, ribelle, refrattario, resistente, repellente, impermeabile, insofferente, restio, renitente, vietato, antidotto ⑤目標, 対象：attento, aspirante, anelante, intento, disposto, debito, deliberato, teso, interessato; consacrato, dedicato, sacro ⑥快・不快, 親和・嫌悪感（主に～a qu → 人にとって）：piacevole, gradevole, simpatico, affezionato, caro, accetto, benaccetto, familiare; ripugnante, antipatico, sgradevole, schifoso ⑦利害（主に～a qu → 人にとって）：utile, vantaggioso, favorevole, benefico, comodo, giovevole, buono, funzionale; dannoso, nocivo, infesto, sfavorevole, molesto ⑧関連：relativo, attinente, pertinente, concernente, riferibile, riferito, spettante, inerente, intrinseco, correlativo ⑨感謝（通常～a qu di〔per〕qc の形で）：grato, riconoscente, tenuto, obbligato ⑩適否；必要, 必須；充分：appropriato, proprio, adatto, conveniente, opportuno, necessario, bisognevole, indispensabile, essenziale, coessenziale, organico, sufficiente, insufficiente ⑪比較, 割合：superiore, inferiore, anteriore, proporzionato, sproporzionato, adeguato, parallelo, proporzionato, paragonabile, comparabile ⑫帰着, 原因：ridotto, attribuibile, imputabile ⑬適応：applicabile ⑭知覚・判断の対象(主に～a qu → 人にとって)：noto, oscuro, percettibile, allusivo, sconosciuto ⑮運命, 予定：predestinato, destinato, predisposto ⑯分離（…から）：sfuggente, など．

b 「接触点 → …に・へ」

①接触；付着, 連結：vicino, attiguo, rasente, aderente, prossimo, contiguo, limitrofo, adiacente; appeso, attaccato, attacabile, aderente, legato, connesso, stretto, aggregato ②混合：frammisto, mischiato ③前後関係：precedente, susseguente, successivo, consecutivo ④近似, 相似；合致, 同等：conforme, affine, simile, somigliante, congenito, congeniale, consono, confacente, analogo, identico, omogeneo, corrispondente, comune, simultaneo, coevo, corradicale, uguale, eguale, pari, impari, dispari ⑤所属，付属：appartenente, subordinato, soggiacente, sottostante, sottoposto ⑥補足：complementare, など．

c 「**動作の支点・場** → …が，の点で，において」

①適性，巧拙：abile, idoneo, atto, capace, addetto, bravo, adibito, competente, destro ; inabile, inetto, incapace, maldestro ②限定，関連部位 (…が)：malato (allo stomaco), infermo (agli arti), など．

（2）〈**con**〉との結合

a 「**関係と結合** → …と，に対し」

①符号，一致：concorde, intonato, congruente, consonante, coerente, comune, consono ②結合：connesso, imparentato, solidale ③混合：misto ④矛盾，対立，不一致：contradditorio, contrastante, incongruente, incoerente ⑤遅れ：arretrato ⑥同時代：coevo, など．

b 「**精神的態度・姿勢** → …に対し．主に〜con qu, ときにその代りに〜verso qu も」

①愛情，優しさ：affabile, affettuoso, amabile, benigno, benevole, buono, gentile, corrente ②親愛感，率直さ：amico, cordiale, domestico, familiare, franco, schietto, sincero, leale ③温順：docile, condiscendente, umile ④憐憫：caritatevole〔caritevole〕, misericordioso, pietoso ⑤寛大：largo, indulgente, clemente, comprensivo, corrivo, generoso, tollerante ⑥礼儀正しさ：cortese, garbato, cavalleresco, ossequioso, riverente ⑦無礼，意地悪；不当：scortese, sgarbato, cattivo ; aspro, duro, esasperante, severo ; ingrato, ironico, irriverente ; esigente, ingiusto ⑧苛立ち，腹立ち：arrabbiato, corrucciato, impaziente, inquieto ⑨忍耐：paziente ⑩図々しさ：sfacciato, disinvolto ⑪抜け目なさ：astuto, など．

（3）〈**da**〉との結合（通常，「…から；…によって」）

①起源，由来：nato, proveniente ②分離：lontano, distante, remoto, discosto, separato, diviso, divisorio, divorzio ③欠席：assente ④除外：alieno ⑤独立：indipendente, autonomo ⑥依存：dipendente ⑦自由，免除：libero, esente, indenne, incolume, sgomb(e)ro, mondo ⑧用心：guardingo ⑨逃避，避難：profugo, reduce, esule ⑩拒否：reietto ⑪相違，区別：diverso, differente, dissimile, disuguale, difforme ⑫不一致：

2.2. 形 容 型

discorde, dissenziente ⑬苦悩, 被害：macero, corroso, affetto, affranto, oppresso, stremato, sfinito, prostrato, sopraffatto, abbattuto, stretto, stranito ⑭身体傷害（限定）(…が)：cieco (da un occhio), zoppo (da un piede), sordo, storpio, など．

（4）〈di〉との結合

a 「**発生起源** → …を起源とする，から発生した」
①起源：nativo, oriundo, originario, indigeno ②義務・従属：tributario, など．

b 「**精神活動の対象** → …を，について；…のことで」
①知覚：avvertito, consapevole, conscio, avvisato, informato ②無知, 忘却：ignorante, ignaro, inconsapevole, immemore, dimentico ③信念：certo, sicuro, convinto, persuaso, compreso, indubbio ④不確実, 疑念：incerto, dubbio, dubbioso, sospettoso, sospetto, diffidente ⑤保証：garante ⑥快, 満足：contento, lieto, felice, soddisfatto, compiaciuto, allegro, fortunato, onorato, pago ⑦熱中：entusiasta, appassionato, estasiato, perduto, affamato, pazzo, ubriaco, maniaco, fanatico, raggiante ⑧興奮：bollente, ribollente, luccicante, risplendente, lucido ⑨誇り, 自慢：fiero, orgoglioso, inorgoglito, superbo, altero ⑩不快, 不満；残念, 傷心：dolente, spiacente, desolato, mortificato, rattristato, scontento, dispiaciuto, malinconico, rammaricato, illuso ⑪絶望：desorato, disperato ⑫心配, 不安：preoccupato, ansioso, pensoso, pensieroso, timoroso, sollecito, premuroso, trepidante ⑬怒り, 傷心：arrabbiato, seccato, irritato, sdegnoso, illuso, furente ⑭驚き：meravigliato, stupito, spaventato, sorpreso, allarmato, ammirato ⑮倦怠, 辟易：stanco, stufo, annoiato, stucco, satollo, sazio ⑯恥；悔い：vergognoso, pentito ⑰苦痛：sofferente, insofferente, ammalato, malato ⑱忍耐；苛立ち：paziente, tollerante；impaziente, intollerante ⑲羨望：invidioso, geloso ⑳感じやすさ：suscetibile ㉑感謝（〜a qu di qc）：grato, riconoscente, tenuto, obbligato ㉒願望, 欲望：desideroso, avido, bramoso, cupido, curioso, ambizioso, assetato, goloso, ardente, smanioso, insaziabile, affamato, voglioso, speranzoso, ingordo, ghiotto, famelico, vorace, など．

第2章 単文の文型と語の結合型

c 「**物の有無 → …が, で**」
①豊富, 充満：pieno, abbondante, ricco, zeppo, fecondo, pregno, gravido, saturo, gremito, colmo, ricolmo, fitto, strapieno, ultrapieno, traboccante, denso, brulicante, riboccante, gonfio, turgido, irto, compreso, ridondante ②欠乏, 欠除：povero, scarso, privo, corto, mancante, manchevole, difettoso, difettante, vuoto, scevro, deficiente, digiugno, destituito, monco, assente, sfornito, sprovvisto, vedovo ③浸透, 浸潤：imbevuto, permeato, umido, madido, bagnato, sudicio, intriso, pervaso, impregnato, grondante ④供給, 負荷：carico, nutrito, fornito, gravato, dotato, sovraccarico, grave, oberato, carico, investito ⑤被覆, 装飾：coperto, velato, adorno, vestito, sparso, cosparso, infarinato, impastato, tinto ⑥配置, 配備：stellato, listato, costellato, seminato, solcato ⑦露出, 剝奪：nudo, ignudo, spoglio, spogliato ⑧汚れ：sporco, sozzo, lordo, imbrattato, sudicio, sordido, insudiciato ⑨必要：bisognoso, bisognevole ⑩共有：partecipe, など.

d 「**限定 → …が, の点で, に関し**」
①気前, 度量：prodigo, generoso, liberale, largo, franco ②けち, 消極性：parco, avaro, passivo ③態度, 姿勢：cortese (di aiuto), asciutto (di parole), premuroso, stretto ④健康, 欠陥, 疾患：sano (di corpo), forte (di spalle), debole (di testa〔gambe〕), cieco (di un occhio), delicato (di salute), malato (di cuore), sordo (di anima), infermo (di mente), malfermo ⑤身体の特徴：rosso (di capelli), bello (di viso), largo (di spalle) ⑥対等；不等：pari；impari, dispari ⑦能力：capace, incapace, perito ⑧巧拙, 遅速：lesto (di mano〔mente〕), agile, svolto, destro, leggero ⑨知能, 精神：lucido (di mente), pronto (d'ingegno), tardo, esperto, duro, corto, gretto, ottuso, sofferente, sveglio ⑩経験：fresco (di studi), giovane, esperto, inesperto ⑪適, 不適：degno, indegno ⑫評価：meritevole, immeritevole ⑬特徴, 特色：tipico, essenziale, caratteristico, proprio, peculiare, significante ⑭動作対象 (しばしば〜tore〔trice〕という動詞から派生した形容詞とともに. 「di を…する」の意味で用いる)：indicativo (di を示す), espessivo (di を表わす), lesivo (di を損なう), offensivo (di を傷つける), evocatore, suscitatore, conservatore,

2.2. 形容型

disvelatore ⑮罪, 責任：colpevole, reo, responsabile, incolpato, accusato, imputato, passibile, など.
 e 「**原因・理由** → …が原因で, のせいで」
感情表現など：rosso・nero (di collera〔vergogna〕), bianco (di polvere), gocciolante (di sudore), acuto, tremolo, など.

（5）〈**in**〉との結合
「**人間活動の場・対象** → …の点で, において；…に対し」
①能力, 巧拙：abile, perito, valente, esperto, versato, competente, destro, forte, bravo；imcompetente, inesperto, inabile, debole, maldestro, inetto, mediocre, scadente, profano ②注意, 慎重：cauto, attento, avveduto, provvido, prudente, provveduto, vigile ③不注意, 軽率：imprudente, incauto, avventato, frettoloso, sconsiderato ④細心：scrupoloso, puntiglioso ⑤確実, 正確；不確実：sicuro, corretto, esatto, preciso, puntuale, regolare；malsicuro, incerto ⑥迅速：pronto, veloce, svelto, leggero, sollecito, acuto ⑦鈍重：lento, tardo, grave, impacciato ⑧節度, 自制：temperato, regolato, misurato, continente, moderato, sobrio, parco ⑨怠惰, 粗雑：negligente, sregolato, trasandato ⑩首尾一貫, 固執：saldo, costante, fermo, fisso, perseverante, consistente ⑪決断；不決断：determinato；indeciso ⑫寛容；不寛容：tollerante, largo, indulgente；intollerante ⑬妥協；非妥協：transigente；intransigente ⑭多忙：affaccendato, indaffarato ⑮攻撃性：agressivo ⑯厳格：rigido ⑰熱意, 自己集中：assiduo, raccolto, assorto ⑱拘束, 拘泥：impegnato, coinvolto, legato, inceppato ⑲信；不信：fiducioso；incredulo ⑳一致, 同意：concorde, unanime ㉑期待：speranzoso ㉒気難しさ：difficile, など.

（6）〈**per**〉との結合
 a 「**精神活動の原因・対象** → …のことで；…に対し」
①苦痛, 不安, 悲しみ, 驚き：agitato, deluso, sofferto, desolato, dolente, spiacente, amareggiato, addolorato, preoccupato, confuso, rammaricato, attonito, muto ②快, 夢中 (di も)：entusiasta, appassionato, pazzo, matto, fanatico ③自慢：inorgoglito ④感謝：obbligato, など.
 b 「**目的, 目標** → …にとって, のために」
①適性：adatto, opportuno, conveniente, fatto, buono ②能力：abile；

incapace　③有用,必要：utile, necessario　④充分；不充分：sufficiente　⑤有害,危険：deleterio, pericoloso, negativo　⑥拘束：impegnativo, など.

c　「**原因, 理由** → …の故に」

①有名：famoso　②疲労：stanco, など.

(7)〈**su**〉との結合

①方向,傾向(…に対し)：rivolto, curvo　②不決断,懐疑；軽信(…に関し)：indeciso, scettico, incredulo, incerto, dubbioso; credulo　③沈黙,寡黙(…に関し)：muto, reticente　④固定(…に)：fisso, duro　⑤同調(…に対し)：aggiornato, sintonizzato, など.

2.2.2.　Agg.＋prep.＋*inf.*

①　Ero molto dolente di averLa disturbato.　御迷惑をお掛けしたことをたいへん申訳けなく思っておりました.

②　Devo stare più attenta a parlare con te d'ora in poi.　今後あんたと話すときはもっと気をつけなけりゃね.

③　Fu lesto a mettere una piede sulla canna.　彼は釣竿のうえにすばやく足を置いた.

④　Era facile a agitarsi e facile a discorrere.　彼女はすぐに興奮するうえにペラペラお喋りをするたちだった.

⑤　Lui è molto difficile da trattare.　彼はとても扱いにくい.

　形容詞が前置詞を介して不定詞と結合するこの形では,とくに前置詞〈**a**〉と〈**di**〉,続いて〈**in**〉が広く用いられる.

(1)〈**a**＋*inf.*〉との結合

　　この型を形成する形容詞を一覧する前に,まずは次のことを確認しておく必要がある.すなわちこのタイプの,次に記すa, b 二つの項目に記された形容詞は,さきに検討した2.2.2 Agg.＋prep.＋n. なる文型での〈a＋n.〉を従える形容詞群と,用法上深い関連性を有している.ということは, n. と inf. という二つの要素を同時に従えることのできる形容詞が,その仲間には相当数含まれているということでもある.したがってここでは,比較的日常性の高い形容詞を挙げるにとどめるつもりであるが,実はそれ以外にも,〈a＋n.〉の項に記してある形容詞のうちのかなりの数のものが,この〈a＋inf.〉を従え

2.2. 形容型

ることも可能なのである.

a 「**物理的・心理的方向性** → …に向って, に対して；…に；…にとって」
①傾向, 性向：incline, inclinato, propenso, portato, disposto　②目標, 意図：attento, intento, risoluto, tenuto, tendente, convinto, persuaso, invitato, invogliato　③充当：adibito, destinato　④反対, 諦らめ：ribelle, contrario, riluttante, rassegnato, restio　⑤拘束, 義務：costretto, obbligato, forzato, impegnato, spinto, condannato　⑥必要, 充足：necessario, sufficiente, insufficiente　⑦習性：avvezzo, abituato, disabituato, consueto, addestrato　⑧許容：autorizzato, など.

b 「**場・支点** → …において」
①適性, 巧拙：adatto, competente, atto, abile, idoneo, addestrato, buono, capace；disadatto, incompetente, inabile　②遅速：rapido, facile, lesto, sollecito, svelto；lento, tardo, paziente, fermo, duro, など.

(2) 〈**da**+*inf.*〉との結合
①距離 (da+定冠詞+inf.)：alieno, lontano　②評価の基準 (…する (の) には…. 通常, da+inf.(VT))：facile, difficile, impossibile, utile, bello, buono, piacevole, agevole, difficoltoso, faticoso, complicato, orribile, terribile, duro, penoso, ovvio, rischioso, など.

(3) 〈**di**+*inf.*〉との結合（下記以外にも〈di+n.〉の項の語を含む）

a 「**精神活動** → …を；…のことで, について」
①知覚, 意識：consapevole, conscio, informato, avvertito　②無知：ignorante, inconsapevole, dimentico　③信念；不確実：certo, sicuro, persuaso；incerto　④願望, 欲望：desideroso, avido, bramoso, cupido, curioso, ambizioso, assetato, goloso, ardente, impaziente, tentato　⑤快, 満足：contento, lieto, felice, soddisfatto, fortunato, onorato, compiaciuto　⑥不快, 不満, 遺憾：dolente, spiacente, desolato, dispiaciuto, scontento, mortificato　⑦心配, 不安：ansioso, preoccupato, timoroso, sollecito, premuroso　⑧誇, 自慢：fiero, orgoglioso, inorgoglito, superbo, altero　⑨怒り, 傷心：arrabbiato, seccato, irritato, mortificato, illuso　⑩倦怠：stufo, stanco, sazio, stucco, annoiato　⑪驚き：meravigliato, stupito, spaventato, sorpreso, allarmato, ammirato　⑫疑い：dubbioso, sospettoso　⑬悔い：pentito　⑭感謝：grato, など.

b 「**限定** → …のことで，に関し」
①能力：capace, incapace　②罪，責任：responsabile, accusato, imputato
③感じやすさ：suscettibile　④自由：libero　⑤慣例：solito　⑥適・不適：degno, indegno　⑦価値：meritevole, immeritevole，など．

（4）⟨**in**＋**定冠詞**＋*inf.*⟩ との結合（⟨in＋n.⟩の項参照）
「**広く，精神・身体的姿勢**〔**態度**〕→ …において」
①能力：abile, bravo, competente, esperto, ingegnoso, pratico　②慎重：prudente, avveduto, cauto, discreto　③軽率：avventato　④機敏，迅速：alacre, spedito, sollecito　⑤鈍重：lento, tardo, grave, impacciato, pesante　⑥節度，中庸：moderato, regolato, riservato, dimesso, parco, sobrio, temperato　⑦怠惰：torbido, pigro, negligente, trascurato　⑧一致，同意：concorde, unanime, d'accordo　⑨寛大：generoso, largo, indulgente, tollerante　⑩気難しさ：difficile　⑪けち：sordido, avaro, tirato, gretto　⑫確実：sicuro, fermo　⑬その他：comprensivo（理解）, gentile（親切）, libero（自由）, pio（敬虔）, schietto（率直）, dimesso（あきらめ）, efficace（有効）, perfido（悪意）, determinato（決断）, disinvolto（大胆）, delicato（心細やか），など．

（5）⟨**per**＋*inf.*⟩ との結合
「**目的** → …するのに，するための」（これは，⟨Agg.＋prep.⟩というよりも，形容詞と，副詞的用法の⟨per＋inf.⟩との結びつきと考えるべき形であって，以下に示す形容詞以外にも，さまざまな語に適用可能である）
①必要：necessario, utile　②適性：adatto, conveniente, opportuno, buono　③充分・不充分：sufficiente, insufficiente　④準備：pronto，など．

（6）⟨**su**＋*inf.*⟩ との結合
不確実：incerto, indeciso

2.2.3.　**Agg.**＋**che**＋*ind.*〔*cong. vo*〕

① Sono persuaso ch'egli non lo farà.　彼がそうしないことは確かだと思う．
② La madre era contenta che lei fosse tornata.　母親は彼女が戻ってきたので喜んでいた．
③ Non è un'uomo degno che tu gli accordi la tua amiciza.　あいつは君が友情をかけてやるだけの値打ちのある人間ではない．

④ Eravamo d'accordo che Lei partecipasse all'impresa. あなたの事業参加に関しては，われわれ同意しておりました．

　この文型の場合，che の後に直説法が置かれることはむしろ稀で，大部分が接続法になる．そして，degno, indegno を除き，すべてが精神活動を表わす形容詞である．

（1）〈～**che**＋*ind.*〉（以下に記す形容詞は，一応 ind. ではあるものの，肯定形の場合でもしばしば cong. vo も用いられ，否定文になれば当然，もっぱら＋cong. vo になる）

　　確信：certo, sicuro, convinto, persuaso, fiducioso, など．

（2）〈～**che**＋*cong. vo*〉

①知覚，情報：avvertito, informato　②願望：desideroso, bramoso, ansioso, speranzoso, geloso　③快，満足：felice, contento, lieto, compiaciuto, soddisfatto, pago　④不満，不快，遺憾：dolente, spiacente, dispiaciuto, addolorato, rattristato, illuso, desolato, scontento　⑤苛立ち，怒り，辟易：irritato, arrabbiato, indignato, sdegnato, seccato, annoiato　⑥心配，気懸り：ansioso, inquieto, timoroso, preoccupato　⑦驚き，戸惑い：meravigliato, stupito, sorpreso, spaventato, allarmato, sbalordito　⑧誇り：orgoglioso, inorgoglito　⑨同意：d'accordo　⑩無知：ignorante　⑪価値：degno, indegno　⑫注意：attento　⑬感謝：grato, riconoscente, など．

　　〈備考〉

　　　形容詞のなかには，〈Agg.＋se＋inf./ind.〉のように，che 節の代りに，se 節を従える「疑念」や「好奇心」を表わす形容詞もある．dubbioso, incerto, indeciso, indubbio, curioso, など（例：Sono dubbioso se credere quello che mi dice. 彼の話を信じていいものか疑わしいものだ）．

2.3. 名詞型

2.3.1. **N＋che＋***ind.*〔*cong.vo*〕

① （…）segno che l'aria è chiara e ferma （…）空気が澄んでいて風がないというしるし

② （…）il dubbio che questo confine non esista （…）この国境が存在しない

という疑い

③ (…) l'idea che l'erotismo possa essere una strada di elevazione religiosa
(…) エロチシズムは宗教的高揚の一つの道程たりうるという考え

これは，名詞と「同格」の che 節との結びつきであるが，この場合 che 節は，〈che＋ind.〉〈che＋ind. ないし cong. vo〉〈che＋cong. vo〉の３つのグループに分けることができる．

（１）〈～**che**＋*ind.*〉グループ

①確信（ときに cong. vo）：certezza, sicurezza ②真実：verità, realtà ③意見：parere（ときに cong. vo） ④情報：notizia（稀に cong. vo） ⑤発見：scoperta ⑥自覚：coscienza ⑦結論：deduzione（稀に cong. vo） ⑧保証：garanzia ⑨状況：circostanza ⑩指示：indicazione（意志を含めば cong. vo），など．

（２）〈～**che**＋*ind.* ないし *cong. vo*〉グループ

①事実：fatto ②知覚：consapevolezza ③意見，考え：idea, pensiero, osservazione ④感じ：sensazione ⑤サイン，徴し：cenno, segno, indicazione, segnale ⑥結論,結果：conclusione, risultato ⑦口実：pretesto, など．

（３）〈～**che**＋*cong. vo*〉グループ

　a　知的・想的精神活動

①意見，判断，情報：opinione, convincimento, convinzione, persuasione, assicurazione, precisazione, chiarezza, informazione, considerazione ②推測：presunzione, presupposto, previsione, supposizione ③予感：presentimento ④仮説：ipotesi ⑤噂：voce（ときに＋ind.）, storia, reputazione, diceria, chiacchiera ⑥空想：fantascheria ⑦夢，幻想：sogno, illusione ⑧印象：impressione ⑨協定，約束：patto, intesa, accordo, など．

　b　情的精神活動

①快，喜：piacere, gioia ②不快，遺憾：dispiacere, rincrescimento, peccato ③驚き：meraviglia, stupore ④不安，恐れ：paura, timore, inquietudine, terrore, preoccupazione ⑤疑い：sospetto, dubbio, incertezza ⑥怒り：indignazione, rabbia, irritazione ⑦歎き：lagnanza ⑧恥：vergogna，など．

2.3. 名 詞 型

c 意志的精神活動
①意図,願望：desiderio, conto, intenzione, voglia, volontà ②目的：scopo, fine ③要求,要請,促がし：richiesta, domanda, pretesa, esortazione, sollecitazione, invito, raccomandazione ④命令：ordine, comando, imposizione ⑤禁止：divieto, proibizione, impedimento ⑥許容：ammissione, concessione, permesso ⑦祈願：preghiera, augurio ⑧期待：attesa ⑨約束：promessa ⑩希望：speranza ⑪気遣い：cura ⑫振り：finta, など.

d 事柄
①必要性：bisogno ②偶発性：eventualità ③可能性：possibilità, probabilità ④前提：premessa ⑤困難：difficoltà ⑥様子：aria ⑦好機：caso, tempo, occazione ⑧理由：causa ⑨危険：pericolo, など.

2.3.2. N＋essere＋che＋*ind.*〔*cong. vo*〕

① Il bello è che ci ho creduto.   面白いことに私はそれを信じたのだ.
② L'essenziale è che tu riacquisti fiducia in te stesso.   肝心なのは,君が自信を回復することだよ.
③ Il fantastico è che sia riuscito a vincere.   不思議なのは,彼が勝てたということである.

essere の代りに, stare などが用いられることもあるが, N は主語, che 節は叙述補語（英語の補語）の役をつとめる文型である. つまるところこの文型は, 2.3.1. の〈N＋che＋*ind.*〔*cong.vo*〕〉の N と che の間に essere が挿入されたものであって, 直説法か接続法かの区別は, この2.3.1. の結合型の場合と同じように考えてほぼ間違いないようである. 当然「非現実」や「想像」事を表わす名詞の場合は接続法になるのであるが, ただこの結合型の場合, 実際的にはむしろ〈che＋ind.〉を従える名詞が用いられるケースが多いようである. N は「…という〔である〕こと」という風に, 広く「事柄」を表わす名詞が多用されるが, 以下に挙げる語は, そのもっとも代表的なものである（以下（＋cong. vo）と記していない語は, 直説法との結びつき）.

  fatto 事実   verità 事実   risultato 結果   guaio 面倒   pericolo 危険（ときに＋cong. vo）   voce 噂（ときに＋cong. vo）   importante・essenziale 重要事   bello 奇妙な・興味ある事実   buffo 滑稽   difficile 困難事   risultato 結

第2章　単文の文型と語の結合型

果　meglio 望ましいこと　peggio 最悪事　più 困難事〔最重要事〕　punto 要点　fantastico 不思議（+cong. vo）　impressione 印象（+cong. vo）　ipotesi 仮説（+cong. vo），など．

〈備考〉

　　　名詞型には，これ以外に，1)〈**N**(A)+**prep.**+**N**(B)〉，2)〈**N**+**prep.**+*inf.*〉，3)〈**N**+**se**・疑問詞+*inf.*／*ind.*〔*cong. vo*〕〉の三つの型が考えられる．
　1) の型は，とくに〈**N**(A)+**prep.**〉の結合が大切で，それに反し前置詞の後に置かれる N(B) のほうは，特定化されていない，任意の名詞にすぎない．いずれにしろ，この〈N(A)+〈prep.〉の結合に関するセンスを養なうこともけっして無駄ではなく，以下に見るように，N(A)の同族語である動詞・形容詞と，前置詞との結合関係からも，ある程度の類推が可能である．いくつか例をあげておく．

　attitudine a（…への適性 ← atto a)　sottomissione a（…への従属 ← sottomettersi a)　familiarità con（…との親和 ← familiare con)　rottura con（…との断絶 ← rompere con)　differenza da（…との違い ← differente da)　affetto per（…への愛情）　rispetto per（…に対する敬意)　odio per（…に対する憎しみ）　dubbio su（…に関する疑い）　responsabilità su（…に対する責任），など．

　2)〈**N**+**prep.**+*inf.*〉については，第5章不定形動詞類，5.1. 不定詞と，第6章基本前置詞・特定副詞の用法の，前置詞と不定詞の結びつきに関する説明を御参照いただきたいが，ただこの二つの章では，もっぱら〈任意の名詞(N)+prep.+inf.〉の結合について述べているだけで，〈特定の名詞(N)+prep.+inf.〉についてはほとんど触れていない．ここで「任意」と「特定」という区別を用いたのは，後ろに置かれる前置詞との結合度の強弱を示すために，「任意」のときは，その名詞を除外した〈prep.+inf.〉の結合が，後者では逆に inf. を取り去った〈特定の名詞+prep.〉の結びつきが，より重要な単位になる．したがって，この章における「名詞型」に関係があるのは，当然のことながら〈特定の名詞+prep.〉の単位である．残念ながらこの問題を詳しく扱う余裕がないので，ここではその一端に触れるだけにとどめておくが，ともあれこの結合関係も，けっして無視はできないように思われる．次に挙げるのは，〈特定の名詞+a+inf.〉という結合関係の一部である．

— 128 —

2.3. 名　詞　型

　　capacità（能力）a+inf.　idoneità（適性）a+inf.　disponibilità（積極的姿勢）a+inf.　invito（誘い）a+inf.　sollecitazione（促がし）a+inf.　rifiuto（拒否）a+inf.　autorizzazione（認可）a+inf.　diritto（権利）a+inf.　interesse（関心）a+inf., など．

3）最後の〈**N**+**se**・**疑問詞**+*inf.*／*ind.*〔*cong. vo*〕〉で用いられる N には次のようなものがある．

　　domanda 疑問　quesito 質問　dilemma ディレンマ　dibattito 議論　discussione 論議　problema 問題　dubbio 疑い　alternativa 二者択一　incertezza 不決断（例：Si pone spontaneamente la domanda se qui non abbiano agito influenze delle civiltà mediterranee. おのずとこの場合, 地中海文明が影響を及ぼさなかったかどうか，という疑問が生じるのである.）

　さて，この章の説明を締めくくるにあたり，もう一つ考えられる「副詞型」について, ほんの少しだけ触れておくことにしよう. それには，〈**Avv.**+**prep.**+n.〔または n. の代りに, come+ind.〕〉と，〈**Avv.**+**che**+*ind.*〉の二つの型があって, 前者には, conforme a（に従って），ugualmente a（と同じように） relativamente a（に関して），diversamente da（とは異なり）　altrimenti da（とは別な風に）　dipendentemente da（に従って，に依存して）；adagio con（に対して慎重に）　coerentemente con（と同時に，と結びついて）などがあり, 後者には, diversamente che+ind.（…とは異なり，別なように）　altrimenti che+ind.（…とは別なように)，などを挙げることができる．（説明が後になったが, Avv. は avverbio の略語）

第3章　法と時制

　動詞の法には，直説法，接続法，条件法，命令法の四つがあるが，このうち法そのものの性質についてとくに検討を要するのは，接続法と条件法の二つだけかと思われる．ただ直説法についても，接続法と対照させる場合には，その法の性質を考える必要が生じてくるが，それについては接続法の総説欄（3.3.1.）を御参照いただくこととし，まずは皮切りに，直説法の時制について，とくに読解という視点に立ちながら，相当程度立ちいった分析を加えることにしよう．ただそれに先立ち，本書で採用した，「完了動詞」と「未完了動詞」という動詞の二大区分の成り立ちについて，どうしても触れておく必要がある．

3.1.　「完了動詞」と「未完了動詞」

　主語の「動作」か「状態」を表わす，というのが，おそらくもっとも簡単な動詞の定義であるが，広く時制の問題を考えるにあたり，本書では多少視点を変え，試みにすべての動詞を，「完了動詞（verbi perfettivi）」群と，「未完了動詞（verbi imperfettivi）」群の二つに分けてみることにした．

　そもそも「完了的（perfettivo）」「未完了的（imperfettivo）」という用語は，イタリア語の文法では，動詞そのものの属性ではなく，まずその現象面での性質の一つ「アスペクト〔相〕」を示す語として，「aspetto perfettivo〔imperfettivo〕完了〔未完了〕相」という使われ方をしている．同時に，過去の時制を示す語として，「(tempo) perfetto 完了時制 → 近過去および遠過去」，「(tempo) imperfetto 未完了時制 → 半過去」という言い方も行われている．しかしそのいずれでもなく，動詞そのもののおおまかな性質を示す用語として，しかも一応すべての動詞を大きく二つに分けるためのおおよその目安として，「完了」「未完了」という語を使ってみようというのが，筆者の狙いなのである．なんと乱暴な，と思われる向きもあるにちがいない．確かに厳密に考えれば無謀にはちがいないのであるが，それをあえて行なうのはほかでもない，動詞と時制の関係その他，動詞の問題を根本から考えるにあたって，この「完了」か「未完了」かという視点がいかに重要か，その思いを深くしているからである．

　ただここで最初に，誤解のないよう強調しておきたいことは，この分類法は，

3.1. 「完了動詞」と「未完了動詞」

動詞の固有で本質的な属性を捉えようとするものではけっしてなく，その動詞のおおまかな性向を大づかみにするだけの，あくまでも便宜的で相対的な区分にすぎない，ということである．なぜなら，一応は「完了動詞」として分類された動詞が，逆に「未完了」相を，一方基本的には「未完了動詞」の特徴をもつ動詞が，完了的動作を表わす，というケースは少しも珍しいことではなく，むしろごく当り前の出来事だからである．要するに，どちらかといえば，「完了動詞」は「完了」の相を表わしがちであり，他方「未完了動詞」は「未完了」的動作・状態の表現により大きな適性を有している，といった程度の，相当に融通性のある区分だと思っていただきたい．しかしそうした曖昧さを多分に含む分け方だとはいえ，こうした視点を導入することによって，時制の構造に関する理解は，おそらくより立体的で，はるかに見通しのいいものになることは，ほぼ間違いないのである．

さて，まずは「完了動詞」であるが，これには二つのタイプがある．一つは「瞬間的（または準瞬間的）動作」を表わす動詞（たとえば esplodere → 爆発する，saltare 跳ねる）であり，もう一つは，最初から終ることが予定されている動作，つまりなんらかの「終点」をめざして行われる動作動詞（たとえば，partire → 出発する，tornare → 戻る）である．この場合終点をめざすということは，動詞の意味そのものに「終点が組みこまれている」ということであって，つまるところ動作が終ってはじめて，動詞の意味も成立するのである．となれば，前者の「瞬間的動作」も当然すぐに終結することが予想される以上，この二つのタイプの動詞は，どちらの場合もその基本的性質は，動作の「終結」そのものにあると考えることができる．終点へといたる動作，終結するという特徴をもつ動作，これが「完了動詞」の動作にほかならない．

一方，「未完了動詞」の基本的要件は，動作・状態の終結にはなく，その「持続」が可能かどうかにかかっている．やはり二つのタイプがあって，一つは一時的ないし長期的な持続状態を表わす動詞群（たとえば essere, stare → ある・いる，possedere → 所有している）であり，もう一つは，「…する」という動作だけにとどまらず，「…している（…しつつあるという進行動作，の意味での，している）」という持続的意味をも兼ね備えた，動作動詞（たとえば dormire → 眠る，眠っている　lavorare → 働く，働いている）である．このように，「…する」を，「…している」という言い方にするだけで簡単に「持続性」を備える，あるいは「持続的状態」になることができるかどうかが，このあと

のタイプの動詞を見極める一つのポイントである．しかもその一方でこの種の動詞は，多くの場合文脈により，あるいは副詞（句）（たとえば，〈fino a＋時点 → …まで〉眠った，あるいは働いた，というように）という「終点」設定のための補助手段を用いて，「持続性」のみならず「完了性」をも容易に手にいれることができる．しかしながら，意味そのもののうちに「終点」がセットされた「完了動詞」群とは異なり，この手の動作動詞の意味成立のためには，なにはともあれ，まずは動作が行われることが肝心であって，それが終るかどうかは，あくまでも二次的な問題にすぎない．

次に，思いつくままに，それぞれのグループに属する動詞をいくつか列挙してみよう．

3.1.1. 完了動詞
（1）瞬間（または準瞬間）的動作を表わす動詞
  1）自動詞：balzare 飛びはねる　erompere 噴出する　esplodere 爆発する　irrompere 突入する　saltare 跳ねる；爆発する　scattare 突然作動する，など．
  2）他動詞：acchiappare ひっつかむ　afferrare 摑まえる　buttare 投げ捨てる　gettare 投げる　lanciare ほうる　percuotere 打つ　sorprendere 不意をつく，など．
  2）再帰動詞：scoppiarsi 破裂する　arrabbiarsi かっとなる　spaventarsi ぎょっとする　sorprendersi（ぎょっとして）驚く，など．
（2）終点へ向う動作動詞（動作が完結するまでに要する時間はさまざま）
  1）自動詞：accadere 起る　affondare 沈む　andare 行く　apparire 現れる　arrivare 到着する　cadere 倒れる　cominciare はじまる　cessare やむ　decollare 離陸する　discendere 降りる　divenire なる　diventare なる　emergere 浮びあがる　entrare 入る　finire 終る　fuggire 逃げる　morire 死ぬ　nascere 生まれる　montare 登る　salire 上る　sparire 消える　succedere 起る　tornare 帰る，venire 来る，など．
  2）他動詞：abbattere 倒す　acquistare 手にいれる　assumere 引き受ける　attuare 実行する　compiere 成しとげる　dimenticare 忘れる　mettere 置く　perdere 失なう　prendere 手にとる　raggiungere 到達する　trovare 発見する　vincere 勝つ，など．

3.1. 「完了動詞」と「未完了動詞」

　3）再帰動詞：accorgersi 気づく　addormentarsi 寝つく　andarsene 立ち去る　decidersi 決心する　fermarsi 停止する　impadronirsi 我が物にする　incamminarsi 歩きだす　svegliarsi 目覚める，など．

3.1.2. 未完了動詞

（1）接続的状態を表わす動詞
　1）自動詞：appartenere 所属する　(as)somigliare 似ている　bastare 充足している　continuare 続く　consistere（から）成る　durare 持続する　equivalere 同等である　essere ある, いる　esistere 存在する　giacere 横たわる　mancare 欠乏する　occorrere 必要である　parere 思われる　permanere 持続する　restare 留まる　rimanere 留まる　sembrare 思われる　stare いる，の状態である　sussistere 存続する，など．
　2）他動詞：amare 愛する　avere 持っている　includere 含む　possedere 所有する　tenere 保持する　odiare 憎む，など．
　3）再帰動詞：trattenersi 留まる　trovarsi いる，ある　starsene ずっといる，など．
（2）持続的動作を表わすか，ごく自然に持続状態を表わすことのできる（すなわち，日本語にした場合，「…している」がそのまま「…しつつある」の意味になる）動作動詞
　1）自動詞：abitare 住む　camminare 歩く　cantare 歌う　ballare 踊る　dormire 眠る　giocare 遊ぶ　godere 嬉しく思う，楽しむ　lavorare 働く　mangiare 食べる　parlare 話す　passeggiare 散歩する　pensare 考える　piangere 泣く　ridere 笑う　tacere 黙っている　viaggiare 旅行する　vivere 生きる　volare 飛ぶ，など．
　2）他動詞：aspettare 待つ　considerare 考える　cercare 探す　credere 信ずる　conoscere 知る　descrivere 描写する　desiderare 望む　disegnare 描く　dire 言う　guardare 眺める　guidare 導く　insegnare 教える　lavare 洗う　leggere 読む　narrare 物語る　portare 運ぶ　scrivere 書く　sentire 聞く, 感ずる　studiare 学ぶ　vedere 見る，など．
　3）再帰動詞：divertirsi 楽しむ　lagnarsi 不平を言う　lamentarsi 歎く　pentirsi 後悔する　preoccuparsi 心配する　rallegrarsi 喜ぶ，など．

3.2. 直説法 (indicativo)

あらためて説明するまでもなく，直説法は，接続法や条件法に対立する普通の法，「経験的事実」をそのまま述べる表現の仕方である (cf. 3.3. 接続法, 3.4. 条件法)

3.2.1. 現 在 (presente)

〈現 在〉の基本的枠組
A　特　性
（1）「今」という名の現在性
（2）時間的制約からの自由
B　用　法
（1）現在における「今」
　　1）一般的用法
　　　a　瞬間的動作
　　　b　持続・継続的動作・状態
　　　c　習慣・反復的動作・状態
　　2）報道・現場報告の現在
（2）現在に隣接した「今」
　　　a　近接過去
　　　b　近接未来
　　　c　確実な未来
（3）過去へ移動した「今」：歴史的現在
（4）不易の「今」
　　　a　超時的現在
　　　b　没時的現在
（5）心の「今」
　　　a　想像と仮定
　　　b　願望；命令

A　特　性
（1）「今」という名の現在性

3.2. 直説法 (indicativo)

(2) 時間的制約からの自由

「現在」という名称からも明らかなように，この時制は原則的に，「今・現在」の出来事を表現するために用いられるものとみなされている．しかしそれはあくまでも原則であって，じつは現在ばかりか，過去（歴史的現在）や未来，ときに超時間ないし没時間的表現にも用いられるのであって，むしろ時制（時間）の制約から自由であるところにこそ，「現在」時制の本質的特性がある，とさえいえるかもしれない．そしてこのことは，かりに外国語の学習経験がない場合でも，日本語の用法からも容易に類推できるのであって，この現在時制の用法領域の広さは，ただ単にイタリア語に限られるわけではなく，広く言語表現に共通した事情かと思われる．

なぜなら，言語表現を行なうにあたって，話者〔作者〕なるものは一般に，自分が「今」いる場所から発言することになるが，それはつねに「今」ではあっても，かならずしも物理的時間としての「現在」だとはかぎらないからである．いやむしろ話者〔作者〕の意識は，その関心と姿勢の赴くままに，やすやすと時間の制約を乗り越え，現在・過去・未来のいずれかの場所に「今」なる場を設定し，そこに視点を据えることによって言語表現を行なうのである．そしてこの「今」という視点の自由な移動こそが，その視点とともに動く，「現在」時制表現の多様さを生んだものと考えられる．ただ用法は多様だとはいうものの，過去の諸時制の場合に見られるような，読解上注意を要するような問題点はほとんどなく，おおむね容易に理解できる．

B 用 法

(1) 現在における「今」

動作の性質によって，「完了時制（近・遠過去）」と「未完了時制（半過去）」のいずれかに役割分担をさせる過去の表現法と違って，現在には「現在」という時制しかない以上，当然のことながらこれ一つで，瞬間，持続，習慣，その他さまざまな性質の動作・状態を表わすことが可能である．ただその場合一般に，瞬間，ないし準瞬間的動作は「完了動詞」によって，広く持続・継続的動作・状態は，「未完了動詞」よって表わされる傾向を有している．一方，習慣・反復的動作・状態（適性・能力も含む）になると，完了動詞，未完了動詞ともに，同じように広く用いられるのである．

1) 一般的用法

  a 瞬間的動作

第3章 法と時制

① A questo punto *entra* il maggiordomo. このとき執事が入ってくる．

② Ad un tratto *scoppia* a piangere. 突然（彼女は）わっと泣きだす．

b　持続・継続的動作・状態

① In paese non *ci sono* veri negozi, né albergo. (C. Levi) 村には本物の店もホテルもない．

② La Sicilia, così com'*è*, mi *piace*. (L. Barzini) 私は，そのあるがままのシチリアが好きである．

c　習慣・反復的動作・状態

① Marcovaldo *va* a una bottiglieria e *si fa* versare un bicchiere raso all'orlo ; oppure in un caffè e *sorbisce* una tazzina (...). (I. Calvino) マルコヴァルドは酒屋へ出かけてグラスへなみなみワインをついでもらう．あるいは喫茶店へ行ってカップ一杯のコーヒーをすする（…）．

② Alle sette, quando *suona* la sveglia, fuori *è* ancora notte, *socchiudo* la finestra del bagno, *annuso* quell' odor di cavolfiore che *c'è* nell'aria(...). (C. Castellanela) 7時，目覚し時計が鳴る頃は外はまだ夜が明けてはいない．私は浴室の窓を半開きにし，あたりに漂うカリフラワーの匂いをかぐ（…）．

2）報道・現場報告の現在

　その直接性と臨場感によって，まさしく現在の「今」そのものを表わすのがこの用法で，たとえばラジオやテレビ，あるいは電話などの媒体を通して，事件やスポーツ試合の現場報告という形で用いられる現在である．

① In questo preciso istante *vedo* un tizio con la faccia mascherata che *sbatte* un crick contro la vetrina del gioielliere qui di fronte ; (...) adesso *si riempie* la borsa di cose varie ; ora *fugge* verso una moto che lo *aspetta* poco lontano. ちょうど今，覆面をした男の姿が見えます．真向いの宝石店のショーウインドーをガチャリと音をたてて割りました．(…)いまいろんなものを袋に詰めているところです．今度は，少し離れた場所で待っているオートバイの方へ逃げて行きます．

② Brambilla *dribbla* sulla destra, *crossa* al centro, *irrompe* Sornioni, palla che *si perde* sul fondo. ブランビッラ右へドリブル，中央センタリング，ソルニオーニ突入，ボールは後方に姿を消しました．

3.2. 直説法 (indicativo)

（2）現在に隣接した「今」

a 近接過去

「完了動詞」のうち，とくに話者の眼前で動作が完了するといった性格を備えた，たとえば arrivare, venire, entrare, uscire, fuggire などをはじめとする，一部の動詞の現在形で，直前の過去を表わすことがある．とりわけ，arrivare を用いた例にはよく遭遇する．

① Ora *capisco* perché siete così amici fra di voi. それでわかりましたよ，皆さんがそんなにも仲がいいわけが．

② 《Io *fuggo* dall' Italia, soprattutto per i rumori. Non si vive più(...)》(I. Montanelli)「わたしは（いま）イタリアから逃げだして来たんです．なんてったって音がうるさくて，もう二度と住みませんよ（…）」

③ —Dove avete colto quegli strani fiori?

—Lontano, molto lontano! —rispose l'interpellato—sono fuori della terra ed io *arrivo* proprio da là.「その不思議なお花をどこで摘まれたんですか」「遠く，ずっと遠いところです」質問されてその人は答えた．「私は地球の外のものなんです．たった今そこからやってまいりました」

b 近接未来

これも，a の近接過去のように，arrivare や uscire などの完了動詞を用いた，現在の「今」とほとんど同時に行われる，差し迫った感じの動作の表現である．

① Adesso *esco*. Aspettami alla fermata di autobus. 今出るところよ．バスの停留所のところで待っててちょうだい．

② *Arriviamo* subito. Non preoccupatevi. Mancano ancora quindici minuti alla partenza del treno. すぐ着きます．御心配なく．まだ列車が出るまで15分あります．

c 確実な未来

今・現在と多少時間的に離れていても，未来の動作の表現に現在形を用いるのは，むしろ心理的にはごく自然な成り行きだといっていい．ただその動作は，当然のことながら，間違いなく行われるという確信や，話者の明確な意志に裏づけられた動作であり，さらにはすでに予定ずみの出来事といった場合に限られる．

① Domani *torna* il professore dal Giappone. 明日日本から先生が戻ってくる．
② Quest'estate *vado* in montagna con la famiglia. この夏は家族と一緒に山へ行く．
③ Il prossimo 10 agosto, fra esattamente sei mesi, *parte* la delegazione. 来る8月10日，ちょうど6ヶ月後に代表団は出発する．

(3) 過去へ移動した「今」：歴史的現在

　これは，広く「歴史的現在（presente storico）」と呼ばれる用法である．通常，過去時制を基調とした文章のなかに，現在形の表現が挿入され，叙述に生彩感，臨場感が添えられる．小説，物語，さらには伝記や歴史記述のなかによく登場するが，会話表現のなかで用いられることもある．

① Era un pomeriggio caldo, e non si sentiva neanche il rumore dell'acqua contro le barche. Poi *intravedo* la schiena di Ceresa alla finestra e *sento* che *parla* verso la stanza e non *si volta* a dirmi niente. (C. Pavese) 暑い午後だった．ボートに当る水音も聞えなかった．やがて窓辺にチェレーザ（男子名）の背中がちらりと見える．彼が部屋の中に向って話す声が聞こえるが，こちらを振り向いて私に話しかけようとはしない．

② La mosca volava su e giù per la scala, la bandiera sul letto del forte si era afflosciata(...). Giù per la pianura del nord *dilaga* quella inoffensiva parvanza di armata e nella Fortezza tutto *ristagna* di nuovo nel ritmo dei soliti giorni. (D. Buzzati) 蠅が階段沿いを上下に飛びかい，砦の床面に立っている旗は，だらり垂れさがっていた（…）．あの北側の平原から，攻撃する意志なき軍隊の気配が広がってくる．そして要塞では，いつもの淀んだ，日常のリズムへと，すべてが戻っていく．

　今も見たように，「歴史的現在」は通常，直説法半過去か遠過去の代りに用いられるのであるが，この半・遠過去の代用である「現在」と，大過去または近過去，あるいは単純未来のいずれかが併用される場合もある．そうした場合大過去は，あくまでも「過去（この場合は歴史的現在）から見た過去」という本来の性格を失なうことはないのであるが，一方近過去も大過去に相当する役割を果し，さらにもう一つの単純未来は，「過去から見た未来」という時制的意味

3.2. 直説法 (indicativo)

合を帯びる．

Il signore **ha acceso** un sigaro. Ogni tanto su dai rami *sale* un soffio di fumo azzurro. Il bimbo ormai non ***verrà***, il pomeriggio *è* troppo avanti.（D. Buzzati）男は葉巻に火を点けた．ときおり，木の枝を伝って紫煙があがる．もう子供はやって来ないだろう．午後ももう遅くなりすぎた．

さらに，「歴史的現在」ではないが，小説が全篇すべて現在形を基調とした文章で書かれることもある．たとえば，C・パヴェーゼの短篇集 Feria d'agosto におさめられた作品 Piscina feriale（平日のプール）は，次のような出だしではじまる，その種の掌編である．

È bella la nostra piscina color verdemare sotto il sole e intorno cespugli che *nascondono* le case e i viali, e più lontano colline basse, così bella che qualcuno di noi *si alza* ogni tanto, *dà* un'occhiata comprensiva e *fa* un passo, poi respirando con un sospiro *chiude* gli occhi e *torna* a stendersi tacendo. 陽の光のもと，海緑色のわれらがプール，それはなんとも素晴らしい．まわりには木々の茂みがあって，家並みや街路，そしてさらに遠くに連なる低い丘陵は，その向うに隠れて見えない．そこは本当に素敵な場所で，私たちのうちの誰かがときおり起きあがって，寛やかな気持をこめた視線を投げかけ，一歩足を踏みだしてみる．やがて吐息をつき，息を吸いこみながら眼をつむる．そして黙ったまま，ふたたび横になってながながと手足をのばす．

（4）不易の「今」

a　超時的現在

作者〔論者，著者〕の意見や主張，思想，普遍的真理；学問的定義；格言・諺；自然や地理の説明などは，過去，現在，未来を通して常に変らない事実だというところから，当然のことながら一般に現在形が用いられる．

① Gli italiani *non sono* come *credono* gli stanieri, individualisti. *Servono* con fedeltà nelle loro organizzazioni, che solo molto di rado *sono* quelle ufficiali. (L. Barzini) イタリア人は，外国人が思っているような意味では個人主義者ではない．彼らは自分の属する集団に忠実に仕える．ただそれが公的な性格の組織であることは実に稀である．

② La morale *è* un debordare della bontà che *fa* sorgere incoerenze e contraddizioni. La morale *è* una protesta e un'aspirazione, *è* uno slancio e un rifiuto. (F. Alberoni) 倫理は善意の溢出であって，前後撞

— 139 —

着と矛盾を生む．倫理は抗議，そして渇望でもある．情熱の発露であり，拒否である．

③ （諺）Chi *va* col lupo, *impara* a urlare. 朱に交われば赤くなる（狼と一緒にいれば，ほえるのを憶える）／La farina del diavolo *va* tutto in crusca. 悪銭身につかず（悪魔の小麦粉は結局麩(ふすま)に化けてしまう）．

④ L'Italia *gode* di un clima relativamente temperato, grazie al notevole sviluppo costiero che *consente* un'ampia diffusione degli influssi mitigatori del mare,(...). (Enciclopedia Zanichelli) イタリアは，緩和作用を備えた潮の流れを広く行きわたらせる海岸線の顕著な発達のおかげで，比較的温和な気候に恵まれている（…）．

b 没時的現在

これは，aのような通時的真理・事実というよりも，本来的に時間の制約を免がれた，無時間，あるいは没時間的表現法である．教科書・学術書での歴史や時代思潮の説明，文章の引用，梗概，筋書き，芝居のト書き，テキストの注釈，薬品・器械類の使用法の説明などで用いられる．誰にでも，常識的にすぐ判断できる用法なので，二つの例を挙げるだけにとどめたい．

① Il romanticismo *nasce* in Germania e *si diffonde* nei paesi europei attraverso diversi fenomeni di adattamento a circostanze locali. (M. Mila) （音楽上の）ロマン主義は，ドイツに興り，ヨーロッパ諸国には，それぞれの国の地方的環境に適合したさまざまな現象を通して普及する．

② Atto Primo : Al levarsi della tela, la scena *è* vuota. Le due finestre aperte *lasciano* entrare, per un pezzo, i rumori della via. (L. Pirandello) 第1幕，幕が上ると，舞台はがらんとしている．開けはなたれた二つの窓から，しばらくの間，通りの物音が入ってくる．

(5) 心の「今」

a 想像と仮定

条件文の条件節や，仮定譲歩文の譲歩節，そしてそれら両者の帰結節で用いられる現在形には，ときに想像や仮定的ニュアンスがこめられることがある．しかしこれもごく当り前な言い方であって，とくに説明項目を設けるほどの意味はないかもしれない．

① Se *continui* a giocare in questo modo, *perdi* tutta l'eredità che ti ha

3.2. 直説法 (indicativo)

lasciato la zia. こんな風に賭け事ばかりやっていたら，伯母さんが残してくれた遺産は全部なくしてしまうぞ．

② Se *ricorriamo* a quel vecchio, forse *possiamo* trovare una chiave per chiarire il segreto. その老人に協力を求めれば，多分秘密解明の手掛りが見つかるだろう．

③ Ma anche se i pesci non *vengono* il signore non *si indispettisce*. Tenendo ferma la canna si guarda attorno lentamente. (D. Buzzati) しかしかりに魚が来なくともその人は苛立ったりすることはあるまい．彼は釣竿をしっかり固定させたまま，ゆっくりとまわりを見まわす．

b 願望；命令

直説法現在形にはさらに，願望的意志や，命令的意志がこめられることがある．

① *Provo* a convincere di nuovo il caposezione ad approvare il nostro progetto. Vedrai che stavolta ci *riesco*. われわれの計画を認めるようもう一度部長を説得してみるよ．いいかい，今度こそ成功させてみるからね．

② Adesso tu *passi* da Giovanna e la *porti* per forza al ballo！ さあ，ジョウヴァンナのところへ寄って，腕ずくでもダンスパーティに連れてくるのよ．

③ Signore, Lei *va* alla posta subito, e questa lettera la *spedisce* per raccomandata espresso. すぐに郵便局へいらして，この手紙を書留速達にして出されることです．

3.2.2. 直説法過去3時制の相互比較

　直説法の近・遠・半過去3時制の特徴を，より正確に理解するためには，個々の時制の学習と同時に，それぞれの特性を相互に比較するという作業を欠かすことができない．そればかりかこの問題の解明は，イタリア文解読における最大のポイントの一つでもある．そのため，これら3時制のそれぞれの説明に入る前に，ひとまず三者の相互比較を行なうことによって，お互いの特徴をある程度大摑みにしておくことにした．以下がその比較・対照の試みであるが，このあとそれぞれの時制の用法を習得するにあたっても，つねにこの比較作業に立ち戻って，おのおのの個性を確かめることが望ましい．

3.2.2.1. 近・遠・半過去相互比較表

完了時制（(tempo) perfetto)	未完了時制（(tempo) imperfetto）
近 過 去（近 景） a 一広の完了・完結性 b 現在とつながりのある過去一回性 c 限定性（動作の期間と回数）	**半 過 去** a 持続・継続性 b 同時・背景性 c 習慣・反復性 d 非限定性(動作の期間と回数)
↕	
遠 過 去（遠 景） a 明確な完結性 b 画然たる過去一回性 c 限定性（動作の期間と回数）	

(1) ⟨ ・ ⟩

瞬間もしくは準瞬間的動作

① *Ho visitato*〔*Visitai*〕la fattoria quel giorno stesso. 私はちょうどその日にその農場を訪れた．

② In quel momento *ha cominciato*〔*cominciò*〕a piovere. そのとき雨が降りだした．

(2) ⟨ ├──┤ ⟩

一定期間内に完結した動作

① Per sei mesi *sono vissuto*〔*vissi*〕dai nonni. 6ヶ月間私は祖父母のもとで暮した．

(1) ⟨… ～～～ …⟩

始点と終点が不明確な持続動作・状態

① Una nebbia fitta *copriva* la valle. 濃い霧が谷間をおおっていた．

② Il passo *si avvicinava*, non c'*era* dubbio, con inconsueta precipitazione. (D. Buzzati) 足音が近づいてきた．疑いはなかった．いつになくせかせかした調子である．

(2) ⟨ ●, ├─┤ ⟩

近・遠過去の動作，または時点・時況の副詞(句)(すなわち●か,├─┤) の背景的動作・状態

① Non **ha aperto** la finestra,

3.2. 直説法 (indicativo)

② *Siamo stati* 〔*Fummo*〕 fuori tutto il giorno. 私たちは終日外出していた.

perché *aveva* un po' di febbre. (彼は) 窓を開けなかった. 少し熱があったので.

② **Allora**〔**Poco fa**〕*passeggiavo* con un amico in piazza. そのとき〔少し前〕私は友人と広場を散歩していた.

(3) 〈 ─・─・・ 〉

複数の完結動作の継起. それぞれは独立体.

L'inverno *se ne andò* e *si lasciò* dietro i dolori reumatici. (I Calvino) 冬は去り, あとにリューマチの痛みを残した.

(3) 〈 〜〜〜 A 〜〜〜 B (〜〜〜 C) 〉

二つ以上の半過去動作の同時展開

Il papà *parlava* poco, mentre *cenavamo* allegramente. 父はほとんど喋らなかったが, 私たちは楽しく夕食を食べた.

(4) 〈 ├┤ ├┤ ├┤ ├┤ 〉

特定数の同一動作の反復. それぞれは独立体.

In quel periodo *si è alzata*〔*si alzò*〕alle sei tutte le mattine. その期間彼女は, 毎朝6時に起きた.

(4) 〈 ⊖⊖⊖⊖⊖ 〉

不特定多数同一動作の反復連合体

Da giovane mio padre *viaggiava* spesso in India. 若い頃父は, よくインドを旅行した.

　以上見られることからもわかるとおり, 一言でいえば, これは広く,「形(完了時制)」対「流れ (未完了時制)」の対立関係である.

3.2.2.2. 過去3時制の比較上の問題点

　3.2.2.1.の比較表を見ただけでも, これら3時制のもつそれぞれの特性はある程度明らかになるが, これをさらに踏みこんで考えてみよう, というのが, この項の課題である.

　さてこの作業を進めるにあたって, まず最初に確認しておきたいことは, イタリア語の文法で一般に行われている, 近・遠過去を「完了時制 ((tempo) perfetto)」，半過去を「半完了時制（tempo) imperfetto)」とする時制の区分は，本書で採用した「完了動詞」，「未完了動詞」という動詞の性質の区分けと，いったいどのような関係を有しているか，ということである．

そこでこの二つの区分を相互に組合わせてみると，なかなかに興味深い，この問題の一面が，はっきりと浮びあがってくる．すなわち，完了動詞の場合は基本的に，完了時制，近・遠過去形による表現が，いかにも自然で無理がなく，一方未完了動詞は，未完了時制，半過去形とたいへんに親和しやすい，という事実である．たとえば，完了動詞 partire（出発する）の完了時制，近・遠過去形と，未完了動詞の代表 essere（ある，いる）の未完了時制，半過去形を例にとって考えてみただけでも，その間の事情はおのずと明らかになる．

それでは，この二つの動詞が，それぞれ親和しやすい時制と組合わさった形，つまり，〈partire の近過去形〉，そして〈essere の半過去形〉を，かりに「表の組合せ」とみなし，他方〈partire の半過去形〉と〈essere の近過去形〉という逆の結びつきを，「裏の組合せ」として捉えたうえで，その関係を基本的な文例にしてみると，次のような結果をえることができる．

a **partire**
（1）表の組合せ：L'autobus è partito dalla piazza. バスは広場を発った．
（2）裏の組合せ：L'autobus partiva dalla piazza. バスは広場を発つところだった（あるいは，バスはいつも広場から出発した → 習慣・反復的動作）．

b **essere**
（1）表の組合せ：Tre giorni fa ero a Milano. 3日前，私はミラノにいた（状態）．
（2）裏の組合せ：Tre giorni fa sono stato a Milano. 3日前，私はミラノへ行った（動作）．

さて，この文例を見ただけでも，「表の組合せ」がいかにも自然で無理のない表現であることは，すぐにも納得がいくが，ではもう一方の「裏の組合せ」はどうであろうか．もとよりこの組合せととりたてて問題にするにはあたらない，ごくありふれた表現だともいえるであろう．しかし，一歩踏みとどまってよく眺めてみると，そこにはっきりと，基本的構図の転換が行われていることに気づく．すなわち，まず完了動詞 partire は，「未完了時制」による表現という操作が加わることによって，本来その意味のうちに組みこまれていたはずの

3.2. 直説法 (indicativo)

動作の「終点」を喪失し，一方未完了動詞 essere の場合は，近過去形，つまり「完了時制」という仕掛けが働いて，もともとは存在しなかったはずの「終点」が設定されてしまうのである．

ところで筆者が，この表・裏の組合せという基本的な関係以外に，検討を必要とすると考えている3時制比較のポイントは，次のA〜E5点である．

A 広く「近・遠過去」と「半過去」の比較
（1）「順次・独立性」対「同時・背景性」
（2）「限定性」対「非限定性」
B 〈（主語＋）essere＋形容詞・名詞〉という文形式における「近・遠過去」対「半過去」
C 〈essere（3単形）＋形容詞＋inf.〔che節〕〉という非人称構文における「近過去」対「半過去」
D 〈per poco non...（危うく…しそうになる）〉の表現における「遠過去」対「半過去」
E 「近過去」対「遠過去」の比較
（1）「一応の完了・完結性」対「明確な完結性」
（2）「仮定性」対「現実性」

A 広く「近・遠過去」と「半過去」の比較
（1）「**順次・独立性**」対「**同時・背景性**」

一般に，近・遠過去形の動作は，動作が繰返された場合，それはあくまでも，それぞれ別個の独立した動作が複数回行なわれたものとして捉えられるのに反し，もう一方の半過去形の動作は，動作が何回か繰返された場合，そのそれぞれはお互いに絡み合い，重なり合った，一連の動作の結びつきとして扱われる．しかも同時に半過去形で表現された動作・状態は，しばしば近・遠過去形の動作の背景的役割をつとめるばかりか，二つ以上の半過去形の動作・状態は，それぞれが別の動作・状態の同時的かつ背景的表現になる．

1）

① Mio cugino *ha insegnato*〔*insegnò*〕a due scuole. 私の従弟は，二つの学校で教えた（通常は別の時期．またかりに同じ時期の場合でも，それぞれは別個の動作として捉えられている）．

② Mio cugino **insegnava** a due scuole. 従弟は（同じ時期に）二つの学

校で教えていた．

2)
① Quando Franco *è tornato* a casa tardi, sua moglie *ha preparato* lo spuntino notturno. フランコが遅く家へ帰ると，妻は（決まって）夜食をつくった．
② Quando Franco *è tornato* a casa tardi, sua moglie **preparava** lo spuntino notturno. フランコが遅く帰宅すると，妻は夜食をつくっていた．

3)
① Anna *ha lavato*〔*lavò*〕il suo cagnolino con acqua calda, e gli *ha parlato*〔*parlò*〕affettuosamente. アンナはお湯で小犬の身体を洗ってやり，（それが終ると）優しく話しかけた．
② Anna **lavava** il suo cagnolino con acqua calda. e gli **parlava** affettuosamente. アンナはお湯で小犬の身体を洗ってやり，その間優しく話しかけた．

(2)「限定性」対「非限定性」

同一動作が反復して行われる場合，近・遠過去では，その期間と回数がはっきり限定されるのに反し，半過去はそれが漠然としているのが特徴である．では，次のような例の場合はどうであろうか．

Durante le vacanze di due mesi Renato *è andato*〔*andò*〕／**andava** in piscina ogni sabato. 2ヶ月の休みの間，レナートは毎週土曜日プールへ行った．

これは，期間が限定されているうえに，その回数も簡単に確認できるケースである．しかしながら，同時にこのケースでも半過去表現も可能である．そしてその場合は，あえて回数は問題にせず，その間の事情は漠然とさせたまま，もっぱら繰返しという側面にのみ焦点がしぼられることになる．

また次の場合は，期間や回数とは直接関係はないものの，「限定対非限定」という特徴の対比が見られる点で，上の例文に共通する一面がある．

① L'anno scorso, a Venezia, *ha fatto* un gran freddo. 昨年ヴェネツィアにはたいへんな寒気が訪れた（ことがあった）．
② L'anno scorso, a Venezia, **faceva** un gran freddo.（いったいに）昨年のヴェネツィアはたいへんな寒さだった．

3.2. 直説法 (indicativo)

B 〈(主語＋) **essere**＋形容詞・名詞〉という文形式における「近・遠過去」対「半過去」

　近・遠過去と半過去を比較するにあたって，とりわけ注意を要する動詞に essere がある．なかでも，〈人(主語)＋essere＋形容詞〉の構文は，なかなかに興味深い問題をはらんでいる．

1)
  ① Monica *fu* felice 〔triste〕. モニカは仕合せを感じた〔悲しくなった〕.
  ② Monica **era** felice 〔triste〕. モニカは仕合せだった〔悲しかった〕.

2)
  ① Quella cameriera *è stata* molto carina. そのウェートレスは実に優しい応待をした．
  ② Quella cameriera **era** molto carina. そのウェートレスはとても可愛らしかった．

3)
  ① Le zie *sono state* giovani. 叔母たちには若いときがあった．
  ② Le zie **erano** giovani. 叔母たちは若かった．

4)
  ① Il bambino *è stato* bravo a suonare il violino. その子供はそのとき〔ある時期〕上手にバイオリンを弾いた．
  ② Il bambino **era** bravo a suonare il violino. 少年は（いつも）上手にバイオリンを弾いた．

以上を簡単に概括すれば，次のように考えることができるように思われる．

〈近・遠過去形〉
　ある時点で瞬間的に示されたか，あるいは一定期間内に終結したものか，いずれにせよ「完結体」または「形」として捉えられた人の外見，態度，経験，心理状態などを表わす．

〈半過去形〉
　ある時点・状況下での人の外見，態度，心理状態，などといった一時的な状態か，逆に人の性質や能力のような，固定的で永続的な性向か，いずれにせよ「流れ」ている時間とともにあった人間の性状を表わす．

　ところで，いま固定した性質に関しても「流れている時間」という言い方を用いたが，それは性質や能力という「固定（静止）状態」も，万物流転の「流

れている時間」のなかにあることに変りがないからである．

　なお，上にあげた1）の①の例文のような文では，とくに遠過去の場合，ときに不意打ち的動作（未知・突発性）を表わすことがある．

　La donna *fu* cortese. 女は（突然）親切な態度になった〔を見せた〕．

　では，主語が人ではなく，同時に esseré のあとに形容詞ならぬ名詞が置かれた次のような事例はどうであろうか．もとよりこの場合も，〈人（主語）＋形容詞〉に準じて考えることができる．

　　① Ieri è *stata* una bella giornata. 昨日は楽しい〔素敵な〕一日だった（を経験した）；昨日はいいお天気の日だった．→「完成体」つまり「形」として捉えられた1日

　　② Ieri *era* una bella giornata. 昨日は1日いいお天気だった．→ 時間の「持続」，つまり「流れている時間」とともにあった1日

　さらにこの問題は，おそらく話し手〔書き手〕の意識や視点ないし視線の在り方という観点から眺めてみることもできるだろう．

　すなわち，近・遠過去形による表現の場合は，話し手〔書き手〕が，動作・状態を，そこからある一定の距離をへだてたところに設定された固定した視点から，それをすでに終ってしまった既往の事実，決ってしまった一つの「形」，つまりは「完結体」として捉えるのに反し，もう一方の半過去形表現では，話し手〔書き手〕が，時間の「流れ」のなかにある動作・状態を，こちらはそのごく間近かから，ほとんどそれに寄り添ってでもいるかのように，その姿を辿りつつ述べる，という風な対比も可能かと思われる．説明がいささか理に偏した嫌いがあるかもしれない．

　なお，この問題に関連して，歴史記述，あるいは故人の遺徳や業績を讃える「記念・顕彰体」とでもいうべき文体のなかでは，本来ならば半過去形を用いるべきところを，意図的に遠過去形で表現する場合がある（cf. 第3章法と時制，3.2.5. 遠過去）．

　Alberto *fu* un valente farmacista. アルベルトは優れた薬剤師であった．

C 〈**essere**（3単形）＋**形容詞**＋**inf**．〔**che節**〕〉という非人称構文における「近過去」対「半過去」

　あらためて指摘するまでもなく，これは，もっとも代表的な非人称構文の一つであるが，ではこの essere を過去の表現にした場合，近・半・遠過去の3時制は，そのいずれもが同じような比率で用いられるのであろうか．いや，じつ

3.2. 直説法 (indicativo)

はけっしてそうではない．多少注意していればすぐ気づくことであるが，この構文にあっては，未完了時制，半過去形〈Era〉が用いられるケースが圧倒的に多いのである．一方完了時制の使用例は比較的少なく，文の種類や文が用いられる状況によってそれなりの差はあるものの，続いて近過去形〈È stato〉が，そしてときに遠過去形〈Fu〉が登場するように思われる．それにしても，この違いはいったいどこから生じるのであろうか．

この問いかけに答えることはひとまず措き，まずはこれら3時制を用いた文の相互比較を試みてみる必要がある．ただ，本来ならば当然これら3時制すべての文の比較を行なうことによって，お互いの特性を明らかにすべきものであるが，説明が煩雑になるのを避けるために，遠過去形については，「完了性」という共通の特性を備えているもう一つの完了時制，近過去形に準ずる方向で考えることとし，ここではもっぱら他の二つのタイプ，つまり主節に近過去形〈È stato〉が用いられる構文と，半過去形〈Era〉の構文との比較だけに焦点をしぼって検討を加えることにした（なお，essere のあとには形容詞のほか，当然名詞も置かれるのであるが，これも便宜上以下の例文はすべて形容詞のみに限定しておく）．

それにしても厄介なことにこの種の構文の場合，単に主節の近過去と半過去とを比較するだけでは不充分であって，同時にこの主節と，不定詞ないし che 節（主として接続法）から成る従属節との相互関係が，なかなか微妙な問題を派生するのである．そればかりか筆者は正直なところ，この問題に関しては残念ながらいまだ充分自信ある結論には達していないのであって，以下に述べる説明もあくまでも一応の仮説的見解であることをお断りしておく．

では，このテーマを考えるために，とりあえず想定できるかぎりの文型をすべて関係式の形で表わし，そのそれぞれが成立可能かどうか，○（成立可能），△（ときに成立可能），×（成立不能）の記号で示したうえで，それぞれの文型に当てはまる例文を具体的に提示することによって，その可否を検討してみることにしよう．そうすることによって，いま述べた主節と従属節との間に働く相互関係とはいったいどのようなものか，その間の事情もおのずと明らかになるものと思われる．

以下用いる略号は，agg. → aggettivo 形容詞，n. → nome 名詞，inf. → infinito 不定詞，cong. vo → congiuntivo 接続法，を表わす．

1 〈È stato+agg.〉の構文

第3章 法と時制

（1） È stato＋agg.＋inf.現在 ──────→ △
（2） È stato＋agg.＋inf.過去 ──────→ ○
（3） È stato＋agg.＋che＋cong. vo 過去 ──────→ ○
（4） È stato＋agg.＋che＋cong. vo 半過去 ──────→ △
（5） È stato＋agg.＋che＋cong. vo 大過去 ──────→ ×

2 〈Era＋agg.〉の構文
（1） Era＋agg.＋inf.現在 ──────→ ○
（2） Era＋agg.＋inf.過去 ──────→ ×
（3） Era＋agg.＋che＋cong.vo 過去 ──────→ ×
（4） Era＋agg.＋che＋cong. vo 半過去 ──────→ ○
（5） Era＋agg.＋che＋cong. vo 大過去 ──────→ ○

1 〈È stato＋agg.〉の構文
（1） È stato＋agg.＋inf.現在 ──────→ △

　この文型は，△印からもわかる通り，かならずしもつねに成立可能とはかぎらない．とりあえず，ある学習書と辞書に収録されている二つの文を引用してみることにしよう．

　①　È stato necessario aspettare fino alla fine. 最後まで待つ必要があった．

　②　Non è stato possibile arrivare prima. もっと早くやってくることは不可能だった．

まずここで最初に確認しておくべきことは，本来主節に，〈È stato＋agg.〉なる「完了」時制が用いられた場合は，従属節で表わされた動作・状態も，当然それに連動して「完了」したことを表わす必要がある，ということである．したがって上記二つの例文の場合，1）は実際に「待った」ことを，そして2）は「やっては来なかった」ことを表わしている．ところが，このように主節に不定詞現在形を用いた場合は，次の(2)の文型のように不定詞を過去形にした場合とは異なり，実際にその動作が「完了」したかどうか，かならずしもつねに明らかにすることができるとはかぎらないのである．ここでそれを可能にしたのは，主節に È stato necessario（必要だった），Non è stato possibile（不可能だった）という，動作の「完了」を明確に示す表現が用いられているためにほかならない．ところが，この構文で通常よく用いられる bello, brutto, bene, male, meglio, peggio, giusto, ingiusto, utile, inutile など，話者〔作者〕

— 150 —

3.2. 直説法 (indicativo)

の「価値評価」や「判断」を表わす大方の形容詞群は，近過去形 È stato と結びついただけでは，従属節の不定詞現在形の動作が「完了」したことをはっきり示すことができないのである．したがって，たとえばこの文の necessario を bene に換えて，È stato bene aspettare fino alla fine. としてみると，いかにも舌足らずな表現ができあがる．つまりこのままでは動作の「完了」を示すことは無理であって，aspettare の不定詞現在形を不定詞過去形の aver aspettato にすることによって，はじめてそれが可能になる．

　ちなみにこの場合，①の文の È stato necessario を半過去形の Era necessario に言い換えてみると，今度は逆に，近過去形の「完了性」が失われ，実際に「待つ」という動作が完了したかどうか確かではない言い方になる．そしてあとでも説くように，この半過去形の主節と不定詞現在形の結びつきは，上に述べた bello その他の形容詞の場合も当然可能であって，この形は，この項で取りあげた非人称構文のなかでも，もっとも広く見られる文型の一つだといっていい．つまりこの文型は，なによりもまず不定詞で表わされた「事柄」について，話者〔作者〕が，是非，善悪，良否，適否，巧拙その他の「価値評価」や「判断」をくだすために用いられるのであって，その動作が実際に行われたかどうかは，通常はむしろ問われないことが多いのである．

　ところで，上にあげたもう一つの例文〈Non è stato possibile＋inf.現在〉という構文は，主節 Non è stato possibile を用いることによって，その後に続く不定詞現在形の動作が「完了」したことをはっきり示すことができるためであろうか，辞書のなかでもときに例文として採用されている．もう一つだけ例文を引用しておこう．

　Non è stato possibile appurare se i suoi dubbi erano fondati. 彼(女)の疑いが根拠のあるものかどうか確かめることはできなかった．

（2）È stato＋agg.＋inf.過去　─────→　○

　この文型は，主節，従属節ともに，動作・状態の「完了」を表わすことは一目瞭然であって，当然成立可能な形である．

È stato ingiusto aver abbandonato la povera vecchia in miseria. 貧窮状態にあったその哀れな老婆を見捨てたのは不当な仕打ちだった．

（3）È stato＋agg.＋che cong. vo 過去　─────→　○

　これも(2)の文型同様，主節，従属節とともに「完了」を明快に示す形である．

È stato bene che tu abbia rinunciato a quell' impresa pericolosa. 君があの危険な企てをあきらめたのは賢明だった．

（4）È stato＋agg.＋che＋cong. vo 半過去 ──────→ △

　　この文型は，「完了性」の主節〈È stato＋agg.〉と，「未完了性」の従属節接続法半過去という，本来矛盾した性格同士の併用のために，一般的には成立不能のケースが少なくないが，1の（1）の文型と同じように，che 節内の接続法半過去形の動作・状態が「完了」したことが明らかにできる場合には，この種の文も使用されるのである．次にその1例を引用しておこう．

　　Quando questa battaglia è stata vinta, e il partito laborista è andato al potere, è stato normale che tra popolazione e governo si stabilisse un' intesa profonda. ("L' Espresso") この闘いに勝利をおさめ，労働党が政権についたとき，当然民衆と政府との間には深い合意が成立することになったのである．

　　ちなみにこの文章の場合，è stato normale を era normale にすれば，che 節内の動作が実際に行われたかどうか，かならずしも明らかではない言い方になる（…が成立するのは〔成立することになったとしても，それは〕，当然な成り行きであった（だろう））．

（5）È stato＋agg.＋che＋cong. vo（大過去）──────→ ×

　　È stato male che lui si fosse comportato così in quel momento. ×
この文型の場合，〈È stato〉の「完了性」と，従属節の接続法大過去の「完了性」が合致するように一見思われるが，実のところ本来接続法大過去形は，「完了性」に加えて，つねになんらかの「不確実性」ないし「仮想性」という特性を伴っているために，〈È stato〉のもつ「明快」かつ「現実的」な「完了性」とは，結局のところそりが合わないのである（cf. 3.3.3. 接続法4時制の特性）．

　　従って，この文の È stato をたとえば条件法過去形の Sarebbe stato に換えるのであれば，従属節の接続法大過去形のもつ「仮想性（仮定条件化）」が活かされて，「もしあのとき彼がそんな振舞いをしていたら，まずいことになっていただろう」という意味の文が成立する．

2　〈Era＋agg.〉の構文

　　一般に主節に半過去形を用いる構文では，主節の〈Era＋agg.〉が，近過去形〈È stato＋agg.〉の完了性とは反対に，「未〔不〕完了性」を有しているところ

— 152 —

3.2. 直説法 (indicativo)

から，本来不定詞現在，接続法半過去，接続法大過去の3タイプの従属節とはよき相性を備えているのに反し，もう一方の不定詞過去および接続法過去形の従属節とは基本的にそりが合わない．

（1）Era＋agg.＋inf.現在 ─────→ ○

　　Era meglio continuare quella ricerca interessante. その興味深い研究は続けてみるほうがよかった（だろう）．

　　この文型での，主節の〈Era＋agg.〉と，従属節の不定詞現在は，両者ともに，「持続・継続性」「未完了性」という共通項を備えている．そしてこの文型は，あとで説く2の(4)，(5)の二つと並んで，もっとも広く用いられているものである．

（2）Era＋agg.＋inf.過去 ─────→ ×
（3）Era＋agg.＋che＋cong. vo 過去 ─────→ ×

　　Era bene aver rinunciato〔che tu abbia rinunciato〕a quell' impresa pericolosa. ×

　　この二つの文型は，さきにも述べたとおり，基本的に成立不可能である．ただ，(2)の文型の場合は，1の(5)の項で述べたと同じように，Era を条件法過去形 Sarebbe stato にし，仮想の文にすることは可能である．
Sarebbe stato bene aver rinunciato a quell' impresa pericolosa. その危険な企てはやめていればよかったのだが．

（4）Era＋agg.＋che＋cong. vo 半過去 ─────→ ○

　　Era difficile che lui si trasferisse in città con la famiglia. 彼が家族を連れて都市へ引越すことはむつかしかった（ようだ）．

　　主節，従属節ともに半過去形が用いられ，その相性のよさはあらためて指摘するまでもない．もっともありふれた文型の一つである．

（5）Era＋agg.＋che＋cong. vo 大過去 ─────→ ○

　　Era possibile che mio zio avesse già venduto la sua villa sul lago. 叔父はすでに湖のほとりの別荘を売ってしまったかもしれない．
この文型も，おおむね成立可能と考えることができる．

　　さて，以上のように見てくると，この非人称構文では，最初にも述べたように，文節〈È stato＋agg.〉と〈Era＋agg.〉の対比に加えて，それぞれの文型内部の主節対従属節の関係が問題をやや複雑なものにしていることがよくわかる．とはいうものの，総体的には，〈È stato＋agg.〉に先立たれた文の

「完了性」と〈Era＋agg.〉を主節とする文の「未完了性」の対立に変りはないのである．

では最後に，冒頭に提示した問いかけに戻るならば，それにしてもなぜ，近過去形にくらべて，半過去形 Era を用いた文のほうがより広く用いられるのであろうか．おそらくそれは一つには，この種の非人称構文は，動作の客観的記述とは異なる，「価値評価」をはじめとする，出来事に対する話者〔作者〕の「主観」いやむしろもっと端的にいって，しばしば「推測をまじえた主観的判断」を表わすことが少なくないからにちがいない．すなわち，3.2.4. 半過去の項で詳しく分析したように，半過去形は，直説法でありながら，条件法や接続法の表現に通じるような「可能・仮想性」という特性を備えるにいたったために，話者〔作者〕の「推測をまじえた主観的判断」という微妙なニュアンスを表わすこともけっして稀ではなく，その意味ではこの種の構文向きの適性をより多く備えている，とさえいるのである．それに反し，近過去形 È stato は，元来そうした微妙さを表わすことには不向きであって，いうなればこちらは，もっと「明快」かつ「断言」的性格をもった時制だということができる．

D 〈**per poco non**「危うく…しそうになる」〉などの成句と併用された「遠過去」対「半過去」

「危うく…しそうになる」「いまや…しようとしている」など，動作が実現ないし完成直前であることを示す成句は，以下のようにかなりの数にのぼるが，そうした表現とともに用いられた完了時制，未完了時制の特徴は，ほぼ次のように考えることができる．

〈遠過去〉　実現・完成間近かな動作のある一瞬の相の定着　→　瞬間の相
〈半過去〉　実現・完成へと向う過程の表現　→　連続の相

per poco (...) non, mancare（3単形）poco che (non)＋cong. vo, a momenti (以上「危うく…しそうになる」); quasi (quasi)「ほとんど…である」; essere〔stare；trovarsi〕sul punto〔in procinto〕di＋inf, stare〔essere〕lì lì per＋inf., essere per＋inf., fare per＋inf.（以上「いまや…しようとする」）; fare l'atto di＋inf.（…しようとする）; venire（3単形）a qu da＋inf.（人がたまたま…する〔…しそうになる〕）」

1)
　　① Per poco non *caddi*. 転びそうになった．

3.2. 直説法 (indicativo)

　　② Per poco non **cadevo**. 転びそうになったところだった〔なりかかっていた〕.

2）
　　① Sì, quasi quasi... *m'addormentai*. ええ，ほとんど寝ついたところでした.
　　② Sì, quasi quasi... **m'addormentavo**. ええ，ほとんど寝つきかけていたんです.

3）
　　① Lui *fece* di nuovo l'atto di andar via. 彼はふたたび立ち去ろうとした.
　　② Lui **faceva** di nuovo l'atto di andar via. 彼はふたたび立ちさろうとしていた.

E　「近過去」と「遠過去」の比較

　近過去と遠過去の相違点については，3.2.3. 近過去および3.2.5. 遠過去の項に記された，それぞれの時制に関する説明をお読みいただけば充分おわかりいただけるとは思うものの，ただ次の2点には，かならずしも読者の注意が向くとはかぎらないと思われるので，ここではっきりと確認しておくことにしたい.

（1）「一応の完結性（近過去）」対「明確な完結性（遠過去）」
　　① Il pittore *è stato* tre volte a Venezia. その画家は今までに3回ヴェネツィアへ行ったことがある（そして今後も，出かける可能性が残されている）.
　　② Il pittore **fu** tre volte a Venezia. その画家は（一生の間に）3回ヴェネツィアへ行った（そしてそれ以上訪れなかった）.

（2）「仮定性（近過去）」対「現実性（遠過去）」
　　① È fuori di sé per la gioia come un povero che *ha vinto* il primo premio alla lotteria nazionale. 国の宝くじで1等に当った貧乏人のように有頂点になっている（もしそういう人がいたら，そういう人のように，という仮定的性格をもつ. なお，この仮定的性格は，3.2.3. 近過去の説明にも記したように，近過去本来の時制的制約を超越した.「超時的完了性（あるいはメタ完了性）」とでもいうべき特性から派生したものである）.

② È fuori di se per la gioia come un povero che **vinse** il primo premio alla lotteria nazionale. 国の宝くじで1等に当った貧乏人のように有頂点になっている（事実，宝くじで1等をせしめた貧しい人がいた）．

3.2.3. 近過去（passato prossimo）

〈近過去〉の基本的枠組
A　特　　性
（1）基本特性
　a　現在とつながりのある過去1回性
　b　一応の完了・完結性
（2）派生特性
　超時的完了性（あるいは，メタ完了性）
B　用　　法
（1）基本用法
　a　時間的に近い過去
　b　心理的に近い過去
　c　〈過去＋現在〉
　　（a）　現在への結果残存
　　（b）　現在を含む過去
（2）特別用法（超時的完了性に基づく用法）
　a　大過去との近似用法
　　（a）　「歴史的現在」から見た近過去
　　（b）　擬似的大過去
　b　前未来・単純未来との近似用法
　　（a）　前未来的用法
　　（b）　近接未来
　c　仮空性・習慣性・超時間性

A　特　　性
（1）基本特性
　a　現代とつながりのある過去1回性

3.2. 直説法 (indicativo)

b 一応の完了・完結性
(2) 派生特性
　超時的完了性（あるいは，メタ完了性）
「近過去」は，3.2.2. 直説法過去3時制の相互比較の項で述べたように，遠過去とともに「未完了時制」半過去に対する，「完了時制」の一翼を担う時制である。ただしこの完了は，完全に終ってしまった遠過去の完了とは多少趣きを異にする。確かに現在の時点でひとまず完了はするのであるが，近過去の場合，実はその後にふたたびその動作が繰返される可能性がなにがしか残るのである。すなわち，筆者が「一応の完了・完結性」と名づけたように，動作は遠過去の場合のような明確な完結性を，かならずしも備えているとはかぎらない。そしてこの「一応の完了・完結性」は同時に，「現在とつながりのある過去1回性」でもある。つまり，近過去で表わされた動作は一般に，その出来事が現在に時間的に近いか，その影響がいまなお現在にまで及んでいるか，あるいは時間的遠近にかかわりなく，その出来事に対する話し手や聞き手の関心や興味，さらにはその印象がいまなお持続しているか，いずれにせよ過去はなんらかの形で現在にまで影を落としている。
　同時にこの話し手や聞き手の関心や興味なるものは，その出来事に対する両者またはそのいずれかの主観的「参加意識」ということでもあって，その点遠過去形で表現された動作が，おおむね第三者的で客観的，ないしはインパーソナルな性格をもっているのと，はっきりした対照を示している。
　さらに興味深いことに近過去は，遠過去のような確固たる現実性にやや欠けるせいでもあろうか，近過去本来の時制的性格を薄め，その「完了性」だけが抽出された，「超時的完了性（あるいはメタ完了性）」とでもいうべき特性を派生させ，それに基く用法が広く行われるにいたっている (cf. (2) 特別用法，bとc)。そしてこれは，この時制のもつ軽快な個性の一端を鮮やかに示す特徴の一つでもある。
　最後に，この二つの完了時制の用法を区別するものに，地方差という要因があることも知っておく必要があるだろう。すなわち北イタリアでは，すでに14世紀頃から，会話的表現での遠過去の使用は退潮を見せはじめ，早くも16世紀には，ほぼ現代風の近過去用法が定着しつつあったといわれているが，一方南イタリアにあっては，20世紀，いや第二次大戦後にいたるまでも，いぜんとして日常生活での「近過去的遠過去」の使用は残存しつづけたのである。すでに

方言的用法の仲間入りをしながらも，現在でもなおこの用法は消え去ってはいない．さらにはこの地方差に加えて，年齢差や階級差の指摘が行われる場合もある．つまり近代教育の洗礼を受けるにはいたらなかった古い世代や，その浸透が遅れた地方に，遠過去使用が残存しているという説であるが，マスコミや教育の普及，拡充，浸透とともに，次第にこの種の「近過去的遠過去」は姿を消していく運命のもとにある，といっていいだろう．

B　用　法
（1）基本用法
　a　時間的に近い過去
　時間的に現在に近い出来事で，しかも話し手または聞き手の経験をまじえている日常的表現の場合はとりわけ，完結した動作・状態は近過去形で表わすのが普通である．

　　① *Sono andato* **oggi** dal malato soltanto perché era un caso d'urgenza e ignoravo l'esistenza dei medici del paese. (C. Levi) 今日私は，その患者のところへ出かけた．それも，急患だということだったし，それに村に医者がいるということは知らなかった，という単純な理由からだった．

　　② Lo sciopero dei piloti *ha costretto* **ieri** l' Alitalia a cancellare sei importanti collegamenti(...). ("La Stampa") パイロットのストライキのために，昨日アリタリア航空は，6本の重要な線の運航を中止せざるをえなかった．

　　③ Il sole è scomparso tra le nubi. **Poco fa** il vento *ha urtato* il trave, lo *ha smesso* dalle canne, spingendolo nelle acque libere. (D. Buzzati)太陽は雲の中に姿を消した．ちょっと前には，木桁に風が強く吹きつけ，葦の茂みからそれを引き離すと，自由な流れの中に押しやった．

　b　心理的に近い過去
　たとえ現在から遠く離れた出来事であっても，それに対する話者の関心や興味，それから受けた印象，さらにはその出来事への共感や参加意識が，記憶のなかでいまなおいきいきと持続している場合は，時間的距離の遠近にかかわらず，それはいぜんとして身近かな出来事であって，当然のことながら近過去形で表わされることになる．その場合，una volta（かつて），un giorno

3.2. 直説法 (indicativo)

(ある日のこと)，un tempo (その昔)，〈時間的な長さ＋fa〉(…前に)，il mese 〔l'anno, il secolo〕scorso・passato (先月，昨年，前世紀に)，などの副詞 (句)を伴なうことによって，時間的位置関係が明示されることも少なくない．

① *Ho visto* **decine di volta** Benito Mussolini ; forse centinaia di volte. (L. Barzini) (これは1970年代に書かれた文で，ムッソリーニの死後30年近く経ちはしたものの，ジャーナリストの著者にとっては忘れられない経験である) 私は何十回となくベニート・ムッソリーニの姿を見たことがある．多分100回ほどにもなるだろうか．

② *Sono arrivato* a Gagliano un pomeriggio di agosto, portato in una piccola automobile sgangherata. (C. Levi) (何年か後の回想文であるが，南イタリアの僻地に流刑されるという経験は，作者にとってはいつまでも忘れられない出来事である) 私は8月の或る日の午後小さなおんぼろ車に乗せられてガリアーノに着いた．

c 〈過去＋現在〉

(a) 現在への結果残存

過去のある一定の時期に行われた出来事の結果またはその残響が，現在にまで及んでいる場合である．

① Con l'Unità il processo di italianizzazione *ha prodotto* estese omologazioni culturali. ("Grande Atlante d'Italia", De Agostini) 統一とともにイタリア化が進行し，その文化は広い範囲にわたって認定されたのである．

② Tante genti *sono passate* su queste terre, che qualcosa si trova davvero, e dappertutto, scavando con l'aratro. (C. Levi) 多くの人間たちがこの土地を通り過ぎていったのであって，犂で掘り返すと確かにあらゆる場所でなにかが見つかるのである．

(b) 現在を含む過去

過去と現在の共存，あるいは現在を含む過去といった感じの完了表現で，そのために，過去から現在までの全期間をカバーする副詞，sempre (つねに)，mai (いまだかって(…ない))，そして già (すでに)，ancora (まだ)，fino a ora 〔adesso, questo momento 〔giorno・mese・anno〕, ecc.〕 (現在〔いま，この瞬間・この日・今月・今年，など〕まで)，in・di questi (ultimi) tempi 〔giorni, mesi, anni, ecc.〕(このところ〔最近，ここ何ヶ月間，こ

こ何年間，など）．(in) questo (ultimo) mese〔anno, secolo, ecc.〕(今月〔今年，今世紀，など〕) などといった，過去でありながら，もう一方の端が現在とつながっていることを示すさまざまな副詞（句）をしばしば伴なう．

① **Ho sempre** *sofferto* di vertigini, fin da bambino, e, per quanto modesta, la scalata mi impensieriva. (L. Barzini) 私は子供の頃から絶えず目眩いに悩まされてきた．そのためたとえわずかでも，階段を登るときは不安な気持になった．

② *Ho riletto* **in questi giorni** (metà di giugno 1955), un libro di Stendhal, *Henri Brulard*. (G. Tomasi di Lampedusa) 私はこのところ何日かかけて（1955年6月のなかば），スタンダールの『アンリ・ブリュラール』を読み返した．

③ Nessuno *ha toccato* **questa terra** se non come un conquistatore o un nemico o un visitatore imcomprensivo. (C. Levi) (古来) この土地までやってきたのは，征服者か敵か，それとも理解されざる訪問者か，それ以外の人間は誰もやってこなかったのだ．

(2) 特別用法（超時的完了性に基づく用法）

　近過去のもつ完了的性格だけを引きだして，過去であれ未来であれ，さまざまな方向に視点を移動させることによって，この完了性を活用するいくつかの派生用法がある．

a　大過去との近似用法

　(a)「歴史的現在」から見た近過去

　これは，「歴史的現在」と併用された近過去で，「大過去」の代役をつとめるものである．すなわち，「歴史的現在」は一般に「近・半・遠過去」に相当するため，ここでの近過去は，現在という名の〈過去〉から見た近過去，つまりは「大過去」に相当することになる．

　Scende su di noi, dal monte Pollino, l'ombra della sera. I contadini *sono* ormai tutti *rientrati* in paese, **si accendono** i fuochi nelle case, **giungono** da ogni parte voci, rumore di asini e di capre. (C. Levi) 私たちのうえに，ポッリーノの山から夕闇が降りてくる．農民たちはすでに全員が家に戻っているが，家々には灯りがともり，四方八方から人の声，ロバや山羊の鳴き声が聞えてくる．

3.2. 直説法 (indicativo)

（b） 擬似的大過去

　日常会話的表現の場でも，大過去性をもった近過去がしばしば登場する．近過去のもつ完了性を活かすことによって，それを「過去から見た過去」の表現に応用する用法である．

　① Dopo che *è morto* lo zio, è nato inevitabilmente questo problema. 叔父の死後，当然のことながらこの問題が生じた．

　② La domestica mi aveva detto che *ha chiuso* bene le finestre ; com'è entrato il ladro così facilmente dalla terrazza? 家政婦の話では，窓はきちんと閉めたということだった．どうして泥棒はこんなに簡単にテラスから入ったのだろう？

b　前未来・単純未来との近似用法

（a） 前未来的用法

　これも主として話し言葉であるが，前未来(ときに単純未来)的意味合をこめた近過去の表現は，ごく普通に見られる言い方である．

　① Telefonami senz'altro quando *sei tornata* in questa città. 今度この都市(まち)に来たらかならず電話してよね．

　② Non la vedrò mai fino a quando lei *si è rimessa* in salute completamente. あの人が完全に健康を回復するまで，ぼくは絶対に逢わないつもりだ．

　③ Lupo Rosso ci pensa un po' su, poi si china all' orecchio di Pin : ci ho un piano che se mi riesce, prima di domani *sono scappato* e allora tutti questi bastardi fascisti che mi hanno fatto del male la pagano uno per uno. (I. Calvino) ルーポ・ロッソはちょっと考えてから，身を屈めるようにしてピンの耳に口を寄せた．俺には計画があるんだ．もしできたら，明日(あした)になる前に逃げだそうってわけさ．そのあと，俺を痛めつけたあのファシストの豚野郎どもに一人一人償いをさせてやる．

（b） 近接未来

　未来の動作でありながら，状況によって，一部の完了動詞の動作を近過去形で表わすことができる．この場合，実際にはまだ動作は行われてはいないにもかかわらず，話者は，未来のその時点には動作は終ってしまっているのだから，とその出来事を先取りして発言するのである．まず冒頭に

時点を示す副詞（句）が提示され，続いて近過去表現が，「…には…し終っているのだ」と，自分や相手に言いきかせ，納得させるような調子を帯びる．この文頭における副詞（句）の存在は不可欠で，もしこれが後にまわれば，未来表現としての意味合は自動的に失われ，むしろナンセンスな文になってしまう．

① **Domattina** *abbiamo finito*. Stai tranquillo. 明日の朝には終っているよ．安心しな．

② 《**Per dopodomani** *sei arrivato*, allora》notò Morel con invidia. (D. Buzzati)「明後日までには君は着ているわけだ，それじゃ」モレルは羨ましげにそういった．

c 仮空性・習慣性・超時間性

過去という時間的制約から解き放たれた近過去のもつ，「超時的完了性（あるいは，メタ完了性）」という名の特性は，いままでに登場した用法のほか，〈se・quando＋近過去（もし…したならば）〉という仮定的表現を，さらには習慣的ないしは超時間的性格の近過去用法を派生させている．その上この種の特性は，ある種の格言・諺のうちでも利用されているのである．

① Credo che ci si comporti così quando **ci si è trovati** ad affrontare tali difficoltà. そうした困難に立ち向う破目になったら，誰もがこんな振舞いをすると私は思う．

② Un bambino che *ha sentito* quel racconto pauroso e incantevole non lo dimenticherà mai più. その恐ろしくも魅惑的な話を聞いた子供は，二度と忘れることはないだろう．

③ Ogni volta che viene da me, lui si porta dei pesci che *ha pescato* da sé nel lago. うちへ来るたびに，彼は湖で自分が釣った魚をもってくる．

④ Quando due *hanno dormito* insieme è un'altra cosa, ci si ritrova al mattino a riaffiorare entrambi dallo stesso sonno, si è pari. (I. Calvino) 二人が一緒に眠ったときは話は別である．なんと朝には二人とも，同じ夢から眼を覚まし，同じ歩調でことをすすめることになる．

⑤ （諺）Una rondine non *ha* mai *fatto* primavera. 燕も一羽だけで春は訪れない（早合点は禁物）．

3.2. 直説法 (indicativo)

3.2.4. 半過去 (imperfetto)

〈半過去〉の基本的枠組
A　特　　性
（1）基本特性
　　a　持続・継続性
　　b　同時・背景性
　　c　習慣・反復性
　　d　非限定性（動作の期間と回数）
（2）派生特性
　　a　半現実性
　　b　可能・仮想性
B　用　　法
（1）基本用法（基本特性に基づく用法）
　　a　描写と説明
　　b　同時・背景性の表現
　　c　習慣・反復的動作
（2）特別用法（2), 3) は派生特性に基づく用法）
　1）持続・継続性の延長用法
　　a　物語体半過去（imperfetto narrativo）とその派生形
　　b　確認・念押し；補足説明の半過去
　　c　直説法大過去との近似用法
　2）半現実性に基づく用法
　　a　実現途上の動作
　　b　婉曲・丁寧語法
　3）可能・仮想性に基づく用法
　〔i〕条件法過去との近似用法
　　a　夢想；想像；推測
　　b　認識；判断
　　　（a）dovere, potere, volere の半過去
　　　（b）適否・必要性の判断
　　c　過去から見た未来

第 3 章　法 と 時 制

　　　d　　条件文帰結節
　　　e　　credere, pensare など「想像活動」を表わす動詞の 1 人称否定形
　〔ⅱ〕接続法半・大過去との近似用法：仮想（条件文条件節）

A　特　　性
（ 1 ）基本特性
　　　a　　持続・継続性
　　　b　　同時・背景性
　　　c　　習慣・反復性
　　　d　　非限定性（動作の期間と回数）
（ 2 ）派生特性
　　　a　　半現実性
　　　b　　可能・仮想性

　直説法「半過去」が，近・遠過去という二つの「完了時制」に対立する「未完了時制」であることは，すでに3.2.2.直説法過去 3 時制の相互比較　の項で見たとおりであるが，ここであらためて「未完了」とはなにか，という問いを発してみると，それがじつに複雑で多様な側面を有していることに，むしろ多少の驚きの念すら覚えざるをえない．そしてこの直説法「半過去」なる時制は，接続法，条件法を含めて，イタリア語の全時制中，もっとも多様で多彩な用法を発達させたのである．

　さて半過去の特性として，初等文法では通常，主として上記（ 1 ）の「基本特性」をとりあげるにとどまり，（ 2 ）の「派生特性」にはかならずしも充分な目配りを行き届かせてはいない．しかしながら実は，この「派生特性」に基づく用法，つまりは条件法，ときに接続法に類似した用法をも発達させたところに，半過去の半過去たるゆえんが，あるいはその真骨頂がある，とさえいえるように思われる．

　しかしそれにしても，「半過去」は，いったいどのような原因が働いて，このように多様な側面を備えるにいたったのであろうか．結局のところそれは，「未完了」つまりは動作・状態に終点を欠き，動作も状態も，おしなべて物事を広く「終りなき状態」，あるいは「流れている状態」として捉える，という性質から生じたのであるが，しかしただ単にそういっただけでは，とくに（ 2 ）の派生特性が導かれる理由は，少しも明らかにはならない．ここでさらにもう一歩踏

3.2. 直説法 (indicativo)

みこんで考えてみる必要がある．

さて，あらためて考えなおしてみると，「未完了（あるいは不完了）」すなわち完結しない動作・状態とは，ときによると，その動作・状態がはっきり表面化ないし現実化する以前，つまり動作・状態がその全体像を現わす前の「潜在状態」，「可能性段階」，あるいは「生成過程」にある姿を捉えたもの，だということに気づく．したがってそれは，ある意味で，現実以前の「半現実」段階の動作・状態でもある（たとえば，「…しようとしていた」）．そして動作・状態が「潜在」している場所とは，当然のことながら眼には見えにくい，物事の現象面の内側に属する世界にほかならない．だとすれば，この眼には見えにくい動作・状態（半現実）の表現を得意とする半過去形が，さらに一歩進めて，それに隣接した，眼には「見えない」世界（非現実・超現実）の出来事を述べるに相応しい適性をすら備えるにいたったとしても，なんら不思議はないのである．

そして事実，こうしていったん眼には見えにくい領域へと向けられた話者〔作者〕の視線は，想像力の翼に乗ってさらに先へと伸び，遠く離れた場所や，人間の内面という「不可視」の，そしてついには「非現実」の世界にまで達するにいたる．

半過去時制が，外界の描写に加えて，夢想，想像，推測，判断など，人間の内面活動の表現までカバーするようになったのは，つまりはこうした事情から生じたものと考えられる．そしてこの種の用法のなかでも，条件法過去との近似用法がとくに発達しているという事実は，充分注意していいことであって，この半過去なる時制を考える一つの大きな手がかりを与えてくれるのである．むろんこの両者は，等価でもなければ，つねに代替可能なわけでもない．一言でいえば，この広く「非現実の世界」に眼を向けた表現の場合でも，半過去形の動作はなにがしか「現実の影」を帯びているのに反し，もう一方の条件法過去は，あくまでも「可能性」の世界にのみかかわる言い方，つまりはもう一段現実性が薄れた表現法だということができる．

B　用　法
（1）基本用法（基本特性に基づく用法）
　　a　描写と説明

これは，基本特性，a「持続・継続性」をもっとも典型的に体現した用法である．まず第一に，場所，建物，自然風景，街並みなどの表情やたたずまい，人間や動物の状態，態度，容姿，性格や属性，さらには風俗，習慣，制度，社会

状勢など，基本的に「変らないもの」,「動かないもの（あるいは，ほとんど動かないもの）」を，そして動くものでも，動作の始点・終点をはっきりさせないままに，それを持続の相，つまりは「流れている状態」として，描写し説明する半過去なのである．本来半過去向きの適性を備えている「未完了動詞」はもとより，「完了動詞」も持続性を帯びることになるが，ここでとりわけ興味深いのは，「動かないもの」，たとえば自然の風景を，もともと動作が終結に向うというはっきりした特徴をもっているはずの「完了動詞」で表現する場合である．次の③の例文を御覧いただきたい．動作が「終点」を失い，むしろ逆に「流れている状態」と化している様子がよくうかがえる．

① *Era* il crepuscolo, nel cielo *volavano* i corvi, e nella piazza *arrivavano* per la conversazione sociale: signori del paese. (C. Levi) 夕暮時だった．空には鳥が舞っており，村の旦那方が社交的会話をかわすべく，広場へやってくるところだった．

② Il silenzio *era* assoluto. Sotto l'altissima luce Don Fabrizio non *udiva* altro suono che quello interiore della vita che *erompeva* via da lui. (G. T. di Lampedusa) まったくの静けさだった．遠い天空の彼方の光のもとにあって，ドン・ファブリーツィオには，自分からほとばしりでていく内なる生命(いのち)の音のほか，どんな物音も聞えなかった．

③ Così giunsero dove *finivano* le case della città e la strada *diventava* un'autostrada. (I. Calvino) そうして彼らは，街の家並みが終るところまでやってきた．道はそこから高速道路になっていた．

　b 同時・背景性の表現

半過去時制のもつ「持続・継続性」という特性が，同時に「同時・背景性」というもう一つの側面を兼ね備えているということは，この時制を理解するにあたって，充分に注意されていいことである．この特徴はまず第一に，半過去時制が，一つでなく，二つ以上併用される場合に見てとることができるが，もう一つ，半過去時制と近・遠過去時制が組合わさった場合にも，表面化する．

そしてこの特徴をめぐって，半過去と近・遠過去を比較してみると，これら双方の性格の一面がはっきりと浮びあがってくる．すなわち，上に述べた最初のケース，つまり複数の半過去形が併用されている場合には，前項 a 描写と説明，で引用した例文を見てもよくわかるとおり，それらいくつかの半過去形の動作は，同時並行的に展開されることによって，それぞれの動作が，相互に，

3.2. 直説法 (indicativo)

別な動作の「背景」的役割をつとめるのである．それに反し，複数の近・遠過去形を並べた場合には，一見同時に動作が行われているかに見えるときですら，半過去の場合のような，同時性的相互背景関係が生じることはなく，それぞれの動作は，時間的にも多少のズレをもった，いやかりに重なる場合でも，あくまでも相互に独立した，別個の動作にすぎない．これは，すでに3.2.2.直説法過去3時制の相互比較の項でも触れたが，「未完了時制」半過去と，「完了時制」近・遠過去を分つ，重要な相違点の一つである．

さてもう一つの，半過去と近・遠過去との組合せというケースは，半過去という「背景」のもとでの，近・遠過去による「出来事」の発生という形をとる．そしてこの場合大切なことは，ここでの「同時・背景性」は，たんなる「物理的背景」を示すだけにとどまらない，ということである．すなわちそれは，近・遠過去時制によって表現された出来事の，詳しい「内容」やそれに含まれる「意味」，あるいはその「理由」など，広く「心理的背景」の説明や，その再確認という役割にまで及ぶのである．

とりあえず例文も，(a)〈半過去(A)×半過去(B)(×半過去(C)…)〉と，(b)〈半過去（背景）×近・遠過去〔ときに大過去，歴史的現在〕（出来事）〉の二つのタイプに分けて考えてみよう．ただし，次の(a)②の例文には，(b)のタイプも混っている．

(a)

① Seduto in solotto, mentre *tentava* di rispondere alle tante domande, *sentiva* mutarsi la felicità in tristezza svogliata. (D. Buzzati) 応接間に腰を降ろし，いろいろな質問に答えている間に，彼は嬉しかった気持が，色あせた悲しみに変っていくのを感じていた．

② Ma quando ci **passammo** *era* giorno, il sole *brillava*, il vento africano *bruciava* la terra, e nessun suono *saliva* dalle argille. (C. Levi) しかし，私たちがそこを通り過ぎたときは昼間だった．太陽は輝きわたり，アフリカ大陸からの熱風は大地を涸らさんばかりに吹き，その粘土質の地表からは，いかなる物音も立ちのぼってくることはなかった．

(b)

① La (=una mosca) *osservava* camminare con circospezione, quando uno **battè** alla porta. (D. Buzzati) 彼はそれ(蠅)が用心深げに歩

— 167 —

む様子をじっと眺めていた．すると誰かが，ドアをノックした．
② **Si chinò** a legarsi le scarpe e **guardò** meglio : *erano* funghi, veri funghi, che *stavano* spuntando proprio nel cuore della città. (I. Calvino) 彼は靴ひもを結ぼうとして身をかがめ，もっとよく見た．きのこだった．街の真中に芽生えてきた本物のきのこだった．
 c 習慣・反復的動作
 これは，基本特性 a の「持続・継続性」，b の「同時・背景性」と並ぶ，半過去の3大基本特性の一つ，「習慣・反復性」を体現させた用法である．つまりこの半過去形は，同じ動作が何回か繰返されることを示すものである．そしてその場合個々の動作は，近・遠過去形による動作のように，それぞれが独立した個体ではなく，それぞれお互いに鎖または数珠状につながった，一連の動作としてイメージさせるところに特徴がある．しかもその動作の長さや数も，近・遠過去形の場合のように，はっきり限定されているのではなく，なにがしか漠然としているのである．
① Era sabato. Il lavoro *terminava* all'una e fino al lunedì non *si tornava*. (I. Calvino) 土曜日だった．仕事は1時に終り，月曜日まで誰も戻ってこなかった．
② Ogni volta *usciva* con le solite vaghe speranze giovani di amore, ogni volta *tornava* deluso. (D. Buzzati) その都度彼は青春時代の愛の経験の再現を漠然と期待しながら外出し，いつも期待を裏切られて家に戻るのだった．
（2）特別用法（2），3）は派生特性に基づく用法)
 1）持続・継続性の延長用法
  a 物語体半過去 (imperfetto narrativo) とその派生形
 これは本来，近過去や遠過去形で表現されるべきはずの「完了動詞」による瞬間的動作を，わざわざ半過去形で表わす，ある意味で反自然的ともいえるユニークな用法である．あくまでも瞬間ないし準瞬間的完結動作を，半過去で表わすところにポイントがあり，同じ「完了動詞」の半過去形でありながら，「描写と説明」や「習慣・反復的動作」とは明らかに異なり，あとで触れる「実現途上の動作」(L'aereo decollava.飛行機は離陸するところだった) とも趣きを異にする．
 すなわち，本来スナップ写真風にキャッチされるべき瞬間的点景を，話者〔作

3.2. 直説法 (indicativo)

者〕が心のうちで，むしろ逆に，緩やかなイメージの流れに変えてしまうところにこの用法の特徴がある．つまり「外面の瞬間（→ 形）」が「内面の持続（→ 流れ）」に変換されるわけで，その結果聞き手〔読者〕の心中にも同じような心理的効果が生じることになる．

そしてこの場合，この手の半過去の動作は一つといわず複数箇連続することも少なくないが，そのとき各動作は，それぞれ別個の独立体として記述されるのではなく，あくまでも半過去らしく，鎖り状につながった一連の動作展開といった様相を呈するのである．ちなみにフランス語では，このイメージの流れを追う表現法を，「絵画的半過去 (imparfait pictoresque)」と呼んでいる．

いずれにしろ，この用法発達の背景には，おそらく人間の外界を流れる客観的時間と，内面における主観的時間のズレに対する自覚の芽生えがあったものと考えられる．その意味でいかにも意義深く思われるのは，この用法の一般化をうながしたきっかけの一つが，人間の内面に対する関心の高まり，つまり19世紀初頭のロマン主義思潮の到来だったといわれていることである．以来フランスを中心に，ロマンス語圏に次第に浸透していくが，さらに興味深いことに，人間の内面偏重をいましめた地中海文明の古き伝統を反映するかのように，イタリアにあっては長い間，言語の純正主義者 (purista) たちは，これを「フランス語法」として戒しめ，正規の用法として認めることをかたくなに拒みつづけたのである．

しかし一方では，この「物語体半過去」から「歴史的半過去 (imperfetto storico) 用例②，③」や「伝記体半過去 (imperfetto biografico) 用例④」が派生し，歴史や伝記の記述にあたって，動作のもつ重みや厳粛さを強調する「荘重体」とでもいうべき文章スタイルが行われるようになった．そればかりか現代では，スポーツ報道にも利用されているが（「報道体半過去 (imperfetto cronico) 用例⑤」），ただこの場合は，本来この文体がもっている「イメージ効果」という特徴は薄れ，スポーツ報道の一つの型として，むしろパタン化してしまっている，といっていい．

「物語体半過去」にいつまでもこだわるようであるが，もう一つ次のことを確認しておきたい．それは，文学作品の登場人物の会話や独白を導く動詞として広く用いられている dire, fare, domandare, rispondere, dirsi, pensare など「言明」や「思念」を表わす半過去形のことである（例文⑥，⑦）．

ことによるとこの場合は，「物語体半過去」の派生型の一つとして扱うよりは，

第3章 法と時制

むしろ次の，b　確認・念押し；補足説明の半過去，の仲間にいれて考えるべきかもしれない．しかしいずれにしろ，一部の作家の場合，文体や作風に一種の味つけ効果をほどこすべく，この手の半過去を多用する傾向がしばしば見られるのである．とはいうものの，そうした事例には，この用法が本来目指している，登場人物の心の動きをじっくり追う，という作者の狙いはほとんど感じとれないような，なかば習慣化，ないしはパタン化した用法も少なくない．もとよりこの辺の事情は，具体的な文脈から判断することになる(cf. b　念押し，確認；補足説明の半過去)．

① Un' automobile con un ufficiale canuto dentro, *si fermava* ; *era chiamato* un soldato, e l'ufficiale *diceva* (...). (C. Alvaro) 白髪の将校を乗せた1台の車が停った．兵隊が呼ばれた．すると将校は言った(…)．

② La prima automobile *usciva* a Torino nel 1899. 最初の自動車は，1899年にトリーノに現われたのであった．

③ Con il gesto di Papa Leone III *nasceva* il Sacro Romano Impero e *veniva* con esso *ripristinato* in Occidente l'istituto imperiale, mancante da quasi tre secoli e mezzo. (G. Ugo) 教皇レオ3世のその行為によって，「神聖ローマ帝国」が誕生し，と同時に西方世界に，およそ3世紀半の昔から不在だった皇帝制度が復活したのである．

④ Nella primavera di quell'anno Torelli-Viollier *moriva* : io *assumevo* la sua successione nella gerenza e *diventavo* poche settimane dopo direttore. (L. Albertini) その年の春，トレッリ・ヴィオリエールは死んだのだった．彼のあとを襲って経営の仕事についたのは私だったが，数週間後にその私が編集長になった．

⑤ Al 35° Zoff *scendeva* sulla destra, *dribblava* due avversari e *stringeva* al centro, mancando di un soffio la conclusione. 35分，ゾフ右側へ突進，相手側の二人の選手をドリブルでかわし，センター方向に寄せていきましたが，タッチの差でシュート・チャンスを逸してしまいました．

⑥ Il maggiore Ortiz *domandava* a Drogo : 《Da quanto tempo oramai ?》Drogo *diceva* :《Sono qui da quattro anni.》(D. Buzzati) オルティス少佐はドゥローゴに訊ねた．「もう何年になるかね」ドゥロ

3.2. 直説法 (indicativo)

ーゴは言った．「4年前からここにいます」
⑦ 《Ehi, dottore》, *diceva* con intonazione marcatamente nasale, 《badi che in casa c'è un amico che l'aspetta》. 《Un amico ?》, **chiese** Malnate. 《E chi è ?》 (G. Bassani)「あの，ドットーレ」ひどく鼻にかかった声で言った．「家の中でお友達がお待ちですよ」「友達？」マルナーテは訊ねた．「で，誰ですか」

この⑦の用例の場合，半過去形 diceva と遠過去形 chiese の使い分けが興味をひく．半過去には念を押すようなニュアンスがこめられているのに反し，chiese は単なる動作の記述，というように，作者は意図的にこの両者を区別して使用しているものと思われる．

b 確認・念押し；補足説明の半過去
（a）〈動詞A（遠・近過去形）＋動詞A（半過去形）〉

動作の持続や繰返しが，しばしば動作の念押しにつながることは容易に推測できるが，ある動作をまず遠・近過去で提示し，そのあと同じ動作を半過去形で繰返すことによって，最初の動作のもつ意味内容を再確認または念押しし，さらにはその行為の理由を述べ，それに具体的あるいは補足的な説明を加える場合がある．すなわちこのとき加えられる補足説明は，単に物理的かつ外面的な背景を述べるにとどまらず，しばしば「心理」や「内面」の領域にまで及ぶのである．

① Sulle prime non **vidi** nulla. *Vedevo* che Romana continuava nel gioco innocente e nel sorriso infinito. (M. Bontempelli) 最初のうち私の眼にはなにも入らなかった．（やがて）私はロマーナが無邪気な遊びを続け，いつまでもほほえんでいる姿を見たのだった．

② Ma le donne non ragionarono così. **Pensarono** ai loro uomini lontani e *pensavano* che anche loro, forse, erano feriti e dovevano nascondersi, e sospiravano. (G. Rodani) しかし女たちはそのようには考えなかった．遠くにいる自分の男たちのことに思いをはせ，彼らもまた，おそらく傷ついて，身を隠さなければならないこともあるだろうと思ったのである．そして歎息をつくのだった．

（b）「言明，叙述，理解」などの動作を表わす動詞による再確認

とくに dire, fare, affermare, scrivere, narrare ; capire, pensare, dirsi など，「言明；叙述；理解；思考」といった類いの精神活動を表わす

動詞の半過去形の場合，(a)のような，遠・近過去形との併用という方法をまつまでもなく，半過去形だけで，しばしば「念押し，確認；熟慮，反省；補足説明」などさまざまなニュアンスがこめられる．たとえば，come dicevo（さきにも述べ（てい）たように）という挿入句などもその一例で，これは前述の表現に再度念を押すといった感じの表現法である．

① Sotto l'innocente allegoria traspare una specie di massima, di legge etica, *come* appunto *dicevo*(...). (D. Buzzati) 邪気のない寓意の下に，まさにいまもいったように，一種の行動原理，道徳律が透けて見える（…）．

② 《Ah, già : *dicevo* che bisognerebbe portarsi avanti il più possibile. Purtroppo la cosa non è facile(...)》 (D. Buzzati)「そう，その通りだ．私はできるだけ前進する必要があるといったのだ．残念ながら事はそう簡単ではないが（…）」

③ *Parlavo* sopra del successo del termine 《etnia》 nel linguaggio colto, giornalistico e quindi politico. (G. E. Rusconi) さきに私が，言論界やジャーナリズム，したがって政治世界の用語のなかでの，「民族」という語の流行に触れたゆえんはそこにある．

c　直説法大過去との近似用法

他の過去時制（近・半・遠過去）で表わされた出来事以前の動作，つまり本来大過去形を用いるべきところに，半過去形が登場することがある．そしてこの場合は一般に，半過去形の動作は，この大過去的表現の成立を支えるための，「基準の時空間」を形成する他の過去時制の動詞による動作と時間的にかなり接近しているのが通例である．そしてこの用法で「完了動詞」が用いられると，興味深いことに，半過去形でありながら，しばしば「物語体半過去」に通じるような，「完了動作」を表わす（例文②，③）．いずれにせよ，半過去形であるために，その動作の名残りがなにがしかあとまで続いているという印象を与えるところに，この表現法の特徴があるように思われる．

① Non appena *si affacciava* l'idea di perdere il nipote buttavano a mare Palle. (A. Palazzeschi) 甥を破滅させるという考えが浮上した途端に，パッレは見放されてしまったのだった．

② Il vecchio *lasciava* proprio allora il letto : lo si vedeva dai suoi

3.2. 直説法 (indicativo)

movimenti lentissimi. 老人は病床を離れたばかりだった。とてもゆっくりとした足取りからそのことが見てとれた。

③ Giuseppe si è accorto che *arrivava* proprio allora quello strano pacco destinato a lui. ジュゼッペは，彼宛のその奇妙な荷物がちょうどそのとき着いたばかりだ，ということに気がついた。

2) 半現実性に基づく用法
   a 実現途上の動作

動作が，途中で中断されるか，あるいは意図だけで終ってしまう，つまり実現以前の段階にとどまった行為の表わし方を，半分だけ現実化したという意味で，筆者は「半現実性」の表現と名づけているが，これもまた半過去が得意とする分野の用法である。そしてこの用法には，動作の完結が前もって予定されている「完了動詞」の半過去形がよく登場するが，この時制の使用によって，その動作の，「完結しようとして完結しきれない姿(…しようとしていた，…するところだった)」が，くっきりと浮彫りになる。

① Quando arrivai sotto la barca e *cominciavo* a toccare, vidi uscire sulla riva Damiano e un soldato. (C. Pavese) 私が小舟の下まで行き，それに触れようとしたとき，ダミアーノと兵隊が一人，岸辺に出てくるのが見えた。

② Siccome Francesco non *arrivava*, Drogo e Maria si salutarono con esgerata cordialità(...). (D. Buzzati) フランチェスコはまだやってこなかったので，ドゥローゴとマリーアは，不自然なほど丁寧な挨拶をかわした。

③ Bube lo diede a tenere a lei : —*Dimenticavo* una cosa. (C. Cassola) ブーベはそれを彼女にもっているようにと渡した。「一つ忘れていたものがあったっけ」

b 婉曲・丁寧語法

これは条件法現在（ときに直説法現在）形に代る用法で，動作が終りまで行き着かないという半過去の特性を利用して，「…である」という断言を避けることによって（（じつは）…していたんですが → …なんですが／…していたんでしょうか → …でしょうか)，表現に含みをもたせる言い方である。

通常，慎しみ，丁寧，遠慮，躊躇(ためらい)などの感情がこめられ，1人称の気持

の表明か，2人称に対する質問という形をとる．主として話し言葉に登場するが，用いられる動詞も，volere, desiderare などを中心に，ごく一部の動詞に限られている．

① ―Che *desiderava*, signore?「なにをお望みでしょうか」

② ―Perché scappa? Non la mangio mica―. Mara rimase soggiogata dal suo sguardo dolce, dalla sua voce carrezzevole. ― *Volevo* farle una domanda, signorina... È molto che lo conosce, Bube? (C. Cassola)「どうして逃げるんです．捕って食べたりはしませんよ」マーラは彼の優しい眼差しと，情愛のこもった声に負けてとどまった．「お尋ねしたいんですが，お嬢さん…昔からブーベを御存知で？」

3) 可能・仮想性に基づく用法

半過去の未完了性という性格から，動作・状態の展開をじっくり追い，辿り，なぞり，反芻する，とでもいった感じのさまざまな用法が生まれたことはこれまでに見たとおりであるが，さらにこれに加えて，眼前の世界から遠く離れた場所へ，さらには外界という可視の領域から，内面という眼には見えない世界や「非現実」界へと視線を移動させ，そこでの出来事に想いをはせる独特な用法の発達を見た．

〔ⅰ〕条件法過去との近似用法

　a　夢想；想像；推測

すでに最初の特性の項の説明でも触れたように，夢の世界や空想・夢想の記述，遠く離れた世界に対する想像，さらには眼前の人物の内面心理や出来事の原因の推測など，広く「不可視」の事象を思い描くのは，この時制独自の，たいへんに重要な役割の一つである．そしてこれは，以下に続く三つの項，b 認識；判断，c 過去未来，d 条件文帰結節などの用法とも相互に深く重なり合っている．

① Io li (=Grazia e Ugo) guardavo fisso stando presso Clementina che si aggrappava alla corda, e mi pareva di vederlo, Ugo, che *si gettava* in mare e gli *prendeva* un crampo, *incominciava* ad annaspare, *affogava* e poi lo *portavano* a riva, e gli *facevano* la respirazione artificiale. (A. Moravia) ぼくはロープを握っているクレメンティーナのそばにいて，彼ら（グラーツィアとウーゴ）の様子に眼をこらしていた．すると彼ウーゴの幻覚が現われたのだった．なんと

3.2. 直説法 (indicativo)

彼は海に飛びこんだかと思うと,腓(こむら)返りを起して手足をばたつかせはじめ,溺れそうになってしまった.やがて海岸に運ばれ,やつに人工呼吸がなされたのだ.

② Forse in quel momento la mamma *girava* nella sua stanza abbandonata, *apriva* un cassetto, *metteva* in ordine certi suoi vecchi vestiti, i libri, lo scrittoio ; (...). (D. Buzzati) 恐らく今頃母は,人気のない部屋を歩きまわり,引き出しを開けて,彼の古い衣服や本,机などの整理をしていることだろう.

③ Anche il fiume si sarebbe gonfiato, e forse non *aveva* un tetto. (C. Pavese) 川も増水することだろう.それに多分彼には雨を除ける家もないだろう.

b 認識；判断

前項 a の夢想；想像；推測の用法と多くの共通点をもつものとして,過去の出来事になんらかの「判断」をくだす半過去がある.

（a） dovere, potere, volere の半過去

dovere, potere, volere という三つの準助動詞は,あらためていうまでもなく,事実そのものを述べるのではなく,「必要性」「可能性」「意図」など,その後に従う動詞に話者〔作者〕の主観的色づけをするという働きを備えているために,その半過去形には,しばしば推測的「判断」のニュアンスがこめられがちである.もっとも,いまここでは,これら 3 動詞の特性に注意を向けるためにこの項を設けたものの,実はこの用法はこの 3 動詞だけに限られるわけではない.ほかの一般の動詞も,a の「推測」とも,b の「認識；判断」ともとれる用法を広く発達させていることを,あらためて確認しておく必要がある (cf. 例文③).

① Subito dopo San Casciano, dovettero fermarsi per cambiare una gomma. —*Potevo* essermene accorto prima, disse l'autista contrariato ; (...). (C. Cassola) サン・カシアーノをちょっと過ぎたところで,一行はタイヤ交換のため停車を余儀なくされた.「もっと早く気がつけばよかったんだが」不機嫌そうに運転手はつぶやいた.

② 《*Dovevi* chiedermelo, almeno》rispose con voce tremante dall'ira. (D. Buzzati)「少なくともぼくに訊いてくれてもよかったじゃないか」彼は怒りのため声を震わせて答えた.

③　La vacca si *voleva* probabilmente scalorire. Il male *si spargeva* nel fiume e la salute *restava* nella vacca. (N. Lisi) 牝牛はおそらく熱をさまそうとしているのだ．病気は川の中に流れだし，その体には健康が残ることになるだろう．(この si spargeva, restava は，c　過去未来，と考えることもできる)

(b) 適否, 必要性の判断

適否，良否，必要性，可能性などに関する話者〔作者〕の判断を表わす，以下のような非人称（ときに人称）構文の半過去形にも，しばしば「…だろう」という推測の意味合が加味される．いうまでもなくこうした表現には，事実の客観的記述以上の主観的判断が，どうしても混じりがちなのである．たとえば，〈occorrere, convenire, volerci ; bastare, など（3人称単数形）＋che＋cong. vo／essere（3人称単数形）＋bene, male, meglio, peggio ; necessario, conveniente ; possibile, impossibile ; facile, difficile, など＋inf.〔che＋cong. vo〕〉などといった，例の言い方がそれである．

①．Piuttosto che sparire—mi dicevo—, *era* molto *meglio* che mi regolassi come se la sera avanti non fosse accaduto nulla. (G. Bassani) ここで姿を消してしまうよりもむしろ，と私は考えた．前の晩にはなにもなかったように振舞うほうがずっと賢明だろう．

②　Forse *bastava* una pietra. Ce n'era una accanto a lui, grossa ma sollevabile, che faceva al caso. (I. Calvino) 多分石一つあれば充分だろう．ちょうどそれにふさわしい，大きいが持ちあげられそうな石が彼のそばにあった．

c　過去から見た未来

これは，さきにも述べたように，a 夢想；想像，推測，b 認識；判断，という二つの用法につながる使い方で，それら二つの場合が，現在から過去へ，あるいは過去のある時点から「同時」的次元の出来事へと眼を向けているのに反し，こちらはそれ「以後」，つまり「過去から見た未来」の表現になるわけである．いずれにしろ，これらa，b，c 3項の用法は，すべて同じ範疇に属する一連の用法であって，同時に次の d 条件文帰結節での半過去とも密接な関連を有している．

①　Le dissi che *prendevo* la barca e partii. (C. Pavese) 私は彼女に，

3.2. 直説法 (indicativo)

　ボートを借りるよといって，漕ぎだした．
② Era una cosa che mi piaceva, perché voleva dire che gli americani *arrivavano* sul serio. (L. Sciascia) それは私にとっては嬉しいことだった．というのは，アメリカ軍が本当にやってくることを意味したからだ．
③ Lagorio *se ne andava, scendeva* alla loro città, alla vita felice e lieta. (D. Buzzati) ラゴーリオはここを去って，彼らの都市へ，幸せで楽しい生活へと降りていくことになるだろう．

d　条件文帰結節

とりわけ話し言葉，ないし口語的文体の文章のなかでは，あとで説く条件節での用法（接続法半・大過去の代用）と同様，条件文の帰結節での半過去形使用は，ごく当り前のことになっている．いうまでもなく，条件法過去形（ときに条件法現在）に代る用法で，半過去の可能・仮想性を端的に示す事例である．

① Solo se apriva la bocca, *si vedevano* (=sarebbero stati veduti) i denti bianchi e aguzzi. (I. Calvino) 口を開けさえすれば，白くて鋭い歯が見えたことだろう．
② 《*Era* (=Sarebbe) meglio se acchiappavamo la serpe,》dissi, nel silenzio. (C. Pavese)「もし蛇をつかまえられればいいけど」ぼくはぽつりとつぶやいた．

e　credere, pensare など「想像活動」を表わす動詞の1人称否定形

credere, pensare, immaginare, supporre, aspettarsi, sognarsi（思考，想像，推測，予想）など，「想像活動」をつかさどる動詞の条件法過去の，主として1人称否定形による「…とは思いもかけなかった」という驚きを表わす用法とよく似ているのが，この半過去の使い方である．条件法過去の場合と同様，「意外感」がこめられる (imperfetto potenziale)．

① Dopo la morte di mia moglie *non credevo* che sarei più riuscito a vivere in quella casa. (C. Pavese) 妻が死んだあと，またその家で暮すことができるとは私は思ってもいなかった．
② Ebbe un moto di stupore, quasi di spavento, subito: *non si aspettava* fossero fioriti i rododendri. (I. Calvino) 彼はたちまち愕然，いやほとんど慄然としたのである．まさか石楠花が咲き誇ってい

— 177 —

るとは思ってもいなかったのだ．

〔ⅱ〕接続法半・大過去との近似用法：仮想（条件文条件節）

これは，「仮想」の半過去とでもいうべきか，条件文の条件節における半過去で，さきに見た帰結節での用法と並んで，話し言葉や，口語的文体の文章に広く登場する．

① Se *continuava* a fare dei muretti così, poteva costruirsi delle vie per lui solo,(...). (I Calvino)（接続法半過去の代用）もしこんな風に擁壁を造りつづけたら，彼のためだけの道を造ることができるだろう．

② 《Se *parlavo*, magari sospendevano le partenze.(...)》(D. Buzzati)（接続法大過去の代用）「もしぼくが話したら，多分連中は出発を延期していただろう．(…)」

3.2.5. 遠過去（passato remoto）

〈遠過去〉の基本的枠組
A　特　性
（1）基本特性
　　a　明確な完結性
　　b　画然たる過去1回性
　　c　限定性（動作の期間と回数）
（2）二次特性
　　a　確固たる現実性
　　b　未知・突発性
B　用　法
（1）基本用法
　　a　時間的に遠い過去
　　b　心理的に距てのある過去
　　　（a）客観的事実の報告
　　　（b）小説・物語空間での完結動作の記述
　　c　遠過去使用の諸相
　　　（a）瞬間ないし準瞬間的動作とその継起

3.2. 直説法 (indicativo)

>　　（b）一定期間内，もしくは限定された回数の反復動作
>　　（c）遠過去と近過去の併用
> （2）特別用法
>　　a　実現間近な動作の瞬間の相の定着
>　　b　直説法大・前過去との近似用法
>　　c　過去1回性の，超時間性への昇華
>　　　（a）諺，格言
>　　　（b）個性・特性の結晶化

A　特　性
（1）基本特性
　　a　明確な完結性
　　b　画然たる過去1回性
　　c　限定性（動作の期間と回数）
（2）二次特性
　　a　確固たる現実性
　　b　未知・突発性

　遠過去は，直説法過去3時制の相互比較や近過去の項でも触れたように，近過去と並ぶ，もう一つの「完了時制」であるが，近過去以上に顕著な「完了時制」的性格を備えている。したがって，それは単なる「完結性」でも「1回性」でもなく，いうなれば「明確な完結性」と「画然たる1回性」の表現法であって，同時に「はっきりした限定的性格」という特徴を有している。
　そればかりかさらにそこから，二次特性ともいうべき「確固たる現実性」と「未知・突発性」とでもいうべき二つの特性を派生させていることは，注意していいことである。「確固たる現実性」とは，完全に過ぎ去ってしまった時間のもつのっぴきならないリアリティを，「未知・突発性」とは，小説などにしばしば見られるいかにも切れ味鋭い不意打ち的動作を指す。とりあえず，essere の遠過去形 fu を用いた，不意打ち的動作の例を一つだけあげておこう。

　　(...) tutta stanza *fu* piena di vespe e i pazienti si sbracciavano nell'inutile tentativo di scacciarle, (...). (I. Calvino) (すると) 部屋中が雀蜂で（たちまち）一杯になった。患者たちは蜂を追い払おうと腕を振って空しい足搔きを繰返した。

第3章 法と時制

B　用　法
（1）基本用法
　　a　時間的に遠い過去

　広く，遠い昔の出来事の想い出や記録，歴史や伝記での完結動作の記述は，当然のことながら，遠過去の独壇場とでもいうべき領域である．であればこそこの用法は，じつに広範囲にわたって行われているのである．

　　①　L'età delle Signorie *segnò* il passaggio dell' organizzazione comunale a quella regionale dominata dal principe. ("Gran Atlante d'Italia") 領主制の時代を画したのは，コムーネの組織から，君主が支配する地方組織への移行であった．

　　②　Il 14 marzo 1861 il parlamento *proclamò* a Torino la costituzione del nuovo Regno d'Italia. (T. De Mauro) 1861年3月14日，国会はトリーノにおいて，イタリア新王国憲法の成立を宣した．

　　③　*Fu* nell' autunno del 1933 che *vidi* uccidere un bandito. (L. Barzini) 私がある無法者の死に立ち会ったのは，1933年秋のことであった．

　　b　心理的に距てのある過去
　　　（a）客観的事実の報告

　前項のように，時間的に遠い過去の出来事を述べる場合を除けば，話し手や聞き手の生活や関心の範囲内での話題に終始しがちな日常会話では，遠過去が登場する機会は，南イタリアなど一部の地方を除き，一般に現代では比較的稀である．

　しかしそうはいっても，かりに1，2人称が経験した事柄でも，感情的思い入れや特別の思い込みがこめられない，客観的事実の報告として述べる場合には，かなり近い過去でも，遠過去で表現することがある．つまりこれは，時間的には近くても，心理的には距てのある，いうなれば話者との関係が希薄か，その関心の範囲外にある事柄の場合である．

　　Un mese fa *incontrai* per caso in un piccolo paese un pittore americano che viaggiava da solo. 1ヶ月前，私はある小さな村で，独りで旅をしていたアメリカの画家に偶然出会った．

　　　（b）小説・物語空間での完結動作の記述

　小説や物語の世界では，ごく最近，例えば「昨日」や「数日前」の出来事と

3.2. 直説法 (indicativo)

いう設定のもとで述べられる場合でも，1人称「私」の語りの形式による文章も含めて，過去の完結的動作を遠過去形で表わす例にときに遭遇する．これはおそらく，小説や物語の世界は，生活的現実とは別次元の独立した時空間であるため，そこにおのずと作者との間に，なんらかの心理的距離感が生じるせいかと思われる．

　　Ieri sera *fui chiamato* al telefono dalla locale sezione dei carabinieri. (B. Tecchi) 昨日の晩私は，憲兵隊の地方小隊からの電話に呼びだされた．

　c　遠過去使用の諸相
　　（a）瞬間ないし準瞬間的動作とその継起

1個の瞬間ないし準瞬間的動作についてはあらためていうまでもないが，それが二つ以上続く場合でも，それぞれの動作はあくまでも1個の「完結体」ないし「独立体」であることに変りはなく，複数の「独立体」動作が時間的順序に従って生起する，という形をとる．したがって，複数の半過去形動作の間に生じるような，同時性的相互関係が形成されることはない．

　　① Verso l'alba però, la Principessa *ebbe* occasione di farsi il segno della croce. (G. T. di Lampedusa) しかし明け方近く，公爵夫人には，十字を切る機会が訪れた．

　　② Il sole *s'oscurò* di nuvole. Zitti zitti Giovannino e Serenella *se ne andarono*. *Rifecero* la strada pei vialetti, di passo svelto, ma senza mai correre. E *traversarono* carponi quella siepe. (I. Calvino) 太陽が雲の陰に隠れた．そうっとそうっと，ジョヴァンニーノとセレネッラはそこを脱けだした．すばやい足取りで小道をとって返したが，駆けだしたりはしなかった．垣根は四つん這いになってくぐり抜けた．

　　（b）一定期間内，もしくは限定された回数の反復動作

遠過去形を用いた動作は，その長さも，そしてそれが反復される場合にはその回数も，はっきり限定されたものとして表現される．したがってたとえ繰返された動作でも，一つ一つはあくまでも別個の「独立体」であって，半過去形に見られるような，連鎖関係が生じることはない．

　　① Durante le settimane seguenti *continuammo* a vederci al solito. (G. T. di Lampedusa) 続いて何週間か，私たちはいつものように，相も変らず顔を合わせた．

　　② Con tanta strada che *feci* in quegli anni, *dormii* quasi sempre.

第3章 法と時制

Dormii di notte e *dormii* di giorno, sotto il sole, sotto la pioggia, raggomitolato o seduto. (C. Pavese) その何年間か，私はずいぶんと長い道程を行き来したが，ほとんどいつも眠っていた．夜も昼も，陽が照っているときも雨のときも，背を丸めて蹲まるか，腰を降ろすか，眠りそして眠ったのだった．

　（c） 遠過去と近過去の併用

遠過去と近過去を併用することによって，遠過去形では特別な感情や関心を排除ないし抑制した，淡々たる動作の記述を，一方近過去形では参加意識や関心をまじえた動作表現を，といったように，相互の特徴を利用し，文体上の効果を狙ったのが次の例である．

La *persuasi* che anche la maschera sulla sedia era stato un sogno. Ma **ho capito** che fatti più paurosi si preparavano. *Stetti* ad aspettarli, rassegnato, in silenzio. (M. Bontempelli) 私は彼女に椅子の上にあった仮面も夢だった，ということを納得させた．しかしもっと恐ろしいことが迫っていることが，私にはわかった．すっかり観念して黙ったままそれを待った．

一方次の例は，単に時間的遠近だけで両時制を使い分けたものにすぎず，特別な文体的配慮が働いているとは思われないケースである．

—Sì, rispose Mara. —Mi *chiamò* al telefono mio padre ieri sera, per dirmi che mi avevano dato il permesso di veder Bube... Stamani **è passato** a prendermi con la macchina e siamo andati. (C. Cassola) 「そうよ」マーラは答えた．「昨日の晩父から電話があって，ブーベとの面会許可が降りたっていってきたの…今朝車で迎えに来てくれて，それから私たち行ったのよ」

（2）特別用法

　a　実現間近な動作の瞬間の相の定着

per poco... non, mancare（3単形）poco che (non) + cong. vo, a momenti（以上，危うく…しそうになる）; quasi (quasi)（ほとんど…である）; essere〔stare, trovarsi〕sul punto〔in procinto〕di + inf., stare〔essere〕lì lì per + inf., essere per + inf., fare per + inf.（以上，いまや…しようとする）; fare l'atto di + inf.（…しようとする）; venire（3単形）a qu da + inf.（人がたまたま…する，…しそうになる）などの成句とともに用いられる遠過去は，実現間近かな動作の一瞬をスナップ写真でとらえたような表現になる．これと同じ言い方に半過

— 182 —

3.2. 直説法 (indicativo)

去形を用いると，「実現途上の動作」になって，ある瞬間でなく，動作の進行過程を表わす（この両者の比較については，3.2.2. 直説法過去3時制の相互比較，3.2.2.2. 過去3時制比較上の問題点参照）．

① Sotto a quel lampione *per poco non andò* ad urtare contro una coppia(...). (D. Buzzati) その街灯の下で，二人連れの男女にぶつかりそうになった．

② Mara lo raggiunse, prese la lettera e *fece per* tornarsene indietro. (C. Cassola) マーラは彼に追いついた．手紙を受け取り，元へ戻ろうとした．

 b 直説法大・前過去との近似用法

もう一つ別な遠過去形動作と関連させながら，その直前の動作の出来事を表わすのに際し，大・前過去形に代って遠過去を用いるのは，むしろごく普通の，よく見られる表現の仕方である．

Quando gli *chiesi* se non veniva a bagnarsi, **fece** una smorfia e allegò la stanchezza. (C. Pavese) 私が泳ぎにいかないのかと尋ねると，彼はたちまち渋い顔をして疲れを口実にもちだした．

 c 過去1回性の，超時間性への昇華

遠過去の特徴である，「画然たる過去1回性」と「確固たる現実性」という性格を備えていたはずの一つの具体的な出来事が，いつの間にか象徴性を帯びて，超時間的表現と化すことがある．

  （a）　諺，格言

① Tanto *tuonò* che *piovve*. 雷鳴高まれば雨を招く（一犬影に吠ゆれば万犬声に吠ゆ）

② A buona lavandaia, non *mancò* mai pietra. 優秀な洗濯女だったらかならず洗濯用の石を見つけるものだ（やる気さえあれば必ず道は開ける → 精神一到何事かならざらん）

  （b）　個性・特性の結晶化

これは，諺，格言での遠過去の用法に通じるもので，遠過去形という，のっぴきならない現実性をもった表現を用いることによって，とりわけ故人や歴史上の人物の個性を浮彫りにしようとする用法である．ときに歴史記述や，人物の業績を讃える文章に登場するが，格言同様，象徴・典型・記念化の意図がうかがわれる．

Severino Brambilla *ebbe* animo vivace e *predilesse* sopra ogni altra cosa le arti liberali.セヴェリーノ・ブランビッラは，明敏な魂の持主で，学芸をすべてに優先させた．

3.2.6. 大過去（trapassato prossimo）

〈大過去〉の基本的枠組
A　特　　性
　　a　完了・完結性
　　b　未完了性
B　用　　法
（1）基本用法
　　a　完了・完結性に基づく用法
　　　（a）　過去から見た近過去
　　　（b）　過去から見た遠過去
　　b　未完了性に基づく用法　→　過去から見た半過去
（2）特別用法：叙法〔主観〕性に基づく用法
　　a　婉曲・丁寧語法
　　b　「想像活動」を表わす動詞の1人称否定形
　　c　条件文での大過去

A　特　　性
　　a　完了・完結性
　　b　未完了性

　過去，現在，未来という3大時制区分のうち，とりわけ人間の関心が，過ぎ去った時間，広い意味での歴史に向いがちなところから，多くの言語で，過去の表現法が，もっとも多様で豊かな発達を見た．

　欧米語では一般に，「現在から見た過去」を表わす時制に，「過去から見た過去」を示す時制を組合わせることによって，過去の2重構造化，ないし立体構造化を図っているが，イタリア語の場合，近過去，半過去，遠過去の三つがその前者であり，さらにもう一段奥の過去を表現する「過去から見た過去」の役は，この大過去ともう一つ後出の，前過去の二つの時制が担当している．

3.2. 直説法 (indicativo)

　この場合まず留意すべきことは，奥まった場所の過去とはいうものの，大過去はけっして，単に現在から遠い過去を表わすことを目的として用いられるわけではない，ということである．要するにそれは，現在からの時間的距離の大小ということよりもむしろ，過去のある一定の時空間の向う側に，もう一つ別な時空間を設定することによって，出来事の前後関係を明確にし，同時に叙述に奥行きと深みを与えるための，いうなれば一つの「仕掛け」なのである．

　ところで，その手前にあって，大過去表現を成立させる基盤ないし基準の役をつとめ，同時にその大過去形の動作・状態を観察し捉えるための「場」としても働く「時空間」を，文法では「基準の時（momento di riferimento）」と呼んでいる．しかしこれは，単に時点として示されるだけではなく，むしろ長さや広がりをもった，いうなれば時況とでもいうべき姿をしていることが少なくない．そういう意味でも，ここは端的に，やはり「基準の時空間」と呼ぶのが相応しいかと思われる．そしてこの「時空間」を設定する役割は，まず第一に，近・半・遠過去形の動詞，あるいは過去の時点・時況を表わす副詞（句），ときによるともう一つ別な大過去，稀に前過去形の動詞などによる表現に委ねられる．さらには，「基準の時空間」の存在が言外の暗示にとどまることも当然あって，そうした場合には，その見えない時空間を想定することが，読解上必要な作業になる．たとえば次の2組の例文を御覧いただきたい．

　　① Quando **è stato piantato** questo olmo？　この楡の木はいつ植えられましたか．／② Chi **ha preso** questa farfalla？　この蝶は誰が採集したものですか．

　　② Quando *era stato piantato* questo olmo？／Chi *aveva preso* questa farfalla？

　このケースでは，①のグループの近過去形の文が，眼前にある本物の楡の木ないし蝶の標本を見たときの問いかけだとすれば，他方②のグループの大過去形の文は，すでに現実には存在していないもの，たとえば，写真やヴィデオ，スケッチなどによる，「イメージ」化された木や蝶を見たうえでの発言とみなすことができる．そう考えれば，この②のグループは，言葉ではない「映像」もしくは「画像」によって設定された「基準の時空間」に支えられた文ということになる．

　さてこの「基準の時空間」を判定，もしくは想定できたとして，続いてもう一つ，大過去という時制のもつ二面的性格をまず最初にはっきり確認しておく

必要がある．すなわち，もう一つの「過去から見た過去」である前過去が，もっぱら「直前即時完了」とでもいうべき「完了・完結性」だけを顕著に備えているのに対し，大過去は，この完了性のほかに，半過去に似た「未完了性」，すなわち「持続・継続性」や「習慣・反復性」をも，同時に兼ね備えているということである．要するに，「基準の時空間」から見て大過去は，一方では「近・遠過去」であり，もう一方では「半過去」でもあるのである．「過去完了」という思い込みだけで即断し，後者の半過去的性格を見落してはならない．また文を節に区分けした場合，主節，従属節，独立節いずれの節にも登場し，前過去にくらべ，はるかに広い用途をもっている．

B　用　　法
（1）基本用法
　　a　完了・完結性に基づく用法
　大過去時制のもつ「完了・完結性」は，基本的には近過去のそれに類似している．したがってこの用法に関しては，近過去の特性をある程度そのまま継承しているのである．たとえば，視線を過去の方向に向けた，普通の意味での完了性のほか，近過去形がもつ「未来完了性」，つまり大過去の場合は，「過去から見た未来完了」的性格を兼ね備えているところにも，そうした性格の一端がうかがえる．次の例文を御覧いただきたい．

　　　Mi ha affermato che torna quando ci è riuscito. それがうまくいったら戻ってくると彼は私に確言した．　→　Mi affermò che **tornava** （過去から見た未来） quando ci *era riuscito* （過去から見た未来完了）. (cf. 3.2.3.　近過去，B，b）

　　　（a）　過去から見た近過去
「基準の時空間」から捉えた，それ以前の経験の回想，その直前ないし，比較的近い時点での出来事の表現など，この用法は，大過去の使い方のなかで，もっとも広く行われているものである．

　　① （回想）**Pareva** una cosa da niente. In combattimento, quando un proiettile *l'aveva colpito* di striscio, a mezza coscia, non *se* n'*era* quasi *accorto*. (I. Calvino) 大したことはないように思われた．戦闘の折，弾丸が太腿の中頃をかすめたときも，ほとんど気がつかなかったくらいなのだ．

　　② （すぐ前の出来事） *Erano giunti* in cima a una salita. Drogo **si**

3.2. 直説法 (indicativo)

voltò indietro a guardare la città contro luce; fumi mattutini si alzavano dai tetti. (D. Buzzati)（二人は）坂道を頂上にまで登りつめていた。ドゥローゴは振り返って, 灯りに照らしだされた街を見つめた。家々の屋根からは朝食の煙が立ちのぼっていた。

③ 《Ciao》, **disse** Micòl, ferma sulla soglia.《Che bravo a venire》. *Avevo previsto* tutto con molta esattezza: tutto, tranne che l'avrei baciata. *Ero sceso* di sella, *avevo risposto*:《Ciao. Da quando sei qui?》, (...). (G. Bassani)「しばらく」と入口に立ちどまったままミコールは言った。「よく来たわね」私は何もかもじつに正確に予測していた。彼女にキスをするということだけを除いてはなにもかも。私は自転車を降り, 答えていた。「やあ, いつからここにいるの」（この例文では, Ero sceso, avevo risposto の二つの動作が, 実際は disse のあとで行われたにもかかわらず, 大過去形になっている。それ以前から予測していたことを示すための操作かと思われる）

④ （前過去形による「基準の時空間」の表現）Quando **fu uscita** dalla gola, s'accorse che il cielo *s'era rabbuiato*. (C. Cassola) 谷間の狭い道から脱けだしたとたん, 空がすっかり暗くなっているのに気がついた。

⑤ （「基準の時空間」は言外）—Te l'*avevo detto*: troschista, ecco quel che sei: troschista! (I. Calvino)「前にもいっただろ, トロッキストだって。本当に手前(てめえ)はトロッキストだよ」

(b) 過去から見た遠過去

(a) の場合よりも,「基準の時空間」からの時間的ないし心理的距離が大きい, 「過去から見た遠過去」とでも称すべき用法である。もっとも, 次に挙げる①の例文は, その出来事が, 主人公の主要な関心事であるために心理的距離は意外と近く, その意味では,「過去から見た近過去」として捉えることもできるかもしれない。

① *Erano stati* avvenimenti della gioventù del conte Nichesola, ma **tornavano** spesso nel discorso. (R. Bacchelli) それはニケーゾラ伯爵の若い頃の出来事だったが, 彼の話によくでてきたものである。

② Gli **ritornò** in mente un verso che *aveva letto* per caso in una libreria di Parigi sfogliando un volume di non sapeva più chi, (...).

(G. T. di Lampedusa) その昔たまたまパリの本屋で手にした，どこぞの作者の書物のなかで読んだ詩の一節が,ふと彼の頭に浮んだ.(…)
 b 未完了性に基づく用法 → 過去から見た半過去

さきにも述べたように，大過去用法の習得にあたってまず念頭におくべきことは，この時制が「完了性」と「未完了性」という相対立する性格を用時に兼ね備えた，いわば両義的性格の時制だということである．すなわち大過去は，「近・遠過去的完了性」に加えて，「半過去」と同じような，「持続・継続性」「同時・背景性」「習慣・反復性」といった，さまざまな未完了的性格も色濃く備えている．しかし，ただ一口に「未完了性」とはいうものの，大過去には大過去時制なりの，半過去とは違った特徴があるはずで，まずは未完了性をめぐっての，半過去と大過去という二つの時制同士の相違点の一端を，確認しておく必要があるように思われる．次の例文を御覧いただきたい．

 Nevicava／*Aveva nevicato* incessantemente mentre ardeva il fuoco nel camino. 暖炉で火が燃えている間，雪は絶え間なく降っていた．
この例文における半過去形 Nevicava，大過去形 Aveva nevicato はともに「同時・背景性」を表わしているが，Nevicava が ardeva に対する文字通りの「同時・背景」的動作であるのに反し，大過去形 Aveva nevicato には，ardeva という動作が行われる「以前からすでに雪が降っていた」という含みがこめられるのである．そしてこれと似た状況を捉えたのが，たとえば次の①の例文である．
 ① （背景描写）Drogo **taceva**, con addosso un'improvvisa oppressione. L'orizzonte *si era allargato*, sullo sfondo comparivano curiose sagome di montagne rocciose, rupi aguzze che si accavallavano nel cielo. (D. Buzzati) 突然とりついた重苦しい気分のために，ドゥローゴは，じっと黙っていた．地平線は，大きく広がっていた．その背後には，大空に向って重なり合うように聳え立つ岩だらけの山々と，鋭く尖った岩壁の異様な横顔が浮んでいた．
 ② （習慣・反復的動作 → 過去の回想）Questo scambio d'idee prima del delitto, avveniva sempre. Forse, in passato, sullo spiazzo deserto *s'erano aggrediti* degli sconosciuti, ma ormai non **accadeva** più da un pezzo. (C. Pavese) こうした考えのやりとりが，犯罪の前には必らず行われたものだった．おそらくその昔は，人気のないその原っ

3.2. 直説法 (indicativo)

ぱで，見知らぬ者同士，襲いかかったことであろう．しかし今では，もうしばらく前からそうしたことはなくなっていた．

③ （持続的状態）Ero fra le poche persone che riuscivano a intimidirla. Non **osava** mai opporsi alle mie decisioni. Tuttavia *aveva voluto* ugualmente che nella casa ci fosse una stanza per me. (N. Ginzburg) 私は彼女（＝母）を脅かすことができる，数少ない人間の一人だった．彼女は，私がいったん決めたことに逆らうようなことは，けっしてなかった．しかしやはり以前から，家の中に私のための部屋があることを望んでいたのである．

（2）特別用法：叙法〔主観〕性に基づく用法
　a　婉曲・丁寧語法
ときに，一部の動詞が，半過去形のように，婉曲的意味合をこめて用いられることがある．

Veramente, *avevo voluto* che tu restassi; ma se preferisci venire con noi, fai pure. 正直のところぼくは君に残って欲しかったんだけど，ぼくたちと一緒に行きたいというのなら，そうしたまえ．

　b　「想像活動」を表わす動詞の１人称否定形
credere, pensare, immaginare, supporre, aspettarsi など，つまり「思考，想像，期待」といった人間の「想像活動」を表わす動詞の，主として１人称否定形による「意外感」の表現は，本来「条件法過去」，ときに「半過去」形を用いて行われるが，場合によると大過去形が用いられることもある．

① Ma *non mi ero aspettato* di non trovar più noccioli. (C. Pavese) それにしても私は，榛の実が見つからなくなるなんてことは思ってもいなかった．

② **Rimanemmo** tutti a bocca aperta perché sebbene lo sapessimo che Giustino era avaro, *non ci eravamo aspettati* che lo mostrasse così presto. (A. Moravia) われわれは唖然としてしまった．というのも，ジュスティーノのケチぶりは知ってはいたものの，こんなにも早くその様子を見せるとは，まったく思いもかけなかったのだ．

　c　条件文での大過去
話し言葉で，条件節，帰結節ともに，大過去形が用いられることがある．条件節の場合は接続法大過去に，帰結節のほうは条件法過去に代る用法である．

① Se tu *avevi* effettivamente *spedito* la lettera, come promesso, adesso non staremmo qui a recriminare. もしあなたが約束通りきちんと手紙を出してくれていさえしたら，今頃こんなところで文句を言ったりはしませんよ．
② Senza quel dannoso incidente, a quest'ora ci *eravamo* già *arrivati*. あの災難がなければ，もうとうにわれわれはそこに着いていただろう．

3.2.7. 前過去（trapassato remoto）

〈前過去〉の基本的枠組
A 特　　性
　即時完了・完結性
B 用　　法
（1）一般用法
（2）特別用法
　　a　半・大・前過去が「基準の時空間」を形成
　　b　独立節・主節での前過去

A 特　　性
即時完了・完結性
前過去は，大過去と並ぶ「過去から見た過去」，つまり過去完了時制の一つであるが，「完了・完結性」と「未完了性」を兼ね備えた大過去の用法が，多様かつ多岐にわたっているのに反し，前過去は，とりわけ現代ではもっぱら文章語の世界で，しかもある限定された場でしか用いられない．ともあれ，本来この時制には，一瞬のうちに動作が成立する，「即時完了1回性」とでもいうべき，鋭角的な性格が備わっているのである．

B 用　　法
（1）一般用法
　一般用法四つのポイント
　　1）「時間」の従属節（「…すると（すぐに）」）で使用．
　　2）主節の遠過去（基準の時空間）の動作の「直前即時完了」．
　　3）動作に「終点・目標」が組みこまれた「完了動詞」を使用．

3.2. 直説法 (indicativo)

4）通常，受動態は用いない．
　なお，「時間」の従属節を導く接続詞（句）としては，(non) appena (che)，(subito・immediatamente) dopo che, quando, allorché, allorquando, come, poiché, finché (non), una volta che などがあり，そのほか，〈過去分詞＋che＋助動詞 essere・avere の遠過去形〉という構文も用いられる．ついでながら，前過去形と，主節の遠過去形の動作との時間的近接感が薄れる恐れのあるような一部の副詞，たとえば già（すでに），ormai（いまや）などという語が併用されることはない．

　① Quando *ebbi finito*, mi **sfiorò** la manica della giacca con una lieve carezza. (G. Bassani) 私が電話を終えると，軽くなでるかのように，私の上着の袖にそっと手を触れた．
　② *Uscita* che *fu* l'infermiera, **passò** un quarto di completo silenzio. (D. Buzzati) 看護婦が出て行ったあと，静まり返った15分間が過ぎた．

（2）特別用法
　a　半・大・前過去が「基準の時空間」を形成
　稀ではあるが，主節で用いられるべき遠過去形の代りに，半過去，大過去，前過去形などの時制が用いられることもある．
　Volevano venirci ad abitare i suoi fratelli, dopo che *furono* tutti *ritornati* al paese. (N. Ginzburg) 彼女の兄弟たちは帰郷してくると，みんなそこへ来て住むことを望んだのだった．
　b　独立節・主節での前過去
　古いイタリア語では，独立節・主節での前過去の使用がごく普通に行われたが，現代でも，時間の前後関係を示す語が併用されているときは，主節に登場することがある．
　In due o tre giorni Nino *ebbe fatto* amicizia con loro e si parlavano a risatine o gomitate. (C. Pavese) 二，三日もすると，ニーノは彼らと親しくなった．そしてなにやら喋りながら，笑ったり肘で突き合ったりしていた．
　　〈備考〉　ちなみに，P. M. Bertinetto が挙げている fintantoché という接続詞に
　　　導かれた前過去の例を引用しておこう (Tempo, Aspetto e Azione nel Verbo
　　　Italiano, Il sistema dell' indicativo, Accademia della Crusca). これはどう
　　　考えても，「直前完了」とは考えられない．Bertinetto は，fintantoché という

接続詞の性質から生じた特別ケースだといっている．

　Carlo continuò a prendermi in giro fintantoché non *ebbe ricevuto* a sua volta un'ingiunzione di pagamento. カルロは，自分のほうで支払命令を受けるまでは，私をからかうのをやめなかった．

3.2.8. 単純未来 (futuro semplice)

```
〈単純未来〉の基本的枠組
A　特　　　性
　　a　未来性
　　b　不確実性と主観性
B　用　　　法
(1) 基本用法
　1) 未来の動作・状態
　　a　予　　　測
　　b　意志・意図
　2) 不確実性と主観性の表現
　　a　現在の事実の推測
　　b　叙法的用法
　　　(a) 命令的意志
　　　　i ) 婉曲的命令
　　　　ii) 定言的命令
　　　(b) 可能性の表現
(2) 派生用法
　1) 過去への視点移動(回顧した時点から見た未来：歴史記述)
　2) 格言，金言(未来に向って開かれた真理)
```

A　特　　　性
　　a　未来性
　　b　不確実性と主観性

　英語その他のヨーロッパ諸語の場合と同じように，イタリア語でも，現在や過去の時制に較べて，未来時制の成立は，歴史的にかなり遅れた，といわれて

3.2. 直説法 (indicativo)

いる。古くは未来時制の代りに、現在形に未来時を示す副詞（句）などを添えるというやり方が行われていたのであるが、いずれにしろ、人間が確実に所有し、そして豊かで深い内容を蔵する時空間は、明らかに記憶のなかなる過去の時空間であって、それに較べまだ現実化していない時空間である未来に関する表現法が、それほどの発達を見ないのも、ある意味ではごく自然な成り行きだともいえるであろう。

そのせいか、そのような背景から生まれた未来時制には、さほど面倒な問題は存在しないのである。大きく分けて基本的用法は、未来に関する表現法と、広く推測や、主観的判断・意志が加味された、いわゆる叙法的用法の二つに分けることができる。

B 用　法
（1）基本用法
　1）未来の動作・状態
　未来の出来事に関する「予測」を述べるか、もう一つ、動作に「意志・意図」がこめられる場合がある。

　　a　予　測
　　① *Passeranno* dei giorni prima che Drogo capisca ciò che è successo. *Sarà* allora come un risveglio. (D. Buzzati) ドゥローゴが、実際に起ったことを知るまでには、何日間が過ぎていることだろう。だとすればそれは、目覚めのようなものだろう。
　　② Di conseguenza *otterrà* i migliori risultati il partito che *avrà* maggior capacità di trovare alleati. (N. Bobbio) その結果、同盟勢力を見いだす能力をより多く備えた政党が、最良の結果をおさめることになるだろう。

　　b　意志・意図
　　① 《(...) Gli *strapperò* quei pidocchiosi capelli uno per uno!! (...)》(G. Guareschi)「あいつの虱だらけの髪の毛を、一本ずつ引き抜いてやるからな」
　　② —Di' lupo Rosso, —fa Pin, —non mi *pianterai* mica qui da solo? (I. Calvino)「ねえ…ルーポ・ロッソ」ピンは言う。「ぼくをここへ独りで置いてけぼりにしたりはしないよね？」

　2）不確実性と主観性の表現

第3章　法と時制

　a　現在の事実の推測

　たとえ現在の出来事であっても，話者〔作者〕が充分な情報や確信をもっていない場合には，単純未来形を用いて，その事態を推測することができる．ただこの場合用いられる動詞は主として，essere, stare, avere などを代表とする「状態」動詞であり，主語も3人称になるのが通例である．

　　① Da qui alla vetta del monte *ci saranno* dieci chilometri, e *ci vorranno* tre ore di cammino. ここから山頂まで10キロ，歩いて3時間というところだろう．

　　② 《È tutto chiuso, *saranno* dieci anni che non c'è nessuno》(D. Buzzati)「完全に閉ったままです．もう10年くらい前から誰もおりませんよ」

　b　叙法的用法

　いまだ現実化していない未来の世界の表現は，結局のところ，広く話者〔作者〕の主観の働きに頼るしかないのであって，その結果さまざまな意味合の叙法的用法の発達をみた．そしてその用法は，(a)命令的意志，(b)可能性，の二つに大別することができる．

　（ a ）　命令的意志

　　ⅰ）婉曲的命令

　命令の意味をこめた単純未来を，イタリア語の文法では，「命令法未来」ということがある．柔らかな調子の命令，ないしは要請，勧告の意味をこめて用いる．

　　① ―Non *vorrai* mica andartene con questo tempo. E bagnata fradicia. (C. Cassola)「こんな天気のとき出かけたりしたら絶対だめよ．それにずぶ濡れじゃないの」

　　② 《Ora *parlerai*》―gli disse Adele e gli offerse del vino. (G. Comisso)「さあ話してごらんなさい」アデーレはそういって，彼にぶどう酒をすすめた．

　　③ 《Raschia, rasoio, ―pareva dire la sua pelle, ―non *raschierai* quel che ho sentito e so!》(I. Calvino)「剃刀君，ひっかくがいい」彼の皮膚がそういっているようだった．「だけどぼくが感じたもの，そう，そいつはひっかいてはだめだぜ」

　　ⅱ）定言的命令

3.2. 直説法 (indicativo)

確固とした命令・要請的意志がこめられ，とくに規則，道徳律，宗教的戒律などの表現に相応しい言い方である．

① Gli studenti *si prepareranno* sul testo consigliato. 学生は，指示されたテキストに基づいて準備をしてくること．

② Non *avrai* altro Dio fuori che me. (聖書) 我れ以外の神を崇むることなかれ．

（b） 可能性の表現

広く可能性の形で物事を表現する言い方で，丁寧，疑念，躊躇(ためらい)，認容，憶測など，さまざまな気持がこめられる．となれば誰でも気づくように，これは条件法現在のそれに近似した用法だといっていい．つまり，まだ現実化する以前の出来事を述べるのが未来である以上，「可能性」の法たる条件法に通ずる性格を当然もっているわけである．しかし条件法の場合は，未来に較べて，通常感情の積載量，屈折度はともにより大きく，より陰影に富んだ表現が可能である．したがって，単純未来が「現実性」と「可能性」という二つの領域にまたがった，一種の境界表現の仕方だとすれば，条件法はあくまでも，もっぱら「可能性」の領域にのみかかわる言い方だといっていい (cf. 3.4. 条件法)．

① （丁寧）―Le *dirò* subito che per un' impresa che in breve m'arricchirà ho bisogno di una somma(...). (M. Bontempelli)「急いでつけ加えさせていただきますが，私が資金を必要としているのは，遠からず富をもたらすはずの事業のためなんです（…）」

② （疑念）―Cosa *si vedrà* da quella montagna ?「あの山から何が見えるのだろうか」

③ （認容）《(...) *Sarà* assurdo, eppure anche lei, se è sincero deve confessare...》 (D. Buzzati)「馬鹿げているかもしれません．しかし上官殿も，率直な気持をおもちなら，はっきりおっしゃるべきです…」

④ （憶測）―Ma una legatura la *saprete* fare anche voi, ―obiettò Gretta, senza accorgersi d'offenderlo. (E. Morovich)「しかしお宅だって，結紮(けっさつ)の処置くらいおできになるでしょう」グレッタは，彼の気持を傷つけることになるとは気づかないで，反論した．

（2）派生用法

1）過去への視点移動（回顧した時点から見た未来：歴史記述）

歴史記述のなかで，過去時制で表現されている文章の間に，一種の「過去未

来」の要領で，単純未来形を挿入することがある．

　Verso la metà del sec. XV l'Europa era dunque nel pieno di una grave crisi economica. (omissis) In seguito, come sappiamo, e precisamente nel 1492, Cristoforo Colombo *scoprirà* l'America, aprendo nuove possibilità di sviluppo. 15世紀の半ば頃はしたがって，ヨーロッパは深刻な経済危機のなかにあったのである．(中略)その後，われわれも知るように，正確には1492年，クリストファー・コロンブスがアメリカ大陸を発見するとともに，新たな成長の可能性を開くことになる．

　2）格言，金言（未来に向かって開かれた真理）

　格言に単純未来形を用いる場合があるが，ここには，未来永劫この真理は変ることがないだろう，という意味がこめられている．しばしば，sempre, non... mai などの副詞（句）を伴なう．

　　① Le buone azioni **non** *saranno* **mai** dimenticate. 善行はいつまでも忘れられることはない．

　　② Due più due *farà* **sempre** quattro. 2足す2は常に4である．

3.2.9. 前未来（futuro anteriore）

```
〈前未来〉の基本的枠組
 A　特　　性
    a　未来完了性
    b　不確実性と主観性
 B　用　　法
（1）基本用法
    1）未来のある時点までの完了動作
    2）不確実性と主観性に基づく用法
    a　過去の出来事の推測
    b　叙法的用法
（2）派生用法
    永続的未来の表現
```

A　特　　性

— 196 —

3.2. 直説法 (indicativo)

    a 未来完了性
    b 不確実性と主観性

「過去の過去」，つまり過去完了の「大過去」が，「完了・完結性」と「未完了性」双方の性格を兼ね備え，さまざまな用法を発達させたのに反し，未来完了である「前未来」は，あくまでも「完了性」のみを表わす，という際立った特徴をもっている。もっとも，この「完了性」オンリーの特徴は，未来の出来事を表現するときにのみいえることで，反対に，もう一つの主要な用法「過去の出来事の推測」の場合には，「完了」，「未完了」いずれの動作も表わすことができる。ともあれ，単純時制である「単純未来」が，遠く未来へと伸びていくという，開かれた性格をもっているのに反し，「未来完了」としての「前未来」は，未来へと向う時間の途中に終点を設定し，動作がその終点に達することによって完成する，いわば一種の「閉じられる（予定の）時空間」なのである。

B 用   法
（1）基本用法
  1）未来のある時点までの完了動作

ある時点，つまり「基準の時（momento di riferimento）」，正確には「基準の時空間」は，単純未来，直説法現在，副詞（句）あるいは，言外の暗示で示される。また「基準の時空間」との時間的距離が短いときには，単純未来形で代用されることも少なくない（Quando *avrà smesso* di giocare, **sarà** già tardi. → Quando **smetterà** di giocare, **sarà** già tardi. 賭け事をやめるときはもう手遅れだろう）。もっぱら「完了性」のみを表わすとなれば，用いられる動詞は，当然のことながら，多くの場合「完了動詞」である。

    ① Non disturbiamolo per ora: quando *avrà lasciato* la ditta, **parteciperà** all'attività volontaria. あの人はいまはそっとしておこう。会社を辞めたら，ボランティア活動に参加してくれるだろう。

    ② (...) **fra pochi giorni** *avrò compiuto* quarantacinque anni. (V. Brancati) 数日後には，私は45歳になっているだろう。

    ③ —In qualunque momento, se *avrai cambiato* idea, **potrai** contare su di noi. (G. Piovene)「どんなときであろうと，もし気が変ったら，私たちを頼りにしてくれていいからね」

  2）不確実性と主観性に基づく用法
    a 過去の出来事の推測

「単純未来」の推測の対象が現在の出来事であったのに反し，「前未来」では，ときに疑念，期待，可能性などのニュアンスをこめて，過去の事柄に対し推測の眼を向ける．

① —Non *sarete* mica *stati* zitti durante tutta la strada. (C. Cassola)
「君たち，一緒に行く間ずっと黙っていたわけじゃないだろう」

② *Sarà stata* a non più di venticinque metri di distanza. (G. Bassani)
彼女は25メートル以上は離れていなかっただろう．

③ 《Immagino che l'*avrai ricevuta* anche tu》, continuai, rivolto a Bruno. (G. Bassani)「君もそれ（手紙）を受けとったと思うけど」私はブルーノの方を向いて続けた．

　b　叙法的用法

前項，a　過去の出来事の推測，の用法には，ときに驚き，怒り，皮肉，抗議などの感情がこめられる．つまり，単純未来が条件法現在に通じる性格を有しているように，前未来は条件法過去にいくらか相似した特性を備えているのである．とはいうものの，前未来には条件法過去のような「実現不可能事」を表わす用法はなく，それに盛られる感情も，条件法過去のそれに較べれば，多様性，複雑さ，屈折度，すべての点でよりシンプルである．

① *Si sarà* finalmente *persuasa*, quella benedetta donna, che suo marito è un genio? L'*avrà finito* di finalmente di brontolare！(D. Buzzati) あのおめでたい女ときたら，結局自分の夫は天才だと信じこんでしまったのだろうか．つまりは，不平をいうのはやめてしまったということなのだろう．

② —Giusto era un po' che mi dicevo : dove *sarà andato* a sbattere quella vecchia carogna, ed ecco mondoboia dove ti trovo. (I. Calvino)「たった今思っていたところなんだ，あの老いぼれの碌でなし野郎を，一体どこへ追いこんでしまったんだろう，ってな．そうしたらなんてこった，お前さんじゃないか」

（2）派生用法

　永続的未来の表現

　　法律の文章や，治療法や薬の説明の文などで用いられる前未来は，単純未来の格言，金言の用法に似て，将来にわたってこの事実はつねに有効であることを示す．

Chiunque *avrà trasgredito* quest'obbligo, sarà punito con un'ammenda fino ad un milione. この義務に違反した者は，100万以下の罰金に処せられる．

3.3. 接続法 (congiuntivo)

3.3.1. 総説

　接続法は基本的に，直説法に対立する法である．直説法が物事をそのままの姿で，つまり見聞し，了解した（あるいは今後するだろう）ままの「事実」として述べるのに反し，接続法は，考え，感じ，願いなどといった，心の動きを介することによって，その物事を事実ならぬ「想念（あるいは主観）」，つまり「脳内現象」として提示する法である．要するに，直説法が素材を生のまま供するやり方であるのに反し，接続法の表現には，精神活動という加工と味つけがほどこされるところに，この両者の基本的な違いがある．
　次にもう一つ，別な側面から眺めてみると，直説法の「事実」には「確実性」が，一方接続法の「想念」という主観の産物には，「不確実性」という性質が伴ないがちなところから，直説法を「確実性」，接続法を「不確実性（ときに非現実性）」の表現法としてとらえることも可能である．そしてあとでも述べるように，この「不確実性」なる特性は，接続法4時制すべてに共通する性質であるものの，とりわけ半過去と大過去の2時制が，ほかの二つに較べて，より濃厚かつ顕著に備えている特性でもある．ともあれ，この想念と不確実性を組み合わせた「想念・不確実性」なる性質こそ，この法の基本的な特性とみなすことができる．しかしここで多少注意しなければならないのは，もしこの「不確実性」なる言葉にあまりこだわりすぎると，実情を見失うことにもなりかねない，ということである．
　たとえば次の例からもわかるとおり，直説法（とりわけ未来時制）でも，不確実な感じは充分表現できるからである．この二つのうち，一方は接続法，他方は直説法の動詞が用いられているが，両方とも，意味的にはほとんど差がない文だといっていいだろう．→「おそらくロベルトは，今日着くだろう」

　　① È probabile che Roberto arrivi（接続法）oggi.
　　② Probabilmente〔Forse〕Roberto arriva〔arriverà〕（直説法）oggi.

それぱかりではない．接続法の表現は同時に，「想念（主観）・不確実性」と

いう叙法的特性を離れて，たんなる文体ないし形態上の問題として現われることもある。その代表的なケースが，次の例文に見られるような，目的補語節や主語節を主節に先行させるという，主節と従属節の位置関係を逆にする，節の倒置構造がそれである。この場合，正置構文のときは，従属節内が当然直説法になるべきはずの文であっても，それを単に倒置の形にするだけで，自動的に接続法の動詞が用いられる。

 ① 正置構文 → Siamo sicuri che tu non l'**hai fatto** apposta.（直説法）あんたがわざとやったのではないことは，私たちにはよくわかっている。

 ② 倒置構文 → Che tu non l'*abbia fatto* apposta, siamo sicuri.（接続法）

以上が，接続法の叙法上の特徴のあらましであるが，それに加えて，どうしても忘れることのできないのは，直説法や条件法とは明らかに異なる，接続法の構文面での際立った特徴である。すなわちこの法は基本的に，**従属節のなかでしか用いられない**，ということである（独立節での用法もあるが，それも結局は，主節が省略された結果，従属節が独立した文に過ぎない）。すなわち，主節，従属節，独立節を問わず，これらいずれの節にも登場する直説法や条件法の動詞とは異なり，接続法4時制は，つねに主節の動詞の時制（直説法か条件法，そしてときに命令法）との係わりのもとに（独立節の場合は，省略もしくは了解された主節の動詞と暗黙の関連を保ちながら）用いられるのである。つまり接続法の時制はすべて，それぞれが独立した性格を備えながらも，同時に主節の動詞の在り方にも左右される，一種の相対時制だということができる。

3.3.2. 用　　法

さて，接続法の用法をまず一覧表の形に概括してみよう（以下，略語 cong. vo は congiuntivo 接続法，ind. は indicativo 直説法の略）。

I	A	1 目的補語節	（1）（主語＋）精神活動を表わす動詞＋che＋cong.vo
			（2）（主語＋）essere類＋精神活動を表わす形容詞・過去分詞＋che＋cong.vo（注：この〈che＋cong.vo〉は厳密には目的補語ではない）
			（3）〈che＋cong.vo〉×〈（主語＋）ind.〉（従主倒置構文）

3.3. 接続法（congiuntivo）

I 従属節	A 名詞節	2 主　語　節 (非人称構文)	（1）非人称動詞（3単形）＋che＋cong.vo
			（2）essere（3単形）＋形容詞・名詞＋che＋cong.vo
		3 叙述補語節 (英語の補語節)	主語（精神活動を表わす名詞など）＋essere＋che＋cong.vo
		4 同　格　節	（主に精神活動を表わす）名詞＋che＋cong.vo
		5 間接疑問節	（主語＋）動詞＋se・疑問詞＋cong.vo
	B 形容詞節 (関係詞節)	（1）最上級かそれに準ずる表現（語調緩和）	
		（2）想定された先行詞：目的；譲歩；条件・仮想；否定・疑問	
	C 副詞節	（1）譲歩節　（2）条件節　（3）目的節　（4）程度・結果節	
		（5）除　外　節　（6）様　態　節　（7）否定原因節	
		（8）限　定　節　（9）比較文第2項　（10）時間節	
II 独立節	1　願　望・祈　願	2　疑　　　念	3　勧告・要請；認容

　上表の接続法構文のうち，ほかの章でも説明が行われている節は次の通りである．
（1）A　名詞節，1〜4　　→　第2章　単文の文型と語の結合型
（2）A　名詞節，5　　　　→　第4章　複文の構造
（3）C　副詞節，（1）〜(10)　→　第4章　複文の構造
　とりわけ，〈動詞・形容詞・名詞＋che＋cong. vo〉については，第2章に，〈接続詞（句）＋cong. vo〉については第4章に，より詳細で具体的な説明がある．

I　従属節での用法
A　名詞節
　上にも述べたように，名詞節の接続法については，第2章で説明されているので，ここではそちらで充分論じられていない問題に焦点をしぼって考えてみることにしたい．
1　目的補語節

第3章　法と時制

〈che＋cong. vo〉なる節を，目的補語（英語の目的語）節として従えるのは，もちろん他動詞だけである．しかしここでは，もっぱら形態上の便宜を優先させて，自動詞，再帰動詞，〈essere＋形容詞・過去分詞〉の後に置かれる che 節（これらは厳密には，名詞節ではない）も，目的補語節に準ずる扱いをするつもりである．

（1）〈(主語＋) **精神活動を表わす動詞＋che**＋*cong. vo*〉

① **Credo** che persino Pale *si divertisse* a urlarlo. (C. Pavese) ぼくは，パーレも大きな声でそれ（自分の名前）を口にするのを楽しんでいたように思う．

② Questo appunto faceva **dubitare** seriamente che un esercito *stesse* arvicinandosi. (D. Buzzati) これはまさしく軍隊の接近を真剣に疑わせるに足るものだった．

ところで，この構文でまず問題になるのは，この「精神活動」とはいったい何を指すか，ということである．つまり精神活動の意味内容であるが，かりに精神活動を「知・情・意」の三つに分けて考えてみた場合，「情」と「意」は文句なしに接続法の領分であるものの，最初の「知」的活動のなかには，接続法が有する「想念・主観・不確実性」という特性よりも，直説法の「経験的事実・確実性」という性質にふさわしい動詞もかなり含まれている．たとえば，「言明，主張；通告；回答；告白；説明；理解；確認；確信」など，言語活動のなかでも，もっぱら「経験的事実」のやりとりだけに終始する，したがって「想像・感情・意志」という人間本来の心的内面活動にはあまり深くはかかわらない，比較的表層の精神活動の内容は，通常，直説法で表わされるからである．

たとえば，そうした動詞としてすぐに思い浮かぶものに，dire(言う)，affermare (確言する)，insistere (主張する)，informare (知らせる)，rispondere (答える)，spiegare (説明する)，capire (理解する)，sapere (知る) などがある．しかしそうはいっても，dire の意味に「…するようにという」という風に意志が加わり，capire が「理解する」でなく，「もっともと思う」くらいの意味で用いられるならば，その後に従う che 節には，おのずと接続法が登場する．さらには，肯定平叙文では直説法の従属節を従える動詞でも，否定や疑問の形になった場合には，「不確実性」のニュアンスが加味されるためにやはり接続法の出番がまわってくる（Non sapevo che egli *avesse* torto.私は彼に非があるとは知らなかった）．このように，平常は直説法の従属節を従える動詞が，とき

— 202 —

3.3. 接続法 (congiuntivo)

に接続法の動詞を要求する場合，それを決定する決め手として働くのは，なによりもまず，「想像」「意志」「否定・疑問」などのニュアンスである．

いずれにしろ，ここはこの問題をあまり細かく詮索する場とも思えないが，参考までに，直説，接続双方の法の目的補語節を従える動詞を10箇取りあげ，その意味上の区別を示しておこう．なんらかの目安になれば幸いである．

① **dire**：+ind. たんに「…と言う」；+cong. vo「…するようにという」
② **si dice**, **dicono**：+ind. 「…と言われている」；+cong. vo → これは，ind.の場合と意味は同じであるが，不確実性のニュアンスが加味される．
③ **ammettere**：+ind.「…を認める」；cong. vo「…を許容する」
④ **pensare**：+ind.「…と思う，と考える，という意見である（この意味でもしばしば+cong. vo）；+cong. vo「…を心に思い描く，想像する」
⑤ **considerare**：+ind.「…を念頭におく」；+cong. vo「…と思う」
⑥ **controllare**：+ind.「…を確認する」；+cong. vo「…するよう気を配る」
⑦ **capire**：+ind「…を了解する」；cong. vo「…を当然と考える」
⑧ **decidere**：+ind.「…という結論をくだす」；+cong. vo「…しようと心に決める」
⑨ **giudicare**：+ind.「…と主張する」；+cong. vo「…と考える，判断する」
⑩ **badare**：+ind.「…に気づく，に意をとめる」；+cong. vo「…するよう配慮する」

（2）〈(主語＋) **essere**類＋精神活動を表わす形容詞・過去分詞＋che＋ *cong. vo*〉

ここでいうessere類とは，stare, rimanere, restare, diventareなど，essereの仲間（英語でいう copulative verb 連結動詞）のことである．

① **Era irritato** che l'avversario di suo padre *vincesse* in modo sleale. (C. Alvaro) 彼は，自分の父親の相手が卑怯なやり方で勝つのではないかとやきもきしていた．
② **Stavo attento** che Nora dalla cucina non mi *sentisse*(...). (C.

第3章 法と時制

Pavese) ノーラが台所から私の言うことに聞き耳を立てないよう気をつけた．

（3）〈**che**＋*cong. vo*〉××〈(主語＋) *ind.*〉（従主倒置構文）

　この構文での接続法の使用は，あくまでも形式上の問題にすぎない．すなわち，すでに3.3.1．総説でも述べたように，主従の節の位置関係が逆転し，che節が主節の前に置かれた場合は，かりに正置構造(主節＋che節)ではche節内が直説法になるべきはずの文であっても，すべて接続法が用いられるのが原則なのである．

　① Che Vittorini *sia* sempre *rimasto* un《liberale》è fuori di discussione. (S. Lanaro) ヴィットリーニが，生涯「自由主義者」だったということは，議論の余地がない．

　② Che il paese non *fosse* omogeneo, già si sapeva. (L. Colletti) この国（イタリア）がまとまりに欠けているということは，すでに知られていた．

2　**主語節**（非人称構文）

（1）〈非人称動詞（3単形）＋**che**＋*cong. vo*〉

（2）〈**essere**（3単形）＋形容詞・名詞＋**che**＋*cong. vo*〉

　この二つの構文についても，詳細は，第2章単文の文型と語の結合型の説明を参照していただきたい．

　① Per esempio non le **risultava** che *andassi* a ballare, né che *facessi* alcuna specie di sport. Così **era** un po' **difficile** che io *mi sposassi*. (N. Ginzburg) たとえば，私がダンスに行ったり，スポーツをやったりすることが，彼女（母）には納得がいかなかった．そんなことをすれば，私の結婚がちょっとむつかしくなるからなのである．

　② Ripresero i latrati del cane. Mi **parve** che tutta la boscaglia *stormisse*, nell'attimo che seguì. (C. Pavese) また犬が吠えはじめた．次の瞬間私は，茂み全体がさわさわと音を立てているような気がした．

3　**叙述補語節**（英語の補語節．〈主語（精神活動を表わす名詞など）＋essere＋che＋*cong. vo*〉）

　この構文は，che節内がむしろ直説法になるケースが一般的であるが，主語の名詞に，「想念，主観，不確実」のニュアンスがこめられれば，当然，接続法になる．直説法，接続法双方の例を一つずつ挙げるにとどめたい（この二つの法

3.3. 接続法 (congiuntivo)

の区別についても，やはり第2章単文の文型と語の結合型，2.3.2.参照）．

① （直説法の例）Il **brutto** fu che l'eczema, invece di attenuarsi *andò* lentamente ampliandosi. (D. Buzzati) 厄介なのは，湿疹が退いていく代りに，ゆっくりと広がっていったことだった．

② （接続法の例）Forse in quei momenti ricorda che il **sogno** di sua madre era ch'egli *facesse* l'ufficiale di marina. (D. Lajolo) おそらくそうしたときに彼は，母親の夢が，自分が海軍士官になることだった，ということを想いだすのである．

4 **同格節**（〈(主に精神活動を表わす) 名詞＋che＋cong. vo〉）

名詞の同格節（…という）の場合も，直説法，接続法のいずれが用いられるかの基準は，3 叙述補語節の場合と同じである (cf. 第2章，2.3.1.)．それぞれ，一つだけ例文をあげておこう．

① （直説法の例）Improvvisamente venne **la notizia** che *era stata concessa* un'amnistia. (C. Cassola) 突然，恩赦が降りたという知らせが届いた．

② （接続法の例）Alla **possibilità** che *fosse* una coniglia, Marcovaldo non ci aveva pensato. (I. Calvino) 兎という可能性については，マルコヴァルドは思ってもいなかったのである．

5 **間接疑問節**→4.17. 間接疑問節参照（327ページ）

B **形容詞節**（関係詞節）

関係詞節内での接続法の用法は，大きく二つに分けることができる．一つは，文のスタイル，あるいは形式面にかかわる用法で，最上級表現（「もっとも…」のもつ直截でむきだしの印象を柔らげるために，直説法の代りに接続法の動詞を用いる言い方であり，もう一つは，実際に現実に存在しているとは限らない，いや存在していることがはっきりしている場合でも，あくまでも心の中で思い描いた姿での，要するに「想定」という形で捉えた人・物・事柄を先行詞とする，関係詞節内での接続法の使用である (cf. 第4章　複文の構造，4.6. 関係詞節の問題点）．

（1）**最上級およびそれに準ずる表現**（語調緩和）

いわゆる最上級のほかに，primo, ultimo, solo, unico, maggiormente など，最上級と同じような意味をもつ表現も含むが，上にも述べたように，「もっとも…」「いちばん…」というのは，ときにオーバーにもなりかねない強い

表現であるために，その調子を柔らげる目的で接続法を用い，「まあ」「おそらくは」「いうなれば」くらいのニュアンスを添えるのである．

① Volevo tracciare di lei (l'Italia) **il ritratto più onesto** che mi *fosse* possibile. (L. Barzini) 私はできる限り正直な，その（イタリアの）肖像を描きたかったのである．

② Quanto alle rape, quest'ortaggio pallido e sfuggente era **il solo** vegetale che Marcovaldo non *avesse* mai *potuto* soffrire. (I. Calvino) 蕪(かぶ)，この青白くて頼りない野菜ときたら，マルコヴァルドが唯一つ，どうしても我慢のできない青物だった．

(2)「想定」された先行詞

「想定」された先行詞を修飾する関係詞節としては，1) 目的，2) 譲歩，3) 条件・仮想，4) 否定・疑問，という次の4種類の意味のものが考えられる．

1) 目　　的

① Cercavo **un bar** che non mi *conoscessero*, per prendere un caffè e pensarci sopra. (C. Pavese) 私はコーヒーを飲んだり，あれこれ考え事をするために，誰も私のことを知らないバール（喫茶店）を探していた．

② Fanno entrare **sua sorella** che lo *consoli* e lui a momenti le salta addosso per morderla. (I. Calvino) 彼をなだめさせようとして姉を部屋に入れると，彼は彼女に飛びかかって，いまにも噛みつきそうになる．

2) 譲　　歩

Una lettera, **un biglietto**, che pure *fosse* di congedo, non gli arrivò mai da parte di lei. 彼女からは，手紙も，葉書も，暇乞いのものですら一切，彼のもとには届かなかった．

3) 条件・仮想

この用法には，chi, chiunque,〈qualunque＋名詞〉などの関係詞もよく登場する．

① Invece, **una foglia** che *ingiallisse* su un ramo, **una piuma** che *si impigliasse* ad una tegola, non gli sfuggivano mai(…). (I. Calvino) その代り，枝のうえで黄ばんでいく一枚の葉や，瓦にひっかかった一

3.3. 接続法 (congiuntivo)

片の羽根が，彼の眼を逃れることはけっしてなかった．
② Onofrio compitava le sillabe come accade a **chiunque** *scriva* sulle pietre. (N. Lisi) オノーフリオは石のうえに字を彫りつける人がよくやるように，その文句を一つ一つ音節をくぎりながら読んだ．

4) 否定・疑問
① Tutto era silenzioso e fermo. **Non un essere umano** che *sbucasse* dalle case o nei campi. (I. Calvino) すべては静まり返り，じっと動かなかった．家のなかから出て来たり，畑に姿を見せたりするような，人影とてまったく皆無．
② **Qual è la persona** che *sia* contenta della sua sorte？自分の運命に満足しているひとは，いったいどういう人間なんだろうか？

C 副詞節

副詞節については，詳細はすべて，第4章複文の構造に委ねることにし，ここでは，(1)から(10)までの節につき，それぞれ一つずつだけ例文を紹介するにとどめたい．ともあれ，この種の節は通常，〈接続詞（句）＋cong. vo〉の形になるわけで，多くの場合接続詞（句）の性質が，直説法，接続法いずれの法の動詞を導くかを決定するのである．

(1) 譲歩節

Benché *fosse* così tardi, mio padre non aveva ancora spento la luce. (G. Bassani) ずいぶん遅い時間だったが，父はまだ灯りを消さずにいた．

(2) 条件節

Io raccolsi in silenzio uno sterpo nodoso, **caso mai** il figlio del fabbro ci *preparasse* un'imboscata. (C. Pavese) 鍛冶屋の息子が，ぼくたちを待ち伏せるという万が一の場合に備えて，ぼくは黙って節くれだった枯れ枝を拾った．

(3) 目的節

E anzi fece salire un soldato **perché** non *venisse* disturbato dagli altri posti di blocco. (G. T. di Lampedusa) それどころか彼（公爵）は，また別な封鎖地点で邪魔が入らないよう，兵士を一人馬車に同乗させた．

(4) 程度・結果節 (「目的」の意味が加味されるときのみ)

(...) e il tavolo tuo sarà sempre più basso, più stretto, più scomodo, e piazzato dietro la porta, **sì che**, entrando, un ospite *veda* subito il tuo collega, ma non te. (L. Bianciardi) そうしてあなたの机はますます低く，ますます狭く，ますます居心地が悪くなり，入ってきた客が，あなたでなく，あなたの同僚がすぐ見えるようにと，ドアの後ろへ移されてしまうのだ．

（5）**除外節**　Nessuno poteva entrarci dallo stradone, **senza che** ce ne accorgessimo. (C. Pavese) 私たちに気づかれないで，誰も大通りからそこへ入ることはできなかった．

（6）**様態節**　Io mi sentivo il vento fresco in faccia **come** avessi la febbre. (C. Pavese) ぼくは自分に熱でもあるかと思われたほど，顔にあたる風の涼しさを感じていた．

（7）**否定原因節**

Non che avesse nessuna tendenza agli studi, né ambizione professionale, tutt'altro. (C. Levi) 彼が勉強をする気がまったくないとか，職業的野心がない，とかいうことではなく，それとはまったく別な問題だった．

（8）**限定節**（接続法を用いることはむしろ少ない．311ページ参照）

Per quanto ne sappia io, potrebbe anche essere già morto. 私の知るかぎりでは，彼はもう死んでいたのかもしれない．

（9）**比較文第2項**

La montagna si rivelava **meno** difficile e ripida **di quanto** non apparisse a guardarla da basso. (D. Buzzati) 山は下のほうから眺めたときほどには，近づき難く険しいという感じを与えなかった．

(10)　**時間節**（「…する前に；…するまでに」）

E sbatté lo sportello **prima che** il cameriere potesse chiuderlo. (G. T. di Lampedusa) 彼は召使いが閉める前に，（馬車の）小窓をぴしゃりと閉めた．

II　独立節での用法

3.3.1.　総説でも述べたとおり，接続法は基本的に，従属節内でのみ用いられる法である以上，接続法の動詞から成る独立節（文）は，本来〈主節＋従属節（あるいはその逆）〉という構造であるべきはずの文から，主節が省略され，従属節だけで独立した文と考えることができる．ということは，その背後に，本来主節の形で表現されるべきなんらかの「精神活動」なるものが，当然潜んでいることを意味している．すなわち独立節の3用法，つまり1 **願望・祈願**，2 **疑念**，3 **勧告・要請；認容**，という3種類の文それぞれで，1では「願い」

3.3. 接続法 (congiuntivo)

が，2は「疑い」が，3の場合は広い意味での「命令的意志」が，裏側から文を支えているのである．これを具体的な文で示せば，たとえば次のようになる．

① (Vorrei che) ritornasse la mia fanciullezza！幼少年時代がもう一度戻ってきて欲しいものだ．② Dov'è sparito il papà？(È possibile) che sia nello studio？パパはどこへ姿を消してしまったのだろう？書斎にいるのかしら？（3の場合については，211ページ参照）

さらにもう一方で，独立節用法の特徴として次の二つを挙げることができる．まず第一に，上記1と3の用法は，接続法4時制のすべてにまたがって行われるのではなく，1は現在，半過去，大過去の3時制のみ，3の用法の場合は，主として現在形だけが用いられるのである．さらにもう一つ，以下の独立節にあっては，あとでも触れるように(3.3.3.接続法4時制の特性)，4時制それぞれの個性の一面が，従属節での用法の場合よりも，より鮮明に浮彫りになる，ということがある．

1 願望・祈願

この用法に登場する時制は，今も述べたように，以下3時制のみであって，通常接続法過去形は用いられない．なぜなら，「願望」は，その実現が「可能」か「不確実」か，そして「不可能」か，その三つの場合のいずれかであって，すでに「終ってしまった」ことを想定する，明快な「完了・完結性」を備えた「接続法過去」形には，結局この種の役は無理なのである．なおこの用法は，しばしば oh, che, se, almeno, così, magari, voglia il cielo などの語句を伴なう．

(1) **接続法現在** →「現在・未来」の実現可能な願望
(2) **接続法半過去** →「現在・未来」，ときに「過去の時点から見た現在・未来」の実現不確実，または実現不可能な願望．しばしば困難や不可能への挑戦というニュアンスを伴なう．
(3) **接続法大過去** →「過去」の実現不確実（つまりその実際の成果については，話者〔作者〕が関知していない），または実現不可能だった願望．おおむね，危惧，怨み，歎き，郷愁，などの情をまじえる．

(1) **接続法現在**
① *Arrivi* il giorno che sorriderà felicemente quella povera bambina！あの可哀そうな女の子が，幸せそうにほほえむ日がやってきて欲しいものだ！

②　"Il Signore ci *protegga* e *risparmi* questo Regno santissimo." (G. T. di Lampedusa)「神が我らをお守りくださり，この聖なる王国をお救いくださらんことを！」

（2）接続法半過去

①　I compagni l'avevano abbastanza sfottuto. Che almeno *fosse* quel ragazzo a sapere chi era Gaspare Planetta. (D. Buzzati) 仲間たちは彼をたっぷり笑いものにした．少なくともその若者だけでもガスパーレ・プラネッタが誰なのか知ってくれたらよかったのだが．

②　《Oh, *potessi* dormire qui, solo in mezzo a questo fresco verde e non nella mia stanza bassa e calda；(...)》(I. Calvino)「ああ，ここで眠りたいものだ．あの，天井が低くて暑い私の部屋ではなく，この涼しい緑のなかで（…）」

（3）接続法大過去

①　Mio zio ha perso tutti i suoi averi. Non *si fosse* mai *lanciato* in speculazioni borsistiche！伯父は全財産をすってしまった．株なんぞに手を出さなければよかったのだ．

②　—Sempre per contraddirmi：*fossi andato* dove so io quel giorno che t' ho conosciuta！(...) (I. Calvino)「君はいつも俺に反対するんだな．君と知り合ったあの日に，どこぞへなりと行ってしまえばよかったよ（…）」

2　疑　念

ときに驚き，怒り，不信などの感情がこめられ，おおむね，che，(e)se などの接続詞に導かれる．

（1）**接続法現在**　→「現在・未来」の出来事についての疑念

①　Ha smeso di piovere ora. Che *si rimetta* il tempo domani？今雨がやんだ．明日天気は回復するだろうか？

②　Com'è diventata piccina, la sua cassetta！(...) Che *sia* per quegli scatolini di libri accatastati lungo le pareti？(G. Monduzzi) 彼女（ママ）の家はなんて小さくなってしまったんだろう！（…）壁にいくつかはめこんである木箱のせいでそう見えるのだろうか？

（2）**接続法過去**　→「過去」の終ってしまった出来事に関する疑念

Ho sentito che Renato sta cercando un nuovo posto di lavoro. Che *sia*

3.3. 接続法 (congiuntivo)

stato licenziato？私はレナートが新しい仕事を探しているという話を聞いた。解雇になったのだろうか？
（3）**接続法半過去** →「過去における現在・未来」の出来事に関する疑念
　　O che invece Deroz *si sentisse* male？Che gli fosse venuto la febbre？（D. Buzzati）それとも反対に，デロスは気分でも悪いのだろうか？　熱でも出たのだろうか？
（4）**接続法大過去** →「過去から見た過去」の出来事に関する疑念
　　（...）o che *avesse perduto* finalmente la pazienza, o che fosse nervoso per via dello scirocco（...）（A. Moravia）（…）とうとう我慢しきれなくなってしまったためなのだろうか，それともシロッコ（アフリカから吹きつける熱風）のせいでいらいらしていたからなのだろうか？
3　勧告・要請；認容
　これは背後に，「第三者」に対する，あるいは話者〔作者〕を含む「われわれ」自身に向けられた，広い意味での「命令的意志」がこめられた言い方である．そして多くの場合，もっぱら**接続法現在形**だけが用いられる，という特徴をもっている（ただ，「認容」の仲間に独立した「譲歩」節を含めれば，当然他時制も登場）．「命令的意志」とは，たとえば，「…が望まれる(si desidera〔si spera〕che＋cong. vo)」「…する必要がある（bisogna che＋cong. vo)」「…を認めよう（ammettiamo che＋cong. vo)」「…と仮定しよう（supponiamo che＋cong. vo)」，などといったものが考えられる．
　なお，この用法で注意しなければならないのは，いくつもの定型ないし成句と化した言い方があることで，用例を挙げる前に，とりあえずその代表的なものを並べてみることにしよう．
（1）**Si＋vedere**〔**osservare, pensare, aggiungere,** ecc.〕の**接続法現在・3単形＋che**＋*ind.*（…を…されたい，しよう）
（2）**Mi〔Ci〕sia lecito**＋*inf.*／**Mi〔Ci〕sia consentito di**＋*inf.*（…させて欲しい，することを認めて欲しい）
（3）**Basti**＋*inf.*（…すれば充分であろう〔あるかと思われる〕）
（4）**Se ne convenga**（そのことを認めよう，正にその通りである）
（5）**Prova ne sia che**＋*ind.*（その証拠に…である）
（6）**E sia！／Sia pure！**（まあ仕方がない（か），ありのままの事実として受けいれよう）

第3章 法と時制

(7) **Vada per**＋*n*. (→ nome 名詞)(…はいいとしよう，は認めよう)
(8) **Ben venga**〔**vengano**〕＋*n*.！(…はうまくいって欲しいものだ)
(9) **Sia**(**ben**)**chiaro**(はっきりさせておくが)
(10) **Sia detto fra parentesi**(ついでにいえば)
(11) **Sia detto fra noi**(ここだけ〔内密〕の話だが)
(12) **Valga**＋*n*. (…が意味あるように；…に任せよう；…をして…たらしめよ)

① *Si osservi* che questo tipo di composizione è largamente produttivo(...). (A. L. & G. L. Lepschy) この種の作品が広く書かれているという事実に注目する必要がある(…)．

② È un farabutto, *prova ne sia che* tutti lo sfuggono. あいつはぺてん野郎だ．その証拠に誰もが彼を避けている．

③ *Basti* **pensare** alle gravi difficoltà economiche causate dal protrarsi dell'amministrazione giudiziaria. (A. Vitello) 訴訟手続の遅れのために生じた，重大な経済的困難を考えてみれば充分かと思われる．

④ Noi siamo, *sia chiaro*, afflitti da nostalgia per il buon tempo andato, (...). (G. Bocca) 明らかにわれわれは，過ぎ去りし時代へのノスタルジーに悩まされている(…)．

⑤ *Si inabissi* pure, l'Europa, e *scompaia* dalla superficie. (P. Battisti) 沈没するがよい，ヨーロッパよ．そしてこの地上から姿を消してしまうがままに任せるとしよう．

⑥ I vecchi *vadano* in soffitta o in ospizi. (G. Scardocchia) 老人たちは屋根裏部屋か，養老院へ行くことが望まれている．

⑦ *Ben vengano* dunque tutte le iniziative editoriali che ci fanno conoscere le sue sperimentazioni giovanili. (R. Barilli) したがって，彼(プルースト)の青年時代の習作を知ることができる出版の企てはすべて，その成功が望まれるのである．

⑧ Dalla Sicilia era venuto in treno: facendosi accompagnare da un cugino più anziano e da un servitore. Ce n'era abbastanza, *se ne convenga*, per eccitare una tribù di letterari in semi-vacanza. (E. Montale) 彼(ランペドゥーサ)は，年長の従兄と召使いを連れてシチ

3.3. 接続法 (congiuntivo)

リアから汽車に乗ってやってきた．ヴァカンス気取りでいた文学者という人種を興奮させるには，はっきりいってそれだけで充分だった．

3.3.3. 接続法4時制の特性

　直説法の各時制が，それぞれの特性ないし個性を備えていることは，3.2. 直説法の項で検討したとおりであるが，それと同じように，接続法の各時制にも，当然のことながらそれなりの特性が備わっているはずである．しかしながら，接続法は一般に，原則として従属節内でのみ用いられるという性格が原因してか，主節の直説法ないし条件法の動詞の時制との相関関係，つまり「時制の照応」という視点からのみ捉えられる傾向があって，肝心の接続法の各時制がもつそれぞれの個性には，従来かならずしも充分な関心が払われてこなかった憾みがある．ところがその解明は，けっしてなおざりにはできないのであって，接続法それ自体の理解のためというだけにとどまらず，今述べた「時制の照応」の基本構造を把握するためにも，じつはたいへん重要な意味をもっている．

　まずこの特性の検討に入るまえに，それぞれの時制を直説法の時制と対照させてみると，これら二つの法の時制同士の間には，ほぼ次のような対応関係が存在することに気づく．

〈直説法〉　　　　　　〈接続法〉
現在・単純未来　⟷　現　　　在
近過去・遠過去　⟷　過　　　去
半　過　去　　　⟷　半　過　去
大　過　去　　　⟷　大　過　去

　この関係図からまず最初に明らかになるのは，直説法過去時制における「完了性」と「未完了性」の対立の構図が，どうやら接続法にもそのまま継承されているらしい，ということである．事実，接続法過去が完了時制，半過去が未完了時制であって，であればこそ，接続法半過去には，直説法半過去同様，「持続・継続性」「同時・背景性」「習慣・反復性」などの特性が備わっているのであり，さらには，接続法大過去も，直説法大過去同様，「完了性」と「未完了性（つまり，「持続・継続性」や「習慣・反復性」）」という二つの側面を兼ね備えているものと考えることができる．

　そしてもう一つ，接続法4時制の特性を考えるにあたって，どうしても欠かせない視点は，各時制が，それぞれどの程度「不確実性」という性質を備えて

いるか，ということである．これは基本的には，4時制すべてが共有する性質ではあるものの，現在，過去の2時制にあっては，その度合いは比較的少なく，やや軽微であるのに反し，もう一方の半過去，大過去の場合は，その特性をより顕著に，あるいはより色濃く備えているように思われる．その濃淡の度合の一端は，たとえば，事実に反する想定が盛りこまれた，「条件節」を構成する接続法半過去と大過去（Se facesse〔avesse fatto〕bel tempo,…）や，独立節での「願望・祈願」の用法におけるこの2時制の姿，そして条件法の主節のあとの従属節（Vorrei che＋cong. vo 半・大過去その他）などから，明らかにうかがい知ることができるのではないだろうか．

ところで筆者は，この4時制の特性を，おおよそ次のように捉えている．

1　接続法現在
（1）「現在・未来」の動作・状態に関する想定
　① Credo che suo cugino *faccia* l'aiuto cuoco ora in Francia. 彼の従弟は今，フランスでコック見習の修業中だと思う．
　② È probabile che in futuro la loro situazione *vada* per il meglio. 将来彼らの状況は改善されるかもしれない．
（2）「超時的」事実の想定
　Mi pare che l'umanità *affronti* da sempre questo problema. 人類は昔からこの問題に直面してきたように思われる．

2　接続法過去（完了・完結性）
（1）「過去」の完結した動作・状態に関する想定
　① Mi dispiace che ieri non *ti sia comportato* bene col professore. 昨日君が先生に対し，感心しない態度を見せたのは残念だ．
　② Sono due settimane che Carlo non si fa vivo. Che *sia* già *partito*? カルロが姿を見せなくなって2週間になる．すでに発ってしまったのだろうか？
（2）「未来」の完結した動作・状態に関する想定（「近過去」の前未来との近似用法参照）
　Se le farai un regalo, penserà che tu l'*abbia fatto* per un secondo fine. もし彼女に贈り物なんぞしたら，なにか下心があってのことだと思われるぞ．

3　接続法半過去（持続・継続性，同時・背景性，習慣・反復性を備える）
　a　一般用法 →「過去」に関する表現

3.3. 接続法 (congiuntivo)

（１）「（主節の動詞によって表現された）過去の時点・状況から見た現在・未来」の持続的動作・状態の想定

　　接続法半過去形は，直説法半過去の場合と同じように，「持続・継続性」を表わし，同時に主節の動詞の，直説法近・半・遠過去，条件法過去形などで示された動作との間に，「同時・背景的関係」を形成する．

① Luigi continuava a bere, benché *fosse* in pessima salute. 健康状態は最悪だというのに，ルイージは相変らず酒を飲んだ．

② Cercammo un ufficio che *potesse* accogliere più di venti impiegati. 私たちは，20名以上の社員を収容できるような事務所を探した．

（２）「現在から見た過去」の持続的動作・状態の想定

　　これは主節が「現在」になる場合で，「現在」の時点・状況から見た「過去」である．

① È possibile che ieri lei *dormisse* ancora a quell'ora. 昨日彼女は，その時間にまだ眠っていた可能性がある．

② Immaginiamo che tu *stessi* in questa città, proprio quando abbiamo parlato di te giorni fa. 数日前にぼくたちが君の噂をしたちょうどそのときに，君はこの街にいたんだと思うよ．

（３）「現在から見た過去」の習慣・反復的動作・状態の想定

　　これも（２）同様，「現在」という視点からとらえた「過去」である．

① Mentre viaggiava in Africa, Marco riusciva subito simpatico a tutti, dovunque *andasse*. アフリカ旅行をしていたとき，マルコはどこへ行っても，すぐにみんなに気にいられた．（「過去から見た現在」でもある例）

② Dicono che da bambino il poeta *facesse* collezione con zelo di monete antiche. 子供の頃，詩人は熱心に古銭を収集したという話だ．

　　b　特別用法 →「現在・未来」に関する表現

（１）「現在・未来」の動作・状態に関する，疑念をこめた想定：条件法の主節に導かれた従属節での用法

① **Desiderei** che mio figlio mi *succedesse* negli affari. 息子が私の仕事を引継いでくれるといいんだが．

② **Vorremmo** che il redattore capo *accettasse* di cambiare programma. われわれは，編集長が企画の変更をする気になってくれることを望んでいるんです．

（2）「現在・未来」の動作・状態に関する，強い疑念をまじえた，または実現不可能な想定
　1）条件節
　　　Se *si presentasse* un'occasione migliore, ci proverei di nuovo. 万が一もっといいチャンスが訪れたら，また試みるつもりだ．
　2）独立節「願望・祈願」
　　　Vivessi di nuovo nella vecchia casa già perduta in campagna！できたらもう一度いまはない田舎の古い家で暮したいものだ．
4　**接続法大過去**（完了性と未完了性を兼ね備える）
　a　一般用法　→「過去」に関する表現
（1）「(主節の動詞で表わされた）過去の時点・状況から見た過去」の動作・状態に関する想定
　1）完了動作
　①　Temevamo che lui *avesse preso* la parola fuori luogo. 彼が場違いな発言をしたのではないかと，私たちは心配していた．
　②　Sgombrò l'appartamento senza che *fosse scaduto* il contratto di affitto. 彼は，賃借契約の期限が終らないうちにマンションを引き払った．
　2）未完了状態
　①　Credevo che Lei *avesse saputo* di questi intrighi. 私は，あなたがその企らみのことを知ってらしたと思っていたんです．
　②　Se lo mise subito sotto il braccio come se *fosse stato* un tocco di pane. (N. Lisi) 彼はそれ（カワカマス luccio）を，まるでパン切れででもあるかのように，腕の下に抱えこんだ．
（2）「現在から見た過去」の動作・状態に関する，事実に反する，または疑念をまじえた想定
　1）条件法の主節に導かれた従属節で
　　　Crederei che tu *avessi inventato* quel dispositivo da solo. 君が独力でその装置を考えだしたものと信じているのだが．
　2）条件節（事実に反する想定）
　　　Se non *avessi incontrato* quell'autore, non avrei abbracciato la carriera di studioso. もし私がその著者に出くわさなかったら，研究者の道を志したりはしなかっただろう．

3.3. 接続法 (congiuntivo)

3) 独立節「願望・祈願」

 Tutti *fossero arrivati* a destinazione senza incidenti !　全員事故もなく目的地に着いていてくれればいいのだが．

b　特別用法　→「過去未来」と「未来」に関する表現

(1)「過去から見た未来」の動作・状況に関する，疑念をまじえた想定

① Le avevo detto di venire sola a trovarmi, quando *fosse stata* bene. (C. Levi) 私は彼女に，身体の具合がよくなったら，独りで私のところへ来るようにいってあったのだ．

② Mia madre tempestosamente ne rievocava sempre gli orrori come una minaccia per un futuro in cui non *ci fossimo comportati* bene. (O. del Buono) 母はまるで，将来予想される私たちの非常識な振舞いに脅しでもかけるような調子で，その（ナチスの）恐怖をもちだすのだった．

(2)「現在から見た未来」の，実現不可能な動作・状態に関する想定

 Se *avesse cantato* quel soprano domani sera, sarei andato a sentire l'opera senz'altro, ma ho saputo stamattina che lei è caduta ammalata improvvisamente. 明日の晩，もしそのソプラノ歌手が歌うんだったら，間違いなくオペラを聞きに出かけたんだけど，今朝わかったことだが，彼女は急病で倒れてしまったそうだ．

以上が，筆者が捉えた接続法4時制のそれぞれの特性のおおまかな見取り図であるが，この説明や用例を通読したかぎりでも，接続法現在と過去の2時制は，比較的分りやすい，むしろ明快でシンプルな特性を備えているのに反し，一方の半・大過去は，その二つに較べるとかなり複雑な側面を有しているという事情が，おのずと明らかになるのではないだろうか．結局のところそれは，接続法半過去は直説法半過去と，そして接続法大過去は直説法大過去と共通する性格，つまり両者ともに「未完了性」なる特性を備えているという一面に加えて，接続法の特徴である「不確実性」という特性も，この2時制がさきの二つに較べてより色濃く体現しているがために生じた結果かと思われる．具体的には，上記例文のうちでもとくに，3接続法半過去のb特別用法，(1)，(2)の項と，4接続法大過去の，a一般用法の(2)，およびb特別用法(1)，(2)の項などからそうした側面をうかがい知ることができる．すなわちこの両時制ともに，実現不確かか，実現不可能な出来事を想定する役割を，どうやら基本的に担っているのである．

3.4. 条件法（condizionale）

3.4.1. 総　説

　この法は，条件法という名称にもかかわらず，条件そのものを表わすことはなく，それとは逆に，しばしばある条件下での広い意味での「可能性」を表現する，というのがその基本的な特性である．しかしこの可能性の裏づけとなる条件は，かならずしもいつも存在するわけではなく，しかもそれが想定できる場合でも，言葉で表現されているとは限らないのであって，言外の暗示にとどまるケースも，ごく普通に見られるのである．したがってもし，たとえ不明確な形でも，条件が存在するときには，それを感じとるセンスを養なうことはもちろん大切な課題ではあるものの，かといって条件にのみこだわるのは，あまり意味のあることではない．

　ところで条件法は，むしろ端的に，「可能法」と呼んだほうがわかりやすいように思われる．そこで筆者は試みに，「可能性推測・提示法」と名づけてみた．あとでも見るように，「可能性推測」とは文字通りの意味であるが，もう一つの「可能性提示」は，すでに現実化していることを，意図的に可能性ででもあるかのように扱うやり方，つまり一種の「ぼかし」の技法を指す．そしてこの「ぼかし技法」が，おそらく他のロマンス諸語にくらべて，より発達しているところに，イタリア語条件法の一つの特徴がある，と少なくとも筆者は考えている．

　たしかに，直説法の「現実性」と対照させる意味でも，「可能性」を条件法の基本的な特性として捉えることは，おそらくもっとも当をえた見方なのである．したがって，この可能性なるものの多様な意味内容を，具体的に見きわめることが，条件法学習の中心課題になるものと思われる．

　具体的な用法の説明に入る前に，条件法2時制のもつ，それぞれの基本的な特性を概括しておこう．

（1）**条件法現在**（condizionale presente）→ **実現可能事**の表現法：現在から未来にかけての「ありうるだろうこと」を表わす．
（2）**条件法過去**（condizionale passato）
　a　**実現不可能事**の表現
　1）過去の実現不可能事のうちに，「（条件次第では）ありえただろうこと」を探る．

3.4. 条件法 (condizionale)

2）現在から未来にかけての，現在すでに実現不可能なことがはっきりわかっていることを，「（条件次第では）ありえただろうこと」として表わす．
  b **実現不確実事**の表現
   過去の，「どうやらありえたようではあるが，確かとはいえないこと」を表わす．
  c **実現可能事**の表現（過去から見た未来）
  1）広く，過去のある時点から未来をうかがった場合の，「ありえただろうこと」を表わす．そして話者〔作者〕は現在，実際そのことがありえたか，ありえなかったか，もとより知っている場合もあれば，知らない場合もあるが，いずれにしろその結果の可否は，話者〔作者〕の当面の関心事ではない．
  2）伝記や想い出のなかで用いる言い方で，現在ではすでに実現したことがわかっていることを，作者は「ありえたこと」という自覚のもとに表わす．

以上の概括を，具体例を添えて図示すれば，以下のようになる．
（1）条件法現在 → 現在から未来にかけての，実現可能事の表現

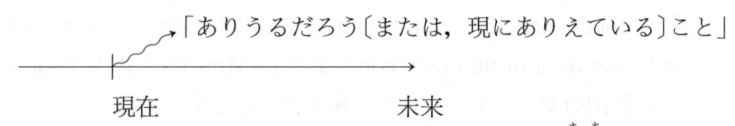

```
          ┌→「ありうるだろう〔または，現にありえている〕こと」
─────┼──────→
     現在         未来
```

 ① *Abiterei* volentieri in questa città, ma non posso. この都市(まち)に住みたいことは住みたいんですけど，できないんです．
 ② Giovanna, mi *faresti* un piacere? ジョヴァンナ，お願い聞いてくれる？
 ③ *Avrei* bisogno di un po' di riposo. ちょっと休息したいんですが．
（2）条件法過去
  a　実現不可能事の表現
  1）過去の実現不可能事
 ① Carla *avrebbe accettato* il tuo invito, ma era impegnata quella sera.

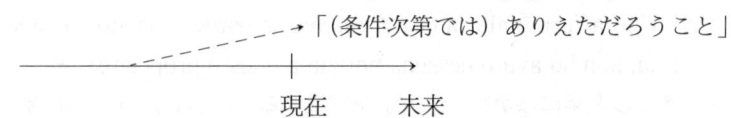

```
      ----→「（条件次第では）ありえただろうこと」
─────┼──────
         現在    未来
```

（そうでなかったら）カルラはあなたの招待を受けたはずなんだけど，その晩約束があったの．

② *Avrei cambiato* la macchina, ma non avevo abbastanza soldi da comprarne una nuova. 車を替えたかったんだが，新車を買うだけの金がなかったんだよ．

2）現在から未来にかけての実現不可能事

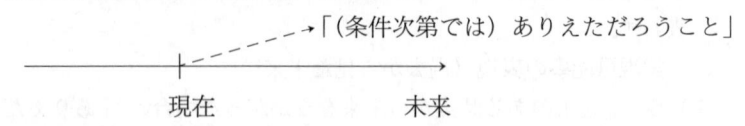

```
                    ----→「(条件次第では) ありえただろうこと」
─────────┼──────────────→
        現在          未来
```

Domenica prossima *avremmo preferito* restare a casa, ma purtroppo dobbiamo partire subito. できれば私たち，次の日曜日は家にいたかったんですが，残念ながらすぐに発たなければならないんです．

b 実現不確実事の表現（過去の出来事）

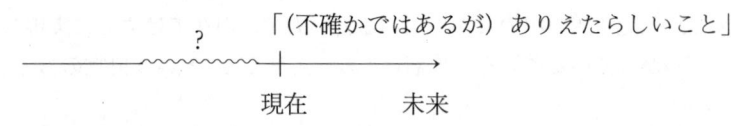

```
            ?          「(不確かではあるが) ありえたらしいこと」
～～～～～～┼──────────────→
        現在     未来
```

① Perché *si sarebbe ritirata* in convento quell'attrice? 一体なぜ，あの女優は修道院なんぞに引き籠ってしまったのだろう？
② Secondo una voce autorevole, un giornalista straniero *avrebbe fatto* un' intervista di nascosto con il Primo Ministro. さる権威筋によれば，ある外国のジャーナリストが，秘かに首相と会ったらしい．

c 実現可能事の表現

1）過去から見た未来

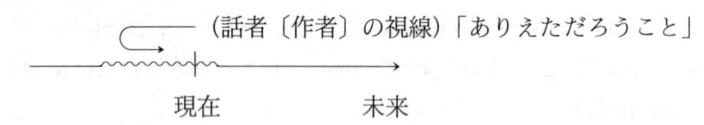

```
            ⌐――― (話者〔作者〕の視線)「ありえただろうこと」
～～～～～～┼──────────────→
        現在     未来
```

① Carla mi ha detto che *avrebbe cambiato* casa (, ed infatti abita ora in un'altra città). カルラは引越しをすると私にいった（そして，事実現在は別(べつ)な都市(まち)に住んでいる）．
② Ugo affermò allora che *si sarebbe laureato* senz'altro l'anno seguente (ma, non ho avuto nessuna notizia a questo proposito). ウーゴはそのときその翌年にはかならず大学を卒業すると断言した（しかし今のところその点については何も聞いていない）．

2）伝記的文章

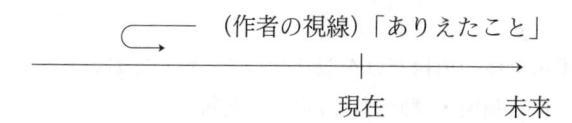

3.4. 条件法 (condizionale)

```
    ━━━━▶    (作者の視線)「ありえたこと」
━━━━━━━━━━┼━━━━━━━━━━▶
           現在        未来
```

De Brosses, che nel 1741 *sarebbe diventato* presidente del Parlamento di Digione, tornò a casa un anno dopo carico di libri e di appunti (…). (P. D. Lombardi) ドゥ・ブロスは、1741年にはディジョン県議会の議長になるのであるが、大量の書物とノートを携えて帰宅したのだった (…)。

　以上の概括からも明らかなように、条件法2時制のうち、おおむね「現在」表現が比較的意味を捉えやすいのに反し、「過去」の表現には、さまざまな側面があり、かなり多様な意味内容がこめられるのである。したがって、「条件法過去」の用法の習得にあたっては、それが意外と複雑な多面体であることをまずはとりあえず最初に念頭におくことが望ましい（あとで詳しく述べるように、なぜか一部で、条件法過去の特性の一面のみをとりあげた、誤解を招きやすい断定的説明が強引に行われているので、この点とくに強調しておきたい）。すなわちそれは、文字通り過去の出来事に関する表現なのか、それとも現在から未来にかけての事柄なのか、いやそうではなく、話者〔作者〕は、過去という時点から未来を眺めているのだろうか。あるいはそれは、実現「不可能事」の表現か、それとも「不確実事」か、そうではなく「可能事」を表わしたものなのか。そして最後に、そこにはなんらかの条件が潜在してはいないのか、などなど。つまりは文脈を間違いなく捉える作業が要請されることになる。

　同時にもう一つ、これも最初に確認しておきたいことは、イタリア語の条件法は、おそらく他のロマンス諸語のそれに較べて、かなり特異な、一種独特の個性を備えているらしい、ということである。この点については、及ばずながら、後述の、3.4.3. 伊仏両国語条件法比較から見たイタリア語条件法の特性、の項で考えてみたが、その個性の一面は、さきに述べた「ぼかし技法」、つまりすでに現実化している出来事を、わざわざ可能性の形に転換して示す言い方にも、はっきり現われている。たとえば、Non lo so.（知りません）の代りに用いられる、Non saprei.（さあ知りませんが）という表現などは、その典型的な一例といっていいだろう。なにはともあれ、まずは以上の諸点を念頭に置いたうえで、以下の用法説明を読み進めていただければ幸いである。

3.4.2. 用　　法
まず最初に，用法全体の項目だけを取りだして一覧しておこう．
1　婉曲表現　（1）願望・意向　（2）意見・判断
2　疑念・躊躇(ためらい)・憶測をこめた推測的判断
3　意図だけに終った願望や動作の可能性
4　情意表現　a　暗示された情意　b　明らかな情意
5　伝聞もしくは不確実な情報に基づく推定
6　現在から未来にかけての実現不可能事
7　条件節〔句・語〕の帰結節
8　過去から見た未来

1　婉曲表現

　これは，条件法の学習にあたって，通常まず最初に学ぶことになる「気配り・気遣い表現法」である．すなわち，無飾でむきだしな言い方は避け，表現に丁寧，慎しみ，遠慮，躊躇(ためらい)などの気持をこめることによって，話し相手に対し，なんらかの気配りや気遣いをこめるのである．主として「条件法現在」形が用いられるが，（1）**願望・意向**を述べる場合と，（2）**意見・判断**を述べる場合の二つがある．そして気配り・気遣いは当然のことながら，1人称（話し手）側の願望；意見表明の形をとるか，それとは逆に，2人称（聞き手）側の意向を尋ねるか，正反いずれかの方向に向けて示される．

（1）**願望・意向**

〈条件法現在〉

① ―*Vorrei* un paio di scarpe coi tacchi alti, ―disse Mara. (C. Cassola)
「ハイヒールの靴を一足いただきたいんですが」マーラはいった．

② 《Lei *vorrebbe* tornarsene immediatamente o non le fa niente aspettare qualche mese? (...)》 (D. Buzzati)「すぐに戻りたいんですか，それとも数ヶ月待っても差支えないということですかな」

〈条件法過去〉

　Veramente, signora marchesa, io *avrei* già *pranzato*. (A. Fogazzaro) 実のところ侯爵夫人，私すでに昼食をすまして参りました．
　この Fogazzaro の文は，すでに終ってしまったことがはっきりわかっている出来事を，わざわざ条件法の形にして述べる，たいへんにユニークな用例である．「条件法現在」の場合は，あとでも触れるように (cf. 3.4.3. 伊仏

3.4. 条件法 (condizionale)

両国語条件法比較から見たイタリア語条件法の特性），「現実性」を「可能性」の形に転換する表現法が広く行われているが，「条件法過去」を用いて既往の現実を可能性の形に換えるこの種の言い方は，現代ではかなり稀なようである．ともあれこの形式を成立させるためには，この文の場合，まず1人称の主語であること，そして veramente（あるいは infatti, a〔per〕dire il vero なども可能だろうか）や già という副詞の存在が欠かせないように思われる．もちろんその代りに，近過去形を用いてしまえば，ごく普通の表現になる

〈備考〉 ちなみに，これはかなりいわくつきの例文であって，もともと G. Rolfs の高名なイタリア語史に収録されていたものを，いくつかの文法書が引用を重ねているものであるが，そのこと自体，現代ではかなり稀な表現法になったと考えられる証しでもある．筆者自身は，残念ながらこれ以外の例に遭遇したことがないのであるが，念のため数人のネイティヴに確かめてみたところ，すでに古めかしくなった言い方とする説と，現代でも結構耳にすることがある，という二つの意見に分れたのである．

（2）意見・判断
〈条件法現在〉

① 《*Sarebbe* forse la soluzione migliore. Ma *bisognerebbe* cambiare il regolamento, *occorrebbe* una legge. (...)》 (D. Buzzati) 「おそらく，それが最良の解決策でしょう．しかし規則を変えなければなりますまい．法律制定が必要です．(…)」

② 《Prenditi una licenza, va a riposarti, ti *farebbe* bene una città di mare.》 (D. Buzzati) 「休暇をとりたまえ．身体を休めに行くんだよ．海辺の町なんかいいんじゃないかな」

〈条件法過去〉

(...) guardavo i suoi occhi, dietro le lenti, *avrei detto* pieno di lacrime. (G. Bassani) 私は眼鏡のレンズの向う側の，涙が溢れそうになっている，彼の眼をじっと見つめていた．

ところで，この「婉曲表現」には，定式化した言い方がいくつもある．参考までにその代表的なものを次に列挙してみよう．すべて，「条件法現在」形を用いたものである（以下，n. → nome 名詞, inf. → infinito 不定詞, ind. → indicativo 直説法, cong. vo 接続法, imp. to → imperfetto 半過去, trap. → 大過去）．

第3章 法と時制

① **Vorrei** *n.*〔*inf.*〕/che＋*cong. vo*（*imp. to・trap.*） 「…を欲しいんですが；…したいんですが」
② **Non saprei** 「さあ存じません」
③ **Direi**〔**Diremmo**〕che＋*ind.*〔*cong. vo*〕 「（私（たち）にいわせれば）まあ…ですねえ」
④ **Avrei**〔**Avremmo**〕**voglia di**＋*inf.* 「…したいんですが」
⑤ **Avrei**〔**Avremmo**〕**piacere di**＋*inf.* 「喜んで…いたします」
⑥ **Avrei**〔**Avremmo**〕**bisogno di**＋*n.*〔*inf.*〕 「…が必要なんですけど」
⑦ **Si direbbe**〔**Si sarebbe detto**〕＋*n.*/che＋*ind.*〔*cong. vo*〕 「…らしい〔条件法過去…だったらしい〕」
⑧ **Potresti**〔**Potrebbe, Potreste, Potrebbero**〕＋*inf.*？ 「…しませんか，…していただけませんか」
⑨ **Vorresti**〔**Vorrebbe, Vorreste, Vorrebbero**〕＋*inf.*？ 「…しませんか，…していただけませんか」
⑩ **Che ne diresti**〔**direbbe, direste, direbbero**〕**di**＋*n.*〔*inf.*〕？ 「…は〔についての御意見は〕如何ですか〔*inf.* → …なさいませんか〕」
⑪ **Mi**〔**Ci**〕**piacerebbe**＋*inf.* 「…したいんですが」
⑫ **Ti**〔**Le, Vi**〕**piacerebbe**＋*inf.*？ 「…しませんか」
⑬ **Ti**〔**Le, Vi**〕**dispiacerebbe**＋*inf.*？ 「…していただけませんでしょうか」

これ以外にも，**osare**（**di**）＋*inf.*「あえて…する，…する勇気がある」**azzardarsi a**＋*inf.*「あえて…する，…する危険をおかす」**non avere l'ardire**〔**il coraggio, la faccia**〕**di**＋*inf.*「…する勇気はない」などの言い方も，よく条件法で表わされる（*Oserei* dirtelo. 思いきってあんたにいうけど／*Non avrei l'ardire* di presentarmi a lui. 彼の前に顔を出すのはちょっと気が重いんですが）

2 疑念・躊躇・憶測をこめた推測的判断

1の婉曲表現が，他者に対するなんらかの気遣いや気配りの産物だとすれば，この推測的判断は，情報や確信の不足または欠除のために，話し手〔書き手〕が直截的断定を避けて，やや遠まわしにいう言い方で，この種の条件法も，1の婉曲表現同様，たいへんに広い用途をもっている．とりわけ，3人称主語の文や，非人称構文の条件法には，通常なんらかの推測がこめられる，とさえい

3.4. 条件法 (condizionale)

えるのである．さらにこの推測的判断は，1の婉曲表現での話し手（1人称）自身の意見表明や，話し相手に対する問いかけの場合にも，当然なにがしか含まれることが少なくなく，その意味では，この二つの用法の境界はかなり曖昧，いやしばしば重なり合っているわけである．またこの推測の表現は，直説法未来時制を用いて行なうことも可能であるが，その場合に較べ，当然感情の積載量が増大するため，より多くの疑念や躊躇、場合によるとその逆の確信，いやしばしば装われた，あるいは思いこみ的確信がこめられることになる (cf. 3.2.8 単純未来)．したがってこの用法には，ときに forse, probabilmente (恐らく，多分) という，文字通り「疑念」を表わす副詞が登場し，さらにはその反対の，疑念や躊躇を打ち消すため，あるいは押しかくすための，certo, certamente (間違いなく，確かに) などという「確信 (ときに仮装された確信)」の副詞を伴なうことにもなりかねない．また動詞そのものも，dovere, potere, volere など，本来なんらかの「主観的」感情が籠められがちの動詞群がよく用いられる．

〈条件法現在〉

① 《Ma allora il tuo nome *dovrebbero* saperlo tutte le serpi di queste colline》(C. Pavese) 「だけどそのときには，この丘にいる蛇はみんな，君の名前を憶えてしまうぜ」

② 《*Basterebbe* una notte di pioggia,—si disse,—e già *sarebbero* da cogliere》. (I. Calvino) 「一晩雨が降れば大丈夫だ」彼は考えた．「そうすれば充分採り頃になるだろう」

〈条件法過去〉

「条件法過去」の場合は通常，平叙文では「実現不可能だった出来事」の推測（この場合は通常，なんらかの条件を言外に想定できる）になり，一方疑問文(それも主として疑問詞つきの)のときには，「実現可能だったらしいが，しかし本当にそうだったのだろうか」という「強い疑念」がこめられるところに特徴がある．

① —Sono le tre e mezzo ; il mio amico *avrebbe dovuto* essere già qui. (C. Cassola) 「3時半だ．友達はもうここへ来ていてもいいはずだが」

② E *avrebbe chiesto* in prestito alle sue sorelle qualche bella guantiera. (N. Ginzburg) それに彼女は妹たちに（場合によっては），菓子盆を借りることもいとわなかっただろう．

③ Come *avrebbero potuto* farcela ad evitare questo pericolo？　一体どんな風にして彼らは，この危険を切りぬけることができたのだろう？

④ Quando gli è chiesto dove *avrebbe impiccato* l'amico Claudio, Paolo ha risposto:《A un traliccio televisivo》. (P. L. Salinaro)　どこで友達のクラウディオの首を締めたのかという質問を受けたとき，パオロは答えた．「テレビ放送の塔のところで」

3　意図だけに終った願望や動作の可能性

これは，「条件法過去」形だけに見られる用法であるが，とくに「願望」volere, desiderare, preferire,「義務；必然性」dovere,「可能性」potere などといった動詞の1人称主語の条件法過去形は，意図だけで実現にいたらなかった願望や行為の可能性を表わすことが少なくない．ほかの人称の場合でも，当然この用法は行われるのであるが，その場合は，前項，2　疑念・躊躇(ためらい)・憶測をこめた推測的判断の用法と重なり合っている．蛇足ながら，ここでの avrei voluto は，1の婉曲用法とは明らかに異なるものである．

① In un primo momento *avrei voluto* scrivere questa recensione sotto forma di lettera all'attrice(...) (F. Potinari)　最初私は，（できれば）手紙の形でこの書評を女優宛書き送りたいと思ったのである．

② Nelle stesse materie letterarie *avrei dovuto* fare di gran lunga meglio. (G. Bassani)　私はまさにそうした文学関係の科目ではもっとずっといい点がとれるはずであった．

③ Greta *avrebbe voluto* dire: —Si capisce, erano patate, —ma preferì star zitta. (E. Morovich)　グレータは言いたかったのである．「もちろん，じゃがいもだったんです」と．しかし黙っていることにした．

4　情意表現

通常初等文法では，b 明らかな情意の項で説明する用法のみを情意表現として扱っているが，いままで述べてきた，1婉曲表現，2疑問・躊躇(ためらい)・憶測をこめた推測的判断，3意図だけに終った願望や動作の可能性，などの用法でも，ときになんらかの感情がこめられているのではないかと思われるケースは，意外と少なくないのである．いやそれどころか，ことによると，このさまざまな感情を内在させるというところにも，イタリア語条件法の一つの特色があるのではないかとさえ，少なくとも筆者には思われるのであって，その辺の事情を探るべく，「暗示された情意」の項を設けてみた．

3.4. 条件法 (condizionale)

a 暗示された情意

一応ここで取りあげてみたのは，（1）強い願望的意志，（2）忠告，催促，（3）非難，抗議；拒否，（4）不満，当惑，（5）後悔，歎き，（6）不安，危惧，（7）からかい，ふざけ，などの情意であるが，文脈によっては，これ以外の感情がこめられる場合もあるはずである。

(1) 強い願望的意志

〈条件法現在〉

① 《*Vorrei* un mantello, un mantello da non spendere molto, *vorrei*, basta che duri quattro mesi》(D. Buzzati) 「マントが欲しいんだ，あまり値の張らないマントが．ぜひ作ってもらいたい，4ヶ月もてばいいから」

② —*Sarebbe* bello fare un pranzo tutti insieme ! (I. Calvino) 「みんな一緒に食事ができたらどんなにすばらしいことだろう！」

〈条件法過去〉

① Don Chichì *avrebbe voluto* ad ogni costo partecipare alla spedizione (...). (G. Guareschi) ドン・キキはぜひとも遠征に参加したかった．

② *Avrei voluto* cambiare scompartimento ma, non essendo il treno intercomunicante, fino alla prossima stazione era inutile pensarci. (A. Campanile) 私は（なんとかして）コンパートメントを替りたかったのだが，隣りの車両に抜けられない汽車である以上，次の駅まではそんなことを考えても無駄だった．

(2) 忠告，催促

〈条件法現在〉

① —Insomma, *faresti* bene a pensarci due volte (...). (C. Cassola) 「とにかくあなた，よく考えたほうがいいわよ」

② —Certo, *bisognerebbe* che smettesse di bere. (C. Cassola) 「もちろん，（お父さんは）お酒をやめなけりゃだめよ」

(3) 非難，抗議；拒否

〈条件法現在〉

① 《Almeno tu, il tempo lo *avresti*. Non fai niente dalla mattina alla sera (...)》(C. Cassola) 「少なくともあんた（ママ）には時間があるじゃないか．朝から晩までなんにもしていないんだから」

② 《Io *dovrei* licenziarla perché non è iscritto al fascio !》(V. Brancati)

「ファシスト党に入党しなかった以上，やむをえん君はクビだ」

③　Lei scosse il capo : —Tanto è inutile, non *capiresti* nemmeno. Non *capiresti*... perché sei anche tu come gli altri. (C. Cassola)　彼女は首を振った．「とにかくそんなこと無駄よ．あなったら，わかろうともしないんだから．わからないのよ．あなたもほかの男と同んなじなんだもの」

〈条件法過去〉

—Perché mi *sarei dovuta* meravigliare ? Ogni tanto veniva a trovarmi. (C. Cassola)　「どうして私がびっくりしなけりゃいけないんです？　あの人，ときどき私に会いに来てたんですよ」

（4）**不満，当惑**

〈条件法現在〉

①　—Perché non mi abbracci ? *Potremmo* dormire abbracciati … Bube non rispose. (C. Cassola)　「どうして私を抱かないの？　抱きあって眠ったっていいのに…」ブーベは答えなかった．

②　—*Vorrei* vedere, —fece il giovane, con aria quasi offesa. (C. Cassola)　「さあどんなんでしょう」若者はむっとしたような様子で言った．

（5）**後悔，歎き**

〈条件法現在〉

—Perché ti sei tirato dietro quello lì ? Ora si *potrebbe* fare il comodo nostro. (C. Cassola)　「あなたどうして，あの人を引っぱってきたの？（そうでなかったら）今頃は私たちだけで楽しくやれたのに」

〈条件法過去〉

①　Marcovaldo *avrebbe voluto* riprendere la pianta con sé, ma ormai, non piovendo più, non sapeva che scusa trovare. (I. Calvino)　マルコヴァルドは，その植木をもう一度持って帰りたかったが，雨が降らないために，うまい口実が見つからなかったのである．

②　*Avrei dovuto* rinunciare, accodarmi di nuovo ; ma non so che diavolo mi suggerì di sorpassare. (A. Moravia)　ぼくはあきらめてもう一度その車のあとにつくべきだった．ところがなにやら悪魔めが，ぼくに追い越せとささやいたのだ．

（6）**不安，危惧**

〈条件法現在〉

3.4. 条件法 (condizionale)

① —Eh, —fece Bube, incerto. —Per l'appunto anche questo fatto di Lidori che non è tornato... Non *vorrei* che fosse successo qualcosa. (C. Cassola)「うん、まあ」ブーベは自信なげに言った。「ちょうどリドーリが戻って来ないということもあるし…。何かあったのでないといいけど」

② -Andiamo, via, —disse Lidori; non c'è mica da perdere altro tempo. —E dove mi *porteresti*? —domandò Bube. (C. Cassola)「さあ行こう」リドーリは言った。「ぐずぐずしている暇はないんだ」「ぼくをどこへ連れて行くんだ」ブーベは尋ねた。

(7) **からかい，ふざけ**

〈条件法現在〉

① Gli strinse il braccio. —Tu povero Bubino, non ce la *potresti* mica fare. (C. Cassola) （彼女は）彼の腕を握りしめた。「あのねブーベ。あなた、あの人には絶対かないっこないわよ」

② Volle essere Micòl a mostrarmi il giardino. Ci teneva.《*Direi* che ne ho un certo diritto!》, aveva sogghignato, guardandomi. (G. Bassani) 私に庭を見せようとしたのはミコールのほうだった。彼女はそのことにこだわっていた。「私にはそれなりの権利があるのよ」にやにやしながら私を見た。

b **明らかな情意**

　これが、一般に文法で、情意用法として説明されているものであるが、おおむね、疑問文、感歎文、否定文のいずれかの文形式を用いて、「驚き；怒り；不信感；皮肉」などの感情を表わす。

〈条件法現在〉

① —*Saresti* tu il mio amoroso? —Mara scoppiò a ridere. (C. Cassola)「あなたが私の恋人ですって？」マーラは吹きだした。

②《Perché *dovrei* ridere》esclamò l'Andronico,《Ditemi, dite, dite pure.》(D. Buzzati)「どうして私が笑わなければいけないのかね」アンドローニコは叫んだ。「さあ言ってくれたまえ、さあ」

〈条件法過去〉

　この用法での条件法過去の使い方には、次の二つのタイプがある。すなわち、最初の(a)グループは、疑問、感歎文（とくに疑問・感歎詞つきの）の形式で、「まさか」「一体」といった驚きの情を基調におきながらも、上

に述べたようなさまざまな情意をこめる言い方であり，もう一方の(b)グループは，特定の動詞の1人称否定形を用いた，なんともユニークな，こちらは主としてもっぱら「驚き・意外感」の情を表わす表現法である．

なかでもとくに注意を要するのが後者の(b)グループで，特定の動詞，つまり credere, pensare, supporre, immaginare, aspettarsi, sognarsi など，「想像活動」を表わす動詞の，おおむね1人称主語の条件法過去否定形を用いた，「本当に思いもかけなかった(かりにそうしようと思っても，とうていそう思うことはできなかっただろう)」という強い「驚き」や「意外感」を表わす言い方なのである．これは，ほとんど定型化しているといっていいような表現法であるが，同時にこれと同じことを，直説法半過去，場合によると，直説法大過去形でも表わすことができる (cf. 3.2.4. 半過去，B，(2)，3)，〔i〕e および 3.2.6. 大過去，B，(2)，b). しかしながらこの条件法過去形の場合は，ほかの2時制で表現するときよりも，もっとずっと強い，本当に予想外だという驚きの情がこめられるところに，その特徴があるといっていい．

(a) グループ

① Come *avremmo fatto* a giocare con così poco spazio alle spalle? (G. Bussani) 背後の空間があんなにも狭かったというのに，一体どうして私たちはプレイができたのだろう？

② E chi *l'avrebbe detto* che loro avessero tanti soldi! 彼らが大金をもっているだなんて，一体誰が言ったんだろう！

③ Ti *saresti aspettato* una tale risposta da lui? 君まさか彼からそういう返事がくるなんてこと，本当に予想していたのかい？

(b) グループ

① *Non mi sarei aspettato* un risultato così. こんな結果になるなんて，私はまったく予想もしていなかった．

② *Non l'avrei creduto* capace di una tale azione. あの人がこんなことができるなんて思いもかけなかったわ．

③ (...) ma noi *non ci saremmo mai sognati* di poter entrare in un negozio a comprare quelle tentatrici delizie. (S. Agnelli) (…) しかし私たちは，そうした誘惑に満ちた楽しい品々を買うために，どこぞの店へ入ることができるなどということは，夢にも考えたことがなかったのであ

3.4. 条件法 (condizionale)

る.

5 伝聞もしくは不確実な情報に基づく推定

　噂，ニュース，他人の発言，その他間接的な情報に基づいて，推測的判断をくだす言い方である．「…らしい，…のようだ，…だそうだ」くらいの意味になるが，一般に文法書は，次に記した〈条件法過去〉②の例文のように，〈secondo＋情報源（…によれば）〉という文句を添えた用例を挙げるのが通例である．もちろんその場合には，意味の取り違えはまず考えられないのであるが，むしろそうではない用例，たとえば〈条件法過去〉③の事例のような，歴史記述などに用いられる条件法過去形には，それなりの注意を払う必要がある．なぜならそうした用例の場合は，「過去未来」の用法との混同という問題も生じてくるからである（8の項の説明参照）．

〈条件法現在〉

　《(…) A sentir lui c'è una lunga macchia nera, *dovrebbero* essere foreste》(D. Buzzati) 「(…) 彼の話では，黒くて長いしみ状のものがあるのだ．森に違いあるまい」

〈条件法過去〉

① （条件法現在形も併用） Stasera l'analisi *avrebbe dato* un risultato positivo : il gruppo del sangue trovato *sarebbe* (この条件法現在も同じ用法) uguale a quello della vittima. 今夜分析結果がプラスと出たらしい．発見された血液型が犠牲者のものと一致するようだ．

② Secondo la stampa il viaggio del Presidente non *avrebbe raggiunto* gli obiettivi prefissi. 新聞報道によると，大統領の旅は初期の目的を達成できなかったらしい．

③ La loro storia *sarebbe cominciata* qualche secolo avanti Cristo nelle desolate lande della Svezia meridionale. Di qui *sarebbero emigrati* nel Continente. (I. Montanelli＝R. Gervaso) 彼ら（ランゴバルド族）の歴史は，紀元前数世紀，スウェーデン南部の荒野からはじまったものらしい．ここから大陸へ渡ったようだ．

6 現在から未来にかけての実現不可能事

　今「現在」すでに「実現不可能事」であることが判明している，「未来」の動作を表わす場合も，「条件法過去」形が用いられる．そしてもしその「実現不可能事」に「条件（もし…だったら）」を添える必要がある場合は，条件節には接

続法大過去形が用いられるのである（例文②参照）。これは，「過去の実現不可能事（つまり事実に反すること）」を表わすときに用いられる〈se＋接続法大過去（もし…だったら）〉×〈条件法過去（…だったろう）〉という文形式を，そのまま未来へと移行したものにほかならない．いずれにしろ，条件法過去形が有する，「実現不可能事」を表わすというその主要な特性の一つを，鮮やかに示す用法である．

① Laura *avrebbe lasciato* la città domattina, ma ci rimarrà ancora per un po'. Vuole fare un'intervista ai cittadini che hanno a che fare col caso. ラウラは明朝都市を離れるつもりだったが，もう少し居残ることになるだろう．事件と関係のある市民とのインタビューをもくろんでいるのだ．

② (...) una qualche cosa mi manca per questo ; qualche cosa che oggi *avrei avuto* se Giovanna **fosse venuta** a scuola, invece no. (E. Vittorini) (…)このためには，私には何かが不足している．それは，もし今日ジョヴァンナが学校へ来てくれさえすれば，手にいれられる何かなのだが，なんと彼女は来ないのだ．

ところで，ここでとくに留意しておかなければならないのは，この種の文形式は，いま見たような，「現在から見た未来」だけではなく，「過去から見た未来」の表現としても用いられることがある，ということである．そしてその場合は，「実現不可能事」ではなく，疑念を含む仮定条件のもとでの「（おそらく）実現可能（だろう）事」の表現として用いられることになる．

Dopo parlarono del futuro. Quando **fosse venuta** l'amnistia, lui *sarebbe tornato*, e subito *si sarebbero sposati*. (C. Cassola) そのあと彼らは，将来のことを話し合った．恩赦が降りたら，彼は戻ってくるだろう．そしたらすぐに結婚しよう．

7 条件節〔句，語〕の帰結節

しばしば，条件法は，なんらかの条件下での可能事を表わす，というような説明が行われるが，これまで見たことからも明らかなように，かならずしも条件という裏づけが必要なわけではない．しかし逆に，接続詞 se に導かれる，誰の眼にも明らかな条件節は別として，意外なところに条件が潜んでいることもよくあって，その意味では読解上，条件を読みとる習慣を身につけることは，それなりに大切な作業である．以下ゴシック体の部分が条件であるが，見られ

3.4. 条件法 (condizionale)

るとおり，副詞(句)，主語その他，条件の潜むケースはじつにさまざまである．

① ―(...) **Un maresciallo cieco**, certo, non *potrebbe* acchiappare i ladri, ―e ricominciò a ridere. (C. Cassola) 「(…) たしかに眼が見えない憲兵に，泥棒がつかまえられるわけはないものね」そういって（彼女は）また笑いだした．

② Tutte queste cose erano oramai diventate sue e **lasciarle** gli *avrebbe causato* pena. (D. Buzzati) こうしたものでもすべて今では彼の一部になってしまっていた．だからもしそうしたものと別れることになったなら，辛い気持を味わうことになっただろう．

③ **In altra occasione**, il suo comportamento mi *avrebbe urtato*, *me* ne *sarei sentito* offeso. (G. Bassani) ほかの場合だったら，彼の態度にむっとして，私は腹を立てていたに違いない．

④ Ad una ad una le mille finestre del sanatorio si illuminavano; **da lontano** si *sarebbe potuto pensare* a un palazzo in festa. (D. Buzzati) 一つまた一つとサナトリウムの何千もの窓に灯りがついていった．遠くから見たら，祝賀の宴たけなわの宮殿かと思っただろう．

⑤ Ma *sarebbe stata* contenta **di sapere** che avevo anche un gruppo di amici, gente allegra con cui passare il tempo. (N. Ginzburg) しかし私に何人もの友人，つまり一緒に時間を過す楽しい仲間もいることを知ったなら，彼女は喜んだことだろう．

⑥ **Non lo feci**, perché *sarei dovuto* stabilirmi laggiù e rinunciare per sempre alla mia terra. (C. Pavese) 私はそうはしなかった．というのも，もしそうしたら，そちらの土地に落着いてしまい，結局は自分の故郷を完全に見捨てることになってしまっただろうからだ．(この場合は条件の裏返し)

8 過去から見た未来

一般に，文法書や学習書に例文として引用されている「過去未来」の用例は，たとえば，Marco **diceva** sempre che *si sarebbe sposato* con una ragazza giapponese. （マルコはいつも，日本の女性と結婚するんだといっていた）といった類いの，従属節での用法に限られているが，実際のイタリア文に接してみると，じつはこの用法にはさまざまな側面があることに気づく．もとより従属節だけでなく，主節や独立節でも広く用いられ，たとえば小説の世界での利用

第3章 法と時制

もたいへんに盛んである．なかでも興味深いのは，人物の回想や伝記的文章，あるいは歴史的記述などに登場するときで(例文③,④参照)，その場合作者は，条件法過去形で表現された動作が，実際に行われたことを当然承知のうえで用いるのである．したがって，「…することになる，…したのだった」くらいの意味になるものと考えることができる．ということはこれも，たとえば，5 伝聞もしくは不確実な情報に基づく推定，などの用法と同じように，しばしば条件法過去の主要特性としてあげられる，「実現不可能事」の表現とは，別な範疇に属する用法だということである．

　それにしてもなぜここで，不可能事かそうでないかの区別に，筆者がこれほどにまで拘わるのか，疑問をいだかれる方もいるにちがいない．というのもじつは，イタリア本国で出版され，日本でも広く利用されている，ある高名な外国人向けの学習書が行なっている，「条件法過去」時制の特性は，「実現不可能事」の表現だとする説明の姿勢に，かねがね少なからぬ違和感を抱いてきたからにほかならない．すなわちそこでは，「実現不可能事」という定式とそれに関する用法のみが必要以上に強調され，一応はそれに「実現可能事」の表現である「過去未来」の用法に関する説明がほんのおざなりのように添えられてはいるものの，ただそれもいかにも不本意ながらつけ足しておくといった調子であって，ではこの「過去未来」は，条件法過去形の用法全体のなかで，一体どのような位置を占めているのかという点については，まったく説明がなされていないのである．しかしこれはどう考えても初学者を惑わしかねない片手落ちの説明法であって，「条件法過去」時制の「多面的性格」を，無理やり一つの定式に押しこめようとするその強引な姿勢には，正直なところ首を傾げざるをえない．なるほど「実現不可能事」の表現という規定は，たしかに便利な定式にはちがいない．しかしこれはあくまでも，「条件法過去」時制の姿態の半面を捉えたものにすぎないのである．くどいようであるが，このことははっきり確認しておく必要がある．

　さらにここで，この「過去未来」の用法に登場する条件法の時制は，現代ではもはや「過去」だけになり，通常「現在」時制は用いられない，という事実にも注意を向けておかなければならない．こうした事情が，フランス語の場合と比較してみればわかるとおり（フランス語では，〈過去から見た単純未来 → 条件法現在〉，〈過去から見た前未来 → 条件法過去〉の使い分けがある．逆にイタリア語では，この前未来も，同じように条件法過去の担当である），事情を

3.4. 条件法 (condizionale)

いくらか複雑にしているからである．なぜなら，3.4.1. 総説 でも触れたように，「条件法過去」はいわば一種の「多面体」であって，「過去未来」，「過去の実現不可能事」，「過去の不確実事（伝聞による推測；強い疑念を含む感嘆・疑問文）」，「未来の実現不可能事」の表現など，相当に多様な側面を備えるにいたった時制なのである（3.4.3. 伊仏両国語条件法比較から見たイタリア語条件法の特性，の項でもこの問題に触れている）．

ともあれ，この用法の場合，たしかに現代では，条件法現在形の使用は後退してしまったといって差支えないが，しかしそれもそう古いことではなく，19世紀や20世紀初頭までは，その用法も残存していたのである．その場合「条件法現在」は，「過去から見た，実現可能性の高い，予測としての未来」を，一方の「条件法過去」は，「過去から見た，実現可能性に疑問のある未来」を，というような使い分けが行われていたという説もある（Il medico le disse che suo marito *guarirebbe*〔*sarebbe guarito*〕completamente.（医師は彼女に，彼女の夫は完治すると言った）．また作家によっては，条件法過去を用いず，条件法現在だけを偏用していたケースもあるようである．

そして最後にもう一つ注意しておくべきことは，この用法の場合，条件法現在は姿を消しはしたものの，一方では，直説法半過去，ときによると直説法単純未来が，「過去未来」の表現として用いられるケースがしばしば見られる，ということである（cf. 3.2.4. 半過去，B用法，（2），3），〔i〕，c）．

① Il treno non si sentiva ancora: forse correva a locomotiva spenta senza rumore e *sarebbe balzato* su di loro tutt'a un tratto. (I. Calvino) 汽車の音はまだ聞えなかった．恐らく機関車の火を消して音もなく走っているのであろう．そうして突然，彼らに襲いかかってくるかもしれないのだ．

② Questo le dette fastidio giacché *avrebbe finito* per vederli anche Nicola che la *avrebbe rimproverata* di non preparare anche lei. (E. Morovich) これは彼女にとっては厄介なことだった．というのも，（夫の）ニコーラも，いずれはそれに気がついて，彼女（妻）がそうしたもの（保存食料）を作らないことで，文句をいう心配があったからである．

③ In omaggio a quell'apparizione di Léon Blum Mussolini romagnolescamente bestemmiò, ma non *sarebbe stata* quella l'ultima volta. (O. del Buono) そのレオン・ブルムの登場（雑誌にフランスの社会主義者ブルムの

写真が載ったこと）に対し，ムッソリーニは，（エミーリア）ロマーニャ人特有の熱っぽさで，はげしく毒づいた．しかしそうした出来事は，これが最後ではなかったのである．

④　Questo gusto, sia detto subito, Elio Vittorini non lo *avrebbe* mai *perduto* in tutta la sua vita. (O. del Buono)　急いでつけ加えておくが，この種の趣味は，エリオ・ヴィットリーニが一生の間失なうことがなかったものなのである．

3.4.3.　伊仏両国語条件法比較から見たイタリア語条件法の特性

3.4.1.　総説　でも触れたように，かねがね筆者は，イタリア語の条件法は，他のロマンス諸語のそれとはどこか異なる，ある独自の個性を備えているのではないか，という漠たる印象をいだいてきた．しかし残念ながらそれは印象の域を少しもでないもので，解明の手がかりを見つけたいとは思いながらも，ロマンス諸語間の比較作業を行なうために必要な，能力も知識もないままに，望みを果すことができないでいた．もとよりいまそれが可能になったわけではなく，正直なところ，こうした関心と問題意識をもつ優秀なポリグロット研究者の出現に俟つところ大なのであるが，しかしただそう心で願いながら手をつかねているだけでは，解決の糸口とて見つかるはずもない．そこでここではとりあえず，将来に向けての小さな布石，問題解明の一つのきっかけという願いをこめて，あえて蛮勇を奮い，フランス語条件法とのごくささやかな比較を試みることにした．

フランス語との比較といっても，誰もがすぐ気がつくような両者間の相違，たとえば，フランス語条件法の「譲歩節」での多用という現象がイタリア語には見られないこと，また「過去における未来」の用法の場合，イタリア語では「条件法過去」形のみを使用し，一方フランス語では，「現在」と「過去」の役割分担が行われる，といった一面などは，あらためて議論の対象とするには当らないと思われるので，もちろんここで取りあげるつもりはない．

結論をさきにいえば，筆者の考えているイタリア語条件法の特徴は，3.4.1. 総説での説明の繰返しになるが，ほぼ次の4点に集約できる．

（1）すでに現実化した事実，すなわち「現実性」を，わざわざ「可能性」の形に転換して提示する表現法

（2）「条件法過去」の多面性

3.4. 条件法 (condizionale)

(3) 「情意表現」の多様性
(4) 「想像活動」を表わす一部の特定動詞による,「条件法過去」1人称否定形による「驚き・意外感」の表現 (cf.3.4.3. 用法, 4. 情意表現, b 明らかな情意,〈条件法過去〉(b)グループ)

このうち筆者が, フランス語との具体的な比較材料を持ち合わせているのは, (1), (2)の両項目だけで, (3), (4)については, 残念ながらいぜんとして感想と印象の域にとどまらざるをえない. なにはともあれ, まずは(1)と(2)の問題の比較に取りかかることにしよう.

比較のために採用した方法は, 小説作品のなかのイタリア語条件法が, フランス語に訳されたとき, 果してどのような扱いを受けるか, というものである. もっとも, 翻訳には当然訳者の主観が介入するため, 厳密な比較からはほど遠い, という批判を受けるかもしれない. しかしなにがしかのヒントは, 充分期待できるものと思われる. 取りあげた作品は, (1)C. Cassola, La ragazza di Bube (2)idem., Una relazione (3)D. Buzzati, Il deserto dei Tartari (4)I. Calvino, Marcovaldo (5)G. Bassani, Il giardino dei Finzi Contini (6)L. Pirandello, Il fu Mattia Pascal の6作品である (訳者の名は記さないが, 一人ではなく, 複数の人物である).

(1)〈現実性 → 可能性〉の転換

既成の現実を, 意図的に可能性の形にして提示するというこの方式こそ, イタリア語条件法の最大の特徴と筆者は考えているが, さきにも触れたように, 現代ではこれは, 主として条件法現在形にのみ見られるようになったようで, この用法での条件法過去の役割は, むしろ小さくなりつつあるかに見受けられる(3.2.4. 用法, 1婉曲表現で引用した文例, Veramente, signora marchesa, io avrei già prazato. 参照). しかしかつては,「条件法過去」のこうした使用法がもう少し広く行われていたらしいという事実は, この転換方式が, イタリア語の歴史に深く根ざしていることを示す, 一つの証しではないだろうか. ともあれこの種の表現の代表として, とりあえず次の二つを挙げることができる.

a 〈Non saprei〉なる言い方
b 〈(主語＋) essere の条件法現在＋叙述補語(complemento predicativo. 英語でいう補語)〉という表現の仕方

じつはもう一つ〈(主語＋) avere の条件法現在＋目的補語(英語の目的

第3章 法と時制

語)〉という結合も考えられるのであるが，この場合は適当な比較材料を持ちあわせていないので，あとでイタリア語の例文を一つだけ挙げるだけにとどめたい．

a 〈Non saprei〉

この一見なにげない表現でも，フランス語に移し換えられると，筆者のいう〈現実性 → 可能性〉転換方式に潜む，なかなかに興味深い一面が明らかになる．

1）の組

① （原文）《(...) Sa, signor tenente, da quanti anni è qui alla Fortezza ?》《Mah, non saprei ...》(D. Buzzati, Deserto dei Tartari)「(…)あの，中尉殿，彼は何年前からこの要塞にいるのか御存知で？」「さあ，知らないなあ…」

② （仏訳）—(...) Savez-vous, mon lieutement, depuis combien d'années il est en fort ? —Non ... je ne le sais pas ...

2）の組

① （原文）—Be'... non saprei. Non è che non te la voglia dire, ma mi riesce difficilmente spiegarmi. (...) (C. Cassola, Una relazione)「あの…なんと言ったらいいか．君にそのことを言いたくないわけじゃない．うまく説明できないんだ」

② （仏訳）—Ma foi... je ne sais trop. Ce n'est pas que je ne veuille pas le dire, mais c'est difficile de expliquer. (...)

3）の組

① （原文）《Mah... non saprei》, disse《Lascia che ci pensi》(G. Bassani, Il giardino dei Finzi Contini)「さあ，どうだったかしら」と彼女は言った．「ちょっと考えさせてね」

② （仏訳）—Ma foi... je ne pourrais pas te dire, fit-elle. Laisse-moi réfléchir.

以上3組の例文を検討してみると，1）の組は，原文のMah... non saprei（さあ…知らないなあ）が，仏訳ではNon... je ne le sais pas（いやあ…知らないなあ）と，直説法現在形に変り，2）の組では，やはり直説法現在形に，Ma foi（本当に）やtrop（伊語のtroppo「あまり（に）…」）といった副詞（句）による含みが添えられ，3）の組になると，Ma foiの

3.4. 条件法 (condizionale)

ほか，pouvoir (伊の potere) の条件法現在形による味つけがほどこされる（この je ne pourrais pas te dire をイタリア語に直訳すると，non potrei dirti)，といった具合である．確かにどの例も，それなりの工夫がなされてはいるものの，しかしいずれにしろ，Non saprei. にぴたり当てはまる語句は，フランス語にはないことがわかる．

b 〈(主語＋) essere の条件法現在＋叙述補語〉

この形にこそ，筆者のいう，〈現実性 → 可能性〉転換の構図が，もっともはっきりとうかがえるのであって，以下すべての例が，フランス語になると，条件法でなく，直説法現在形に変っていることに御注目いただきたい．

1 ）の組

① （原文．別な場所でも引用）—Saresti tu il mio amoroso ? —Mara scoppiò a ridere. (C. Cassola, La Ragazza di Bube) 「あなたが私の恋人ですって？」マーラは吹きだした．

② （仏訳）Mara éclata de rire :《C'est toi, mon amoureux ?》

2 ）の組

① （原文）—Io, signora marchesa, sarei quello della trota, —spiegò Marcovaldo, (...). (I. Calvino, Marcovaldo)「侯爵夫人，私，鱒の持主なんですが」マルコヴァルドは説明した．

② （仏訳）—Moi, madame la marquise, je suis le monsieur de la truite, explique Marcovaldo. (...)

3 ）の組

① （原文）《—Sissignore. Ma chi è lei ?》《—Io sarei il defunto marito della signora Pascal, (...)》(L. Pirandello, Il fu Mattia Pascal)「はい，そうです．で，あなた様はどなたで？」「私はパスカル夫人の死んだ夫なんですけど．(…)」

② （仏訳）—Oui, monsieur ! Mais qui êtes-vous ? —Je suis le défunt mari de Madame Pascal, (...).

この形式の essere の条件法現在にも当然，躊躇(ためらい)，遠慮，あるいは驚きなどの感情的ニュアンスがこめられているはずであるが，以上 3 組の仏訳を見るかぎり，そのニュアンスをフランス語で表わすことは，なかなかにむつかしいことがよくわかる．なるほど 1 ）の組だけは，C'est toi, mon amoureux ? (あ，な，た，が，わたしの恋人ですって？) という工夫が見

第3章 法と時制

られるが，2），3）の二つの仏訳は，〈sarei＋名前〉のもつ，おずおずとした感じを結局は移しきれないままに，être（伊の essere）の直説法現在形を用いるだけにとどまっている．

ところで，さきに触れた動詞 avere を用いた文（avere 条・現在＋目的補語）とは，次のものである（K. Katerinov, M. C. B. Katerinov ; La lingua italiana per Stranieri, Guerra, 1985, p. 205）．これも筆者のいう〈現実性 → 可能性〉転換の一例といっていいだろう．―(...) Cameriere, c'è molto da aspettare? Avremmo un certo appetito.「(…) ボーイさん，長く待たされますか．ぼくたち大分腹ペコなんですけど」

ちなみにもう一つつけ加えれば，イタリア語で広く用いられている Direi〔Diremmo〕che＋ind.〔cong. vo〕（まあ…ですね，いうなれば…です）という表現法も，フランス語ではあまり一般的ではないようである．

(2)「条件法過去」の多面性

「条件法過去」がさまざまな顔をもつということは，すでに何回も触れたが，さらにフランス語という鏡の前に置くことによって，その具体的な相貌がより一層はっきりと映しだされてくるようである．つまりこの時制がフランス語に訳されると，状況に応じて，さまざまな時制や表現に変るのである．以下6組ほど，例をあげてみよう．ここでは，この時制の多面体ぶりが納得いただければ足りるので，それ以上の立ちいったコメントは差控えておく．

 1）の組：伊 avrebbe dovuto → 仏 devrait（**条件法現在**）
  ① （原文．別な場所でも引用）―Sono le tre e mezzo ; il mio amico avrebbe dovuto essere già qui. (C. Cassola, La Ragazza di Bube)「3時半だ．友達はもうここへ着いていてもいいはずなんだが」
  ② （仏訳）《(...) Trois heures et demie ! Mon ami devrait être là.》
 2）の組：伊 sarebbe tornato, si sarebbe sposati → 仏 reviendrait, se marieraient（**条件法現在**）
  ① （原文は別な場所でも引用）Dopo, parlarono del futuro. Quando fosse venuta l'amnistia, lui sarebbe tornato, e subito si sarebbe sposati (...). (C. Cassola, La Ragazza di Bube) そのあと彼らは将来のことを話し合った．恩赦が降りたら，彼は戻ってくるだろう．そうしたらすぐに結婚しよう．
  ② （仏訳）Ensuite, ils parlèrent de l'avenir. Une fois l'amnistie

— 240 —

3.4. 条件法 (condizionale)

prononcée, il reviendrait, ils se marieraient aussitôt (...).

3 ）の組：伊 avrei dovuto → 仏 j'aurais dû（**条件法過去**）

① （原文．別な場所でも引用）Nelle stesse materie letterarie avrei dovuto fare di gran lunga meglio. (G. Bassani, Il giardino dei Finzi Contini) 私はまさにそうした文学関係の科目では，もっとずっといい成績をおさめるはずであった．

② （仏訳）Dans les matières littéraires elle-mêmes, j'aurais dû faire beaucoup mieux.

4 ）の組：伊(nessuno...) avrebbe potuto → 仏(nul...) n'eut pu（**条件法過去第 2 形：接続法大過去が条件法過去の代りに用いられる形．文章語に登場**）

① （原文）Ortiz le guardava intensamente e nessuno fuori che Drogo avrebbe potuto indovinare quanto soffrisse. (D. Buzzati, Il deserto dei Tartari) オルティスはそれ（要塞の壁面）をじっと見つめていた．ドゥローゴ以外，誰も彼の苦しみを察することはできなかったであろう．

② （仏訳）Ortis les regardait intensément e nul, en dehors de Drogo, n'eût pu deviner combien il soffrait.

5 ）の組：伊 sarebbe (...) venuto? → 仏 allait répondre?（〈**aller+inf.**〉「…するだろう；しようとしている」の**直説法半過去形**．inf. も別の動詞 répondre（伊の rispondere）に変えてある）

① （原文）Che stupidaggine, pensò adesso Drogo, chiamare gente per una simile inezia. E chi sarebbe poi venuto? (D. Buzzati, Il deserto dei Tartari) こんなくだらないことで人を呼ぶなんて，まったく馬鹿げている．ドゥローゴはその瞬間思った．それに誰が来てくれるというんだろう？

② （仏訳）Quelle idiotie, se dit alors Drogo, que d'appeler les gens à cause d'une semblable ineptie. Et qui allait répondre?

6 ）の組：伊 avrebbe voluto → 仏 voulait（**直説法半過去**）

① （原文）L'avvocato ebbe un sorriso che avrebbe voluto essere cordiale (...). (C. Cassola, La ragazza di Bube) 弁護士は親しみを見せようとして，にっこりした．（…）

②　(仏訳) L'avocat eut un sourire qui voulait être cordial : (...).

　最後に，筆者のあげたイタリア語条件法の特徴4点のうち，後半の(3)と(4)の場合は，さきにも述べたように，フランス語との比較材料はないのであるが，このことについても少々触れておきたい．

(3)「情意表現」の多様性

　フランス語との比較材料がないばかりか，とりたてて有効な証明材料もないのは残念であるが，少なくとも現実性を可能性に転換する方式が，もともとなにがしかの感情を含みがちなことは，さきに見た Non saprei. 以下の例文からも明らかであって，こうしたいわゆる「ぼかし表現法」が，とくにイタリア語で発達しているということは，結局は情意表現の多様性につながっている，とも考えられるのである (cf. 3.4.3. 用法, 4. 情意表現)．

(4)「想像活動」を表わす動詞の条件法過去1人称否定形による，「驚き・意外感」の表現 (cf. 3.4.2. 用法, 4. 情意表現, b 明らかな情意)

　この言い方の場合，フランス語では通常直説法半過去形が用いられるようであるが (イタリア語でも，直説法半過去形も使用)，肝心の「条件法」の出番はない．それに反しイタリア語では，「条件法過去」否定形を用いて「まさか…とは思わなかった」という気持を表わす．多分この文形式も，筆者のいう〈現実性 → 可能性〉転換方式の一つ，とみなすことができるだろう (例：Non avrei creduto che ce ne fossero tanti. それ，こんなに沢山いるなんて思ってもいなかったわ). (cf. 第3章法と時制, 3.4. 条件法, 3.4.2. 用法, 4. 情意表現, b 明らかな情意)

　以上，あらずもがな，という批判を招きかねないような議論を重ねたが，最後にあと2点だけつけ加えておきたいことがある．一つは，フランス語条件法の，とくに関係詞節を中心に広く登場する，「仮定的事実」そのものを表わす用法が，どうやらイタリア語条件法には存在しないらしい，ということであり，そしてもう一つは，「過去の出来事の推測」を表わす場合の，両国語条件法の微妙なズレである．

　ところで，この二つの事実は，上とは反対に，フランス語からイタリア語へと，筆者自身が，フランス語文法書に引用されている例文を試みに伊訳するという過程のなかで，たまたま発見したものである．「発見」とはおそらく大げさで，伊仏両国語に通じた人から見れば，とくに取りあげるにはあたらない，ごく当り前の常識なのかもしれない．しかし一般の学習者にとっては，これまた

3.4. 条件法 (condizionale)

充分に注意すべき事柄かと思われる (cf. 4.16. 関係詞節の問題点, 4.16.1. 関係詞節内の動詞の法).
　ともあれ，その具体的な事例を見てみることにしよう．
　a　関係詞節内の「仮定的事実」の表現：フランス語の条件法 → イタリア語では接続法
　　① （原文）Il était honteux comme un renard qu'une poule aurait pris（条件法過去）．彼はにわとりに捕まってしまった狐のように恥じ入っていた．→（伊訳）Lui era vergognoso come una volpe che fosse stata catturata（接続法大過去）da una gallina.
　　② （原文）Un étranger qui arriverait（条件法現在）ici pourrait croire qu'il est dans cette île de Robinson Croúsoe. 誰か見知らぬ人間がここへやって来たら，ロビンソン・クルーソーの島だと思ったかもしれない．→（伊訳）Uno straniero che arrivasse（接続法半過去）qui potrebbe credere d'essere nell' isola di Robinson Croúsoe.
　要するにこの関係詞節内での用法の場合，フランス語の条件法は，広く「仮定的事実」を表わすことができるのに反し，一方イタリア語の条件法は，なんらかの「仮定的条件」に基づく「推測的事実」を表現することはできても，基本的に「仮定的事実」そのものを想定する機能は備えていないということである．そのためそれらの役目は，もっぱら接続法に委ねられるように思われる．
　b　過去の出来事の推測：フランス語条件法過去 → イタリア語直説法前未来
　　　（原文）J'aurais attrapé froid mardi en sortant du théâtre. (G. de Maupassant)　どうやら火曜日に劇場を出たとき，私は風邪を引いたものらしい．→（伊訳）Mi sarò buscato un raffreddore martedì nell'uscire dal teatro.
　ただこの例文の場合，たとえば，secondo mia moglie（妻のいうところでは）などという語句をイタリア語訳文に添えるならば，条件法過去の使用も可能になる．この種の用法の場合，イタリア語の条件法過去形では，話者自身の推測を述べることは不可能で，あくまでも第三者を介した伝聞の形をとるからである．その代りに直説法前未来形を用いるわけであるが，だとすれば，前にも述べたように，前未来が「現実性」と「可能性」の間の境界表現が可能であるのに反し，一方条件法過去は，もう一段現実性が薄れた，もっぱら「可能性」の世界にのみかかわる表現法，だといっていいのではないだろうか．

第4章　複文の構造

　複文（frase complessa）とは，あらためて述べるまでもなく，〈主節（proposizione principale)×従属節（proposizione subordinata)〉という構造を有する文であるが，その場合主従の順序は，逆になることもあれば，従属節が二つ以上になることも当然ありうる．さらに文学表現や，格式ばった文章では，主節と従属節が一つの文のなかにおさめきれないで，ピリオド（punto fermo）を間にはさんで，前文が主節，後の文が従属節というように，二つの文で一つの複文と同じ機能を果たす形式の文も行われている（A me una cosa simile basta per urtare i nervi. Perché non sono un ingenuo, anzi sono un furbo, e questa è la disgrazia. (A. Campanile) 私にとってこうしたことは，十分神経を苛立たせるに足りるものだ．なぜなら私はおめでたくはなく，抜け目のないほうの人間で，だからこそこれは災難なのである）．

　さて肝心の従属節には，二つの種類がある．すなわち，従位接続詞(congiunzione subordinata）によって，直説法，接続法，条件法いずれかの法で変化した動詞が導かれる節 proposizione esplicita（ただし，接続詞が省略される場合もある）と，不定詞，分詞，ジェルンディオを骨子とする節 proposizione implicita の二つである．一部で前者を「明形節」，後者を「不明形節」とする訳語が用いられているが，ここではもっぱらわかりやすさという観点に立って，前者を「定形動詞節」，後者を「不定形動詞節」と呼ぶことにしたい．

　ということになれば，定形動詞節は主として接続詞（句）の用法を，不定形動詞節は，不定詞以下の不定形動詞類の用法を習得することが，その主要な課題になる．そして後者のなかでは，通常〈前置詞（句）＋不定詞〉の形になる不定詞の用法が，とりわけ多様な発達を見せている．さらに従属節は，名詞節，形容詞節(関係詞節)，副詞節というように，機能別に三つに分けることができるが，名詞節については，第2章　単文の文型と語の結合型　で検討したので詳説は避け，同時に形容詞節も注意すべき用法だけに限り，ここでは主として副詞節についてのみ述べることにしたい．また，分析と説明があまりにも細部にわたるのは実用上意味がないと思われるので，その意味を記した接続詞(句)を分類，列記することをまずは先行させ，用例は最小限にとどめることにする．

4.1. 時間節 (proposizione temporale)

　ところで，接続詞（句）の後に置かれる動詞の「法」に関しては，とくに接続法が用いられる場合が問題で，直説法と接続法のいずれが用いられるか，最初にはっきり確認しておく必要がある．直説法 (indicativo) が用いられるときは (+ind.)，接続法 (congiuntivo) の場合は (+cong. vo) と図式化して示すことにするが，条件法 (condizionale) については，通常は直説法使用の場合に準ずるものと考えることができるのであって，とくに必要のあるケースにかぎって，(+cond.) の表示を用いることにする．要するに，副詞節の場合，接続法使用の決め手になるのは，主として接続詞（句）との結合関係であって，ある特定の接続詞（句）が，どのような意味で用いられたときに接続法と結びつくか，という点に，結局問題はしぼられるのである．

4.1 時間節 (proposizione temporale)

4.1.1. 定形動詞節

　時間節の場合は，4.1.1.6「以前」（…するまで；…する前に）の表現が（+cong. vo）になるケースを除き，一般に直説法（ときに条件法）の動詞が用いられる（特別な場合以外は，(+ind.) の表示は行わない）．

4.1.1.1. 「時点・時況」

A　接続詞

（1）**quando**（…すると（き）；するとそのとき…；…している間；…頃に（は）：時点・時況を表わすもっとも代表的な接続詞．これ以外にも，「条件」その他さまざまな意味・用法がある．しばしば a, da, di, fino a, per など，いくつもの前置詞（句）と併用される）

　① *Quando* avrò bisogno di te, chiederò io stesso il tuo aiuto. 君が必要になったときは，ぼくのほうで君の助けを求めるよ．

　② Sta già preparando il corredino *per quando* nascerà il bambino.（彼女は）子供が生まれたときのためにあらかじめ着る物を整えている．

（2）**che**（…すると（き）：「以後」…してから，したあとで，の意味も）Mi addormentai *che* era quasi l'alba. 寝ついたときはもうほとんど夜が明けていた．

（3）**se**（…するときは，する場合には）

― 245 ―

第4章　複文の構造

　Se c'è la salute, tutto il resto è sempre rimediabile. 健康でさえあれば、あとはすべて取り返しがきく。

（4）**come**（…すると：しばしば「直後」…するとすぐに）
　Come gli capitò fra le mani, gliene diede di santa ragione. 彼はそいつをひっとらえるや否や、さんざんに叩きのめした。

B　接続詞句
in questo〔a〕che（…した〔している〕とき），**in quello〔quel・quella〕che**（≒in questo〔a〕che），**all' 〔nell'〕istante che**（…した瞬間），**quand'ecco (che)**（まさに〔ちょうど〕…したとき），**nel〔nello stesso〕momento che〔in cui〕**（…するとき・間に），**in quel (stesso) momento che**（ちょうど…しているとき），**nel mentre che**（《俗》=nel momento in cui），**al〔nel〕tempo che〔in cui〕**（…した頃・時代に）

① *In questa che* chiudeva la porta, si accorse d'aver lasciato la chiave dentro casa. 彼はドアを閉めようとして、家の中に鍵を忘れてきたことに気がついた。

② Stavo per uscire, *quand'ecco* squillò il telefono. 私が外出しようとしたちょうどそのとき、電話が鳴った。

C　quandoとほぼ同義の接続詞（文）
allorché〔allor che〕（文），**allorquando〔allor qnando〕**（文），**qnando che**（文，方）

4.1.1.2.　「同時性」

mentre（…している間（に），しながら；その間（に）…：同時性を表わすもっとも代表的な接続詞），**mentre che〔mentreché〕, nel mentre che, in quel〔questo〕mentre (che), intanto che〔in tanto che〕, durante che**（以上、5形とも、…している間（に）），**per tutto il tempo che**（…している間ずっと）

① Io ti preparerò la colazione, *in questo mentre* tu puoi ripetere la tua lezione. 朝食の仕度をしておくから、その間に授業のおさらいをしたらいいわ。

② *In tanto che* s'aspetta, non si potrebbe bere qualcosa? 待っている間になにか飲めないものでしょうか。

4.1. 時間節 (proposizione temporale)

4.1.1.3. 「直後」

(**non**) **appena** (…するや否や；…すると間もなく), (**non**) **appena che** (= (non) appena), **tosto che** (文), **tosto come** (文), **sì tosto come** (稀, 古) (=tosto che), **subito che, subito come** (文, 俗), **ratto che** [**come**] (文, 古), **comunqne** (文) (ときに+cong. vo), **siccome** [**sì come**] (文, 古) (以上8形すべて, …するとすぐに), **appena** *A* **che** [**quando**] *B,* **appena che** [**come**] *A* **così** *B* (以上2形, AするとすぐにBする). ちなみに, come も quando もそれぞれ単独でこの意味にもなる.

① Aveva *appena* finito di cenare *che* [*quando*] andò via la luce. 彼が夕食を食べ終えるか終えないうちに灯りが消えた.
② *Siccome* seppi che era venuto, mi precipitai a salutarlo. 彼がやってきたのを知って, 私は慌てて迎えに出た.

4.1.1.4. 「以後」

dopo che [**dopoché**] (…したのちに, してから：「以後」の意味の代表的接続詞), **da quando** (…したときから), **fin**(**o**) **da quando** (da quando の強意), **dacché** [**da che**], **dal giorno che, dal dì che, dall'ora che, dal momento che, dall'istante che, dal tempo che** (以上7形は, 多少のニュアンスの違いはあるがすべて, …したときから), **dopo che** *A* **così** *B* (AしたのちにBする). なお, dopo che と同義の「古語」としては, **poiché** [**poi che**] (文, 古), **dappoi ché** [**dappoi che, da poi che**] (文, 古), **posciaché** [**poscia che**] (古) がある.

① *Dacché* è ritornato, non ha fatto che lamentarsi. 帰ってきてからというもの, 彼はぼやいてばかりいた.
② *Dal momento che* lo vidi la prima volta non ho più dimenticato la sua faccia. 最初に会ってから, 彼の顔は一度たりとも忘れたことがない.

che にもこの意味の用法がある. Saranno due settimane *che* non l'ho visto. 彼に会わなくなって, 2週間にもなるだろう.

4.1.1.5. 「動作完了後の帰結」

adesso che (…した以上；…しているのだから), **ora che** (…した以上；…しているのだから；…したというのに), **or**(**a**) **mai che** (…した以上は), **una**

volta che（いったん…したならば）
① *Adesso che* sei guarito alla gamba, potrai di nuovo camminare. 脚が治ったら君もう一度歩けるよ．
② *Ora che* poteva finalmente godersi la pensione, se n'è andato all'altro mondo. とうとう年金がもらえるようになったというのに，あの世へ行ってしまった．
③ *Una volta che* avrà preso la laurea, si troverà un impiego. 卒業資格さえとれば，彼，仕事が見つかるだろうよ．

4.1.1.6. 「以前」

「時間」を表す接続法詞（句）は，その大部分が直説法の動詞を導くが，ただ例外的に〈…するより前〉つまり「…するまで；…する前に」という意味のもの，とりわけそのなかでも以下Bグループに属する接続詞（句）だけは，もっぱら接続法の動詞を従える．なぜかといえば，動作が実現する以前とは，つまりは話者〔作者〕の予測や想定の段階の出来事であって，いうなれば現実化される以前の，「想念」の領域に属する事柄の表現だからにほかならない．

Aグループ「…するまで（は）」

この種の接続詞（句）のうちでは，**finché** がもっとも一般的，かつ代表的な接続詞であるが，この finché 節は意外と複雑な顔を備えている．というのも直説法，接続法双方の動詞を従えるほか，ときに虚辞 non が添えられることもあるからである．その意味でこの接続詞だけは，ある程度立ちいった検討が必要である．ほぼ次のように考えることができるだろう．

 a 直説法か接続法か？
（1）過去の出来事
  1）実際に行われた動作 → 直説法
  2）「想定」された動作 → 接続法
（2）現在から未来にかけての出来事
  1）実現可能な予測 → 直説法
  2）不確実な予測 → 接続法
 b 虚辞 non は必要か不要か？
（1）finché 節が「そして〔その後〕…した」くらいの意味の，ほぼ瞬間的に完了する「連続動作」を表わすとき → 直説法，non 不要

4.1. 時間節 (proposizione temporale)

（2）finché 節が「…している間ずっと」という，意味合の「持続的付帯状況」を表わす場合 → 通常直説法で，non 不要
（3）finché 節が「…するまで」という「動作の終結点」を示す場合：
 1）直説法 → 通常 non 必要
 2）接続法 → 過去の出来事の場合は non 必要，未来の場合は必要かときに任意

　　すなわち，finché 節が，「連続動作（そして〔その後〕…した）」か，「持続的付帯状況（…している間ずっと）」の二つの意味で用いられるときは通常 non は不要であり，一方「動作の終結点（…するまで）」の意味になる場合は non 必要というように考えることができる．

　以上の要約を具体的な例文で示すならば，次のとおりである．

① 「過去の実際の出来事」を表わし，意味が「そして〔その後〕…した（連続動作）」になるとき → 直説法，non 不要：Dormì tutta la notte, *finché*, la mattina, fu svegliato da qualcuno che sbatté la porta uscendo. 彼は一晩中眠り，朝になって誰か出て行く人がドアを閉める音で眼を覚ました．
② 「過去の実際の出来事」で，意味が「…している間ずっと（持続的付帯状況）」になるとき → 直説法，non 不要：Gridò *finché* ebbe voce. 彼は声をかぎりに叫んだ．
③ 「過去の実際の出来事」で，意味が「…するまで（動作の終結点）」にあるとき → 直説法，non 必要：Non andò via *finché* **non** ebbe ottenuto tutto. 彼女はすべてを手にいれるまで(non を含めて訳せば「手にいれない間は」)立ち去らなかった．
④ 「想定された過去の出来事」を表わし，意味が「…するまで（動作の終結点）」になるとき → 接続法，non 必要：Quell'impiegato mi ha detto di aspettare *finché* **non** fosse vennto il direttore. その職員は，所長が来るまで待つように私にいった．
⑤ 「未来の実現可能な予測」の表現で，意味が「…する間（は）（持続的付帯状況）」になる場合 → 直説法，non 不要：*Finché* c'è la vita, c'è speranza. 生命(いのち)があるかぎり希望がある／Restate *finché* volete. 好きなだけいたまえ．
⑥ 「未来の実現可能な予測」の表現で，意味が「…するまで〔ときに，強調的に，まさに…するまでは〕（動作の終結点）」になるとき → 直説法，non

必要：Studierò *finché* **non** avrò imparato. 覚えてしまうまで（覚えない間は）勉強するつもりです／Non si potrà entrare *finché* **non** sarà aperto il principale. 表の門が開くまでは（開かない間は）誰も中に入れないでしょう．（ただし，話し言葉では，finché節の動作の終結点が明確さを欠く場合，non 任意になる：Resto *finché* (**non**) arriva Maria. マリアが来るまで残っています）

⑦ 「未来の不確実な予測」を表わし，意味が「…するまで（動作の終結点）」になる場合 → 接続法，non 使用任意：Rimarrò di guardia *finché* (**non**) arrivi qualcuno. 誰かやって来るまで見張っています．

finché と同種の意味・用法をもつ接続詞（句）→ **sinché, fino a che, sino a che, in fin che**（文，古），**fin quando**（+ind.），**fin(o)〔sino〕a quando**（+ind.），**fino al momento in cui**（+ind.），**fintantoché〔fintanto che, finattantoché**〕(finché の強調形)（文，古），**sintantoché〔sintanto che**（文，古），**tanto che〔**稀に **tantoché**〕（文，古），**infinattantoché〔infinattanto che, infino a tanto che**〕（文，古），**sì**（古）（+ind.），**mentre**（**che**）（文，古），**sempre che〔sempreché**〕（古）（+ind.）（以上，とくに（+ind.）の指示のないものは，finché 同様，ind., cong. vo 双方の法の使用が可能）

Bグループ 「…する前に」（+cong. vo）

このグループはすべて接続法の動詞を従える．代表は **prima che**，そのほか，**avanti che, anziché〔**稀に **anzi che**〕（文，古），**innanzi che**（稀），**pria che**（詩，古），**dinanzi che**（文）．

Prima che tornasse l'inverno, il raccolto doveva essere risposto nei magazzini また冬がやって来る前に収穫した物は倉庫におさめる必要があった．

4.1.1.7. 「毎度」

以下すべて，「…するたびに，するときはいつでも」くらいの意味の接続詞(句)である．**ogni volta che, tutte le volte che, sempre che〔sempreché**〕（文・古）（「…する間は」の意味や，「条件（+cong. vo）もし…ならばいつでも」の意味・用法も兼ね備える），**ognora che**(古), **ogniqualvolta**(文，古), **quandunque**(古), **qualvolta**(文，古), **qualunque volta**〔**ora, otta**〕**che**(古), **tuttavia che**（古），**ogni otta che**（古）．

4.1. 時間節 (proposizione temporale)

以上の仲間とは，意味は違うが，「初回(…するはじめの折に)」を表わす(**per la prima volta che** という接続詞句もある．

4.1.1.8. 「漸進」
「…するにしたがって〔つれて〕」くらいの意味をもつ接続詞句には，次のようなものがある．**a mano a mano che** 〔**man mano che**〕, **via via che**, **a misura che** 〔**in cui**〕．また **come** A **così** B は「AするにつれてBする」という表現もある．

① *A mano a mano che* s'avvicinava l'inverno gli alberi si facevano più spogli. 冬が近づくにつれて木々はだんだんと裸になっていった．
② *Come* s'alzava il vento, *così* le nubi si diradavano. 風が起ると，次第に雲は薄くなった．

4.1.1.9. 「期限」
「…するときまで(に)」の意味の接続詞句には，**a quando**, **per quando** (per quando のほうが意味が強い) がある．

① Rimandammo la decisione *a quando* ci saremmo rivisti. 私たちは再会するときまで決定を延期した．
② Prepara i bagagli in modo che siano pronti *per quando* partiremo. 私たちが出発するときまでに荷物ができているよう準備を頼む．

4.1.2. 不定形動詞節
この章の冒頭でも述べたように，不定形動詞節のなかでは，ジェルンディオや過去分詞の構文に較べて，不定詞構文がとくに多様な形態を備えているが，それは，「時間節」とて同じことである．通常〈前置詞(句)+inf〉という形になる．

4.1.2.1. 〈前置詞(句)+inf.〉
a (+ときに定冠詞)+inf. (…すると(き))，**in**+定冠詞(古くは無冠詞も)+inf. (…するとき，するにあたって；…しながら)，**con**+定冠詞+inf. (…するにつれて，するとともに)，**su**+定冠詞+inf. (…する頃)，**verso**+inf. (…する頃)，**prima di**+inf. (…する前に)，**anzi che** 〔**anziché**〕+inf. (…する前に：

通常は，「…するよりむしろ；…の代りに」の意味で)，**dopo (di)**＋inf.（通常，複合形）(…したあとで，してから)，**quand' ecco**＋inf.(ちょうど…したとき)，**nell'eventualità di**＋inf.(たまたま…したとき)，**sul punto di**＋inf.(…しようとする瞬間)，**in〔nell', sull'〕atto di**＋inf.(…しようとして，する瞬間)，**al momento di**＋inf.(…しようとして)，**fino〔sino〕a**＋inf.(…するまで)など．

① *A pensarci* gli cresceva una rabbia profonda, (D. Buzzati) そう考えると，心の底から怒りがこみあげてきた．

② Ma poi, dalla valle buia, *con l'andar della notte*, risaliva il soffio della paura. (D. Buzzati) しかしそのあと，夜が更けるにつれて，暗い谷間からふたたび恐怖の気が吹き上げてきた．

③ *Nel chinarsi* perse l'equilibrio e cadde. 身をかがめるとき，彼はバランスを失って倒れた．

④ Fu sorpreso *in atto di scavalcare* il cancello. 彼は鉄柵を乗り越えようとしているところを取り押さえられた．

4.1.2.2. 過去分詞（略語，p. ps）

「動作完了（…して；…すると；…したあと）」，「付帯状況・同時性（…しながら）」「連続動作（そうして…）」などの意味を有し，広く用いられる．ときに〈(**non**) **appena**＋p. ps（…するとすぐに）〉，〈**dopo**＋p. ps（…したあとで）〉，〈**una volta**＋p. ps〔p. ps＋**una volta**〕（いったん…すると）〉などのように副詞や接続詞を伴なう．

① *Cessata* la neve, il vento mandava lamenti fra le rupi, molinava un polverio di ghiaccioli. (...) . (D. Buzzati) 雪がやむと，風は岸壁の間に呻き声を走らせ，氷の粉を旋回させた．(…)

② S'addormentò, *cullato* dalla corrente leggera che un po' tendeva, un po' rilassava l'ormeggio. (I. Calvino) もやっている綱を引っぱったり，緩めたりする，その軽やかな水の動きに揺さぶられるままに，彼は眠りこんでしまった．

③ *Appena arrivato*, Drogo si presentò al maggiore Matti, aiutante maggiore in prima. (D. Buzzati) 到着後直ちに，ドゥローゴは，大隊副官マッティ少佐のもとに出頭した．

4.1. 時間節 (proposizione temporale)

4.1.2.3. ジェルンディオ

ジェルンディオは，「…すると(き)；…しながら；…したあと」くらいの意味で，「時間節」を形成する．ジェルンディオ節のなかでもっとも広く用いられる用法である．

① Ma la sera, *rientrando* in camera, restava a lungo a guardare la fabbrica coi finestroni palpitanti di luce. (C. Cassola) しかし夜になって部屋に戻ると，彼女は，大きな窓に光がまたたいている工場を，長いことじっと見つめているのだった．

② Ogni tanto, *voltandosi*, vedeva la pianta un po' più alta. (I. Calvino) 時折，彼は振り返ってちょっと大きくなった植木を見た．

4.1.2.4. 現在分詞

現在分詞の副詞節的用法は，現代では稀である(cf. 5.2 現在分詞，5.2.2，副詞節相当用法)．「時間」を表わす場合は，mentre (…する間 (は，に)) に導かれた節に代る．

① *Vivente* lui, io non sarò mai libero. 彼が生きている間は，私は絶対に解放されることはないだろう．

② *Regnante* Carlo VIII, il popolo si ribellò. カルロ8世の治世に民衆は蜂起した．

4.1.2.5. 従属節に準ずる表現

(1) 〈接続詞・副詞＋場所〉

〈**appena**＋場所 (…へ行くと直ちに)〉，〈**una volta**＋場所 ((いったん)…へ身を置くと)〉 など．

① *Appena in strada*, s'accorse che era ancora notte. (B. Cicognani) 道に出るとすぐに，まだ夜だということに気がついた．

② *Una volta fuori*, gli domandò che ore erano. (C. Cassola) 外へ出ると彼に何時か尋ねた．

(2) 〈過去分詞＋che＋助動詞〉

Esaurito che ebbe la missione, si sentì tranquillo. 役目を果し終えて，彼はすっかり気が楽になった．

4.2. 条件節（proposizione condizionale）

4.2.1. 定形動詞節

　「条件」を表わす接続詞（句）の代表は，あらためていうまでもなく **se** であるが，これ以外にもじつにさまざまな語（句）がある．そして条件節のなかで用いられる動詞の法は，直説法か接続法のどちらかであって，条件法が用いられることは，本来ありえない．もっとも，〈se＋cond.〉という従属節は，実際には結構行われているのであるが，これは「条件」以外の意味をもつ表現だということを，まず最初に確認しておく必要がある．

　さて用いられる動詞が，直説法（ind.）か接続法（cong. vo）かの区別は，それぞれの接続詞（句）のあとにその旨示したが，総じて接続法を原則とするものが大半を占めている．しかし，なかには直説法使用（とくに未来予測における，未来時制）がむしろ普通と考えられる接続詞も結構あって，とりわけ厄介なのが se の場合である．なぜなら，「条件」節でも直説法がよく用いられるというだけにとどまらず，同時に，一見「条件」のように見えながらも，じつはそれ以外のさまざまな意味，用法を兼ね備えているからである．

4.2.1.1. 広く「仮定条件」の se 節

　条件節の se は，直説法の動詞か，接続法半・大過去形を導くが，それはほぼ次のような形式になる．

A　〈**se**＋ind.〉　とくに実現可能性のある動作の予測を表わす場合は，広く直説法の諸時制（現在，単純未来，近過去，前未来）が用いられ，同時に実現不確実・不可能な動作の想定にも，本来接続法半・大過去形が用いられるべきところで，直説法半過去（ときに大過去）形が利用される，というように，その文形式はじつにさまざまである．ただ一つだけ注意しなければならないのは，〈se＋遠過去・前過去〉という形だけは，まず使われることがない，ということである．ほかにはとくに問題はないので，例文は，〈se＋現在〔単純未来〕〉の形を一つ挙げるだけにとどめておく．

　Se domani *piove*〔*pioverà*〕, dovremo rimandare la gita　もし明日が雨降りなら行楽は延期しなければならないだろう．

B　〈**se**＋cong. vo 半・大過去〉　「条件」の意味での se 節内の接続法は，半・

4.2. 条件節 (proposizione condizionale)

大過去の2時制のみで，現在と過去は用いられない．

a 「現在の事実に反する，または万が一の未来予測」:〈se＋cong. vo 半過去〉×〈cond. 現在・過去〉

① Se *avessi* i soldi, mi comprerei quella villa. お金があればあの別荘を買うのだが．

② Se tuo padre *fosse* vivente, non ti avrebbe permesso di andare all'estero もしお父上が御存命だったら，あんたの外国行きは許してもらえなかっただろうね．

b 「過去の事実に反する仮定」:〈se＋cong. vo 大過去〉×〈cond. 現在・過去〉

① Se *si fosse coperta* bene, non si sarebbe raffreddata. しっかり着こんでさえいれば，風邪なんか引かなかったでしょうに．

② Se *avessimo perduto* l'aereo, saremmo ancora a Roma. もし飛行機に乗り遅れたら，私たちはまだローマにいただろう．

〈備考〉 ところで，「条件」以外の se の用法にはどのようなものがあるか，一応の見当をつけておくことも無駄ではないものと思われる．

（1）「**時間**（…するとき（には））」

Se *ripenso* agli anni della mia giovinezza, mi accorgo di quante cose sono cambiate. 若い頃のことを思い起こすと，ずいぶんといろいろなことが変ってしまったことに気づく．

（2）「**譲歩**（…であっても）」（ときに＋cond.）

Se *potresti* aiutarlo tu, gli altri non sono disposti a farlo. 君は彼を助けることができるにしても，ほかの連中にはそういう気持はないのだ．

（3）「**判断の根拠**（…だということは，であるところを見ると；…だとしたら）」

Di diverso parere furono evidentemente i suoi figli, *se* l'uno dopo l'altro *lasciarono* casa e famiglia. 彼の子供たちがつぎつぎに家と家族から離れていったところを見ると，明らかに彼らは意見が合わなかったのである．

（4）「**対立・反意**（…だとしても〔ではあるが〕（しかし一方では））」

Se la trincea *era* dura, l'assalto era un incubo. 塹壕は堅固ではあったものの，攻撃は悪夢を思わせた．

（5）「**形式的条件**（…だとすれば）」

Se *c'è* una cosa che detesto, è proprio quello disturbare la gente. (G. Bassani) 私が嫌っていることがあるとすれば，それこそ正に人に迷惑をかけ

ることなのである．
（6）「間接疑問節を導く se（…かどうか）」
　　Mi domando *se sia* meglio avvisarlo o non dirgli niente 彼に知らせたほうがいいか，黙っているほうがいいものか考えている．
（7）「挿入節」
　　se non sbaglio（もし私の勘違いでなければ），*se ben ricordo*（もし私の記憶通りなら），*se ti*〔*Le, vi*〕*piace*（もしよろしかったら），*se vuoi*〔*vuole, volete*〕（もしお望みなら）その他，さまざまな挿入節が形成される．

4.2.1.2.　「万が一の仮定」
「もしも…」という仮定に，「万が一」という不確実な感じが加わった言い方には，次のようなものがある．
　se（＋cong. vo 半・大過去），**se mai**〔**semmai, casomai**〕（＋cong. vo〔ときに ind.〕〉，**se per caso**（＋cong. vo），(**nel**) **caso mai che**（＋cong. vo）《文，古》

4.2.1.3.　「強調的または限定的仮定」
　se の条件節の「強調」，ないし「限定」といった性格をもつ言い方にも注意が必要である．
A　「**se 節の強調**」
　se anche（＋cong. vo〔ind.〕）（もしも…だとしたら），**se pure**〔**seppure**〕（＋ind.）（もしも…だとしたら），**se ancora**（＋ind.）（もしもなおかつ…だったら），**se almeno**（＋ind.〔cong.vo〕）（少なくとも…ならば），**se solo**（＋ind.〔cong.vo〕…しさえすれば，少なくとも…ならば），以上のうち，se anche と se pure はむしろ「譲歩」の意味で用いられるのが普通であるが，とくに se pure には，ときに「条件」の意味がこめられる．ただし，se anche の「条件」は稀．
　① Si tenga i suoi soldi, *se pure* sono suoi! 自分のお金なんでしたら，取って置いてください．
　② (…)*se anche* volessimo fare qualcosa, noi, quaggiù, cosa possiamo fare? (G. Dessì) もしなにかやりたいんだとして，私たちこんなところで何ができるんです？

4.2. 条件節 (proposizione condizionale)

B 「限定された se 節」

se niente niente(+cong. vo〔ときに ind.〕), **niente niente (che)**(+cong. vo〔ときに ind.〕), **nulla nulla (che)**(+cong. vo〔ときに ind.〕)(以上三つとも,少しでも…ならば), **solo〔soltanto〕se**(+ind.〔cong. vo〕)(もし…ならば正にそのときには,…ならばそのときにかぎって;ただ…するだけで), **solo quando**(+cong. vo)(=solo se), **solo〔soltanto〕che**(+cong. vo)(…しただけで)

① *Niente niente che* dice qualcosa, tutti gli danno sulla voce. 彼がちょっとでも何かいうとみんなの反対にあう.

② Potresti riuscire *soltanto che* tu fossi disposto a qualche sascrificio. 君,ちょっと犠牲を払う気になればうまくいくよ.

4.2.1.4. 「選択的条件」(とくに指示のないかぎり,通常+cong. vo)

purché(…ならば:このグループではもっとも広く用いられる), **beninteso che**(もちろん…ならば), **basta (che)**((…という条件を満たせば →)…ならば), **una volta (che)**(+ind.)(いったん…ならば:「時間節」の場合が少なくない), **sempre che〔sempreché〕**(文)(もし…ならばいつでも), **ognora che**(古)(=sempre che), **solo〔soltanto〕che**(単に…しさえすれば)

① *Purché* non piova, possiamo uscire a far quattro passi. 雨が降らなければ散歩にでかけてもいいね.

② Ottenerete il permesso, *basta* non insistiate. しつこく言い張らなければ,君たちは許可がもらえるだろう.

③ *Una volta che* ti sarai levata la voglia, non lo desiderai più. いったん願いがかなったら,もう二度と欲しがったりしてはだめだよ.

4.2.1.5. 「条件の提示」((…という条件で →) …ならば)

a〔alla, con la〕condizione che(+cong. vo)((…という条件で →)…ならば), **a〔col〕patto che**(+cong. vo)((…という約束で →)…ならば)

この二つの接続詞句のうち前者のほうがより一般的. 後者は評論やジャーナリズムの文章によく登場する. 4.2.1.4.の purché を含めて,両者ともに,ある一定の条件さえ満たせば,それに前向きに対応する,というニュアンスがこめられる.

① Vengo *a condizione che* qualcuno mi accompagni. 誰か一緒に来てくれるなら私が行く．

② Accetto di far parte dell'impresa, *a patto che* il mio nome non compaia. 私の名前が出ないという条件なら，その事業に加わることを承諾しよう．

4.2.1.6. 時間・場所の疑問副詞の転用

「(…の場合には →) …ならば」という意味で用いられるが，このグループは総じて，格式ばった文章語というニュアンスをもっている．**qnando**（+cong. vo）（時間的意味合がこめられた se の感じ），**qualora**（+cong. vo）《文》（とくに司法・行政関係または学術的文章で），**dove**（+cong. vo）《文，古》，**laddove**（+cong. vo）《文,古》, **ove**（+cong. vo）《文》（しばしば評論文やジャーリズムの文章に登場）

① *Qualora* avvenissero dei mutamenti, vi prego di informarmene tempestivamente. なにか変更が生じた場合は，早急にお知らせください．

② *Dove* io non potessi intervenire, parla tu. もしぼくが参加できないようだったら，君が話したまえ．

4.2.1.7. 「状況の想定」

A 〈特定動詞の**過去分詞・ジェルンディオ**+che〉（+cong. vo），〈特定動詞の**過去分詞・ジェルンディオ**〔ときに**命令法**〕〉+(**il**) **caso che**〉（+cong. vo）：

特定の動詞とは，ammettere（許容する），dare（与える），supporre（仮定する）などの動詞で，その過去分詞，ジェルンディオ，命令法1人称複数形を中心に接続詞句が形成される．**ammesso che**((…という状況が許容されるならば →) もし…ならば) と **supposto che**((…という状況が想定されるならば →) もし…ならば) がその代表的な形で，すべて「もし…ならば」の意味をもち，どれも接続法の動詞を従える．おしなべて文章語的，ないし多少気取ったスタイル向きの表現になる．と同時に注意しなければならないのは，この種の接続詞句は，文脈によってしばしば「譲歩」の意味を帯びるということである（4.2.3. 譲歩節 参照）．なお，これらの語句に，**non concesso** が余分に添えられると，「万が一」という強調的ニュアンスが加味される．

ammesso〔**ammettendo**〕**che, ammesso e non concesso che, dato che,**

4.2. 条件節 (proposizione condizionale)

dato e non concesso che, premesso [posto] che, supposto [supponendo] che, ammettiamo [mettiamo, poniamo] (il caso) che, supponiamo che, si dia il caso che, metti il caso che, putacaso che [puta caso che]（文）(si dia il caso che 以下の三つはともに＝supponiamo che)

① *Ammesso che* riesca a passare alla maturità mi lascerai fare chimica. (M. Corti) もしぼくが高校の卒業試験に受かったら，化学の勉強をするのを許して欲しいんだ．

② *Supponiamo che* domenica ci sia bel tempo. Verreste al mare con noi ? 日曜日はいいお天気だということにして，私たちと一緒に海へ参りませんこと？

③ Tutto questo— *ammesso* sempre *che* in quel pomeriggio io sognassi— potrebbe spiegare qualche cosa. (C. Pavese) こうしたことはすべて，結局あの午後私は夢を見ていたのだと仮定したうえでの話だが，なんらかの説明にはなるかもしれない．

B 〈前置詞＋特定名詞＋che [in cui]〉(+cong. vo) :
nel [in] caso che [in cui] (…の場合には，もし…だったら)，**solo nel caso che** (ただ…の場合には)，**per il caso che [in cui]** (もし…の場合には：比較的稀．文学表現のほか法律の文章で)，**al caso in cui** (もし…の場合には：しばしば司法・行政関係の文章で)，**per il caso che [in cui]** (＝al caso in cui)，**nell'eventualità che** (万が一…の場合には)，**nell'ipotesi che** (万が一…の場合には)

以上のグループのなかでもっとも広く用いられるのは，nel caso che である．ほかの形は，多かれ少なかれ，形式ばった文章語というニュアンスをもつ．

① *Nel caso che* tu trovassi un racconto scritto da questo autore, avvertimi. この著者の短編を見つけたら，知らせてくれたまえ．

② Proibì al malato di parlare. Gli diede un foglio di carta con una matita *per il caso che* avesse qualcosa da chiedere. (I, Silone). 彼は病人に話すことを禁じた．なにか要求のあるときのために，一枚の紙と鉛筆を渡した．

4.2.1.8. 否定条件

(se) **non fosse che** (+ind.) (もし…でないならば)，**sennonché [se non** che, senonché(俗))（+cong. vo)（…でないならば：「条件」の接続詞としては（文，古）．本来は，しかし；…を除いて，の意．さらに（古）で，さもなければ），**se non quando**（+ind.)（…するときでなかったら）．なお，a meno che（+non）や salvo che を「否定条件」の仲間に含める分類も可能であるが，本書では，4.10．除外節で扱った．

"(…) *non fosse che* tanti figli di mamma ci rimetteranno la pelle, non potremmo che essere contenti." (G. T. di Lampedusa)「(…)母の愛を受けた多くの息子たちが，生命を落すようなことがないならば，われわれも安心していられるのだが」

4.2.1.9.　〈過去分詞＋che＋助動詞 essere・avere の接続法半・大過去〉

Difeso che fosse da un bravo avvocato, andrebbe certo assolto. 優秀な弁護士に弁護してもらったならば，間違いなく彼は無罪になるだろう．

4.2.1.10.　倒置文〈接続法半・大過去（＋主語）〉

接続詞を用いないで「条件節」を構成するこの種の表現の場合，よく用いられる動詞としては，essere, avere のほか，dire, fare, perdere, scoprire, sapere, succedere, venire などが挙げられるが，これ以外の動詞も結構利用され，文学表現など，多少気取った感じの文章にしばしば登場する．ただこの形は，「倒置文」とはいっても，主語が省略されているケースも少なくない．ちなみに，「譲歩節」(cf. 4.3.1.11) でも，これによく似た倒置形式が用いられている．

① *Avessi qualche anno di più*, ti farei vedere di che cosa sono capace. もしあと幾つか歳をとっていたら，ぼくがどんなに能力があるかわからせてやるんだが．

② Vi affioravano radici nodosi che mettevano voglia di calarsi giù, *non fosse stata la paura* delle serpi, (C. Pavese) そこには，もし蛇が怖くさえなかったら，下へ降りてみようという気にさせるような，節くれだった根っこが，地表に剥きだしになっていた．

4.2.1.11.　〈命令法＋e（そうすれば）/ o〔oppure, altrimenti, se no〕（さもなければ）〉

① *Dammi* retta *e* non ti pentirai! 私の言うことをよくお聞きよ，そうす

4.2. 条件節 (proposizione condizionale)

れば後悔しないですむわよ．
② *Va'* in tassì, *o* sarai in ritardo in ufficio. タクシーで行きたまえ．そうでないと会社に遅れるぞ．

4.2.1.12. 疑問文
Cadeva una posizione? Colpa dei soldati! *Un reggimento si sbandava*? Tutti vigliacchi. (M. Silvestri) 陣地が落ちたらだって？そうなったら兵隊どものせいだ．連隊が総崩れになるだと？どいつもこいつも憶病者ばかりだ．

4.2.1.13. 関係詞節
第3章法と時制，3.3. 接続法（B，（2）関係詞節）の項で述べたように，関係詞節内の接続法には，ときに「条件」の意味がこめられる．

E si fecero leggi contro i potenti *che facessero* oltraggi ai popolani. かくて民衆に対し横暴な振舞いをする（かもしれない）権力者に対抗するため，いくつかの法律が制定された．

4.2.2. 不定形動詞節
4.2.2.1. 〈前置詞（句）+inf.〉
a+inf. (…（する）ならば), **con**+定冠詞+inf. (…したら), **solo a**+inf. (…しさえすれば), **pur di**+inf. (…するためだったら．「目的の強調」もっぱら…するために，の意も), **senza**+inf. (…ないならば), **per**+inf. (…するならば), **basta**+inf. (…するならば), **a**〔**alla, con la**〕**condizione di**+inf. ((…という条件で →) …ならば) (なお，「否定条件」ともいえる a meno di+inf., salvo (a)+inf. などについては，4.10.2. 除外節 参照)．**a**〔**al, col**〕**patto di**+inf. ((…する約束で →) …するならば) (なお，「否定条件」ともいえる a meno di+inf., salvo (a)+inf. などについては，4.10.2. 除外節 参照)．

① *A ben considerare*, ne avevo perfino qualche diritto, ormai … (G. Bassani) よく考えてみると，私にはもう，そうするだけのなんらかの権利さえあったのだ…．
② *Solo a salutarlo*, t'avrebbe fatto un viso da amico. 彼に挨拶しただけで，あいつ，君に対して友達面をしただろうよ．
③ *Pur di farla finita*, farei qualunque cosa. それを終らせるためだったらなんでもするよ．

④　*Per dirla in due parole*, è un mammone. あっさりいってしまえば，あいつはマザコンだ．

⑤　*Col lavorare troppo intensamente* ci si può rovinare la salute. あんまり根をつめて働くと体を悪くしてしまう．

4.2.2.2.　過去分詞

もちろん過去分詞だけでも「条件」の構文として用いられるが，ときに se, purché その他の「条件」の接続詞が添えられる．

①　L'amore, secondo il Betmann, è una malattia (...). A volte, *non curata in tempo*, diventa cronica. (G. Deledda) ベットマンによれば恋は病気なのだ(…)．ときに治療の時期をあやまったりすると，慢性のものになってしまう．

②　Chiunque, *purché accettato* da tutti, avremmo potuto accogliere nel nostro gruppo di lavoro. 全員の承認があれば，どんな人でもわれわれの仕事の仲間に迎えいれただろう．

〈備考〉「原因，理由」の意味でよく用いられる〈dato＋名詞（4.4.原因・理由節参照）〉が「条件」の意味をもつことがある．*Data la qualità*, non è troppo caro. 品質を考えれば，あまり高すぎはしない．

4.2.2.3.　ジェルンディオ

「条件」の意味で用いられるのは，通常はジェルンディオ現在（単純形）で，ジェルンディオ過去（複合形）を用いることは，かなり稀である．

①　*Correndo* a quel modo, c'è pericolo che tu vada a sbattere contro una pianta. そんな風に駆けたら，下手すると木にぶつかるぞ．

②　*Avendo fatto* il tuo dovere, non devi temere nulla. 義務を果し終えてしまえば，なにも恐れることはない．

4.3.　譲歩節（proposizione concessiva）

イタリア文の従属節のなかで，もっとも多彩で多様な表現法を備えているのが，この譲歩節である．

一口に譲歩といっても，その意味内容はさまざまであるが，便宜上，現在または過去（ときに未来）の既成「事実」を踏まえた表現「**現実的譲歩**（…では

4.3. 譲歩節 (proposizione concessiva)

ある〔あった〕が，にもかかわらず → 以下，ときに現・譲と省略）」と，「可能性」や「仮定」に基く「**仮定的譲歩**（かりに…だとしても → 以下，ときに仮・譲）」，そしてもう一つ，A，B 二つの項目を並列させた，「A であれ B であれ」という「**選択的譲歩**」の三つに分けることができるだろう。

　ところで，数ある譲歩の接続詞(句)のなかで，「…ではあるが，とはいえ（現実的譲歩）」という明確な対立関係を表わす benché と sebbene が譲歩接続詞の一方の代表だとすれば，もう一方の代表としては anche se を挙げることができるだろうか。そしてこの anche se は，現実的，仮定的譲歩双方の意味を兼ね備え，正反対の対立・背反関係ではなく，「たとえ…でも；かりに…だとしても」といった，一面的対立，つまり横向き程度の対立関係を表わす接続詞句である。

　また，定形動詞節内部の動詞の法は，基本的には接続法が用いられるとはいうものの，anche se のようにむしろ直説法のほうが多用される接続詞（句）もあり，そればかりか，条件法の動詞（とくに potere と dovere）が登場するケースも結構見られるのであって，この辺の事情はおそらく譲歩節の特徴の一つといっていい。

　さて，最初にも述べたように，なにぶん譲歩表現はかなりの数にのぼるため，記憶の便宜を考慮して，この譲歩節だけ特別に，ほかの節の場合とは異なる，形態別の分類と説明を試みることにした。まずはその前提として，「譲歩」定形動詞節の構造の基本的枠組を表示してみよう。そしてこの表示を見ただけでは，かならずしも明らかとはいえないが，ともあれまず最初に確認しておくべきことは，本来「条件」の接続詞として広く用いられる se がここにも登場し，これと並んで，pure, anche の二つの副詞，そして動詞 essere の接続法現在 3 人称単数形 sia が，広い範囲にわたって活躍をするということである。とりわけ pure の存在は重要で，「譲歩」の場合以外でも，イタリア文解読上，この語には充分な注意を向ける必要がある。

　さらにもう一つ，se 以外でも，「時間」や「条件」の接続詞（句）の一部がしばしば「譲歩」の意味を帯びるのも興味深い特徴であるが，それも結局のところ「…するとき → …するときでも」，「かりに…ならば → かりに…にしても」というように，意味に多少のひねりを加えることによって，譲歩への転化を容易に行なうことができるところから生じる現象のように思われる。

〈譲歩定形動詞節の主要16タイプ〉
（1）〈副詞 **bene**・ **ancora**＋**che**〉＋動詞

（ 2 ）〈前置詞 **malgrado・nonostante che**〉＋動詞
（ 3 ）〈**ammettere・supporre** などの**過去分詞・**ときに**命令法 1 人称複数形＋che**〉＋動詞
（ 4 ）〈**se**〉または〈**se＋anche・appena・bene・magari・per caso・pure・solo・soltanto**〉＋動詞
（ 5 ）〈**quando・sempre che・ove** など時間・場所の接続詞〉＋動詞
（ 6 ）〈**per quanto**（＋名詞・形容詞・副詞）または **quantunque**〉＋動詞
（ 7 ）〈不定関係代名詞〔形容詞・副詞〕；不定代名詞〉＋動詞
（ 8 ）〈**così・come・quanto**＋形容詞〉＋動詞
（ 9 ）〈**con＋tutto・tanto＋che**〉＋動詞
（10）〈**per**＋形容詞・副詞・不定詞＋**che**〉＋特定動詞
（11）倒置文
（12）直説法未来時制・条件法
（13）〈命令法＋反意の接続詞〉
（14）**essere・trattarsi** の成句的表現
（15）〈*A* o *B* (*A* にせよ *B* にせよ)〉
（16）短縮節

4.3.1. 定形動詞節

4.3.1.1. 〈副詞 bene・ancora＋che〉＋動詞

benché（＋cong. vo, ときに ind., cond.：…ではあるが）, **ancorché**〔**ancor (a) che**（文）〕（＋cong. vo, ときに ind.：…ではあるが）

まず benché であるが，さきにも述べたように，後出 (4.3.1.4.) の sebbene とともに，これは「現実的譲歩」を代表する接続詞である．そしてこの両者はほとんど同じような意味内容と使用頻度を有しているが，sebbene のほうがやや文章語的だともいわれている．さてこの項の benché, ancorché はともに (sebbene も同様)，通常は接続法を従えるが，とくに主節の後ろにくる場合は，ときに直説法を従え，等位接続詞（しかし）のようなニュアンスを帯びることがある．ancorché は，benché, sebbene とほぼ同義ではあるが，もっぱら文章語として，よくジャーナリズムの文章に登場する．さらにこれら三つとやはり同じような意味の接続詞に quantunque (4.3.1.6.) があるが，これはなお一層

4.3. 譲歩節 (proposizione concessiva)

文章語的性格が強い。使用頻度は，benché, sebbene はほぼ同じ，続いて ancorché, quantunque の順である。

① *Benché* trionfasse la notte, il vento cominciava a soffiare fra le merlature portando ignoti messaggi, (...). (D. Buzzati) 夜があたりを領していたが，風が吹きはじめ，城壁の銃眼の間から未知の知らせを運んできた（…）

② *Ancorché* l'oratore fosse monotono, tuttavia gli ascoltatori erano attenti. 弁士の話は単調だったが，聴衆は注意深く耳を傾けていた。

③ "Dio ti benedica, figlio mio, *benché* credo che non lo meriti." (G. T.di Lampedusa)「君に神の御加護があるよう祈っておる。もっともあまり祈り甲斐はないが」

4.3.1.2. 〈前置詞 nonostante・malgrado（+che）〉+動詞

nonostante (che)〔稀に **non ostante**〕**, malgrado (che), ad onta (del fatto) che**(三者とも+cong. vo，稀に+ind, cond.：…にもかかわらず；なお，最後の ad onta (del fatto) che は現代では稀)

上で述べた benché, sebbene, quantunque などのグループにくらべると，より明確な対立関係を表わすが，benché, sebbene の両者ほど広くは用いられない。

① Volle partire in macchina, *nonostante che* ci fosse una nebbia fittissima. たいへん深い霧がでていたが，彼は車で発とうとした。

② *Malgrado che* l'avessi intuito, non ho potuto evitarlo. 予感はしていたのであるが，私はそれを避けることができなかった。

〈備考〉「除外（…を除いて）」の接続詞句 **senza che**（これも〈前置詞+che〉に「譲歩」の意味合が加味される場合もある。Mi trattò con asprezza, *senza che* io gliene assai dato motivo. 私が別になにかしたわけでもないのに，彼は私に辛くあたった。

4.3.1.3. 〈(**ammettere** など，「仮想・想定」などの意味をもつ）特定動詞の過去分詞・ときに命令法1人称複数形+che〉

（1） **dato che, visto che, considerato che, atteso che**（+ind.〔ときに cond., cong. vo〕：…ではあるが〉

Atteso che quelli non fiatavano, egli ha cercato di scusarli verso di me. (I. Silone) その連中は何も言わなかったが，彼らに代って，彼が私に弁明しようとした．

（2）**ammesso・ammettiamo che, concesso・concediamo, posto・poniamo che, supposto・supponiamo che**（＋cong. vo：かりに…ではあっても）

Ammesso (*pure*) *che* tu abbia ragione, non dovresti comportarti così. かりに君のほうに正当な理由があるにしても，そんな態度をすべきではない．

（3）**dato e non concesso che, ammesso e non concesso che**（＋cong. vo：かりに…ではあっても）

ここで注意すべきことは，以上の接続詞句には，文脈次第では，「原因・理由」や「条件」を表わすものが含まれている，ということである．ただ「譲歩」の意味で用いられる場合には，意味を明確にするために，しばしば pure や anche が添えられる．

4.3.1.4. 〈se〉または〈se＋副詞〉＋動詞

いうまでもなく，se は本来「条件」を表わす接続詞であり，「譲歩」の意味（…も）を基本的に備えている anche と pure の二つの副詞を除けば，〈se＋副詞〉の結合体なるものは，もともとは「条件」の強調形式であって，以下の接続詞（句）は，おおむね「条件」が「譲歩」に転換されたものと考えることができる（ただし sebbene には，「条件」の用法はない）．

se（＋ind, 稀に cond.：現・譲 → …であるにせよ；＋cong. vo：仮・譲 → かりに…だとしても），**sebbene**（原則として＋cong. vo,《文，古》では＋ind. も：…ではあるが．benché と同義．4.3.1.1.参照），**anche se**（一般に＋ind., ときに cond., 仮・譲や文学的表現では cong. vo：たとえ…でも；かりに…でも；…ではあるが），**se anche**（本来は＋cong. vo, 現代ではしばしば ind., anche se ほどは用いられない：たとえ〔かりに〕…だとしても），**se pure**〔**seppure**〕（＋ind 現・譲 → たとえ…でも；＋cong. vo 仮・譲 → かりに…だとしても．「条件」…だとしたら，の意も）．**pur se**（＋ind., ときに cond. anche se とほぼ同義だがやや強意：たとえ…でも；「条件」もし…だとしたら，の意も），**se magari**（＋ind.＝anche se.いくらか強い情意がこめられる．使用頻度は低い：たとえ…でも），**neanche**〔**nemmeno・neppure・manco**〕(**se**)（＋cong. vo〔ind.〕．主節が否定文のとき用いられ，その否定を強調するために neanche

4.3. 譲歩節 (proposizione concessiva)

以下の否定語が添えられる．したがって，従属節そのものが，否定の意味をもつわけではない：たとえ…でも)，**se per caso**〔**per ipotesi, per avventura**〕(+ind.仮・譲 → たまたま…だとしても，「条件」の意も兼ねる)，**se appena**〔**solo, soltanto**〕(+ind. (可能性)；+cong. vo 半・大過去 (非現実性)：(ただ)…だけにしても．「条件」の用法も)．**se mai**〔**semmai**〕(+cong. vo.口語ではときに ind. (未来)：たとえたまたま…だとしても．「条件」の用法も)，**se è vero che** (+ind.ときに cond.：…だとしても)，**caso mai** (=cong. vo 半・大過去：万が一…だとしても．「条件」の意も)．

① Insomma, *se* il tuo carrello è vuoto e gli altri pieni, si può reggere fino a un certo punto (...). (I. Calvino) 要するに，あなたの手押車が空で，ほかの人のほうは一杯でも，ある程度までは我慢ができるのである (…)．

② Ma *anche se* i pesci non vengono il signore non si indispettisce. (D. Buzzati) しかしたとえ魚がやって来なくても，その人は苛立ったりはしない．

③ Io non accetterei mai, *neanche se* fossi ridotto all'accattonaggio. たとえ物乞いをするようなことになろうと，私は絶対にそれを受け取るつもりはない．

4.3.1.5. 〈時間・場所の接続詞〉+動詞

時間や場所の接続詞 (quando, ove など) が「条件」に転用されるというケースは，比較的容易に予測できるが，ときに「譲歩」の意味を帯びることもある．その場合, anche や pure が添えられれば通常譲歩と考えることができるが，そうでないときは「条件」との境い目がなかなかに微妙なケースもあって，文脈の正確な把握には慎重でなければならない．

quando (+ind.ときに cond.：現・譲 → …なのに，というのに；+cong. vo：仮・譲→かりに…だとしても)，**quand' anche**〔**quando anche**〕(+cong. vo 半・大過去, anche se と同義だが，より文章語的：仮・譲 → たとえ…だとしても)，**anche quando** (+ind.〔cong. vo〕：仮・譲 → …のときでも，たとえ…でも．例少なし)，**quando che** (+cong. vo：たとえ…でも (稀))，**quando pure** (+ind：たとえ…でも (稀))，**qualora** (+cong. vo ときに ind.：たとえ…でも．本来「時間」，ときに「条件」も)，**anche qualora** (+cong. vo：たと

え…でも（稀）），**sempre che**〔**sempreché**〕（＋cong. vo：…であるにしても．「時間」「条件」も），**anche nel caso che**（＋cong. vo：たとえ…でも），**ove**（＋cong. vo：たとえ…でも）

① Perché mai, essi chiedono, andate a scavare in Oriente, *quando* c'è tanto da scavare in Italia？(S. Moscati) 一体どうして，と彼らは尋ねているのである．イタリアに発掘するものはたくさんあるというのに，なぜ諸君は東方へ発掘をしに行くのか，と．

② Ma non ha mai saputo nulla dell'indagine, *sempre che* indagini ci siano state. (F. Coppola) しかし，いくつか研究は行われたのであるが，彼はその研究についてはまったく知らなかった．

③ Cercò di tergiversare opponendo la solita protesta che *ove* avessi saputo dove passava le sere, lo avrei stimato di meno. (A. Moravia) 彼が夜をどこで過すかかりにこの私が知ったところで，俺はもっと軽蔑されただろうさ，と奴はいつもの調子で言い返し，言い逃れをしようとした．

4.3.1.6. 〈**per quanto, quantunque**〉＋動詞

per quanto（＋名詞・形容詞・副詞）（主節に前置された場合 → ＋cong. vo：いかに〔どんなに〕…であろうと；主節の後ろに置かれた場合はしばしば → ＋ind.〔cond.〕：しかし，とはいうものの），**quantunque**（＝benché・sebbene.＋cong. vo：…ではあるが）

① A occhi nudi, *per quanto* fosse strano, il lume non si poteva distinguere. (D. Buzzati) 奇妙ではあったが，裸眼では，その光を見分けることができなかったのである．

② *Per quanti* sforzi facciate, non riuscirete a ottenere la vittoria. 諸君がどんなに努力を重ねても，勝利を手にいれることはできまい．

③ *Quantunque* la mattina fosse avanzata, c'era ancora della rugiada. 朝から時間はかなり経っていたが，まだ露が残っていた．

4.3.1.7. 〈不定関係代名〔形容・副〕詞；不定代名詞〉＋動詞

chiunque（＋cong. vo：…する人は誰であろうと），**checché**〔**checchesia**〕（＋cong. vo：…する物・事は何であろうと），**qualunque**〔**qualunche**（古）〕

4.3. 譲歩節 (proposizione concessiva)

(＋名詞＋cong. vo：…するどんな…であろうと；＋essere(cong. vo)：…はどんなであろうと), **qualsiasi**〔**qualsisia**(稀), **qualsivoglia**(文), **qualsia**(文, 古)〕(＋名詞＋cong. vo：…するどんな…であれ；＋essere (cong. vo)：…はどんなであろうと), **quale che・quale＋essere** (cong. vo) (…はどんなであろうと), **comunque**〔**come che, comecché**(文・古)〕(＋cong. vo：どんな風に…であろうと. ちなみに, comecchéの《古》用法には, 「…であるが (＝benché)」と「どこへ…しようとも」の二つの意味がある), **ovunque**〔**dovunque, da ogni parte**〕(＋cong. vo：どこへ〔に・で〕…であろうと)

① *Chiunque* incontrassimo, ci guardava di traverso. 出会う人は誰もが私たちを, 冷やかな眼付きで見た.

② *Qualunque* siano le sue ragioni, ha diritto di dirle. 彼の理屈がなんであれ, それを言う権利はある.

③ "Veramente son un bel tutore, col puillo che fa *qualsiasi* sciocchezza gli passi per la testa." (G. T. di Lampedusa)「まったく私はおめでたい後見人だ. 馬鹿げた気まぐればかりしでかす若僧を抱えこむなんて」

④ *Comunque* vada la cosa, io riuscirò nel mio intento. 状況がどんな風になろうと, 私は自分の意図を貫いてみせる.

⑤ Era un posto bellissimo: in *qualsiasi* direzione s'allungasse la mano, nel buio, si trovavano nuove specie di dolciumi. (I. Calvino) 実にすばらしいところだった. 真暗闇のなかで, どっちの方へ手をのばしても, 新種のお菓子が見つかるのだから.

〈備考〉 このグループのものと似た表現に,〈**non importa**＋疑問詞 (dove, come, quando など)〉(＋cong. vo：どんな…であれ) という言い方がある.

Non importa quando tu venga, sarai accolta caldamente. いついらしても, あなたなら大歓迎よ.

4.3.1.8. 〈**così・come・quanto＋形容詞**〉＋動詞

〈**così**＋形容詞(＋come＋essere(ind.))〉(…なのに, だが),〈形容詞＋**come**＋essere(ind.)〉(…なのに),〈形容詞＋**quanto＋volere**〔または **essere**〕(cong. vo)〉(…ではあるが)

① *Così* povero, cerca di aiutare tutti. 自分が貧しいのに, 彼は誰に

も手をかそうとする．
② E tuttavia, pur *così diversi come erano*, io li sentivo fra loro profondamente solidali. (G. Bassani) しかしながら，そんなにも違いがあるにもかかわらず，私は，彼らがお互いに深く結ばれていると感じたのだった．

4.3.1.9. 〈con tutto・tanto＋che〉＋動詞

con tutto che〔**contuttoché, tutto che**（古）〕（＋cong. vo〔ind.〕：…にもかかわらず，ではあるが），**con tanto che**（＋ind.（稀）：＝**con tutto che**）
　　　　Ma *con tutto che* l'avesse pensato, aprendo la finestra al mattino non poteva credere ai suoi occhi. (I. Calvino) しかし，そのことは考えてはいたものの，朝になって窓を開けたときには自分の眼が信じられなかったのである．

4.3.1.10. 〈per＋形容詞・副詞・不定詞＋che＋特定動詞〉

〈per＋形容詞＋che＋essere類(cong. vo)〉（いかに…であろうとも），〈per＋副詞＋che〉（＋cong. vo：いかに…しようとも），〈per＋不定詞＋che＋fare (cong. vo)〉（いかに…しようとも）．以上，ときにperないしcheを省略する．
① Insomma, *vuota o congelata che fosse* la mia testa, ero proprio cameriere perfetto, (...) (A. Moravia) 要するに私は，たとえ頭が空っぽだろうと，凍りついていようと，掛け値なし申し分のないボーイだった（…）．
② *Per presto che* si arrivasse si era sicuri di trovarli già sul campo. (G. Bassani) どんなに早くやってきても，すでにコート上にいる彼らを発見する，とみんな思っていた．
③ *Per armeggiare che facessero*, i bambini non riuscirono nell'impresa. 懸命に努力はしたものの，子供たちはその試みに成功しなかった．

4.3.1.11. 倒置文

一応基本的には，〈接続法の動詞（＋主語）〉（…とはいえ）の構造であるが，主語を省略するイタリア語では，このケースでも「条件」の場合と同じように，

4.3. 譲歩節 (proposizione concessiva)

主語はしばしば隠れたままである。そして条件の倒置文がもっぱら接続法半・大過去の二つの時制だけを用いるのに反し，ここでは接続法4時制がすべて登場する。また pure, anche, magari らの「譲歩の副詞」を伴なうことも少なくない (cf. 4.2. 条件節，4.2.1.10.)。

① *Abbia* egli *agito pure* per ignoranza, la sua azione è ugualmente rimproverabile. たとえ自分では知らないでやったにしても，やはり彼の行為は非難されてしかるべきである。

② Il ragazzo è libero, e *anche* non *volesse* far niente, non lo dico per vanità ma grazie a Dio, vivrebbe senza rubare. (G. Deledda) その若者は自由なのである。たとえ何もする気がなくとも，私は別に，見栄をはってそういうわけではないが，彼は神の御加護を受けて，盗みを働くことなく生きていくだろう。

4.3.1.12. 直説法未来時制・条件法

これは，接続詞にも，倒置形式にも頼ることなく，単に従属節を，未来時制か条件法の形にするだけで，譲歩の意味が生じる表現法である。なぜこれだけで譲歩の意味を帯びるかというと，「…だろう〔かもしれない〕」という，未来や条件法の推測の表現には，余韻として，「だけど…」といった感じの疑念や躊躇(ちゅうちょ)の気持がこめられがちだからである。ただこの表現法は，それほど発達しているわけではなく，姉妹語のフランス語で，条件法の動詞を用いた譲歩節が広く行われているのに較べると，イタリア語ではごく限られた範囲でしか使用されない言い方だといっていい。しかも, potere と dovere という二つの動詞が登場するケースが，大半を占めているのが特徴である。

① Il tuo amico *avrà* tutte le virtù : non potrà però fare miracoli. 君の友達はあらゆる能力の持主なのかもしれない。しかし奇跡は起せまい。

② Non *dovrei* io amare un tal uomo, non dovrei ammirarlo? そうした男性を愛してはいけないにしても，私，誉めてはいけないのかしら？

③ (...) *avrebbe potuto* picchiarlo in faccia a tutti, non si sarebbe sottratto né avrebbe avuto un cenno di rivolta. (A. Palazzeschi) 彼をみんなの前で殴ることもできたろうが，（だからといって）奴はそれ

を避けることも，反抗の素振りを見せることもなかっただろう．

4.3.1.13. 〈命令法＋反意の接続詞〉
これは，「…したまえ〔しよう〕，だけど…」といった感じの表現法である．
 ① *Giudicatelo* pure come il vostro salvatore : non attrituitegli, *però*, meriti che non ha. 彼を諸君の救い主だと思うのは結構だ．しかし，実際にはもってもいない美点まで，彼が備えているなんていってはいけない．
 ② *Scriviamo* pure molte lodi sul suo conto, *ma* difficilmente egli potrà rifarsi un buon nome. 彼のことでわれわれがいろいろ讃辞をつらねてみたにしても，彼が評判を取り戻すのはむつかしいだろう．

4.3.1.14. essere・trattarsi の成句的表現
〈**non fosse altro che**〔**non fosse altro, non fosse che, fosse**（**anche**）**solo**〕**per**＋n.／**perchê**＋ind.〉（ただ…のため・せい（だけ）だとはいえ），〈(**che**)＋**trattarsi**（cong. vo 3 単形）**di**＋n.〔inf.〕〉（…のことであっても〔が問題でも〕）
 ① Un paese ci vuole, *non fosse che per* il gusto di andarsene via. (C. Pavese) 故郷は必要である．たとえそこから離れる，という喜びのためだけであっても．
 ② Quando i Fiorentini veri si mettono a un' opera, muovono dall'idea che deve essere perfetta, la più perfetta, *si tratti di* un picchiotto in ferro battuto o d'una cupola di cotto e di marmo. (G. Papini) 真のフィレンツェ人は，仕事に取りかかるにあたって，たとえそれが鍛鉄製のノッカーであれ，あるいはテラコッタと大理石製の丸屋根であろうとも，最高度に完璧であるべきだという考えから出発する．
 〈備考〉 譲歩節が成句と化したものに，次のようなものがある．
  pur che sia〔**purchessia**〕**, pur che fosse**（（以上二つとも，それがなんであれ → ）なにはともあれ）; **sia come sia, fosse come fosse**（（以上二つとも，それがどんな風であれ → ）なにはともあれ）; **qual che sia, quali che siano**（（それがどんなものであれ → ）なにはともあれ）

4.3. 譲歩節 (proposizione concessiva)

4.3.1.15. 選択的譲歩（A o B，など）

　おおむね，「Aであれ，Bであれ」という形が基本になる「選択的譲歩」なるものは，実際のところはその構成要素がなかなかに多様である．大別すれば，I〈動詞並列型（動詞（A）o 動詞（B））〉と，II〈副詞・形容詞・名詞並列型〉の二つに分けることができる．IIの場合は，副詞・形容詞・名詞を〈A o B〉のように並べ，それに動詞を添える（か省略する）という形になる．そして動詞は，I，II型ともに，すべて接続法である．

I 〈動詞並列型〉（以下，A，Bは動詞の接続法変化形：AであれBであれ，AにしろBにしろ）
(1) **sia che**+*A*, **sia che**+*B*
(2) **o che**+*A*, **o che**+*B*
(3) **o**+*A*, **o**+*B*
(4) **sia che**+*A*, **o**+*B*
(5) **che**+*A*, **o**+*B*
(6) *A* **o** *B*
(7) **che**+*A*, **che**+*B*, **che**+*C* (Aしようと，Bしようと，Cしようと)
(8) **che**+*A* **o non**+*B* (Aであれ，Bでないにしろ)
(9) **che**+*A* **o**〔**oppure**〕**no**
(10) **che**+*A* **o meno**
(11) **secondoché**+*A* **o no**〔**meno**〕 ((9), (10), (11)の3形は，Aであれ，そうでないにしろ)

II 〈副詞・形容詞・名詞並列型〉（以下，叙述補語は英語の補語に相当し，形容詞か名詞．以下，たとえば〈A（副詞（句））o B〉と記してあるBは，〈Aと同じ副詞（句）を意味する〉
(1) *A*（副詞（句））**o** *B*+**che** (+cong. vo) (ときに cong. vo は冒頭に：Aに…しようと，Bに…しようと)
(2) *A*（目的補語）**o** *B*+**che** (+cong. vo) (Aを…しようと，Bをしようと)
(3) *A*（叙述補語）**o** *B*+**che**+**essere** (cong. vo) (ときに cong. vo は冒頭に置かれる：AであろうとBであろうと)
(4) **essere** (cong. vo)+**主語**（人称代名詞）+*A*（叙述補語）(+**o**+*B*) (たとえ…がAであれ（Bであれ））
(5) **sia**+*A*（名詞など），**sia**〔**che**〕+*B* (Aなのだろうか，Bなのだろうか)

（6） **fosse**＋*A*（名詞など），**fosse**＋*B*（A（のせい）だろうか，B（のため）だろうか）（（5），（6）は原因・理由節とも考えられる．cf. 4.4.1.9．原因・理由節の並列）

（7） *A*（名詞）**o** *B*＋**che dir**(**e**) **si voglia**（AともあるいはBともいえるにせよ）

（8） **essere**（cong. vo）＋叙述補語（など）＋*A*（主語）**o**〔**oppure**〕*B*（Aが…であれ，Bが…であれ）

（9） *A*（形容詞・名詞）**o** *B*（動詞省略の形：AであれBであれ）

（10） *A*（形容詞・名詞）**o no**（動詞省略：Aであろうとなかろうと）

以上すべての形式について用例を挙げる余裕はないが，いくつか例文を御覧いただけば，ほかはすべて容易に類推できるものと考える．

① Comunque, *belli o brutti che fossero*, a me non mi andavano giù per un sacco di ragioni (...) (A. Moravia) 恰好のよしあしはどうであれ，とにかくその連中は私には，山ほど沢山の理由から，どうしても我慢できなかった．

② *Poco o molto che ci voglia*, ormai si può solo andare fino in fondo, (A. Ronchey) その必要の大小にかかわらず，いまは徹底的にやり抜くしか道はない．

③ *Parlasse o tacesse*, esercitava sempre il suo fascino. 話していようと黙っていようと，あの人はいつだって人の心をとらえてしまう．

④ *Governo vecchio o governo nuovo, IVA in più o benzina più cara,* per i ricchi non cambia proprio niente. (E. Biagi) 古い政府であろうと新しい政府であろうと，付加価値税が上ろうとガソリン代が高くなろうと，金持層にとってはまったく変りはないのである．

4.3.1.16. 短縮節

動詞を省略し，主として〈譲歩の接続詞（句）・副詞（句）・前置詞（句）＋名詞・形容詞・副詞・前置詞〉という形態になる，この「短縮譲歩節」とでもいうべき表現形式は，動詞を用いる普通の定形動詞節以上に広く用いられている．最初にも述べたように，イタリア文における譲歩表現の発達ぶりは，多少オーバーにいえば，ほとんど眼がくらむほどであって，とくにこの短縮節には絶えず出会うのである．

4.3. 譲歩節 (proposizione concessiva)

用例を検討する前にまず，短縮節に登場する譲歩語(句)を一覧しておくことにしよう（アルファベット順）．
（1）接続詞(句) → **anche se, ancorché〔ancor che〕, benché, per quanto, pur se, quantunque, se, sebbene, se pure〔seppure〕**
（2）副詞（句）→ **anche, magari, pure, sia pure〔fosse pure〕**（最後の句は，動詞が省略されていない普通の節では，接続詞的に用いられる）
（3）前置詞(句) → **ad onta di, a dispetto di, con, malgrado, nonostante**
以上のうち，使用頻度という点で，とくに注意すべきものは，**anche se, pure, sia pure** の三つであろうか．とくに pure は最初にも述べたように，譲歩表現ではまさに縦横の活躍ぶりで（もちろん，譲歩以外の意味用法もある），〈冠詞＋pure＋品質形容詞＋名詞〉といった使われ方もする，おそらく最重要語といっていい語である．とりあえず pure を用いた例を，まずは最初に挙げ，続いていくつか，短縮節を用いた例文を並べてみよう．

① (...)la descrizione dello sgomento viaggio della giovinezza attraverso la diaccia Lombardia invernale intirizziva il cuore siciliano delle signorine, *pur* nelle loro tiepide poltrone. (G. T. di Lampedusa) 凍てついた冬のロンバルディーアを旅する，若い娘の狼狽した様子の描写は，暖かな安楽椅子に腰を降ろしてはいたものの，シチリアの娘たちの心を凍えさせたのだった．

② L'espulsione, *benché* preveduta, destò un'impressione profonda. (I. Bonomi) 予想されてはいたものの，追放は深い衝撃を与えた．

③ Neppure l'ultima ripresa del celeberrimo "Campiello" è riuscita a riempire la *pur* piccola saletta (500 posti) di via Rovello. (R. Cirio) たいへん有名な『小さな広場』（ゴルドーニの芝居）の，先般の公演ですら，ロヴェッロ通りのちっぽけなホール(500席)さえも，満席にすることができなかったのである．

④ *Per quanto* ammalato, voleva venirmi incontro a piedi. 病気の身をおして，彼は歩いて私のほうにやってこようとした．

⑤ *Con* tutti i suoi difetti, è una buona ragazza. いろいろ欠点はあるものの，あれは気立てのいい娘だ．

⑥ Sperava di poter prestare danari al parroco, *sia pure* a piccoli interessi. (G. Deledda) たとえわずかな利子にせよ，主任司祭に金を

貸すことに彼は望みをかけていた．

4.3.1.17. 古語のなかの譲歩接続詞（句）

譲歩表現の発達ぶりは今にはじまったことではなく，古くからさまざまな接続詞（句）が用いられていたことは，以下に列挙するいまでは古語の仲間に入ってしまった語の数の多さを見ただけでも，充分察せられるものと思われる．
（1）**benché** と同義のもの → ancora, avvengaché〔avvenga che〕, avvegnaché〔avvegna che, avvegnadioché〕, conciossiaché〔conciossiacosaché〕, concioffossecosaché〔conciofosseché〕, già che sia〔giassiaché〕, già con tutto che, già fosse cosa che〔giaffosseché, giaffossecosaché〕, già sia ciò che〔giassiacciocché〕, già sia cosa che〔giassiacosaché〕, meno stante che, perché〔imperché〕, perocché, quando bene, secondo
（2）**anche se** と同義のもの → perché, purché, già non sarà tanto〔sì〕+ agg.

4.3.2. 不定形動詞節

4.3.2.1. 不定詞

〈（副詞＋）前置詞（句）+inf.〉の形で，以下のような表現が，「譲歩」の構文として用いられる．

a+inf.（…としても），**anche**〔**pure**〕**a**+inf.（…しても，したところで），**per**+inf.（…だが），**neanche**〔**nemmeno, neppure, manco**〕**a**+inf.（（たとえ）…しても（…ない）：通常主節は否定文．ただし，主節より前に置かれるときは，ときに主節の non が省略される），**ammesso**〔**posto, supposto**〕**di**+inf.（…だとしても），**a rischio**〔**costo**〕**di**+inf.（…してでも），**pur**〔**anche**〕**senza**+inf.（…しないのに）

> ① *Anche a volerlo* aiutare, non si può far molto per lui. たとえ彼を助ける気はあっても，多くのことをしてやることはできない．
> ② *Per essere* ancora un ragazzo, si mostra assai avveduto. まだ歳は若いのに，たいへんに思慮深い．
> ③ Non si trovava una camera d'albergo libera *neanche a pagarla* a peso d'oro. 大金を払っても，ホテルに空いた部屋は見つからなかった

4.3. 譲歩節 (proposizione concessiva)

だろう.

④ Gli uomini della borghesia, *pur senza conoscersi* l'uno con l'altro, hanno cominciato a dire in tutta Milano le stesse cose. (M. Corti) 中産市民層は, お互いに顔見知りではなかったにもかかわらず, ミラノ中の誰もが同じことを口にしはじめた.

4.3.2.2. 過去分詞

過去分詞だけでも「譲歩」構文を形成するが, 多くの場合, pure をはじめとして, anche, magari, anche se, ancorché, benché, per quanto, quantunque, se, sebbene, seppure, sia pure などの語 (句) と併用されるか, ma, tuttavia などの反意接続詞によって主節と結合する.

① *Pur ferito*, l'eroico messaggero compì la sua missione. 傷つきながらも, 雄々しくもその使者は自分の使命を果した.

② L'uomo, *colto di sorpresa*, non si perse di coraggio. 男は不意をつかれはしたものの, 意気阻喪することはなかった.

③ *Incalzato* da molte domande, *tuttavia* non rivelò nulla. 次々に質問を浴びせかけられたが, しかし彼は何事も洩らさなかった.

4.3.2.3. ジェルンディオ

pure と anche を先頭に, magari, benché, seppure などを添えるのが通例であるが, 一方ジェルンディオだけで「譲歩」の意味を含ませる場合には, おおむね ma その他の反意の接続詞を介して主節に連結させる.

① Con la tua comprensione mi sarai utile, *pur non offrendomi* aiuti materiali. 物質的な援助はしてもらえなくとも, 君の理解があればぼくは助かるよ.

③ *Anche dicendoglielo* tu, non ci crederà. あんたがそういったところで, あの人は信じないだろう.

4.3.3. その他の譲歩表現

(1) 形容詞・名詞

「譲歩」の接続詞 (句) や副詞 (句) を添えることなく, 形容詞や名詞だけで「譲歩」の意味を帯びることもある.

　　　　　Il signor Rattazzi, *ammalato grave*, si preoccupava dell'educazione dei suoi figli. ラッタッツィ氏は，重い病気の身でありながら，子供たちの教育のことを心配していた．
（２）**avere un bel**〔**bell'**〕+inf.「どんなに…しても（無駄である）」
　　　　　Hai un bel dire; ma nessuno ti ascolta. 君，言っても無駄だ．誰も聞いてはいないよ．

4.4. 原因・理由節（proposizione causale）
4.4.1. 定形動詞節
　「原因・理由」を表わす接続詞（句）も相当な数にのぼる．ここでは，その意味を中心に置き，同時に接続詞（句）の形態上の成り立ち，つまり語形成という側面も考慮にいれながら，分類を試みてみた．
　分類に入る前に，「原因・理由」の接続詞(句)の二つの代表，perché と poiché について若干触れておくことにしよう．まず最初の **perché** は，通常初めになんらかの事実を新しい情報として提示したうえで，その事実が導きだされる原因・理由へとさかのぼることによって，そこに「はっきりした因果の関係」が存在することを示す接続詞であって，おおむね〈主節×perché 節〉（…である，なんとなれば…だからだ）という語順で用いられる傾向がある．（もちろん主・従の順序が逆になることも結構あるが，その場合は原因・理由の意味はむしろ強調される）次にもう一方の **poiché** の場合は，既知の原因・理由から「当然の成り行き」として導きだされる結果を提示するところに特徴があって，その因果の自然な流れに従うべく，どちらかといえば〈poiché 節＋主節〉（…であるから（には）…である）という，perché の場合とは逆の順序になりがちである．
　また，perché のように，〈結果 → 原因・理由〉という風に因果の流れを逆にさかのぼるという性質をもつ接続詞は，現代では perché のほかにはなく（正確には，その短縮形 ché があるが，用途は狭い），これに反し〈原因・理由 → 結果〉という思考の自然な流れに従う poiché の仲間は，かなりの数にのぼっている．なお，数ある接続詞（句）のなかで，とくに原因・理由の接続詞（句）の使用にはなにがしか流行が見られるようで，最近では，本来その代表の座を占めていた perché, poiché の地位に迫るほどにまで，siccome, dato che 以下の語（句）が広く使われるようになっている．

4.4. 原因・理由節 (proposizione causale)

次に，この原因・理由節のなかで用いられる動詞の法であるが，通常は直説法か条件法（婉曲表現，推測その他，条件法は，主節や独立節での用法に準ずる）が用いられ，接続法になるのは，「否定原因」の場合か，一方肯定の原因・理由では，その原因・理由の根拠が「不確実」なときだけである．

4.4.1.1. 明確な因果関係

perché（なぜなら…である；…であるが故に：原因・理由の接続詞の代表．現代文では主節に後置される比率が大きいが，前置された場合は逆に，原因・理由の比重が大きくなる．また，anche, appunto, proprio, solo などの副詞を添えて，意味を強調したり，別なニュアンスを加味したりする場合も少なくない）．**ché**（perché の縮約形．使用は稀．なおアクセントのない che も，原因・理由の接続詞として使われるが，これは意味はずっと弱く，とくに〈命令法×che＋ind.〉の形が，会話表現にはよく登場する．(cf. 第 7 章 重要機能語の解明，7.2. che)

① Qualcuna delle tinche doveva essere ancora viva, *perché* guizzò via tutta contenta. (I. Calvino) いくつかのティンカ（鯉の一種）はまだ生きていたに違いない．というのも，なんとも嬉しそうにはねて走り去ったからである．

② Vai a dormire *che* ne hai bisogno. 眠りに行きたまえ．そうすべきだよ．

〈備考〉（1）**perché** と同義の〈古〉用法の接続詞 → imperché, imperocché〔imperò che〕(imperocché は，現代でも，多少もったいぶったニュアンスで使うことがある), imperciòcché〔imperciò che〕. perciocché〔perciò che, per ciò che〕, perocché, quare

（2）肯定の perché 節に接続法を用いた例 → さきにも述べたように，意味に「不確実」のニュアンスが添えられる．

Si reggeva a nuoto con le zampe anteriori soltanto, *perché* le altre **annaspassero** tese in profondità; ma persisteva l'insuperabile spazio liquido. (N. Lisi) （犬は）前脚だけで泳ぎながら，体を支えていた．というのも，もう一方の脚は，水中深くのびきって，もがいているのであろう．しかし流動絶えまない，その乗り越えがたい距離にも負けじと，ひたすら身を持していた．

4.4.1.2. 時間的前後関係

 poiché〔**poi che, di poiché**《古》〕(…なので，だから：もっとも広く用いられる接続詞の一つ)，**dacché**〔**da che**《文》〕(poiché と同義だが，文章語的性格が強い)，**giacché**〔**già che**〕(poiché とほぼ同義)，**dal momento che**(…なので，だから：文章語または教育のある階層の会話に登場．20世紀になって広く普及)，**quando**(…なので，それで：時間的性格の強いところから，原因と結果の同時性を表わす)，**poiché... così** (così という副詞を添え，…なのでその結果，という味つけをした形)；**una volta che, adesso che, ora che, ormai che** (una volta che 以下の四つの接続詞句は，「…である以上は」くらいの意味をもち，その本来の「時間」の接続詞句としてのニュアンスを残存)

 このグループの「原因・理由」は，「…という原因・理由がある以上，**当然の成り行きで…である**」という意味を暗に含んでいる．その証拠に「時間」の接続詞を兼ねているものが少なくない．したがって，従属節を主節に前置させることが，当然心理の自然な流れに沿うことになるのであるが，場合によっては，それを後置させることによって「それというのも…である」というように，説明的な意味合を強める場合もある．

① Ma, *poiché* il sole placidamente cammina, le ombre delle cose si accorciano fino a quasi scomparire e poi ricominciano ad allungarsi dall'altra parte. (D. Buzzati) しかしながら，太陽はゆっくりと運行するために，事物の影はいったんはほとんど姿が見えなくなるほどにまで縮まるが，やがてふたたび別方向に伸びはじめるのである．

② *Dal momento che* l'avete fatto, non ho più motivo di oppormi. 君たちがやってしまった以上，ぼくには反対する理由はない．

〈備考〉 **poiché** と同義の《古》用法の接続詞(句)には，以下のようなものがある．そして perché の古語の場合もそうであるが，かなりの数のものが，「譲歩」の意味を兼ね備えているのが，広く「原因・理由」の接続詞の古語の特徴である．→ **avvegnaché**〔avvegna che, avvenga che〕, **concioffosseché**〔con ciò fosse che〕, **conciossiacosaché**〔con ciò sia cosa che〕, **dappoiché**〔da poi che〕, **dove**, **essendoché**〔essendo che〕, **già che sia**, **già con tutto che**, **già sia ciò che**, **giassiacché**〔già sia che〕, **giassiacosaché**〔già sia cosa che〕, **mercecché**, **perocché**〔però che〕, **posciacché**〔poscia che〕, **secondoché**, **stanteché**

4.4. 原因・理由節 (proposizione causale)

4.4.1.3. 「様態」からの派生
「(…のとおりである〔このとおり…である〕, だから →) …なので」

siccome〔si come〕(現代, 会話表現を中心に普及度を高めている接続詞. 意味・用法はほぼ poiché に似る), **siccome…così** (…なので (だから) その結果), **come**(文・古) (siccome の古い形. かつては広く用いられた), 〈**形容詞＋come＋essere 類**(連結動詞) (＋主語)〉 (ときに〈come＋名詞〉の形で), 〈**前置詞＋叙述補語＋che・quale＋essere 類** (＋主語)〉

① *Siccome* era festa, i briganti si erano riuniti alla casa. (D. Buzzati) 休日だったので, 山賊たちは家に集っていた.

② *Imbevuto di freddo e di umidità com'era* non gli pareva vero di trovar rifugio sotto un tetto... (I. Calvino) 寒さと湿気がじっとり身体に浸みこんでいたため, 屋根の下に避難できる場所が見つかるなんて, とても本当とは思えなかったのだ….

③ E *da ebete ch'egli è*, gli manca totalmente il senso della direzione (...). (M. Bontempelli) 彼には鈍いところがあって, 方向感覚が完全に欠落しているのである (…).

4.4.1.4. 状況判断
「想定」や「見解」を表わす動詞の過去分詞と che の結びつきで, すべて「(…であることを想定〔考慮・判断〕すると →) …だから, ので」くらいの意.

dato che, ritenuto che, tenuto che, visto che ; atteso che〔**attesoché**〕**, considerato (il fatto) che, posto che**

以上のうち, dato che, visto che の二つを中心に, 現在このグループの接続詞句の使用範囲は次第に広まりつつあるといわれている. また atteso che 以下の三つは, とくに行政・司法関係の文章でよく用いられるものである. なおこのなかには, 「条件」や「譲歩」の意味を兼ね備えているものもある.

① *Visto che* non pioveva, sono usciti senza l'ombrello. 雨が降っていなかったので, 彼らは傘をもたずに外出した.

② Miro volle che tirassero fuori una bottiglia di vinsanto, per bagnare i galloni : *dato che* lo avevano promosso caporalmente. (C. Cassola) ミーロは兵長に昇進した以上, 昇進祝いにみんながヴィン

サントの壜を抜いてくれてもよさそうなものだと思った．

〈備考〉 これらの接続詞（句）のうちのいくつか，とくに dato che は，che のない〈過去分詞＋名詞〉の形だけで，原因・理由の意味を表わす．
Data la sua indifferenza, la lasciai. その態度が冷たかったので，私は彼女と別れたのだ．

4.4.1.5. 「程度・分量」表現からの派生
「（…という程度・分量であるが故に →）…だから，の故に」
in quanto〔**in quanto che, inquanto ché**〕（…なので），**in tanto**＋ind. (A) **in quanto**＋ind. (B) （B であるが故にその分だけ A である），**tanto più che** (…なるが故になおさら：che の代りに perché, in quanto；さらに quando, se (この二つは，…だとすればなおさら) なども用いられる)

① Non posso parlare, *in quanto* (*che*) sono vincolato al segreto d'ufficio. 職業上の秘密にかかわりがある立場上，私は話すわけにはいかない．

② Ancora una volta bisognava sfollare, *tanto più che* in quella zona si prevedevano altri sbarchi dal mare. (A. Vitello) さらにもう一度避難をする必要があった．その地域に別な部隊の上陸が予想された以上なおさらのことであった．

③ Le narrazioni *in tanto* hanno valore *in quanto* si presume che mettano in diretto rapporto col fatto accaduto. (B. Croce) 物語というものは，実際にあった出来事と直接関係があるものと想定される場合には，なおさら価値があるのである．

4.4.1.6. 「事実関係」からの派生
「（…という事実・理由・方法・経過などの故に →）…だから，のせいで」
per il fatto che, dal fatto che, grazie al fatto che, stante il fatto che, per il motivo che, per la ragione che, con la storia che, per via che, essendo che（文・古）

① Si sentiva poi lusingata *dal fatto che* entrambi quei personaggi ci chiamassero tutti per nome (...). (N. Ginzburg) それにどうやらその二人の人物がどちらも，私たちみんなを（姓でなく）名前で呼んだ

4.4. 原因・理由節 (proposizione causale)

ということで，彼女はすっかりいい気分になっていた．
② (...) soltanto il cimitero era rimasto funzionante, soltanto quello, *per via che* alcune famiglie di Torino (...) continuavano a seppellirci i loro morti. (G. Bassani) 墓地だけは残っていて今も使われていた，そう，それだけが．というのも，トリーノのいくつかの家族が，いぜんとしてそこに死者を埋葬していたからである．

4.4.1.7. 否定原因
non (è) che+cong. vo (…というわけではなくて)

Non che fosse grasso : era soltanto immenso e fortissimo (...). (G. T. di Lampedusa) 彼は肥っているのではなかった．ただ体が並外れて大きく，たいへんな力の持主であった．

4.4.1.8. 否定原因と肯定原因の並立
(1) 〈A のためでなく B のせいで〉
non perché+cong. vo (A), **ma perché**+ind. (B) ; **non già perché**+cong. vo (A), **ma perché**+ind. (B) ; **non perché**+cong. vo (A), **che anzi**+ind. (B) 〔あるいは，**ma per**+n. (B)〕; **non che**+cong. vo (A), **ma**〔**invece, però, semmai, solo che**〕+ind. (B) (A ということではなく，B ということである：この最後の形だけは，多少ニュアンスを異にする)

① Non l'ho invitato *non perché* non mi sia simpatico *ma perché* eravamo già in molti. 彼を招待しなかったのは，彼に好感をもっていなかったからではなく，すでに人数が多かったからである．

② Il problema era più difficile di quanto non credessi e *non perché* mancassero donne a Galiano, *che anzi* a decine si sarebbero contese quel lavoro. (C. Levi) 問題は思った以上にむつかしかった．ガリアーノに女がいなかったからでなく，それどころか何十人もの間でその仕事が奪い合いになりそうだったからである．

〈備考〉 これとよく似た言い方で，〈**non (già) perché**〔または **non che**〕+cong. vo (A), **ma perché**+cong. vo (B) 〔または，**allo scopo di**+inf. (B) / **per**+inf. (B)〕〉 (A であるからというだけではなく，B するという目的のために) という「目的」の意味を含む表現もある．

Ora muove un piede, ora una mano, *non che* ce ne sia bisogno, giusto *per sentire che c'è*. (M. Cancogni) ときに足を動かし,ときに手を動かしたりする。それもそうする必要があるからというわけではなく,まさにそれがあることを確かめるためなのである。

(2)〈AのためというよりむしろBのせいで〉

non tanto per+n. (A), **quanto per**+n. (B)〔または **perché**+ind. (B)〕；
non tanto perché+cong. vo (A), **ma（piuttosto）perché**+ind. (B).

これは,non tanto A quanto B (A よりもむしろ B) という成句を,原因・理由の表現と結合したものである。

Aveva paura del direttore, *non tanto perché* egli fosse severo, *ma perché* le pratiche non erano aggiornate. 彼は所長を恐れていた。その所長が厳しいからというよりもむしろ,書類を片づけてなかったからである。

4.4.1.9. 原因・理由節の並立

A 〈接続詞(句)+動詞〉の並立

(1)〈Aのためでもあれば,Bのせいでもあって〉

non solo perché+ind. (A), **ma anche perché**+ind. (B)；**sia perché**+ind. (A)〔**per**+n. (A)〕, **sia perché**+ind. (B)；**perché**+ind. (A), **anche perché**+ind.(B)；**fra**〔**tra**〕**che**+ind. (A), (e) (**fra・tra**) **che**+ind.(B)；**un po' perché**+ind. (A), **un po' perché**+ind. (B)；**vuoi perché**+ind. (A), **vuoi perché**〔**per il fatto che**〕+ind. (B)

(2)〈Aのためなのか,それともBのせいなのか〉

sia che+cong. vo (A), **sia**〔**o**〕**che**+cong. vo (B)

Nell'alzarsi, monsignor vicario, mentre stendeva la mano a riprendere il cappello posto sulla sponda della scrivania, *sia che* incespicasse nel tappeto, *sia che* volesse mostrarsi troppo cerimonioso, perdette un poco l'equilibrio. (E. De Marchi) 立ち上りながら,司教猊下は,机の端に置いた帽子を取ろうとして手を伸ばしている間に,絨毯につまずいたのか,それとも勿体ぶった様子を見せようとしすぎたためか,少々体のバランスをくずしてしまった。

B 名詞・形容詞・副詞(句)の並立

4.4. 原因・理由節 (proposizione causale)

(1) 〈A だったり B だったりの理由で〉
un po' per A, **un po' per** B；**sia per** A, **sia** 〔**che**〕**per** B；**vuoi per** A, **vuoi per** B；**fra**〔**tra**〕A, **fra**〔**tra**〕B

(2) 〈A のためだろうか，それとも B のせいだろうか，(いやそれとも C が原因だろうか)〉
sia A, **sia** B (, **sia** C)；**fosse** A, **fosse** B (, **fosse** C)；**fosse** A, **o** B (, **o** C)；**sarà per** A, **sarà per** B

なお，〈**fosse** A (A のためだろうか)〉という，並列関係でない単独の形も結構登場する．

① Ma *sia* impazienza, *sia* curiosità, il giovane voltò la testa. (A. Moravia) 苛立ちのためか，好奇心のせいか，若者は顔をそむけてしまった．

② *Fosse* la serata, il canto, il vino, Dale aveva risposto volubilmente. (C. Alvaro) 夜会と歌とぶどう酒で浮かれたせいか，ダーレは上ついた調子で返事をした．

4.4.2. 不定形動詞節

4.4.2.1. 不定詞

a+inf. (…なので，だから)，**in**+定冠詞+inf. (…するので)，**per**+inf. (…したので；…なので：不定詞過去形を用いることが多いが，現在形の場合は，通常 essere, avere, stare など「状態」を表わす動詞か，dovere, potere, volere が用いられる)，**a furia di**+inf. (…することのために：通常は，むしろ「手段・方法 (…することによって)」の意)，**a forza di**+inf. (…することが原因で：通常は，「手段，方法 (…することによって)」)，**per il fatto di**+inf. (…なので)，**per**〔**a**〕**via di**+inf. (…のせいで：むしろ，しばしば「手段・方法 (…の手段・方法を用いて)」の意で)

① Mi faceva vedere come *a star* sempre in piedi lì al negozio le si erano gonfiate le caviglie. (N. Ginzburg) (母は) 店の中でいつも立っていたばかりに，踝がふくれあがってしまったということを，私にわからせようとした．

② Ma costei, *per avere* le stesse passioni della famiglia, pareva intuire l'amarezza di questi ritorni. (A. Moravia) しかしその女は，同じように家族をとても愛していたので，こうして帰ることの辛さがわかったようだった．

4.4.2.2. 過去分詞

「原因・理由」の意味の過去分詞節は，「時間」の用法についで広く用いられている．

① Il leone, *fatto* vecchio e malato, stava steso nell' antro. 年をとって病いにかかったライオンは，洞窟に身を横たえていた．

② *Nato e cresciuto* in città, non aveva mai visto un bosco neanche di lontano. (I. Calvino) 都市（まち）に生まれ育ったので，遠くからでさえ彼は一度も森を見たことがなかった．

〈備考〉（1）〈dato・considerato・atteso＋名詞〉

4.4.1.4. 状況判断の項でも触れたが，二、三の動詞の過去分詞は名詞と結合して，「原因・理由」の意味を表わす．とくに〈dato＋名詞〉の形は広く用いられるが，この表現には，「条件」や「譲歩」の意味も含まれている（…の様に，のせいで；…と仮定して；…とはいえ）．

Date le circostanze, non era possibile agire diversamente. そうした状況のために〔を考えれば〕，ほかのようには行動できなかったのである．

（2）過去分詞の構文によく似た〈stante（前置詞）＋名詞〉（…なので）という言い方もある．

Stante il piccolo numero di intervenuti, la seduta fu rimandata. 出席者が少なかったので，会は延期された．

4.4.2.3. ジェルンディオ

（1）ジェルンディオ現在

Essendo la strada ripida e caldo il sole, i due cavalli procedevano adagio. (D. Buzzati) 道はけわしく，日射しは熱かったので，二頭の馬はゆっくりと進んで行った．

（2）ジェルディオ過去

Il nonno *avendo scialacquato* tutte le sue sostanze, morì in miseria. 祖父は全財産を蕩尽してしまったので，貧窮のうちに死んだ．

4.4. 原因・理由節 (proposizione causale)

4.4.3. 「判断の根拠」という名の原因・理由

　この従属節は，通常原因・理由節のうちに含めて説明されているが，なんらかの断定や判断，あるいは推論を下すにあたっての前提または根拠を示す従属節（…というところから判断・推測すると（…である））で，一般の原因・理由節とはかなり趣きを異にする．そこで「判断の根拠」という別項目を立てて考えることにしたのであるが，これにも，定形動詞節と不定形動詞節の二つのタイプがある．

4.4.3.1. 定形動詞節

　この節を導く主要な接続詞に，**se** と **che** がある．両者の用法は多少違うので，別々に扱うことにする．
（1）**se** の場合

　「条件節」のところで述べたように，se はさまざまな意味・機能をもつ接続詞であるが，その一つであるこの「判断の根拠」を表わす用法は，かなり広く行われている．通常この用法の se は，poiché などの原因・理由の接続詞と同義と説明されているが，実際は「（もし…だとすれば →）…ということなら，であるからには；…だということは」くらいの意味であって，むしろ se 独特のニュアンスに注意する必要がある．なお dacché や dal momento che にも，この se とよく似た意味（…ということである以上，ということから考えて）の用法がある．

　① *Se* tua madre non vede di buon occhio tua moglie, come ha potuto tuttavia farsi prestare danaro da lei? お母上が君の奥さんに好意をもっていないとすると，しかしどんな風にしてそのお母さんからお金を借りれたんだろう？

　② *Se* il tisologo e l'ingegnere erano a Ferrara—mi dicevo—, dovevano trovarcisi per via di qualche solennità religiosa. (G. Bassani) 結核専門医と技師がフェラーラにいたということはと，私は考えた．なにか宗教的儀式があって来ていたのにちがいない．

（2）**che** の場合

　通常，〈**疑問詞**+ind. (A)+**che**+ind. (B)？〉（B するなんて〔であるところを見ると〕…A なのか？）の形式をとる．

　① *Cos'*è successo *che* sei così malconcio? そんなひどい恰好をして，

②　*A che ora* è andato a letto iersera, *che* dorme ancora？あの人まだ眠っているとすると，昨日の晩は一体何時(なんじ)に寝たのかしら？

4.4.3.2.　不定形動詞節

この「判断の根拠」の表現としてもっともよく用いられるのは，**a**+inf.（…するなんて），そしてときに，**per**+inf.（…するとは）である．

①　Era stata imprudente *ad averlo fatto* entrare in camera sua. 彼を部屋にいれるなんて，あの女(ひと)は軽率だった．

②　Che hai stasera, *a ridere* così？そんなに笑って，今夜はどうかしたの？

③　Che cosa ho fatto *per soffrire* così？こんなに苦しい思いをするなんて，ぼくが一体なにをしたというのだろう？

4.5.　目的節（proposizione finale）

4.5.1.　定形動詞節

「目的」を表わす定形動詞節では，通常，接続法の動詞が用いられる．あらためていうまでもなく，「…するために」というのは，実現された「事柄」ではなく，それ以前の段階，つまり頭のなかでもくろんでいること，いうなれば，「意志的精神活動」を示すからである．

4.5.1.1.　本来の接続詞

perché〔《古》くは，**per che, imperché**〕（…するために，するように：「目的」の接続詞の代表．もっとも広い用途をもつ），**affinché**〔**a fin ché**〕（…するために：主として文章語で），**acciocché**〔**acciò che, a ciò che, accio**《古》〕（《文，やや稀》…するために），**che**（…するために，するように），**onde**（…するために，すべく）

①　Tom avanzava cercando di non piegare la gamba *perché* non gli dolesse (...) (I. Calvino) トムは，痛むといけないので，脚をまげないようにして歩いた．

②　Il cane correva di qua e di là *acciocché* le pecore non si sbandas-

4.5. 目的節 (proposizione finale)

sero. 犬は羊たちが散り散りにならないようにあちこち駆けまわっていた。

③　Voi potete ungere la finanza, *che* chiuda l'occhio. (R. Bacchelli) お眼こぼしをしてもらうように，財務警察を買収するという手もある。

〈備考〉　さらに，(古)用法の「目的」の接続詞には，perciocché, perocché, imperciocché, imperocché〔imperò che〕などがある。

4.5.1.2.　〈前置詞＋名詞（目的・意図・期待）＋che〉その他

a 〔**al**〕 **fine che**（…するために），**allo**〔**con lo**〕**scopo che**（するために），**nell'**〔**con l'**〕**intenzione che**（…するつもりで，するために），**in attesa che**（…を期待して），**a fare sì che**（…するように），**a che**（…するように）

　　　　La giunta è impegnata **a far sì che** non si torni indietro. 評議会は後戻りをすることのないよう努力を傾けている。

4.5.1.3.　〈per＋paura・timore＋che〉

これは，「危惧・懸念」の接続詞句で，いうなれば，一種の「否定的目的」を表わす。この場合も，動詞は接続法になる。

per (la) paura (che)（…を心配して；…しないように），**per (il)**〔または **dal**〕**timore che**（…を気遣って，…しないように），**nel timore che**（…を恐れて），**per tema che**（文・古）（＝**per timore che**）

　　　　L'ascoltavo senza alzare gli occhi da terra, *per paura* vedesse che erano pieni di lacrime. (F. Volponi) 私は涙をためているのを見られたくなかったので，眼を地面からあげずに彼の話を聞いていた。

なお，あとの4.6.　程度・結果節の項でも触れるが，in〔di〕modo (tale) che, in〔di〕maniera (tale) che, cosicché など，「程度・結果」の接続詞（句）の場合も，「目的」の意味（…するように）を帯びると接続法の動詞が用いられる。

4.5.2.　不定形動詞節（不定詞のみ）

「目的」の意味をもつ「不定形動詞節」としては，もっぱら不定詞による構文が用いられる。

(1) 一般のタイプ

　　〈前置詞（句）＋inf.〉で「目的」の意味を表わす言い方は，かなり多彩であ

第 4 章　複文の構造

る．
per＋inf.（…するために：もっとも代表的な形），**a**＋inf.（…すべく，…しようと：主として andare, venire, tornare, correre など方向性をもつ移動動詞とともに．per ほど意味は強くない），**al〔col〕fine di**＋inf.（…する目的で；…するために），**in attesa di**＋inf.（…することを予想〔期待〕して・しながら），**affine di**＋inf.（…する目的で，するために），**con l'intenzione di**＋inf.（…しようという意図をもって，するために），**con l'intento di**＋inf.（…するために，しようと思って），**al〔col〕proposito di**＋inf.（…するために，しようと），**col〔nel〕tentativo di**＋inf.（…を試みるべく），**con la pretesa di**＋inf.（（不当・僭越にも）…という要求をいだいて），**onde**＋inf.（…するために：per＋inf.の頻用を避けるために，司法・行政関係の文章によく登場する．そればかりか，purista（言語の純正主義者）の非難にもかかわらず，口語表現の世界にも広まっている．なお，**onde（関係詞）**＋inf.との混同に注意．cf.この項の備考欄）

① Marcovaldo, certe volte, *per passare* il tempo, seguiva un gatto. (I. Calvino) マルコヴァルドは，何回か，時間つぶしに猫のあとをつけてみた．

② Vide la latteria aperta, entrò *con l'intenzione di* far due chiacchiere con la lattaia. 彼は牛乳店が開いているのを見ると，女子店員とお喋りをしようと思って中に入った．

③ Le forze di polizia continuano le indagini *con lo scopo di* scoprire i mandanti del feroce delitto. 警察当局は，その残酷な犯罪の犯人たちを発見すべく捜索を続けている．

④ Bisogna unire i nostri sforzi *onde raggiungere* la meta prefissa. 所期の目標を達成するために，われわれの努力を結集する必要がある．

〈備考〉〈onde（関係詞）＋inf.〉の例を次に挙げておこう．

① Non hanno *onde*（＝di che）*vivere*. 彼らには生活の手立てがない．

② Non vedo modo *onde*（＝per mezzo del quale）obbligarlo. 私には彼を強制できる手立が見つからない．

（2）特別なタイプ

「目的」の意味に別なニュアンスが加わった形に次のようなものがある．
pur di＋inf.（ひたすら…するために：強調された目的．もう一つ，「目的の意

味を含む条件(…するためだったら)」の意もある．4.2．条件節参照) **tanto per**+inf.(ただ〔もっぱら〕…するために：tanto=soltanto)，**per paura di**+inf.(…をおそれて，を気遣って)，**per〔nel〕timore di**+inf.(…をおそれて，を心配して)，**per tema di**+inf.《文・古》(=per timore di)
① Mi sono sacrificato *pur di* vederlo contento. 彼の喜ぶ姿を見たいがために，私は犠牲を払ったのだ．
② M'affrettai *per paura di* trovare l'ufficio postale chiuso. 郵便局が閉らないうちにと思って，私は急いだ．

4.6. 程度・結果節 (proposizione consecutiva)

この節は，通常単に「結果節」と呼ばれているが，一般に「…という程度だから，その結果…」というように，主節の「程度」が従属節の「結果」に及ぶ，むしろ主従が一体化した文章形式であるところから，「程度」という語も添えておくことにする．英語の so〔such〕...that や，so that...を思いだしていただけばいいが，ともあれこの表現形式もかなりの発達を見せている．いくつかに分類して考えてみよう．

4.6.1. 定形動詞節

così や tanto など，程度を表わす副詞・形容詞と che との結びつきが，程度・結果表現の主体をなすが，とりわけ che はほとんど欠かせない要素である．
さて，肝心の動詞の法であるが，主として直説法，ときに条件法が用いられるが，「目的」の意味（…するように → …するために）が加味されるときや，結果が否定の文になる場合には，接続法の形になる．

4.6.1.1. 〈程度の副詞＋形容詞・副詞・動詞＋che〉

「とても…なので（その結果）…である」
così...che（もっとも一般的な形．ただし，così は，次の tanto と異なり，この用法では，形容詞か副詞を修飾するだけで，動詞を直接修飾したり，形容詞として名詞を修飾するということはない），**tanto...che**(così...che についでよく用いられる．しかも così よりも多くの機能をもち，形容詞，副詞ばかりか，直接動詞を修飾し，同時に tanto 自身形容詞でもあるところから，名詞を修飾する働きもある)，**sì...che**(sì は così の短縮形．文章語ないし擬古文的ニュ

アンス)，**così tanto...che**(意味は強調され，ややくだけた感じ)，**talmente... che**(平俗な文体向け．これも tanto のように動詞も修飾できるが，その場合は通常〈動詞＋talmente che〉の語順)

① L'acqua era *così* limpida *che* si vedeva nitidamente l'intero corpo della vacca. (N. Lisi) 水はとても澄んでいて，牝牛の全身がはっきり見えた．

② Don Fabrizio ne fu *tanto* indignato *che*, non fece neppure sedere il figlio (...). (G. T. di Lampedusa) ドン・ファブリーツィオはそのことでひどく腹を立てたため，息子を座らせようともしなかった．

③ Insomma, *tanto* dissi *che* lo ridussi al silenzio. (A. Campanile) 結局私は，あれこれ言って彼を黙らせてしまった．

④ La luna spuntava sulla montagna e stelle scintillavano *talmente che* pareva oscillassero salutando commosse il pianeta sorgente. (G. Deledda) 月が山の上に姿を現わすところだった．星たちは輝き，全身を震わせながら，のぼってくる惑星を感動して迎えようとしているかと思われた．

〈備考〉（1）così mai... che という，così... che の強調の形もある．

(...) stetti sempre in quella atroce posizione *così mai* scomoda *che* mi doleva tutto il corpo (...) (V. Lilli) (…) 私はずっと，そうしたひどくぎこちない辛い姿勢のままだったので，全身が痛くなった．

（2）tanto (...) che 以下が，否定形で接続法が用いられた例をあげておこう．「…しないほどの〔ような〕」という感じの，現実そのものではなく，「想定された程度」を表わす．

Così il ronzio del silenzio fa pensare talvolta a un urlo, a un clamore *tanto* assordante *che non* si oda più nulla. (C. Pavese) こうして沈黙という名の耳鳴りは，ときに叫び声や，ほかのどんな音も聞えなくなるほどの轟音に思いを向けさせるのである．

4.6.1.2. 〈程度の形容詞＋名詞＋che〉

〈**tale**〔i〕＋名詞＋**che**〉，〈**tanto**〔i, a, e〕＋名詞＋**che**〉

この文形式では，tale, tanto 両者ともに，「程度」の形容詞として用いられ，その後に置かれる名詞の性・数に従って語尾変化をする（古くは，tale と同義

4.6. 程度・結果節 (proposizione consecutiva)

で, cosiffatto, siffatto が用いられた). なお tale の場合,〈名詞＋tale＋che＋ind.〉という語順にもなり, その場合は,「…するような〔ほどの〕…」くらいの意味になる.

① (...) ma lo faceva con un *tale* sforzo *che* quasi quasi l'avrei preferita sgarbata come prima. (A. Moravia) (…) しかし彼女は無理にそうしようとしたので, ぼくは前のようなぶしつけな彼女のほうが好ましいと思ったくらいだった.

② Stropicciava un orecchio del cane fra le dita con *tanta* forza *che* povera bestia guaiva, onorata, senza dubbio, ma sofferente. (G. T. di Lampedusa) (公爵が) 犬の耳を指でこすりながらあまりに強く力をこめたので, 可哀そうに動物のほうは, 確かに光栄とは感じながらも, 痛みのあまりきゃんきゃん鳴き声をたてた.

4.6.1.3. 〈主語＋essere＋tale・tanto＋che〉

これは, 程度の形容詞 tale と tanto を,「叙述補語 (英語の補語)」として用いる言い方で,「(主語) は…するほど…なのである」という意味になる. essere 以外にも, ときに diventare, divenire (以上, …になる); restare, rimanere (…のままである) などの連結動詞が用いられる. かつては tale の代りに cosiffatto も使われたが, 現代では稀である.

① Il silenzio divenne *tale che* si potè udire un lungo passo scricchiolare sulla neve gelata. (D. Buzzati) 静けさは, 大きな歩幅の足音が, 氷った雪のうえできしむような音をたてるのが聞えるほどになった.

② Ed era *tale* la sua gioia improvvisa *che* le rughe intorno agli occhi parevano raggi. (G. Deledda) 眼のまわりの皺が光のように輝いて見えたほど, 彼女の突然の喜びは大きかった.

4.6.1.4. 〈程度の副詞・形容詞＋che〉

tanto などの程度の副詞や, 形容詞の tale が che と直接結合すると, 一般に,「その結果, こうして, かくて」という意味の接続詞 (句) になる. すなわち, **tanto che**〔**tantoché**〕, **così che**, **sicché**, **cosicché**, **sì che**, **talché**〔稀に **tal che**〕などの語 (句) がそれである.

以上のうち，sicché, cosicché, sì che の 3 形は，すべて così che の変形で，使用頻度は così che を先頭に，いま並べた順になる．

① Quella sera fu taciturno più del solito, *tanto che* m'impensierì. (C. Pavese) その晩彼はいつもより口数が少なかったので，私は心配になった．

② Camminava lentamente, *sicché* nel silenzio generale si sentiva il battere sul lastricato delle scarpette a punta lunga. (M. Corti) 彼女はゆっくりと歩いた．そのためすっかり静まりかえった空間に，先のとがった小さな靴が，石畳を鳴らす音が響いた．

4.6.1.5. 〈in〔di〕modo・maniera・guisa（方法，様式）che〉

「(…するやり方で →)…するように」このグループも，「…するように」のうちに，「目的」の意志をはっきりこめるときは，che のあとは接続法の動詞になる．

in modo che（もっとも広く用いられる），**di modo che**（in modo che に次いで普及），**dimodoché**（学術的文章やジャーナリズムの文章に登場．用途はあまり広くない），**dimodo che**（文），**per modo che**（古風）；**in tal modo che, in modo tale che**（以上 2 形は，in modo che の強調形）；**in maniera che, di maniera che**〔**dimanierache**（古）〕（maniera を用いる形は，modo にくらべると用途はかなり狭い）；**in guisa che, di guisa che, in tal guisa che**（guisa を用いる形は，学術論文にときに現われる程度で，現代では稀．古風というニュアンスを備える）

① ─(...) Devi attirare l'attenzione *in modo che* non distolga gli occhi da te (...). (I. Calvino) 「(…)，あいつ（歩哨）がお前から眼を離さないように注意を引きつけておくんだ(…)」

② Cominciò a riattorcersi i capelli e a lisciarli bene sulla fronte *in modo che* gliela fasciarono come di una benda di velluto. (G. Deledda) 彼女はもう一度髪を編みはじめ，さらにはまるで，ビロードのターバンかなにかでくるむかのように，その髪を額(ひたい)のうえに並べ，丹念になでつけはじめた．

③ Qua si tratta solo di fare *in maniera che* non andiate tutti all'altro mondo. (M. Corti) この際大切なことは，あなたたちが全員，

4.6. 程度・結果節 (proposizione consecutiva)

あの世へ行ってしまうようなことのないようにするだけだ．

4.6.1.6. 〈fino〔sino〕a punto（点）・segno（印）che〉
「…するほどにまで」

al punto che(このグループでもっとも広く用いられる)，**a〔al〕segno che**，**a tal punto che**，**a un punto (tale) che**，**fino〔sino〕al punto che**，**fino〔sino〕al segno che** (a〔al〕segno che 以下の5形は，最初のものにくらべると用途は狭い)，**a tal misura che**（＝a tal punto che：現代ではほとんど用いられない)，**talmenteché**（《文・古》これは talmente と che の結合した形であるが，意味はこのグループのものと同じ）

　　Questi sentimenti la turbarono *al punto che* non seppe più stare a letto. (P. A. Qurantotti Gambini) こうした感情は，もう寝てはいられないほど，彼女の心を乱したのだった．

4.6.1.7. その他の表現形式
（1）単独の che

　程度の副詞・形容詞を使用せず，単に che だけで，「…するほどである；…するような」という意味になる言い方は，とくに文学作品ではかなり広く用いられている．(cf. 7.2.3.4. 接続詞としての che)

　　① Mi trascinarono via *che* perdevo sangue dal naso, con un codazzo di gente che ci seguiva (...). (A. Moravia) 私は鼻から血が出るほど強引にひきずられた．すると私たちのあとから，人びとがぞろぞろついてきた．

　　② I binari erano lucenti e caldi *che* scottavano. (I. Calvino) 鉄道の線路はきらきら光り，やけどしそうなほど熱かった．

（2）単独の **così** と **tanto**

　così（その結果，こうして，従って）や tanto（それほどに）だけで，接続詞のように用いられる例もけっして少なくない．とくに tanto の場合は注意が必要で，この用法とは別に，実は，等位接続詞としても用いられるのである（その場合は，しかし；とにかく；結局；（とくに tanto tanto の形で）なんとかかとか，という4種類の意味をもつ). (cf. 第7章 重要機能語の解明，7.15. tanto）

①　Hanno litigato e *così* non si parlano più. 彼らは口論をし，そのあとはお互いに二度と口をきかない．

②　Pareva uscita di prigione, *tanto* era bianca, debole, sbalordita. (G. Deledda) 彼女は刑務所を出所してきたような感じだった．それほどに青白く，弱々しげで，ぼうっとしていた．

（3）**onde, ondeché**〔**onde che**〕**, cotalché**

　　この三つの接続詞のうち，現代でも用いられるのは，onde（その結果，かくして）だけである．ondeché（＝onde）は《文・古》，cotalché（＝cosicché）は古語である．

　　　　(...) di colpo richiusi tutta l'imposta *onde* la camera precipitò a capofitto nella tenebra e nel silenzio. (M. Bontempelli) ふたたび私は，すべてのブラインドを一気に閉めた．すると部屋はたちまち真暗闇になり，完全に静まりかえってしまったのだった．

4.6.2.　不定形動詞節

4.6.2.1.　不定詞

　「程度・結果」を表わす不定詞の構文は，意味・機能別に分類すれば，ほぼ三つのグループに分けることができる．（1）は，〈(**così・tanto** など) (...) **da**＋inf.〉というように，定形動詞節を構成している che 以下の語句を，〈da＋inf.〉に置きかえたものであり，（2）は〈**分量を表わす副詞**（句）＋**da**〔**per**〕＋inf.〉という形式になる，分量に関する表現法であり，（3）は〈**per／fino・sino a**＋inf.〉という文字通り，結果を表わす言い方である．

（1）〈(**così・tanto** など) (...) **da**＋inf.〉

　　　（形容詞・副詞・名詞＋）**da**＋inf.（…するほどの〔に〕…，…するような〔に〕…：così, tanto, tale などの省略形．当然そうした副詞がある場合より意味は弱い），**così・tanto・sì・talmente**＋形容詞・副詞＋**da**＋inf.（…するほどに…），**tanto・tale・simile・siffatto**〔**cosiffatto**《文・古》〕＋名詞＋**da**＋inf.（…するような・ほどの…），主語＋**essere** (ind.)＋**tanto・tale＋da**＋inf.（…は…するほどである），**in modo**〔**maniera・guisa**〕＋**da**＋inf.（…するように），**al punto・a tal punto・a tal segno＋da**〔やや稀に **di**〕＋inf.（…するほどにまで）

4.6. 程度・結果節 (proposizione consecutiva)

① La felicità era per Usnelli uno stato sospeso, *da vivere* trattenendo il fiato. (I. Calvino) 幸せというものは，ウズネルリにとって，息をとめて生きるような，ある種の不安定な状態であった。

② Concetta fu affettuosa in modo particolare : la sua gioia era *così* intensa *da farle* salire le lacrime agli occhi. (G. T. di Lampedusa) コンチエッタは殊の外優しかった。喜びの情が，眼に涙が浮ぶほど強烈だったからである。

③ Nora allora le diede da tenere le forbici *in modo da avere* libere anche l'altra mano. (C. Cassola) ノーラはそのとき，彼女がもう一方の手でも鋏(はさみ)が自由に使えるように，その鋏をしっかりもたせてやった。

④ Rispondeva con *tale* prontezza *da farmi* capire presto la sua intenzione. 彼は，自分の狙いがすぐにも私に感じとれるように，ただちに返事をかえして寄こすのだった。

(2) 〈分量の副詞+da〔per〕+inf.〉

次の二つのタイプがある。

a

〈**abbastanza** (かなり), **molto・assai** (非常に), **sufficientemente・a sufficienza・a iosa** (充分に), **troppo** (あまりにも), **poco・minimamente** (わずかしか) (＋形容詞・副詞) **da**+inf. → (…するほど…)〉

b

〈**troppo**(あまりにも), **tanto・molto・assai**(非常に，とても), **abbastanza・sufficientemente・a sufficienza** (充分に), **altrettanto** (同じように), **poco** (わずかしか) (＋形容詞・副詞など) **per**+inf. → (…するためには…)〉

① (…) essa possedeva *troppo* orgoglio e *troppa* ambizione *per essere* capace di quell'annullamento, provvisorio, della propria personalità senza il quale non c'è amore (…). (G. T. di Lampedusa) 彼女はなんとも誇り高く，あまりにも大きな望みを持っていたので，自分という人格をたとえ一時的なりとも無にするということができなかった。そうしなければ愛が実るはずはなかったのであるが。

② Il fogliame non era *abbastanza* cresciuto *per formare* una coltre spessa (...). (C. Pavese)（…）木の葉はまだ厚い覆いになるほどには充分成育していなかった（…）．

（３）〈前置詞＋inf.〉

per＋inf.（そして…する，その結果…する），**fino**〔**sino**〕**a**＋inf.（…する（程度に）まで）

① Cessavano gli aspetti della solita vita *per lasciar* posto alla immobile desolazione della montagna. (D. Buzzati) それはいつもの生きた表情を見せるのをやめ，山の不動で荒涼たる相貌に取って替った．

② Le si accostò ancora di più, *fino a stringerle* i piedi fra le ginocchia. (G. Deledda) さらに彼女に近づくと，その足を膝でしっかり締めつけてしまった．

4.6.2.2. ジェルンディオ（結果・連続動作）

このジェルンディオ構文は，「程度・結果」節とはいくらか趣きを異にし，「そして〔そこで〕…する，その結果…する」といった感じの表現法であって，ここでは「結果・連続動作」節とでも呼んでおくことにしよう．

① Dopo di che diede il braccio alla cugina Concetta e se ne andò *lasciando* tutti in visilio. (G. T. di Lampedusa) そのあと彼は，従妹のコンチェッタに腕をかし，みんなを啞然とさせたまま立ち去った．

② La guardava in modo strano, *mettendo*la in imbarazzo. なんとも妙な風に彼女をじっと見つめたので，彼女はすっかりまごついてしまった．

4.7. 比較節（proposizione comparativa）

比較節は，ほかの従属節とは異なり，従属節だけで独立できるわけではない．むしろ，主節と従属節とがつねに一体化している感じで（程度・結果節にもそうした面があるが），強いて言えば，比較第１項が主節，第２項が従属節（たとえば，〈più A di B〉の場合は，Aまでが第１項，di 以下が第２項）ということになろうが，この場合形態上の問題にこだわっても意味がないので，この主従が一体化した全体を考察の対象とする．そして定形動詞節，不定形動詞節の区分も，この比較節の場合は行なうことができない．

4.7. 比較節 (proposizione comparativa)

さて, 比較表現には, **同等比較** (comparazione di uguaglianza) と, **非同等比較** (comparazione di disuguaglianza) の二つの種類があり, さらに後者の非同等比較は, **優等比較** (comparazione di maggioranza) と**劣等比較** (comparazione di minoranza) に分けられる. それともう一つ, 比較の特殊形態ともいうべき**最上級**の表現を加えることにし, まず非同等, 同等の比較, 続いて最上級の順序で, 検討することにしよう.

4.7.1. 非同等比較

比較文は当然, 二つの項目を比較することになるが, 基本的には, 優等比較が〈più A di〔che〕B〉(Bより多くAである), 劣等比較が〈meno A di〔che〕B〉(Bより少なくAである) となる構文において, A, Bそれぞれに, さまざまな品詞や語句が用いられる. まずその全体像を図式化して示すことにする. 以下, 略号は, n. → nome 名詞, cong. vo → congiuntivo 接続法, ind. → indicativo 直説法, agg. → aggettivo 形容詞, avv. → avverbio 副詞, prep. → preposizione 前置詞, inf. → infinito 不定詞, v. → verbo 動詞, を表わす.

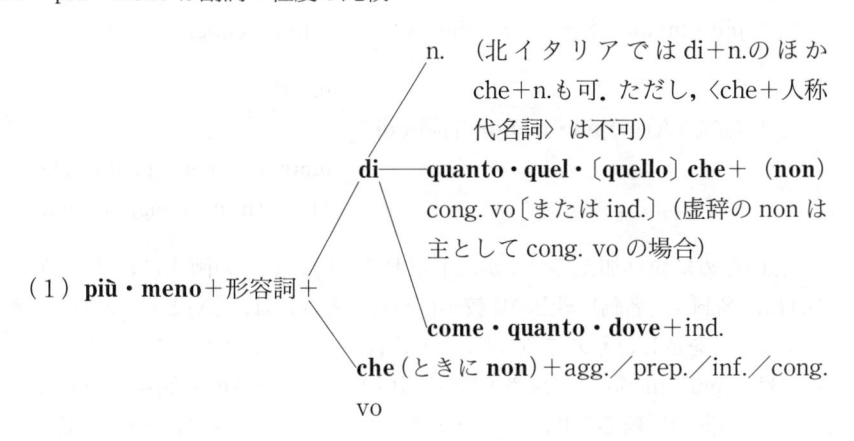

A　più・menoは副詞：程度の比較

(1) **più・meno**＋形容詞＋
- **di**
  - n. (北イタリアではdi＋n.のほかche＋n.も可. ただし,〈che＋人称代名詞〉は不可)
  - **quanto・quel・〔quello〕che**＋(**non**) cong. vo〔またはind.〕(虚辞のnonは主としてcong. voの場合)
- **come・quanto・dove**＋ind.
- **che** (ときに**non**)＋agg.／prep.／inf.／cong. vo

第4章　複文の構造

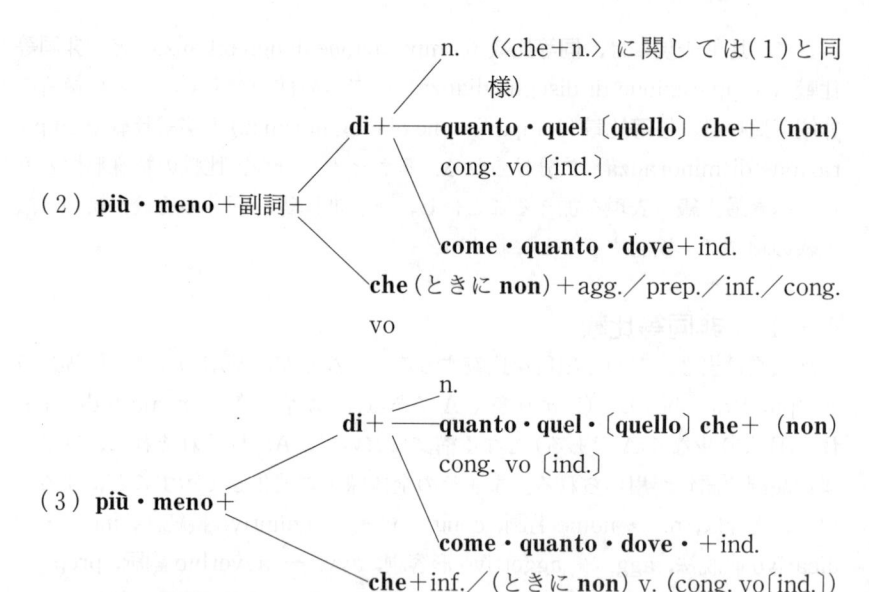

```
                              n.  (〈che＋n.〉に関しては(1)と同
                             /    様）
                       di＋――quanto・quel〔quello〕che＋（non）
                      /        cong. vo〔ind.〕
（2）più・meno＋副詞＋
                      \
                       \      come・quanto・dove＋ind.
                        che（ときにnon）＋agg.／prep.／inf.／cong.
                        vo
```

```
                              n.
                             /
                       di＋――quanto・quel・〔quello〕che＋（non）
                      /        cong. vo〔ind.〕
（3）più・meno＋
                      \
                       \      come・quanto・dove・＋ind.
                        che＋inf.／（ときにnon）v.(cong. vo〔ind.〕)
```

B　più・meno は形容詞：数量比較
（1）più・meno＋名詞（A）＋che＋n.（B）／(non) cong. vo〔ind.〕

```
                                    n.(B)
                                   /
（2）（主語(A)…）più・meno＋名詞＋di＋
                                   \
                                    quanto・quel〔quello〕che＋
                                    (B)＋(non) cong. vo〔ind.〕
```

　（念のためにつけ加えておくが，上記Bの(1)，(2)の図式における(A)と(B)は，名詞（代名詞）同士の比較が行われるときには，(A)と(B)の間の比較になることを示したものであるが，これには二つのタイプがある。一つは，(1)における più・meno で修飾された名詞(A)ともう一つの名詞（すなわち，n. (B)）との間の比較であり，もう一つは，(2)の場合で，主語(A)と，主語と対等の語(n. (B))，または che＋(non)cong. vo〔ind.〕という節内の主語(B)との間の比較である）

　さて，比較第2項には，直説法を用いる代りにときに「可能性」の意味をこめた条件法の動詞も登場する。そして接続法のときは主として，credere, pensare, desiderare, aspettarsi など，「想定」や「期待」を表わす動詞（ときに

— 300 —

4.7. 比較節 (proposizione comparativa)

potere か volere に導かれる) が用いられるのが通例で，「非現実」ないし「不確実」な感じが添えられる．

例 文
① (程度の比較，Ａの(1)のタイプ) Il film è stato *più* interessante *di quanto* mi aspettassi. 映画は予想以上に面白かった．
② (程度の比較，Ａの(1)のタイプ) Vedeva poco *più* lontano *di dove* metteva il piede. 彼は足を置いた場所のほんのちょっと先を見ていた．
③ (程度の比較，Ａの(1)のタイプ) Aveva occhi solo per le coppie : cosa c'è *più* bello *che* andare a spasso tenendosi abbracciati ? (C. Cassola) 彼女はもっぱらカップルのほうに眼がいった．二人で手を取りあって散策することほど素敵なことがほかになにかあるのだろうか？
④ (程度の比較，Ａの(2)のタイプ) Però ci vedevamo assai *più* di frequente *che non* prima. (G. Bassani) しかし私たちは，以前よりずっとひんぱんに顔を合わせたのだった．
⑤ (程度の比較，Ａの(3)のタイプ) La amava *più di quello che non* credesse. 彼は自分で思っている以上に彼女を愛していた．
⑥ (数量の比較，Ｂの(2)のタイプ) I fatti hanno *maggior* forza di persuasione *di quanto non* ne abbiano le parole. 事実は言葉以上の大きな説得力を備えている．

4.7.2. 同等比較

初等文法では一般に，同等比較は，〈(così) A come B〉と〈(tanto) A quanto B〉の二つの形式がある．と説明されている．確かにそう考えていいのであるが，しかしながら，比較とは何か，とあらためて考えてみると，つまるところそれは，4.7.1. 非同等比較の項の説明からも明らかなように，形容詞か副詞の「程度」の比較か，それとも名詞（代名詞）の「数量」の比較か，その二つのどちらかのタイプに分れることがわかる．ところがここで一つ問題になるのは，たとえば È bianco come la neve. (雪のように白い) といった類いの言い方である．もちろんこれが「雪と同じくらい白い」という「程度」の比較の意味も備えていることはいうまでもないが，場合によってこれは，「雪に似ている」とい

う「相似性」あるいは「類似性」の表現にもなりうる．

ただ「程度」と「類似性」の境い目はかならずしも明確ではないが，しかし比較文の正確な理解のためには，この両者の違いを確認する作業も欠かせないのである．そこで本書では，「程度・数量の比較（comparazione di grado・quantità）」のほかに，「類似性の比較（comparazione di analogia）」という項目をたてて考えてみることにした．なおこの類似性の比較には，4.8. の「様態・仮想節」の説明とも多少重複する部分もあることをつけ加えておく．

4.7.2.1. 程度・数量の比較

今も述べたように，〈(così) A come B〉と〈(tanto) A quanto B〉という具合に，così と tanto という，「程度・結果節」で活躍した二つの語がここにも登場する．そしてその場合 così がつねに副詞として，形容詞，副詞，そして動詞を修飾し（（…のように)こ・そんな風に，こ・そのくらい…），もっぱら程度の比較表現を担当するだけなのに反し，もう一方の tanto は，così と同じ副詞として程度比較に用いられるばかりか，形容詞としての意味・機能も兼ね備えているために（（…のように，それと）同じくらいの…），〈tanto〔i, a, e〕+名詞〉というように，直接名詞を修飾して数量比較も表わすのである．

表現形式は，ほぼ次の三つのタイプに分けることができる．

(1)（程度の比較）(**così**)+形容詞・副詞+**come**+n.／agg.／avv.／prep.／inf.／ind.

(2)（程度の比較）(**tanto**)+形容詞・副詞+**quanto**+n.／agg.／avv.／prep.／inf.／ind.

(3)（数量の比較）**tanto（i, a, e**〕+名詞+**quanto**（語尾変化も）+n.／ind.

① Non sei tornato presto *come* avevi promesso. 君は約束したほど早くは戻らなかったな．

② Il pericolo non è *tanto* imminente *quanto* si credeva. 危険は考えられたほどには切迫してはいない．

③ Il generale ricevette *tante* milizie, *quanto* ne aveva chieste per continuare l'assedio della città nemica. 将軍は敵方の都市の包囲を続けるために，要請した数だけの兵力を受け取った．

〈備考〉 ところで，〈così A come B〉,〈tanto A quanto B〉の結びつきは，ときに以下のように，右側の第2項を導く語が，ほかのものと入れ替えることもあ

4.7. 比較節 (proposizione comparativa)

るので，注意する必要がある．
　　così A come B → così A quanto B；tanto A quanto B → tanto A come
〔che・tanto・altrettanto〕B
　　同時に，〈tanto A quanto B〉の tanto が altrettanto に入れかわって，
〈altrettanto A che〔quanto〕B〉になることもある．
① 　Ma nessun animale pareva *così* poco adatto a una fuga *quanto* quel coniglio. (I. Calvino) しかしその兎ほど，逃亡に不向きな動物はいないように思われた．
② 　Il vostro amore è *tanto* grande *come* il vostro cuore. あなたの愛は，あなたの心と同じように大きい．
③ 　Era *altrettanto* pigro *quanto* intelligente. 彼は頭はいいが，怠け者でもある．

4.7.2.2. 類似性の比較

　程度の比較文の第2項を導く接続詞 come と quanto の二つの語は，やはり両者ともに「類似性の比較」にも登場し，「…のように，と同じように」という意味で広く用いられる．ただ，「類似性」の場合は，come のほうがより広い用途をもち，「様態・仮想節（あたかも〔ちょうど〕…のように）」の世界とも領域を交錯させながら，たいへんな活躍ぶりを見せている．
　(così) A come B（Bのように（そのように）A），**(tanto) A quanto** B（Bのように（それと同じように）A；A も B も），**(tale〔i〕) A quale〔i〕** B（Bのような（それと同じような）A：tale は形容詞），**tale A tale** B（A も B も，A が A なら B も B），**così come**…（(ちょうど) …のように），**tanto quanto**（(まさに) …のように），**tanto〔i, a, e〕quanto**〔i, a, e〕（…と同じ数量の・で）
　なお，「類似性」の比較でも，「程度」の比較と同様，いやそれ以上にひんぱんに形の入れ替えが行われる．矢印右側が，入れ替え可能な形である．
（1） così A come B → così A quanto B, così A così B, sì A sì B, anche〔altrettanto〕A come B
（2） tale〔i〕A quale〔i〕B → tale〔i〕A come B, così A quale〔i〕B
（3） tanto A quanto B → tanto A come〔che・tanto・altrettanto〕B
　　① 　Ammiro *tanto* il tuo coraggio *come* la tua gentilezza. ぼくは君の

— 303 —

勇気と優しさに感心している．
② Egli apparve *tale quale* tu l'avevi descritto. 彼はあんたが言っていたような姿で現われたよ．
③ *Come* il suo corpo si è sviluppato in bellezza e in salute, anche la tua anima non ha subito fratture da portarne il segno. (V. Pratolini) 彼女の肉体が美しくかつ健やかに成長したと同じように，君の魂も，その痕跡を残すほどの，亀裂に悩まされることはなかった．
④ Il gran sole aveva assorbito la turbolenza degli uomini *quanto* l'asprezza della terra. (G. T. di Lampedusa) 偉大なる太陽は，大地の荒々しさ同様，人間たちの騒動も呑みこんでしまったのだった．

4.7.3. 最上級

4.7.3.1. 形容詞の最上級

　一般に，形容詞の最上級には，相対最上級（superlativo relativo（…のなかで）いちばん〔もっとも〕…）と，絶対最上級（superlativo assoluto たいへんに〔じつに〕…）の二つの形があると説明されているが，いずれにしろこれら最上級の形はたいへんに分りやすく，ここで取り上げたいような問題はほとんど存在しない．

　まず後者の絶対最上級であるが，これは最上級と呼ぶのがふさわしいかどうかは別として，〈形容詞＋issimo：bello → bellissimo；felice → felicissimo〉というように，語尾に〜issimo をつけるだけのことである（〜errimo 語尾その他の形もあるが，それについては省略する）．

　さてもう一方の相対最上級は通常，次のような形になる．

（１）〈定冠詞（＋名詞）**più・meno**＋形容詞（＋**di**＋形容詞の被修飾語が所属する**場・集団**）〉

（２）〈定冠詞（＋名詞）**più・meno**＋形容詞（＋**fra・tra**＋形容詞の被修飾語の**同類**）〉

　この場合，di ないし fra・tra 以下の語句が省略されてしまっても最上級の意味に変りはなく，結局のところここでの最大のポイントは，più（優等）と meno（劣等）の比較級に，定冠詞が添えられる，というところにあって，この定冠詞の有無こそが，優〔劣〕等比較級と相対最上級とを分つ最大の決め手と考えて

4.7. 比較節 (proposizione comparativa)

いいのである．
① È stato *il momento più cruciale de*lla mia vita. それはわが人生最大の決定的瞬間だった．
② *Fra* i mobili della casa questo armadio è *il più antico.* うちの家具のなかで，この戸棚がいちばん古い．
③ Dapprima la sua teoria pareva *la meno convincente.* 最初は，彼の理論がもっとも説得力を欠いているように思われた．

4.7.3.2. 副詞の最上級

形容詞の場合と異なり，副詞の最上級についてはとくに注意が必要である．というのも，形容詞の相対最上級にならった，〈定冠詞＋più・meno＋副詞〉という形は，イタリア語では用いられないからである（ただし，あとでも説くように，このあとに possibile がつく表現は存在する）．ところが，興味深いことにたとえばフランス語ではこの形がごく自然に行われているのであって，いやかりにフランス語の学習経験がない人の場合でも，形容詞からの類推で，当然可能なものと早とちりをする恐れは多分にある．では，副詞の最上級とでもいうべき表現法は，まったく存在しないのであろうか．いや，もちろんそれなりの方法はあるのであって，まず次の二つの仕組みを知っておくことが望ましい．

（１）〈**quello・ciò**・〈定冠詞＋名詞〉＋che＋ind.(A)＋**più・meno**＋副詞（B）〔または **di più・di meno**〕（＋fra・tra／di）〉 → 「（…のなかで）いちばん（B 風に）A する人・物」
（２）〈定冠詞＋**più・meno**＋形容詞(A)＋**a**＋inf.(B) → 「B するのがいちばん A の人・物」

この二つの方法で２組の例文を作ってみると，たとえば次のような文ができあがる．
① Roberto è quello che studia più diligentemente（あるいは diligentemente 抜きで，di più) fra i miei allievi.／Roberto è il più diligente a studiare fra i miei allievi. ロベルトは，私の生徒のなかでいちばん熱心に勉強をする．
② Franca è quella che parla più affabilmente fra le sorelle.／Franca

è la più affabile a parlare fra le sorelle. フランカはその姉妹のなかでいちばん愛らしい喋り方をする．

ところでこの場合，関係代名詞節内部における比較級の表現が，先行詞の指示代名詞（quello, ciò など）や〈定冠詞＋名詞〉などと一体化することによって，最上級の意味を帯びるのは，定冠詞を添えることによって，形容詞の比較級が最上級の表現に変るケースと相通ずるものがある．それなりに注意していいことである．

① *Di* tutta la squadra è *quello che lavora più intensamente*. 彼はグループ全体のなかでいちばん熱心に働く人物である．

② *Ciò che mi irritava di più*, però, non eraro forse le infinite cose che mi restavano da fare. (L. Barzini) しかし私をもっとも苛立たせたのは，多分まだしなければならないことが際限なくあるということではなかった．

また，副詞の最上級とでもいうべき表現には，この関係代名詞を用いる言い方に多少似たものとして，強調構文を含めることもできるだろう．

① È *al mattino* che la rosa è *più bella*. バラがいちばん美しいのは朝である．

② È *presso la foce* che i fiumi sono *più larghi*. 川の幅がもっとも広くなるのは河口附近である．

さらに，次のような語（句）を添えることによって，副詞の最上級の意味を表わすこともできる．

〈**più・meno di tutto**〔**i, a, e**〕（誰・何よりも多く・少なく）〉，〈**più・meno di ogni altro**〔**a**〕＋単数名詞(ほかのどんな…よりも多く・少なく)〉〈**maggiormente**（最高に）〉，〈**di più・meno fra・tra tutti**〔**e**〕＋定冠詞＋複数名詞（すべての…のなかでいちばん多く・少なく）〉

同時にもう一つ，最上級に準ずる言い方として，〈**il più・meno**＋副詞＋**possibile**〔または **che**＋**potere**（ind.）〕（できるだけ多く・少く…）がある．

① La musica gli piace *più di ogni altra* cosa〔*di tutti*〕．彼はどんなものよりも音楽が好きだ．

② *Fra tutti i* miei amici, Giorgia parla *di più*. 私の友達のなかでジョルジャがいちばんお喋りだ．

③ Lui viene sempre *il più* tardi *possibile*〔または *che può*〕．彼はい

つもできるだけ遅くやってくる．

　最後に，più, meno；così, come；tanto, quanto；tale, quale という比較表現の骨子となる8語は，前置詞や che などとともに，イタリア語の「機能語」の代表であって，重要な熟語・成句を数多く形成している．この点については，第7章　重要機能語の解明　を御参照いただきたい．

4.8.　様態・仮想節（proposizione modale-ipotetica）

　広く，「…のように」という「様態」を表わす言い方は，「比較節」の「類似性の比較」とも重なり合いながら，come という接続詞（あるいは副詞）を中心に，広く行われている．そして定形動詞節内で用いられる動詞の法は，直説法，ときに条件法になり，さらには様態というよりもむしろ「仮想」というべき，「あたかも…のように」という表現（代表は〈come se＋cong. vo〉）などでは，接続法半・大過去形が用いられる．

4.8.1.　定形動詞節

4.8.1.1.　come とその派生形

　come（…のように：「仮想」の場合は（＝come se），＋cong. vo 半・大過去），**come se**（あたかも…のように：＋cong. vo 半・大過去），**come pure**（さらに〔まさに〕…のように：come の強調），**come quasi**〔**quasi come**〕（まるで…のように），**siccome**〔**si come**〕《文》（…のように：＝come），**come quando**（…のときのように），**comecché**〔**comeché, come che**〕《文・古》（あたかも…のように：（＝come se）＋cong. vo 半・大過去）

　①　La strada vuota al sole, *come* fosse stata tracciata per le lucertole. (I. Calvino) まるでトカゲが通った跡のような，陽の光を浴びた人気のない道路．

　②　Tutti hanno l'aria contenta, *come se* aspettassero da un momento all'altro cose buone. (D. Buzzati) みんな満足げな様子をしている．まるで今にもよい事があるのではと待ち受けているみたいである．

　③　Accolgono lo straniero con festeggiamenti, *siccome* vuole la loro tradizione. 彼らはその見知らぬ人間を，風習に従って盛大に迎えいれるのである．

〈備考〉〈前置詞(a, da, di, per, su など)＋come 節〉の形もよく用いられる．
① *Da come* lo presentano, c'è da sperare bene su di lui. 彼を紹介するやり方から見ると，彼には十分期待がかけられている．
② Non l'atterivano i disagi e le privazioni cui andava incontro, ma invece il bruciore, il pensiero *di come* l'avrebbero trattata. (A. Moravia) 彼女を脅かしたのは，いま直面している不自由や欠乏ではなく，むしろ反対に，今後自分はどんな風に扱われるのだろうかという，ひりつくような心配のほうだった．

4.8.1.2. quasi とその派生形

quasi（＋cong. vo 半・大過去：あたかも…のように＝come se），**quasi che**〔**quasiché**,《古》に **quasicché**〕（＋cong. vo 半・大過去＝quasi）

① Ha respinto quel cibo *quasi* fosse disgustato. 彼はむかつきでもしたのかその食べ物を受けつけなかった．
② I soldati, sotto il sole fortissimo, stavano diritti e silenziosi, con dignità, *quasi che* una voce fosse entrata nel buio delle anime. (D. Buzzati) 兵隊たちは灼けつくような太陽のもと，とある声が魂の暗部に入りこんできたかのように，堂々と押し黙ったまますっくと立っていた．

4.8.1.3. secondo, conforme, stando などを用いる形

secondo（＋ind.：…するように，するがままに；…に従って，に応じて，によって），**secondoché**〔**secondo che**〕（＋cong. vo〔ind.〕：…するがままに；…に従って），**a seconda che**（稀）（＋cong. vo〔ind.〕：…するに従って，に応じて），**conforme**〔**conforme che**, **conformeché**（稀），**conforme a che**（古）〕（＋ind.：…に従って；…するように），**conformemente a quanto**〔**quel・quello che**〕（＋ind.：…に従って），**stando a come**〔**quel・quello che**〕（＋ind.：…によれば；…に応じて），**secondo come**（＋ind：いかに…かに応じて）

① Parla *secondo che* gli viene in mente. 彼は心に浮ぶがままに喋る．
② La seduta s'è svolta *conforme* risulta dal verbale. 会議は，議事録が明らかにしているような形で行われた．

4.8. 様態・仮想節 (proposizione modale–ipotetica)

③ Non dev' essere una brava persona, *stando a come* si è comportato ieri. 昨日の彼の態度からすると、立派な人間であるはずがない。

4.8.1.4. その他
a [nella] misura che（+ind.：…に従って、に応じて），**nel senso che**（+ind.：…のように、の風に；…の意味合いで）

A misura che cresce il suo prezzo, cresce la difficoltà di comprarselo. 値が上るにつれて、それを買う困難が増す。

〈備考〉（1）以下のものも、「様態節」に含めることもできるが、それぞれ別な場所で説明を行なっている。

via via che（…に従って、につれて），(a) mano (a) mano [di mano in mano] che（…するにつれて）（以上、時間節、4.1.18.）；alla maniera che（…のように），nel modo che（…のように）（以上二つは、「程度・結果節」4.6.1.5.）

（2）イタリア語の文法では、〈comunque（+cong. vo：（…は）どんな風に…であれ）〉を通常「様態節」として説明しているが、筆者の考えでは、「譲歩」の仲間に含めて考えるほうがわかりやすいように思われる。

Comunque si mettano le cose, non ritorneranno indietro tanto facilmente. (R. Bracco) 物事がどんな風に展開しようと、そう簡単に元へ戻ることはあるまい。

4.8.2. 不定形動詞節

4.8.2.1. 不定詞
come per+inf.（あたかも…するように），**quasi**+inf.（あたかも…するように）

Si buttava, piegato in due, a suonare con voglia, sferzando l'istrumento *come per rompere* una crosta dura. (B. Barilli) 彼は体を二つ折りにして、固い皮を破ってしまいかねないほどの勢いで、楽器を激しく打ちながら、演奏に没頭していた。

4.8.2.2. 過去分詞とジェルンディオ

過去分詞もジェルンディオも，通常 **come** か **quasi**（**se**）を伴なう．

① Lo sciampanzè fece una specie di fischio, si allontanò, curvo e *come affatticato*, verso il fondo della gabbia (...). (A. Moravia) チンパンジーは口笛のような声をはなち，身をかがめ，疲れてしまったといった風情で，檻の奥へと立ち去った．

② Allora dissi, *quasi sperando*, in fondo, che se ne andasse davvero:《E va bene, arrivederci.》(A. Moravia) そこでぼくは心のうちで，彼女が本当に行ってしまうことをなかば願いながら，「いいよ，さようなら」といった．

4.9. 限定節（proposizione limitativa）

4.9.1. 定形動詞節

「限定節」では，特定の場合を除き接続法の動詞が用いられることはなく，通常直説法，ときに条件法になる．接続法使用の特別ケースについては，〈備考〉欄参照．

4.9.1.1. 〈前置詞＋quanto〔quello che〕〉

a quanto, da quanto, per quanto, a quello che, da quello che, per quello che（以上 6 形すべて，…のかぎりで（は）），**in quanto**（…という点で，するかぎりでは），**per quanto**〔**quello che, ciò che**〕**riguarda**（…に関しては），**relativamente a quello che**（…に関しては）

① L'autista, *a quanto* ha dichiarato, non è stato in grado di scorgere nel buio della notte la mossa nera del gregge che aveva invaso la strada. 運転手の申し立てによれば，夜の闇のなかでは，道路に侵入してきた羊の群の黒い動きを，識別することはできなかったというのである．

② *Per quel che* ricordo io, nella seduta di ieri non si fece menzione di aumento di capitali. 私が記憶しているかぎり，昨日の会議では増資についての言及はなかった．

③ *Da quanto* mi dici sembra che il torto sia tuo. 君の話を聞くと，

4.9. 限定節 (proposizione limitativa)

どうやら間違っていたのは君のほうらしいな．
〈備考〉 ちなみに，このグループの接続詞（句）を用いた次のような成句的表現がある．ここでは，しばしば，接続法の動詞が用いられる．
per quanto io sappia〔**che io sappia**〕(私の知るかぎりでは), **che io creda**(私の信ずるところでは)

Per quanto io sappia, non è riuscito a raggiungere la meta. 私の知るかぎりでは，彼は目標を達成できなかったのだ．

4.9.1.2. secondo（che）
「様態節」に登場したこの語（句）は，「限定節」で用いられると，「…によると，によるかぎりでは」くらいの意味になる．
secondo（che），secondo quanto〔**quello che**〕
① *Secondo che* narra la leggenda, Romolo e Remo furono allattati da una lupa. 伝説が語るところでは，ロモロとレーモは狼の乳によって育てられたのである．
② *Secondo quanto* voi affermate, la città è vicina. あんたがたの言うとおりなら，都市(まち)は近いことになる．

4.9.2. 不定形動詞節

4.9.2.1. 不定詞
a+inf.（…するかぎりでは，という点では），**in**+定冠詞+inf.（…という点で：主として特定の形容詞・動詞とともに成句的表現を形成），**per**+inf.（…に関しては，という点では：ときに per を省略），**(in) quanto a**+inf.（…に関しては），**a**+所有形容詞+**modo di**+inf.（…が…するところ〔かぎり〕では），**solo a**+inf.（…しただけで）

① (…) *a giudicare* dalla sofferenza la pelle doveva esserci già rotta. (D. Buzzati) (…) その苦しみぶりから判断すると，(足の)皮膚はもう裂けてしまったにちがいない．
② *Per essere* il direttore, è molto democratico. 所長としては，彼はとても民主的だ．
③ *Dormire,* avrei dormito nella stanza del Vescovo (…) (P. Chia-

ra）眠るんだったら，私は司教の部屋で眠っただろう（…）．

4.10. 除外節（proposizione eccettuativa）

イタリア語の文法では通常，「…を除いて」という意味の「除外節（proposizione eccettuativa）のほかに，多少ニュアンスを異にする「…することなしに，しないで」くらいの意味の「排除節（proposizione esclusiva）」という別な節の項目が設けられているが，ここでは後者も含めて，すべて「除外節」と呼ぶことにしたい．

4.10.1. 定形動詞節

4.10.1.1. 接続詞（句）「…を除いて」

まず，節の内部で用いられる動詞の法の問題からはじめよう．この意味の接続詞（句）はいくつかあり，法については，それぞれの語の後にその旨記したが，もっとも代表的ないくつかについて，最初に簡単に触れておくことにする．

第一に挙げるべきものとしては，もっとも広い用途をもつ a meno che であるが，これは接続法使用を原則としている接続詞句である，しかしこの原則は，あくまでも原則にすぎず，とりわけ現代では，直説法の例を見かけることも少なくない．

また tranne che, salvo che, eccetto che らの仲間は，直説法のときと接続法のときがあって，その場合，物事を現実的ないし確実なこととして述べるときは直説法を，逆に非現実ないし不確実な内容の事柄を表わすときは接続法を，という一応の目安が設けられている．ただ実際の例にあたってみると，この区別はかならずしも厳密なものではなく，むしろ話者〔作者〕の好みや主観に左右される，という傾向があるようである．

もう一つ，虚辞の non が用いられる場合があるが，とくに a meno che では，接続法の動詞と虚辞 non との併用がほとんど原則化しているといっていい．ときに「否定条件」を表わす接続詞句（a meno che non＋cong. vo：もし…でなかったならば）として分類されることがあるのはそのせいでもある．しかし non なしで接続法の動詞が用いられる例も見かけないわけではない．この問題については，はっきりした定説が立てられていないようであるが，tranne che 以下の接続詞句の場合も含めて，non の使用は，意味の明確化，ないし強調のため，

4.10. 除外節 (proposizione eccettuativa)

という説明が一部で行われている．

a meno che (non) (+cong. vo〔ときに ind〕：…を除いて；…しないならば), **eccetto che**〔**eccetto se**(稀)〕 (+ind.〔cong. vo〕：…を除いて), **tranne che** (+ind.〔cong. vo〕：…を除いて), **salvo che** (**salvoché, salvo se** (稀)〕 (+ind.〔cong. vo〕：…を除いて), **salvo il caso che** (+ind.〔cong. vo〕：…(の場合)を除いて), **fuorché**〔**fuor che, fuori che**(稀)〕 (+ind.〔cong. vo〕：…を除いて．定形動詞よりも +inf. の形のほうが一般的), **sennonché**〔**se non che, senonché**〔文・古〕〕 (+ind.：…を除いて), **in**〔**di**〕**fuori che** (古) (+ind.〔cong. vo〕：…を除いて), **non…se non** (+ind.：…以外は…ない)

さらに，「…を除いて」という意味の(古)用法の接続詞句として，**se già** (+non) がある．

① Ero persuaso che la scelta (...) fosse non irreversibile, *a meno che* non balenasse in me la scintilla. (C. Laurenzi) いったん選択したことは，私のうちでひらめくものがない限り，くつがえすことはできないものと私は確信していた．

② Faccio ginnastica ogni giorno, *eccetto che* io sia malato. 私は病気でないかぎり毎日体操をする．

③ Mandategli un telegramma, *tranne che* lo abbiate già avvertito in altro modo. 彼に電報してください．ほかの方法ですでに知らせたんでしたら別ですが．

④ La villa offre ogni comodità, *se non che* è troppo fuori mano. その別荘は，場所があまりにも遠過ぎるということを別にすれば，あらゆる設備が整っている．

4.10.1.2. 接続詞 (句)「…することなしに」

senza che〔**senzaché**〕 (+cong. vo：…することなしに), **non…che non** (+cong. vo：…することなしに…しない，…すればかならず…する)

① Nessuno poteva entrarci dallo stradone, *senza che* ce ne accorgessimo. (C. Pavese) 誰もわれわれに気づかれずに，その大きな通りからそこへ入ってくることはできなかっただろう．

② *Non* viene mai a Roma *che non* mi faccia una visita. ローマへ来れば (彼は) かならず私を訪ねてくる．

4.10.2. 不定形動詞節

4.10.2.1. 不定詞

不定詞を中心とする構文はすべて，〈前置詞（句）＋inf.〉か，〈副詞＋前置詞（句）＋inf.〉の形になる．

（1）「…を除いて」

a meno di＋inf., **eccetto (che)**＋inf., **tranne (che)**＋inf., **tranne che**＋前置詞＋inf., **salvo (a)**＋inf., **salvo che**＋inf., **fuorché**＋inf., **fuorché**＋前置詞＋inf., **all' infuori di**＋inf., **ad eccezione di**＋inf.

① È permessa ogni cosa, *eccetto che fumare*. 喫煙以外はどんなことでも許されています．

② Gli useremo ogni cortesia, *tranne che ospitarlo* in casa nostra. 家には泊められないけれど，彼にはできるだけのことをしてあげるつもりです．

③ Sono pronto a tutto, *fuorché a tradire* la parola data. 私はどんなことでもやるつもりだが，ただ約束を破ることだけはしたくない．

（2）「…することなしに」

senza＋inf.(…しないで．しかし…ない，の意も，cf. 4.11. 反意節)，**pur 〔anche〕**＋**senza**＋inf.(…することなしではあるが，しかし…ない．cf. 4.3. 譲歩節)

① —Sonno, di buon mattino?—disse Gnei. La cassiera *senza sorridere* assentì. (I. Calvino) 「早起きをして眠いの？」ニェイは言った．レジ係はにこりともせずに頷いた．

② Oggi mi sono divertito *senza spendere* un soldo. 今日は一銭もつかわなかったが楽しかった．

（3）成句的表現

neanche〔nemmeno, neppure, manco〕a＋inf.(…することすらせずに) (cf. ときに neanche〔nemmeno, neppure, manco〕(a)＋inf. (parlare, pensare, dire, provare, ecc) → 絶対に…してはいけない：強い否定命令)，**non fare (altro) che**＋inf., **non fare (altro) se non**＋inf. (以上2形とも，…しかしない，以外のことはしない)，**non rimanere〔restare〕**(3単形)＋**(altro) che**＋inf. (あとは…するだけである)．**se non**＋n.・agg.・avv.・

inf. (…を除いては：《文・古》では, **se non se, non se non** も), **meno che**+n.・agg.・avv.・prep.・inf. (…を除いては), **nonché** 〔**non che**〕+n.・prep.・inf. (…以外に, のほかに；…する代りに), **non** … **più di** 〔**che**〕+inf. (…する以外は…しない)

 ① (...) che cos'altro poteva fare, a questo punto, *se non vedere* di calmarsi? (G. Bassani) この場合, 落着こうとすること以外に, 彼になにができたというのだろう？

 ② Il treno si mosse, *non* gli *restò che farle* un cenno di saluto. (C. Cassola) 列車が動いた. あとは彼女に別れの合図をするだけだった.

4.10.2.2. 過去分詞
通常「…を除いて」を意味する **se non, tranne** (**che**)**, salvo** (**che**)**, eccetto** (**che**)**, fuori che** 〔**fuorché**〕などの接続詞 (句) を伴なう.

 Era un cane che rifiutava qualsiasi cibo, *fuorché portatogli* dal suo padrone. 主人が持っていったものでないかぎり, どんな食べ物も受けつけようとしない犬だった.

4.11. 反意節 (proposizione avversativa)
「…であるのに；それなのに…, ところが一方…」くらいの意味をもつ従属節である.

4.11.1. 定形動詞節
この節を導くもっとも代表的な接続詞は **mentre**, そして **quando** である. 通常動詞は, 直説法, ときに条件法の形が用いられる.

 mentre (…であるのに；ところが一方…：ときに mentre invece と, invece を併用して強調 → それに反し一方…)**, quando** (…であるのに；しかし一方…)**, mentre che**《文, 古》(=mentre)**, nel mentre che**《俗》(=mentre)**, dove**《文》(=mentre)**, onde**《文》(=mentre)**, laddove**《文, 古》(=mentre)

 ① Decine e decine erano gli uomini svegli, mentre lui giaceva sul letto, *mentre* tutto pareva immerso nel sonno. (D. Buzzati) 彼がベッドのうえに横たわっている間, 目覚めている人間は何十人もいた. しかしあたりのものすべては, 眠りのなかに沈んでしまったかのようだった.

② Tutti avevano piena fiducia in te, *quando* tu invece ci ingannavi subdolamente.　誰もが君に全幅の信頼を寄せていたのだが，君は陰険なやり方でわれわれをあざむいたのだ．
③ Volete agire precipitosamente *ove*, per contro, necessita molta riflessione.　諸君はせっかちに行動しようとしているが，ところがこれはじっくり考える必要のあることなのである．
④ Sei stato esageratamente rigido *laddove* avresti potuto mostrarti conciliante.　妥協してもよかったはずなのに，あんたひどくかたくなだったな．

4.11.2. 不定形動詞節
「反意」を表わす構文には，**per**+*inf.*（しかし…する），**senza**+*inf.*（しかし…しない）の二つがある．
① Ebbe un istante di prostrazione *per riprendersi* subito con coraggio. (A. Palazzeschi)　彼は一瞬がっくりしたが，すぐに勇気をふるいおこした．
② Ma quel giorno il suo sguardo correva sui titoli *senza muovere* alcuna relazione di pensieri. (I. Calvino)　しかしその日，彼の眼は紙面のタイトルを追うだけで，少しも筋道だった考えができなかった．

4.12. 代替節 (proposizione sostitutiva)
「…する代りに」の意味をもつ「代替節」を構成するのは，もっぱら不定形動詞，しかも主として不定詞の構文である（一見，代替節を導くかと思われる，anzi che〔anziché〕《文，古》(+cong・vo) は，「…する前に」という「時間」の接続詞句である）．

4.12.1. 不定詞
anzi che〔**anziché**〕+inf., **invece di**〔**che**〕+inf., **in cambio di**+inf., **in luogo di**+inf., **al posto di**+inf.（以上すべて，…する代りに，するよりもむしろ），**piuttosto di**〔**che**〕+inf.（…するよりもむしろ），**lungi**〔**lontano**〕**da**+定冠詞+inf.「…するどころか」
① Farebbe bene ad essere un po' più serio, *invece di* scherzare sempre.

いつも冗談ばかり言っていないで，もう少し真面目になったほうがいいですよ．
② *Invece che* moderarmi, la cosa mi eccitò ancor più (G. Bassani)　気持が静まるどころか，そのことは私をますます興奮させた．
③ La scoperta, *lungi dallo spiacermi*, mi riaccese di speranza.　その発見は，失望どころか，私の心にもう一度希望の火をともしてくれたのだった．

4.12.2.　過去分詞

通常，**anziché**〔**anzi che**〕，**piuttosto che**（以上二つとも，…するよりもむしろ），**invece che**（…する代りに）などの語句を伴なう．

Sembra il libro di uno scolaletto, *piuttosto che* scritto da un letterato.　文学者の手になるものというよりも，学童が書いた本のように思われる．

4.13.　付加節（proposizione aggiuntiva）

oltre (di) che（＋ind：…するほかに，する以上に）という定形動詞節も成立しないわけではないが，現代ではあまり見かけることがなく，この節の場合も，用いられるのはもっぱら不定形動詞節である．

4.13.1.　不定詞

oltre a＋inf., **oltre che**〔**oltrecché**〕＋inf.（以上2形とも，…のほかに，ばかりか），**nonché**〔**non che**〕**(di)**＋inf.（…ばかりか，である以上に），**di là da**＋定冠詞＋inf.（…する以上に，ばかりか）

① *Oltre a tosare* le capre, *a curare* le bestie, *a dar* la purga ai asini, *a visitare* i maiali, la sua specialità era quella di cavare i denti. (C. Levi)　羊の毛を刈り，家畜の治療をし，ロバに下剤をかけ，豚を診察する仕事のほか，彼の専門は歯を抜くことであった．
② *Nonché essere* egoista, agisce anche da malvagio.　あいつはエゴイストであるばかりか，邪しまな振舞いをする奴だ．

4.13.2. 過去分詞
nonché〔**non che**〕，**oltre che** などの語句を伴なう．

È un appartamento assai comodo, *oltre che arredato* da persona di molto buon gusto.　非常に優れた趣味の人の手になるインテリアというだけでなく，じつに住み心地のいい住居だ．

4.14. 手段・方法節（proposizione strumentale）
「手段・方法」を表わす言い方には定形動詞節はなく，もっぱら不定形動詞節が用いられる．

4.14.1. 不定詞
con＋定冠詞＋inf.（…して，することによって），**a**＋inf.（…して），**a furia**〔**forza**〕**di**＋inf.（…することによって），**da**＋定冠詞＋inf.（…することによって）

① *Col trattare* tutti cortesemente si rende simpatico.　彼は誰に対しても愛想がよいので，みんなに好かれる．

② *A star* sempre lì, legato strusciando, premendo, in due anni ha consumato il davanzale. (G. Manzini)　いつもそこに縛りつけられていて，こすったり，押しつけたりで，二年の間に窓敷居を磨りへらしてしまった．

③ *A furia di sentirselo* ripetere tutti i giorni, ora l'ho capito.　そのことが毎日のように繰り返されるのを聞いたお陰で，私はいまではその意味がわかってしまった．

4.14.2. ジェルンディオ
ジェルンディオの「手段・方法」の構文は，しばしば「条件」や「様態」あるいは「原因・理由」などの構文と境を接していて，どちらの意味ともとれる場合が少なくない．

① *Arrivando* sempre tardi a scuola, finirai per essere severamente rimproverato dal professore.　いつも学校に遅れてばかりいると，先生にひどく叱られることになるよ．

② La nonna adagio *appoggiandosi* sul bastone, com'era venuta, tornò a casa sua.　祖母は来たときのように，杖にすがりながらゆっくりと家へ戻った．

4.15.　場所節 (proposizione locativa)
　実のところ，「場所節」という項目を設けることがはばかれるほど，この節を導く語は少ない．しかも不定詞以下の不定形動詞節は存在せず，定形動詞節だけである．

4.15.1.　「…のところへ・に・で」
dove（+ind.），**là dove**〔**laddove**〕（+ind.）
① Rimetti quel libro *dove* l'hai trovato.　その本をもとあったところに戻してくれたまえ．
② *Là dove* non esiste la competizione politica senza violenza non esiste più la democrazia. (N. Bobbio)　暴力なしの政治闘争が存在しないところには，もはや民主主義は存在しないのである．

4.15.2.　不定の場所「…するところはどこでも」
　以下の表現が用いられるが，これは「譲歩節」の一種でもある．
dovunque（+cong. vo：どこへ…しても），**dove che**（+cong. vo：=dovunque），**ove**（文）（+cong. vo：=dovunque），**comeché**〔**comecché, come che**〕（文，古）（+cong. vo：=dovunque）
① Quel cane, *dovunque* io vada, mi segue sempre.　あの犬は私がどこへ行ってもあとについてくる．
② *Dovunque* girassimo lo sguardo, dappertutto apparivano i segni della recente battaglia.　どちらを見渡しても，あらゆるところに最近の戦いの跡がうかがわれた．

4.16.　関係詞節 (proposizione relativa) の問題点
　関係代名詞または関係副詞の節については，関係詞全般にわたる説明は避け，問題点を特記するだけにとどめたい．

4.16.1. 関係詞節内の動詞の法

　関係詞節のなかでは，意味・文脈に応じて，直説法，接続法，条件法，いずれかの法が用いられるわけであるが，ここでは，接続法と条件法の二つの法の使用について考えてみることにしたい．

　とはいうものの，関係詞節内でのこの二つの法の使い分けは，なかなかに微妙な問題をはらんでいて，残念ながら筆者には目下のところそのすべての側面にわたって，充分に自信ある説明をするだけの準備がない．まずはともあれ，条件法，接続法それぞれの動詞が用いられた二つの例文を比較してみよう．
（1）（条件法の文）Leggo un libro che ti *divertirebbe*.　ぼくは，君だったら面白がりそうな本を読んでいる．
（2）（接続法の文）Cerco un romanzo che ti *piaccia*.　私は，あなたが気にいるような本を探しているのよ．

　まず(1)の例文であるが，この場合「ti → 君だったら」という「条件」の存在と，条件法現在 divertirebbe なる「推測」表現がうまく呼応しているのに反し，逆にもしここに，おおむね「目的」や「願望的意志」とのかかわりを必要とする接続法現在の diverta を置いたならば，主節の Leggo (読む → leggere) という「意志」を含まない動詞との間にどこかちぐはぐな感じを生じさせてしまうものと思われる．いずれにしろ，関係詞節での「条件法」の使用は通常，言外に想定されるなんらかの「条件」のもとでの，広い意味での「推測」と考えることができるようである．

　一方(2)の場合は，Cerco (探す → cercare) という，主節の動詞に含まれた，話者の「願望的意志」が関係詞節内にも及んでいるために，接続法現在が用いられることになる．

　そして主節に, cercare 以外の, volere(欲する), desiderare(望む), preferire(好む), aspettare(期待する) など「願望的意志」を表わす動詞のほか，なんらかの「目的」を実現するための動作, comprare(買う), acquistare(取得する), costruire(作製する), fare(作る；する), produrre(製作する) などといった動詞を用いた場合にも，同じような文形式をとることができる．

　I miei genitori compreranno una piccola casa dove *possano* tracorrere serenamente gli ultimi anni di vita.　私の両親は，静かな余生が送れるような小さな家を求めるだろう．

　ただこれは，関係詞節での接続法使用のある一面を捉えたものにすぎず，こ

4.16. 関係詞節 (proposizione relativa) の問題点

れだけの説明だけでは，関係詞節内における接続法と条件法の用法の異同の説明としては，明らかに不充分である．それだけではない．さらにこの問題を複雑にしている要素に，姉妹語フランス語との，際立った用法の違いがある．たとえば，試みに関係詞節に条件法の動詞が用いられたフランス語の文章をイタリア語に訳してみると，逆にイタリア語では，その条件法を接続法の動詞の形にせざるをえないケースが少なくないことを発見するのである．

次の三つの例はすべて，フランス語の文法書に掲載されていた例文のイタリア語訳を，筆者が試みたものである．

(1) Il n'y a personne ici qui ne *voudrait*（条件法現在）mourir pour lui. 彼のために死のうと思わないような人間はここにはいない．→ (伊訳) Non c'è nessuno qui che non *voglia*（接続法現在）morire per lui.

(2) Quelqu'un qui me *verrait*（条件法現在）croirait que je vais à un rendez-vous d'amour ou chercher de l'argent. (T. Gautier) 私を見かけた人は誰だって，私が逢引きか，金の工面に出かけるものと思うだろう．→ (伊訳) Chiunque mi *veda*（接続法現在）crederebbe che io vada ad un appuntamento amoroso o a cercare del denaro.

(3) Il cherche un camarade qui *partirait*（条件法現在）avec lui. 彼は一緒に出かける仲間を探している．→(伊訳) Cerca un compagno che *parta*〔*possa partire*〕（接続法現在）con lui.

この問題は，第3章法と時制 3.4.3．日仏両国語条件法比較から見たイタリア語条件法の特性，の末尾でもすでに取りあげた．あえてここでもう一度，そこでの仮説的結論を繰り返すならば，上記例文における，「仮定的事実」を表わすフランス語条件法の用法は，どうやらイタリア語条件法には存在しないらしい，ということである．つまりイタリア語条件法は，なんらかの「仮定的条件」に基づいて「推測的事実」を述べることはできても，フランス語条件法に見られるような，「仮定的事実」そのものを想定することは不可能であって，その役はもっぱら接続法に委ねられるのではないだろうか．かりにそれを条件法で表現してみても，結局は奇異な表現しか生まれないのである．

4.16.2. 不定形動詞を用いた関係詞節

4.16.2.1. 〈関係詞＋inf.〉

具体的には，〈前置詞＋**cui**〔定冠詞＋**quale**〕＋inf.〉や，〈関係副詞 **dove・ove・onde**＋inf.〉の形で用いられる．そして，不定詞構文にしばしば見られるように，ここでも動詞に dovere や potere のニュアンスが加味される．さらに注意しなければならないのは，この構文の先行詞は，あくまでも不特定の名詞((…できる〔すべき〕ような) ある〔誰か，何か〕…) だということである．したがって，たとえば次の例文も，un segretario をかりに il segretario というように，定冠詞で限定された形にすれば，当然無理が生じることになる．

　Ho trovato **un** segretario *a cui affidare* questo affare. この仕事を任せられる秘書を見つけた．

① (...) sembrava che cercasse qualcosa o qualcuno *su cui sfogare* la propria ira. (C. Cassola) (…) 彼は自分の怒りをぶちまけられる何か，それとも誰かを探しているように見えた．

② (...) ha un fogolar *dove* 《*pensare* in pace al mistero dell' esistenza》, *dove* 《*ascoltare* i ronzii della vita dimenticando d'invecchiare》. (B. Quaranta) (若者には)「落着いて生存の神秘について考え」，「歳をとることを忘れて生の低いつぶやきに耳を傾けることのできる」炉端があるのだ．

ところで，〈**onde**＋inf.〉の形には注意が必要で，「…するために」という「目的」の表現として用いられることが多く (4.5. 目的節参照)，関係詞節としての用法は，かならずしも一般的ではない．Cercava un'apertura onde (＝da dove) uscire. 抜けだせそうな入口を探していた．

4.16.2.2. 関係詞節に代る 〈a＋inf.〉

〈名詞＋前置詞＋inf.〉の形式は，第5章不定形動詞類，5.1. 不定詞の項で詳説したように，たいへんに広く用いられ，その前置詞として a, da, di, per その他さまざまな語が登場するが，このうち〈a＋inf.〉なる結びつきは，しばしば関係代名詞節に相当する機能を備えている．とりわけ〈essere＋名詞＋a＋inf.〉という構文はよく見かけるが，その場合，名詞 (先行詞に相当) と〈a＋inf.〉が離ればなれになることも少なくない．そしてこれは，一種の強調構文でもある．

① Tra i primi artisti americani *ad operare* nel campo dell'arte concettuale ricordiamo Victor Burgin, Laurence Weiner e J. Kosuth (...).

4.16. 関係詞節 (proposizione relativa) の問題点

コンセプチュアル・アートの分野で活躍したアメリカ初期の芸術家のなかで，われわれの記憶に残るのは，ヴィクトール・バージン，ローレンス・ヴァイナー，そしてJ・コストなどである．
② *A perdere* la calma sentendo gridare l'anziano furono i paesani armati (...). (I. Calvino)　その老人が叫ぶのを聞いて慌てたのは，武装した農民たちだった．

4.16.3. 破格構文

関係代名詞 **che** は，接続詞 che（とくに「程度・結果（…するほど）」や「時間（…している間）」）の用法に近似した使われ方をする場合がときにある．その場合とくに注意すべきなのは，che の節のなかで，冗語としか思えないような補語人称代名詞や，中性的代名詞 ci, ne などを併用する文章である．これは，むしろ多少俗語的ニュアンスを帯びた文で用いられる言い方で，正規の表現法ではないが，作家の文章にも結構登場する（cf. 7.2. che）．
① Diceva:《E andiamo a vedere sui coppi》. Sui coppi voleva dire nella torretta della piccionaia, una soffitta *che ci*（che ci=su cui）si saliva per la scala grande. (C. Pavese)　彼は「瓦屋根のうえへ見に行こうよ」といっていた．瓦屋根のうえというのは，鳩小屋の小さな塔のなかにある，大きな梯子で登れる屋根裏部屋のことだった．
② Ho mangiato una cosa *che* se *la* (la は本来不要) dico ti faccio venire l'acquolina. (C. Cassola)　そのことを話したらあなたが涎をたらしそうなものを，私食べたわ．
③ Il suo lavoro, *che* ora non *ne*（〈che+ne〉で di cui の代り）vuole più sentir parlare, una volta lo soddisfaceva.　彼は今では聞くのも嫌がっているが，かつてはその仕事に満足していたのである．

ちなみに，次の二つの文の che は，関係代名詞ではなく，明らかに接続詞である (cf. 7.2.4. 接続詞としての che)．
① C'era un silenzio *che*（程度・結果の che）si sentiva da lontano il rumore del treno in passaggio.　通過する列車の音が遠くのほうから聞えてくるほど静かだった．
② Siamo arrivati a casa *che*（付帯状況的時間節を導く che）egli non ebbe detto parola. (F. Volpini)　私たちは家に着いたが，それまで彼は一言も

発しなかった．

4.16.4. 補語人称代名詞の先行詞
通常（助）動詞の前に置かれる目的補語などの代名詞（ne を含む）が，先行詞になることもある．そしてこの用法の動詞には，以下に見られるとおり，知覚動詞がよく用いられる．

① *Le* vedemmo *che* si allontanavano.　われわれは，彼女が遠ざかるのを見た．

② *Lo* udì *che* si lagnava fra i denti, con un soffio (...). (G. Parise)　彼が歎息をつきながら口のなかでぶつぶつ不平を言っているのが聞えた．

③ Mara *lo* vide *che* si affannava intorno allo zaino. (C. Cassola)　マーラは彼がリュックサックを詰めるのに苦労しているのを見た．

4.16.5. 叙述補語用法の che
che の先行詞が叙述補語（complemento predicativo 英語の補語）の役をつとめる，通常〈叙述補語＋che＋essere (ind.)〉の形になる表現の仕方がある．essereの代りに，diventare（なる）などの「連結動詞 verbo copulativo」を用いることもあるが，いずれにしろこれは，che の代りに接続詞の quale や come を用いる言い方に通ずる形式である．

① Da *ricco che era* si ridusse in estrema miseria.　彼は金持から極貧の境遇に落ちた．

② Da *gentiluomo che era,* lasciò il posto alla vecchia.　彼は紳士らしく，老婆に席を譲った．

③ I miei concittadini avevano visto *il gigante che io ero diventato,* e gridavano alla fine del mondo.　同国人たちは，巨人になった私を見て，世界の終りだと叫んでいた．

4.16.6. quale の特性

4.16.6.1. 関係代名詞としての quale
quale は，主語，目的補語，前置詞との併用といった具合に，どんな役でもこなせる万能の関係代名詞ではあるが，che や cui にくらべて，用途はけっして広

4.16. 関係詞節 (proposizione relativa) の問題点

くはない．

ともあれ，che や cui と異なり，先行詞の性・数に一致して定冠詞を伴ないながら語尾変化をするという特徴をもつところから，先行詞らしきものが二つ以上ある場合でも，先行詞を見誤まる恐れがなく，その意味でなによりもまず意味の曖昧さを避けるために用いられる，とは初等文法でも説明されているとおりである．しかしただこれだけでは，quale の特徴が充分明らかになったとはいえない．そこでこの基本特性以外の特徴をまとめてみると，ほぼ次のようになる．

(1) 主語（主格）や目的補語（目的格）として（とくに後者）の使用は比較的少ない．それも通常多少形式ばった文章語に登場することが多く，「制限的用法」でなく，コンマ (virgola) を先行させた「非制限的用法」のうちで用いられる傾向がある．と同時に，先行詞として用いられる名詞・代名詞にも制限があって，1・2人称の人称代名詞が先行詞になることはない．

(2) 一方，〈前置詞＋定冠詞＋quale[i]〉という前置詞併用の形は，主語や目的補語の場合に較べると，使用頻度はずっと高くなる．La mia passione per i soldati trovò un grande sfogo in questa banda di mocciosi, *coi quali* potevo fare il generale. (E. De Amicis)　私の兵隊好きは，この鼻垂れ小僧どもの一団のうちに捌け口を見いだした．私はその仲間では将軍役をつとめることができたのだった．

(3) che, cui が多用される場合，単調さを避け，文章に変化を与えるという文体上の配慮から quale が選択される，というケースもある．

(4) 文学的表現や，修辞や形式が好まれる文章では，ときに文頭に置かれることもある．当然先行詞は，前の文のなかにあるわけで，この場合の quale は，「こ〔そ〕れ」という指示代名詞的意味を帯びる．Non ha mai detto che i suoi parenti dovrebbero essere invitati. *Senza i quali* per altro non si azzarderebbe a venire al ricevimento.　彼は自分の親戚が招かれるべきだとはけっして言わなかった．しかしその連中が来ないなら，彼がわざわざレセプションにやって来ることはないだろう．

(5) 最後に，《古》語では，定冠詞なし，あるいは先行詞を含む関係代名詞（…するところの人・物）としての用法も行われた．

4.16.6.2. 関係形容詞としての quale

定冠詞なしの quale が，〈先行詞(A)＋quale＋ind.(B)〉（A する（ような）B）という関係形容詞として使われることは広く知られているが（Sono insetti *quali* si può trovare solo in questa isola. この島でしか見つからないような昆虫である），注意しなければならないのは，〈**定冠詞**＋**quale**(その)＋**名詞**〉という形の，英語でいう関係代名詞の所有格用法に似た，関係形容詞 quale（これは，イタリア語では関係代名詞としては扱わない）の使い方である（cf. 7.11. quale, 7.11.13. 関係形容詞の quale）.

Giorgio riuscì a sposare la ragazza alla fine. *Della quale ragazza*, devo dire, ero invaghito anch'io. ジョルジョは，とうとうその女性と結婚できた．正直のところ，ぼくもその子に惹かれていたのであるが．

そしてこの用法から，**nel qual caso**（その場合には），**per la qual cosa**（そのために，それ故）などの熟語的表現が派生していることも，知っておいていいことである．

4.16.7. その他

4.16.7.1. 前文を受ける il che

前文〔節〕を受ける **il che** は，主語（＝そのことは〔が〕）として用いられるのが普通で，目的補語としての用法はかなり限定されている．また定冠詞 il はときに省略されることもあり，さらにとくに文学的表現や格式ばった文章では，前置詞 a, con, da, di が添えられることもある．

① Chinò il capo, e non disse parola: (*il*) *che* era come confessare la propria colpa. 彼は頭をさげたが何も言わなかった．これでは自分の非を認めたようなものだ．

② Giorgio disse senza vergogna che sarebbe venuto puntuale all'appuntamento. *Al che* tutti proruppero in una risata fragorosa. ジョルジョはぬけぬけした顔で，待ち合わせの場所に時間通り来るといった．それを聞いてみんなどっと吹きだしてしまった．

〈備考〉

関係代名詞の《古》用法としては，(1) cui と同義の che, (2) che と同じように目的補語として用いられる cui, (3) 先行詞を含む cui, (4) 主語の che

の省略（ちなみに，英語のような，目的補語（目的格）の関係代名詞の省略は行われない），などがある．

4.16.7.2. 関係副詞
よく知られている場所の関係副詞 **dove** のほかに，時間の関係副詞 **che** と **quando**，そして「…から」を意味する場所の関係副詞 **onde** と **donde** がある．

① Il giorno *che* mi fermai ai piedi di un campo di granturco e ascoltai il fruscìo dei lunghi steli secchi mossi nell'aria, ricordai qualcosa che da tempo avevo dimenticato. (C. Pavese)　とうもろこし畑のふもとに立ち停って，大気のなかで乾燥した長い茎同士がこすれる音に耳を傾けた日，私は長い間忘れていたことを想いだした．

② Dietro a quella casa c'era un monticello *onde* si godeva un bel panorama.　その家の裏手には，すばらしい眺めが楽しめる小山があった．

4.17. 間接疑問節（proposizione interrogativa indiretta）

4.17.1. 定形動詞節
接続詞の se か疑問詞によって導かれる，いわゆる間接疑問節とは，あらためて説明するまでもなく，「質問，疑念 (chiedere, interrogare, domandare; dubitare, ecc.)」「言明，伝達 (dire, informare, ecc.)」「理解，認識 (sapere, trovare, notare, ecc.)」「知覚 (vedere, sentire, ecc.)」などの意味をもつ動詞の，目的補語の役目をする節であるが，それを用いる場合，まず確認しておくべきことに，その内部の動詞を直説法の形にするか，それとも接続法にするか，という問題がある．

この間接疑問節の場合，現代イタリア語では一般に，基本的には直説法を用いるのが一般的になったといわれているが，ただ次のようなケースでは，しばしば接続法が登場する．
（1）主節の動詞が，否定か疑問の形のとき．
（2）強い疑念や，不確実性のニュアンスがこめられるとき．
（3）平易な口語的文体でなく，文学的表現など，洗練度の高い文章の場合．
　　したがって，たとえば Non so perché è〔sia〕stato coinvolto in questa brutta faccenda. （私はなぜ彼がこんな不祥事に巻きこまれたのかわから

ない）という，直説法，接続法両方の形が可能な文の場合，接続法 sia stato が優先されるときは，主節が否定文であることに加えて，文により強い疑念がこめられているため，という解釈が可能になる．

では次に，接続法の動詞が用いられた文を三つ挙げてみよう．①，②は文学作品，③は評論文の引用であって，その意味では文体的配慮が働いているとも考えられるが，しかし同時に，①，②は主節が否定文であり，さらには①，②，③すべての場合に，少なからぬ疑念がこめられていることも明らかである．

① A un carrettiere Giovanni domandò *quanto tempo ci fosse* per arrivare alla Fortezza. (D. Buzzati)　ジョヴァンニは，馬車曳きに，要塞に着くまでどのくらい時間がかかるか尋ねた．

② Ma non ho mai capito *se* egli veramente mi *ascoltasse*, o *se seguisse* soltanto il misterioso gomitolo dei suoi pensieri (...). (C. Levi)　しかし彼が私の話に本当に耳を傾けているのか，それともただ自分の不可思議な想念の糸玉をたぐっているのか，私にはまったくわからなかった（…）．

③ Nelle grandi città nessuno sa *quanti siano* esattamente i disoccupati, ma certo sono moltitudine. (G. Bocca)　大都会に失業者がどのくらいいるか誰も知らないが，多いことは確かである．

以上3例に対し，次の文は，主節の動詞一つで，三つの間接疑問節を従え，しかもそのうち一つだけに接続法の動詞が用いられている，なかなかに興味深いケースである．この接続法の疑問節だけ，不確かさがこめられていることを示そうとする作者の気持の現われ，とまずは考えることができるだろう．そしてこのように，二つ以上の間接疑問節を従える文の場合に，直説法と接続法双方の動詞が併用されるケースは，けっして稀ではない．

Tu sai com'è triste l'inverno, com'è fredda la casa, come il cuore *abbia* bisogno d'amore. (M. Moretti)　あなたもおわかりのはず，冬がいかに憂鬱で，家がとても寒く，心はとても愛を必要としているということを．

4.17.2. 不定形動詞節

不定形動詞節といっても，通常分詞やジェルンディオが登場することはなく，用いられるのは，もっぱら〈**se**・**疑問詞**＋inf.〉の構文だけである．そしてこの場合も，〈関係詞＋inf.〉の場合と同じように，dovere もしくは potere のニュア

ンスが加味される．

① I due si guardarono a lungo con crescente simpatia, ma non sapevano *come rompere* quel silenzio. (D. Buzzati)　二人はお互いに，同情心をつのらせながら，長いこと見詰めあった．しかしその沈黙をどう破ったらいいのかわからなかった．

② Era incerta *se offrire o no* col té anche dei dolcetti. (N. Ginzburg)　紅茶にお菓子も添えてだしていいものかどうか，彼女はためらっていた．

なお，4.17.1. 定形動詞節の場合もそうであるが，主節の動詞は単一の動詞に限られるわけではなく，上の②の例文のように，〈essere＋形容詞〉のこともあれば，動詞句（たとえば，rendersi conto（了解する），essere in dubbio（疑問をいだいている），fare un'ipotesi（仮説をたてる），など）のこともある．さらに〈名詞＋間接疑問節〉という場合も行われるが (la sua incertezza se andarsene o meno 行ってしまうべきかどうかという彼の躊躇)，これらについては，第2章単文の文型と語の結合型を参照されたい (cf. 2.2.3. Agg.＋che＋ind.〔cong. vo〕，2.3.2. N＋essere(ind.)＋che＋ind.〔cong. vo〕〈備考〉欄).

4.18. 主語節，目的補語節，同格節，叙述補語節

この四つの名詞節も，従属節である以上，原則的にはこの複文の構造の章で扱うべき性格のものであるが，本書の構成の都合上，すでに第2章単文の文型と語の結合型や，第3章法と時制，3.3. 接続法などの項で説明を行なっているので，そちらを御参照いただきたい．説明の箇所は次のとおりである．

（1）主　語　節　→　1）第2章，2.1.10. V imp.＋che＋*ind.*〔*cong. vo*〕
　　　　　　　　　　2）第3章，3.3.2., I, A, 2. 主語節（非人称構文）
（2）目的補語節　→　1）第 2 章，2.1.7. V(VI・VT・VR)＋che＋*ind.*
　　　　　　　　　　　〔*cong. vo*〕
　　　　　　　　　　2）第3章，3.3.2., I, A, 1. 目的補語節
（3）同　格　節　→　1）第2章，2.3.1. N＋che＋*ind.*〔*cong. vo*〕
　　　　　　　　　　2）第3章，3.3.2., I, A, 4. 同格節
（4）叙述補語節　→　1）第 2 章，2.3.2. N＋essere(ind.)＋che＋*ind.*
　　　　　　　　　　　〔*cong. vo*〕
　　　　　　　　　　2）第3章，3.3.2., I, A, 3. 叙述補語節

さらにもう一つここで補足しておきたいのは，それぞれの節を導く接続詞の

ことである.どの場合も che が用いられることはいうまでもないが,che 以外にも,それと同じ意味で come その他が用いられる場合がある.その種の節は以下のとおりである.
（1）主語節（主として非人称構文の主語の役をつとめる）→ che,ときに come を使用.
（2）目的補語節 → che,ときに come,古くは perché〔imperché〕（両者とも＝che）も用いられた.
（3）同格節（名詞の同格節）→ che,一部の名詞は se も使用.
（4）叙述補語節（動詞 essere の,英語でいう補語の役をする）→ che,ときに come を使用.

第5章　不定形動詞類

　イタリア語の文法では，不定詞，現在・過去分詞，ジェルンディオを総称して「不定法 modi infiniti〔または indefiniti〕」と呼んでいるが，この名称では，「不定詞（modo）infinito」そのものと混同される恐れが多分にある．そこで本書では，英語の用語を借用し，「不定形動詞類」と呼ぶことにした．
　まず最初に，イタリア語の不定形動詞類の役割を，英語のそれと対照させてみよう．

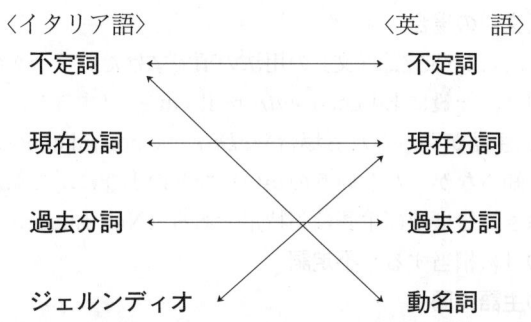

〈イタリア語〉	〈英　　語〉
不定詞 ←―――――→	不定詞
現在分詞 ←――╲╱――→	現在分詞
過去分詞 ←――╱╲――→	過去分詞
ジェルンディオ ←―――→	動名詞

　このごくおおまかな対照表を見てまず最初に気づくことは，イタリア語は英語と違い，どうやらほかの三つの品詞に較べて，不定詞の役割と活躍の場がかなり広そうだということである．事実イタリア語の実態に触れてみると，この不定詞の占める位置の大きさと，その用法の多様さに，むしろ予想外の驚きすら感じるほどである．したがって私たちは，不定形動詞類を考えるにあたっては，なによりもまず，不定詞に注目する必要がある．

5.1. 不　定　詞 (infinito)

5.1.1. 形態と機能
（1）形　態
　　不定詞現在（単純形）と**不定詞過去**（複合形 → 助動詞 essere・avere＋過去分詞）の二つの形がある．たとえば，andare（現在），essere andato（過去）の二つである．

（2）機　能

　動詞と名詞（男性単数形）の機能を兼ね備えているが，もっぱら動詞として用いられる場合と，動詞的意味・機能を残しながらも，名詞的性格が顕著に現れる場合がある．そして名詞化も，たんなる名詞としての用法にとどまらず，前置詞などを併用した，形容詞節〔句〕的ないし，副詞節〔句〕的用法も広く行われている．そして不定詞を用いた，熟語・成句的表現となると，数限りなくある，とすらいいたいほどである．

5.1.2. 不定詞の主語と時制
（1）主　語
1）独立節〔文〕の場合

　後述の，5.1.3. 独立節〔文〕の用法の項で挙げたいくつかの例文からもわかるとおり，一般に Ed ecco *entrare* il cane. （すると，犬が入ってきた）のように主語が明示される場合や，*Dire* che non mi conoscevi！（（君）ぼくのこと知らなかったというのかい）などのように，文脈から判断できる場合を除き，しばしば主語は不特定である（Non fumare. 禁煙）．

2）従属節の〔に相当する〕不定詞

　a　主節の主語に同じ

　　① Non posso *partire* subito, perché devo *finire* questo lavoro.（→ 主語は io）すぐ発つわけにはいかない，なぜならこの仕事を片づけてしまわなければならないのだ．

　　② Ti sei accorto di *aver sbagliato*？（→ 主語は *tu*）君，自分が間違えたことに気がついたかい？

　b　主節の直接・間接目的補語に同じ

　　① Lo convinsi a *seguirmi*.（→ 主語は lui）私は彼についてくることを納得させた．

　　② Mi ha pregato di *raccomandar*lo al redattore capo.（→ 主語は io）彼は私に自分を編集長に推挙してくれるように頼んだ．

　　③ Non ti permetto di *parlare* così.（→ 主語は tu）君，そんな言い方は許さんぞ．

　c　非人称構文の場合

　　非人称構文の不定詞の主語は，不特定多数の場合と，文脈から判断で

5.1. 不定詞 (infinito)

きる場合がある．たとえば次のようなケースでは，1人称か2人称，あるいはその両方を含む1人称複数形の主語を考えることができる．
　　Bisogna avvertirlo subito.　彼にすぐに知らせる必要がある．
d　**明示された主語**
　　ときに，〈不定詞＋主語〉という倒置形式で，主語が明示される．
① Sul suo viso si leggeva il rammarico, per *essere noi* stati esclusi dal festino dello zabaione. (N. Ginzburg)　彼女の顔からは悔しさが読みとれたが，それというのも，ザバイオーネ（砂糖と卵黄とマルサーラ酒をいれた飲み物）が供されるパーティから私たちが締めだされたからであった．
② La desolazione di non *avere lui* una moglie, porta Pavese a voler decidere ogni felicità coniugale, ma inutilmente (...) (D. Lajolo)　自分には妻がいないという悩みをかかえていたパヴェーゼは，あらゆる結婚生活の幸せを選びとろうとしたのであるが，結局うまくはいかなかった（…）．

(2) 時　制
　一般に，不定詞現在は，主動詞と「同時」か「以後」を，不定詞過去はそれより「以前」を表わし，標識や告示などの不定詞は，超時的性格を有する．
　　DISPORSI SU DUE FILE（2車線通行）

5.1.3. 独立節〔文〕での用法
　まず最初に確認しておくべきことは，（1）叙述，描写の不定詞などの場合を除き，一般に不定詞だけの表現には，dovere, potere, ときに volere のニュアンスが加味されがちだということである．
(1) 叙述，描写
　不定詞という言い切りのスタイルを用いることによって，その動作のもつ輪郭鮮やかな表情を浮き彫りにさせる用法である．
① *Languire* per quella splendida ragazza, *aver*la sempre lì; in ufficio, sempre d'intorno, e *dover* far finta di niente per non chiudere tutto con uno scandalo. (S. Penna)　あの素敵な女性を思い焦がれている．その彼女はいつもあそこにいる．そう，会社ではいつも自分の近くにいる．それなのに，スキャンダルという結末を迎えることのないように，ただただな

第5章　不定形動詞類

んにも知らない振りをしていなければならないのだ．
② (...) e allora finalmente *arrivare* i rinforzi, il nemico *sbandarsi* e *volgere* in fuga, lui *cadere* sfinito stringendo la sciabola insanguinata. (D. Buzzati)　(…)そしてそのときとうとう援軍が到着し，敵は総崩れになって逃亡をはじめ，彼は血まみれのサーベルを握りしめたまま，完全に精根尽きはて，倒れてしまうのだ．

（2）〈inf.?〉または〈疑問詞＋inf.?〉

不定詞を用いた疑問文は，疑問詞に導かれることが少なくない．そしてこの形は，第4章複文の構造，4.17. 間接疑問節の項でも触れたように，独立疑問文のみならず，間接疑問文としても広く用いられる．例によって，おおむね，動作に dovere, potere のニュアンスがこめられる．

① *Aggrapparsi* a quel che c'è senza far salti nel buio? (G. T. di Lampedusa)　暗闇のなかで，ジャンプもしないで，ただそこにあるものにしがみつくべきなのだろうか？

② *Con chi confidarsi? Con chi parlare?* Con se stesso e con le piante, con le bisce, con il fiume, con la natura quando è a S. Stefano. (D. Lajolo)　誰に心を打ち明けたらいいのか．誰が話し相手になってくれるというのだろうか？　サン・ステーファノにいるときは，自分自身と，草木と蛇と川と自然が話し相手なのである．

③ 《*Che fare?*》, dicevo intanto a mezza voce, perplesso.《*Che fare?*》(G. Bassani)　「どうしよう？」当惑して私は，低い声でつぶやいた．「どうしよう？」

（3）願望・祈願

願望，祈願のほか，郷愁や歎きの情がこめられることもあり，ときに oh, ah, almeno, magari, così などの副詞を伴なう．やはり potere, あるいはこの用法の場合はとくに，volere の意味合が加味される．

① *Andarsene, andarsene* al più presto—pensava Giovanni—*uscir* fuori all'aria, da quel mistero nebbioso. (D. Buzzati)　行ってしまいたい，できるだけ早く立ち去りたいものだ．ジョヴァンニは考えていた．その霧に包まれた秘密の世界から，大気のなかに出ていきたい．

② *Rifare* la città, *ammucchiare* montagne alte come case, che nessuno sarebbe potuto distinguere dalle case vere. (I. Calvino)　街を造りなお

— 334 —

5.1. 不定詞 (infinito)

し，家のように高い雪の山を積み上げてやろう．そうすれば本物の家との区別がつくことはあるまい．

(4) 命令，要請

1) 不特定多数に対し

標識，告示，看板；規則；試験・練習問題の指示；料理法，薬品や器械の使用法の説明などには，広く不定詞現在形が用いられている．

① *RALLENTARE* 徐行　② *Rispondere* alle seguenti domande. 次の質問に答えなさい．

③ *Sbucciare*, *lavare*, *tagliare* a dadini le patate e le zucchine. じゃがいもとズッキーニの皮をむき，洗ったうえでサイの目に切断する．

2) 特定の相手に対し

不定詞に，特定の相手に対する命令の意志がこめられるときは，普通の命令形と異なり，さまざまな感情や気持がこめられる．すなわち，ときに断乎たる命令口調になるかと思うと，皮肉やからかい，ふざけの情がこめられることもあれば，優しい語調で話しかけるときもある．また，否定命令としては，親称 tu に対する〈**non**＋inf.〉のほかに，〈**guai** (a)＋inf. …したら大変なことになるぞ〉，〈**mai**＋inf. 絶対に…してはいかん〉という強調の形があり，さらには，〈**neanche**〔**nemmeno, neppure, manco**〕(a)＋**parlare・dire・pensare・provare**, ecc. …することまかりならぬ，けっして…するな〉という成句的表現も用いられる．

① ―*Alzarsi*, porci, avete capito ? *Rifare* i letti, ma presto ! *Pulirsi* le scarpe. Tutti adunata, controllo di pidocchi, controllo di piedi. *Mostrare* i piedi, carogne ! (P. Levi)　起きろ，豚野郎ども，わかったか．ベッドを作りなおせ，早くしろ．靴を磨け．みんな集合だ．虱(しらみ)の点検と足の検査をするぞ．足を見せろ，この糞ったれども！

② 《Ah, ah !》 rise contento il capitano.《Lo sapevo io ! Eh, *guai a mettere* gli stivali su per i ghiaioni !》(D. Buzzati) 「あ，は，は」大尉は満足げに笑った．「私にはちゃんとわかっていたのだ．崩れやすい土砂の斜面を長靴で登ったら，えらいことになる」

③ 《*Neppure parlarne* !》esclamò.《Sono un soldato e so che cos'è l'amicizia e la lealtà》. (P. Chiare) 「そのことは黙っていろ！」と叫んだ．「俺は兵隊だ．友情と忠誠がどんなものかわかっている」

第5章　不定形動詞類

(5) 情意表現

　感歎文，疑問文の形で，驚き，怒り，悔恨，脅しなどの情をこめることがある(…するとは！；…するのか？).さらにこの用法の仲間として，**Pensare che**＋ind.！(…と考えるなんて（なんてことだ）！)，**Dire che**＋ind.！(…と言うなんて，と言うんだからなあ！)，**Figurarsi che**＋ind.！(…だなんて（考えてもみたまえ）！)などの成句的表現をあげることができる.

① "Sei pazzo, figlio mio! *Andare* a mettersi con quella gente! Sono tutti mafiosi e imbroglioni (...)" (G. T. di Lampedusa)　「君，どうかしているぞ．あんな奴らとつきあうなんて！　みんなマフィアで，ペテン師野郎ばかりじゃないか」

② 《Perdio, *lasciar*mi così un asso! Ma lei caro tenente, dove ha la testa? (...)》(D. Buzzati)　「おやおや，ぼくにエース（トランプ）を残してくれるのかい！　中尉，君気は確かかね？（…）」

(6) 特殊構文

　以下，1），2），3）三つのタイプの不定詞構文は，広く成句的表現に含めることもできるが，たいへんよく用いられる重要な構文であって，あらためてここで確認しておくことにしたい．

1) 〈主語＋a＋inf.〉

　これは，動作に生彩感と生動感を付与する言い方で，瞬間的強調になるかと思えば，もう一方で持続・反復的動作も示すというように，さまざまな相の動作表現に用いられる．そして，ときにgiù, dai, forza, sottoなどの副詞（勢いよく，力をこめて，えいとばかり，くらいの意味）を添えて表現効果を高めようとする．

① E *noi* con lui *a ridere* di ciò che non sapevamo. (G. Saviane)　そうして私たちは，なんのことかわからないままに，彼と一緒に笑った．

② E *Pavese a gridare* il nome del traghettatore perché li venga a trasportare sull'altra riva. (D. Lajolo)　そこでパヴェーゼは，向う岸に彼らを渡してもらおうとして，渡し守の名前を呼ぶのだった．

③ Non eravamo il tempo di rifiatare: *noi due uomini* sempre *a servire, le due donne* sempre *a cucinare* e *a risciacquare* (...). (A. Moravia)　われわれには一息いれる暇もなかった．ぼくたち男二人はいつもテーブルのサービス，女二人は料理と洗い物という具合だった

5.1. 不定詞 (infinito)

(…).

2) 〈**ecco**+主語(+**a**)+inf.〉
動作の瞬間的発生〔突発性〕，あるいは意外性を示す言い方で，不意打ち的効果を示す．ただ，かならずしも一回性の動作だけでなく，ときには反復される動作の表現に用いられることもある．

① Ed *ecco Drogo alzarsi* con uno sforzo, *aprire* la finestra, *guardare* fuori. (D. Buzzati) そのとき不意にドゥローゴは重い腰をあげて立ち上り，窓を開けて外を見た．

② (...) al massimo dopo venti minuti, *eccomi a suonare* al portone in fondo a corso Ercole I d'Este, e quindi *ad attraversare* il parco. (G. Bassani) (…)せいぜい20分後には，私はエステ家エルコーレ1世通りの奥の大きな門の呼鈴を鳴らし，続いて庭を横切ることになるのだった．

3) 〈**essere**+名詞(A)+**a**+inf.(B)〉
〈essere+名詞・副詞(句)(A)+che+ind.(B)：BするのはAである〉と同種の強調構文として，じつに広い用途をもつ．またこの種の構文がなかば成句化した表現に，〈**essere**+数詞；**primo, ultimo**(+名詞)(A)+**a**+inf.(B)：BするAである〉と〈**essere**+**in**+数量語(A)+**a**+inf.(B)：BするのはAである〉の二つがある．

① Non *erano* solo *gli animali a invadere* il campo. (I. Calvino) 広場に侵入したのは動物たちだけではなかった（cf.第8章 8.7.）．

② (...) ma *era il puzzo a tener*lo sveglio, il puzzo acuito da un'intollerabile idea di puzzo (...). (I. Calvino) (…)しかしすさまじい臭いのために，彼は一向に寝つけなかった．しかも，我慢できないと思えば思うほどますますつのってくる臭いだった．

③ *Fui* io *il primo a distogliere* gli occhi. (G. Bassani) 最初に眼をそらしたのは私だった．

④ *A lavorare* alla casetta *eravamo in tre*(...). (A. Moravia) その小さな家で働いているのはわれわれ三人だった．(…)

5.1.4. 文の構成要素としての不定詞
(1) 主 語

第5章　不定形動詞類

1) 名詞の主語に代る不定詞

　不定詞の名詞化には，じつにさまざまな側面がある．その辺の事情は，5.1.8. 不定詞の名詞化の諸相の項であらためて検討することにし，ここでは対象を，主語の場合だけにとどめたい．そして不定詞主語としてはまず第一に，〈(定冠詞＋) inf.〉なる形式による，「…すること」または「…する習慣」などといった，動作・状態を一般的，さらには普遍的な「事柄」や「命題」として提示する用法がある．事実これが基本的用法であるが，しかし同時に，その主語により「具体的」な，あるいは「特別な」意味を担わせることも，ごく普通に行われているのである．

　① *Parlare* e peggio, *cantare* in servizio era severamente proibito. (D. Buzzati)　勤務中に口をきくこと，さらに歌をうたったりすることはなおのこと，厳しく禁じられていた．

　② *Quel suo sputare frequente* m'infastidiva (...). (G. T. di Lampedusa)　そうして彼がひんぱんに唾を吐くことは，私を苛々させた．

2) 非人称構文の場合

　非人称構文の事実上の主語である不定詞については，いまさら触れるまでもなく，たいへんに広い用途をもっている（非人称構文の多様な形態については，第2章単文の文型と語の結合型　2.1.8. 以下を参照）．用例は二つだけにとどめておく．

　① Più che altro non le riusciva *dormire* perché si sentiva a disagio e inquieta. (C. Cassola)　なにはともあれ，彼女はうまく眠りにつけなかった．気持が落着かず不安だったのである．

　② S'è messo fresco: forse bisognava *richiamare* i bambini. (I. Calvino)　空気が涼しくなった．おそらく子供たちを呼び戻す必要があるだろう．

(2) 叙述補語（complemento predicativo. 英語の補語）

　通常，〈(主語＋)**essere**(**di**)＋inf.〉の形になる．ここで di を用いるか用いないかは，かならずしも明確には規定できないものの，どうやら di なしは，主語が一般的ないし普遍的な事柄や命題を表わすのに反し，di つきは，主語に特定で具体的な意味内容が盛りこまれることが多いように思われる．

　① L'importante *è consolidare* questa tendenza al miglioramento in

5.1. 不定詞 (infinito)

settembre. (I. Montanelli)　大切なことは，9月には，（経済の）この好転化の傾向を固定させることである．

② La preoccupazione costante di Borboni, esplicitamente dichiarata *era di conservare* l'industria dentro questi stretti limiti. (G. Bocca)　公然と明言されていたことであるが，ボルボン王朝が一貫して心をくだいたのは，産業をこうした狭い領域に閉じこめておくことであった．

(3) **目的補語など，動詞の補語**

　第2章　単文の文型と語の結合型で見たように，動詞と不定詞の結びつきにはさまざまな場合がある（たとえば，〈他動詞＋inf.〉，〈他動詞＋di〔a〕＋inf.〉，〈他動詞＋a qu di＋inf.〉，〈他動詞＋qu＋a〔di〕＋inf.〉，〈自動詞＋前置詞＋inf.〉，〈再帰動詞＋前置詞＋inf.〉その他．qu → qualcuno 人）．詳しくは第2章を参照していただくこととし，ここでは三つだけ例文を挙げるにとどめたい．

① *Ripresi* dunque *a viaggiare*, promettendo in paese che sarei tornato presto. (C. Pavese)　さて私は，故郷にはじきに戻ってくると言いおいて，ふたたび旅に出た．

② Subito *mi pentii di aver parlato* ma ora era troppo tardi. (A. Moravia)　すぐに私は喋ったことを後悔した．しかしもう手遅れだった．

③ S'alzò di scatto e *cercò di darsi* un'aria indifferente. (I. Calvino)　彼は不意に立ちあがって，なにごともなかったような振りをした．

(4) **知覚・使役動詞との併用**

　1) 知覚動詞

　「視覚 (vedere, guardare, osservare, notare, scorgere, ammirare, percepire, seguire（聴覚の意も）ecc.）」，「聴覚 (udire, sentire, ascoltare, intendere, ecc.）」，「想像，想起 (pensare, credere, immaginare, sognare, supporre, ricordare, sapere, ecc.）」などの動詞は，通常〈〜＋n.（ → inf.の主語）＋inf.（自動詞・再帰動詞）：n. が…するのを〜する〉，〈〜＋A＋inf.（他動詞）＋B：A が B を…するのを〜する〉，〈＋〜inf.（＋目的補語）＋a・da qu：人が（…を）…するのを〜する〉，ときに〈〜qu a＋inf.：人が…するのを〜する〉といったように，不定詞を従える構文を形成する．

① *Vedo mia madre singhiozzare* seduta in una grande poltrona del salone verde (...). (G. T. di Lampedusa)　母が緑色の大広間の，大

きなソファーに座って泣きじゃくっている姿が眼に浮ぶ.
② *Mi sentii strappare* la schiena dalle sue unghie. (C. Pavese) 彼の爪が，私の背中の皮をひっかくのがわかった.

2）使役動詞

fare（…させる；…してもらう），lasciare（…するままにしておく）と不定詞の結びつきは，成句的結合とみなすこともできる.〈**fare・lasciare**＋n.＋inf.〉,〈**fare・lasciare** a・da *qu*＋inf.(他動詞)＋目的補語〉

① *Si lasciò portare da me* fino al ponte e stava seduto senza parlare. (C. Pavese) 彼は私にひっぱられるがままに橋のところまでついてきて，何もいわずに座っていた（…）.
② L'indomani si mise in costume e *si fece imprestare la giacchetta di Ceresa*. (C. Pavese) その翌日，彼女は水着になり，そのうえにチェレーザのジャケットを借りて羽織った.

5.1.5. 形容詞の補語

通常〈形容詞＋a・di・in など＋inf.〉の形になる，前置詞を介しての形容詞と不定詞の結びつきは，動詞のときと同じように，結局のところほとんどの場合，個々の形容詞の用法の問題に帰着する（この場合も，詳しくは，第2章単文の文型と語の結合型，3.2. 形容詞型参照）.

① Sembrava eccitato, andava di qua e di là salutando, quasi *ansioso di dare* importante notizia. (D. Buzzati) （彼は）興奮している様子で，あっちへ行ったりこっちへ来たりして挨拶をした．どうやら重大な知らせを告げたそうであった.
② Marcovaldo fu *svelto a tappare* il barattolo con un coperchio di carta. (I. Calvino) マルコヴァルドはすばやく紙の蓋でガラスの広口びんの口を塞いだ.
③ Il Gesuita però fu ben *lontano dal condividere* il sollievo di lui, anzi ridiventò pungente. (G. T. di Lampedusa) ジェズイットの神父はしかし，彼とほっとした気持を分ちあう気にはとうていなれなかった．それどころかふたたび辛辣な口調になった.

5.1. 不定詞 (infinito)

5.1.6. 形容詞節〔句〕相当用法
（1）名詞の補語

　〈名詞＋前置詞＋inf.〉という結合関係によって，名詞の意味を補なう形である．この形には，名詞と前置詞の結合度が強い組み合せと，逆に〈前置詞＋inf.〉の結合が一つの単位になっている場合の二つがある．ただ前者の，〈特定名詞＋前置詞＋inf.〉の結びつきは，第2章単文の文型と語の結合型で少しだけ触れたが，動詞や形容詞の場合ほど広くは見られない形である．したがってここでは，もっぱら後者の，〈任意の名詞＋前置詞＋inf.〉について述べることにしたい(cf. 2.3. 名詞型)．

a　〈**名詞＋a＋**inf.〉

　〈a＋inf.〉は一般に，第4章複文の構造　4.16．関係詞節の問題点でも触れたように，主語（主格）の関係代名詞節に相当すると考えることができるが，それも場合によって，1）持続状態「…している」，2）目的「…するための，しようとする」，3）程度「…するような」，4）当然「…すべき」，5）原因「するが故の」，といったほどの，さまざまなニュアンスを帯びるのである．

① I contadini non potevano uscire dal paese, c'erano *i militi a bloccare* le strade (…). (L. Sciascia)　農民たちは村から出ることができなかった．兵隊が道を封鎖していたのだ．

② Mi cerco *un posto a sedere*, sul tram, e comincio a leggere fino alla fermata. (C. Castellaneta)　私は電車に乗ると座る席を探す．そして本を読みはじめ，終点まで行く．

③ (…) i ritardi nell'edilizia scolastica (…) hanno creato *tensioni a non finire*. (N. Coracciolo)　(…) 学校の建築の遅れは (…) 鎮まることのない緊張をひきおこした．

④ Ci sono poi *le donne a rendere* gradevole il soggiorno. (P. D. Lombardi)　それに滞在を楽しくしてくれる女たちがいる．

b　〈**名詞＋da＋**inf.〉

　この形には，1）**当然・義務・必要**「…すべき」，2）**目的・用途**「…するための」，3）**程度；性質**「…するほどの；…ができるような」，といった三つの意味・用法がある．場合によっては，〈da＋inf.〉が名詞でなく，指示・不定代名詞や，補語人称代名詞 (ne を含む) を修飾することもあり，

第 5 章　不定形動詞類

さらには da mangiare（食べ物），da bere（飲み物），da fare（なすべきこと → 仕事）などのように，名詞が省略された〈da+inf.〉だけの形で用いられることも少なくない。そればかりかこの名詞省略形は，たとえば〈**dare** a *qu* **da**+inf.（人に…するきっかけ〔機会〕を与える，…させる）〉，〈**esserci da**+inf.（…する理由〔可能性，動機〕がある；…できる；…すべきである）〉などといった，成句的表現にもよく登場する。

1）**当然・義務・必要**「…すべき」

① I cacciatori avevano *molto da sgambare*, per arrivare ai posti di camosci. (I. Calvino)　猟師たちはカモシカのいるところまで行くには，長い間急ぎ足で歩かなければならなかった。

② In questa sede il leghismo è semplicemente *un sintomo da prendere* sul serio (...) (G. E. Rusconi)　この見方からすると北部同盟現象は，端的にいって，真剣に取りあげるべき一つの前触れなのである。

2）**目的・用途**「…するための，することができる」

①《(...) Credo che ce *ne* abbia perfino portato *da leggere* qualcuno》(G. Bassani)　「(…)たしか私たちに読んできかせるために，それ（作文）をいくつか持ってきたこともあったわ」

② "Quest' è un *luogo da ritornarci*", dissi, e scappai subito, sulla bicicletta, (...). (C. Pavese)　「ここは戻ってくるための場所だ」私はそういうなり，自転車に乗ってすぐにも逃げだしてしまった。

3）**程度・性質**「…するような〔ほどの〕；…することができるような」

① Non sono *tipo da innamorarsi* facilmente, perché sono positivo e le parole e gli sguardi non m'incantano. (A. Moravia)　私はそう簡単に女性に恋するようなタイプの男ではない。実際的な人間で，言葉や眼つきなんてものに惹かれたりはしない。

② Qui mi piantò un *pizzicotto da strapparmi* le pelle e saltò indietro. (C. Pavese)　このとき彼は，私を皮がひきちぎれそうになるほど強くひねり，後ろへとびのいた。

ちなみに，〈da+inf.〉だけで，「…するほどに」という意味になる副詞節的用法があって，こちらも広く行われている。

① E le cose che stanno accadendo non sono semplici né *da analiz-*

5.1. 不定詞 (infinito)

zare né *da definire*. (G. Bocca)　それにいま起っている出来事は，分析や定義ができるほど単純ではないのである．

② Partimmo dal piazzale Flaminio verso le undici, allegri *da non si dire*, anzi già scatenati. (A. Moravia)　11時頃私たちは，フラミーニオ広場を発った．口では言えないほど浮きうきと舞いあがっていて，いやはや手がつけられないくらいだった．

c　〈名詞＋**di**＋inf.〉

〈di＋inf.〉は通常，名詞に対する「同格節」的働きをし，「…する〔である〕という…」くらいの意味で，名詞の意味内容を補足し，それに説明を加える用法である．

①(…) la sua *intenzione di godersi* le notte all'aperto era ben ferma. (I. Calvino)　(…) 彼が屋外の夜を楽しみたいという気持には断乎たるものがあった．

② Allora lo prese la *tristezza di dover* tornare giù, e decifrò nell'aggrumato paesaggio l'ombra del suo quartiere (…) (I. Calvino)　そのとき，下界へ戻って行かなければならないのだ，という切ないような気持が彼をとらえた．そうして風景の固まりのなかに，自分の住んでいる街影を読みとったのだった．

③ *Questa di travestirsi* da donna, in lui quasi una mania (…) (A. Moravia)　女に化けるという，彼の場合ほとんど妄執ともいうべき願い (…)．

d　その他

上記以外に，〈名詞＋**per**＋inf.：目的　→　…するための〉(例：il metodo per＋inf. …するための方法, il sistema per＋inf. …するためのシステム, lo spunto per＋inf. …するためのきっかけ)，〈名詞＋定冠詞＋**in**＋*inf.*：動作の場・状況　→　…する場合の；…するにあたっての…〉(例：(…) e rammentai il tremito *nel porgermi* il formaggio sulla carta oleata (G. Saviane)　(…) 油紙のうえにチーズを載せて私に差しだすときの (指の) 震えを想いだした) などの形があるが，これは，5.1.7. 副詞節〔句〕相当用法での〈前置詞＋inf.〉を，形容詞句的に用いたものにすぎない．

(2) 関係詞節における不定詞

通常，dovere, potere のニュアンスがこめられる，〈前置詞＋**cui**・〈定冠詞＋

quale〉+*inf.*〉の結びつきについては,第4章複文の構造 4.16. 関係詞節の問題点で扱った.一つだけ例文をあげておく.
Avevo trovato quello che cercavo : una donna *a cui pensare*. (A. Moravia) 求めていたものを私は見つけたのだった.つまり女という,あれこれ思案を向けるべき対象である.

5.1.7. 副詞節〔句〕相当用法

副詞節〔句〕の機能をもつ,〈前置詞+inf.〉の結合は,調べてみると,むしろ意外,といいたいほどに多様な発達を見せている.第4章複文の構造の不定形動詞節の項,さらに一部の前置詞については,第6章重要前置詞の用法の章でも触れている問題なので,ここでは,例文はすべて省略し,アルファベット順に,その結合関係を公式化して示すことにする.

(1) **a+inf.**: 1)**時間**(ときに,定冠詞つき不定詞)「…すると(き)」 2)**条件**「…(する)ならば」 3)**譲歩**「…しても」 4)**原因・理由**「…なので」 5)**判断の根拠**「…するなんて」 6)**目的**「…すべく,しようと(主として andare, venire, tornare, correre など,方向性をもつ移動動詞とともに.per ほど意味が強くない)」 7)**手段・方法**「…して」 8)**限定**「…するかぎりでは,という点では」

(2) **a〔alla〕condizione di**+inf.:**条件**「(…する条件で →)…ならば」

(3) **a costo di**+inf.:**譲歩**「…してでも」

(4) **ad eccezione di**+inf.:**除外**「…を除いて」

(5) **affine di**+inf.:**目的**「…する目的で,するために」

(6) **a forza di**+inf.: 1)**方法・手段**「…することによって」 2)**原因・理由**「…することが原因で」

(7) **a furia di**+inf.=a forza di+inf.

(8) **al fine di**+inf.=affine di+inf.

(9) **all'infuori di**+inf.:**除外**「…を除いて」

(10) **allo scopo di**+inf.:**目的**「…する目的で,するために」

(11) **al momento di**+inf.:**時間**「…しようとして」

(12) **a〔al〕patto di**+inf.:**条件**「(…する約束で →)…ならば」

(13) **al posto di**+inf.:**代替**「…する代りに」

(14) **al proposito di**+inf.:**目的**「…するために,しようと」

5.1. 不定詞 (infinito)

(15) **a 〔al〕 punto da**〔やや稀に **di**〕+inf.：程度・結果「…するほどにまで」
(16) **a meno di**〔**che**〕+inf.：除外「…を除いて」
(17) **ammesso di**+inf.：譲歩「…だとしても」
(18) **a**+所有形容詞+**modo di**+inf.：限定「…が…するところでは〔かぎりでは〕」
(19) **anche a**+inf.=pure a+inf.
(20) **anche senza**+inf.=pur senza+inf.
(21) **anzi che**〔**anziché**〕+inf.： 1)時間「…する前に」 2)代替「…する代りに, するよりむしろ」
(22) **a rischio di**+inf.=a costo di+inf.
(23) **a tal punto da**〔やや稀に **di**〕+inf.=al punto da〔di〕+inf.
(24) **a tal segno da**〔やや稀に **di**〕+inf.=al punto da〔di〕+inf.
(25) **a via di**+inf.：原因・理由「…なので, だから」
(26) **basta**+inf.：条件「…するならば」
(27) **col fine di**+inf.=al fine di+inf.
(28) **col patto di**+inf.=a〔al〕patto di+inf.
(29) **col proposito di**+inf.=al proposito di+inf.
(30) **col tentativo di**+inf.：目的「…を試みるべく」
(31) **come per**+inf.：様態・仮想「あたかも…するかのように」
(32) **con**+定冠詞+inf.： 1)時間・付帯状況「…するにつれて, するとともに」 2)手段・方法「…して, することによって」 3)条件「…したら」
(33) **con la condizione di**+inf.=a〔alla〕condizione di+inf.
(34) **con la pretesa di**+inf.：目的「(不当・僭越にも) …という要求をいだいて」
(35) **con l'intento di**+inf.：目的「…しようと思って, するために」
(36) **con l'intenzione di**+inf.：目的「…という意図をもって, するために」
(37) **con lo scopo di**+inf.=allo scopo di+inf.
(38) **col patto di**+inf.=a〔al〕patto di+inf.
(39) **col proposito di**+inf.=al proposito di+inf.
(40) **così**+形容詞・副詞+**da**+inf.：程度・結果「…するほどに…」
(41) **da**+inf.：程度・結果「…するほどに・の；…するように・な → 〈形容詞・副詞・名詞・動詞+da+inf.〉の形で. così, tanto, tale の省略形」

— 345 —

第5章　不定形動詞類

- (42)　**di là da**＋定冠詞＋inf.：付加「…する以上に，ばかりか」
- (43)　**dopo (di)**＋inf.：(通常，不定詞過去形) 時間「…したあとで，してから」
- (44)　**eccetto (che)**＋inf.：除外「…を除いて」
- (45)　（主語＋）**essere**（変化形）＋**tanto**〔**tale**〕**da**＋inf.：程度「…するほどである」
- (46)　**fino a**＋inf.：1) 時間「…するまで」　2) 程度「…する（程度に）まで」
- (47)　**fuorché**（＋前置詞）＋inf.：除外「…を除いて」
- (48)　**in**＋定冠詞＋**inf.**：1) 時間「…するとき〔にあたって〕；…しながら」　2) 原因・理由「…するので」　3) 限定「…という点で」
- (49)　**in attesa di**＋inf.：目的「…を予測〔期待〕して・しながら」
- (50)　**in atto di**＋inf.：時間「…しようとして，しようとする瞬間」
- (51)　**in cambio di**＋inf.：代替「…する代りに」
- (52)　**in guisa da**＋inf.＝in modo da＋inf.
- (53)　**in luogo di**＋inf.：代替「…する代りに」
- (54)　**in maniera da**＋inf.＝in modo da＋inf.
- (55)　**in modo da**＋inf.：程度・結果「…するほどに，するように」
- (56)　**in quanto a**＋inf.＝quanto a＋inf.
- (57)　**invece di**〔**che**〕＋inf.：代替「…する代りに」
- (58)　**lontano da**＋定冠詞＋inf.：代替「…するどころか」
- (59)　**lungi da**＋定冠詞＋inf.＝lontano da＋定冠詞＋inf.
- (60)　**manco a**＋inf.＝neanche a＋inf.
- (61)　**neanche a**＋inf.：譲歩「たとえ…したとしても（…ない）→ 通常主節が否定形になるが，主節に先行するときは，ときに主節の non は省略」
- (62)　**nell'atto di**＋inf.＝in atto di＋inf.
- (63)　**nell'eventualità di**＋inf.：時間「たまたま…したとき」
- (64)　**nel punto di**＋inf.：時間「…しようとする瞬間」
- (65)　**nel tentativo di**＋inf.＝col tentativo di＋inf.
- (66)　**nemmeno a**＋inf.＝neanche a＋inf.
- (67)　**neppure a**＋inf.＝neanche a＋inf.
- (68)　**nonché**〔**non che**〕(**di**)＋inf.：付加「…するばかりか，である以上に」
- (69)　**oltre a**＋inf.：付加「…のほかに，以上に；…ばかりか」

— 346 —

5.1. 不定詞 (infinito)

(70) **oltre che**〔**oltrecché**〕+inf.=oltre a+inf.
(71) **onde**+inf.：目的「…するために → 〈per+inf.〉の頻用を避けるために，司法・行政関係の文章によく登場する．一方 purista (言語の純正主義者) に非難されながらも，口語表現の領域にも広まっている．関係詞の onde+inf. との混同に注意」
(72) **per**+inf.：1) 目的「…するために」 2) 条件「…するならば」 3) 譲歩「…だが，だけれども」 4) 原因・理由「(不定詞過去) …したので; …なので，だから → 不定詞過去形を用いるケースが一般的．現在形の場合は，essere, avere, stare, potere, dovere, volere など「状態」を表わす動詞を用いる」 5) 結果・連続動作「そして〔その結果〕…する」 6) 反意「しかし…する」 7) 限定「…に関しては，という点では：ときに per を省略し，不定詞だけで」 8) 判断の根拠「…するなんて」
(73) **per il fatto di**+inf.：原因・理由「…という事実の故に，なので」
(74) **per via di**+inf.=a via di+inf.
(75) **piuttosto di**〔**che**〕+inf.：代替「…するよりむしろ」
(76) **posto di**+inf.=ammesso di+inf.
(77) **prima di**+inf.：時間「…する前に」
(78) **pur di**+inf.：1) 条件「…するためだったら」 2) 目的「もっぱら…するために (目的の強調)」
(79) **pure a**+inf.：譲歩「…しても，したところで」
(80) **pur senza di**+inf.：譲歩「…しないのに」
(81) **quand'ecco di**+inf.：時間「ちょうど…したとき」
(82) **quanto a**+inf.：限定「…に関しては」
(83) **quasi a**+inf.：様態・仮想「あたかも…するかのように」
(84) **salvo(a)**+inf.：除外「…を除いて」
(85) **salvo che**+inf.=salvo(a)+inf.
(86) **senza**+inf.：1) 除外「…することなしに」 2) 反意「しかし…ない」 3) 条件「…しないならば」
(87) **sì**+形容詞・副詞+**da**+inf.=così+形容詞・副詞+da+inf.
(88) **siffatto**〔《文・古》**cosiffatto**〕+名詞+**da**+inf.=tale+名詞+da+inf.
(89) **simile**+名詞+**da**+inf.=tale+名詞+da+inf.
(90) **solo a**+inf.：1) 限定「…しただけで」 2) 条件「…しさえすれば」

(91)　**su**＋定冠詞＋inf.：時間「…する頃」
(92)　**sull'atto di**＋inf.＝in atto di＋inf.
(93)　**supposto di**＋inf.＝ammesso di＋inf.
(94)　**tale**＋名詞＋**da**＋inf.：程度・結果「…するほどの…」
(95)　**talmente**＋形容詞・副詞＋**da**＋inf.＝così＋形容詞・副詞＋da＋inf.
(96)　**tanto**＋形容詞・副詞＋**da**＋inf.＝così＋形容詞・副詞＋da＋inf.
(97)　**tanto**＋名詞＋**da**＋inf.＝tale＋名詞＋da＋inf.
(98)　**tranne(che)**＋inf.：除外「…を除いて」
(99)　**tranne che**＋前置詞＋inf.：除外「…を除いて」
(100)　**verso**＋inf.：時間「…する頃」

5.1.8.　不定詞名詞化の諸相

　不定詞名詞化の実態は，いままで見てきたことからもある程度その一端はうかがえるのであるが，実のところその具体的な種々相はかなり多様であって，ここでもう少し立ちいってその実状に触れてみることにしたい．
　ところで完全に名詞化した不定詞，たとえば il dovere（義務），il volere（意志）などの語は別として，一般に不定詞が名詞的に用いられると，普通名詞に較べて，ほぼ次のような特徴を帯びるといわれている．そしてこれは，5.1.4. 文の構成要素としての不定詞，（1）主語の項で触れた，動作，状態を一般的ないし普遍的な「事柄」や「命題」として提示する基本的用法を，さらに一段と押し進めた，より具体的な意味合いがこめられた場合の，名詞化不定詞の特徴にほかならない．
　（1）　おおむね名詞よりも，やや文章語的ニュアンスが加味される．
　（2）　口調のよさ，つまりリズミカルな文体的効果をもたらす．
　（3）　生彩感と生動感溢れるイメージ表現に適している．
　（4）　不定冠詞を付すことによって，行為の直接性，現前性が浮彫りになる．
　最後にもう一つ留意しなければならないこととして，その形態上の特徴があげられる．つまり名詞用法の不定詞は，単に冠詞を添えるだけにとどまらず，指示・不定・所有形容詞，さらには品質形容詞による修飾もごく自然に行われるのである．しかももう一方では，その動詞的機能を活かすべく，ときに目的補語を従えることすらある．
　以上の諸点を念頭において，以下の例文をお読みいただきたい．不定詞名詞

5.2. 現在分詞 (participio presente)

化の実態が，ある程度大摑みにできるのではないだろうか．

① Onofrio firmò e si alzò in piedi. *Quello scrivere faticoso* l'aveva stancato. (N. Lisi)　オノーフリオは，自分の名を刻むと立ち上った．その骨の折れる書きもの仕事は，彼をへとへとにさせてしまったのだった．

② I suoi calzari certamente dovevano portare la traccia de*l suo perpetuo vagabondare* per le vie di Atene (...). (A. Panzini)　彼の靴は明らかに，アテネへと到る道にその永遠の放浪の跡を印したはずであった．

③ Il risveglio fu *un improvviso spalancarsi* di cielo pieno di sole sopra la sua testa (...). (I. Calvino)　目覚めると，突如頭上に陽の光がいっぱいにきらめく空がひらけた．

④ E nell'aria tesa veniva dal paese *un gridare tedesco* e *un battere di pugni* contro porte. (I. Calvino)　そしてぴんと張りつめた空気のなか，村の方からドイツ軍の叫び声と家の扉をノックする音があがってきた．

⑤ Era *un graduale annebbiarsi* della coscienza, un senso incerto di nausea. (L. Barzini)　それは意識が次第に曇っていくという感じ，どこか覚束ないような嘔吐感だった．

⑥ Ma capì che il piacere non era tanto *il fare queste cose insolite*, quanto *il vedere tutto* in un altro modo (...). (I. Calvino)　しかし，楽しみというものは，こういういつもとは違ったことをすることにはなく，むしろ物事を別な風に見ることにあるのだ，ということが彼にはわかった．

⑦ *Il non aver dormito* non gli pesava, anzi gli dava come una innaturale lucidezza, un'eccitazione non più dei sensi ma dell'intelletto. (I. Calvino)　眠らなかったことで頭が重くなることはなく，それはむしろ不自然なほどの明晰さ，感覚ではない知性の興奮のようなものをもたらしたのだった．

5.2. 現在分詞 (participio presente)

現在分詞は，英語にくらべると，その活躍の場ははるかに限定されているうえに，用法もわかりやすく，そこにはあまり面倒な問題は存在しない．

5.2.1. 形態，意味，機能

(1) 形　態

第5章　不定形動詞類

1）〜are 動詞　→　〜ante
2）〜ere 動詞　→　〜ente
3）〜ire 動詞　→　〜ente・iente

　以上のように，たいへん規則的な変化をするが，次の6グループの動詞（以下の動詞に，a-, con- その他の接頭辞がつく仲間がそれぞれいくつか存在する）だけは，矢印右側の不定詞古形に基づいて変化する．
　① bere ← bevere, ② dire ← dicere, ③ fare ← facere, ④ condurre ← conducere, ⑤ porre ← ponere, ⑥ trarre ← traere, traggere
　たとえば，fare の現在分詞 → facente（← facere）

(2) **意味と機能**
　能動的意味をもち，おおむね静止状態か，動作の進行や生成の過程を表わす（…する〔している〕（人・物））．機能的には，名詞・形容詞化する場合と，動詞的機能が活用される場合の二つがある．

5.2.2. 用　法
(1) **名詞化**
　現在分詞が名詞化した語はたいへんな数にのぼる．もちろんそれぞれ，独立した名詞としての意味・機能をもっている語である．
　　amante 愛人　　potente 有力者　　battente 開き扉　　rappresentante 代表者，代理人　　concorrente 競争者　　consonante 子音

(2) **形容詞化**
　これまた実に数多くの完全に形容詞化した語と，随時形容詞として利用されるタイプの，二つの種類がある．
　1）形容詞
　　ardente 焼けつくような；燃えるような　　ansante 喘いでいる　　competente 権限を有する　　prevalente 支配的な；主要な　　urgente 緊急の　　seccante 煩わしい，いらいらさせる

　2）形容詞的用法
　　状態動詞や，進行・生成の過程を示す動作動詞の現在分詞は，動的イメージの喚起と，生動感の表出のために，しばしば形容詞として一時利用される．そして一般にこの種の語は，まだ完全に形容詞としての独立した地位をかちえているとはいえないのであるが，かといって1）の形容詞化を

5.2. 現在分詞 (participio presente)

成しとげたグループとの境い目がはっきりしているわけではない.

いずれにせよ,以下二つの例文に登場する現在分詞の場合は,いま述べた動的イメージの喚起という狙いが,まずはそれなりに充分活かされているように思われる.

① Il paese è fatto delle ossa dei morti, —mi diceva, nel suo gergo oscuro, *gorgogliante* come un'acqua sotterranea, che esca improvvisamente fra le pietre (...). (C. Levi) 村は死者の骨でできている,と彼は石の間から突然湧きでてくる地下水のように,ゴボゴボと声を発し,不明瞭な隠語で私に言うのだった.

② (...) il sole violento e sfacciato, il sole *narcotizzante* anche, che annullava le volontà singole (...). (G. T. di Lampedusa) (…) はげしく臆面もなく照りつける太陽,さらには感覚を麻痺させ,ひと一人ひとりの意志を無と化してしまう太陽 (…)

(3) 形容詞節 (関係詞節) 相当用法

静止状態や,状態化された動作を表わす動詞の現在分詞は,ときに単語としての形容詞的用法の範囲を越え,状況補語 (副詞 (句)),さらには目的補語をすら伴ないながら,人や事物の状態,様子,外観を叙述する形容詞節,すなわち関係詞節に相当する役割をする.文章語,しかも多少凝ったスタイルでの用法である.自動詞ばかりか,いまも述べたように,目的補語を伴なった他動詞や,再帰動詞の現在分詞も結構登場する.

① Affascinato, Angustina ogni tanto alzava gli occhi alle creste *pencolanti* sopra di loro. (D. Buzzati) うっとりしてアングスティーナは,時折彼らのうえに今にも落ちてきそうな山の尾根を見あげていた.

② C'era, in una sala della Fortezza, un vecchio quadro *rappresentante* la fine del Principe Sebastiano. (D. Buzzati) 要塞のなかには,セバスティアーノ王子の最後を描いた古い絵があった.

③ (...) e le gru sollevano sul lungo collo un gozzo da pellicano *stillante* gocce della nera mota del fondo. (I. Calvino) すると起重機は,川底の黒い泥の雫を滴たらせながら,ペリカンさながら,長い首に支えられた「餌袋」をもちあげた.

(4) 副詞節相当用法

この用法で用いられる現在分詞は,通常ごく一部のものに限られている.

すなわち「現存・生存；君臨・支配；同意・許可」などの意味をもつ，stante, vivente；regnante, imperante；assenziente, consenziente, permettente のほか，かつての現在分詞(いまは形容詞)assente, nolente, presente などである．意味は，「**時間節**(…する間，すると)」「**原因・理由節**(…なので)」の二つのいずれかであって，しかも現代では，司法・行政関係の文章か，一部のジャーナリズムでの使用に限定されている，といっていいだろう．多少もったいぶった調子を帯びているために，意図的に皮肉な，あるいはユーモラスな効果を添える目的で用いられることもある．

① *Stanti* gli accordi dei giorni precedenti la《piena libertà》s'è abbastanza automaticamente trasformata (…). 以前に結ばれた協定があるために，「完全な自由」はかなり自動的に形が変ったのである (…).

② *Vivente* l'autore sembrava impossibile, negli anni 50, che un simile testo potesse venire stampato. (T. Kezich) 著者が生存していた1950年代には，そのようなテキストが印刷されることは不可能だと思われていた．

5.3. 過去分詞 (participio passato)

過去分詞は，同じ分詞でも，現在分詞にくらべると，活動領域ははるかに広い．

5.3.1. 形態，意味，機能

(1) 形　態

不定形動詞中，もっとも形態が不安定なのが過去分詞で，とくに〜ere動詞には不規則形が集中している．

1) 規則形
 a　〜**are** → 〜**ato**
 b　〜**ere**動詞 → uto
 c　〜**ire**動詞 → 〜**ito**

2) 不規則形 (主として〜ere動詞)
 a　〜**are**動詞：fareおよびfareグループ → (〜) **fatto** のみ
 b　〜**ere**動詞：〜**so**, 〜**to**, 〜**tto**, 〜**sso**, 〜**sto** の5タイプがあり，多数．
 c　〜**ire**動詞：(〜) dire → (〜) **detto**, (〜) venire → (〜) **venuto**,

5.3. 過去分詞 (participio passato)

aprire (の仲間) → **ap*erto*,* など若干数.

（2）意　味

　　通常, 自動詞や再帰動詞の過去分詞は能動的意味(…した, してしまった)を, 他動詞の場合は受動的意味 (…された) を帯びる. 主として, 動作完了後の結果を表わすが, ときに動作の時間的経過とは無関係な, 超時間的状態や, 性質を表わす過去分詞もある (しかし, これも結局は, 広く動作完了の結果生じたものである. 例：deciso 決然とした；onorato 廉直な, 名誉ある；ostinato 頑固な；risoluto 断固とした；seduto 腰を掛けた；stimato 評価の高い, など).

（3）機　能

　　まずは名詞化した語, 続いて形容詞的に用いられる場合, そして動詞の意味・機能を保ちながら, 形容詞節ないし副詞節に相当する章句を形成するとき, さらには複合時制や受動態の構成成分になる場合など, その守備分野は相当に広い範囲にわたっている.

5.3.2. 用　法

（1）**名詞化**　通常男性名詞は〜o, 女性名詞は〜a の形になり, その数もたいへんに多い.

　1）男性名詞

　　avvento 到来　concorso 集合；コンクール　contenuto 内容　coperto 避難所；食器一式　dato データ, 資料　fatto 行為；事実　gelato アイスクリーム　passato 過去　permesso 許可　riso 笑い　successo 成功　scritto 文書, 書類　udito 聴覚〔力〕

　2）女性名詞

　　attesa 待つこと；期待　battuta 打つこと；打撃；科白　condotta 行動　entrata 入口　ferita 傷　fermata 停止；停留所　messa 置くこと, 設置　presa 取ること；取手　scoperta 発見　seduta 開会；会合　tenuta 気密性；容量　vendita 販売

（2）形容詞化

　　付加形容詞としても, 叙述用法(叙述補語 → 英の補語), 同格的用法の形容詞としても, 広く用いられる.

　　①　(付加形容詞) Quegli alberi *assetati* che si sbracciavano sul cielo *sbiancato* annunciavaro parecchie cose (...). (G. T. di Lampedusa) 白ばんだ空に向い，訴えるかのように身もだえしている，渇きに喘ぐその木々たちは，さまざまなことを告げていた．

② （同格用法）Essi vivono *immersi* in un mondo che si continua senza determinazioni (...) (C. Levi) 彼ら（農民たち）は，いつどこで終ることもなく続く世界に埋没したまま生きている．

③ （叙述用法）Sul pavimento stavano *sdraiati* i cani, le pecore, le capre, i maiali. (C. Levi) 床の上には，犬，羊，山羊そして豚が横たわっていた．

（3）受動態的意味をもつ複合時制

　ここでは過去分詞の語尾変化など形式的な問題はすべて横に置き，あくまでも読解という観点に立って，受動態の意味が加わった複合時制という特別なケースで，過去分詞が見せる一面に眼を向けてみよう．

1) **複合時制**：〈（主語＋）助動詞 avere の変化形＋過去分詞＋目的補語〉

　この形では通常，過去分詞は語尾変化をせず〜o のままであるが，実のところ，その後に従う名詞に性・数を一致させる場合が二つある．

　一つは，次の①の例のように，助動詞 avere が，tenere や lasciare のようなニュアンスを帯びるときで，その結果文は，「…を…した」ではなく，「…を…のままにしておいた」くらいの意味になる．

　もう一つは，②の例のように，過去分詞のもつ受動的意味合がはっきり活かされる場合であって，「…が…された（← …された…をもった）」というほどの感じになるケースである．

① L'Emilia *aveva* da qualche giorno *preparata* la valigia per il viaggio (...). (P. Chiara) エミーリアは数日前から，旅に出るためトランクを準備していた．

② "Se non vi fossero tanti Gesuiti" pensò il Principe che dalla voce del prete *aveva avuto interrotti* presagi dolcissimi. (G. T. di Lampedusa)「もしもジェズイットの坊主どもが大挙して消えてくれたらどんなにありがたいことか」神父の声で，甘く楽しい予想を邪魔された公爵は考えた．

2) **助動詞省略の受動態近過去形**

　〈Capito？わかった？〉，〈Fatto bene？うまくいった？〉などのように，

5.3. 過去分詞 (participio passato)

会話表現ではしばしば助動詞が省略された近過去形が用いられるが，新聞や雑誌の見出しには，能動態ばかりか，受動態近過去形の，助動詞がすべて省略された，過去分詞だけの形がよく用いられる．

① *Ricoverate* per malore 20 persone ("La Stampa") 急病のため20名入院

② *Aggirati* i temi caldi, aborto e Bosnia ("La Stampa") 避妊，ボスニアという緊急テーマは回避

③ *Sequestrati* documenti e *perquisiti* gli uffici comunali ("La Stampa") 書類押収，市役所の部課に手入れ

（4）**形容詞節**（関係詞節）**相当用法**

（2）の形容詞化した過去分詞が，さらに状況補語(広い意味での副詞(句))その他の語句を従えて関係詞節に相当する章句を形成するのがこの場合で，その用途は，（2）形容詞化，の過去分詞同様たいへんに広い．

① Da ogni zolla emanava la sensazione di un desiderio di bellezza presto *fiaccato* dalla pigrizia. (G. T. di Lampedusa) どんな土くれからも美しいものを求める気配が立ちのぼってきたが，たちまち怠惰のために萎えてしまった．

② Al mattino presto si vede la Corsica : sembra una nave carica di montagne *sospesa* laggiù sull' orizzonte. (I. Calvino) 朝早くにはコルシカ島が見える．まるで，はるか水平線の彼方，山々を満載したまま宙づりになった船のようだ．

③ Si chinò sull'aiola e con sollievo vide i funghi un po' *cresciuti* ma non molto, ancora *nascosti* quasi del tutto dalla terra. (I. Calvino) 彼は花壇のうえに身をかがめた．そうして安堵(あんど)の吐息をつきながら，ちょっぴり成長したものの，まだそれほど大きくはなく，地面のなかにほとんど全身を隠したままの茸(きのこ)を見た．

（5）**副詞節相当用法**

「過去分詞構文」とでもいったらいいだろうか，この用法は，「ジェルンディオ構文」と「前置詞（句）＋不定詞」という二つの構文とともに，イタリア語の「不定形動詞節」のうちで，もっとも重要な役割を担っている．そしてこれには，過去分詞の主語と主節の主語とが同一のものと，もう一つ過去分詞だけの主語をもつ「絶対過去分詞構文 (participio passato assoluto)」の

第5章　不定形動詞類

二つのタイプがある．この場合，前者は，以下1)〜7)．計7項目の用法区分をもち，もう一つの絶対構文のほうはやや少なく，このうちの1)〜5)の項目に相当する用法を備えている．

　通常その形は，〈過去分詞（＋状況補語）〉，または〈過去分詞＋名詞（目的補語か主語）〉のいずれかになるが，その場合過去分詞は，状況に応じて語尾変化をする．

　この問題を簡単に要約するならば，まず上記二者のうち前者の形のケースでは，複合時制で助動詞 essere と結合する性質をもった過去分詞に限り，主節の主語との語尾の一致が行われる(*Uscita* dal bar, *la donna* si avviò verso la fermata del tram. バールを出たあと，女は電車の停留所の方へ向った)．(助動詞 avere と結合する過去分詞の場合は，〜o のままで無変化)

　それに反し後者，つまり過去分詞の後に名詞が置かれる形式の場合は，複合時制での助動詞の区別に関係なく，すべてその名詞の性・数に一致させるのである (*Appoggiate le mani* alla scrivania, si preparava a dar congedo. (G. T. di Lampedusa) 事務机に手をついて彼は別れを告げるきっかけを探していた)．

1) **時間**（ときに una volta, (non) appena, dopo などを伴なう）：a 完了（…すると（すぐに），したあと）b 同時性（…しながら；…したまま）c 連続動作（そして…）（なお，「時間」の場合は，〈過去分詞＋che＋助動詞 essere・avere の変化形〉の形が用いられることもある．その場合はおおむね「完了」の意味」
2) **原因・理由**（…なので，だから）
3) **条件**（…ならば：ときに se, purché, ove などの語を伴なう）
4) **譲歩**（…とはいえ，ではあるが：しばしば pure, anche, se, anche se, sia pure, seppure, sebbene；ma, però などの語を伴なう）
5) **付帯状況**（(…を) …して，したまま：ときに〈名詞・代名詞＋過去分詞〉の形で．この名詞に後置される過去分詞には，compreso, incluso；escluso, eccettuato, levato, tolto など，「含有・内包」か，その逆の「除外」を意味するものがよく用いられる）
6) **仮想**（…であるかのように：おおむね come (se), quasi (se) とともに）
7) **除外**（…を除いて：se non, fuorché, tranne (che), salvo (che), eccetto (che) などとともに）；**代置**（…の代りに：anziché, piuttosto che, invece

5.4. ジェルンディオ (gerundio)

che などとともに)；**付加**（…のほかに：nonché, oltre che などと）→ 以上，7）の項例少なし。

　この「過去分詞構文」には読解上とくに面倒な問題はないので，以下例文は，必要最小限にとどめておく。そして上記意味区分にしても，たとえば「時間」「原因・理由」「条件」などといった区分の境界はかなり曖昧であるが，その辺は文脈に応じて適当に判断をすれば足りる。

　① （時間 → 絶対過去分詞構文）A quell'ora, poi, *a notte quasi fatta*, essi erano i despoti del panorama. (G. T. di Lampedusa) それにその時間になると，ほとんど夜も深まった今，それら（僧院）は，風景のなかでの独裁者であった。

　② （時間）*Lasciata* la vettura al palazzo il Principe si diresse a piedi là dove era deciso ad andare. (G. T. di Lampedusa) 馬車を邸に置くと，公爵は行こうと決めていたところへ徒歩で向った。

　③ （付帯状況）Il forte era silenzioso, *immerso* nel pieno sole meridiano, privo di ombre. (D. Buzzati) 要塞は，影一つない，真昼の陽光に満身を浸したまま，ひっそりと静まり返っていた。

　④ （条件 → 絶対過去分詞構文）*Finito* l'orario di lavoro, bisogna chiudere la ditta. (I. Calvino) 仕事が終ってしまえば，会社を閉める必要があった。

　⑤ （譲歩）*Incalzato* di domande, il ragazzo non volle aprir bocca. 質問攻めにあったが，その若者は口を開こうとはしなかった。

　⑥ （付帯状況 → 絶対過去分詞構文）(...) e tutti gli altri, *questura compresa*, avrebbero avuto un bel cercarmi, davvero! (G. Bassani) (…)そうしたら，警察を含めたほかの誰もが，ぼくを見つけだそうとして無駄な努力をすることになるだろう，間違いなく！

5.4. ジェルンディオ (gerundio)

5.4.1. 形態と機能
（1）形　態
　現在（単純形）と**過去**（複合形：essendo・avendo＋過去分詞）の二つの形があり，形はたいへん安定しているものの，ただ現在分詞と同じように，6グル

ープの動詞だけは，古い不定詞の形に基づいて変化する．
  1) 〜**are** → 〜**ando**
  2) 〜**ere** → 〜**endo**
  3) 〜**ire** → 〜**endo**

6グループとは，(〜) bere (← (〜) bevere) → (〜) bevendo, (〜) dire (← (〜) dicere) → (〜) dicendo, (〜) fare (← (〜) facere) → (〜) facendo, *con*durre (← *con*ducere) → conducendo, (〜) porre (← (〜) ponere) → (〜) ponendo, (〜) trarre (← (〜) traere・traggere) → (〜) traendo・traggendo (古)，のことで，それぞれ幾つかの仲間が存在する．(〜) は接頭辞を示す．

(2) **機　能**
　もっとも主要な働きは，動詞機能を存分に発揮して，英語の「分詞構文」によく似た「ジェルンディオ構文」とでもいうべき構文を形成することにある．後で見るように，形容詞や名詞になった語もあるが，その数は現在・過去分詞に較べるとあまり多くはない．

5.4.2. 用　法
(1) **副詞節相当用法**
　いわゆる「ジェルンディオ構文」または「ジェルンディオ節」としてのこの構文の意味と用法は，ほぼ英語の「分詞構文」に相当するものと考えて差支えない．過去分詞の場合と同じように，ジェルンディオの主語が主節の主語と同一のものと，ジェルンディオ独自の主語をもつ「絶対ジェルンディオ構文 (gerundio assoluto)」の二つのタイプに分れる．と同時に時制的には，現在（単純形：英語の doing）を用いたものと，過去（複合形：英語の having done）によるものの二つの種類がある．
　1) **現在**（単純形）
　　細かく分類すれば，ジェルンディオ現在には，以下a〜gという7種の意味区分を設けることができるが，過去分詞構文の場合もそうであるように，これは少しも厳密な区分ではなく，むしろそれぞれの意味領域はしばしばお互いに微妙に重なり合っている．さらに「絶対ジェルンディオ構文：通常〈ger.＋主語〉，ときに〈主語＋ger.〉」になると，用法は，a〜dの4種類が考えられるが，この意味区分も普通のジェルンディオ構文の場合と同様，

5.4. ジェルンディオ (gerundio)

適当に考えれば足りる．

a 時間：(a) 時点（…して，したあと；…するとき，するにあたって）
　(b) 同時性・併行動作（…しながら，する間）
b 原因・理由（…なので）
c 条件（…ならば）
d 譲歩（…しても，とはいえ，ではあるが：通常 pur(e)，anche をはじめとして，ときに sia pur(e)，seppure，benché，sebbene，ancorché，quantunque，per quanto，magari などの譲歩の副詞・接続詞を従える）
e 手段・方法（…することによって，して）
f 様態・仮想（…するかのように：通常 come，quasi などの語を伴なう）
g 結果・連続動作（その結果…する，そして〔そこで〕…する）

① （時間：併行動作）Ogni tanto, *voltandosi*, vedeva la pianta un po' più alta. (I. Calvino) 時折彼は振返って，ちょっとだけ背丈が伸びた植木を見た．

② （時間：併行動作 → 絶対ジェルンディオ構文）*Passando* le ore, sempre più si convinceva che Francesco gli aveva dato una informazione sbagliata (…). (D. Buzzati) 時間が経つにつれて，フランチェスコが彼に間違った情報をくれたという確信が強くなっていった．

③ （条件）*Procedendo* di là, in tre quarti d'ora si arrivava a Burel, dove il drago era stato visto. (D. Buzzati) そちらへ進んで行けば，45分もするうちには，竜の姿が見られたというブレルに着くだろう．

④ （仮想）Il ragazzo gli allungò una pedata, il cane si scostò *come scherzando* e *facendo* le sue rimostranze da lontano. (C. Alvaro) 少年はそいつ（犬）に一蹴りくらわした．犬はふざけながら遠くから抗議でもするかのように身を退いた．

⑤ （譲歩）Solo Cosimo rimase a parlare con lui, *pur non riconoscendo*. (D. Buzzati) コジモだけが，それが誰なのかわからなかったけれど，彼と話すために残った．

2）過去（複合形）

当然，主節の動詞で示された事柄よりも以前の出来事を表わすが（ジェルンディオ過去の代りに，助動詞の essendo・avendo を省略した「過去分

詞構文」を用いても，ほぼ同じような意味を表わすことが可能），この形は，多少もったいぶった，ときに重苦しい感じを伴ないがちなところから，現代では，平易で日常的な文章では，むしろ敬遠される傾向がある．ところが一方では，とくに司法・行政関係の文章で，しばしばその荘重な感じが利用されている．そのため平易な文体の文章のなかでも，そのもったいぶった感じの意図的な利用が行われることもある．以下用法の使用頻度は，アルファベット順と考えていいが，ほとんどの場合，a, b, c 3項目いずれかの意味で用いられる．

a **原因・理由**（…したので）
b **時間**（…したあと）
c **譲歩**（…したけれども〔とはいえ〕：通常 pur(e)，anche を伴なう）
d **条件**（…したならば）
e **仮想**（…したかのように：come, quasi を伴なう）

① （時間）《I Tartari》osò dire la sentinella Andronico, come per spavalda celia, il suo volto *essendosi fatto* bianco come la morte. (D. Buzzati)「タタール人だ」歩哨のアンドローニコは，空威張りの冗談でもいうような調子で，思いきってつぶやいた．その顔は，死を思わせるほどに真青になっていた．

② （原因・理由）(...) e non se ne parlò più, la coscienza delle donne di casa *essendosi dichiarata* soddisfatta. (G. T. di Lampedusa) 誰も二度とそのことは口にしなかった．家の女たちの良心は明らかに満たされたのだった．

（2）**特殊構文〈stare・andare・venire＋ger.〉**

〈stare＋ger.〉，〈andare＋ger.〉，〈venire＋ger.〉という，「進行」や「継続」を表わす，ジェルンディオを用いた成句的表現がある．最初の〈stare＋ger.〉は，「進行状態（…しつつある，している）」を表わすよく知られた言い方で，ここであらためて問題にするには当らないように思われる．しかしあとの二つには，それなりの注意を向ける必要がある．すなわち，同じように「漸進；継続；反復（次第に…する；…しつづける；繰返し…する）」という動作を表わし，ときに adagio, lentamente, a mano a mano, a poco a poco（以上，ゆっくりと；次第に，など）；rapidamente, celermente（以上，急速に，

5.4. ジェルンディオ（gerundio）

すばやく）などの副詞（句）を伴なう，という共通点をもちながらも，実は両者の間には無視できないニュアンスの差が存在するからである。いうまでもなくそれは，andare と venire という，二つの動詞の意味・用法のうちに存在する，正反相反する方向性の違いから生じたものにほかならない。ほぼ，次のように考えることができる。

〈**andare**＋ger.〉
（1）1人称か2人称の，または1・2人称共存の場からの離脱動作。
（2）動作は，1・2人称とは無関係な場で漸進・反復し，終結・完成へ向うかどうかは問われない。

① *Va scrivendo* delle lettere appassionate ai suoi amici. 彼はいつも友人たちに熱烈な手紙を書いている。
② *Ti vai* sempre *allontanando* dal tema. 君はどんどん主題から遠ざかっている。
③ Lingue di nebbie *si andavano* intanto *formando* nella pianura, pallido arcipelago sopra oceano nero. (D. Buzzati) そうこうする間に霧が舌のように伸びてきて，平野の真中に，黒い大洋に浮ぶ青白い群島を形づくっていった。
④ L'alba *andava scoprendo* i colori, a uno a uno. (I. Calvino) 夜明けは，一つ一つの色を次第に露わにしていった。

〈**venire**＋ger.〉
（1）1人称か2人称の，または1・2人称共存の場への接近動作。
（2）動作は，過去，現在，未来のいずれかの時点を目指しながら，終結・完成の方向に向う。

① *Viene scrivendo* delle lettere appassionate da molti anni. 彼は何年も前から熱烈な手紙を書きまくっている。
② Così *veniva accumulandosi* un bel patrimonio. こうしてだんだんに相当な財産を溜めこんだのだった。
③ *Mi vengo* sempre più *persuadendo* che è stato lui a rubarmi l'orologio. 時計を私から盗んだのは彼だ，という確信がだんだん強くなってきている。
④ Il ragazzo *si venne accostando* e pareva guardarsi le scarpe. (C. Pavese) 少年は近づいてきた。そして自分の靴を眺めているように見えた。

第5章 不定形動詞類

(3) 名詞・形容詞化
　現在分詞や過去分詞にくらべると，形容詞や名詞になったジェルンディオはずっと数が少ない(cf. 第1章　語形成，1.1.3.1．派生名詞，C, a, (1) および，1.1.3.2．派生形容詞，B, (4))．
1) 形容詞
　　orrendo 恐るべき　miserando 悲惨な　reverendo 尊い, 尊敬すべき(名詞としては, 司祭)　stupendo 驚くべき　venerando 尊敬に値する
2) 名　詞
　　agenda 手帳　azienda 企業　comunicando〔a〕初聖体拝領者　crescendo（楽）クレシェンド　educanda 女子寄宿生　diminuendo（楽）ディミヌエンド　dividendo 配当額；（数）被除数　faccenda 用件　laureando〔a〕大学卒業予定者　locanda 宿屋　leggenda 伝説　mutande パンツ　reprimenda 叱責　sottraendo（数）減数　vivanda 料理

第6章 基本前置詞・特定副詞の用法

イタリア語の基本前置詞は，アルファベット順に並べれば，**a, con, da, di, fra**〔**tra**〕**, in, per, su** の8語である．もとよりこれ以外にも前置詞はいくつもあり，さらには2ないし3語から成る前置詞句（vicino a, in funzione di など）を含めれば相当な数に達するが，しかしこの8前置詞（とくに fra〔tra〕を除く7語）の用法に習熟しさえすれば，前置詞の主要なポイントのほとんどすべてを視野におさめることができる．といえるほどに，これら基本前置詞の役割は重要なのである．したがって，この8前置詞についてかなりの程度詳しい説明を行ない，さらに項目をあらためて，前置詞と形が相似し，そのうえさまざまな動詞との結合形を形成する，**su, giù, fuori, via** の4副詞の用法を検討するのが本章の課題である．

6.1. 基本前置詞

6.1.1. a
基本的に，「点」ないし「場」の，「位置」と「方向」を表わす前置詞である．

6.1.1.1. 空　間
このaと同じように，「空間」の点・場を示す前置詞に **in** があるが，in が広く点と場の「内部」を表わすのに反し，繰返しになるが，a は基本的に，点と場の「位置；方向」を表わす．たとえば，entrare〔infilarsi〕in casa 家の中へ入る〔入りこむ〕↔ andare〔tornare〕a casa 家へ行く〔帰る〕（cf. 6.1.6. in の6.1.6.1. 空間)
A　物理的空間
（1）点・場への移動　どのような「場所名詞」が〈a＋名詞〉の結合を形成するか，厳密な規定は困難であるが，以下にあげるものは，とくに「内部」の意味をはっきりさせようとしないかぎり，〈a〉を用いる代表的な名詞群である．結合はかなり慣用化している．
　　① andare・venire a casa〔scuola, lezione, teatro, Roma〕; al bar

〔cinema, ristorante, centro, mare, lago〕; alla posta 〔stazione, mensa〕; all'università 家〔学校, レッスン, 劇場, ローマ（その他, 都市一般）〕；バール〔映画館, レストラン,（街の）中心地区, 海, 湖〕；郵便局〔駅, 職場・学校内食堂〕；大学へ, 行く・来る

② Questa strada porta a Firenze. この道はフィレンツェに通じている．

（2）点・場での動作・状態

（1）の andare〔venire〕のような「方向性」を表わす動詞のほかに, stare〔essere〕など,「状態」を表わす動詞との組合せも, 当然のことながら広く行われている．

① stare〔essere（いる, ある） a casa 家に, al primo piano 2階, al chiuso〔sole, buio〕屋内〔日向, 暗いところ〕に, all'ombra〔(aria) aperta〕日影〔戸外〕に, al banco カウンターに, alla finestra 窓辺に, all'uscita 出口に．

② Abitiamo a Ravenna〔in Via Garibaldi al numero 10〕私たちはラヴェンナ〔ガリバルディ通り10番地〕に住んでいる．

B 比喩的空間

比喩的空間とは, なんらかの「状態・状況」を意味するが, 動詞と,〈a＋特定名詞〉との組み合わせから成る成句的表現が数多く存在する．もとより, 次にあげるのはそのごく一部にすぎない．

（1）「状態・状況へ・に（向って）」

しばしば,〈andare〔venire, tornare, dare, ecc.〕a＋特定名詞〉〈mettersi〔porsi, ridursi, ecc.〕a＋特定名詞〉〈mettere〔porre, mandare, portare, ridurre, ecc.〕qu〔qc〕a＋特定名詞〉などの形をとる．

① dalla miseria alla ricchezza 貧困から豊かな暮しに dall'a alla zeta AからZまで；初めから終りまで

② andare a vuoto〔fondo〕失敗〔破滅〕する venire a patti〔al mondo〕妥協〔誕生〕する dare alla testa〔allo stomaco〕(酒などが) 頭にくる〔胃にこたえる〕 mettere a posto…をまとめる, 片づける；(人を) 職につける；(人に) ヤキをいれる

（2）「状態・状況下での・における動作・状態」

〈essere〔stare, trovarsi, ecc.〕a＋特定名詞〉など

6.1. 基本前置詞

essere alla fame〔al verde・corto〕空腹である〔金欠状態である〕　stare a servizio〔dieta〕勤務〔ダイエット〕中である
（3）成句的省略表現
　　Al ladro！泥棒（をつかまえろ）！　All' arme！武器を取れ！

6.1.1.2. 時　間
　（1日のうちのある）時間帯，時刻，曜日，月，季節，時代；瞬間，機会，年齢などを表わす語とともに用いる（cf. 6.1.4. di の 6.1.4.22. 時点，時節）。
A　時点「…で・に」
（1）時間帯
　　alla mattina（≒la mattina, di mattina）朝・午前中に　al mattino（≒il mattino, nel mattino）朝・午前中に　al pomeriggio（≒nel pomeriggio）午後　a〔alla〕sera（≒la sera, di sera）夕方，夕方から夜にかけて　a notte（≒di notte, nella notte）夜（になると）　all' alba 明け方　al tramonto 日暮れ方（ちなみに，昼間に，の意味での a giorno は不可．di giorno 昼間（は））
（2）時　刻
　　alle nove e mezzo 9時半に　a mezzogiorno〔mezzanotte〕正午〔真夜中〕に
（3）曜　日
　　alla domenica（≒la domedica, di domenica）日曜日に
（4）月
　　a gennaio（≒di gennaio, in gennaio）1月に
（5）季　節
　　a primavera（≒di primavera, in primavera．ただし，〈a＋estate・autunno・inverno（夏・秋・冬）〉は不可）春に
（6）時　代（熟語・成句多し）
　　ai miei〔nostri〕tempi 若い頃には　al tempo di Carlo Magno カルロ・マーニョ（シャルルマーニュ）の時代に
（7）瞬間・機会（多数の熟語・成句を形成）
　　al primo momento 最初に　alla buon 'ora とうとう　ad ogni istante 絶えず，ひんぱんに　a suo tempo その折がくれば
（8）年　齢

ai〔all'età di〕dieci anni 10歳のとき
B 「A 時点から (da) B 時点まで (a)」
dalle cinque alle nove 5時から9時まで　dalla〔da〕mattina alla〔a〕sera 朝から晩まで　da un momento all'altro 即座に，瞬時に

6.1.1.3.　間接目的補語

通常間接目的補語は〈a qu〔qc〕〉の形になるが，この場合〈a〉は，意味上，四つのグループに分けることができる．ちなみに，〈mi, ti, gli, le〉以下の人称代名詞の間接補語の場合も，同様に意味は四つに分れる．
 a 「…へ・に」
  ① Il fumar troppo nuoce alla salute. 過度の喫煙は健康を損なう．
  ② In un caso simile non potevo rivolgermi che a te. あのような場合，頼れるのはあなただけだったのです．
 b 「…のために；…にとって都合のいい〔不都合な〕ことに」（しばしば「購入，取得；製作；利害」などの意味をもつ動詞と併用される）
  ① Alla patria tutto sacrificammo. われわれは祖国のためにすべてを犠牲にした．
  ② Ho comprato un vestito nuovo alla mia bambina. 私は娘に新しい服を買ってやった．
 c 「…の」（身体の一部，ときに身につける物を表わす名詞とともに）
  ① Toc Toc batte il cuore in petto a Giovanni Drogo. (D. Buzzati) ジョヴァンニ・ドゥローゴの心臓は，胸のなかでドキドキと鳴っている．
  ② Strinse la mano a tutti, e li fece accomodare. (C. Cassola) 彼（弁護士）は，全員の手を握り，腰を掛けるようすすめた．
 d 「…から」(「除去,奪取；逃走,逸脱」などの意味をもつ動詞とともに. ＝ da)
  ① La sfortuna ha tolto il figlio alla mamma. その不幸は母親から息子を奪った．
  ② Nulla sfugge alla sua osservazione. 彼の観察をまぬがれるものはなにもない．

6.1. 基本前置詞

6.1.1.4. 付加，添加；結合；愛着；所属「…に，へ」（cf.第2章 単文の文型と語の結合型）
（1）自動詞（〜a）：appartenere 所属する　aderire 付着する　ecc.
（2）他動詞（〜A a B）：aggiungere 付け加える　allegare 添える　appendere 掛ける　collegare 結びつける　connettere 関連づける　ecc.
（3）再帰動詞（〜si a）：accompagnarsi と仲間になる　attaccarsi にくっつく；愛着をいだく　ecc.
（4）形容詞（〜a）：aderente に付着した　appeso につるされた　ecc.
　① Non appartengo a nessun partito. 私はどの党にも所属していない．
　② Associava il coraggio alla prudenza. 彼は慎重さと勇気を兼ね備えていた．

6.1.1.5. 目的，目標「…のために；…へ・を」（cf.第2章 単文の文型と語の結合型）
（1）名詞（〈**a**＋名詞（＋**di**）〉の形で）：fine 目標　scopo 目的　difesa 防御　guardia 監視　favore 恩恵　vantaggio 利益　danno 被害，不利益　caccia 追跡　onore 名誉　ecc.
（2）自動詞（〜a）：ambire を切望する　anelare を熱望する　aspirare に憧がれる　intendere に心を向ける　mirare を狙う　tenere に執着する　tirare を目指す　ecc.
　① Lo dico a onore del vero. 私は真実を重んずるが故にそういうのだ．
　② Credo che miri al posto di direttore generale. 彼は事務総長の椅子を狙っていると思う．

6.1.1.6. 習性；適性；適合「…に」（cf. 第2章 単文の文型と語の結合型）
（1）他動詞（〜A a B）：abituare 慣らす　assuefare 慣らす　allevare しつける　esercitare 鍛える　ecc.
（2）再帰動詞（〜si a）：abituarsi に慣れる；adattarsi に適応する　ecc.
（3）形容詞（〜a）：abituato に慣れた　avvezzo に慣れた　adatto に相応し

い　atto に適した　idoneo に適性のある　ecc.
（4）名詞（〜a）：abitudine の習慣　tendenza の素質　inclinazione の性向　ecc.

　　① Non mi potrò mai abituare alla compagnia di tale persona. 私はあのような人物と一緒にいることには絶対に慣れることができないだろう．

　　② Non ha nessuna attitudine al disegno. 彼はデッサンの仕事にまったく向いていない．

6.1.1.7.　相似，近似「…に・と」(cf.第2章　単文の文型と語の結合型)
（1）自動詞（〜a）：assomigliare に似る　somigliare に似る　ecc.
（2）他動詞（〜A a B）：assomigliare たとえる　ecc.
（3）再帰動詞（〜si a）：assomigliarsi に相似する　approssimarsi に近づく　ecc.
（4）形容詞（〜a）：simile に似た　uguale と同等の　affine と類似した　ecc.

　　① Porta un cappotto che assomiglia al mio. 彼は私のものと似ているマントを着ている．

　　② Questo colore si accosta al giallo. この色は黄色に近い．

6.1.1.8.　種類，特徴；性状，形態
　通常〈名詞（A）＋**a**＋名詞（B）〉の結合の形で用い，〈a＋名詞（B）〉が一種の形容詞句の働きをする．
（1）「…のある，のついた，を備えた」
　　un palazzo a quattro piani 4階建ての館　una maglia a strisce 縞のセーター　il coltello a molla ジャックナイフ　la pellicola a colori カラーフィルム
（2）「…形の，状の，風の；…という形式の」
　　la gonna a campana 裾広がりのスカート　la donna a mezzo〔tutto〕servizio 半〔全〕日勤務のお手伝い　un calendario a foglietti 月・週別（複数枚の紙片から成る）カレンダー　la finestra a ventaglio 扇形の窓

6.1. 基本前置詞

6.1.1.9. 手段，道具
（1）「…によった，を用いた」
〈名詞（A）＋**a**＋名詞（B）〉の〈a＋名詞（B）〉が形容詞句．

la barca a vela〔motore〕帆かけ舟〔モーターボート〕　il mulino ad acqua〔a vento〕水〔風〕車　l'orologio a pila 電池時計　la stufa a carbone 石炭式ストーヴ

（2）「…によって，を用いて」
（1）の〈a＋名詞（B）〉が副詞句の働きをする場合．

andare a piedi〔cavallo〕徒歩〔馬〕で行く　illuminare a gas ガスで照明をする　dipingere a olio 油絵具で描く　chiudere a chiave 鍵をかけて閉める

6.1.1.10. 方法，方式；様態 (cf. con, di, in, per)
「…(方)式に〔の〕，風に〔の〕，流に〔の〕」
（1）〈**a＋定冠詞女性単数形＋都市・国・人名**などを示す形容詞〉，〈**a＋定冠詞女性単数形＋人名**（名詞）〉

all'italiana イタリア風に〔の〕　la pizza alla napoletana ナポリ風ピッツァ　pagare〔fare〕alla romana 割り勘で払う　la bistecca alla Bismark ビスマルク風ビフテキ　la barba alla Cavour カヴールひげ

（2）広く〈名詞（A）＋**a**＋名詞（B）〉の結合

il salario a tempo 時間給　il nuoto a rana 平泳ぎ　il fucile a ripetizione 連発銃　il ristorante a prezzo fisso 定食レストラン　gli spaghetti al pomodoro トマトソースのスパゲッティ　la bistecca ai ferri 鉄板焼ビフテキ　il sapone alla lavanda〔rosa〕ラベンダー（バラ）の香りの石鹸

（3）熟語・成句

〈**a**（＋冠詞）＋**特定名詞**〉，〈**a＋特定名詞＋形容詞**〉という形の副詞句ないし形容詞句，〈**a＋特定名詞＋di**〉という前置詞句など，「方式；様態」を表わすたいへん多くの熟語・成句がある．残念ながら，そのごく一部の紹介にとどめざるをえない．

a capriccio 気まぐれに，気儘に　a malincuore いやいや，不承不承　a stento〔fatica〕苦労して　a caso たまたま；無反省に；気楽に　a proporzione 釣り合いよく；比較的　a salti とびとびに，断続的に　a misura 寸法

に応じて；程よく　a meraviglia 完全に，驚くほど見事に　a posto きちんと（した）；正しく（い）　a scelta 好きなように，選抜(式)で　ad un tratto 突然に　a occhi aperti〔chiusi〕眼を開いて〔閉じて〕　a patto di…の条件〔約束〕で　a forza di…して，することによって；…の力で

6.1.1.11. 媒体，判断の根拠「…で，によって；…によると」(cf. da)
（1）〈知覚動詞＋a＋感官・身体の特徴〉
　　　riconoscere qu alla voce〔al passo, all'accento, alla parlata〕声〔歩き方，アクセント，話し方〕で人だとわかる　sentire qc all'odore 匂いで何だとわかる　capire qc al tatto 手ざわりで何だとわかる
（2）熟語・成句
　　　a mio〔tuo…〕avviso・parere〔giudizio〕私〔君…〕の意見〔判断〕では　alla fine di conti〔a conti fatti〕結局のところ
（3）〈**a quel〔lo〕che・quanto**＋ind.〉「…の点では」
　　　A quel che vedo sei riuscito nel intento. 私の見るところ，君は意図を全うした．

6.1.1.12. 限定，関連部位「…に関し，について（は）」
（1）健康・経済状態
　　　① malato allo stomaco 胃の具合が悪い　infermo agli arti 手足が不自由な
　　　② Sei guarito agli occhi? 眼の具合よくなったかい？
　　　③ Come sta a quattrini〔soldi〕? 懐(ふところ)具合はどうですか？
（2）〈形容詞＋a＋限定部位〉
　　　① È coraggioso solo a parole, ma non a fatti. あいつは口だけは勇気があるようなことをいうが，行動がともなわない．
　　　② All'aspetto, sembra sano. 見かけは健康そうだ．

6.1.1.13. （心身の反応を惹き起す）誘因，動因「…が原因で，に反応して」
（1）物理的・心理的原因
　　　① A quelle parole si indignò〔pianse, rise〕. その言葉を聞いて（彼女

は）怒った〔泣いた，笑った〕

② A quella domanda l'entusiasmo di Marcovaldo fu frenato da un ragionamento sospettoso：(…). (I. Calvino) そんな風に訊かれたマルコヴァルドは，たちまち興奮した気持を抑え，あれこれかんぐりを働かせた(…).

（2）〈**a causa di**…が原因で，**a ragione di**…の故に，のせいで〉などの**成句**.

Quest'anno, a causa della neve, sono successi molti incidenti. 今年は雪のために多くの事故が発生した．

6.1.1.14. 価格，価値，尺度「…で」

（1）〈a＋基数＋価格・長さなど〉

① Vendremo questo articolo a duecentomila lire. この品は20万リラでお売りしましょう．

② Abbiamo viaggiato a cento chilometri l'ora. 私たちは時速100キロで走った．

（2）熟語・成句

　a buon mercato〔prezzo〕安価で　a prezzo fisso 定価で　a peso d'oro たいへんな高価で

6.1.1.15. 刑罰「…に」

〈**condannare** qu **a**＋刑罰，**condanna a**＋刑罰〉の表現で．

① È stato condannato a venti anni di carcere〔al confino, ai lavori forzati, all'ergastolo〕彼は20年の刑〔流刑，強制労働の刑，終身刑〕に処せられた．

② La condonna a morte fu inflitta al colpevole. 被告には死刑の刑罰がくだった．

6.1.1.16. 比較「…と；…より；…にくらべて」

現代語では，〈comparare〔paragonare〕A a B　AとBを比較する〉，〈paragonarsi a…と比較する〉，〈superiore〔inferiore〕a…よりすぐれた〔劣った〕〉などの表現で．

① Lui paragona il riso di una donna al mormorio del ruscello. 彼は

女性の笑いを小川のせせらぎにたとえている．
② Non mi sento inferiore a nessuno. 私は自分が誰にも劣ってはいないと思っている．

6.1.1.17. 役割，資格「…として（目的補語の叙述補語，つまり英語の目的格補語の成分）」(cf. da, come)

① nominare〔eleggere〕qu a presidente 人を会長に指名する〔選ぶ〕　prendere qu a testimone 人を証人に採用する　ergersi a padrone 主人面をする　atteggiarsi a vittima 犠牲者ぶる

② Sei un buono a nulla, dovresti prendere a modello tua sorella. 君はどうしようもない奴だね．お姉さんを見習いなさい．

6.1.1.18. 割合，配分「…あたり，につき；…ずつ」

（1）〈数詞（＋名詞）＋a＋定冠詞＋時間・日・週・月・年など〉
due volte alla settimana〔al mese〕週〔月〕に2回　otto ore al giorno 1日8時間　viaggiare a novanta chilometri all'ora 時速90キロで走る

（2）〈数詞＋alla volta〉〈a＋数詞＋per volta〉「一度に…で，…ずつ」
Gli alunni uscirono dall'aula uno alla volta. 生徒たちは一人ずつ教室から出て行った．

（3）成句的表現
a centinaia 何百も〔で〕；たくさん，大量に　a centinaia di migliaia 何十万で　vendere qc a dozzine 何を大量に売る　a testa 一人あたり　a ore 時間で　a due〔quattro〕a due〔quattro〕二つ〔四つ〕ずつ

6.1.1.19. 反復，重層；強調「…毎に，ずつ」

〈a＋A（名詞，副詞など）＋a＋A〉
a foglia a foglia 一枚ずつ　a poco a poco 少しずつ　a palmo a palmo 隅々まで，完全に；微にいり細をうがって　(a) volta a volta その都度その都度　a mano a mano 少しずつ，次第次第に　a corpo a corpo 接触して；白兵戦で

6.1. 基本前置詞

6.1.1.20. **商店・レストラン・ホテルの名称**「(顧客に対する誘い，呼びかけ →) …へどうぞ，のニュアンス」

Ristorane 《Al Porto》レストラン「アル・ポルト」 Pensione 《Al Cervo Bianco》ペンション「アル・チェルヴォ・ビアンコ（白鹿）」 Albergo 《Alla Stella Bianca》ホテル「アッラ・ステッラ・ビアンカ（輝く星）」

6.1.1.21. **数学**「…乗された」

〈基数 (A) +**alla**〔**all'**〕+序数 (B) +**potenza**〉(A の B 乗)

nove alla seconda〔terza〕potenza 9 の 2〔3〕乗　elevare〔innalzare〕un numero alla quarta potenza ある数を 4 乗する　all'ennesima potenza (n 乗した →) じつに，たいへん，限りなく

6.1.1.22. 〈**動詞**＋**a**＋**inf.**〉〈**形容詞**＋**a**＋**inf.**〉〈**名詞**＋**a**＋**inf.**〉

〈動詞＋a＋inf.〉 → 第 2 章　単文の文型と語の結合型　参照.
〈形容詞＋a＋inf.〉 → 第 2 章　単文の文型と語の結合型　参照.
〈名詞＋a＋inf.〉 → 第 2 章　単文の文型と語の結合型；第 5 章　不定形動詞類，5.1.3. の (6) 特殊構文，1）; 5.1.6. の (1) 名詞の補語　参照.

6.1.1.23. 〈**a**＋**inf.**〉(副詞節〔句〕相当用法)

詳しくは，第 4 章　複文の構造，時間節以下，各従属節の，不定形動詞節，不定詞の項を御参照いただくことにし，ここでは，この形式の全体像をごく簡単に大摑みにしておくことにしよう．

① **時間**「…すると（き）」: All'udire quelle parole tutti protestarono. その発言を聞いて，全員が抗議をした．
② **条件**「…ならば」: A star zitti non ci si sbaglia. 黙っていればあやまちをおかすことはない．
③ **譲歩**「…しても」(多くの場合，anche〔pure〕a＋inf.): Non si trovava un posto a pagarlo. 金を払っても仕事は見つからなかっただろう．
④ **原因・理由**「…なので」: A rinunciare sempre, siamo diventati vili. いつもあきらめてばかりいたので，われわれは卑屈になってしまった．
⑤ **目的**「…すべく」: Siamo corsi a liberarlo. 私たちは彼を救おうと

駆け寄った．
- ⑥ **手段・方法**「…して」：Mi ha irritato a far così. あの人こんな風にして私を怒らせたのよ．
- ⑦ **判断の根拠**「…するなんて」：Sono stato pazzo a comportarmi in quel modo. あんな振舞いをするなんて，ぼくは頭がおかしかったな．
- ⑧ **限定**「…に関しては」：A raccontar frottole non ha uguale. ほらを吹くということにかけては，彼にかなう者はいない．

6.1.1.24. 前置詞句の成分

6.1.1.8. 種類，特徴；性状，形態，6.1.1.9. 手段，道具，6.1.1.10. 方法，方式；様態などの項でもいくらか触れたが，〈a＋特定名詞〉という形式の多数の形容詞句や副詞句のほかに，〈副詞＋a〉，〈前置詞＋特定名詞＋a〉，〈a＋特定名詞＋di〔con, da〕〉などという結びつきの，前置詞 **a** を含む「前置詞句」も数多く存在する．次にそのごく一部の姿を紹介しておこう．

fino a…まで　oltre a…のほかに　in fondo a…の奥〔底〕に　in merito a…のお蔭で　a danno di…を犠牲にして，に迷惑をかけて　a furia di…を繰返して；…することによって，a spese di…の費用で　ai termini di…の言葉〔表現〕で　a confronto con…と対抗して；…と対比して　al riparo da…から守られて

6.1.1.25. 虚辞的用法

現代ではすでに見かけなくなった用法であるが，親愛感をこめるために，本来必要でない **a** を添える言い方がある．
- ① Meglio è a maritarsi, che ad ardere d'illecito dediderio. (D. Cavalca) よこしまな欲望で身を焦すよりも結婚するほうがいい．
- ② Se lo sentisse Lionello e gli altri poeti a parlare così di Fraülein Violetta! (A. Panzini) もしリオネルロやほかの詩人たちが，ヴィオレッタ嬢についてこんな風に言っているということを（あの人が）耳にしたら！

6.1.2. **con**

これは基本的に，広い意味で他との「関係性」を表わす前置詞である．

6.1. 基本前置詞

6.1.2.1.　同伴，随伴；同居「…と一緒に」
① Con chi uscirai stasera?—Uscirò con la mia amica.「今夜は誰と一緒に出かけるの？」「友達と一緒よ」
② Studia la letteratura italiana con il prof. Rossi. 彼はロッシ教授のもとでイタリア文学を勉強している．

6.1.2.2.　所持，携帯；具備；添付；付属「…をもった〔て〕，つきの」
① una casa col giardino 庭つきの家　un armadio con dentro biancheria 下着が入っているタンス　un uomo con in mano una frusta 手に鞭をもった男
② Mi si presentò con una faccia afflitta. 彼は深い悲しみを顔に浮べて私の前に現われた．
③ Chi è la ragazza con quello strano cappello in testa? あの妙な帽子をかぶった娘さんは誰？

6.1.2.3.　性質，特徴「…つきの，の特徴をもつ」
la pasta con i funghi きのこ入りパスタ　l'uovo col prosciutto ハム付き目玉焼き　una vettura con due posti 二人乗り馬車　una ragazza con le gambe snelle すらりとした脚の若い女性

6.1.2.4.　連結，結合；混合；拘束「…と」
主としてこの標題のような意味をもつ動詞との併用の形で用いられる（cf. 第2章　単文の文型と語の結合型）．
（1）自動詞（〜con）：combinare と合致する　confinare と隣接する　ecc.
（2）他動詞（〜A con B）：accoppiare 組合わせる　collegare 接続する　connettere 関連づける　mescolare 混ぜ合わせる　ecc.
（3）再帰動詞（〜si con）：accompagnarsi に同伴する　accoppiarsi と対になる　articolarsi と結合する　sposarsi と結婚する　confondersi とかかり合う　indebitarsi に借金をつくる　ecc.
　① Un targhetto collega l'isola con la terraferma. 渡しは島と本土をつないでいる．
　② L'olio non si mescola col vino. オリーブ油はブドウ酒とは混らな

い.

6.1.2.5. 態度,動作・関心の対象「…に対して」

通常,次のような形容詞や動詞とともに用いられる(cf.第2章 単文の文型と語の結合型).

(1)(他者に対する姿勢・態度を表わす)形容詞(〜con):affabile 愛想がいい　amabile 愛嬌がある　benevolo 好意的な　buono 優しい　gentile 親切な　cattivo 意地が悪い　scortese ぶしつけな　ecc.
(2)自動詞(〜con):scherzare とふざける　ecc.
(3)再帰動詞(〜si con):aprirsi に心を開く　confidarsi に心を打ち明ける　sfogarsi に思いをぶちまける　congratularsi に祝意を述べる　prendersela に腹を立てる　ecc.

　　① Non tutti sono pazienti con i bambini. 誰もが子供に辛抱強く対するとは限らない.
　　② Si è lamentato con me per non essere stato invitato alla festa. 彼はパーティに招待されないことで私に不満をもらした.

6.1.2.6. 相互関係,協力,交換「…と,とともに」

以下のような動詞とともに用いられる(cf.第2章 単文の文型と語の結合型).

(1)自動詞(〜con):parlare と話す　discutere と議論する　corrispondere と連結する　cooperare と協力する　pareggiare と引き分ける　ecc.
(2)他動詞(〜A con B):combinare 結びつける　patteggiare 協定を結ぶ　scambiare 交換する　alternare 交替させる　ecc.
(3)再帰動詞(〜si con):consultarsi と相談する　consigliarsi に意見を求める　schierarsi の側につく　impacciarsi とかかわる　ecc.

　　① Non tratto che con gente fidata. 私は信用のおける人としかつきあわない.
　　② Non baratterò la mia tranquillità con nessuna ricchezza. 私の静かな生活はお金にはかえられない.

6.1. 基本前置詞

6.1.2.7. 一致, 調和；符合, 類似「…と, に対して」

標題のような意味をもつ多くの動詞とともに用いられる (cf.第2章 単文の文型と語の結合型).

（1）自動詞（～con）：consentire と同意する　concordare と一致する　coincidere と符号する　confrontare と一致する　armonizzare と調和する　ecc.

（2）他動詞（～A con B）：accordare 一致させる　concordare 合致させる　conciliare 両立させる　pacificare 和解させる　ecc.

（3）再帰動詞（～si con）：concordarsi と一致する　intonarsi と調和する　affiattarsi と親密にする　ecc.

① La sua malattia coincise con una mia assenza. 彼の病気はちょうど私の不在のときと重なった.

② Le sue idee non concordano con la sua condotta. 彼の考えることはその行動に合致していない.

6.1.2.8. 反対, 対抗, 競争；遭遇「…と, に対して」

通常, 特定の動詞（句）との結合の型で用いられる (cf.第2章 単文の文型と語の結合型)

（1）自動詞（～con）：lottare と争う　competere と競う　combattere と戦う　contrastare と対決する　rompere と絶交する　ecc.

（2）再帰動詞（～si con）：scontrarsi と衝突する　incontrarsi と対決する　guastarsi と仲違いする　ecc.

（3）動詞句：essere in lotta〔conflitto, lite〕con と争う　essere in contrasto con と対立する　essere in disaccordo con と不和である　ecc.

① Lottava con grandi problemi. 彼は困難な問題と格闘していた.

② Il suo comportamento contrasta con l'opinione che si ha di lui. 彼の態度は, その評判と対照的だ.

6.1.2.9. 比較, 対比「…と」(cf. a)

主として, 他動詞（～A con B）：paragonare 対比する　comparare 比較する　confrontare 対照する　riscontrare 照合する　commisurare 釣り合わせる, などとともに.

È assurdo paragonare la nostra casa con la sua. 私たちの家と彼の家を比較するなんて馬鹿げている．

6.1.2.10.　手段；道具，材料「…によって，を用いて」(cf. in)
〈con＋(広く) 手段；道具・材料〉の形で．
（1）tagliare il formaggio col coltello チーズをナイフで切る　legare qc con un fune ひもで物をしばる　spedire i pacchi con la posta 荷物を郵便で送る　fare cenno con la mano 手で合図をする
（2）〈**con**＋定冠詞＋乗物（交通手段）〉
　　この形は，よく〈**in**＋乗物〉の形と対比されるが，当然両者の間にはニュアンスの違いがある．〈con＋定冠詞＋乗物〉が，「特定の」あるいは「いつもの」などといった限定的意味合いを有するのに反し，〈in＋乗物〉は，無冠詞であるが故に，「無限定」で「任意」の乗物という含みをもつ．なお，「乗物」を示す語の具体例については，6.1.6. in, 6.1.6.8. 道具，手段の項を参照されたい．
　　viaggiare con la macchina 車で旅行する　andare in Italia con l'aereo di Alitalia. アリタリア航空の飛行機でイタリアへ行く

6.1.2.11.　方法，様式，様態 (cf. a, di, in, per)
数多くの熟語・成句を形成する．
（1）〈**con**＋名詞〉〈**con**＋形容詞（句）＋名詞〉
　　con audacia 大胆に　con attenzione 注意深く　con interesse 興味深く　con chiarezza はっきりと，明快に　con impegno 熱心に，懸命に　con grande gioia 大喜びで　con tutto il cuore 心（の底）から　con buona volontà e abilità 全身全霊を傾けて
（2）〈**con**（＋定冠詞）＋名詞＋**di**＋inf./**che**＋ind.〔cong. vo〕〉
　　con il pretesto〔la scusa〕di＋inf.…するという口実〔言訳け〕のもとに　con il patto che＋cong. vo…という約束で

6.1.2.12.　付帯状況「…で，して，のとき；…とともに」
〈**con**＋気候・状況・心理状態〉の形で．
　　① Dove vai con questo tempaccio? こんな悪天候なのにどこへ行く

② Con tutte le difficoltà che mi hai elencato, preferisco rinunciare. あんたが挙げた障害のことを考えて、ぼくはあきらめることにする．
③ Non preoccuparti, con il tempo, potrai risolvere la tua situazione. 心配いらないさ．時間が経てば君の立場もよくなるよ．

6.1.2.13. 同時性「…とともに；…になったら」
〈con＋時点・季節（など）〉の形で．ちなみに，**con questo**（こうして，これで（ようやく）；最後に）という熟語もこの仲間に含めることができる．
① Ci siamo alzati con l'alba. 私たちは夜明けとともに起きた．
② Con il tramonto, l'aria è diventata più fresca. 日が暮れると，大気はもっと涼しくなった．
③ Col primo ottobre comincia la scuola. 学校は10月1日からはじまる．

6.1.2.14. 譲歩「（あらゆる〔たくさんの〕）…にもかかわらず，ではあるが」
〈**con tutto**＋定冠詞＋名詞〉，〈**con tutto che**＋ind.〔cong. vo〕〉，〈**con tanto**＋名詞〉の形で．
① Con tutta la sua preparazione, è stato bocciato. 充分な準備をしたにもかかわらず，彼は落第してしまった．
② Con tutti i difetti che ha, non mi è antipatico. あの人は欠点は多いけど，私は嫌いではない．
③ Con tutto che sia guarito, non esce mai di casa. 健康は回復したものの，外出はまったくしない．
④ Con tanti pensieri, è sempre sereno. 彼は気苦労は多いのにいつもおだやかだ．

6.1.2.15. 結果，効果「…なことに」
〈con＋所有形容詞＋情意・精神的反応を表わす名詞（つまり gioia；stupore, meraviglia；dispiacere, rincrescimento, disappunto；disperazione；sollievo, comodo, ecc.）〉

① Con mia grande gioia, alla fine se n'è andato. なんとも嬉しいことに，ようやく彼はいなくなった．

② Con mia somma meraviglia, vidi che tutto era in ordine. すべてすっかり片づいているのを見て，私はすっかり驚いてしまった．

③ Con sua grande dispiacere, ha capito che non la amo più. とても辛いことだが，彼女は私がもう愛していないことを知ったのだ．

6.1.2.16. 原因，理由「…が原因で，のせいで」(cf. 6.1.2.12)

① Con questo freddo si sono gelati anche i fiumi. この寒さで川の水まで凍ってしまった．

② Con tutto questo rumore, non è facile concentrarsi. こんなに騒音がはげしくては，気持を集中させるのは容易ではない．

③ Con il suo carattere aperto, è simpatico a tutti. 性格が明るいので彼は誰にも好かれる．

6.1.2.17. 限定，関連対象「…は，のことは，に関しては」(cf. a, per)

① Come va con gli studi〔gli affari, la salute〕? 勉強〔仕事，健康〕はどんな具合ですか？ (cf. Come va la salute?)

② Come te la cavi con il tuo nuovo lavoro? 君，新しい仕事どんな風にやりこなしている？

③ Basta con questa storia〔queste lamentele〕. そんな話〔泣き事〕もう沢山だ．

④ Piano con le parole! ゆっくり喋ってくれたまえ．

6.1.2.18. 補足句の成分

〈**con**＋副詞（句）＋名詞〉，〈**con**＋名詞＋副詞（句）〉の形で，広く形容詞ないし副詞的機能をもつ補足句を形成する．

① Vedendolo colla corona di lauro in capo vestito da poeta, cominciarono a ridere. (L. Pascoli) 彼が詩人のような服装をし，頭に月桂樹の冠をつけているのを見て，みんな笑いだした．

② Ma per parecchio tempo non scorse che ogni tanto un isolotto roccioso con intorno i soliti gabbioni. (M. Bontempelli) しかしかな

り長い間，まわりにいつもの鷗(かもめ)たちが群がっている，岩だらけの小島の姿が時折眼に入るだけだった．

6.1.2.19. 〈con＋（現代では）定冠詞＋inf.〉（副詞節（句）相当用法）

これも a の場合と同様，詳しくは第 4 章　複文の構造および第 5 章　不定形動詞類，5.1．不定詞の項を御参照いただきたい．

① **手段・方法；様式**（…して，することによって）：Con l'insistere ottenne l'aiuto. 懸命に頼みこんで援助をものにした．

② **条件**…したならば：Col gridare non si conclude nulla. 大声をあげたりしたらどんな話し合いもまとまらない．

③ **時間；付帯状況**（…するとともに，するにしたがって）：Col venire del giorno riprendeva il suo canto appassionato. 夜が明けると，また熱い想いをこめてその歌をうたいはじめるのだった．

6.1.2.20. 前置詞句の成分

〈**con**＋**特定名詞**＋**a**〉，〈**con**（＋定冠詞）＋名詞＋**di**〉などの形で，さまざまな前置詞句が形成される．

con riferimento a (＝in riferimento a) …に関して（は）　con conoscenza di…を自覚しながら〔したうえで〕　con decreto di…の命令で　con esclusione di (＝a esclusione di) …を除いて　con valore di…の意味で〔の〕　col favore di…を利用して；…のお蔭で　con la veste di…の権限で

6.1.3. **da**

基本的には広く「起点」もしくは「支点」を表わすものの，実際はそうした意味合とはほとんど無関係かと思われるような用法も少なからず存在する．充分に注意しなければならない前置詞の一つである．

6.1.3.1. 起点，出発点

A　空　間

（1）〈**da**＋場所・地点〉「…から」

① da vicino〔lontano, dentro, sotto, fuori〕近く〔遠く，中，下，外〕から

第 6 章　基本前置詞・特定副詞の用法

② Il treno è partito da Roma con un'ora di ritardo. 列車は 1 時間遅れてローマを発った．

③ Mio padre torna sempre molto tardi dall'ufficio. 父が会社から戻るのはいつもたいへん遅い．

（2）⟨**da** A **a** B⟩「A から B まで〔へ〕」

① da capo a fondo 最初から終りまで　da un estremo all'altro 端から端まで

② L'ho osservata attentamente dalla testa ai piedi. 私は彼女を頭のてっぺんから足の先まで注意深く観察した．

B　時　間

（1）⟨**da**＋時点⟩「…から」, ⟨**da**＋時点＋**in poi**⟩「…からそのあとずっと」

① da allora (in poi) そのときから　d'ora in poi 今からずっと　da giovedì in poi 木曜日以後

② Dal mese scorso non mi ha scritto più. 先月以来手紙が来ない．

（2）⟨**da**＋数量語＋時間の長さ（＋in qua）⟩「…前から（いままで）」

① da molti anni 何年も前から　da qualche giorno (in qua) 数日前から　da sempre ずっと昔から　da tempo ずいぶん前から

② Sei disoccupato da molto?―Sì, da due anni. 長いこと仕事がないの？―うん，二年も前から．

（3）⟨**da** A **a** B⟩

dall'oggi al domani 今日から明日まで　dalle sei alle dieci 6 時から10時まで　da un momento all'altro 間もなく；突然　da un'ora all'altra たちまち

6.1.3.2.　距離，距たり「…から」

（1）⟨**a**＋距離＋**da**＋地点⟩

① La mia casa è a cinquecento metri dalla stazione. 私の家は駅から500メートル離れたところにある．

② Ho parcheggiato la macchina a pochi passi dal centro. 私は街中からちょっと離れたところに車を停めておいた．

（2）⟨形容詞 lontano, distante；副詞 lontano；動詞 distare；名詞 lontananza, distanza ecc.⟩との結合

6.1. 基本前置詞

La città dista pochi chilometri dal confine. その都市は国境から数キロ離れたところにある．

6.1.3.3. 分離；解放，その他「(おおむね) …から」

「分離，分割；離脱；救出，解放；防衛，独立；従属；除去，奪取；追放，放逐；中断，断念；回避；相違，区別，識別；違和；出所，出身；起源；由来，原因；抽出」などの意味をもち，じつにさまざまな動詞や形容詞と結合し，広く「**起点**」を表わす (cf.第2章 単文の文型と語の結合型)．

（1）自動詞（〜da）：mancare 離れる　prescindere 無視する　deviare 外れる　cessare 中止する　desistere やめる　differire 異なる　provenire 起源をもつ　risultare 明らかになる　ecc.

（2）他動詞（〜A da B）：dividere 分つ　allontanare 遠ざける　sviare そらす　affrancare 自由にする　redimere 救う　difendere 守る　levare 取り除く　smuovere 引き離す　dissuadere 思いとどまらす　distinguere 識別する　togliere 除去する　ecc.

（3）再帰動詞（〜si da）：dividersi 分れる　staccarsi 離れる　alienarsi 遠ざかる　protendersi 突き出る　affacciarsi 顔を出す　liberarsi 自由になる　pararsi 身を避ける　salvarsi 脱れる　astenersi 差控える　guardarsi 慎しむ　disaffezionarsi 気持が離れる　scansarsi 身をよける　congedarsi 別れる　ecc.

（4）形容詞（〜da）：assente 不在の　discosto 隔たった　indipendente 独立した　libero 自由の　immune 免除された　esente 免れた　indenne 無事の　dipendente 依存した　reduce 帰還した　esule 追放された　diverso 別の　dissimile 異種の　nato 生じた　proveniente 起源をもつ　ecc.

① Sono otto giorni che manco da casa. 私は家を離れて8日になる．
② La sua malattia data dal 10 settembre. 彼の病気は9月10日にはじまった．
③ Lui era reduce dalla seconda guerra mondiale. 彼は第二次大戦の帰還兵だった．
④ Sono fratelli, ma molto dissimili l'uno dall'altro. 彼らは兄弟だけどお互いにまったく似ていない．

6.1.3.4. 方向；地点，位置；所在「…のところに・で・へ」ときに「…の近く〔あたり〕に・で・へ」

（1）「**da**+人（代名詞，人名，職業人，など）」

① da me〔te, lui,...〕私〔君・あなた，彼…〕のところ・家に・で・へ

② dal calzolaio〔cartolaio, fioraio, giornalaio, tabaccaio, barbiere, dottore, ecc〕靴屋〔文具店，花屋，新聞販売店，煙草屋，理髪店，医院，など〕へ・で・に

③ Da chi abiti?—Abito dai nonni〔da un parente, da Marco〕誰のところに住んでいるの？—祖父母〔親戚，マリオ〕の家です．

（2）〈**da**+レストラン・ホテル名〉

① da Orazio〔Tullio〕オラーツィオ〔トゥッリオ〕に・で・へ

② Andiamo a cena da Dreste. 私たちはドゥレステに食事へ行く．

（3）〈**da**+**parte・canto・lato・banda,** ecc（+di）〉の熟語・成句

① da parte 脇に，別に　da parte di…の方〔辺，側〕に・で・へ　da ogni parte あらゆる場所に・で　da canto・lato=da parte　da un canto 一方で

② Che fai da queste parti? こんなところで何をしてるの？

③ Da che parte vai?—Vado dalle parti della stazione. どっちの方へ行くんだい？—駅のほうへ行くんだ．

③ Dal lato mio non c'è nessuna obiezione. 私にはまったく異議はない．

〈備考〉　1）parte, canto, lato はほぼ同じような意味で熟語・成句を形成するが，parte がもっとも広く用いられる．そしてとくに注意すべきことは，これらの語と da が結合した形は，ほかの意味でも用いられることがあり，とりわけ〈da parte di〉は要注意である．

　　da parte di → ①…の方〔側，辺〕で・に・へ・の　②…から；…によって：La proposta è stata fatta da parte degli operai. その提案は労働者側から出された．　③…に代って，の代理として：Vado da parte di tuo fratello. あんたの弟さんの代理で行くのだ．　④（親族が）…系〔方〕の・に：Sono parenti da〔per も〕parte di madre. 母方の親類です．　⑤…に関して

　　2）（古）語では，上記以外の普通の名詞の場合でも，「…へ・に・で」の意

味でしばしば用いられた．Dal frate partitosi, dalla casa n'andò della Donna. (G. Boccaccio) 修道士のもとを発って女の家へ行った．

6.1.3.5. 通過点（＝per）「…を通って」

主として〈**passare**〔**transitare, ritornare, ecc.**〕**da＋通過地点**〉の形で（cf. passare da＋人・店・事務所「…へ立ち寄る」）．

> ① Ieri siamo passati da Firenze. 昨日私たちはフィレンツェを通った．
> ② All'andata abbiamo fatto la Via d'Arezzo, e ora vogliamo ritornare dalla Via Tiberina. 行きはアレッツォ通りを行ったけど，今度はティベリーナ通りを通って帰ることにしよう．

6.1.3.6. 動作主，動因「…によって，の力で」（通常，受動態と）

（1）〈**da＋人・物**〉

> ① Questa penna mi è stata regalata dalle mie colleghe d'ufficio. このペンは会社の同僚たちから贈られたものです．
> ② I permessi di soggiorno sono rilasciati dalla questura. 滞在許可証は警察が発行する．

（2）〈**da parte di＋人**〉（人から；人によって）

Un'inchiesta è stata condotta da parte delle autorità アンケートが行政当局によって行われた．

6.1.3.7. 原因，理由，動機「…のために，のせいで」

通常，「感情，苦痛，寒暖，渇き，飢え」などが原因や動機になる．

（1）〈**da＋名詞**〉

> ① Accendi subito il termosifone, perché tremo dal freddo. すぐに暖房をつけてくれよ．寒くて震えているんだ．
> ② Dai dispiaceri, è invecchiato prima del tempo. 気苦労のために齢より早く年老いた．
> ③ Quella madre quasi impazziva dalla gioia. その母親は喜びでほとんど気も狂わんばかりだった．

（2）〈**da quanto**〔**come**〕**＋ind.**〉（…なので）

① Da quanto è antipatico, tutti lo evitano. 感じが悪いので誰もが彼を避けている．

② Si è gelato anche il torrente, da quanto è freddo. 寒いので急流ですら凍ってしまった．

6.1.3.8.　媒体，媒介（cf. a）

（1）〈**riconoscere**〔**capire**, **giudicare**, ecc.〕qu〔qc〕**da**〉「…から・で人〔何〕を判断する」

① Lo riconobbi dal modo di camminare. 歩き方で彼だとわかった．

② Dall'accento, ho capito che era straniera. アクセントから彼女は外国人だと知った．

（2）〈**spedire**〔**mandare**, **inviare**〕qc **da** qu〉「人を介して・経て何を送る」

① L'ho mandato alla mamma da Giorgio. ジョルジョの手を煩わしてそれを母に送り届けた．

② È un documento riservato, te lo invierò da una persona di fiducia. 秘密の書類だから，信用のおける人に頼んで君に送るとしよう．

6.1.3.9.　目的，用途，機能

通常〈名詞（A）＋**da**＋名詞〔ときに inf.〕（B）〉の形で，「Bのための〔用の，向きの〕A」の意になり，たいへんに広い用途をもつ．

occhiali da sole サングラス　carta da lettere 便箋　bottiglia da vino ワインのびん　stanza da bagno 浴室　biglietto da vista 名刺　cane da guardia・difesa〔caccia〕番犬〔猟犬〕　amo da pesca 釣り針

6.1.3.10.　品質，特徴

通常〈名詞（A）＋**da**＋名詞（B）＋形容詞〉の形で「…のBをもった〔を備えた，のような〕A」の意味になる．

un vecchio dai capelli bianchi 白髪の老人　un uomo dall'aria stanca 疲れた様子の男　un ragazzo dalla volontà ferrea 強固な意志を備えた若者　una casa dalle finestre alte 高い窓の家　una città dalle strade strette 狭い街並みの都市

6.1. 基本前置詞

6.1.3.11. 価格，価値，数量「…に値する，に相当する」

（1）〈名詞＋**da**＋数量語〉

① un gelato da due mila lire 2000リラのアイスクリーム　un francobollo da mille lire 1000リラの切手　una moneta da cinquecento lire 500リラの貨幣　un oggetto da pochi soldi 安物　ragazzi da dieci anni in sù〔in giù〕10歳以上〔以下〕の少年少女　una bottiglia da 75 cl 75センチリットルのびん

② Vado in banca per cambiare cinque banconote da 100,000 lire. 10万リラの札を5枚両替えしに銀行へ行く．

（2）〈(名詞＋)**da**＋不定代名詞(niente, nulla, poco, bene, più, meno, tanto, ecc.)〉

① un uomo da nulla〔dappoco〕つまらぬ男　dammeno より劣った　dappiù より優れた　una persona dabbene 誠実な〔正直な〕人物

② Non voglio mostrarmi da meno di te. 君より劣っていると思われたくはない．

③ Non preoccuparti, è una cosa da niente〔nulla, poco〕. 心配はいらない．とるに足らないことさ．

6.1.3.12. 関連部位 (cf. a, di, in)

〈身体障害を表わす形容詞・動詞＋**da**＋身体部位〉「…が，の点で」

cieco da un occhio 片目が見えない人　sordo da un orecchio 片耳が聞えない人　zoppicare dalla gamba sinistra 左足がびっこをひく

6.1.3.13. 相応性，適応性；様態「…らしい〔く〕，にふさわしい〔く〕；…風の〔に〕；…のような〔に〕」

〈**da**＋名詞・代名詞〉の形で．

（1）形容詞句

① un'azione da gentiluomo〔villano〕紳士的な〔粗野な〕振舞　parole da ineducato〔insensato〕無礼な〔無分別な〕言葉　una vita da cani ひどい（犬のような）生活　un pranzo da re 豪華な食事

② Non è da te fare questo. こんなことをするのは君らしくない．

（2）副詞句　vivere da principe〔buon cristiano〕王侯のように〔よきキリ

スト教徒として〕暮す　agire〔comportarsi〕da vigliacco〔saggio〕卑怯な振舞をする〔賢明に行動する〕　travestirsi da prete 司祭に変装する　parlare da maestro 堂々と喋る

6.1.3.14. 役割, 役職, 資格（＝come, in quanto, in veste di）「…として, の資格で」

① fare da padre〔guida, testimone〕父親〔ガイド, 証人〕の役をする　fungere da segretario〔amministratore, sindaco〕秘書〔理事・経営者, 市町村長〕役を果す

② Ti parlo da amico. 君に友達として言う.

③ La sedia gli faceva da tavolino. 彼にとって椅子はテーブル代りだった.

6.1.3.15. 年齢, 身分, 状態「…のとき, の頃；…になったら」
〈**da**＋人間の成長段階・状態・身分 (bambino, piccolo, giovane, fanciullo, ragazzo, studente(ssa), adolescente, scapolo, nubile, adulto, vecchio, ecc.)〉

① Da studente frequentavo questo locale. 学生の頃はこの盛り場によく出入りしたものだ.

② Da grande, mio fratello farà il medico. 大きくなったら弟は医者になるだろう.

③ Da giovani si capisce poco. 人間若い頃は物事がほとんど分っていない.

6.1.3.16. 根拠, 基準「…に従って〔た〕, によった〔て〕；…によると」
（1）成句的表現

un disegno〔quadro〕dal vero 本物を描いたデッサン〔絵〕　un album dal vivo ライブ録音　disegnare〔dipingere, copiare〕qu〔qc〕dal vero 人〔物〕を写生する

（2）〈**da quel(lo) che**〔**quanto**〕＋ind.〉「…によれば」(cf. a〔per〕quanto＋ind.)

① Da quel che dicono i giornali la voce sarebbe vero. 新聞の伝える

ところでは噂は本当らしい．
② Da quanto sento la situazione non è delle migliori. ぼくの感じでは，その状況は最上のものではない．

6.1.3.17. 〈da＋人称・再帰代名詞〉
（1）〈da＋人称代名詞〉
① 「…のところへ・で・に」：Verrò da te al più presto. できるだけ早く君のところへ行くつもりだ．(cf.6.1.3.4.)
② 「…によって，の力で」：Queste cose sono state fatte da me. これは私がやったのだ（cf.6.1.3.6.）
③ 「…らしい，に相応しい」：Un atto simile non è da lui. そうした行ないは彼らしくない．(cf.6.1.3.13.)

（2）〈da＋再帰代名詞〉
① 「(人が他人をまじえずに)自分独りで，独りだけで」：È meglio che ci vada da sé. 彼は自分独りでそこへ行くほうがいい．
② 「(人が)自分の力・考えで，独力で；自分みずから」：Devi decidere da te. 君は自分で決めるべきだよ．
③ 「(物・事が)ひとりでに，自然に」：La cosa ormai procede da sé. 今や事は自然に進行するさ．
④ 「(形容詞句)閉鎖的，他人を避ける」：Ottima persona, ma tutto da sé, fuggendo non solo le compagnie allegre, ma tutti in generale. (M. d'Azeglio) すばらしい人物だが，完全に自分のなかに閉じこもっていて，楽しい仲間も，いやそればかりか，どんな人も避けている．

6.1.3.18. 概数，概算
（1）〈da＋数詞（A）＋a＋数詞（B）〉「AとBの間の数」
① Avrà dai trentacinque ai quaranta. あの人は35から40の間くらいの齢だろう．
② Erano presenti dalle duemila alle duemila cinquecento persone. 2000から2500くらいの人数が出席した．
③ Era infatti un capraio, un ragazzo dai dodici ai quattordici anni. それは事実山羊を飼っている少年で，12から14くらいの年齢だった．

（2）《文・古》「およそ，約」
① C'erano da cento persone. ほぼ100人ほどの人がいた．
② Sono morte da un sessanta persone. (L. Settembrini) 60人ほどの人が死んだ．

6.1.3.19. 〈名詞＋**da**＋inf.〉(cf. 第5章　不定形動詞類，5.1.6. 形容詞節〔句〕相当用法)
（1）**必要，当然，義務**「…すべき，しなければならない」
① Sono i diritti da difendere. 擁護すべき権利である．
② Per conto mio non ho nulla da nascondere. 私には隠さなければならないことはなにもない．
（2）**目的，用途**「…するための，するに役立つ」
① A Perugia, ci sono molte camere da affittare. ペルージャには貸間はたくさんある．
② Per favore, prestami un bel libro da leggere. すまないけどなにか面白い読み物貸してよ．
（3）**程度；性質**「…するほどの；…するような」
① Non è persona da dimenticare le offese. あいつは侮辱されたことを忘れるような人間ではない．
② Gli darò una lezione da ricordarsene. 奴には思い知らせてやる（覚えているほどのこらしめを与える）

6.1.3.20. 成句的表現
　前置詞 **da** を用いた熟語・成句のすべてをここで紹介するのはもちろん不可能なので，とくに注意を要する，代表的なものを挙げるだけにとどめたい．
（1）**essere da**＋inf.
　1）**必要，当然，義務**「…すべきである」：Tali libri non sono da raccomandare. そういう本は推薦すべきではない．
　2）**可能性**「…することができる」：È da sperare che cambi idea. 彼が考えを変えることは期待できる．
（2）**esserci da**＋inf.
　1）**必要，当然，義務**「…すべきである，する必要がある」：C'è da sentire

6.1. 基本前置詞

i genitori. 両親の意見を聞く必要がある．
  2) **可能性；理由**「…することができる；…する理由がある」：C'è da non crederci. それはとても信じられない．
  3) **程度**「…するほどである」：C'è da impazzire. 気が狂いそうだ．
(3) **avere da**+inf.
  1) **必要，当然，必然**「…すべきである；当然…する」：Ho da parlargli. 私は彼に話がある．
  2) 〈名詞・代名詞 (qualcosa, qualche luogo, voglia, ecc.) **da**+inf.〉の，名詞・代名詞の省略形：
   ① Non abbiamo da mangiare. われわれには食べ物がない．
   ② Dove si trova da dormire? どこか眠れるところあるかしら？
   ③ Come ti guadagni da vivere? どんな風にして生活費を稼ぐの？
(4) **程度の表現**〈(così, tanto, talmente+) 形容詞・副詞 (…) da+inf.〉〈動詞+da+inf.〉(cf. 第4章 複文の構造，4.6. 程度・結果節)
   ① È stato tanto ingenuo da credere a tutto. 彼はなんでも信じてしまうほど人がよかった．
   ② Sono stanco da morire. 私はひどく(死ぬほど)疲れている．
(5) 〈**da**+特定副詞・名詞〉
  1) 「…で・に・へ」：
    dappresso (a)(の)近くに・で dattorno (a)(の)まわりに・で dapprima はじめ，最初に dapprincipio 最初は，初めのうちは dappiè 足元に，下に dabbasso 下に・で・へ dappertutto (← da per tutto) いたるところに・で
  2) 「…から」：daccapo 最初から，あらためて
  3) 「…のように；…に値いする；…らしい」：
    dappoco〔da poco〕つまらない，下らない；無能な dappiù よりすぐれた，より上の da tanto 価値のある；有能な dabbene 正直な；人のよい
(6) 〈副詞（句）+**da**〉
    di là da …の向うに〔の〕 di qua da …のこちらに〔の〕 fuori da (=fuori di) …の外に〔で〕
(7) 〈**fin**(**o**) **da**〉：da の強調

— 391 —

fin dall'infanzia 幼年時代から　fin dal secolo scorso 前世紀から
（8）〈**da**＋形容詞・名詞（＋che＋essere (ind.)）〉「…という状態から」
Da ricco (che era) si ridusse in estrema miseria. 金持の身から貧窮生活に落ちた．

6.1.4.　**di**
基本義「分離点」，「起点」を先頭に，「所有」「特性」「尺度」「起源」「原因」「具備」「限定」「題材」「手段・方式」などなど，実にさまざまな意味用法を発達させている．

6.1.4.1.　所有，所属，属性
（1）〈名詞（A）＋**di**＋名詞（B）〉「BのA」
　1）所有：il cane del pastore 牧童の犬　il libro dello scolaro 生徒の本
　2）所属：il segretario del partito 党の書記　il cortile del convento 修道院の中庭
　3）属性：un raggio del sole 太陽光線　il sapore del miele 蜜の風味
（2）〈家・店・建物＋**di**＋所在地〉
　la cartoleria di Via Roma 5　ローマ通り5番地の文房具店
　(cf. Vivo al numero otto di Via Verdi (＝in Via Verdi al numero otto) 私はヴェルディ通り8番地に住んでいる）
（3）〈名詞＋**di**＋曜日・日付・年号〉
　　l'undici di giugno 6月11日　la tua lettera del dodici ottobre 10月12日付のあなたの手紙　nel marzo del 1995　1995年3月に

6.1.4.2.　種類，種別
　un pesce di mare 海の魚　una strada di campagna 田舎道　l'ufficio di giudice 判事の役職　un articolo di giornale 新聞の論説　un biglietto di banca 銀行券

6.1.4.3.　個性化
（1）〈定冠詞＋単数名詞（A）＋**di**＋定冠詞＋複数名詞（A）〉「A（複数）のなかのA（単数）」

il Santo dei Santi 聖人のなかの聖人　il Re dei re 王のなかの王　il Canto dei Cantici 旧約の雅歌，ソロモンの歌

(2)〈単数名詞（A）(…,) **di quelli**〔**e**〕**che**＋ind.〔または che＋ind.の代りに形容詞句〕〉，ときに〈複数名詞（A）(…,) **di quello**〔**a**〕**che** ＋ind.〉「…のようなA」

①　E mi mostrò una spilla di metallo bianco, con un elefantino, di quelle che vendono i merciai a Campo di Fiori. (A. Moravia) それから彼女は私に，フィオーリ広場で小間物商が売っているような，小さな象がくっついたホワイトメタルのブローチを見せた．

②　Allora provarono a mettergli per naso un pezzo di carbone, di quelli a bacchettina. (I. Calvino) そこで彼らは，小さな棒の形をした木炭を鼻の代りに彼につけようとした．

③　Sono passati molti anni, pieni di guerra, e di quello che si usa chiamare la storia. (C. Levi) 戦争につぐ戦争の，普通歴史と呼ばれている長い歳月が過ぎた．

(3)〈(主語＋) **essere di quelli**〔**e**〕**che**＋ind.〉「(…は) …のようなものである」

L'apparizione sullo schermo di Silvana Mangano è di quelle che non si dimenticano. (A. Coppini) シルヴァーナ・マンガノのスクリーンへの登場は，忘れられてしまうようなものではない．

6.1.4.4.　動作名詞と主語の関係
〈動作名詞（A）＋**di**＋主語相当名詞（B）〉「Bの行なうA動作」

l'amore di una madre 母親の愛情　il passaggio delle merci 商品の流通　il tramonto del sole 日没　il canto degli uccelli 鳥たちの歌　la fioritura degli alberi 木々の開花

6.1.4.5.　動作名詞と目的補語の関係
〈動作名詞（A）＋**di**＋目的補語相当名詞（B）〉「BをAする動作」

l'amore della patria 祖国愛　la preoccupazione della famiglia 家族に対する気遣い　una collezione di francobolli 切手収集　la sete di gloria 栄光への渇望　l'interpretazione dei sogni 夢解釈

6.1.4.6. 数量規定
〈数量語+**di**+名詞・代名詞〉

un pezzo di formaggio チーズ1切れ　tre chili di zucchero 砂糖3キロ　un mazzo di rose バラ1束　due palate di sabbia シャベル2杯の砂　un gregge di pecore 羊の群　un'infinità di persone 無数の人びと　alcuni di voi あなた方のうちの何人か

6.1.4.7. 起源，出所，由来
（1）〈普通名詞+**di**+地名〉

　　i vini di Francia　フランスワイン　la seta d'Italia イタリア産の絹　il formaggio d'Olanda オランダ産チーズ　un avvocato di Torino トリーノ出身の弁護士

（2）〈人名+**di**+地名〉

　　Gregorio di Rimini リミニ出身のグレゴーリオ　il sig. Ponte di Bergamo ベルガモ出のポンテ氏

（3）〈**essere**+**di**+地名など〉

　　① Di dove sei?―Sono di Genova.「あんたどこの出？」「ジェノヴァの出です」

　　② Di che nazione è Lei?―Sono francese.「どこの国の方ですか」「フランス人です」

（4）〈人名（A）+**di**+人名（とくに父親の：B）〉

　　Carlo di Giuseppe ジュゼッペの息子カルロ　Luigi di Filippo フィリッポの息子ルイージ

（5）〈nativo, oriundo, originario, indigeno など「**出身，起源**」を意味する**形容詞+di**〉

　　I miei nonni sono originari di questa città. 私の祖父母はこの都市(まち)の出です．

6.1.4.8. 起点，出発点「…から」（cf. da）
（1）〈**di**+名詞・副詞〉

　　① scendere di bicicletta〔carrozza〕自転車〔馬車〕から降りる　cadere di mano a qu 人の手から滑り落ちる　perdere di vista qu〔qc〕人

― 394 ―

〔何〕を見失う　di qui〔qua〕ここから　di lì〔là〕(あ)そこから（以上，di qui, di lì については，cf. 6.1.4.31.(4)〈di+場所の副詞〉）

② È uscita di casa〔≒dalla casa〕di buona mattina. 彼女は朝早く家を出た（この表現の場合一般に，di を用いるほうが名詞との一体感が強く，da では定冠詞によってより具体性をもった場所になる）

③　Partii di（現代ではむしろ da）casa alle otto. 8時に家を発った.

④　Di（＝da）povero divenne ricco. 彼は貧しい境遇から金持になった.

(2)〈**di**+名詞 (A)+**in**+名詞 (A)〉「AからAへ」，〈**di**+名詞 (A)+**in**+名詞 (B)〉「AからBへ」

①　di mano in mano 手から手へ；順次　di giorno in giorno 日々，毎日毎日　di tanto in tanto〔di quando in quando, di tempo in tempo〕時折，時々　d'ora in ora 急速に；今か今かと

②　andare di città in città〔di paese in paese〕都市から都市へ〔村から村へ〕行く　variare di regione in regione 地方毎に変化する　andare di bene in meglio〔di male in peggio〕好転〔悪化〕する

(3) **di là, di qui** にかかわる表現（di là, di qui の di が「…から」以外の意味になる場合については，6.1.4.31.(4)〈di+場所の副詞〉参照）

1)〈**di là〔qui〕in avanti**（＝da allora〔d'ora〕in poi)〉そのとき〔いま〕からあとずっと

　　　　Di qui in avanti non tollerò più nessun ritardo. 今後はいかなる遅延も認めない.

2)〈**di là・lì〔qui〕a**+時間の長さ・時点〉「そのとき〔今〕から…後に」

①　di qui a una settimana（＝tra una settimana)〔un mese, un anno〕1週間〔1ヶ月，1年〕後に　di qui a poco 数分後に　di lì a qualche giorno 数日後に

②　Di qui a domani prenderò la mia decisione. 明日までに決心します.

6.1.4.9.　方向「…へ向かう」(cf. per)

〈**la via〔strada, ferrovia,** ecc.〕**di**+場所〉「…への道，鉄道，など」（通常は di の代りにむしろ per を用いる）

①　Presi la strada di Salerno. 私はサレルノへ行く道を進んだ.
②　Di là si partì a dì 4 per la via di Bologna. そこから私たちは4日の日にボローニャへ向けて発った.
③　Venivano rare voci dalla strada di Paderno. (G. Raimondi) パデルノのほうから珍しい噂が流れてきた.

6.1.4.10.　同格「…という」

①　la città di Venezia ヴェネツィア市　l'isola d'Elba エルバ島　la repubblica di Genova ジェノヴァ共和国　il lago di Garda ガルダ湖
②　il giorno di domenica 日曜の日　il mese di gennaio 1月の月　il nome di Carlo カルロという名前　il titolo di conte 伯爵という称号　la pianta di ciliegio 桜なる植物

6.1.4.11.　材料, 素材「…で, でできた」
（1）〈名詞＋**di**＋材料・素材〉
　　una statua di marmo 大理石の像　un muro di cemento セメントの壁　un bracciale〔anello〕d'oro 金の腕〔指〕輪　un sacchetto di plastica プラスティックの袋
（2）〈動詞（＋目的語）＋**di**＋材料・素材〉
①　Di che cosa〔materia〕è questo abito?—È di lana〔cotone, seta〕.「この服は何でできていますか」「ウール〔綿, 絹〕です」
②　colorare〔tingere〕qc di rosso 何を赤で色づけする〔染める〕　ungere qc d'olio 何に油をさす〔塗る〕　fare A di B BをAにする〔Bを変じてAにする〕

6.1.4.12.　主題, 題目, 対象「…について（の）, に関して（の）」
（1）〈名詞（A）＋**di**＋名詞（B）〉「Aに関するB」
　　una lezione di storia 歴史の授業　un manuale di ragioneria 簿記要覧　il trattato di fisica 物理学の論文
（2）**動詞の補語**
　1）自動詞（～di）：dire 言う　parlare 話す　discutere 議論する　sapere 知る　sentire 聞く　dubitare 疑う, ecc.

2）他動詞（～ qu di qc）：informare 知らせる　avvertire 通告する　convincere 説得する　domandare 尋ねる，ecc.

3）再帰動詞（～si di）：accorgersi 気づく　intendersi 精通する　assicurarsi 確認する　convincersi 納得する　ricordarsi 想いだす　dimenticarsi 忘れる　preoccuparsi 心配する　interessarsi 興味をいだく　occuparsi 従事する，ecc.

4）形容詞（～ di）：cosciente を自覚した　consapevole を意識した，ecc.

① Hanno discusso a lungo di politica. 彼らは長い間政治について議論した．

② Nessuno mi ha informato degli ultimi avvenimenti. 誰も私に最近起ったことを知らせてくれる人はいなかった．

③ Sono pienamente consapevole dei rischi che sto per affrontare. 私が直面しそうな危険については充分自覚している．

6.1.4.13. 用途，目的
（1）〈名詞（A）+**di**+名詞（B）〉「BのためのA」

　　la sala di musica 音楽室　la scuola di commercio〔disegno〕商業〔デザイン〕学校　il mercato delle granaglie 穀物市場　i generi di consumo 消費物資　il teatro di prosa（演劇用の）劇場

（2）成句的表現

〈**di**+名詞〉「…として；…のために〔の〕」

① servire (a qu) di passatempo〔esempio, guida, ecc.〕（人に）気晴し〔模範，ガイド，など〕としての役を果す　andare〔partire, uscire〕di pattuglia〔d'ispezione〕巡回・巡視に行く〔出発する，出かける〕prendere〔avere〕qc di mira 何を目標とする．

② Il giorno dopo, a ogni ora, uno dei bambini andava d'ispezione sul tetto (...), (I. Calvino) その翌日は，一時間毎に，子供の誰かが屋根のうえに見廻りに出かけた．

6.1.4.14. 品質，特性「…という性質をもった」

〈**di**（+形容詞）+名詞〉の形で，広い範囲にわたって実にさまざまな形容詞句を形成する．

（1）di fondo 奥の；重要な，基本の　di base 基本の，基本的な　di categoria 部門別の；専門（別）の；種類上の　di punta 先端的な；抜きんでた；勇敢な　di proposito 意志の強い；頑固な　d'ordine きちんとした；秩序を重んじる　di razza 純血（種の）

（2）un affare di importanza 重要な用件　uno scrittore di talento 才能のある作家　un avvocato di fiducia 信用のおける弁護士　gli strumenti di precisione 精密器械　la casa di lusso 豪邸

（3）un nomo di buon gusto〔di bell' intelligenza, di alta statura〕趣味のいい〔優れた知性の，背の高い〕人　le cose di gran〔nessun〕peso 大変値打ちのある〔無価値の〕物　una merce di buona qualità 品質のすぐれた商品　gli articoli di ultima novità 最近流行の品々　la persona di alto rango 上流の人士　un luogo di difficile〔facile〕accesso 近づきにくい〔やすい〕場所

6.1.4.15．分離，離別；解放，救済；除去，奪取「…から」

広く，「離れる」または「離す」という動作を表わす動詞とともに．

（1）自動詞（～di）：fuggire 逃げる　sgusciare 逃げだす　guarire 癒える ecc.

（2）他動詞（～A di B）：cavare 取り除く　levare 取り去る　privare 奪う　strappare 引き離す　depredare 強奪する　svuotare 奪う　alleggerire 軽減する　ecc.

（3）再帰動詞（～si di）：disfarsi 片づける　sbarrazzarsi 始末する　sbrigarsi 自由になる　liberarsi 逃れる　spogliarsi 脱ぎ捨てる　consolarsi 諦らめをいだく　ecc.

　　① All'alba è fuggito di prigione. 夜明け方，彼は刑務所を脱走した．
　　② Ha un cuore d'oro, si priverebbe del pane, per aiutarti. あの人はじつに優しいお人だ．君を助けるためだったら，食べるものも食べないだろう．
　　③ L'ho aggererito di una parte considerevole del suo lavoro. 私は彼の仕事のかなりの部分を軽くしてやった．

6.1.4.16．手段，道具「…で，を用いて，によって」

さまざまな動詞との結合型を形成する．

6.1. 基本前置詞

(1) 自動詞
　　lavorare di cervello 〔di fanfasia, di mano〕頭を働かす〔夢見る，盗む〕　giocare d'astuzia〔di mano, di scherma〕策略〔手，フェンシング〕を使う　vivere di riso・pesce〔caccia・pesca〕米・魚を食べて生きる〔狩・漁をして暮す〕　usare〔fruire, disporre〕di…を用いる，利用する

(2) 他動詞
　　colpire qu di spada 人を剣で打つ（cf. con un mano, con la pistola）　mangiare〔divorare〕qu di baci 人にキスの雨を降らす　ubriacare qu di chiacchiere〔promesse〕人をお喋り〔空約束〕で惑わす

(3) 再帰動詞
　　approfittarsi〔servirsi, giovarsi, valersi〕di…を利用する〔用いる・活用する〕

6.1.4.17. 原因，動機，動因「…（のせい）で，（のため）に〔の〕」

(1) 〈名詞（A）＋**di**＋名詞（B）〉「Bが原因の〔の故の〕A」
　　un colpo di fortuna 僥倖（ぎょうこう），まぐれ当り　un grido di dolore〔angoscia〕苦悶の叫び　un atto di disperazione 絶望故の振舞い　un gesto di sorpresa 驚きの身振り

(2) 形容詞・動詞との間にたいへんに多様な結合型を形成する．次にいくつかの例をあげるが，詳しくは，第2章 単文の文型と語の結合型を参照していただきたい．
　　1）形容詞（〜di）：contento 満足した　lieto 嬉しい　felice 仕合せな　entusiasta 熱中した　appassionato 熱狂的な　estasiato 恍惚とした　pazzo 夢中になった　fieno が自慢の　orgoglioso を誇りとする　desolato で悲歎にくれた　dolente を悲しんでいる　spiacente が残念な　ansioso を切望した　timoroso を気遣った　sospettoso を疑った　stufo に飽きた　ecc.
　　2）自動詞（〜di）：godere 喜ぶ　trionfare 勝ち誇る　arrossire 赤面する　bollire 心をにえたぎらす　splendere 輝く　brillare きらめく　tremare 震える　impazzire 常軌を逸する　delirare 錯乱する　disperare 絶望する　ecc.
　　3）他動詞（〜qu di qc）：ringraziare 感謝する　perdonare 許容する

scusare 許す ecc.

4）再帰動詞（〜si）：gloriarsi を光栄とする　vantarsi を誇る　lodarsi を自慢する　contentarsi 満足する　rallegrarsi を喜ぶ　dilettarsi を楽しむ　insospettarsi 疑いを抱く　dispiacersi を残念に思う　dolersi 心を痛める　scandalizzarsi 不快感をいだく　meravigliarsi 驚く　accendersi 夢中になる　eccitarsi 興奮する　ecc.

① Ho fatto salti di gioia appena uscito dall'esame. 試験を終えて出てくるなり，私は喜びのあまり跳びはねた．

② In questa cittadina non c'è niente da fare, si muore di noia. この小さな町にいると，なんにもすることがなくて，退屈で死にそうだ．

6.1.4.18.　豊富，欠乏；供給，配備「…で，を，が」

この場合も，標題のような意味の形容詞・動詞と数多くの結合型を形成する（cf. 第2章　単文の文型と語の結合型）

（1）形容詞（〜di）：pieno 一杯の　ricco 豊富な　fecondo 多産な　colmo 充満した　prodigo 気前のいい；umido 湿った　bagnato 濡れた　sudicio 汚れた；carico 積んだ　dotato 備えた　coperto おおわれた　adorno 飾られた；povero 不足した　scarso 欠乏した　privo 欠いた　vuoto 空っぽの　spoglio 裸の　franco 免除された　ecc.

（2）自動詞（〜di）：abbondare 富む　brulicare 群れる　traboccare 溢れる；mancare 欠乏する　difettare 欠ける；abbisognare 必要とする；crescere 増す　perdere 失なう　ecc.

（3）他動詞（〜qu di qc；〜A di B）：fornire 供給する　provvedere 用意する　attrezzare 備える　corredare 備えつける　arricchire 富ませる　stipare 一杯にする　colmare 満たす　inzeppare 詰めこむ　empire 詰める；caricare 積む　investire 付与する；adornare 飾る　ornare 飾る　coprire おおう；compenetrare 浸透させる　impregnare 浸みこませる；attorniare 取り囲む　cingere 囲む；affollare 攻めたてる　ecc.

（4）再帰動詞（〜si di）：provvedersi 備える　inzepparsi びしょ濡れになる　saziarsi 飽満する　caricarsi 背負いこむ　coronarsi 身を飾る　coprirsi 身をおおう　ecc.

① Il nuovo professore è bravo, ma manca di esperienza. 新しい先生

6.1. 基本前置詞

は優秀だが経験に欠けている．
② Ha riempito la sua casa di mobili antichi. 彼は自分の家を古い家具で一杯にした．

6.1.4.19. 罪，罰，責任 (cf. 6.1.4.17.)

6.1.4.17. や6.1.4.18. ほど広範囲にはわたらないが，やはり形容詞・動詞との結合型で用いられる．
(1) 形容詞（～di）：colpevole の罪を犯した　responsabile に責任のある accusato で非難された　ecc.
(2) 他動詞（～qu di qc）：accusare 責める　incolpare 罪を着せる　imputare とがめる　minacciare 脅かす　ecc.
(3) 再帰動詞（～si）：incolparsi の責任をひきうける；（お互いに）罪をなすりあう　ecc.
　① Il maestro mi accusò di poca sincerità. 師匠は私が不真面目だといって責めた．
　② Mi hanno minacciato di morte. 私は殺すといって脅かされた．

6.1.4.20. 方式，様式 (cf. a, con, in per)

〈di＋名詞〉〈di＋冠詞＋名詞〉〈di＋形容詞〉〈di＋形容詞＋名詞〉などの形で，実に数多くの成句（主として副詞句）を形成する．以下に記すのはもとよりその一部にすぎない．
(1) 〈di＋瞬間的動作〉
　di colpo 突如，直ちに　di primo colpo 一撃で　di botto 直ちに，突然　di getto ほとばしるように；一気に　di scatto だしぬけに　di schianto 突然，不意に　di slancio ぱっと，はねるように；衝動的に　di scoppio ばたっと，不意に
(2) 〈di＋進行，疾走，飛翔〉
　di corsa 駆けるように；すばやく，即座に　di passo 歩行の速度で；ゆっくりと　di trotto 早足で　di sfuggita そそくさと，すばやく　di scappata 大急ぎで　di trotto 早足で　di volata 一目散に；一瞬のうちに
(3) 〈di＋人目をしのぶ動作〉
　di nascosto ひそかに，内緒で　di furto こっそりと，ひそかに　di sottec-

第6章 基本前置詞・特定副詞の用法

chi そっと，かくれて

（4）〈**di**＋**好意，心の動き**〉

di（buon・tutto）cuore 心から，真心をこめて　di gusto 満足して，嬉しげに　di incanto 見事に，完璧に　di preferenza 好んで，むしろ　di malanimo いやいや，しぶしぶ　di buon animo すすんで，積極的に　di buona lena 懸命に

（5）〈**di**＋**程度・数量**〉

di molto 大変に，とても　di più より多く，一層　di poco わずかだけ，少し　di meno より少なく　di gran lunga はるかに，断然

（6）その他

di sicuro 確実に　di continuo 絶えず　di necessità 当然；必然的に　di presenza 個人的に，みずから　di persona 直接，個人で　di regola 原則として　di proposito わざと，意図的に

（7）〈**di**＋**modo**〔**maniera・guisa**〕**che**＋ind.〉「…のように」

（8）例文

① Nonostante i miei consigli, ha fatto tutto di testa sua. 私の忠告を無視して彼はすべて自分の考えで行なった．

② Ha agito d'istinto, senza rifletterci. よく考えないで衝動的に行動した．

③ Marco è di gran lunga il più intelligente della classe. マルコはクラスのなかでもとびぬけて頭がいい．

④ Penso io a tutto : di modo che tu puoi stare tranquillo. あんたが安心していれるように，こっちはあらゆることに気を配っているんだ．

6.1.4.21. 比較級，最上級；相似

（1）〈**più**〔**meno**〕（...）**di**〉「…よりもより多く〔少なく〕…」

① Molti dicono che lo spagnolo sia meno difficile dell'italiano. 大抵の人は，スペイン語はイタリア語ほどむつかしくはないという．

② Niente è migliore delle vacanze dopo un periodo di duro lavoro. 辛い労働のあとの休暇ほどすばらしいものはない．

（2）〈**定冠詞**（＋**名詞**）＋**più**〔**meno**〕（...）**di**〉「…のなかでいちばん…」

① Non ho visto la parte più interessante dello spettacolo. 私はその

演目のいちばん面白いところを見なかった.
② La pace è stata uno dei temi più discussi dell'anno passato. 平和は，昨年もっとも議論されたテーマの一つだった.
（3）〈定冠詞＋**stesso**〔**medesimo**〕（＋名詞）＋**di**〉「…と同じ…」
　① Siamo allo stesso punto di prima. 私たちは以前と同じ地点にいる.
　② Ha detto le medesime cose dell'altra volta. 彼はこの前と同じことを言った.
　〈備考〉《文・古》では，「相違」を表わす〈altro（＋名詞）di（…とは別の…）〉にも di が用いられたが，現代では da〔または che〕が一般的．Avevo altri pensieri da quelli soliti. 私はいつもとは違う考えをもっていた．(cf.第7章 重要機能語の解明，altro, che の項)

6.1.4.22. 時点，時節
（1）〈di＋曜日・月・季節〉
　di mattino〔a〕朝，午前（に）　di giorno 昼間（に）　di pomeriggio 午後（は）　di sera 夕方，夜（に・は）　di notte 夜（に，は）　di buona mattina〔di buon mattino〕朝早く　di prima notte 夜が更ける前　di lunedì 月曜日に〔は〕　di marzo 3月に〔は〕
　〈備考〉 di mattino〔a〕以下の表現に類似したものに，次のようにものがある．la mattina, alla〔nella〕mattina；al〔nel〕mattino／il pomeriggio, al〔nel〕pomeriggio／la sera, a〔alla〕sera／a notte（夜になると），nella notte（夜の間）
　以上を総括してみると，一般に定冠詞だけか，di を用いる場合は比較的意味合が軽く，a は「時点」ないし「時間的位置」を表わし，in になると「内部」の意味が明確になる，と考えることができるだろう．
（2）例　文
　① Mia moglie va in vacanza d'estate, mentre io ci vado d'inverno. 妻は夏ヴァカンスに出かけるが私は冬に行く.
　② —(...) Di questa stagione però si può andare sul viale (...) (C. Cassola)「(…) だけどこの季節には並木通りを通って行けるんだ．(…)」

6.1.4.23. 時間，年齢，価格，長さ，重量
〈名詞（A）＋**di**＋基数＋時間その他尺度・計量単位〉「…の A」

① la guerra di Cent'anni 百年戦争　la civiltà di mille anni 1000年に及ぶ文明　una passeggiata di mezz'ora 半時間の散歩

② un bambino di quattro anni 4歳の子供　una ragazza di diciotto anni 18歳の娘

③ del pane di un chilo 1キロのパン　un muro di tre metri 3メートルの塀　una multa di duecentomila lire 20万リラの罰金

6.1.4.24. 限定，関連部位「…が，に関し；…で」(cf. a, da, in)
（1）〈形容詞＋**di**＋身体部位；外形；精神；才能など〉(cf.第2章　単文の文型と語の結合型)

① Giorgio è rosso di capelli. ジョルジョは髪が赤い．

② Era una donna debole di carattere e delicata di salute. 性格が弱く，虚弱な体質の女性だった．

③ Lo trovano perfetto nel tratto e assai nobile d'animo. 彼は非の打ちどころのない物腰と，毅然とした精神を備えているように思われる．

（2）**stare bene〔male〕di**「…の状態がよい〔悪い〕」

① Di salute sto bene, ma non sto bene di quattrini. ぼくは体の調子はいいんだけど，手元不如意なんだ．

② Quella sera non stava bene di spirito. その晩彼は意気があがらなかった．

（3）**conoscere** qu **di** nome〔vista, persona, fama〕人の名前〔顔，人物そのもの，評判〕を知っている．

　　Conosci questo attore di nome? この俳優の名前知っている？

（4）〈**essere**＋職業・地位＋**di nome**〔**fatto**〕〉「名目〔事実上〕の…である」
　　È dottore solo di nome. 彼は名前だけのドットーレだ．

（5）〈**Che（ne）essere**（3単形）**di** qu？〉「人はどうしているのか、どうなるのか？」(成句的表現)

① Che sarà di lui? 彼はどうなるのだろう？

② Che ne è di tuo fratello? Non lo vedo da molto tempo. 弟さんどうしてる？　長いこと会わないけど．

6.1. 基本前置詞

6.1.4.25. 数値；差違，程度
〈**di**+数量語+時間，その他尺度，計量単位〉「…だけ，ほど」
① Lei è di due anni più anziana di me. 彼女は私より二つ年上です．
② Il tuo orologio avanza〔ritarda〕di dieci minuti. あんたの時計は10分進んで〔遅れて〕いる．
③ Per conto mio, sbagli di grosso. 私から見ると君は大変間違っている．
④ (...) Angustina rialzò di qualche centimetro il capo (...). (D. Buzzati) (…) アングスティーナは何センチか頭をあげた (…).

6.1.4.26. 不定・指示・疑問・関係代名詞+**di**+品質形容詞
以下の代名詞を修飾する場合，形容詞は di を介して代名詞に後置される．
nessuno, niente, nulla, qualcosa, qualche cosa, uno, qualcuno ; un che, un certo che, un non so che, un certo non so che ; altra cosa ; molto, poco ; ne ; ciò, quello che, quanto ; che cosa, che, cosa, ecc.
① Che c'è di nuovo? なにか変ったことあるかい？
② C'è qualcosa di vero in quello che dici. あなたのいうことには，なにがしか本当のことが含まれている．

6.1.4.27. 部分冠詞と部分・不定の表現
（1）部分冠詞（+具象名詞複数形；+物質・抽象名詞単数形）
① È un mobile che durerà per degli anni. 数年はもつ家具だ．
② C'è dell'odio nei suoi occhi. あの人の眼には憎しみがある
（2）〈**del**〔**dell'**, **dello**〕+形容詞〉「…の感じ，の気味」
① Lui ha del bugiardo 彼には嘘つきのところがある．
② I conservatori hanno del puritano e i democratici del municipale. (V. Gioberti) 保守派は清教徒的だし，民主主義者は視野が狭い．
（3）〈**dare** a qu **del tu**〔**del Lei**, 〈**di**+定冠詞+呼称〉〕「人に親称〔敬称，〈…という呼び名〉〕で話す」
Mi hanno dato dell'imbroglione〔del bastardo〕. 私は詐欺師〔私生児〕呼ばわりされた．
（4）〈**di**（+形容詞）+（代）名詞〉

— 405 —

この表現は，現代ではしばしば強調的ニュアンスをもつ．
① M'è costato di bei quattrini！私にはたいへん高い買物だった．
② Vi sono di quelli che preferiscono la campagna alla città. 都会よりも田舎を好む人もいる．
③ Facevan di gran chiacchiere insieme: confidenze da parte, ammonimenti dall'altra, amore dall'una e dall'altra. (V. Imbriani) 全員がすっかりお喋りで盛りあがっていた．打ち明け話があるかと思うと訓戒があり，恋の話題となるとどこでも持ち切りだった．

（5）⟨**di**＋**tutto；meglio, peggio**⟩
① fare di tutto 全力を尽す　mangiare di tutto すべて平らげる
② Pensiamo di trovare di meglio. もっといいものが見つかると思う．

6.1.4.28. 叙述補語 (complemento predicativo. 英語の補語) の成分
相当広範囲にわたって用いられる．

（1）⟨**essere〔rimanere, restare, tornave, ecc.〕di**＋名詞⟩
essere di turno〔servizio〕勤務中である　essere di pattuglia パトロール中である　essere di guida ガイドをつとめている　essere di partenza〔ritorno〕出発する〔帰る〕ところである　essere di famiglia 家族同様の存在である　essere〔restare〕di marmo 平然としている　rimanere〔restare〕di sacco 呆気にとられる，呆然とする　essere d'aiuto 役に立つ，助けになる　essere〔fare〕d'uopo 必要である　essere〔andare〕di moda 流行する，ecc.

（2）⟨**essere〔rimanere, restare, tornare, ecc.〕di**＋形容詞＋名詞⟩
essere〔tornare〕di buon〔cattivo〕umore 上〔不〕機嫌である〔になる〕　essere di buccia dura 頑健である　essere di carattere facile 打ちとけやすい　essere di mio〔tuo...〕godimento・gusto 私〔君…〕が好む　essere di grande〔nessuna〕utilità 大変に役に立つ〔まったく役に立たない〕　essere di buon gusto おいしい，美味である

（3）⟨**di**＋**che・quale**＋名詞⟩という形の疑問詞
di che nazionalità（国籍）　di quale nazione（国）　di che cosa〔materia〕（どんな物・材質）　di quale stile（スタイル）　di che colore（色彩）　di quale

6.1. 基本前置詞

maniera（方式） ecc.

6.1.4.29. 比喩的呼称（感歎もしくは強調）(cf. 6.1.4.10. 同格)
（1）〈名詞（A）+**di**+名詞（B）〉!「(感歎文の形式で) A のような B」
　　Che canaglia di ragazzo! ごろつき野郎め！　Che diavolo d'uomo! 悪魔め！　Che splendore di bambino! なんてすばらしい子だろう！
（2）〈名詞（A）+**di**+名詞（B）〉「A である B」
　　quella buon'anima di mio zio あの善意そのものの叔父　quel birbante di Luigino ルイージの腕白小僧　quel matto di tuo fratello あの気狂い野郎の君の弟　una peste di bambino 始末に終えない子供
（3）〈**che razza**〔**pezzo**〕**di**+名詞！〉「まさしく…の類い」
　　Che razza d'imbecille! 間抜けめ！　Che pezzo d'asino quell'uomo! あの男ときたらど阿呆なんだから！

6.1.4.30. 〈名詞+**di**+inf.〉「…するという…(同格)」(cf. 第 5 章　不定形動詞類, 5.1　不定詞, 5.1.6.　形容詞節〔句〕相当用法, およびこの章の 6.1.4.10.　同格)
　　idea di+inf. …するという考え　capacità di+inf. …する能力　necessità di+inf. …する必要　desiderio di+inf. …しようとする願望

6.1.4.31. 成句的表現の成分
　すでに〈di+名詞〉その他の形の, さまざまな熟語・成句について触れた．ここでは，それ以外の形のものを若干紹介するだけにとどめたい．
（1）〈一部の前置詞+**di**+人称・関係代名詞〉
　　dopo di te 君のあと（で）　senza di me 私なしで　fuori di sé 錯乱して　contro di cui …に対して
（2）〈副詞+**di**〉(前置詞句を形成)
　　prima di+n.〔inf.〕…の前に　invece di+n.〔inf.〕…する代りに
（3）〈前置詞+名詞+**di**〉(前置詞句を形成)
　　a fianco di …の側〔横〕に・で　a causa di …の故に, のせいで　in luogo〔cambio〕di …の代りに　di fronte a …の前に・で
（4）〈**di**+場所の副詞〉「…の；…から；…に・で・を」

— 407 —

di qua（ここ），di là（そこ・あそこ），di su（上），di sopra（上），di giù（下），di sotto（下），di fianco（横），di fronte（前），di fuori（外），d'intorno（まわり），di lassù（あの上），di lontano（遠く），di dietro（後），di dentro（内部）

6.1.5. fra〔tra〕
基本的に，「間」を表わす前置詞である．なお，fraとtraは，話者〔作者〕の好みを反映させながら両者ともほぼ同じように用いられるが，発音上同じ音の繰返しは避ける傾向がある．
×Fra fratelli vanno d'accordo. → ○ Tra fratelli vanno d'accordo.／× Tra tre giorni partirò. → ○ Fra tre giorni partirò.

6.1.5.1. 空間
（1）〈fra〔tra〕＋動作・状態が展開する場所〉「…の間・中に〔で・へ・の・を〕；…を通して」
① Abita in un paesino sperduto fra i monti. 彼は山の中の人知れぬ小村に住んでいる．
② Un raggio di luce filtra tra le imposte socchiuse. 灯りが半開きの鎧い戸の間から洩れてくる．
（2）〈fra〔tra〕＋地点(A)＋e＋地点(B)〉「AとBの間・中に〔で・へ・の・を〕〉
① Fra l'Italia e la Jugoslavia c'è il mare Adriatico. イタリアとユーゴスラヴィアの間にはアドリア海がある．
② Un cordone di polizia si stendeva fra la folla e il corteo. 警察のロープが群衆と行列の間に張られていた．
（3）〈fra〔tra〕＋距離〉「…向う〔先〕に；…もすれば」
① Troverai il prossimo distributore di benzina fra due chilometri. 2キロ先に最初のガソリンスタンドがあるよ．
② Siamo quasi arrivati; fra trecento metri c'è casa mia. もう着いたも同じだよ．あと300メートルでぼくの家だ．
（4）成句的表現
avere qc fra le mani 何を手中におさめる　　portare〔tenere, stringere〕

6.1. 基本前置詞

qc fra le braccia 何を抱えて運ぶ〔抱える，抱きしめる〕　mettersi〔venire, essere, stare〕fra〔tra〕i piedi (a qu)(人の)側にいる；(人に)うるさくする，干渉する　　trovarsi fra due fuochi 進退きわまる　　dormire fra due guanciali 安心して眠る；安全な状態にある　　levarsi di fra〔tra〕i piedi (a qu)(人のもとから)立ち去る

6.1.5.2. 時　間

（1）〈**fra**〔**tra**〕+数量化された**期間**〉「…後に，先に；…もしたら」(多くの場合，この意味で用いられる)

① Fra qualche giorno avrai già dimenticato tutto.　二，三日経てばもうなにもかも忘れているよ．

② Saprò fra breve com'è andato l'esame.　間もなく試験の結果がわかるだろう．

（2）〈**fra**〔**tra**〕(=durante)+**前後が限定された期間**〉「…の間(に)，している間(に)」

① Ci vedremo fra la settimana.　今週中に会いましょう．

② Verrò tra i prossimi quindici giorni.　半月の間に行くよ(単に quindici giorni なら「半月後に」)．

（3）成句的表現

　　fra〔tra〕poco〔frappoco〕間もなく　　fra breve〔non molto〕近いうちに，じきに　　fra questo mezzo〔mentre〕, fra tanto〔frattanto〕こうしている間に

6.1.5.3. 行為中，行為の方式

（1）〈**fra**〔**tra**〕+名詞〉「…しながら，している間(に)」

① Sorrise tra le lacrime.　その子は泣きながら笑った．

② Udii tra il sonno le ciaramelle.　眠っている間に私はチャルメラの音を聞いた．

（2）〈**fra**〔**tra**〕+行為(A)+**e**+行為(B)〉「A をしたり B をしたりして」

① Fra lavoro e studio, se ne va tutta la giornata.　仕事と勉強で一日が明け暮れる．

② Finirà con l'ammalarsi definitivamente fra fumo ed alcool.　煙草と酒

にふけっていては最後には病気になってしまうだろう．

6.1.5.4. 中間・混交的状態 〈fra〔tra〕A e B〉
「性質」「程度」「内容」「態度」「様子」などについて述べる言い方で，ときに二律背反や当惑した状態を示す．
① Era combattuto fra il timore e la speranza. 彼は不安と希望に苛まれてへとへとになっていた．
② Pareva incerta tra il riso e il pianto. 彼女は笑ったり泣いたりして，気持が落着かなかった．
③ A bordo era ancora il disordine fra triste e lieto, che successe alle partenze. 船の上では，出発後の悲喜こもごもの混乱がまだ続いていた．

6.1.5.5. 相互〔相関〕関係，仲間〔同類，内輪〕同士「…同士，の間で」
（1）〈fra〕+名詞・代名詞〉
① Tengo la fotografia fra i ricordi di famiglia. 私は家族の想い出がこめられた写真を持っている．
② Dopo essersi a lungo consultati fra (di) loro hanno deciso il da farsi. 彼らは長いこと話し合ったのちに，なすべき手筈を決めた．
（2）〈fra〔tra〕A e B〉
① Tra fratello e sorella non c'è nessuna somiglianza. 兄妹同士少しも似ているところがない．
② Fra lui e noi c'è un odio inestinguibile. 彼と私たちの間に消えることのない憎しみが介在している．
（3）〈fra〔tra〕+再帰代名詞(A)(e A)〉「自分のうちで，心の中で」
① Pensavo fra me (e me). 私は心の中で反芻していた．
② Che cosa va borbottando fra sé e sé！ あの人なにをぶつぶつ言っているんだろう！

6.1.5.6. 集団，仲間，グループの内部
（1）集団のメンバー
① Il ladro si eclissò fra la folla. 泥棒は人混みのなかにまぎれこんだ．

② Fra le tante persone presenti ho notato subito lui.　多くの出席者のうちに彼の姿をすぐ見つけた．

（２）集団の生活空間
① Fra noi queste cose non usano.　私たちの間にはこうした習慣はない．
② Fra gli Ateniesi la condizione della donna era tristezza.　アテネ人の間では，女性の地位は悲しむべきものだった．

6.1.5.7.　対立，敵対；差別，区別；二者択一；類似，相似
① Fra le due cose non saprei quale scegliere.　その二つのどれを選んでいいかわからない．
② La frattura che s'è prodotta, non è fra classi, ma fra il vecchio mondo e quello che si spera nuovo. (C. Alvaro)　生じた断絶は，階級同士ではなく，古い世界と新しくあるべく期待されている世界との間のものである．

6.1.5.8.　最上級；部分
（１）最上級（＋同類・同種の人・物）
① È il film più emozionante fra quelli che ho visto di recente.　最近私が見たなかでいちばん感動的な映画だ．
② Londra è fra le città più interessanti del mondo.　ロンドンは世界でもっとも興味深い都市の一つである．

（２）部　分
〈名詞(Aの一部)＋fra〔tra〕＋定冠詞＋名詞(A)の複数形〉
① È solo uno fra i tanti a parlarla così.　それをこんな風に話すのは，その大勢のなかでたった一人である．
② Fra i miei vestiti, quello rosso è il mio preferito.　私は手持ちの服のなかで赤いのが気にいっている．

6.1.5.9.　原因，理由
（１）〈**fra**〔**tra**〕＋名詞・代名詞〉「…のせいで，の故に」
Fra i tanti impegni che ho, non mi rimane mai un minuto.　たくさん仕事を抱えているために少しも自由な時間がない．
（２）〈**fra**〔**tra**〕A e B；**fra**〔**tra**〕A, **fra**〔**tra**〕B；**fra**〔**tra**〕per A, **fra**〔**tra**〕

per B ; fra〔tra〕per A e per B〉「AとBのために，AやBのせいで」
① Tra i fischi e le contestazioni, ha dovuto smettere di parlare.　口笛と非難を浴びて彼は話を中断せざるをえなかった．
② Tra la sua indecisione, tra la mancanza di tempo, non si è combinato ancora nulla.　彼は不決断と時間不足が災いして，まだなにもできないでいる．
(3)〈fra〔tra〕che+ind.(A), (fra〔tra〕)che+ind.(B)(さらにときに che+ind.(C))〉「AやらBやら（またはCやら）のせいで」
① Fra che è antipatico, fra che è poco conosciuto, il fatto è che ha poche conoscenze.　あの人は人に好かれないうえにほとんど知られていないので，実のところ知人はわずかしかいない．
② Invece, a Malcovaldo, il suo stipendio, tra che era poco e che di famiglia erano in molti, e che c'erano da pagare rete e debiti, scorreva via appena percepito. (I. Calvino)　ところがマルコヴァルドからは，給料が，額が少ないうえに多くの家族を抱え，月賦や借金の支払いもしなければならないといった具合で，ほとんど気がつかないうちに消えて行くのだった．

6.1.5.10.　全体，総量

(1)〈fra tutti〔tutto〕〉「全体で，すべてひっくるめて」
① Fra tutti saranno stati una ventina.　全部で20人くらいいたように思う．
② Fra tutto costerà sulle due centomila lire.　ひっくるめて約20万リラというところだろう．
(2)〈fra A e B〉「A, B あわせて」
① C'erano cento persone fra morti e feriti.　死傷者あわせて100人いた．
② Gruppi di una trentina fra ragazzi e giovani donne vi si avvicendano dall'autunno, a turni di quindici giorni. (C. Alvaro)　若い男女約30名のグループが，秋から半月毎に交替する．

6.1.5.11.　不定もしくは中間的数量

① Avrà fra i dieci e i quindici anni.　10歳から15歳くらいの年齢かと思わ

6.1. 基本前置詞

れる．
② Ci vorranno fra le due e tre ore per terminare. 終るまでに 2, 3 時間かかるだろう．

6.1.5.12. 成句的表現
（1）〈fra〔tra〕poco, ecc.〉→ 6.1.5.2., （3）参照
（2）〈fra〔tra〕＋身体部位〉→ 6.1.5.1., （4）参照
（3）〈fra〔tra〕＋再帰代名詞〉→ 6.1.5.5., （3）参照
（4）〈fra〔tra〕l'altro〔gli altri, le altre cose〕そのうえ, さらに(加えて)；とりわけ, 数あるなかでも, なかんずく」

6.1.6. in
6.1.1. a の項でも述べたとおり, 基本的に, a が点・場の「位置」（と「方向」）を示すのに反し, in はその内なる領域, つまり「内部」を表わすところに特徴がある．

6.1.6.1. 空　間
A　地点・場所での動作・状態
（1）〈**in**＋国, 地方, 州, 大きな島；五大陸, 世界〉（ちなみに, もう一方の「空間的地点・場」を表わす a の場合は,〈a＋都市・(都市内部の)地区〉）,〈**in**＋ある種の場所, 建物, 建物の一部〉（cf. 6.1.1. a）
　　ここでいう「ある種の場所・建物」を明確に規定することは困難であるが, 以下は in との結びつきがある程度慣用化している名詞群である．
　1）場　所：campagna 地方　montagna 山地　città 都市　patria 祖国　terra 大地　strada 街路　via 通り　giardino 庭　piazza 広場　ecc.
　2）建物・施設：chiesa 教会　albergo ホテル　ospedale 病院　farmacia 薬局　ufficio オフィス　biblioteca 図書館　banca 銀行　questura 警察　discoteca ディスコ　fabbrica 工場　carcere・prigione・galera 刑務所　ecc.
　3）商店・事務所：広く,「〜erìa」の語尾をもつ相当数の語．たとえば, pizzeria ピッツァ屋　birreria ビアホール　panetteria パン屋　biglietteria 切符売場　gelateria アイスクリーム店　ecc.

— 413 —

4）住居の一部：cucina 台所　camera 部屋　salotto 客間　sala ホール　bagno 浴室　solario 温室　ecc.
　① Mio fratello ha viaggiato con la macchina in Sicilia.　弟は車でシチリア旅行をした．
　② Questo giornale è diffuso in tutta l'Europa.　この新聞はヨーロッパ全域に普及している．
　③ Passo molte ore a studiare in biblioteca.　私は図書館で長い時間勉強をして過す．
（2）〈**in**＋準物理的空間〉
　① Non ho visto una cosa simile in vita mia.　私の人生でこのようなものは見たことがない．
　② In quella donna mi piace la sincerità.　あの女性の真率さは好ましい．

B　地点・場所への〔に向けての〕運動・動作
（1）広く〈**in**＋国，地方，その他，A（1）であげた名詞〉の形で．「…へ・に」
　① L'ho incontrato mentre si dirigeva in fabbrica.　工場へ行く途中の彼に出会った．
　② —Dov'è il tuo amico? —È sceso in segreteria a ritirare la tessera.　「あんたの友達はどこ？」「身分証明書をもらいに下の事務室へ行ったよ」
（2）より顕著な「**指向性**」を備えた動作の場合．「…に向けて，に対して，を目指して」
　① Fissavo gli occhi nel vuoto, (A, Moravia)　私は虚空に眼をこらした．
　② Tiravamo dei sassi nel pino più grosso. (C. Pavese)　私たちはいちばん大きな松めがけて石を投げたのだった．
（3）衝突；接触；遭遇「…に対して，に向って，にぶつかって」
　① La nave andò a sbattere in uno scoglio.　船は岩に衝突してしまった．
　② Ho inciampato in una radice.　私は根っこにつまずいた．
（4）経過，移行〈**di**＋名詞(A)＋**in**＋名詞(A)〉「A から A へ」，〈**di**＋名詞(A)＋**in**＋名詞(B)〉「A から B へ」(cf. di. 6.1.4.8.，（2））
　　　di città in città　都市から都市へ　　di corte in corte　宮廷から宮廷へ

6.1.6.2.　時間（時点，期間，歳月，年齢）
（1）〈**in**＋月・季節〉〈**nel**＋年号・世紀〉「…に」

— 414 —

6.1. 基本前置詞

① in aprile 4月に　　nel mese di ottobre 10月に　　nel maggio del 1990 1990年の5月に　　in questo mese 今月　　in primavera 春に　　nella primavera dell'anno scorso 昨年の春に　　nel〔nell'anno〕1997 1997年に　　nel diciannovesimo secolo〔nell'Ottocento〕19世紀に

② Nelle notti d'estate quando l'aria è afosa, dormiamo con le finestre aperte. 蒸し暑い夏の夜は，私たちは窓を開けたまま寝ます．

(2)〈**in**+(冠詞+)**一日の時間帯；成長段階；瞬間；機会；時代,** ecc.〉「…に」

a グループ

　　nel mattino 朝, 午前中に　　nel pomeriggio 午後に　　nella notte 夜 in〔nella〕mattinata 午前に　　in〔nella〕giornata 昼間（に）　　nella nottata 夜間に　　in una sera d'estate ある夏の夕べ　　in quel giorno その日　　in gioventù 若い頃, 青春時代に　　in〔nella〕vecchiaia 老齢期にあって　　nei giorni feriali 平日に　　negli anni maturi 壮年期に (cf.《古》in dì quindici di settembre 9月15日に)

b グループ

〈**in**+(冠詞+)**istante, attimo, momento, punto, caso, occasione, fase, corso, ora, tempo, periodo, età, era, epoca,** ecc.〉の形で．

(3)〈**in**(+基数)+**時間の長さ**〉「…かけて，で；の間に」

① in quattro giorni〔due anni〕4日〔2年〕で，の間に　　in baleno 瞬間のうちに (cf. in settimana 平日に；今週中に，この週の終りまでに durante〔entro, dentro〕la settimana 今週中に)

② Aspettami qui, farò tutto in cinque minuti. ここで待っててよ．5分でなにもかもすましてしまうから．

③ In pochi giorni arriveremo alla meta. 数日中には目的地に着くだろう．

(4) 連続動作，移行

〈**di**+時間の長さ(A)+**in**+時間の長さ(A)〉「毎A，毎A；A毎，A毎；A毎に」

　　di minuto in minuto 毎分毎分　　di ora in ora 毎時間毎時間　　di settimana in settimana 毎週毎週　　di anno in anno 毎年毎年　　di tanto in tanto, di quando in quando 時折　　di volta in volta その都度その都度

6.1.6.3. 比喩的空間
A 心身部位（多くの熟語・成句を形成）
（１）〈**in**＋心身部位（＋前置詞）〉
　① 〈名詞＋in corpo e in anima〉正しく…，…そのもの　　in testa a…の頭に，の先頭に　　col cuore in mano 率直に；誠実に
　② Indossava un corpetto tipo bolero (...), molto stretto in vita. (D. Buzzati) 彼女は胴のところが締ったボレロ風のボディスを着ていた．
（２）〈自動詞・再帰動詞＋**in**＋心身部位〉
　　cadere〔andare〕in bocca al lupo 虎口に入る，危険をおかす　　cadere in cuore 思いつく　　saltare〔venire〕in mente (a qu)（人が）…を思いつく，が頭をよぎる
（３）〈他動詞＋qu〔qc〕＋**in**＋心身部位〉
　① avere qc in testa 何をよく理解する　　tenere qc in cuore 何を心にしまっておく　　avere in mente〔cuore〕di＋inf. …しようともくろむ
　② Ha negli occhi un proposito fermo. (C. Pavese) 眼には固い意志をのぞかせている．
（４）連続動作
　　di mano in mano 手から手へ　　di bocca in bocca 口から口へ
B　態度，姿勢，状態；行為（熟語・成句多数）
（１）精神状態
　　essere in stato di debolezza〔depressione, agitazione, ansia, euforia〕衰弱〔意気消沈，動揺，心配，満足〕状態にある　　stare in pena〔affanno〕苦悩している　　essere in confidenza con qu 人と親交がある　　avere qu in disdegno〔disprezzo〕人を軽蔑する　　avere qu in simpatia 人に共感をいだく　　avere in antipatia〔odio〕人を軽蔑する〔憎む〕
（２）精神的行為
　　andare in estasi〔collera〕有頂天になる〔立腹する〕　　salire〔montare〕in superbia つけあがる，思いあがる　　cadere in deliquio〔dimenticanza〕失神する〔忘れられる〕　　prendere qu in giro 人をからかう
C　状況・事情（熟語・成句多数）
（１）静止状態〈essere〔stare, trovarsi, rimanere, ecc.〕in＋状況・状態〉〈avere〔tenere, ecc.〕qu〔qc〕in＋状況・状態〉

6.1. 基本前置詞

essere in licenza 休暇中である　　essere in ordine 整理されている；(人が) 身なりがきちんとしている　　essere in forma いいコンディションである；心身の状態がいい，元気である　　essere in gamba 健康である；優秀である　　trovarsi in cattive acque 困難な状況にある

(2) **状況への移動**〈andare〔venire, cadere, entrare, ecc.〕/mettersi〔porsi, ridursi, ecc.〕in＋状況・状態〉〈mettere〔porre, rimettere, prendere, portare, mandare, ridurre, ecc.〕qu〔qc〕＋状況・状態〉

① andare in disuso 不用になる　　〜 in rovina 破滅する，滅亡する　　〜 in vigore 効力を発揮する　　〜 in briciole〔pezzi〕粉々になる

② cadere〔ridursi〕in miseria 貧窮する　　〜 in fallo〔errore〕あやまちをおかす　　〜 in tentazione 誘惑におちいる

③ mettere qc in assetto〔ordine, sesto〕何を片づける；正常化する　mettere qc in chiaro 何を明らかにする

D 動作，運動

(1) **動作・従事中**〈essere〔stare, trovarsi, rimanere, ecc.〕in＋動作〉，〈avere〔tenere, ecc.〕qu〔qc〕in＋動作〉など．

essere in discussione 議論されている　　〜 in viaggio 旅行している　　〜 in servizio 勤務中である；(交通機関が) 運行している　　〜 in vendita 販売されている　　〜 in giro 出まわっている

(2) **動作への進入・導入**〈andare〔entrare, cadere, scendere, salire, venire, ecc.〕in＋動作〉，〈mettersi〔porsi, ridursi, ecc.〕in＋動作〉，〈mettere〔porre, prendere, portare, mandare, ecc.〕qu〔qc〕in＋動作〉など．

① entrare in azione 行動を起す　　〜 in lotta 争いを起す　　〜 in ribasso 価値が下落する，重要性を失なう　　〜 in collisione con qu 人と衝突する

② mettere qc in azione（機械などを）始動させる；実行に移す　　〜 qc in atto 何を実現する　　〜 qc in giro 何を広める　　〜 qu in fuga 人を逃亡させる　　〜 qc in circolazione 何を流通させる

6.1.6.4. 衣服着用 〈in＋衣服〉

① in fasce 産着にくるまって　　una ragazza in abito da sera イヴニングドレスを着た娘　　il carabiniere in borghese 平服の警官

② stare in maglietta セーターを着ている　　sposarsi in bianco 白い衣裳で結婚する　　essere・trovarsi in maniche di camicie〔in pigiama〕上着を脱いでいる〔パジャマを着ている〕
③ Susanna è venuta ad aprirmi in vestaglia e in pantofole. スザンナは部屋着とスリッパという姿でやってきてドアを開けてくれた．

6.1.6.5. 著作，文章，作品
（1）〈**in**＋著作〉
nei libri di favole 民話のなかで　　in giornaletti per ragazzi 子供向けの新聞で
（2）〈**in**＋著作・作者名〉
① in Dante ダンテの文章のなかで・に　　in Mozart モーツァルトの曲中に
② Ho trovato questa parola in Ariosto. アリオストの作品のなかでこの言葉を見つけた．

6.1.6.6. 変化，推移；分配，配分 (cf. 第2章単文の文型と語の結合型)
通常，標題のような意味をもつ動詞と多くの結合型を形成する．
（1）変化，推移
　1）自動詞（～in）：andare になる　cadere におちいる　finire にいたる　montare にのぼる　salire に達する　culminare に高まる　versare に注ぐ　ecc.
　2）他動詞（～A in B）：cambiare 取り換える　mutare 変える　trasformare 変形する〔変身させる〕　convertire 変化させる　indurre 向ける　tradurre 翻訳する　ecc.
　　① Dobbiamo cambiare le nostre lire in dollari. リラをドルに変えなければならない．
　　② Il bruco si trasforma in farfalla. 幼虫は蝶に変る．
（2）分配，配分
　1）他動詞（～A in B）：dividere 分ける　distribuire 配分する　partire 分割する　articolare 節・章に分ける　spezzare 区切る　tagliare 切断する

ecc.
2) 再帰動詞(〜si in)：dividersi 分類される　articolarsi 分割される　ecc.
① Gli iscritti a un corso sono stati divisi in tre gruppi.　一つのコースの申込者たちが三つのグループに分けられた．
② Piegate il foglio in quattro parti uguali.　紙をきっちり四つ折にしなさい．

6.1.6.7.　感情・関心の対象「…を，に対し」
（1）自動詞（〜in）：credere 信ずる　fidare 信頼する　sperare 希望する　confidare 頼る　ecc.
（2）再帰動詞（〜si in）：fidarsi に信を置く　confidarsi に自分を委ねる　ecc.
（3）動詞句（〜in）：avere fede〔fiducia, confidenza, sicurezza〕を信頼する　avere〔riporre〕speranza に希望を寄せる
① Spero solo in te e nel tuo aiuto.　君と君の助けだけが頼りなのだ．
② L'imputato ha confessato, confidando nella clemenza dei giudici.　被告は裁判官の慈悲を信じて罪を認めた．

6.1.6.8.　道具，手段（cf. con）
（1）〈**in**＋乗物〉「…に乗って，で」
　　in bicicletta 自転車〔auto・automobile 自動車，macchina 車，vettura 乗合馬車，carrozza 馬車，tram 路面電車，treno 列車，nave 船，aereo 航空機，など〕（〈con＋定冠詞＋乗物〉との違いについては，con　6.1.2.10. 手段；道具，材料，の項参照）
① È salito al quarto piano in ascensore.　彼は5階までエレベーターでのぼった．
② Il re attraversò la città in un cocchio tirato da sei cavalli bianchi.　王は6頭の白馬が引く馬車で街を通り過ぎた．
（2）成句的表現
　　in contanti 現金で　　in oro 金貨で　　in quattro botte たちまちのうちに　　in tre riprese 3ラウンドで

6.1.6.9. 表現形式・手段「…で」
〈**in**＋国語，方言；用語，文字，活字体など〉
① in italiano〔inglese〕イタリア語〔英語〕で　　in una parola 要するに　　in altri termini 換言すれば　　in cifra 暗号で　　in grassetto〔neretto〕ボールド体で　　in corsivo イタリック体で
② Raccontami in poche parole il film che hai visto. あんたが見たその映画の内容を手短かに話してくれたまえ．
③ Non ho capito quel signore perché parlava in dialetto. 方言で話していたのであの人のいうことがわからなかった．

6.1.6.10. 方式・様態「…で，に」(cf. a, con, di, per)
〈**in**＋名詞（形容詞）〉の形で，じつに数多くの副詞句と形容詞句を形成する．
（1）副詞句：in fretta 急いで　　in silenzio 黙って　　in amicizia 心を打ち明けて　　in confidanza 内密に・で　　in segreto 秘かに　　in ordine 整然と　　in anticipo 先んじて，前もって　　in coro 一斉に；合唱で　　in orario 時間表通り；規則正しく　　in tempo 時間通り，間に合って　　in ritardo 遅れて　　in seguito 続いて，次に　　in perpetuo 永続的に　　in vano 無駄に，はかなく　　in pianta stabile 正式な形で　　in tono scherzo 皮肉な調子で
（2）形容詞句：in atto 実現途上の　　in materia 問題の　　in proposito それに関する
（3）**in modo da**＋inf./**che**＋ind.〔cong. vo〕…のように　　**nel senso di**＋n.〔inf.〕/**che**＋ind.…の意味で
（4）**料理名**
　　carne in umido トマトで煮こんだ肉　　pesce in bianco オリーブ油とニンニクで調理した魚　　vitello in salsa peccante 辛いタレのかかった仔牛の肉　　pasta in brodo スープ入りパスタ
（5）例　文
① Nei sentieri di montagna, si deve camminare in fila indiana. 山の中の小道では，一列並びで歩かなければならない．
② In fretta e furia, ha preparato la valigia ed è partito. 大急ぎでスーツケースにものを詰めて出発した．

6.1. 基本前置詞

6.1.6.11. 形態，形式，外見「…で(の)，による」
(1) premi in denaro 賞金　　zucchero in polvere〔quadretti〕(粉末の)砂糖〔角砂糖〕　　in forma di…の形〔姿〕の・で　　in foggia di…の様式〔流儀・スタイル〕の・で

① Possiede una fortuna in beni immobili. 不動産の形で財産を所有している．
② È apparsa in forma di ninfa. 彼女はニンフの姿をして現われた．

(2) (印刷)
　　in folio〔foglio〕2折判(の)　　in quarto 4折判(の)　　in ottavo 8折判(の)　　in dodicesimo 12折判(の)
　　Sarà tre grossi tomi in foglio. (F. Redi)　2折判の大きな3巻本になるだろう．

6.1.6.12. 材　料「…で作った」(cf. di)
① una statua in marmo〔avorio, legno〕大理石〔象牙，木〕製の彫像　　una borsa in pelle 皮製のバッグ　　un abito in seta 絹の服
② Il piano del tavolo è in noce. テーブルの台はクルミ製である．
③ All'ingresso della villa c'è un cancello in ferro battuto. 別荘の入口には鍛鉄製の格子の門がある．

〈備考〉
　　この場合，in の代りに di を用いることもできる．そして di のほうが一般的，かつ普通の言い方である．たとえば，una collana d'oro ; una collana in oro 金製の腕輪

6.1.6.13. 原因，理由「…に，で，して」
主として〈感情を表わす動詞＋in＋(主に動作)名詞〉の形で用いられる．
(1) 自動詞(〜 in)：gioire 喜ぶ　godere 満足する，喜びを感ずる　esultare 震える　intorpidire 痺れる，ぼうっとなる　ecc.
(2) 再帰動詞(〜si in)：deliziarsi 陶然とする　dilettarsi 楽しむ　congiolarsi ゆっくり楽しむ　tormentarsi 苦悩する　ecc.
(3) 動詞句(〜 in)：provare diletto 愉快になる　ecc.
(4) 例　文

第6章　基本前置詞・特定副詞の用法

① Gioisco nel ricordo di quel momento. そのときのことを想いだすと嬉しくなる．

② Nella dispartenza del buon Rosmini (...) piansi. (N. Tommaseo) あの気立てのいいロズミーニと別れるのかと思って私は泣いた．

6.1.6.14.　目的，用途；資格，機能，役割 (cf. a, come, per)

(1) **目的，用途**「…のために，すべく」

accorrere・correre 〔venire〕 in aiuto・soccorso (di) (…) を助けるために駆けつける〔やってくる〕　　chiamare qu in aiuto 助っ人として人を呼ぶ　　in onore di…を記念して，に敬意を表わして　　in memoria di…を記念して　　in favore di…のために　　in difesa di…を擁護すべく，の守りのために

① Una grande folla accorse in suo aiuto. たいへん大勢の人びとが彼の救助に駆けつけた．

② È stata organizzata una grande festa in onore degli illustri ospiti. 著名な客たちに敬意を表すべく大パーティが計画された．

(2) **資格，機能，役割**「…として」

dare 〔ricevere〕 qc in regalo 何を贈り物として与える〔受け取る〕　　ricevere qc in premio 何を賞としてもらう　　chiedere 〔prendere〕 qu in moglie・sposa 人に求婚する〔人をめとる〕　　tenere qu in ostaggio 人を人質にする　　dare 〔prendere〕 qc in prestito 何を貸す〔借りる〕　　prendere qc in affitto 〔nolo〕 何を賃借する　　spendere 〔impiegare〕 A in B A を B に用いる（例：spendere molto in vestiti 衣服に大金をつかう）

① Le case editrici mandarono in visione 〔esame〕 ai professori i libri da adottare. 出版社は，教員たちに採用してもらうために本をテスト用として送った．

② Mi ha scritto una lunga lettera in segno di gratitudine e di stima. （彼は）感謝と尊敬の意味をこめて私に長い手紙をよこした．

6.1.6.15.　限定，関連部位「…で，のことで」(cf. a, da, di, per)

(1) bravo, forte 〔deficiente, debole〕 in latino 〔matematica, ecc.〕 ラテン語〔数学など〕が優秀，得意〔不得意，弱い〕　　valente 〔mediocre〕 in armi

6.1. 基本前置詞

武器の操作にすぐれた〔がうまくない〕　cortese nella forma 表面的には礼儀正しい　perfetto nello stile スタイルの面で完璧な　risoluto nella sostanza 基本的に果断な　rosso〔pallido〕in viso 顔が赤い〔青白い〕
（２）specializzarsi in (fisica)（物理学）を専門にする　laurearsi in (lettere)（文学）で学位をとる　esercitarsi in〔nel〕(canto)（歌）の練習・訓練をする　superare A in B Bのことで A より優れる（例：superare qu in altezza〔bravura〕人より背が高い〔器用である〕）　pareggiare A in B Bにおいて A と匹敵する
（３）dottore in legge〔medicina, fisica, farmacia, ecc.〕法学〔医学, 物理学, 薬学, など〕士　mercante・commerciante in frutta〔vini, cereali, stoffe, ecc.〕果物〔ワイン, 穀物, 布, など〕を扱う商人
（４）in realtà 事実, 本当のところ　in apparenza 見かけは, 外見上は　in pratica 実際のところ
（５）例　文
　① Mia figlia è scadente in latino, ma brava in matematica. うちの娘はラテン語はだめだが数学はできる.
　② Non puoi competere con lui, ti supera in intelligenza ed in simpatia. 君は彼には対抗できない. 知的な面でも人に好かれるという点でも, 君以上だ.
　③ In apparenza sembra molto calmo, ma in realtà è molto nervoso. 一見とても気持が安定しているように見えるけれど, 実際はとても神経質だ.

6.1.6.16. 評価, 総合的判断

（１）〈動詞(avere, tenere, prendere, mettere, ecc.)＋**in**＋評価・判断(conto, pregio, prezzo, stima, valore, considerazione, ecc.)〉
　　tenere〔avere〕in (gran) conto…を（大いに）尊重する, 重視する, 評価する　tenere〔avere〕in (gran) pregio…を（高く）評価する,（大いに）尊重する　prendere in considerazione…を考慮する, 好意的に考える
　① È in gran pregio presso tutti per la sua liberalità. 彼はその寛大さの故に万人に尊敬されている.
　② Tu sei un ragazzo, e per questo non ti prendo in considerazione. 君は若造だ, だから問題にはしていないよ.

（2）〈**in**＋名詞〉総括的判断を示す副詞・接続詞句

　　　in somma　要するに　　　in conclusione　結局　　　in genere　おおむね　　　in fondo　実際；結局のところ　　　in fine dei conti　結局のところ　　　in ogni modo　なにはともあれ；あらゆる方法で　　　in media　平均して　　　in effetti　実際, 事実上　　　in eterno　永遠に　　　in fine　結局, 最後には　　　in principio　はじめに　　　in coscienza　正直のところ

　① Le cose che lui racconta, in buona parte, sono false. 彼の話は大部分嘘だ.

　② Ha parlato tanto ma, in conclusione, non ha detto niente di nuovo. いろいろ喋ったけど, 結局のところ目新しいことはなにもいわなかった.

　③ Lavora molto, in media rimane in ufficio dieci ore al giorno. 彼は実によく働く. 平均して会社に毎日10時間はいる.

6.1.6.17. 数量表現

（1）〈**in**＋数値・数量語〉「…の数で；…（も）の数（の人間）が」

　① In quanti siete？ ―In venti. 「皆さん何人ですか」「20人です」

　② Arrivarono in molti al traguardo. 大勢の人がゴールインした.

　③ Lavorano in dieci in questa stanza. この部屋では10人の人が働いている.

（2）配分詞的に 〈**di**＋数詞(A)＋**in**＋数詞(A)〉「…ずつ」

　　　di tre in tre　三つ〔三人〕ずつ　（cf. a tre a tre, tre per tre）di dieci in dieci　10（箇）ずつ

（3）中間的数値〈di＋数詞(A)＋**in**＋数詞(B)〉「AとBの間の」

　① Aveva il re una figliuola d'età d'anni venti in vent'uno, molto bella e gentile. (M. Bandello) 王には20か21歳になる, とても美しくて優しい娘がいた.

　② Era passata a dimorare presso di lui con una sua rendita di sette in ottocento lire. (I. Nievo) 彼女は700ないし800リラの収入つきで彼のもとに移り住んだ.

6.1.6.18. 結婚相手

（1）〈**in**＋結婚相手の夫の姓〉戸籍などの行政用語として

6.1. 基本前置詞

Maria Bianchi in Rossi ロッシと結婚したマリーア・ビアンキ　　Anna Donati in Alberti アルベルティと婚姻関係にあるアンナ・ドナーティ　　なおトスカーナでは，Giovanna Lamberti nei Giacomelli (すなわち〈in＋夫の姓〉の代りに〈in＋複数定冠詞＋夫の姓〉)

(2)《古》

maritare A (女性) in B (男性) A を B と結婚させる (現在では，maritare A con〔a〕B)

6.1.6.19.　〈**in**＋定冠詞＋inf.〉（副詞節〔句〕相当用法）（cf. 第 4 章複文の構造，4.1.　時間節，4.1.2.1., および4.4. 原因・理由節, 4.4.2.1.）

① **時間**「…すると(き)；…しているとき；…しながら」: Nel ritornare a casa, ho incontrato un vecchio amico.　帰宅する途中で私は旧友に会った。／Nell' aprire la porta di casa, si accorse che erano entrati i ladri. 家のドアを開けた途端，彼は泥棒に入られたことに気がついた。

② **原因・理由**「…するので；…するなんて」: Sbagli di grosso, nel credere a tutti.　誰でも信じてしまうなんて，お前さんとんでもない間違いだよ。

6.1.6.20.　**熟語・成句の成分**

すでに6.1.6.10.　方式，様態，6.1.6.16.　評価，総合的判断などの項を中心にさまざまな熟語・成句を取扱ったが，ここでは，いままであまり触れられなかったものについて，その何種類かを紹介するだけにとどめたい。

(1)〈**in**＋場所を表わす特定副詞〉

in には強調的，ときに虚辞的ニュアンスがこめられる。

in qua こちらに・で　　in là あちら（側）に；先に，後(あと)に　　in su 上方に　　in giù 下方に　　in alto〔basso〕高み〔低いところ〕に　　in sopra〔sotto〕上〔下〕に　　in dentro・indentro〔in fuori・infouri〕中〔外〕に　　in dietro〔indietro〕背後に　　in fra〔infra〕間に　　in contro〔incontro〕対抗して　　in verso〔inverso〕反対に

(2) **前置詞句**：〈in＋名詞＋a〉，〈in(＋定冠詞)＋名詞＋di〉，〈in＋名詞＋con〉, ecc.

1)〈**in＋名詞＋a**〉

in seguito a…の結果，のせいで　　in cima a…の頂上に；…のあげくに　　in capo a…の上に　　in mezzo a…の中に　　in fondo a…の底〔奥〕に　　in base a…に基づく　　in rapporto a…に関して　　in proposizione a…に応じて，に比例して　　in confronto a…とくらべて　　in contrasto a…と対照的に　　in merito a…に関して　　in quanto a…に関して

2) ⟨**in**＋名詞＋**di**⟩

in via di…の途中〔段階〕に・で　　in fase di…の過程〔途上〕に・で　　in procinto di ちょうど…しようとして　　in virtù di…の力で，のお蔭で　　in conseguenza di…の結果　　in luogo di…の代りに　　in compenso di…の償いに　　in sostituzione di…の代理として　　in vista di…の近くに；…を考慮して；…を目指して

3) ⟨**in**＋定冠詞＋名詞＋**di**⟩

nel senso di…の意味で；…の方向で　　nell'ambito di…の範囲〔領域〕で　　nell'ipotesi di…と仮定して　　nei riguardi di…に関して；…に対して　　nei confronti di…に対して　　nei limiti di…の範囲内に・で，の枠内で　　nei pressi di…の近郊に

4) ⟨**in**＋名詞＋**con**⟩

in conformità con〔di〕…に従って，に合致して　　in analogia con…との類推で　　in armonia con…と調和して；に従って　　in concomitanza con…と同時的に　　in concorrenza con…と競争して　　in lotta con…と争って　　in linea con…と並んで　　in parallero con…と平行して　　in antitesi con…と対照的に　　in pari con…と同等の；…に通じた

(3) **接続詞句** ⟨**in**＋名詞＋**che**⟩

in quanto (che)＋ind.…の故に　　in modo che (＝di modo che)＋ind.〔ときに cong. vo〕…のように，ほどに；その結果…　　nel caso che＋ind.…の場合には　　nel senso che＋ind.…の意味で　　nel tempo che＋ind.…する間に　　nell'istante che＋ind.…する瞬間に，するときに

6.1.7. **per**

さまざまな意味・用法があるが，基本的に，ごく広い意味で「方向」と「経過」を示す前置詞である．

6.1. 基本前置詞

6.1.7.1. 空　間
(1) **通過点，通過場所，経過**「…を通って，を経由して」
　　1) passare per la città〔il ponte, la strada, i campi, monti, valli〕街中〔橋，道路，平地，山地，谷間〕を通りすぎる　entrare・uscire per la porta〔la finestra〕ドア〔窓〕から入る・出る　viaggiare per terre lontane 遠い土地を旅行する　passare per la testa 頭をよぎる
　　2)〈**su**〔**giù**〕**per**＋通過場所〉「…を通って上〔下〕へ」
　　　andare su per la collina 丘をのぼる　arrampicarsi su per i muri 壁をよじのぼる　capitombolare giù per le scale 階段を転がり落ちる
　　3) 成句
　　　per lungo 詳細に，長々と　per (il) lungo e per (il) largo あらゆる方向に；あらゆる箇所に　per diritto e per rovescio あらゆる方向に；なんらかの方向で　per di qua〔là〕この〔その〕場所を通って，ecc.
(2) **行動領域**「…の中を，を経て（動作の方向は一定していない）」
　　1) cacciare per il bosco 森の中を狩をして歩く　passeggiare per la spiaggia 海岸を散歩する　camminare per la stanza 部屋の中を歩く　viaggiare per tutta l'Europa ヨーロッパ全域を旅行する
　　2) 成句
　　　da per tutto あらゆるところで　andare per la maggiore 広く行われる，流行する，大成功をおさめる　andare per le lunghe 長びく，ecc.
(3) **位置，場所**「…で・に・を，において；…の間・中で〔に・を〕」
　　1) per aria 空中を〔で・に〕，上空に；不確かに，危うく　sedere per terra 地面に腰を降ろす　avere dei dolori per le ossa 骨に痛みを感じる　sentirsi i brividi per la schiena 背筋を寒いものが走るのを感じる
　　2) 例文
　　　① Sono comparse delle macchie per tutto il corpo. 体中に斑点が現われた．
　　　② Cosa ha per la testa? 彼は何を考えているんだろう？
(4) **方向**「…向けの；…に向って，を目指して」
　　1) prendere l'autobus per la stazione 駅行きのバスに乗る　continuare il viaggio per Rimini リミニまで旅を続ける
　　2) 例文

— 427 —

① Ho preso la strada più breve per l'università. 私は大学へ通じるいちばん短い道を行った．
② Se n'è andato non so per quale destinazione. いずこかを目指して彼は立ち去った．
3）成句
andare per il meglio いい方向に向う，好転する　per l'altro verso 他面〔方〕では；別な風に

6.1.7.2. 時　間
（1）**期間**「…の間」（＝durante）
per tre anni 3年間　per tutta l'estate 夏の間ずっと　per tutta la vita 一生の間　per sempre 永久に，ずっと変ることなく　per l'eternità 永遠に，未来永劫　andare per le lunghe 長い間続く
（2）**特定の時点**「…には，にこそ，までには；（ときに）…のための〔に〕」
  1）per stavolta 今回は　per il passato〔l'addietro〕かつて，昔は　per ora 今は，現在は　per adesso 現在，今のところ　per dopo 後刻〔日〕のために　per tempo 早目に，早い時間に；前もって，時間前に
  2）例文
   ① È per oggi. それは今日の予定だ〔のためのものだ〕．
   ② Sarà per domani〔la prossima volta〕. (それは) 明日〔今度〕にしよう．
   ③ Il vestito sarà pronto per lunedì〔la fine del mese〕. お洋服は月曜日〔今月末〕には用意できております．

6.1.7.3. 利害，関与；恩恵，被害；寄与「…のために；…にとって；…に対して」
 ① pregare per qu〔qc〕人〔何〕のために祈る　morire per la patria 祖国のために死ぬ
 ② (Tanto) meglio〔peggio〕per te〔Lei, voi, lui, ecc.〕. 君〔あなた，あなた方，彼，など〕にとって結構〔残念〕なことだ．
 ③ La grandine è stata disastrosa per i vigneti. 雹はブドウ畑にたいへんな災害をもたらした．

6.1. 基本前置詞

6.1.7.4. 賛成, 味方「…に賛成〔味方〕して」
以下のような自動詞（～ per）とともに．
votare に投票する　parteggiare の側に立つ　tenere に賛成する，の側に立つ　stare の味方である，に賛成する　essere に賛成である　ecc.
① Vota per il partito che preferisci あんたが好きな党に投票したまえ．
② Tu per chi tieni? 君は誰の味方なんだ？
③ Parteggia apertamente per la squadra avversaria. 彼は大っぴらに相手方チームをひいきにしている．

6.1.7.5. 適性, 性向；宛先「…に向いた，のための；…気味の；…宛の」
① le pastiglie per le tosse 咳止めドロップ　un dono per gli sposi 新婚夫婦向けの贈り物
② Non è pane per i tuoi denti. これは君の能力を越えている（← 君が噛みこなせるようなパンじゃない）．
③ Devo acquistare i mobili per il salotto. 客間へ置く家具を買わなければならない．
④ C'è una lettera per Lei. お宅様宛の手紙が参っております

6.1.7.6. 感情・関心の対象「…に対して（の）」(cf. verso)
「愛情, 感謝；憎しみ, 軽蔑, 反感, 心配；関心, 興味；性向, 適性」などを示す, 形容詞, 名詞などとともに用いる (cf. 第2章単文の文型と語の結合型)．
（1）形容詞（～ per）：entusiasta 熱中した　appassionato 大好きな　pazzo のぼせた　matto 熱愛する　fanatico 熱狂的な　ecc.
（2）名詞（～ per）：affetto 愛情　amore 愛　stima 評価　rispetto 尊敬　compassione 同情　interesse 関心　curiosità 好奇心　gratitudine 感謝　riconoscenza 謝意　propensione 素質　inclinazione 適性　ecc.
（3）例　文
① Sente un gran affetto per uno zio. 彼は叔父さんをたいへん慕っている．
② Ha una passione per il gioco e per la musica. 彼は賭け事と音楽に夢中だ．

— 429 —

6.1.7.7. 目的,用途「…のための〔に〕」(cf. da)

(1) 熟語・成句

　　per divertimento 趣味で,気晴しのために　per diporto 楽しみで　per lavoro 仕事で　per studio 勉強のために　per riposo 休息するために　per esempio 例えば　per così dire いうなれば

(2) equipaggiamento per la pesca 釣道具一式　sacca per biancheria 下着収納袋　crema per calzature 靴墨　crema per le mani ハンドクリーム　istruzione per uso 使用法説明　armadio per abiti 洋服ダンス

(3) lavorare per il benessere 暮し向きをよくするために働く　partire per le vacanze バカンスに出かける　andare per funghi キノコ狩りに行く

(4) 例文

　① Non è certo un idealista : farebbe qualunque cosa per il denaro. 彼は絶対に理想家ではない．金のためだったら何でもする．

　② Per che cosa ti servono le monete antiche che hai acquistato？ —Sono per le collezioni di mio fratello.「あんたが手にいれた古銭は何のために使うんだい？」「弟のコレクションのためさ」

6.1.7.8. 手段,道具；媒介「…による,によって,…を介して」(cf. a, di, da, in, con)

〈per＋名詞(＋前置詞)〉の形で数多くの熟語・成句を形成する．

(1) per posta 郵便で　per iscritto 文書で　per telefono 電話で　per telegrafo 電信で　per via aerea〔mare〕航空〔船〕便で　per espresso 速達で　per via orale 経口の〔で〕　per intuito 直観で　per deduzione 推論して；演繹法で　per induzione 帰納法で　per via diplomatica 外交的手段で　per bocca di…を介して　per mezzo di…によって,の方法で,を用いて　per via di…によって　per (il) tramite di…を介して　per mano di…を介して,を経て　per opera di…の力で；…のお蔭で；…のせいで　〈per＋人〉人を通じて,を介して

(2) 例文

　① Non ha avuto il coraggio di dirmelo a voce, me l'ha comunicato per lettera. 彼は私にそのことを口頭で言う勇気がなかったので,手紙で伝えてきた．

② Mi fece sapere per suo servo. 彼は召使いを通して私に知らせた．

6.1.7.9. 方式，様式 (cf. a, di, da, in, con)
〈**per**＋名詞(＋前置詞)〉，〈**per**＋(名詞化した)形容詞〉の形で，たいへん多くの熟語・成句を形成する．
（1）per caso たまたま；万が一　per bene きちんと，立派に；きちんとした，立派な　per scherzo 冗談で　per celia ふざけて　per gioco たわむれに　per fortuna 幸いにも　per sfortuna 不幸なことに　per gradi 段階的に，漸次　per fermo 確実に　per certo 間違いなく　per sommi capi 概括的に，大摑みに　per lo meno 少なくとも　per lo più 大抵は，大体のところ　per contro 反対に，これに反し　per lungo e per largo あらゆる方面で　per filo e per segno 徹底的に；逐一，詳細に　per amore o per forza なにはともあれ　per modo di dire たとえば，いうなれば　per rapporto a …に関して(は)
（2）例文
　① Se per caso lo vedi, digli di telefonarmi. もし万が一彼を見かけたら，私に電話するよう言ってくれたまえ．
　② I candidati sono stati convocati all'esame di concorso per ordine alfabetico 応募者たちは，アルファベット順にコンクール試験に呼ばれた．

6.1.7.10. 原因，理由「…のために，が故に，が原因で」
感情を表わす動詞・形容詞の「原因・理由」を表わすが，同時に〈**per**＋特定名詞(＋**di**)〉の形でさまざまな熟語・成句を形成する．
（1）自動詞（〜 per）：penare 苦しむ　soffrire 苦悩する　tremare 震える　trepidare おびえる　piangere 泣く　sospirare 歎息する　gioire 喜ぶ　impazzire 気が狂う　languire 憔悴する　ecc.
（2）再帰動詞（〜si per）：rattristarsi 悲しむ　accorarsi 悲しみ悩む　affliggersi 深く悲しむ　lagnarsi 不平を言う　lamentarsi 歎く　tormentarsi 苦しみ悩む　offendersi 怒る　distruggersi 憔悴する　imbarazzarsi 当惑する　inquietarsi 不安になる　estasiarsi うっとりする　ecc.
（3）形容詞（〜 per）：agitato 取り乱した　deluso 失望した　desolato 深く悲しんだ　preoccupato 心配した　ecc.

（4）熟語・成句
　　per bisogno 必要上　per dispetto くやしまぎれに，腹いせに　per gelosia 妬みから　per timidezza 憶病のために　per distrazione うっかりして　per riconoscenza 感謝のしるしに　per amore di…のために　per causa di …の故に，のせいで　per merito di…のお蔭で　per paura di…を気遣って　per colpa di…のせいで　per mancanza di…が不足して，が足りないので
（5）例　文
　① Ha rifiutato ogni aiuto materiale per orgoglio. 彼は誇り故にあらゆる物質的な援助を断わった．
　② Per te, mi sono beccato una multa in sosta vietata. 君のせいでぼくは駐車違反の罰金をくらってしまった．

6.1.7.11. 価格；長さ，範囲（cf. a）
（1）価格「…で」
　① per poco〔prezzo〕安値で　per un nulla 無料で　per niente 無料で　per più〔meno〕もっと高く〔安く〕
　② Ha venduto la sua vecchia auto per tre milioni di lire. 彼は自分の古い車を300万リラで売った．
　③ La villa è stata stimata per una somma enorma. 別荘は大変な価格で評価された．
（2）長さ，範囲「…にわたって」
　① Il burrone si sprofonda per quasi cento metri. 峡谷はほぼ100メートルほどなかがえぐられている．
　② È stato costruito un grattacielo che si innalza per 120 metri. 120メートルの高さのビルが建設された．

6.1.7.12. 把握部位〈他動詞＋A per B〉
主として〈**avere**〔**tenere, afferrare, prendere**〕(以上，持つ，摑む)；**condurre, portare, menare** (以上，運ぶ)〕qu **per**＋**身体・衣服**などの部位〉の形で用いられる．
　① Mi ha preso per il braccio〔il naso〕. 私の腕〔鼻面〕をつかんだ（ただし，il naso の場合は通常比喩的な用法の，「愚弄した」の意）

② Ha afferrato la fortuna per i capelli. 彼は幸運の女神の髪をつかんだ．

6.1.7.13. 資格，要件「…として」
（1）〈他動詞＋A **per** B〉「AをBとして…する」
　　avere〔tenere, prendere〕qc per certo・sicuro 何を確かだと思う　avere qu per amico〔onesto〕人を友人〔正直者〕と思う　dare qc per dimostrato〔scontato〕何を証明された〔当然の〕ものとして示す，とみなす　darsi per vinto 敗北を認める　dare qc per caparra 何を手付金として渡す
（2）熟語・成句
　　per primo 最初に　per ultimo 最後に　per secondo 二番目に
（3）例　文
　①　Ma per chi mi ha preso？Quando si rivolge a me, mi dia del Lei！「一体私を誰だと思っているんです？　私には敬称を使っていただきたいものですな」
　②　Il presidente ha parlato per primo. 最初に議長が発言した．

6.1.7.14. 交換，交替；代理「…の代りに；…として」
　〈自動詞＋**per**〉，〈他動詞＋A **per** B〉，〈名詞(A)＋**per**＋名詞(A)〉などの形で用いられる．
（1）自動詞
　①　stare per の代りをつとめる，の代理をする　valere per＋数詞…に相当する　ecc.
　②　Parlerò io per altri. みんなの代りに私が話します．
　③　Quando ti comporti in questo modo, sono io che arrossisco per te！お前さんがこんな風な振舞いをしたら，赤面するのは私のほうなんだから．
（2）他動詞
　①　cambiare〔scambiare〕A　per　B　AとBを交換する；取違える　ricompensare A per B　BにむくいるにAをもってする　abbandonare A per B　AをすててBをとる
　②　Per tutta la risposta gli diede un ceffone. 返答の代りに平手打ちをくらわした．

③ Cambiò l'orologio da tasca per un orologio da polso. 懐中時計を腕時計と取り替えた．

（3）〈**名詞**(A)＋**per**＋**名詞**(A)〉「AにはAを；AはAとして，AはAなんだということで」

① dente〔occhio〕per dente〔occhio〕歯〔眼〕には歯〔眼〕を　perso〔perduto〕per perso〔perduto〕負けたものは負けたものとして，ままよもうやぶれかぶれだ　governo per governo どんな政府であろうと（同じこと）

② Morto per morto, a ogni cadavere facevan di tutto per farlo tornare vivo. (I. Calvino) 死んだものは死んだものと割りきりながらも，それぞれの死体が生き返るよう最善の努力を傾けた．

6.1.7.15. 刑　罰 (cf. a, di)

通常〈**essere multato〔arrestato, accusato, condannato, processato〕**（罰金〔逮捕，起訴，判決，裁判〕）**per＋罪，刑**〉などの形で用いられる．

① È stato multato per vari milioni. 数百万の罰金刑になった．

② È processato per omicidio, ma ha avuto solo una condanna per rapina a mano armata. 殺人の罪で起訴されたが，強盗の罪だけの判決がくだった．

6.1.7.16. 関連，限定

（1）「…に関して（は），にとって（は）；…といえば；…の点で」

① per quanto〔quello che〕＋ind.…に関しては，に関するかぎりでは　per ogni verso〔tutti i versi〕あらゆる点で　per molti aspetti 多くの面〔点〕で　per certi aspetti ある面では　〈per parte＋所有形容詞〉…に関しては，については　per natura 生まれつき

② Per quello che ne so io, l'affare non è stato ancora concluso. 私の知るかぎりではまだ商談はまとまっていない．

③ Per impegno e serietà non credo di essere inferiore a nessuno. やる気と真剣さという点では，自分は誰にも劣らないと思っている．

（2）「…の割には」

① Quel bambino è molto intelligente per la sua età. あの子供は歳の割に

たいへんかしこい．
② Uscì di casa con sole davvero bello per essere di gennaio. 1月にしてはとてもいいお天気の日に外出した．

6.1.7.17. 配分；割合，百分率
（１）〈名詞(A)＋**per**＋名詞(A)〉「…毎に，ずつ」
　① giorno per giorno 毎日毎日　mese per mese 毎月毎月，月毎に　punto per punto 逐一，細かく
　② Hanno perquisito l'abitazione stanza per stanza. 部屋という部屋をしらみつぶしにして家宅捜索が行われた．
　③ Ho letto attentamente la tua composizione riga per riga. あなたの作文一行一行ていねいに読んだわよ．
（２）〈数詞(A)＋**per**＋単数名詞(B)〉，〈数詞(A)＋**per**＋数詞(B)〉「BにつきA」
　① un bicchiere per volta 1回に1杯（の割で）　mezzo litro per pasto 1食につき半リットル　saltare uno per ogni cinque 五つ毎に一つ省略する
　② Ha preso dei fogli e ne ha distribuito uno per ogni studente. 紙をとって学生一人に一枚ずつ配った．
　③ In quel libro c'è una fotografia per pagina. その本には1ページに1枚ずつ写真が載っている．
（３）〈(数詞(A))＋**per**＋数詞(A)〉「…ずつ」
　① Gli invitati sono entrati due per due. 招待客は二人ずつ入った．
　② Sono allineati per quattro. 四つずつ並べられている．
（４）〈**per**＋名詞〉「…に従って，別に」
　① per età 年齢順〔別〕に　per classi 階級別に
　② È stato fatto un elenco dividendo i candidati per età e per sesso. 志願者を年齢と性別で分けたリストが作られた．
　③ Sono le collezioni dei libri, similari per formato, argomento, editore. サイズ，テーマ，出版社別の本のコレクションです．
（５）〈数詞＋**per cento**〉
　Ho pagato in contanti per un sconto del 20% (per cento). 20％割引いてもらって現金で支払いをした．

第6章 基本前置詞・特定副詞の用法

6.1.7.18. 誓約，祈願「…にかけて」
呼びかけ，または強調表現として「…にかけて」

① per amor di Dio〔cielo〕神かけて；御生ですから　per Giove これは驚いた，なんてことだ；本当ですとも　per Bacco おやまあ，なんとまた　per pietà 頼むから，お願いですから　per carità（お慈悲ですから）とんでもない，やめてくださいよ

② Per l'amor del cielo, non dire nulla.　お願いだから何にもいわないで．

③ Te lo giuro per quanto ho di più caro al mondo.　この世でもっとも大切なものにかけて，君にそのことを誓うよ．

6.1.7.19. 譲歩表現の成分（cf. 第4章複文の構造，4.3. 譲歩節）
〈**per quanto**＋cong. vo〉「いかに〔たとえ〕…であろうとも，…だが」〈**per quanto**（＝ma）＋ind.〉「しかし，とはいうものの…」〈**per**＋agg.＋**che**＋essere (cong. vo)〉「いかに…であろうとも」〈**per**＋avv.＋**che**＋cong. vo〉「いかに…しようとも」〈**per**＋inf.〉「…ではあるが」〈**per**＋inf.＋**che**＋**fare**(cong. vo)〉「たとえ…しても」

① Per quanto gridiate, nessuno vi udirà.　どんなに叫んでも君たちの声は聞えないよ．

② Lo andrò a trovare oggi stesso. Per quanto è meglio che prima telefoni.　今日彼を訪ねるつもりだけど，その前に電話したほうがいいな．

③ (...) per presto che si arrivasse si era sicuri di trovarli già sul campo (...). (G. Bassani)　(…) どんなに早く行っても，すでに（テニス）コートには間違いなく彼らの姿が見られるのだった．

6.1.7.20. 乗法，除法
(1) 〈**A per B**〉＝A×B

① Due per due fa quattro.　2掛ける2は4である．

② L'area del rettangolo è uguale alla base per l'altezza.　長方形の面積は底辺掛ける高さに等しい．

(2)

① moltiplicare A per B　AをB倍する　dividere A per B　AをBで割る

6.1. 基本前置詞

② Dieci diviso per dieci è uguale a uno. 10割る10は1に等しい.

6.1.7.21. 《文, 古》起源, 由来「…から, より, を通して」

① venire per ponente 西からやってくる　parenti per parte di madre 母方の親戚

② Tanti saluti per parte mia. (通常は, da parte mia) 私からよろしくとの御伝言を.

③ Era egli, per due sorelle, zio dei due cugini. (A. Manzoni) 彼は, その二人の従兄弟の, 女親側の叔父だった.

6.1.7.22. ⟨per＋inf.⟩（副詞節〔句〕相当用法）(cf. 第4章複文の構造, 目的節以下の不定形動詞節の項)

① 目的「…するために」: Si è fermata al bar per prendere un cappuccino. 彼女はカップッチーノを飲むためにバールへ立寄った.

② 原因, 理由「不定詞過去形 → …したので；不定詞現在形(essere, avere, dovere, potere, volere など「状態」を表わす動詞とともに)…の故に, なので」: Ma costei, per avere le stesse passioni della famiglia, pareva intruire l'amarezza di questi ritorni (A. Moravia) しかしその女は, 自分なりに家族に熱い思いを寄せていたので, こうした帰り方の辛さが感じとれるようだった. ／"Per essere una manicure, potrei tenerle un po' meglio." (C. Cassola) 「マニキュアの美容師ですもの, それ (爪) 私ならもう少しきれいにしているわ」

③ 譲歩「…とはいえ」: Per non aver studiato, si è disimpegnato abbastanza bene. 彼は勉強はしなかったけど, まあまあの成績でパスした.

④ 条件「…ならば」(cf.⟨a＋inf.⟩): per così dire いわば, いうなれば　per essere sincero 率直なところ　per dire la verità 正直な話　per citare un esempio 一例をあげれば　per usare le parole di qu ⟨人⟩の言葉を用いるならば

⑤ 程度・結果: ⟨troppo…per＋inf.⟩「…するにはあまりに…である」⟨abbastanza〔sufficientemente, a sufficienza〕…per＋inf.⟩「…するに十分なだけ…する」: Quello che dici è troppo bello per essere vero! あんたの言うことは本当にしてはうますぎる話だ. ／Il fogliame non era abbastanza

— 437 —

cresciuto per formare una coltre spessa (...). (G. Piovene)　葉は厚い覆いを作るほどにはまだ充分生い茂ってはいなかった．

⑥　連続動作「そして…する」：(...) e usciva per tornare soltanto all'ora di desinare (...). (R. Bilenchi)　彼は外出したが，ようやく昼食の時間になって戻ってきた．

⑦　反意「しかし…する」：E con la gola secca mi trascino fino al terrazzo, per ricadere subito sullo sdraio. (G. Arpino)　私はのどがからからに乾いたままテラスまで体をひきずってはいくものの，たちまちデッキチェアに身を投げだしてしまうのだ．

⑧　限定「…については，はどうかといえば」（ときに per なしで）：La più giovane delle due era alta, per essere italiana, e abbastanza pienotta. 二人のうち若いほうの女は，イタリア人にしては背が高く，かなりふくよかな感じだった．

⑨　判断，推測の根拠「…するなんて」（おおむね疑問文で）：Chi sei tu per trattarmi in questo modo?　俺をこんな風に扱うなんてお前さん何様のつもりなんだ．

6.1.8.　su

基本的に，なんらかの「上（方・部・面）へ・で・に」を示す前置詞である．

6.1.8.1.　位置，場所

(1)　接触面「…の上で・に・の・を」

　a　物理的接触面

　　①　stare seduto sulla seggiola〔su un divano, sulla sponda del letto〕椅子〔長椅子，ベッドの縁〕にすわっている　　stare〔camminare〕sulla spiaggia 海岸〔岸辺〕にいる〔を歩く〕

　　②　Ho rotto il vaso che era sul davanzale della finestra.　窓敷居のうえに置いてあった花びんをこわしてしまった．

　　③　Sulle pareti della mia camera ho appeso molti quadri.　部屋の壁に私はたくさんの絵をつるした．

　b　比喩的接触面（主として熟語・成句）

　　①　su di sé 自分の背に　　su due piedi すぐに，即座に　　sul fatto ち

ょうど動作中に　essere sulle ali（鳥などが）空を飛んでいる　camminare sui piedi di qu 人を無視する，を押しのけようとする　camminare sulle uove 用心して行動する　mettere i piedi sul collo a qu 人を支配下に置く　tenere〔lasciare〕qu sulla corda 人を不安にする　essere〔stare〕sulle spine 茨のうえにいる；たいそう居心地が悪い　dormire sul lavoro 仕事をしながら眠る

② Non è più un segreto : è sulla bocca di tutti. それはもう秘密ではない．誰もが話題にしている．

③ I veri amici si possono contare sulla punta della dita. 本当の友達は数少ない（両手の指で数えることができるほどだ）．

(2) **上方，上部**「…の上のほうに・を・で」

① Stiamo volando sul Monte Bianco. われわれはモンブランの上を飛んでいる．

② C'era ancora una mela fra le foglie proprio sulla tua testa. あなたのちょうど真上の葉の中にまだリンゴの実が1箇あったわ．

③ Il paese è duemila metri sul livello del mare. その村は海抜2000メートルのところにある．

6.1.8.2. 運動の方向，目標

(1) **上方または下方への運動**「…の上に・へ」

① salire sull'autobus〔sul treno, sulla macchina, sull'aereo〕バス〔列車，車，飛行機〕に乗る　salire sul monte 山に登る　cadere〔calare〕su…の上に落ちる・倒れる　concentrare〔fissare〕A su B AをB上に集中〔固定〕させる

② Si è arrampicato sull'albero per cogliere la frutta. 果物をとるために木にのぼった．

③ Finita la storia d'amore, ha gettato tutte le sue lettere sul fuoco. 恋が終ると（彼女は）彼の手紙をすべて火にくべてしまった．

(2) **目標への運動・移動**「…に向って〔向けて〕，を目指して，の方へ」（前置詞 **a** よりも集中性が強い）

① marciare su＋地名…を目指して行進する　dirigersi〔orientarsi, dirottarsi, ecc.〕su…に向う〔に進む，に針路を向ける〕　convergere

〔sboccare〕su…に集まる〔注ぐ〕　　tornare sul luogo del delitto 犯罪現場へ戻る

② L'aeroporto di Roma era chiuso, ci dirigemmo su Napoli. ローマ空港が閉鎖されていたので，われわれはナポリに向った．

③ Appena saputa la notizia, è accorso sul posto. 知らせを聞いて，彼はすぐにその現場に駈けつけた．

(3) **比喩的・精神的運動方向**

① andare〔montare〕su tutte le furie 怒り心頭に発する　　agire su…に反作用する，に反応する　　toccare〔pungere〕qu sul vivo 人の痛いところに触れる〔をつつく〕　　mettere un'ipoteca su …に抵当を設定する　　giocare〔scommettere, puntare〕qc su …に何を賭ける　　lavorare〔sgobbare〕su …(の問題) に取り組む，に精力を向ける

② La responsabilità ricadde su di noi. ふたたび責任がわれわれのうえにふりかかってきた．

③ Cercano di scaricare la colpa su quei ragazzi. その若者たちに罪をかぶせようとしている．

④ Puntava una forte somma su quel cavallo. 彼はその馬に大きく（高額を）張った．

6.1.8.3.　打撃，攻撃，襲撃の目標「…に対して，に向けて，目指して」
　　　　（cf. contro；第2章単文の文型と語の結合型〉

(1) 自動詞（～su）：battere 打つ　　puntare 狙う　　sparare 撃つ　piombare 急襲する　　infierire 激しく襲いかかる，ecc.

(2) 他動詞（～A su B）：avventare (A を B) にぶつける　　gettare めがけて投げる　　rovesciare にぶちまける，ecc.

(3) 再帰動詞（～si su）：accanirsi に激しくいどむ　　gettarsi 襲いかかる　slanciarsi 突進する　　sfogarsi 憤懣をぶちまける　　avventarsi 飛びかかる，ecc.

(4) **例　文**

① I commissari di esami infierivano sul povero candidato. 試験委員たちは，気の毒にも，その受験生に集中質問を浴びせた．

② La polizia sparò sui manifestanti. 警察はデモ隊に発射した．

— 440 —

6.1. 基本前置詞

6.1.8.4. 重層, 反復「…に重ねて；…の次に」
（1）**空間的用法**（名詞(A)＋**su**＋名詞(A)）
　①　costruire la casa pietra su pietra 石を積み重ねて家を建てる　　fare 〔pagare〕debiti su debiti 次々に借金を重ねる〔払う〕　　fare promesse su promesse 約束を重ねる
　②　Ma a Gian dei Brughi era presa una tal furia di letture, che divorava romanzi su romanzi e, stando tutto il giorno nascosto a leggere (...). (I. Calvino) しかしジャン・デイ・ブルーギは，次々に小説を読破したいというはげしい読書欲に取りつかれ，人目をしのんで終日読書に没頭したのだった（…）.

（2）**時間的用法**（稀）（≒dopo）
〈食・飲物(A)＋**su**＋食・飲物(B)〉「Bの後にAを，Bに重ねてAを」
　①　Il limone sul latte dà acidità di stomaco. 牛乳のあとにレモンを食べると，胃の酸度が強くなる．
　②　Non bere il vino sul latte. 牛乳にワインを添えて飲んではいけない．

6.1.8.5. 優位，支配；監視「…の上に・で・を・へ」（cf. 第2章単文の文型と語の結合型）
（1）**自動詞**（～su）：vigilare 見張る　　vegliare 見守る　　spaziare 高みから見る　　regnare 君臨する　　signoreggiare 君臨する　　dominare 制圧する　　prevalere より優位を占める　　vincere に対し勝利をおさめる　　trionfare に打ち勝つ　　spiccare 際立つ　　emergere 際立つ　　eccellere 傑出する　　staccare 目立つ　　grandeggiare 高くそびえる，ecc.
（2）**他動詞**（～A su B）：vincere（Bに対しAを）かちえる，ecc.
（3）**再帰動詞**（～si su）：elevarsi より傑出する　　rivalersi を犠牲にして埋め合わせる
（4）**成句**　avere potere su に力をふるう，影響力をもつ　　esercitare autorità su qu 人に権威をふるう　　avere un vantaggio su qu 人に対し優位を保つ　　riportare vittoria su に勝利をおさめる
（5）**例文**
　①　Anticamente Roma comandò, incontrastata per molti anni, su numerosi genti. 古代，ローマは長い年月にわたって，さしたる反乱もなく多く

の民族に命令をくだした．
② Egli prevalse su tutti per teoria e virtù. 彼は理論の面でも精神的能力の点でも，万人を凌いだ．

6.1.8.6. 近接，俯瞰「…に面した〔て〕，に臨んで，に接した」
① una città sul mare 海沿いの都市　　un negozio sul lungomare 海岸通りの店　　una finestra sul cortile 中庭に面した窓
② La porta del paesino dà sulla via principale. 部落の入口は幹線道路に通じている．
③ Ho una bella villa sulle rive del Lago di Guarda. 私はガルダ湖のほとりに気のきいた別荘をもっている．

6.1.8.7. 近似値
(1) 時　間
　a　**時点**「…（する）頃，の近くに；…を目前にして」
① sul far della mattina 朝早く　　sul mezzogiorno〔sulla mezzanotte〕正午〔深夜十二時〕頃　　sull'imbrunire 暗くなる頃　　sul tramonto 日没時　　sul tardi 午後遅くに；昼近くになって　　sul far del giorno〔della sera〕夜明け〔日暮れ〕方　　sul finire dell'estate 夏の終り頃　　sul declinare dell'età 晩年になって　　sullo scorcio del secolo 世紀の終り頃　　la notte sul sabato 土曜日の前の晩　　essere〔stare〕sul punto di+inf.…しようとしている
② Allora d'accordo, ci vediamo sul tardi! よしOK，夕方前に会おう．
③ Verrò sulle otto. 8時頃参ります．
　b　**長さのある時間**「およそ…」（＝circa）
① Sarò assente sui due mesi. ほぼ2ヶ月欠席するつもりだ．
② Sono stanco : è una settimana che lavoro sulle dieci ore del giorno. 疲れたよ．一日約10時間働いてもう1週間になる．
(2) 年　齢「…歳ぐらい，ほぼ…歳（の）」
① essere sulla quarantina〔cinquantina〕40〔50〕歳くらいである　　avere su+定冠詞+基数+anni ほぼ…歳である　　una giovinezza sui sedici anni 16歳くらいの少女

② È molto giovane : avrà sui venti anni. (彼女は) とても若い．20歳くらいだろう．

③ Mia figlia va sugli otto anni. 娘はもうじき8歳になる．

(3) **価格，価値**

① Costerà sulle centomila lire〔sui mille franchi〕10万リラ〔1000フラン〕くらいだろう．

② Il suo anello potrebbe valere sui sei milioni. 彼女の指輪は600万くらいの値打ちがあるだろう．

③ Attualmente, per comprare un mini-appartamento in montagna, ci vorranno sui cento milioni. 現在山間の小マンションを購入するには1億くらいは必要だろう．

(4) **重量，長さ，その他**

① Pur mangiando molto non ingrassa : peserà sui 50kg. よく食べるけれど肥らない．50キロぐらいだろうか．

② Per fare una camicia, servono sui 2 metri di stoffa. ワイシャツを作るには約2メートルの布地が必要だ．

③ Il volume in preparazione sarà sulle duemila pagine. 今準備中の書物は2000ページくらいになるだろう．

6.1.8.8. 同時，瞬間

① sull'istante (=all'istante) すぐに，たちまち　　sul momento 一瞬 (のうちに)，直ちに

② Ho deciso di piantarlo sull'istante. 私はその瞬間彼を放っぽっておくことに決めた．

③ Sul momento, non ho capito a chi alludesse. 彼が誰のことをいってるのか咄嗟(とっさ)にはわからなかった．

6.1.8.9. 主題「…について」

① parlare〔discutere〕su…について話す〔議論する〕　　piangere su…に涙をながす　　un trattato〔un saggio, un libro, una conferenza, ecc.〕su…に関する論考〔エッセー，本，会議，など〕

② I professori hanno espresso un giudizio positivo sulla capacità dello

studente. 教授たちは，その学生の能力に高い評価をくだした．
③　Non è facile prendere una decisione: in questo caso sono ancora incerto sul da farsi. 簡単には決断できない．今度の場合，どうしたものかまだふんぎりがつかないのだ．

6.1.8.10.　基準，模範；根拠「…に従って，に応じて；…に基づいて，がもとで」

①　su misura (di)(…の) 寸法〔目的〕に合わせて　　su richiesta (di)(…の) 求め〔要請〕に従って　　su indicazione (di)(…の) 指示に基づき　　su incarico di…の委託を受けて〔た〕　　su(l) modello di…にならって　　sull'esempio di…の例に従って　　sul serio 真面目に　　su questo andare この調子で

②　abito〔scarpe〕su misura 注文服〔靴〕　　prestito su pegno〔garanzia〕担保〔保証〕つき貸付け　　imposta sul reddito〔sul valore aggiunto〕所得〔付加価値〕税

③　Quel famoso chirurgo riceve solo su appuntamento. その有名な外科医は予約診療しかしない．

④　La biblioteca, su mia proposta, ha fatto l'abbonamento a varie riviste. 図書館は，私の申し出でいろいろな雑誌の購入の予約をした．

6.1.8.11.　基調，調子；基層物質

（１）基調，調子「…気味の〔で〕，調の〔で〕，がかった；…が基調の」

①　andare sul faceto 冗談好きである，道化た調子である　　andare sull'osceno 猥談好みである　　andare sul sicuro 危険はおかさない，安全志向である　　essere sull'annoiato〔arrabbiato〕退屈〔腹立ち〕気味である

②　una stoffa sul marrone 栗色がかった布地　　una tinta sul rosso 赤を主調とする色　　un pezzo musicale sul minuetto メヌエット形式の音楽作品

③　Compose una rapsodia su una tema di Vivaldi. 彼はヴィヴァルディの主題によるラプソディを作曲した．

④　Quel nastro così vistoso stona sul tuo modesto vestito. そんなはでな

6.1. 基本前置詞

リボン，あなたの地味な服には釣り合わないわよ．
⑤ Non ammetto che mi si parli su questo tono. 私に対しこんな言い方をすることは許せない．
（2）**基層物質**「…を基にした，が生地になっている」
un dipinto sul tela〔tavola〕油〔板〕絵　　l'incisione su rame 銅版画　　il disegno su cartone 下絵　　uno stampato su pergamena 羊皮紙の文書

6.1.8.12. **依存，依拠**「…に頼って，に身をゆだねて；…を基礎にして」
（cf. 第2章単文の文型と語の結合型）
（1）自動詞（～su）：contare に頼る　　riposare を頼りにする　　poggiare に基づく　　appoggiare に基づく　　fidare に頼る　　confidare を信ずる；vivere で生きる　　campare で生活をする，ecc.
（2）他動詞（～A su B）：basare（B に A の）基礎をおく　　fondare 基礎を置く　　posare（A を B に）ゆだねる　　poggiare（B に A を）置く　　impostare（B 上に A を）設定する，ecc.
（3）再帰動詞（～si su）：basarsi に基礎を置く　　fondarsi に基づく　　appoggiarsi に基づく；に頼る　　reggersi で身を支える　　imperniarsi に基づく，ecc.
（4）成句的表現
fare fondamento su…に頼る　　sul fondamento di…に基づいて　　sulla base di…に基づいて
（5）例　文
① Faccio assegnamento sul tuo buonsenso. 私は君の良識を頼りにしている．
② I miei sospetti poggiano su solidi indizi. 私の疑いは確かな証拠に基づいている．

6.1.8.13. **比率，対比**
〈数量語(A)＋**su**＋数量語(B)〉「B のうちの A，B に対する A」
① Quando parla, nove volte su dieci, ha ragione. 彼の発言は，10のうち9までは正しい．
② Lo Stato non sa che uno su tre muore di cancro. 国は，三人のうち一

人が癌で死んでいることに気づいていない．
　③　Mi disse: su 4000 abitanti, negli ultimi 4 anni ne sono partiti 2000. (G. Russo) 彼が私に語ったところでは，最近4年間で4000人の住民のうち2000人が流出したということである．

6.1.8.14.　〈su+inf.〉（副詞節的用法）

　通常，〈**su**+定冠詞+inf.〉の形で，動作の開始・達成間近かの，おおよその時間を示す．主として，一日の時間の経過・進行の節目，太陽の運行，月・季節の交替，発生・生成などを表わす動詞とともに用いられる．「…する頃，しようとするとき；…を間近かに控えて」
　①　Sul finire dell'estate di solito comincia a piovere. 夏の終りに近づくと，いつも雨が降りだす．
　②　E sull'imbrunire (...) sentì un passo. (M. Tobino) そして夕方近くに(…)足音を聞いた．
　③　Sul calare del crepuscolo, si metteva a suonare l'oboe, o il clarino, o il flauto. (N. Ginzburg) あたりが暮れなずむ頃になると，オーボエ，クラリーノ，あるいはフルートの演奏がはじまるのだった．

6.1.8.15.　他の前置詞との併用，その他

（1）**in su**（=su），**d'in su**（=di su）《文，俗》おおむね in は虚辞ないし冗語．
　①　in sul mezzodì 正午頃　　in sull'ora del tramonto 日暮れ方　　in sul desinare お昼頃　　in sul terrazzo テラスの上で　　in sul principio（=al principio）del discorso 話の冒頭
　②　D'in su la vetta della torre antica,／Passero solitario, alla campagna／Cantando vai finché non muore il giorno. (G. Leopardi) 独り身の雀よ．古い塔の頂きから終日お前は，野に向って歌をうたっている．
（2）**di su**（=da sopra）「…の上から」(cf.〈da+副詞の su〉)
　①　Di sulla collina si domina tutto il golfo. 丘の上から湾全体が見渡せる．
　②　Leva via il fiasco di sulla tavola. テーブルの上から酒びんを取り除く．
（3）《《不定詞+mi・ti・gli・ci・vi》+**su**》

6.2. 副詞 su, giù, fuori, via

① Voglio pensarci su. そのことを（そのことについて）よく考えたい．
② Attento a non montargli su. その上に乗らないように注意したまえ．
③ È meglio riderci su. そんなこと笑いとばしてしまったほうがいい．
（4）〈**su di**＋人称代名詞（me, te, lui, …）〉
　　contro, dentro, dietro, fra〔tra〕, fuori, sopra, verso などの前置詞と同じように，su も，人称代名詞の前に置かれるときは，間に di を介在させる．Prendo tutta la responsabilità su di me. 私は全責任を負う．

6.2. 特定副詞　su, giù, fuori, via

6.2.1. **su**

6.2.1.1. 「上方に・へ・を・で」（＝in alto, verso l'alto）
① Aspetta, monto su io. 待ってくれ．ぼくがのぼる．
② Avviatevi su voi intanto, io vi seguo tra poco. さきにあがって行ってください．じきに追いつきます．
③ Resti giù o vieni su? 下にいる？　それとも上へ来る？
④ Io stesso li ho messi su. 私が上（の棚）に置いたんだ．

6.2.1.2. 「上の階に・で」（＝al piano superiore）
① La mamma è su che fa i letti. ママは上でベッドを作っている．
② Salgo su e torno subito. 上の階へ行ってすぐ戻る．
③ Carlo abita più su. カルロはもっと上の階に住んでいる（cf.「この通りをもう少し先へ行ったところに」の意味にもなる）．

6.2.1.3. 〈su＋場所〉
① Se cerchi tuo cognato, lo troverai in piazza o su di lì. 義弟を探しているなら，広場かあの向うのほうにいるよ．
② Su in montagna già nevicava. 山のほうではもう雪が降っていた．

6.2.1.4.〈場所の副詞＋su〉
① qua・qui su ここ上のほうに・で；こちら山地〔北部地方〕で・に　　là・

lì su あちらの上のほうに・で；あちらの山地〔北部地方〕で・に　　costà su そちら上の方で・に（quassù, lassù, costassù の形にもなる）
② Metti il giornale lì su. その上に新聞を置いてよ．
③ Siediti qui su. ここへ腰かけたまえ．

6.2.1.5．**su su**「高く高く；ずっと上の方へ・に・を；だんだんと；ずっとさかのぼって」
① Passava su su nel cielo un aeroplano. 空高く飛行機が飛んでいた．
② Il pallone saliva su su nell'aria. 風船は空をどんどん上の方へあがっていった．
③ Tratterò l'argomento su su fino alle origini più remote. その問題をはるか昔の遠い源にまでさかのぼって論じるつもりだ．

6.2.1.6．強調的ニュアンスの冗語的用法
① Non riesce ad alzarsi〔rizzarsi〕su. 彼は立ち上ることができない．
② Levatevi su da quel prato. 草原から起き上りなさい．
③ Non andare su di sopra. 上へ行ってはだめよ．

6.2.1.7．**su e giù**「上へ下へと；行ったり来たり」
(1) 副詞として
① passeggiare su e giù 行きつ戻りつ散策する
② Il leone andava su e giù per la gabbia. ライオンは檻の中を行ったり来たりしていた．
(2) 名詞化「行き来，往来」
① Mi dà noia tutto questo su e giù. この往来にはうんざりしている．
② C'era un continuo su e giù. 絶えず人の往来があった．

6.2.1.8．**più su**「もっと上に・で；もっと先の方に・で；もっと北方に・で」
① L'aquilone saliva più su, più su, sempre più su. 凧はどんどん上のほうへとあがって行った．
② Il segretario ha l'ufficio più su, al terzo piano. 書記官はもっと上の階，

4階に事務所を構えている．
③ La mia casa si trova un po' più su. 私の家はもう少し先にある．

6.2.1.9. 前置詞との併用
（1）**in su**「上へ・に・を；北に・へ・で」(in は虚辞ないし冗語的に用いられる）
① Venivano in su verso di noi. 彼らはわれわれのほうへ上ってきた．
② Il taschino lo farei un poco più in su. 小ポケットは，もう少し上につけましょう．
③ Ha ballato con la braccia in su. 彼は片腕を上にあげて踊った．
④ Il mare è gelato da Stoccolma in su. ストックホルムから北は海が凍ってしまった．

（2）**in su e in giù**（=su e giù）
Correva in su e in giù tutto affannato. すっかり息せききって彼はあちこち走りまわっていた．

（3）〈**da**＋数詞＋**in su**〉「…以上」
① i prezzi da centomila lire in su 10万リラ以上の値段
② Possono entrare i ragazzi da 18 anni in su. 18歳以上の若者は入場できる．

（4）**di〔da〕su**「上から」(di su は，「上に・で」の意も．cf. 6.1.4. 前置詞 di の，6.1.4.31 成句的表現の成分）
① Lo vedi meglio se lo guardi da su. 上から見ればよく見えるよ．
② Di su piovono oggetti d'ogni sorta. あらゆる種類のものが上から降ってくる．

（5）**con su**「上に…がついた」
un cassettone con su due candelabri 2燭台付き整理簞笥（タンス）　una mensola con su un vaso di fiori 上に花瓶を置いたマントルピース

（6）**su per**「…を経て〔通って〕（次第に）上へ」
① L'ho incontrato su per le scale. 私は階段をのぼる途中で彼に出会った．
② Le faville salivano su per la cappa del camino. 火の粉が暖炉の煙突のなかをあがっていった．

6.2.1.10. 間投詞的に「さあ,そら;おいおい」
励まし,命令,怒り,焦立ちなどの気持をこめる.ときに su su で強調的に.
① Su, svelti, sbrigatevi!　さあ早く,急ぐんだ.
② Dimmi su, perché l'hai fatto?　さあ言いたまえ,なぜあんなことをしたんだ.
③ Su con la vita! Su, coraggio!　さあしゃんとして!　元気をだすんだ!
④ Su, su che faremo tardi!　さあやった,遅れてしまうぞ.

6.2.1.11. 〈動詞+su〉
(1) **andare su**
　1) 上(の方)へ行く　2) (価格,気温などが) 上昇する　3) (non andare né su né giù の形で) (食物,飲物が) 飲みこめない: La minestra non mi va né su né giù. スープがのどを通らない;(議論,理屈が) 納得(許容)できない.
(2) **fare su**
　1) (物を) 丸くする,丸める: fare su la lana 毛糸を丸める　2) (人を) 丸めこむ
(3) **mettere su**
　1) (家,建物を) 建てる,建設する;(作品を) 制作する　2) (集団,組織を) 形成する,組織する;(芸術・商業活動を) 準備する;(会議,儀式,祭りなどを) 設営する,組織する　3) (店,事務所などを) 開く　4) (衣服を) 着る,身につける　5) (態度を) とる,帯びる: mettere su superbia 高慢な態度をする　mettere su arie もったいぶる　6) mettere su pancia 腹が突き出る　7) mettere su i punti 編目をつくる〔配置する〕　8) (人を) 採用する　9) (contro に対して) (人を) けしかける,そそのかす　10) (鍋;料理を) 火にかける
(4) **saltare su**
　1) 前にとびでる;ぱっととびあがる;はね起きる　2) (突然)口を差しはさむ,しゃしゃり出る;(しばしば saltare su a dire の形で) 突然〔だしぬけに〕…という　3) 興奮する　4) (文,古) 上演される
(5) **tirare su**

6.2. 副詞 su, giù, fuori, via

1）上へあげる，持ちあげる，引っぱりあげる　　2）拾う，集める　　3）（子供などを）育てる　　4）作る，製作する　　5）（髪を）あげて束ねる　　6）（肉体的，精神的に）元気づける，立ちなおらせる；（会社などを）再建する　　7）tirare su (col naso) 鼻をかむ　　8）（食べたものを）吐く

（6）**venire su**
　　1）上（の方）へ来る　　2）（人，植物が）成長する　　3）（植物などが）根づく：È un clima in cui il grano non viene su. 小麦が根づかない気候だ．　　4）（食物，飲物が）胃からあがってくる，むかむかさせる：Mi viene su la frittata di cipolle che ho mangiato a pranzo. 昼食のとき食べた玉葱のフライのせいでむかむかする．　　5）venire su dal niente ゼロからのしあがる，（誰の助けもかりずに）成功する　　6）（麻薬などが）効き目をあらわす

6.2.2. **giù**

6.2.2.1. 「下に・で・へ・を；下の階に・へ・で」
① Scendo subito giù. すぐ下へ降りて行きます．
② È giù in piazza a chiacchierare con gli amici. （彼は）下の広場で友達とお喋りをしている．

6.2.2.2. 「南に・へ；死者の国で」
① Nella prossima settimana andrò giù in Sicilia per pochi giorni. 来週，数日ほどシチリアへ行くつもりです．
② giù nelle profondità del suolo. 地中深く黄泉(よみ)の国で

6.2.2.3. 〈giù＋場所〉
やや冗語的な用法．強調的ニュアンスが加わる．
① Venite a giocare giù in cortile. 中庭に遊びに降りていらっしゃい．
② Abita giù in fondo alla valle. 谷のずっと底のほうに住んでいる．

6.2.2.4. **giù giù**「だんだん下の方へ；ずっと時代をくだって」
① Le lacrime gli scendevano giù giù per le guance e il collo. 涙が彼の

頬から首へと伝わっていった．
② Cominciò a narrare la storia delle origini, e poi giù giù fino ai giorni nostri.　彼はその起源について話しはじめ，やがて時代をくだっていき，現代にまで及んだ．

6.2.2.5.　〈**E**（ときに e なしで）**giù**＋名詞〉（cadere, calare などの動詞を省略した形）「すると…が降りてくる・きた〔落ちてくる・きた〕，たちまち…が到来する・した」
① E giù acqua a catinelle.　やがてどしゃぶりの雨がやってきた．
② E giù una serie di improperi.　ひとしきり悪口雑言が浴びせられた．
③ Giù applausi senza fine.　拍手がはじまり鳴りやむことなく続いた．

6.2.2.6.　前置詞との併用
（1）**in giù**「下の方へ・に，下方に向って」(in は虚辞ないし冗語的に用いられる)
① Prova a guardare in giù.　下のほうを見てみたまえ．
② La casa è in giù alla fine della strada.　家は道のどんずまりの，下のほうにある．
（2）〈**da**＋身体部位＋**in giù**〉「…から下へ・に…」
① dal ginocchio in giù 膝から下にかけて
② Dalla testa in giù è tutto sporco.　頭から下がすっかりよごれている．
（3）〈**da**＋数量語＋**in giù**〉「…以下」
da trent'anni in giù　30歳以下　dal grado decimo in giù　第10度〔段階，等級〕以下　dal numero venti in giù ナンバー20以下
（4）**più in giù**「もっと下（方）に」
L'ascensore non va più in giù.　エレベーターはそれ以上下へは行かない．
（5）**da〔di〕giù**「下から，下の方から」(di giù は「下の；下に・で」の意も．
　　cf.第6章重要前置詞の用法, 6.1.4.　di, 6.1.4.31.　成句的表現の成分（4)）
Il rumore viene da giù.　物音は下の方から聞えてくる．
（6）**giù per**「…を通って〔経て〕下へ」
① Porta i capelli giù per le spalle.　髪を肩から下へたらしている．

6.2. 副詞 su, giù, fuori, via

② Se ne veniva giù per il sentiero. 小路を伝わって下へ降りてきた．

6.2.2.7. 成句的表現
（1）**su per giù**〔**giù per su**〕「およそ，大体」
　① Ha su per giù quarant'anni. 40歳ぐらいである．
　② Costerà su per giù 50,000 lire. ほぼ50,000リラくらいだろう．
（2）**o giù di lì**「ほぼその辺に；おおよそ，大体」
　① Credo che abiti in Piazza Dante o giù di lì. ダンテ広場かそのあたりに住んでいると思う．
　② Saremo in venti o giù di lì. われわれ全部で20人くらいになるだろう．
　③ Quel quadro varrà venti milioni o giù di lì. その絵は2,000万くらいの値だろう．

6.2.2.8. 間投詞的に「さあ〔おい〕降りたまえ〔置くんだ；とりたまえ；脱ぎたまえ〕；やめろ」
励まし，命令；怒りなどの気持をこめて用いる．
　① Giù subito da quella scala! さあすぐ階段から降りたまえ．
　② Giù la maschera! Basta con le finzioni. 仮面を脱ぎたまえ．お体裁は沢山だ．
　③ Giù le armi! 武器を置くんだ！ Giù i traditori! 裏切り者をやっつけろ！ Giù il cappello! 帽子を脱ぎたまえ！

6.2.2.9. 〈動詞＋giù〉
（1）**andare giù**
　1）下へ降りる　2）崩壊する　3）元気がなくなる：Mio padre, dopo la malattia, è andato molto giù. 父は病気のあとめっきり気力が衰えた．　4）値下りする；(価値，評価が) 下落する：Vanno giù le azioni petrolifere. 石油関連の株が値下りしている．　5）(+a qu. 通常否定形で) (人が飲食物を) 飲みこめない：Questa medicina non mi va giù. この薬は私には飲めない．　6) (否定形で，〈a qu〉を伴なう．ときに非人称的に → non andare (3単形) giù a qu che+cong. vo) (人は) …が我慢ならない，受けいれられない；信じられない：Questi atti di prepotenze non mi

vanno proprio giù. こうした尊大な振舞いは本当に我慢できない．／Non mi va giù che sia stato lui.　私にはそれが彼だったということが信じられないのだ．　7）andare giù di moda 用いられなくなる，流行が衰える
(2) **buttare giù**
1）投げる，投げ捨てる　2）（樹木；建造物；敵；政府などを）倒す，倒壊させる　3）（パスタ，米などを）沸騰した水に入れる　4）走り書きする；（仕事などを）手早く片づける　5）（飲物を）飲みこむ；（目的補語なしで）我慢する，屈辱をのみこむ　6）（身体的，精神的に，人を）参らせる，うちのめす　7）（人を）おとしいれる，（人の）悪口をいう
(3) **buttarsi giù**
1）（どうと）身体を横たえる，横になる　2）意気阻喪する，落ちこむ
(4) **dare giù**（この場合 dare は自動詞）
1）（精神的，肉体的に）衰える，衰弱する　2）（風，嵐などが）やむ，静まる　3）打つ，たたく
(5) **essere**〔**stare, sentirsi,** ecc.〕**giù**（ときに動詞なしで形容詞的に）（肉体的，精神的に）参っている，落ちこんでいる，元気がない：L'ho trovato molto giù di morale.　彼は精神的にひどく参っていた．
(6) **mandare giù**
1）（食物，飲物を）呑みこむ　2）（物事を）信じる；許容する，我慢する，耐える
(7) **mettere giù**
1）（物を）下へ置く，降ろす；見せる　2）（困難，障害を）取り除く　3）（感情を）鎮める　4）（文章を）急ぎしたためる　5）（人を）倒す
(8) **tirare giù**
1）下へ投げる；さげる，降ろす　2）（薬；杯を）一気にのみほす，呑みくだす　3）（殴打を）繰返し強くくらわす　4）（仕事を）そそくさと片づける，やっつける；（芸術作品を）次々に濫作する　5）（悪口雑言を）ぶちまける：Quando s'arrabbia, ne tira giù di quella.　彼は腹を立てるとわめきちらす．
(9) **venire giù**
1）下へ来る，降りる　2）（雨や雪がはげしく）降る　3）崩壊する，倒れる：Non mi muovo nemmeno se viene giù il mondo.　どんなことがあ

6.2. 副詞 su, giù, fuori, via

っても（世界が崩れ落ちても）私は絶対に動かない．

6.2.3. fuori

6.2.3.1. 「外に・で・へ・を」
① C'era fuori un tale che cerca di te.　君を訪ねてきた人が外にいる．
② L'aspetto fuori in giardino.　庭でお待ちしています．
③ Guarda fuori che tempo fa.　天気の具合がどうか外を見てくれ．

6.2.3.2. 「家〔店，事務所など〕を離れて，外出して」
① Sono stato fuori tutto il giorno.　私は1日中外出していた．
② Debbo andare fuori per un'oretta.　1時間ほど外出してこなければならない．
③ Ceniamo fuori?　外で夕食をとろうか？

6.2.3.3. 「ほかの地方，都市，国に・で」
① Aspettiamo ospiti da fuori.　われわれはよそから来るお客さんを待っている．
② I napoletani fuori si fanno riconoscere per la loro vivacità.　ナポリの人間は，街を離れても威勢がいいからすぐ見分けがつく．

6.2.3.4. ⟨là〔lì〕・qui〔qua〕+fuori⟩
場所の副詞を併用して fuori を強調する表現．
① Guarda là fuori.　そっちの外のほうを見たまえ．
② Aspetta qua fuori.　ここ外で待っていてちょうだい．

6.2.3.5. 「外面〔外見〕は・では・に」
① Dentro si rode per l'invidia, ma fuori non trapela nulla.　心の中は嫉妬をたぎらせているが，表情には表わさない．
② Fuori sembra una persona perbene.　外見では立派な人間のように見える．

第6章　基本前置詞・特定副詞の用法

6.2.3.6. 〈前置詞＋fuori〉
（1）**in fuori**（in は虚辞ないし冗語として用いられる）
　1）「外側へ・に」
　　È piegata in fuori.　外側に曲っている．　　Aveva le labbra in fuori. 唇が突き出していた．　　Cammina con la pancia in fuori.　お腹を突きだして歩く．
　2）「除いて」
　　Da loro in fuori non ne conosco altri.　彼ら以外の人は知らない．
（2）**da〔di〕fuori**「外から；外を・で・に」（di fuori については，cf. 第6章 重要前置詞の用法6.1.4.　di, 6.1.4.31.　成句的表現の成分，（4））
　①　È passata da fuori.　外を通りすぎた（passare da は「…を通りすぎる；…に立ち寄る）．
　②　Aspettami di fuori.　外で待っていてくれ．

6.2.3.7. 間投詞的用法
（1）「外へ出ろ！」
　Fuori di qui！　ここから出て行け．
（2）「…を出せ！」
　Fuori i soldi！　金を出せ　　Fuori le prove！　証拠を出したまえ．
（3）**劇場での呼びかけ**「…よ出て来たまえ」
　Fuori l'autore〔il tenore〕！　芝居作者〔テナー歌手〕よ，舞台に姿を現わしたまえ．
（4）「（魚雷などを）**発射！**」
　Fuori uno！　第1号発射！

6.2.3.8. 〈動詞＋fuori〉
（1）**andare fuori**
　1）外へ出る，外出する　　2）（液体が）外へこぼれる　　3）（出版物が）刊行される
（2）**buttare fuori**
　1）放りだす　　2）広める，宣伝する　　3）（芽を）出す，（花を）咲かせる　　4）吐きだす　　5）（学生俗語）退学させる，放校する

6.2. 副詞 su, giù, fuori, via

(3) **cacciare fuori**
　1)（人を）外へ追いだす　2)（金を）いやいや支払う
(4) **dare fuori**
　a　自動詞　1) 外へ出る　2)（水などが）溢れでる　3)（むしろ dare di fuori で）射ち損じる；失敗する　4)（病気が）現われる　5)（革命が）勃発する　6)（感情が）激発する，噴出する　7)（芽が）出る
　b　他動詞　1)（芽，枝，花を）出す　2)（叫び，笑いを）放つ　3)（本などを）出版する，広める　4)《学生俗語》放校する，退学させる
(5) **essere fuori**
　1) 外出している；自分の家，都市，国などを離れている　2) 出獄している　3)（出版物が）刊行されている　4) 危機を脱する　5)（賭け事で）必要な得点〔カード〕を手にいれ，ゲームをおりている　6)（知的教養やファッションなどの面で)遅れている,野暮である　7)（家などが）街中を少し外れたところにある　8)〈essere（3単形）fuori che＋cong. vo〉…はありえない，ありそうもない．
(6) **fare fuori**
　1)（人を）殺す，ばらす　2)（女性を）犯す　3)（物事の）片をつける　4)（物を）徹底的にぶっこわす　5) 略奪する,盗む　6)（商品などを）売る，片づける　7)（飲物，食物を）飲みほす，ぺろりと平らげる：fare fuori una bottiglia 1 びん飲みほしてしまう
(7) **lasciare fuori**
　1) 除外する，無視する　2) 切り離す
(8) **mettere fuori**
　1) 外へ出す　2) お払い箱にする　3)（旗，地図，掲示を）掲げる，張りだす　4)（金を）引きだす；支出する，支払う　5)（意見，考えを)表明する，打ちだす，広める　6)（口実などを)持ちだす　7)（新製品を）売りだす，打ちだす　8) 出獄させる
(9) **passare〔trapassare, ferire〕fuori**
　（剣や銃弾が）貫通する
(10) **restare〔rimanere〕fuori**
　集団〔名簿〕から外される，除名される

(11) **saltare fuori**
　　1）外へ飛びだす；突然現われる　　2）発見される，見つかる；明らかになる（非人称的にも：＋che＋ind.）　　3）話題になる；公けになる　　4）〈～a＋inf., ～con＋議論，提案〉突然…を切りだす〔もちだす〕：Saltò fuori con una proposta. 突如ある提案を切りだした．　　5）生ずる，発生する　　6）切り離される

(12) **tagliare fuori**
　　（場所・グループ；新知識，流行から…を）切り離す；閉めだす

(13) **tirare fuori**
　　1）引き抜く，引き出す　　2）（奇妙な考え，時代遅れの理屈などを）持ちだす，ひっぱりだす

(14) **venire fuori**
　　1）外へ出る　　2）明るみに出る，発見される；刊行される　　3）〈～con＋文，せりふ；要求など〉(venire の代りに saltare, scappare も使用) 突如予想外〔場違い〕の…をいう〔持ちだす〕：Adesso viene fuori con nuove pretese. 今新しい要求をもちだしてきている．

6.2.4. via

6.2.4.1. **e via (via)**「そして，すばやく立ち去った」(andare via の andare を省略した形)
　① Si alzò di scatto e via di corsa. 彼は不意に立ち上ると走り去った．
　② Ha preso la sua roba, e via col primo treno. 荷物を手にすると一番の列車で発ってしまった．

6.2.4.2. **e così via〔via così〕, e via dicendo〔discorrendo〕, e via di questo passo, e via di seguito**「…など（など），等々」
　① Abbiamo parlato di arte, di letteratura e così via. 私たちは芸術や文学などについて話した．
　② Spende in viaggio, in vestiti e via di questo passo. 彼は旅行や着る物，などといったものにお金をつかう．

6.2. 副詞 su, giù, fuori, via

6.2.4.3. via via「次第に，だんだんと，少しずつ；《古》すぐに，間もなく」，**via via che**+ind.「…するにつれて少しずつ」
① Via via che crescono i figli, crescono i pensieri. 子供たちが成長するにつれて，心配事が増える．
② Siamo di fronte a situazioni via via sempre nuove. われわれは次々と新しい事態に立ち会うことになる．

6.2.4.4. 間投詞的に
(1)「否定的意志 向うへ行け！ うるさい！；(…を) 取り去れ！」
① Via! Via! Voglio starmene in pace! 失せろ！ 俺は静かにしていたいんだ．
② Via i servizi! ライトを消して！

(2)「号令 スタート！」
A posto〔Pronti〕... Via! 位置について〔用意〕…スタート！
(3) 励まし，促がし「さあがんばって，しっかり；おいおい」
① Via, fatevi coraggio! さあ，諸君元気をだすんだ．
② Via, via! Non prendertela così. おいおい！ そんなに腹を立てるもんじゃない．
(4) 譲歩，許容（議論を打ちきって）「まあよかろう，じゃ，まあ」
① Via, asciugati le lacrime! さあ涙をふいて．
② Via, farò come tu vuoi. よろしい．あんたの望むようにしよう．
(5) 非難，不賛成，不信感の表現「おいおい，待った，よしたまえ，やめろ」
① Via, smettila di comportarti così! やめろ！ そんな態度はよすんだ．
② Via! Non ti credo! いい加減にしろ！ 君のいうことなんか信じるものか．
③ Via, non ne parliamo più. もういい．その話はやめにしよう．

6.2.4.5. 〈動詞＋via〉
(1) **andare via**
　1) 行ってしまう，立ち去る　　2)（痛み，熱，汚れなどが）消える，なくなる　　3)（商品が）よく売れる　　4)（金などが）なくなる；使われる，

消費される　　5）Va via！（軽い不信感や怒りを表わす）やめろ，やめたまえ；やれやれ：Va via, non raccontar frottole！　うるさい！ほらを吹くのはよせ！
（2）**buttare〔gettare〕via**
　　1）（役に立たないものを）捨てる，片づける　　2）（時間，金，精力などを）浪費する，無駄使いする
（3）**dare via**
　　与える，譲る；手放す；売り払う：Ho dato via tutti i mobili che avevo. 私は持っていた家具をすべて売り払った．
（4）**essere〔stare, restare, rimanere〕via**
　　外出している；（家，土地などから）離れている：È via da Torino da parecchi mesi.　彼はトリノを何ヶ月も留守にしている．
（5）**mandare via**
　　1）送る，送付する　　2）（地位，場所などから）追い払う；解雇する
（6）**mettere via**
　　1）（物を）しまう，しまっておく　　2）（人を）独りにしておく，孤立させる
（7）**portare via**
　　1）持ち去る，持って行く　　2）盗む　　3）（時間などを）奪う
（8）**tirare via**
　　a　自動詞　1）急ぐ，そそくさとやる　　2）前進を続ける　　3）放っておく，問題にしない
　　b　他動詞　1）（仕事などを）手早く片づける　　2）持ち去る　　3）（歯などを）抜く；取り去る，取りはずす
（9）**tirarsi via**
　　立ち去る，退散する
（10）**venire via**
　　1）やめておく　　2）（くっついているものが）外れる，離れる，とれる：Ti è venuto via un bottone.　あんたのボタン一つ取れたよ．　3）（外へ）現われる，外へ出てくる　　4）（しみなどが）消える　　5）（人が）離れる
（11）その他
　　cacciare via 追い払う　　levare via 取り去る，持ち去る　　passare via 通り過ぎる　　scappare via 逃げてしまう　　volare via 飛んでいく

第7章　重要機能語の解明

　「機能語(parola funzionale. 英語の function word)」とは，もっぱら文の「機能」にかかわる語，つまり語と語，節と節，さらには文と文などの間の，文法的関係を表わす語を，総称する用語である．具体的には，前置詞と接続詞，そして名詞になんらかの限定を加え，その限定の範囲を示す冠詞，さらにその名詞に代って，広く物事を指示するという役目を負う代名詞などがそれに相当する．したがって，この簡単な規定からも明らかなように，機能語には，語と文の「構造」の解明という，本書の趣旨ともっとも深い関係を有する品詞群が数多く含まれている．
　このうち，前置詞は，第6章基本前置詞・特定副詞の用法の章で，そして接続詞については第4章複文の構造（ただしここで扱ったのは，従位接続詞のみである．e, ma 以下の等位接続詞は，意味・用法ともに捉えやすいので，とくに説明の場所を設けてはいない）の章で，すでにかなり詳細に検討ずみである．また，冠詞と大部分の代名詞は，その性格上，本書の議論の対象外にある．そのため，主としてそれ以外の語のなかから重要機能語を拾いあげることになった．
　採りあげた語は，アルファベット順に，**altro, che, come, così, meno, niente, non, nulla, più, poco, quale, quanto, se, tale, tanto, tutto** の計16語である．語の選択はあくまでも筆者自身の考えに基づくものであるが（さきに述べた機能語の範囲を逸脱した，「副詞」もいくつか含まれている），この章の説明を通読しただけでも，イタリア文の基本構造の一面がかなり明らかになるものと思われる．なぜなら，単なる単語としての機能語だけにとどまらず，熟語・成句という名の語群，そのうちでもとくに重要な，機能語ならぬ「機能成句」とでも称すべき語群が，これら機能語を中心に数多く形成されているからである．
　さて，肝心の説明の方法であるが，che と come の2語だけは，品詞別分類を行なったうえで (come は一部だけその方式) 説明を行なったが，それ以外の語は，主としてその語を中心とする熟語・成句群をアルファベット順に並べるという方法を採用した．ただ，quale, quanto, tale, tanto, tutto の5語の場合

第7章　重要機能語の解明

は，まず前もってそれぞれの語の意味・機能を概観しておくのが有用かと考え，文字通り「意味・機能の概観」という前置きの項目を設けておいた．

7.1. altro

　この語は，品詞的には，**不定形容詞**（ほかの，別の），または**不定代名詞**（ほかの人・物；ほか〔残り〕の人びと，他人：ほかの事）として用いられる語である．調べてみると，成句的表現はかなりの数に達することがわかる．
（1）〈不定・指示・疑問代名〔形容〕詞＋altro〉
　① *Chi altro*？　ほかに誰か？　　*qualcos'altro* ほかの何か　　*ogni altro oggetto* それぞれ別の物
　② Non conosco *nessun altro* in questa città.　この都市(まち)にはほかに誰も知っている人はいない．
　③ Solo io e *pochi altri* ne siamo al corrente.　私とほかのわずかな者だけがそれを知っているにすぎない．
（2）**alcuni . . . altri**...「ある人たちは…またほかの何人かの人びとは…」
　Alcuni accettarono subito, *altri* si fecero un po' pregare, 何人かはすぐに承諾したが，ほかの連中は多少気をもたせてすぐには応じなかった．
（3）**altro che**〔ときに **altro, eh altro**〕（＝altroché)!（肯定の強調）「もちろん！　そうなんですよ！　そうですとも！」
　Ti sei divertito？　—*Altro che*, moltissimo. 楽しかった？　—もちろん，とっても．
（4）**altro che**＋*avv.*〔*prep.* ecc.〕「…以外では，のほかでは」
　Non sta bene *altro che* in montagna.　彼は山にいるときだけ元気である．
（5）**altro che**＋*n.*〔*agg.*〕「…なんてとんでもない，なんてもんじゃない，なんてもってのほか；…以上〔外〕のもの」
　① *Altro che* galantuomo！　紳士だなんてとんでもない．
　② *Altro che* giallo, è dorato.　黄色どころか金色だよ．
　③ *Altro che* mobilità, questo è tromba marina, un maelstrom.（G. Bocca）　流動性どころか，これは海の墓場，大渦巻だ．
　この altro che...の「…なんてとんでもない」という言い方には，正と反，あるいはプラスとマイナス二つの方向の意味が含まれていることに注意する必要がある．一つは，①の例文のように，あるものとはまったく異なる「正反対」

7.1. altro

(マイナス符号)のものを強調する場合で，もう一つは，②の例文のように，「…どころか，その程度はもっとずっと上〔それよりずっとすごい〕」というように，正方向の強調形式（プラス符号）になる場合である．

(6) **altro che**+*inf.*「…するなんてとんでもない〔もってのほかだ〕」

《(…) *Altro che* far l'allevamento, o aspettare a Natale per metterlo arrosto!(…)》(I. Calvino)「(…)飼うんだなんてとんでもないし，クリスマスまで待ってローストにするなんてわけにもいかないわ．(…)」

(7) **altro (che) se**+*ind.*「(強い肯定)もちろん…である，それはもう…です（← …かどうかなんてものじゃない）」

① *Altro (che) se* lo conosco! 知ってますよ．彼のことは．
② Che assurdità : *altro che se* mi aveva visto! (D. Buzzati) なんともおかしい．彼は間違いなく私を見たのだ．

(8) **altro da**「…とは別なもの」

Il suo comportamento è *altro da* quello che mi aspettavo. 彼の態度は私の期待に反している．

(9) 〈**altro**+*A*(*n.*)+**che**(**non**)+*B*(*n.*)〉「B とは異なる A」

altro fucile *che* quello del soldato 兵隊の銃とは別な銃

(10) 〈**altro**+*A*(*n.*)+**da**〔**di**〕+*B*(*n.*)〉「B とは異なる A」

① Avevo *altri* pensieri *da* quelli soliti. 私はいつもとは違う心配事を抱えていた．
② La lingua (…) è *tutt'altra* cosa *da* un impressionismo naturalistico. (C. Pavese) 言葉は(…)写実的な印象主義とはまったく別なものである．

(11) 〈**altro** è *A*(*n., inf.*, ecc.), **altro** (è) *B* (*n., inf.*, ecc.)〉「A と B とはまったく別なことである」

Altro è promettere, *altro* è mantenere. 約束することと，それを守ることはまったく別問題だ．

(12) **avere altro da**+*inf.*「ほかに…すべきもの〔こと〕がある」

Avete altro da dirmi? なにかほかに私に言うことありますか．

(13) **ben altro**(話)「まったく別なこと〔もの〕；もっとひどいこと〔もの〕；もっとましなこと〔もの〕」（基本的な意味は，「まったく別なこと〔もの〕」であるが，文脈によって意味は多様化する）

① Acquisterò *ben altro*. まったく別なものを手にいれるつもりだ．

② Ho visto *ben altro*. 私は（これとは違う）もっとひどいものを見た．
(14) **Ci mancherebbe〔manca〕altro！** （望ましくないことの発生に際し）「やれやれまたか！」(cf. (40) Non ci mancherebbe〔manca〕altro！)
(15) **Ci vuol(e)altro！** （場違いな発言や提案に対し皮肉をこめて）「とんでもない，真平御免だ，よくいうよ」

　　Gli risponderai？ — *Ci vuol altro*. 「彼に返事するの？」「とんでもない真平よ」
(16) **Ci vuol(e) (ben) altro per**＋*inf*.！ 「…するなんてとんでもない，そう簡単には…しない，…するのはまったく別問題だ」

　　Ci vuole ben altro per convincerlo. 容易なことじゃ彼は納得しないよ．
(17) 〈*n*.＋**come un altro〔un'altra〕**〉《話》「ありふれた，普通の…」

　　È uno studente *come un altro*. 彼は普通の学生です．
(18) **dall'altra parte, dall'altro canto, dall'altro lato**（altro に定冠詞のつかない形も用いる）「しかし，しかし一方から見れば」

　　Dall'altra parte, è meglio che sia andata bene. まあしかし，うまくいってよかった．
(19) **da un anno all'altro**「年毎に，年々」
(20) **da un giorno all'altro**「今日か明日かと，毎日のように；今か今かと；近いうちに，近日中に」

　　Lo aspettiamo *da un giorno all'altro*. 私たちは今や遅しと毎日のように彼を待っています．
(21) **da un momento all'altro**「突然，不意に；今か今かと；今すぐにも，間もなく」

　　Ha cambiato idea *da un momento all'altro*. 彼は突然考えを変えた．
(22) **dell'altro**「さらに，もっと；ほかのなにかを〔が〕」

　① Ne vorrei *dell'altro*. それもっと欲しいんですが．
　② Nevicherà *dell'altro*. 雪はまだ降るだろう．
　③ Perché avvertiamo che oltre le spiegazioni del medico, dello psicanalista, del confessore, c'è *dell'altro*？(G. Campolieri) どうしてわれわれは，医師，精神分析家，聴罪司祭の説明以外のものが存在することに気づくのだろうか？
(23) **domani l'altro**「明後日，あさって」

7.1. altro

(24) **essere〔diventare, parere〕un altro・altra**「別人のようである〔になる, に見える〕」

(25) **fra・tra l'altro〔gli altri, le altre cose〕**「なかんずく, とりわけ」
 Tra l'altro ho molto da fare. それよりなにより私はとても忙しいんです.

(26) **gli uni... (e) gli altri...**「ある人〔物〕は…他の人〔物〕は…」

(27) **ieri l'altro〔l'altro ieri〕**「一昨日, おととい」

(28) **in un modo o nell'altro**「なんらかの方法で, あれこれやって, なんとかして」

(29) **l'altra volta**「この前（のときは）」

(30) **l'altro〔a〕giorno〔settimana, mese, anno, ecc.〕**「先月〔先週, 先日, 先年など〕」

(31) **l'altro mondo**「あの世, 他界」
 la cosa dell'*altro mondo*「聞いたことのない〔信じられないような〕こと」

(32) **l'uno〔a〕e l'altro〔a〕**（代名詞）「両方とも, どちらも」；（形容詞）「どちらの…も」
 ① *l'uno e l'altro* quadro 両方の絵
 ② Delle due soluzioni *l'una e l'altra* si equivalgono. その二つの解決策はどちらも優劣がない.

(33) **l'uno〔a〕dopo l'altro〔a〕**「次々に, 一つまた一つと」

(34) **l'un l'altro〔a〕**「お互いに」
 I due fratelli si aiutano *l'un l'altro*. 二人の兄弟はお互いに助け合っている.

(35) **né l'altro〔a〕né l'altro〔a〕**「どちらも…でない」

(36) **niente altro che**「まさに〔単に〕…だけ；（否定文では）…しかない」
 ① Voglio vederlo, *nient'altro che* per un minuto. ほんのちょっとだけでも彼に会いたいものだ.
 ② Antonio da principio non vide *nient'altro che* una lampada. 最初アントニオには電灯しか眼に入らなかった.

(37) **noi〔voi〕altri**（altri は noi〔voi〕の強調）
 noi altri italiani われわれイタリア人　 Che fate *voi altri*? あなたたちなにをしているんですか.

(38) **non... altro che**＋*n.*〔*inf.*, ecc.〕／**non... altro... se non**＋*ind.*〔*inf.*〕

— 465 —

第7章　重要機能語の解明

「…（する）以外（の…）は…しない，…だけ…」
① *Non* fuma *altro che* sigarette.　彼は紙巻き煙草しか吸わない．
② *Non* devi fare *altro che* telefonare.　君は電話しさえすればよい．
③ *Non* sei *altro che* bugiardo.　あんたは本当に嘘つきだ．
④ *Non* pare che queste regioni avessero *altra* funzione *se non* di servire di quadro per la raccolta di dati amministrativi. (L. Salvatorelli)　これらの地方が，行政上のデータを収集するための枠組として役に立つ，ということ以上の役割を有していたとは思えないのである．
　　〈備考〉　altro なしの〈**non**... **che**...〉も同じような意味 (cf. 7.7. non)．

(39) **non che altro**「…でさえ，もまた；さらに，その上」
Per riuscire farebbe, *non ch'altro*, carte false.　あいつはうまくやるためだったら，偽の書類でさえも作りかねない．

(40) **Non ci mancherebbe〔manca〕altro！／Non ci mancava altro（che questa disgrazia）！／Non ci mancherebbe altro che**＋*cong. vo*／**Non ci vorrebbe altro！**(cf. (14) Ci mancherebbe〔manca〕altro!)「やれやれまたか，もうこんなことは願い下げだ，いやはやもうこんなことは〔…なんてことは〕二度とないように願いたい」

(41) **non fosse altro (che)〔non fosse che〕per**＋*n.*／**perché**＋*ind.*「ただ…のせい・ためだけだとしても」
① Un paese ci vuole, *non fosse che per* il gusto di andarsene via (C. Pavese)　かりにその土地を離れるという，楽しみだけのものだとしても，故郷というものは必要なのである．
② Zia Concettina sapeva di queste condizioni *non foss'altro perché* abitava nella vicina casina di villa, Scappaforno, occupandone la residenza, e interamente. (A. Vitello)　叔母のコンチェッティーナは，こうした事情を承知していた．もっとも，スカッパフォルノ邸の隣りの小さな家に，その住居を丸ごと占拠して住んでいたからこそ知ったのであるが．

(42) **(o) l'uno〔a〕o l'altro〔a〕**「どちらか（が・を）」
(43) **per altro**「しかし，それにしても；(軽い反意をこめて結論を下すかのように) まあしかし，まあいずれにしろ」
Per altro, se proprio vuoi che vada, andrò.　だけど君がどうしても行って

— 466 —

7.1. altro

欲しいというのなら行くよ．

(44) **più che altro**「とりわけ，とくに，なによりも」
  ① È *più che altro* un indeciso. なによりかより彼は愚図なんだ．
  ② Lo dissi, *più che altro* perché lui mi sentisse. とくに彼に聞いてもらいたくて私はそういったのだった．

(45) **quest'altro〔a〕 mese〔settimana, volta, ecc.〕**「来月〔来週，次回，など〕」（このように，通常 quest'altro〔a〕は「近い未来」を表わすが，場所の表現に用いられることもある）
  Scusi, devo scendere qui? –No, a *quest'altra* fermata. 「すみません，ここで降りたらいいんでしょうか」「いいえ，次の停留所です」)

(46) **questo o altro**「さらに，なお一層」

(47) **se non altro**「少なくとも（＝almeno）；（まあ）とにかく」
  Dammi *se non altro* un soldo, sono un po' a corto. 少しでいいから金をくれないか，ちょっと金欠気味でね．

(48) **(se) non foss'altro**「ほかのこと〔もの〕はともかく，少なくとも」
  Bastano accusarlo, *non foss'altro*, le sue lettere. なにはともあれ，彼の手紙が十分にそれを示している．

(49) **senz'altro** 1)「かならず，きっと，間違いなく」 2)「すぐに，即座に，遅滞なく」
  ① Hai *senz'altro* ragione. 確かに君のいうとおりだ．
  ② Risposi *senz'altro* che non potevo accettare. 私は受けることはできない旨，直ちに返事をした．

(50) **tutt'altro**「全然別だ，まったく反対である」((13)ben altro と並ぶ，altro の強調形)
  ① Disturbo forse? –*Tutt'altro*. 「お邪魔かしら？」「いや全然」
  ② Non sono contento, *tutt'altro*. 私はちっとも満足していない．

(51) **tutt'altro che**＋*n.*〔*agg.*〕「…とはまったく違う，けっして…ではない」
  È *tutt'altro che* felice. あの人は少しも仕合せではない．

(52) **tutt'altro da**「…とはまったく異なる〔別の〕」

(53) **un'altra volta**「いつか，また別の機会に；もう一度〔一回〕」
  Ci vedremo *un'altra volta*. またいつかお会いしましょう．

(54) 〈**un altro〔un'altra〕**＋**固有名詞**〉「第二の〔もう一つの〕…」

un'altra Parigi 第二のパリ
(55) **un altro giorno**〔**settimana**（これは当然，女性形 un'altra～），**mese**, **anno**, ecc.）「いつか近いうちに〔一，二週間先に，一，二ヶ月のうちに，近年中に，など〕」
(56) **un giorno o l'altro**「いつの日か，いずれそのうちに」

7.2. che

　重要機能語のなかでも，もっとも注意すべき語の一つである che は，一見単純に見えて，その実たいへん多岐にわたる意味・用法を備えた語である．したがって，そのすべてを一括して扱うことは，かえって語のイメージをぼやけさせる恐れが多分にある．そこでひとまずこの語を品詞別に分類したうえで，それぞれの問題の所在を確認する作業を進めるのが望ましい．そして che は，1 **疑問詞**，2 **関係詞**，3 **不定代名詞**，4 **接続詞**，5 **感嘆詞**，の 5 品詞に分類することができる．

7.2.1. 疑問詞の che

　疑問詞の che は，形容詞または代名詞としての役割を備えているが，ここでは一般的用法はすべて省略し，主として疑問代名詞の，もっぱら成句的表現にのみ焦点を当てて考えてみることにしよう．
（1）**avere che dire**「(+con *qu*) 人といざこざを起す，と対立する；(+su *qc*) 何について非難する」
（2）**avere (a) che fare con** *qu*〔*qc*〕(否定形は，non avere nulla a che fare con の形も）　1)「人〔何〕と関係がある」　2) 人と係争関係にある，問題を起している」
　① Non *ho che fare con* lui.　私は彼とはかかわりがない．
　② Ciò che dici *ha nulla a che fare con* l'argomento in discussione.　君のいうことは今問題にしている話題とはなんら関係がない．
　③ Se soltanto ti tocca, *avrà a che fare con* me.　あいつが君にちょっとでも触れたら、俺との間に悶着が起ることになる．
（3）**esserci**〔**avere, dare, cercare**, ecc.〕**di che**+*inf*. (《古》では di なしの形や〈il〔lo〕di che+*inf*.〉の形を使用．この che はむしろ，以下の名詞，「手段」その他の先行詞が省略された関係代名詞の一種として捉えることもでき

る)「…する手段，方法；理由，動機；可能性がある〔をもつ，を与える，を探す，など〕」

① *Hanno* almeno *di che* vivere? 少なくとも彼らには食糧はあるのだろうか？
② Non *c'è di che* lagnarsi. 歎くには及ばない．
③ Scusi！-*Non c'è di che* (scusare の略)．「すみません」「どういたしまして」

（4）... (**e**) **che so io** (**altro**)「…となにやらそうしたもの〔そうした類いのもの〕」

vestiti, scarpe *e che so io* 服とか靴とか，そうしたもろもろのもの

（5）**che non／che è non／che è che**（ときにここに，〈**e**〉または〈**,**〉が介在）**non è**「突然，不意に」

Me ne stavo beato in poltrona quando, *che è che non è*, mi capita davanti lui. 私はソファーにゆったりした気分ですわっていた．すると突然，彼が眼の前に現われたのである．

（6）**Che per ciò?**（相手の主張に不信の念を表わして）「だからどうしたってわけ？」

Sostieni che il torto è mio: *che per ciò?* 私が間違っているというわけね．だからどうしたっていうの？

（7）**Non c'è che dire.**（ときに皮肉なニュアンスをまじえて）「文句をつける余地なし，完璧だ」

Ti sei comportato bene, *non c'è che dire.* 君の態度は立派だった．文句のつけようがない．

7.2.2. 関係詞としての che

関係詞としては，関係代名詞，「時間；場所」の関係副詞という二つのタイプの che があるが，ここでも一般的用法の説明はすべて省略し，とくに注意を要するもの，あるいは文法的に破格と思われる用法についてのみ，触れておくことにする．

7.2.2.1. 叙述補語（英語の補語）を先行詞とする che

（1）〈*agg.*＋**che**（＋主語）＋**essere**(*ind.*)(!)〉強調表現 Povero minchione *che tu sei*! E non la vuoi capire. (A. Monti)　なんて間抜けなんだよ，君は！　わかろうとしないんだから．

（2）〈**da**〔古くは di も〕+*agg.*・*n.*(A)+**che**(+主語)+**essere**(*ind.*)〉「A から（…）」

① *Da* ricco *che era* divenne miserrimo.金持だったが，極貧の身になった．

② *Da* religiosa *che era* inizialmente venne estendendo sempre di più la cerchia degli argomenti. （音楽は）最初宗教的だったが，次第に題材の範囲を広げていった．

（3）〈**da**〔古くは come も〕+*n.*+**che**(+主語)+**essere**(*ind.*)〉「…として；…なので」

① *Da* gentiluomo *che era*, Giorgio lasciò il posto alla signora.　ジョルジョは，紳士らしく，婦人に席を譲った．

② (…) lui, dal canto suo, *da* quel furbone *che è*, già adora i grossi pezzi. (A. Moravia)　（…）彼は彼なりに，抜け目ない男だったので，もうちゃっかりとお偉方にへいこらしているのである．

7.2.2.2.　〈前置詞+che〉（古，俗）

cui の代りに che を用いる用法は，現在でもときに散見される．

① Nella quieta *in che* l'anima è assorta (…) sento una voce che ti ricorda. (U. Saba)　魂のひきこまれいく静寂の中，聞こゆるは想い出の君の声．

② Il pedagogo si strascicò l'alunno dietro per Firenze spolmonandosi a illustrare le meraviglie d'arte e le testimonianze di glorie e vergogne *di che* ell'è zeppa. (B. Cicognani)　家庭教師は，その生徒をフィレンツェ中ひっぱりまわし，そこに充満する驚歎すべき芸術と，栄光と恥辱を明かす事物の数々を，大きな声で説明した．

7.2.2.3.　前文を受ける che

（1）**che**（=il che）

前文を受ける il che が，ときに無冠詞で用いられることがある．また，多少気取った文章では，il che の代りに lo che も用いられる．che を用いた例だけを挙げておこう．

7.2. che

Ho smesso di fumare, *che* è sempre una cosa buona.　私は煙草をやめた．やはりいいことだから．

（2）**dopo di che**〔**dopodiché**〕「そうしてから，そうしたあと」／**senza di che**「さもなければ；それなしでは」

① Rimango ancora cinque minuti, *dopo di che* me ne vado.　あと5分ほどいたら，失礼するよ．
② *Senza di che* non posso vivere.　さもないと私は生きていけない．

7.2.2.4．破格用法《俗，話》

ここでいう「破格用法」とは，通常は〈前置詞＋cui〉を用いるべき場所で，規格外れの che を用いる表現法のことであるが，作家のなかにも，この種の用法を結構愛用している人もいる．たとえば，③の例文の作者 C. Pavese がそれで，その作品にはときにこの手の che が登場する．（すでに4.16．関係詞節の問題点，4.16.3．破格構文でも，このタイプの Pavese の文章を引用した）

① Qual è l'orecchio *che*（＝da cui）ci senti meno?　よく聞こえないほうの耳はどっちなんだ？
② Questi sono i libri *che*（＝di cui）ti dissi.　これがあなたに話した本よ．
③ Oltre la diga sapeva un lago straordinario *che*（＝da cui）si tornava con la cesta piena, e diceva sempre che saremmo partiti un bel mattino per tornare la sera. (C. Pavese)　彼は堰の向うに，魚籠を一杯にして帰って来れる，不思議な湖があることを知っていた．そしていつか朝早く出かけて行って，夕方帰って来よう，といつも言うのだった．

7.2.2.5．関係代名詞 che の省略《古》

古くは，主語（英語の主格）用法の関係代名詞または関係副詞の che を省略する用法が行われていた．一つだけ例をあげておく．

Gli usai tutte quelle cerimonie (cerimonie の後に置かれるべき che を省略) sono convenienti ad un amico della vostra città (N. Machiavelli)　私は彼に対し，諸君の都市の友人にふさわしいあらゆる儀礼をつくしたのである．

7.2.3．不定代名詞の che

（1）**un bel che**「成功，望ましい成果」（現代では比較的稀）

È *un bel che* vincere con le carte che avevi tu！その持札で勝つなんて君，大仕いものだぜ．

（2）**un che／un certo che**（《古》では副詞的に「しばらくの間」の意味も）／**(un) non so che (cosa)**（《文・古》には不定形容詞「なにかの，どこかの」の用法もある）／**un certo non so che**「（以上すべて）なにか（＝qualche cosa, alcunché）」

① Mi sento *un certo che* nello stomaco. 胃のなかになにかあるような感じだ．

② Non ti pare che, con quei capelli e la barba, abbia *un che* di Garibaldi？ あの髪とひげをたくわえた彼，どこかガリバルディを思わせるところがあるとは思わない？

③ Non ve n'è, purtroppo, di più vecchi d'un secolo perché cent'anni fa *non so che* stolto li fece tutti bruciare（不定形容詞としての用法）．(U. Ojetti) 残念ながらそれの1世紀以上昔のものは存在しない．というのも，100年前にどこぞの気狂い野郎が全部焼却させてしまったからである．

（3）**un gran che, gran che**〔**granché**〕（俗，話）（しばしば皮肉なニュアンスを含む．ときに副詞的に）「重要人物；価値ある物；偉大な事」

① Questo film non è *un gran che*. この映画は大した代物ではない．

② Hai lavorato oggi？—Non *un gran che*. 「今日は働いたかい？」「大して働かなかったな」

③ C'è chi si crede *un gran che* perché è vuoto come vecchia zucca. (A. Beltramelli) 熟れすぎの南瓜同様，中身ががらんどうなばかりに，自分が大物だとばかり思いこんでいる御仁がいる．

（4）**un minimo che, ogni minimo che**「わずかなこと，ごくささいなこと」

　　Si spaventa per *un minimo che*. 彼はごくささいなことでびっくりする．

〈備考〉 上記以外に，**alcun che**（→ alcunché）「何か」，**che che**（→ checché）「何か；何が〔何を〕…でも」，**che che sia**（→ checchessia）「何か；何が〔何を〕…でも；なにものも…ない」，**chi sa che**（→ chissà che）「何か；何かの」などの形がある．

7.2.4. 接続詞としての che

7.2.4.1. 目的補語節
　動詞の後に置かれる che 節については，第2章単文の文型と語の結合型，第3章 法と時制 (3.3. 接続法，3.3.2. 用法，I 従属節での用法，A, I)，第4章 複文の構造 (4.18.) などを御参照いただくこととし，ここでは，〈動詞(dire, pensare, ecc.)＋di＋sì〔no〕〉の構文によく似た，〈動詞＋che sì〔no〕〉という，特別な形の節を一つだけ紹介するだけにとどめておく．

　　Domandò se il duca era rincasato e *udendo che no*, diede ordine che servissero in tavola. (F. De Roberto) 公爵が帰ってきたかと尋ね，まだだと聞くと，食卓の用意をするよう命じた．

7.2.4.2. 時　間　節
（1）**che**（＝quando；mentre）「…すると，そのときに…；その間…，一方…」
一般に，「時間節」の che の用例として文法書で取りあげられているものは，以下，①，②の例文のように，その特徴が容易に読みとれるものがほとんどである．しかしながら実際には，この che は予想以上に複雑な側面を備えている．いやそういうよりも，かなり微妙な性格の用法を派生させている，というべきかもしれない．たとえば，③と④，とくに④の用例に登場する che がそれであって，この節は，「時間節」というよりも，むしろ「付帯状況節」とでもいうべき性質のものである．つまりここでは，「(そして) その間」くらいの意味で用いられているものと考えられる．さらにこの che は，7.2.4.6. 原因・理由節や，7.2.4.8. 反意節の che とも，なにがしかつながりをもっている．

① 　Mi sono alzato *che* appena spuntava il sole. 私が起きたのは，ちょうど陽が昇ろうとしているときだった．

② 　Nora tornò *ch'*era già sera e mi disse che non dovevamo dire a Ceresa di aver visto Damiano. (C. Pavese)．ノーラが戻ったのはもう夕方になってからだった．そして彼女は，私たちがダミアーノを見かけたことをチェレーザ（男性名）にいってはいけないといった．

③ 　—Sì, signora, un momento *che* scaldiamo la macchina ed è pronto,— disse il barista. (I. Calvino)「かしこまりました，奥様．ちょっとお待ち

ください．機械をあたためますから．すぐできます」バールの男はいった．（これは，原因・理由節とも考えられる）

④　Ma non sentivo. Poco dopo ero di nuovo là, *che* davo le spalle al salmodiante dottor Levi, dimentico di ogni divieto. (G. Bassani)　しかし（父の叱責は）私の耳には入らなかった．ちょっとあとにはまたそこへ行き，禁令はすべて無視したまま，聖歌をうたうレーヴィ先生に背を向けて立ったのであった．

（２）〈過去分詞＋**che**＋助動詞 essere・avere の変化形〉「…したあと，するとすぐに」

①　*Cessata che fu* la pioggia, uscimmo. 雨がやむと，われわれは外に出た．
②　*Arrivati che si fu* in cima al colle, ci fermammo un momento, prima di buttarsi dall'altro versante. (E. Cecchi) 私たちは丘の上にまで行くと，向う側の斜面へ駈け降りる前に，ちょっとだけ立ちどまった．

7.2.4.3.　程度・結果節

これは，通常相関的に用いられる così, tanto, tale などの程度の副詞や形容詞を省略した，che だけによる程度・結果の表現形式と考えることができる．したがって，この che は，「…するほど」，ときに「その結果…」くらいの意味になるのである（cf.4.6.　程度・結果節，4.6.1.7.　その他の表現形式）．

①　E parlano una lingua strana *che* bravo chi la capisce. (A. Moravia) それに彼ら（ジプシーたち）は奇妙な言葉を喋る．それがわかる人は大したものである．
②　Bugiardo,—disse Mara.—Russavi *che* era una bellazza—. (C. Cassola)「嘘ばっかし」マーラは言った．「あなたの鼾(いびき)とてもすごかったわよ」
③　Maria-nunziata sembrava più alta perché aveva le scarpe belle coi sugheri, *che* era un peccato tenerle anche per i servizi, come piaceva a lei. (I. Calvino) マリーア・ヌンツィアータは，実際より背が高く見えた．というのもコルク製の素敵な靴を履いていたからである．ただ，そうするのが好きなばっかりに，台所仕事をするときにもそれを突っかけていたのであるが，そうするのがもったいないほどの逸品だった．

7.2.4.4. 比較節

（1）〈**più**〔**meno**〕+**agg.**・**avv.**+**che**（**non**）+*n.*・*prep.*・*avv. agg.／cong.vo*〔*ind.*〕〉

① La passeggiata è andata *meglio che non* si sperasse. 散歩は期待したよりも楽しかった。

② (…) nella frutta e verdura l'arsenico degli insetticidi era concentrato in percentuale *più* forti *che non* le vitamine. (I. Calvino) (…) 果物や野菜の中に，駆虫剤の砒素が，ヴィタミンよりも多い比率でどっさり含まれていたのだ。(…)

③ Le mattinate erano l'ora più bella, perché si poteva sperare *di più che non* alla sera. (C. Pavese) 午前中はもっともすばらしい時間だった。というのも，いつだって夕方よりずっと多くのことが期待できるからだった。

（2）同等，相違などを表わす表現

以下，**altro** (…) **che** (**altro**…**da**〔古くは **di**〕も可)「…とは別の（…の）」, **stesso**〔**medesimo**〕(…) **che** (**che** の代りに **di** も可)「…と同じ(…)」, **altrimenti che** 「…とは別様に」, **diversamente che** (**che** の代りに **da** も)「…とは別な風に，とは違って」, **al pari che** (**che** の代りに **di** も)「…と同じように」, **quasi che** 「あたかも…のように」, **piuttosto che** 「…よりむしろ」, **a differenza che** (**che** に代って **di** も)「…とは異なり；(+*ind.*) …という相違はあるが，を除いて」など，「同等」や「相違」を表わす表現で，**che** は広く用いられる。

① (…) troveremo che la ripetizione inevitabile d'un atto leggiadro cade sott'*altra* categoria *che* quella della leggiadria. (M. Praz) 優美な振舞いをやむなく繰返すと，それは優美さとは別のカテゴリーに属することになる，ということを私たちは知ることになる。

② L'ho aiutato *non altrimenti che* fosse mio fratello. 私は自分の弟と思って同じように，彼を助けたのであった。

③ Aspettare suona sovente il *medesimo che* sperare. (F. Pananti) 期待はしばしば，希望と同じ響きをもっている。

7.2.4.5. 目 的 節

che 節内は，第4章 複文の構造 (4.5. 目的節) でも述べたように，当然接

続法の動詞が用いられる．その意味では，この che の読み取りは比較的容易である．

① Cercai di sorridere, *che* non mi credessero offeso. 私は，気を悪くしたと思われないように，ほほえもうとした．

② Voi potete ungere la finanza, *che* chiuda l'occhio. (R. Bacchelli) 財務警察に眼をつぶってもらうために，鼻薬を嗅がせることもできますよ．

7.2.4.6. 原因・理由節

原因・理由節を導く che は，次の①，②の例文のように，命令法の動詞のあとで用いられることが少なくない．しかしそれとは別の，なにげない場所での使用もけっして稀ではないことに留意する必要がある．その意味で，以下参考までに，③，④，⑤と，L. Sciascia の作品からそうした文例を三つ拾ってみた．この三つの che は，明らかに同様の用法で，軽い原因・理由の意味を備えている．なかでも⑤の che の原因・理由は軽微で，「というのも」くらいの意味と考えられるが，むしろほとんど due punti（コロン）に相当する，つまり「すなわち」程度の意味を含むといえなくもない．そしてこの軽い原因・理由の che は，L. Sciascia が愛用しているもので，その作品の中でしばしばお眼にかかる．同じくシチリア出身の19世紀末の作家 G. Verga の文章にもこの種の che がよく見られるところから判断して，やや地方語的ニュアンスを帯びた che ということができるかもしれない．

① Copriti, *che* fa freddo. 服を着なさいよ．寒いわよ．

② —Delle scarpe non vi dovete preoccupare; in caso, cammino scalzo. Su, uscite, *che* mi voglio vestire—. (C. Cassola)「靴のことだったら心配御無用よ，いざとなったら私はだしで歩くわ．さあ，外へ出てくださいな，着替えをしますから」

③ Superata Salerno, potete mettervi a dormire, magari in canottiera o addirittura in pigiama, *che* nessuno verrà a cercar posto proprio nello scompartimento vostro. (L. Sciascia) サレルノを過ぎれば，ランニングシャツになって，いやちゃっかりパジャマを着て，眠ってしまうこともできる．なぜなら，あなた方のコンパートメントに，席を探しにやってくる人は誰もいないだろうから．

④ Era già mezzanotte.《Qui non si dorme》pensò l'ingegnere : e se non gli conveniva cambiare scompartimento, *che* ce n'erano quasi vuoti. (L. Sciascia) もうすでに真夜中だった.「ここでは眠れないな」と技師は思った. もしそうだとすれば，コンパートメントを変えたほうがよさそうだ. ほかにほとんど人のいないところがあるはずだから.

⑤ Domandò—Lei è veneto, vero?—*che* a Marostica il professore aveva fatto il corso ufficiali. (L. Sciascia) 彼は尋ねた.「お宅，ヴェネトの方ですね」教師はかつて，マロスティカ（ヴェネト州の町）で，士官教育を受けたことがあったのである.

7.2.4.7. 限 定 節

現代では主として,〈**che**（+主語）+**sapere**〔**credere, ecc.**〕(*cong. vo*〔《俗》では ind.〕)〉の形で用いられる.「…するかぎりでは」

① *Che io sappia*, qui non abita nessun medico. 私の知るかぎりでは，ここにはどんな医者も住んではいない.

② Egli sentiva che probabilmente non sarebbe stato più capace di muoversi, neppure di difendersi; mai, *che si ricordasse*, si era sentito così male. (D. Buzzati) 彼は多分動くことも自分の身を守ることもできないだろうと感じていた. 記憶しているかぎり，自分がこんなに弱っていると思ったことはかつてなかったのである.

7.2.4.8. 反 意 節

che が,「だが，だけど，しかし」に近い，軽い反意を含むことがある. そしてこの che は, mentre に近い意味（「その間，一方」）で用いられる,「時間節」の che の延長にあるものと考えられる（すなわち,「(ところが）一方」→「しかし」).

① Il nostro fuggitivo aveva fatte forse dodici miglia, *che* non era distante da Milano più di sei. (A. Manzoni) われらが逃亡者は，おそらく12マイルほどの道程を逃げのびたのだったが，じつのところ，ミラノの街から6マイル以上は離れていなかったのである.

② Ma ero già un ragazzo fatto (...) *che* io ancora non avevo ben capito che non essere figlio di Padrino e della Virgilia voleva dire non essere nato in Gaminella (...). (C. Pavese) しかし私はもう一人前の若者だっ

た(…)ただ私にはまだ，代父とヴィルジーリアの息子ではないということは，実はガミネッラで生まれたことにはならないということが，充分わかってはいなかったのだが(…)．

7.2.4.9. 独立節の che (cf. 第3章 法と時制，3.3. 接続法，3.3.2. 用法，II 独立節での用法)

(1) **願望，祈願；要請，命令的意志** (+*cong. vo*)

① *Che* tu sia benedetto fra le donne！女性に囲まれし君に幸あらんことを！

② *Che* nessuno esca senza un mio ordine. 私の命令がないかぎり誰も外へ出てはいけない．

③ *Che* non torni prima di aver finito il suo lavoro. 仕事を終えてしまう前に彼を帰さないでくれたまえ．

(2) **疑念** (+*cong. vo*)

① *Che* gli sia capitato qualcosa？彼の身になにか起ったのだろうか．

② 《Ah, ora capisco》, e il volto di Michele s'illuminò di ironia；《*Che* voglia darmi la gran notizia che mia madre ha un amante？》(A. Moravia)「ああ，それでわかった」ミケーレの顔が皮肉っぽく輝いた．「お袋に恋人がいるというビッグニュースをぼくに伝えたいということなのかい？」

7.2.4.10. 強調の che

(1) 〈**che**+*ind.*？〉(本来は，トスカーナ語法)

che は forse (ことによったら) くらいの意味合を帯び，疑問の調子を強める．

① *Che* vai in giro con questo freddo？この寒いのに出歩くつもりなの？

② Oh, oh！amico mio；*che* vi siete scordato de' buoni usi di Parigi？(I. Nelli) おやおや友よ，パリのよき習慣を忘れてしまったのかい？

③ *Che* mi venite a rompere il capo con queste fandonie？(A. Manzoni) そんなほら話を聞かせて，こちらの頭を悩まそうってわけですか．

(2) 〈**È che**+*ind.*〉

文全体の強調．「事実は…である，まったく…である，…ということだ」．

7.2. che

トスカーナ語法では〈**Gli**〔**Egli**〕**è che**+*ind.*〉の形を用いる．
① —*È che* i miei capelli non vogliono saperne di stare a posto. (C. Cassola)「私の髪ときたらおとなしく落着いてくれないのよ」．
② *Gli è che* in lui c'era l'ingegno di Trissino, senza l'anima del Tasso. (L. Russo) 彼のうちには，タッソオのような生命力はないものの，トリッシーノ並みの才能はあったのである．

(3)〈**che**+*ind.*〉,〈**sì che**+ *ind.*〉
平叙文に，感歎文的ニュアンスをこめる．「実際〔本当に〕…である」
① Andate là, *che* siete un buon medico. (C. Goldoni) おやおや，あなた様は御立派な医者でございますよ．
② Nei fossati *sì che* finirai se non peggio. Vagabondo! (C. Pavese) せいぜいが溝の中で野垂れ死だぞ，風来坊め．

7.2.4.11. 推論の根拠を表わす che 節

〈疑問詞+*ind.*(A)+**che**+*ind.*(B)?〉「Bするなんて…（何を・が，何故，など）Aするのか？」
① *Cos*'è successo *che* non ti si vede più? もう二度とあんたに会えないだなんて，一体なにがあったの？
② *Che cosa* hai addosso oggi *che* non stai fermo? 君，落着かないけど今日はどうかしたのかい？
③ *A che ora* è andato a letto iersera, *che* dorme ancora? まだ眠っているなんて，昨夜は何時に寝たんですか．

7.2.4.12. その他

(1)〈疑問詞+**pensare**〔**credere, dire, volere,** ecc.〕(*ind.*)+**che**+*ind.* 〔*cong. vo*〕?〉
① *Quanto* pensi *che* possa durare? 君，どのくらい続くと思う？
② *Come* ha detto *che* si chiama? 何というお名前だとおっしゃいましたっけ？
③ 《E *che cosa* vuole *che* sia allora, uno spirito?》fece Drogo vagamente irritato. (D. Buzzati)「じゃ亡霊は一体どんなものだと思われるんですか？」ドゥローゴはかすかな苛立ちを覚えながら言った．

第7章 重要機能語の解明

(2) ⟨**forse che**＋*ind*.?⟩「多分〔おそらく〕…か？」

① *Forse che* non lo sapevi? 多分あなたはそれを知らなかったんじゃないの？

② *Forse che* sto parlando a un sordo? ことによると私は，耳が聞えない人間に向って喋っているのだろうか？

③ *Forse che* ho mai mancato alla mia parola? いままでに私が，約束を守らなかったことがあっただろうか？

〈備考〉

1）上記以外に，che は，「…を除いて〔以外に〕」という意味でもよく用いられるところから，「除外節」の che という項目を設けることもできるかもしれない．しかしこの che は，⟨**non** … **che** …⟩, ⟨**non** … **altro che** …⟩「…を除いて〔以外に〕…ない，…しか〔だけ〕…，単に…」といった成句的表現で，non と一緒に用いられるだけのことであって，それ以外とくに取りあげる必要のある用法は見られないため，その項目は割愛した（cf.7.7. non の7.7.1.（3）および，7.1.altro, (38)）．なお一般に，「除外節」を導く接続詞（句）としては，⟨前置詞＋che⟩の形，つまり senza che「…なしに」，eccetto che, salvo che, tranne che 「(以上三つとも)…を除いて」などが用いられる（cf. 第4章　複文の構造，4.10.　除外節）．またこの「除外」の意味をもつ che は，7.2.4.4.　比較節の，（2）同等，相違などを表わす表現，で見た che とも相通ずる一面を備えている．

2）これまでに述べてきた接続詞 che の用法のうち，とくに7.2.4.2.　時間節，7.2.4.3.　程度・結果節，7.2.4.6.　原因・理由節，7.2.4.8.　反意節などには，ときに微妙な用法が存在し，そればかりか，7.2.2.4.　の関係代名詞「破格用法」の che とも紛わしいケースもときに散見される．その意味では一般に，接続詞 che を含む文の文脈の把握に際しては，それ相応の注意が必要である．

3）上記以外に，接続詞 che で導かれる節としては，主語節，叙述補語節，同格節などがあるが，ここであらためて取りあげるほどの問題は存在しない．もし万が一これらの節に関する情報を必要とされる向きは，第2章　単文の文型と語の結合型；第3章　法と時制，3.3　接続法；第4章　複文の構造の，4.18.　主語節，目的補語節，同格節，叙述補語節，などの記述を御参照いただきたい．

4) また接続詞の che は，これまでに記した事例にとどまることなく，とりわけ熟語・成句の成分として，広く用いられている．思いつくままにいくつかあげてみよう．

non (è) che+*cong. vo*「…というわけではなく」，non che+*inf.*「…ではなくて」，などの否定表現，そして (o) che+*cong. vo* (A) o che+*cong. vo* (B)「A であれ，B であれ」，che+*cong. vo* (A) o che+*cong. vo* (B)「A であれ，B であれ」，che+*cong. vo* (A) o no, che+*cong. vo* (A) o non *covg. vo* (A)「A かそうでないか」，sia che+*cong. vo* (A) sia che+*cong. vo* (B)「A しようと B しようと」などの言い方をはじめとする，多様な「譲歩」表現での che，さらには〈副詞・前置詞・過去分詞など+che〉の結合による多くの接続詞句の形成（allor che，sempre che，nonostante che，dato che，ecc.）などなど，その役割の広さには誠に驚くべきものがある．

7.2.5. 感 歎 詞

（1）〈che,...〉，〈che!(che!)〉

驚き，不満，反対などの感情をこめて「だめ！　絶対に！；まさか；そんな馬鹿な！　馬鹿ばかしい！」

① Credi che venga?—*Che*, neppure per sogno.（あの人）来ると思うかい？—いや，絶対に来ないな．

② *Che*《mio》o《tuo》! Qui nessuno è padrone! 俺のだとかお前のだとか，やめて欲しいわ．ここには偉い人なんかいないんだから．

③ *Che! Che!* Non cercherà mica di darmela a intendere! 馬鹿ばかしい！　そんなこと信じこませないでくださいよ．

（2）〈Ma che〔Macché〕!〉

強い否定ないし反対「そんな馬鹿な！；絶対だめ！」

① *Macché, macché* cinema!, studiare devi! だめ，映画なんてだめ！　勉強するの！

② Credi che mi lasci convincere da lui? *Ma che*! Non ci provi neanche! ぼくが彼に説得されてしまうとでも思うのかい？それは絶対ないね．そんなことさせもしないよ．

第7章　重要機能語の解明

7.3.　come

come を品詞として分類すれば，**様態・近似性の副詞**（…のように；ほとんど…），**疑問副詞**（いかにして，どんな風に），**感歎副詞**（なんと…か！　いかに…か！），**接続詞**（…なので；＝che；…するや否や，…すると；…する間；…に従って），**前置詞的用法**（…として），**名詞**（方法，手段）などに分けることができるが，ここでは，近似性の副詞 come と，接続詞 come についてだけは，それぞれ別個に検討することとし，それ以外はすべて一括し，例によってアルファベット順に並べた成句的表現を中心に見ていくことにしよう．

7.3.1.　come を含む熟語・成句

（1）**adesso come adesso, ora come ora**「ちょうど今〔今日〕」；**oggi come oggi**「正に現在〔今日〕」

①　*Ora come ora* non saprei risponderti. 今は答えられないんだけど．

②　*Oggi come oggi* non è facile far previsioni. 今現在のところは，予測は容易ではない．

（2）**come a〔per〕**＋*inf.*「…するかのように」

①　Gli mostrai il remo e Ceresa fece un gesto *come a* dire che gli seccava ma saltò nella barca. (C. Pavese) 私は彼にオールを見せた．すると（その）チエレーザはうるさいなといわんばかりの身振りはしたが，ひょいとボートに飛び乗った．

②　Il maggiore tacque un momento *come per* meditare la soluzione migliore. (D. Buzzati) 少佐は最良の解決法を思案するかのように，一瞬黙った．

〈備考〉
　　1）*inf.*に dire を用いる〈**come a〔per〕dire**〉という表現には，この意味のほか，「いわば，いうなれば；すなわち，たとえば」の意味もある（＝(9) come dire の 1))．
　　2）また，〈**come**＋*ger.*〉にも，「(ちょうど) …するように」の意味がある．

（3）〈**前置詞**＋**come**＋*ind.*〉「…する方法・仕方…」

①　*Da come* lo racconta, sembra vero. あの話し方からすると，本当らしい．

②　Bisogna dirigersi *secondo come* soffia il vento. 風の吹き方に従って方

— 482 —

7.3. come

向を決める必要がある．

(4) **com'è come non è, come va o come sta**「突然，不意に」
　　Com'è come non è, ci perdemmo nel bosco. 突然私たちは森の中で道に迷ってしまった．

(5) 〈**come da**＋名詞〉《商業用語》「…に従って，…通り」
　① come da campione 見本〔fattura 送り状　copia acclusa 同封のコピー　vostro desiderio 御要望　vostre istruzioni 御指示　ecc.〕通り・に従って
　② Gli articoli sono *come da* campione. 品物はサンプル通りでございます．

(6) **come Dio comanda**「立派に，適切に，それらしく」
　　Comportati *come Dio comanda*, e non fare il maleducato. 立居振舞はきちんとなさい．下品な真似はいけません．

(7) **come Dio volle**「とうとう，最後に」
　　Come Dio volle, smise di piovere. ようやく雨はやんだ．

(8) **come Dio vuole**《俗・話》（やや諦めの気持をこめて）「なんとかかとか」
　　Come vanno i tuoi affari?—*Come Dio vuole*.「商売の調子はどうやね」「まあなんとかようやく，というところや」

(9) **come dire**（＝come a〔per〕dire）
　1)「いわば，いうなれば；すなわち，たとえば；(挿入句的に) なんといおうか」: Era, *come dire*, una spiegazione oscura. それはつまるところ，わけのわからない説明だった．
　2)「…というかのように」: Alzò le spalle. *come dire* che la questione non gli interessava affatto. その問題にはちっとも関心がない，といわんばかりに彼は肩をすくめた．

(10) **come è〔com'è〕vero Dio〔Iddio〕, come sono vivo,** ecc.「かならず，間違いなく」
　　Me lo pagherà, *come è vero Iddio*! あいつには必ず償いをさせてやるからな．

(11) **come (e) qualmente**（＝come）《俗・話》
　　qualmente を添えることによって，強調か，ときに道化た感じが付与される．

Mi raccontò *come qualmente* suo figlio s'era unito alle brigate partigiane. 自分の息子がどんな風にしてパルティザンに加わったか私に話した．

(12) 〈**come fare**（*ind.*) **a**＋*inf.*?〉「どうすれば…できるのか？」

Come fai a trattenere il fiato così a lungo？—Esercizio.「どうしたらそんな風に長く息を停めていることができるんだい？」「練習だよ」

(13) 〈**come nessuno altro**＋名詞〉「ほかのどんな…とも違って，ほかのどんな…よりも」

Animo inquieto, soffrì *come nessun altro* scrittore italiano il problema religioso e quello amoroso (...). (M. Biagi) 不安な魂だった彼 (Fogazzaro) は，イタリアのほかのどんな作家よりも，宗教と愛の問題に苦しんだのであった．

(14) **come niente〔nulla〕, come niente〔nulla〕fosse**「何事もないかのように，ごく自然に；少しも気にしないで，いとも無造作に」

① Tu cammini, e *come niente* ti piovono addosso sassi. 君が歩いて行くだろ，するとごく当り前のように石が降ってくるのだ．

② Inghiottì quel mezzo bicchiere di grappa *come niente fosse*. 彼はそのグラス半分のグラッパを軽々と飲み干した．

(15) **come non detto**（話）（提案をひっこめて）「いや違った，そうじゃなかった；やっぱりやめとこう」

Prendi la medicina, *come non detto*, va' a letto subito. 薬を飲みたまえ．いやいや，すぐ寝るんだ．

(16) **come non mai**「かつてなかったほど，いつになく」

Gli occhi di Drogo fissavano *come non mai* le giallastre pareti della Fortezza (...). (D. Buzzati) ドゥローゴの眼は，要塞の黄ばんだ壁をいつになくじっと見据えていた．

(17) **come pure**（pure による come の強調）「さらに，…もまた；まさしく…と同様」

Ho bisogno di un abito nuovo, *come pure* di un cappotto. 新しい服が，それにマントも必要なのです．

(18) **come se**＋*cong. vo*（半・大過去）「あたかも…のように」

ときに se の省略形も．また，主節を省略し，この従属節だけで，恨み，怒

7.3. come

り，遺憾の情をこめることもある．

① Se lo mise sotto il braccio *come se* fosse stato un tocco di pane. (N. Lisi) 彼はそれ（カワカマス）を，まるでパンの大きな固まりでもあったかのように腕の下に抱えこんだ．(3.3.3. の項でも引用)

② *Come se* non lo conoscessimo bene! まるで私たちが彼のことをよく知らないみたいじゃないの．

(19) **come va** [**è**] **che**＋*ind*.?「どうして…なのだろう？」

① *Com'è che* non ti sei fatto più vivo? 君どうして姿を見せなかったの？

② *Come va che* arrivi sempere tardi a scuola? あなた何故いつも学校に遅れてくるんです？

(20) **come viene viene**「雑に，いい加減に」

È una lettera scritta proprio *come viene viene*. 本当に書きなぐったような手紙だ．

(21) **e come**〔**eccome**〕「全く，その通り，そうだろうとも」

L'hai visto anche tu?—*E come*!「あんたもそれ見たの？」「見ましたとも」

(22) 〈**essere**（3単形）**come**＋*inf*.〉「…するのと同じである」

Aver dimenticato *è come non sapere*. 忘れたというのは知らないということと同じである．

(23) **io**〔**lui, voi, ...**〕**come io**〔**lui, voi, ...**〕「私〔彼，あなた方…〕に関しては，はといえば」

Io come io la penso diversamente. 私のほうでは，違った風に考えています．

(24) **Ma come**...?, **Come mai**...?「いったいどうして…？」ma, mai による疑問文の強調．

Ma come, non è ancora arrivato? いったいどうして彼はやって来ないんだろう？

(25) 〈**mai come**＋副詞的表現, ecc.＋*ind*.〉「…ほど…のことはかつてない」〈mai (...) così〔tanto〕...〉 と同じような言い方．

Forse *mai come* nel silenzio della scorsa domenica, risultò chiaro che la pace e la tranquillità sono beni per noi irraggiungibili. (N. Ginzburg) 恐らくこの間のしんと静まり返った日曜日くらい，平和と静寂が，私たち

にとってもはや手に届かないほどの貴重な富であることを明らかにした瞬間は、いまだかつてなかったのである。

(26) **non so come, Dio sa come**（形容詞句）「無造作な、ぞんざいな」
un lavoro fatto *non so come*〔*Dio sa come*〕雑な出来の仕事

(27) **per come**〔**percome**〕（名詞句．通常、perché（理由、動機）と併用）「方法、手段」
Ti sei bisticciato con lui : dimmi perché e *percome*. 君は彼と口論したけど、その理由と、そのやり方を説明してくれたまえ。

(28) 〈**più**〔**meno**〕**... di come**＋*ind.*〔*cong. vo*〕〉「…より多く〔少なく〕…」
(cf. più〔meno〕... di quanto〔quello che〕(non)＋*cong. vo*〔*ind.*〕)
Le cose sono andate *meglio di come* io pensavo. 物事は、私が考えていたよりうまく進行した。

(29) **sia come sia, come che sia**〔**comecchessia**〕（副詞句）「なにはともあれ；なんとかして」；（形容詞句）「なんらかの」；（接続詞句）「どんな風に…であれ」
Sia come sia, perché vuole andare allo yacht club stasera ? なにはともあれ、どうして今夜ヨットクラブへ行くんですか？

(30) その他
よく用いられる〈come＋名詞・副詞〉、〈come＋*ind.*〉などの形の決まり文句として、次のような表現がある。
come prima 以前のように（《文・古》では接続詞句「…するとすぐに」）　**come regola** 原則として　**come segue** 以下の通り　**come sopra** 上記のように　**come sempre** 相変らず、例によって　**come al**〔**di**〕**solito** いつものように　**come di consueto** 例のように　**come d'uso** 慣例通り　**come si può** 可能なやり方で　**come per il passato** かつてのように　**Come no !**〔?〕もちろんですとも、など。

7.3.2. 接続詞としての come (cf. 第4章　複文の構造)
(1) 目的補語節を導く come (＝che)
Tutti sanno *come* gli uomini politici preferiscono le parole alle azioni. 誰でも知っているように、政治家というものは行動より言葉を好むものだ。
（ちなみに、間接疑問節を導く come (＝in quale modo) は、疑問副詞。Mi

ha raccontato come la conobbe.（彼は）どんな風にして彼女を知ったか，私に話した.）
（２）**比較**「…のように，と同様」しばしば così，ときに tanto, tale と相関的に.
① Facemmo *così come* avevamo già deciso. 私たちは，すでに決めてあったように行なった.
② La tua vita sia *tale come* te l'auguro. 君の人生が私の願う通りであって欲しいものだ.
（３）**様態**（＝come se）（＋*cong. vo*（半・大過去））「…のように」
I bambini rotolarano su un prato *come* non avessero fatto altro in vita loro. (I. Calvino) 子供たちは，草のうえで，いままでそうしたことは一度もやったこもがなかったみたいに転げまわっていた.
（４）**時間**「…するとすぐに；…すると；…する間；…するにつれて」ときに così と相関的に.
Come si dirigevano verso la casa suonò la sirena. 彼らが家の方に向う途中，サイレンが鳴った.
（５）**原因，理由**「…なので，だから」
Com'era di luglio, e faceva un gran caldo, si tolse anche il vestito, aspettando. (G. Verga) ７月でとても暑かったので，待ちながら服も脱いだ.

7.3.3. 〈叙述補語＋come＋essere（*ind.*）〉

essere の叙述補語（complemento predicativo．英語でいう補語）として，通常形容詞か過去分詞，ときに名詞が用いられるこの形は，たいへんに広く行われているが，意味・用法はほぼ次の三つに分けることができる.
（１）**原因・理由**「…なので」
① *Timido com'è*, non potrà certo farsi strada. 彼は臆病だから，自分で道を切り開いて行くことはたしかにできないだろう.
② *Imbevuto* di freddo e di umidità *com'era* non gli pareva vero di trovar rifugio sotto un tetto. (I. Calvino) 寒気と湿り気が全身に浸みこんでいたために，屋根の下に避難場所が見つかるなんて，彼にはとても本当とは思えなかったのである.

第7章　重要機能語の解明

（2）様態「…したまま；まさに…として〔であって〕」
　① *Sdraiata supina com'era*, gli occhi fissi al soffitto, sollevò appena un braccio. (G. Bassani) あおむけに横になり，眼は天井を見つめたまま，(彼女は) ちょっとだけ片方の腕をあげた．
　② Il muro, *meraviglioso com'era*, col verde degli alberi che vi spioveva dall'interno del convento, era una quinta. (V. Pratolini) 塀は，僧院の内側から木々の緑をしたたらせた誠に見事なもので，まるで舞台の袖であった．
（3）譲歩「…であるが，なのに」ときにcosìが添えられる．
　① *Intelligente come sei*, dici ancora queste sciocchezze? 頭がいいくせに，君はまだこんな馬鹿げたことを言っているのかい？
　② (...) e, *così vecchio come sono*, senza considerazioni per il mio passato di galantuomo, mi trascinate in galera come niente. (L. Sciascia) (…) それにわしはもうおいぼれの身じゃ，その俺が昔はいっぱしの旦那だったってことを忘れてよお，お前ら平気な面をしてこのわしを刑務所へ引っぱって行こうっていうのか．

7.3.4. 近似性を表わす副詞 come「まるで，ほとんど，いわば；…のようなもの」

このcomeについては，なぜか従来の辞書や文法書のなかではかならずしも充分な説明が行われていないのであるが，けっして稀な用法ではない．たとえば，以下の例文からも明らかなように，作家のI. Calvinoの作品にはよく登場する．以下，三つの代表的なタイプの表現形式をあげてみよう．それ以外の形でも用いられるが，ほかはすべて以下の例文から容易に類推できる．
（1）〈名詞（A）＋**come di**＋n.・*inf.*（B）〉「BのそれのようなA」
　① Dal nuoto passò a un movimento *come* di danza (...) (I. Calvino) (彼女は) 泳ぎからダンスのような動作に移った (…)
　② (...) provava una nostalgia *come* di raggiungere una spiaggia rimasta miracolosamente soleggiata nella notte. (I. Calvino) (…) 彼は，夜も陽があたるという奇蹟が行われている海岸に辿りついたことを懐んでいるような気分に浸っていた．
（2）〈動詞（A）＋**come**＋目的補語（B）〉「BのようなものをAする」

In quel momento l'aria portava *come* un lontano ronzio. (I. Calvino) そのとき大気は，遠くからエンジン音のようなものを運んできた．

(3) **複合時制**とともに用い，**助動詞と過去分詞の間に挿入された come**「ほとんど，まるで，どちらかというと」

Il sole era luminoso ma s'era *come* infiacchito nell' intensità e nel calore. (I. Calvino) 太陽は明るく照り輝いていたが，その強度と熱は心なしか弱まっていた．

7.4. così

cosìを品詞と機能の別に分類すれば，**様態の副詞**（こ〔そ〕んな風に，こ〔そ〕のように），**程度の副詞**（こ〔そ〕れほどに，こ〔そ〕んなにも），**同時・類似性の副詞**（(…のように) そのように，(…と) 同じように），**指示形容詞的用法**（こ〔そ〕のような），**接続詞**（かくて，それ故，したがって；(…) だけど，(…) にもかかわらず）などに分けることができる．しかしこの語の場合も，譲歩の cosìと形容詞用法の così，虚辞的 così以外は，すべて一括して，熟語・成句をアルファベット順に並べることにしよう．

7.4.1. 熟語・成句

(1) **Basta così**

 1)〈～！〉「(相手を黙らせるか，動作を中止させるために怒りをこめて) もう沢山だ，うんざりだ，やめたまえ」 2)〈～？〉「こ〔そ〕れでいい？ これだけですか？ これで終り？」 3)〈～(!)〉「これでよし，これで十分だ」

(2)〈前置詞+**così**〉「こ〔そ〕んな風…(前置詞の意味)」

 1)〈**da così**〉: Non posso fare diversamente *da così*. 私にはこれとは違った風にはできません．

 2)〈**di così**〉: Non era più alto *di così*. これより高くはなかった．

 3)〈**per così**〉: Devi girare il lume *per così* se vuoi vederci meglio. もっとよく見たかったら，灯りをこっちのほうへまわさなけりゃだめだよ．

 4)〈**da così a così**〉: Giulia cambia idea *da così a così*. ジューリアはあれこれ考えを変える．

(3)〈**così**+*cong. vo*（半・大過去)〉!「願わくば，かく…あらんことを！」この特別形ともいうべき成句に，**(E) così sia**. アーメン（かくあれかし）があ

る.
① *Così* potessi anch'io riuscire! 私もこんな風にうまくいくといいのだが.
② *Così* non fossi mai nato! こんな風に生まれてこなければよかった！
③ È l'aratro che comprai alla Pantegaccia, eh? *Così* mi fossi tenuto il vecchio, ben ch'era funesto! *Così* non fossi mai sceso alla Pantegaccia! (R. Bacchelli) 俺がパンテガッチャで買った犁(すき)かい？ たとえ縁起が悪かろうと、古いやつをもっていればよかったよ. パンテガッチャなんぞへ行かなければよかったんだ.

（4）**così ... da**＋*inf.*〔**che**＋*ind.*〕「…するほど…，あまり…で…である」，**così che**〔**cosicché**〕＋*ind.*〔目的の意味（…するように）が加わると，*cong.vo*〕「したがって、その結果…」

① Non sono *così* ricco *da* permettermi questo lusso. 私はこんなぜいたくができるほど豊かではない.
② Quel giardino è *così* basso *che* non si vede. その庭はとても低いところにあるので見えない.
③ Mi ero addormentato, *cosicché* non ti ho sentito entrare. ぼくは寝ついてしまっていたため、君が入ってくるのがわからなかった.

（5）**così come**＋*ind.*「正に…のように，…のままに」，**così come**＋**essere**（*ind.*）「ちょうどそのまま〔そんな風に〕」

① Continua a fare *così come* hai fatto fino ad ora. いままでやってきたように続けたまえ.
② Caro voi, volete fare un processo ai morti? *Così com'è*, avrà durato cent'anni e passa. 君、死者を訴えようというのか. そんなことをしていたら、100年以上もかかってしまうだろう.

（6）**così così，così e così，così cosà**（俗・戯）

1）（平凡あるいは凡庸な程度を表わす. ときに手でポーズをとりながら）「まあまあ、まずまず」

① Come sono andati gli esami?—*Così così*. 「試験はどうだった？」「まあなんとかというところです」
② Scusi, è religioso lei?—*Così così*. Forse più no che sì. (L. Pirandello)「失礼ですが、信仰はおもちで？」「ううん、どちらかといえばあんまり」

7.4. così

2 ）（形容詞句）「平凡な，月並みな」

Il cantante aveva una voce *così così*. その歌手はあまりさえない声だった．

(7) **così detto**〔**cosiddetto**〕（形容詞句）「いわゆる；こういわれている」（副詞句）「こういって」

Numerose parole italiane derivano sia dal latino classico sia dal *cosiddetto* latino volgare. イタリア語の多くの単語が，古典ラテン語からも，いわゆるラテン俗語からも由来している．

(8) **così e così, così e cosà**《俗・戯》「まさにこ〔そ〕のように〔な〕」

① Tu rispondigli *così e così*, e non ti preoccupare. 彼にはこんな風に答えるといい．心配することはないよ．

② Scusi... non ha veduto due signorine *così e così*?―Macché!... Neppur l'ombra di una signorina! (A. Beltramelli)「すみません，こんな風な感じの二人の娘さん見かけませんでしたか？」「いいえ，まったく．…娘さんの影も形もありませんでした」

(9) **così fatto**〔**cosiffatto**〕「こ〔そ〕のような，かような」

Con una persona *cosiffatta* non si può andare d'accordo. そんな人間とうまが合うことはありえない．

(10) **così o cosà**《俗・戯》「こうしたりああしたり；こうするかああするか；ともあれなんとか」

Prendi l'acqua *così o cosà*. まずはともあれ水を飲みなよ．

(11) **così pure**〔**anche**〕(pure, anche の強調)「…もまた（こんな風に）」

① Hanno acquistato la casa e *così pure* il giardino. 彼らは家ばかりか庭も手にいれた．

② Tutto cambia e *così pure* i gusti degli uomini. すべてが変るのであって，人間の好みも同様である．

(12) **È così.** (強い肯定または否定の返答)「そうなんです」；**È così?**「そうなんですか？」

① *È* proprio *così*〔または単に，Proprio così〕まさにその通りです．

② Ah! *È così*? Non puoi obbedire? ああ，そうなの？承服できないわけね．

(13) 〈**e così**＋**疑問文？**〉（結論か返事をひきだそうとして）「それで…？」，〈**e**

第7章　重要機能語の解明

　　　　così＋平叙文〉「それで，そんな風にして；したがって…」
　① 　*E così*(,) *che cosa* hai deciso? それで何を決めたんだい？
　② 　Il telefono era rotto *e così* non ho potuto avvertirti. 電話が故障していてあなたに知らせることができなかったの．
(14) 〈**e così**＋**fare** (*ind.*)〉「そこで（同じように）こうする」
　　　Egli uscì *e così feci* anch'io. 彼が外出したので私もそれにならった．
(15) **e così via, e via così, e così dicendo**〔**discorrendo**〕**, e così via via, di mano in mano così**「…など，などなど（＝eccetera）」
　　このほか così を用いない表現で，これと同じ意味になるものに，**e via di seguito, e via di questo passo, e via dicendo** がある．
　　　È bene prendere una bevanda calda come una tazza di tè, un infuso di tiglio, *e così via*. お茶とかシナノキの花の煎じ薬などのあったかい飲物を飲むといい．
(16) **meglio così**「これで（ますます）よい，こうなればよけい好都合」
　　　Adesso è tutto passato, *meglio così*. いまはすべて過ぎ去ってしまった．これでよい．
(17) 〈数詞＋**o così**〉「およそ…，…くらい」
　　　Ci saranno dieci km. *o così*. およそ10キロくらいあるだろう．
(18) **per**〔**a**〕**così dire, per dire così**「いわば，いうなれば」
　　これと意味が似ている表現に，**così parlando, dirò così, diciamo così,** ecc.がある．また，意味は違うが，**così per ridere**〔**scherzare, giocare**〕「冗談をいえば，戯れ事ながら」という表現もある．
　　　Non è una stupida : è, *per così dire*, un po' svanita. 彼女は馬鹿ではない．いうなれば少々ぼけているのだ．
(19) 〈**quando**〔**come, appena che**〕＋*ind.* (A)**, così**＋*ind.* (B)〉「A したら（すぐに）B する」
　　　Come la vide, *così* si mise a correre via. （彼は）彼女の姿を見るとたちまち駈けて行ってしまった．
(20) **se è così, quando è così**「だとしたら，そのときには」
　　　Se è così, forse dovremmo ricominciare tutto da capo. もしそうだったら，多分はじめからやりなおさなければならないだろう．

7.4.2. 譲歩の così
⟨**così**＋形容詞（＋**come**＋**essere**（*ind.*））⟩「…ではあるが」
① *Così povero*, cerca di aiutare tutti. 貧しいのに(彼は)誰にも手を差しのべようとする．
② *Così furbo com'è*, si è fatto imbrogliare. 抜け目がないくせに騙されてしまった．

7.4.3. 形容詞の così「このような，こうした」
① Non mi sarei aspettato un risultato *così*. 私はこんな結果はまったく予想していなかった．
② Ti piacerebbe un vestito *così*? こんな服あなたにどうかしら？

7.4.4. 虚辞的 così
文に生彩感や柔らいだニュアンスを添えるために不必要な così を添えることがある．
① Ha detto *così* la maestra che domani non c'è scuola. 明日は授業がないと先生が言った．
② La mamma ha detto *così* di tornare presto. ママはすぐ戻って来ると言った．

7.5. meno
この語を品詞別に分類してもあまり意味がないようにも思われるが，一応比較の副詞（より少なく），比較の形容詞（より少ない），前置詞（を除いて），名詞（最小（の物・事）；マイナス符号；少数者）の四つに分けることができる．熟語・成句は以下の通りである．
（1）**alla〔il〕meno peggio**「まあ〔まずは〕なんとか，悪ければ悪いなりになんとか」
　　Alla meno peggio troverò da dormire. まあなんとか塒(ねぐら)は見つかるだろう．
（2）**al meno〔almeno〕**「少なくとも」
　　ときに **almeno almeno** と重複して用いる．ちなみに（古）用法には，allo meno, al meno meno, al per meno, a tutto il meno などがある．

Tutt'e due figuravano più della matrigna. Avevano *almeno* vent'anni. (C. Pavese) 二人とも継母より眼をひいた．少なくとも20歳ぐらいだったろう．

（3） **a meno che**〔《古》は meno che も〕**non**＋*cong. vo*，**a meno di**＋*inf.*「…を除いて，以外には」

① Non lo farò, *a meno che* lui *non* mi preghi. 彼の頼みがなければそれはやらない．

② Non capirò mai questa teoria *a meno di* leggere tutto il libro. 本を最後まで読まないかぎりこの理論は絶対に理解できない．

（4） **da meno**〔**dammeno**〕（主として否定文で）「より劣った〔悪い〕；より程度の少ない」

Sforzò per non essere *da meno* dei suoi colleghi. 同僚に負けたくないためにがんばった．

（5） **dal più al meno, più o meno, or più or meno, poco più poco meno, in più in meno**「おおよそ，ほぼ，大体，多かれ少なかれ」

① Saranno *dal più al meno* tre settimane. だいたい3週間になるだろう．

② In questa famiglia, *più o meno*, sono tutti un po' matti. この家の者はみんな，多少なりとも頭がおかしい．

（6） **di meno**

1）〈名詞＋**di meno**〉「…を欠いた，が不足の」

① Mi hai dato una carta *di meno*. 君は一枚少なめにくれたね．

② Se avessi vent'anni *di meno*（＝in meno）! もし私が20歳若かったら．

2）（副詞句）「より少なく」

Bisogna parlare *di meno* e pensare di più. お喋りをへらしてもっと考えるようにしなければいけない．

（7）

1） **fare a**〔稀に di〕**meno di**＋*n.*〔*inf.*〕（《古》non poter a〔di〕meno di＋*inf.*）「…なしですます」

Per questa settimana bisognerà *fare a meno de*lla macchina. 今週は車なしで過さざるをえないだろう．

7.5. meno

2) **non poter〔riuscire a〕fare a**〔やや稀に di〕**meno di**＋*inf.*（《古》non potere a〔di〕meno di＋inf.）「…せざるをえない」
  Non può fare a meno di fumare. 彼は煙草を吸わずにはいられない（ちなみに，meno は用いないが，**non poter non**＋*inf.*も同じような意味になる． *Non posso non* dolermi di voi. 君たちのことは残念だとしかいいようがない）

3) **non poter**（3単形）**fare a**〔やや稀に di）**meno che non**＋*cong.vo*（《古》non potere（3単形）essere di meno che non＋*cong.vo*）「…は避けられない，を妨げることはできない」
  Alla veduta delle quali *non poté fare a meno che* non gridasse: Oh santa compagnia! (G. Gozzi) それを見たとき（彼は）ああなんてことだ，と叫ばずにはいられなかった．

(8) **il meno possibile**,〔**il meno che**＋**potere**（*cong.vo* o *ind.*）〉「できるだけ少なく」；〈**il meno**＋*avv.*・*agg.*＋**possibile**〉「できるだけ少なく…」；〈（定冠詞）**meno**＋単数名詞＋**possibile**〉,〈**meno**＋複数名詞＋**possibili**〉「できるだけ少ない…」

 ① Cerca di affaticarti *il meno possibile*. できるだけ骨折りは避けたまえ．

 ② Ho impiegato *il meno* tempo *possibile*. 私はできるだけ時間を使わないようにした．

(9) **in meno**：〈数量語＋**in meno**〔**in meno di**＋数量語〕〉「…だけ少なく」,〈**in meno**＋名詞〉「…を欠いた，なしの〔で〕」

 ① Il commesso mi ha dato cinquemila lire *in meno*. 店員は私に5000リラ少なく寄越した．

 ② Tra il prezzo del mio albergo e quello del tuo c'è una differenza *in meno di* 20.000 lire（＝una differenza di 20.000 lire in meno）. ぼくのホテルと君のホテルの値段には20,000リラの差がある．

 ③ Io non sono che una donna come tutte le altre, *in meno* la presenza di quella grazia femminile che fa perdonare alla donna tante mancanze e tante piccole e grandi cose cattive. (A. Beltramelli) 私はほかの人たちと同じようなただの女，いろいろな欠陥や大小の欠点を帳消しにしてしまう，あの女性的魅力というものに

欠けた，一人の女にすぎません．

(10) ⟨**in meno di**＋時間の長さ⟩「…以内に，も経たないうちに」，**in meno che**＋(**non**) *cong.vo*〔*ind.*〕「…するかしないうちに」

① Sarà tutto pronto *in meno* di una settimana. 1週間もしないうちにすべて準備が整うだろう．

② Ecco, *in meno che* Cosimo s'aspettasse, la donna a cavallo era giunta al margine del prato vicino a lui (...). (I. Calvino) すると，コジモが待ちうける間もあらばこそ，馬に乗った女はもう彼の近くの草原の端までやって来ていた（…）．

ちなみに，この表現を用いた成句には，**in meno di un baleno**〔**attimo, amen**〕，**in meno d'un batter d'occhio, in meno che non si dice**〔**dica**〕，**in meno che non balena**（以上すべて，一瞬のうちに）などがある．

(11)

1) ⟨**meno**＋名詞・代名詞⟩「…を除いて」

È aperto tutti i giorni, *meno* la domenica. 日曜日以外は毎日開いています．

2) ⟨**meno**＋数詞⟩「零下…度」

La temperatura oggi è *meno* due, ma ieri era *meno* cinque. 気温は今日はマイナス2度だが，昨日はマイナス5度だった．

3) ⟨数詞＋**meno**⟩「…点マイナス」

Ho preso otto *meno* in geografia. ぼくの地理の点は8マイナス（8の下）だった．

4) ⟨数量語（*A*）＋**meno**＋数量語（*B*）⟩「AマイナスB」

È lungo un metro *meno* pochi centimetri. 1メートルよりも数センチ少ない長さである．

(12) **meno che**

1)「…より少なく」

Gli articoli in pelle in Italia, per esempio, contano molto *meno che* in altri paesi. イタリアでは，たとえば皮製品がほかの国よりずっと安い．

2)「…を除いて，以外」

① Ho pensato a tutto, *meno che* a ritirare i bagagli. 荷物を引きと

7.5. meno

ること以外のことはすべて考えた．
② Sei gentile con tutti, *meno che* con me. あなたは私以外の人には誰にも親切なのね．
3）（＋*agg*・*avv*.否定的意味の強意）「まったく（〔じつに〕…ではない〔く〕，…なんてものではない〔く〕」
① Il suo comportamento è stato *meno che* cortese. 彼の振舞いは，とても礼儀正しいとはいえなかった．
② Ci vado *meno che* volentieri. 私はいやいやそこへ行くのだ．

(13) **meno che mai, meno che meno**「さらに少なく…，ますます…ない；まったく…でない」；**meno che poco**「ほとんどまったくといっていいほど…ない」
① Non ho voglia di andare al cinema, *meno che mai* tornare a casa. 映画を見に行く気はないが，それ以上に家へ帰る気もない．
② Ritirarmi non voglio, e dichiararmi vinto *meno che meno*. 引き退る気持はない．ましてや負けたことを認めるつもりはさらさらない．

(14) **meno che niente〔nulla〕**「まったく取るに足らぬ人・物・事，まったくのゼロ」
① Ricordati che tu qui conti *meno che niente*. 憶えとくがいい．お前さんはここではどうでもいい人間なんだ．
② In rapporto al lavoro che svolge, il suo compenso è *meno che niente*. 彼がしている仕事にくらべて，報酬は雀の涙ほどだ．

(15) **Meno male〔Menomale〕！／Meno male che**＋*ind*.！「（…なのは）よかった・幸いだった」
① Hai vinto quel concorso？ *Meno male*！ そのコンクールに優勝したの？　それはよかった．
② *Meno male che* ce ne siamo accorti in tempo！ 気がつくのに間に合ったのは幸いだった．

(16) **né〔non〕più né meno (che**＋*n*.**), né meno né più**「正に，まさしく，ちょうど（《古》まったく…ない）」
Parla *né più né meno* come se fosse lui il capo. まるで彼がボスでもあるかのような口のきき方だ．

(17) **niente meno〔nientemeno〕, niente di meno〔nientedimeno〕；nulla**

第7章 重要機能語の解明

meno〔nullameno〕, nulla di meno〔nulladimeno〕
nulla を用いるのは, niente の場合よりやや稀. 以上すべて,(文, 古, 地方)では, meno の代りに manco を用いることもある.
1)(ときに, +che〔di〕. 驚き, 皮肉などの情を伴なうことも)正に, まさしく, ちょうど」
   ① *Niente meno che* il ministro in persona è venuto. 大臣みずからやってきた.
   ② Pensa *nientedimeno* di poter diventare direttore. なんと彼は所長になれるものと思いこんでいる.
2)(文, 古)「しかし, にもかかわらず」;(ときに, +che〔di〕)「(と)同様, 同じように」

(18) **non di meno〔nondimeno, non dimeno〕**(一般に, まず否定的・消極的事実を提示し)「しかし, にもかかわらず, そうはいっても」通常は **nondimeno** の形を用いる. なお,(文, 古, 地方)では, **nondimanco〔non di manco, non dimanco〕** も用いられる.
   ① Non credo di essere capace, *nondimeno* tenterò. できるとは思わないけどやってみましょう.
   ② Ella ancora sbiancò, invece di arrossire. Ed era, *nondimeno* tranquilla, quando gli rispose. 彼女は赤面する代りにまた顔が青ざめた. しかし彼に答えるときには落着いていた.

(19)
1) **non (...) meno**「それに劣らず, 同様に」, **non meno (...) che〔di〕**「…に劣らず(…), …と同じように(…)」
   ① *Non* è per questo un uomo *meno* pericoloso. だからといって,(彼が)危険人物であることには変りはない.
   ② Gherardi era ammirato, *non meno di* me la prima volta ; e il suo entusiasmo mi confortava. (V. Pratolini) ゲラルディは, 初めて私と同じように感激した. そして彼の興奮ぶりは私を安心させたのであった.
   ③ Dai melodrammi degli inizi è passata alla commedia, per approdare infine al grande cinema d'autore, *non* risultando mai *meno che* perfetta. (A. Coppini)(シルヴァーナ・マンガノは)初期のメロ

7.5. meno

ドラマから喜劇へと移り，最後には巨匠の名作に出演したが，同じように申し分のない成果をおさめたのであった．

2）〈**non meno di**＋数量語〉「…以下ではなく，少なくとも…くらい」

L'appartamento deve avere *non meno di* cinque stanze. 住居（マンション）は，少なくとも5部屋はあるはずである．

(20)

1）〈動詞〔名詞〕＋**o meno**〔＝o no〕〉「…か否か」

① Comunicateci per tempo se vorrete *o meno*. お望みかどうか，急ぎお知らせください．

② Ch'io creda *o meno*, ha poca importanza. 私が信じようと信じなかろうと大したことではない．

2）〈数量語＋**o meno**〉「…かそれ以下，か少し少ない〔く〕」

Giorgio fuma venti *o meno* sigarette al giorno. ジョルジョは一日に20本か20本弱煙草を吸う．

(21) **per〔a〕meno**「もっと安く，もっと安い価格で」

Non si può acquistare *per meno*. それ以下の安値では手に入らない．

(22) **per lo meno, quanto meno**〔**quantomeno**〕「少なくとも」(cf.(2) al meno)

① *Per lo meno*, è questo il modo di salutare? これがせめてもの挨拶の仕方ってわけ？

② *Quanto meno* il signor Marchi arrivasse puntuale. 少なくとも，マルキ氏が時間通り来てくれればいいんだが．

(23)〈*A*（名詞）**più** *A* **meno**〉「*A*だけ多くても少なくても」

Verrò fra dieci giorni, giorno *più* giorno *meno*. 1日くらいの違いはあるかもしれませんが，10日後に参ります．

(24)

1）**poco meno**「ほぼ同じ，ほんの僅かだけ少ない〔く〕」，**poco meno che**〔**di**〕「…とほぼ同じ，といっていいほどの」

① Se non è un litro, è *poco meno*. 1リットルなくとも大体そのくらいある．

② Il tuo ritratto è *poco meno che* finito, che te ne pare? 君の肖像

第7章 重要機能語の解明

　　　画はほぼ完成だけど，どう思う？
　　③　Nella materia quanto mai varia e complessa del *Decamerone*, il mondo classico è *poco meno che* assente. (V. Branca)『デカメロン』のたいへん多様で複雑な題材のなかには，古典古代世界はほとんど不在である．
　2)〈**poco meno di**＋数量語〉「…足らず〔弱〕，ほぼ…くらいの」
　　　　Quanto tempo ho?—*Poco meno di* due minuti.「ぼくの持時間は？」「2分弱」
　　〈備考〉（文，古）として，poco meno che non＋ind.「危うく…するところである（＝mancare〔correrci〕（3単形）poco che＋cong. vo)」という成句がある．
(25) (**quanto**) **più**〔**meno**〕*A* (**tanto**) **più**〔**meno**〕*B*「AすればするだけBする」
　　　　Quanto più lo conosco, *tanto meno* lo capisco. 彼を知れば知るほど，彼という人間がわからなくなる．
(26)〈**quando meno**＋*ind.*〉「いちばん…しないとき」
　　　　Quando meno te l'aspetti, avverrà sicuramente. 自分で予期していないときに決って，（そうしたことは）起きるものだ．
(27) **senza meno**（地方）「かならず，間違いなく」
　　　　Verrò domani *senza meno*. 明日かならず参ります．
(28) **tanto**〔**molto, ancor(a), assai**〕**meno**（通常否定文と相関的に．ときに，さらに anche を添えて—たとえば anche molto meno—意味を強める）「（それだけに）ますます少なく」
　　　　Se non l'ha detto a me, *tanto meno* lo dirà a te. ぼくに言わなかったくらいだから，あんたにはなおさら言うまい．
(29) **venire meno**
　1)「気を失なう；死ぬ」
　　①　*Venne meno* alla vista di quella scena raccapricciante. そのぞっとする光景を見て（彼女は）気を失なった．
　　②　A quelle parole sembrai *venir meno*. その言葉を聞いたとき私は気が遠くなったような気がした．
　2)（しばしば，～a qu)「不足する，欠除する；やめる」

7.6. niente

Gli *vennero meno* tutte le speranze. 彼はすべて希望が失われてしまった．

3）(～ alla parola data, alle promesse)「(約束を) 守らない」；(～ al proprio dovere, agli impegni)「(義務・職務を) 果さない」；(～ all'aspettiva)「(期待を) 裏切る」；(～ a se stesso)「充分な努力をしない，義務を果さない」

7.6. niente
品詞別に分類すれば，**不定形容詞**（どんな…もない），**不定代名詞**（何も（…）ない；つまらぬ〔取るに足らぬ〕人・物；何か），**名詞化**（無，ゼロ；無価値；無意味；僅かな物），**副詞**（まったく，全然；ごく僅かだけ），の四つに分けられる．通例に従って，以下熟語・成句をアルファベット順に並べることとする．(cf. 7.8. nulla)

（1）**andare**〔**divenire, ridursi, tornare, venire, finire**〕**a・al**〔**in・nel**〕**niente**「破滅する，破産する；死滅する；無〔水泡〕に帰す」

Si è ridotto al niente, da ricchissimo che era. 彼は大富豪から無一文の境涯へ落ちたのだった．

（2）**come niente, come niente fosse, come se niente fosse**「何事もなかったように，いとも無造作に」(cf. 7.3.come)

Ha sollevato il baule e se l'è messo sulle spalle *come fosse niente.* 彼はトランクを持ち上げると，軽々と肩のうえに載せた．

（3）**da niente** 1）「無能な，無力な；無価値な」 2）「ささいな，簡単な；無意味な，つまらない」 3）「みじめな，さえない，みすぼらしい；弱々しい」

Alla fine sbucammo in una piccola radura davanti una baracchetta *da niente,* con le pareti di mattoni e il tetto di bandone ondulato. (A. Moravia) とうとうわれわれは林の中の小さな草地に抜け出た．眼の前に煉瓦製の壁と，波型トタン屋根の見すぼらしい小屋があった．

（4）**di niente** 1）（文，古）（副詞句）non ... di niente「まったく〔絶対に〕…ない」 2）（間投詞的に）「どういたしまして」: Grazie mille.—*Di niente.*「ありがとうございます」「どういたしまして」 3）（形容詞句）「意味のない，

第 7 章　重要機能語の解明

つまらない；些細な，簡単な」
(5) **essere niente**「なんの役にも立たない，無駄である；(人・物が) 重要ではない，大したことはない．
　① Fino a poco tempo fa *era niente*, e ora è lui che comanda! ちょっと前まではぱっとしなかったが，今では彼が命令する立場だ．
　② L'assenza e il tempo non *sono niente* quando ci si ama. 愛し合っているかぎり，不在や時間の距たりなんぞ大したことではない．

(6) **fare niente**
　1)「なにもしない，怠惰である」
　　　Non fa niente dalla mattina alla sera. 彼は朝から晩までなにもしない．
　2)「無害である」
　　　È un cane che abbaia, ma *non fa niente*. 吠える犬だけど危険はない．
　3)（非人称的に）「どうでもよい，重要でない；⟨～, se+ind.⟩…しても構わない」
　　　① Ho perduto il tuo libro.—*Non fa niente*.「君の本をなくしてしまったんだけど」「構わんよ」
　　　② Papà, *fa niente* se taglio l'erba domani? パパ，明日草を刈ることにしてもいい？
　4)「効果がない，役に立たない」
　　　Quella cura *non* mi *ha fatto niente*. あの治療法は私には効き目がなかった．

(7) **meglio che niente**「ないよりましである」
　　　Comunque, anche un cavallo scassato è *meglio che niente*. とにかく，がたのきた馬でもいないよりましだよ．

(8) **mettere〔recare, ridurre, ecc.〕a(l) niente**「破壊する；破滅させる；無効・無力にする」

(9) **niente, un niente, il niente**「ささいなこと，わずかなこと」
　　　È di salute cagionevole e con *un niente* si ammala. 虚弱な体だからちょっとしたことで病気になる．

(10) ⟨**niente＋名詞**⟩

7.6. niente

① *Niente paura*? こわくないかい？
② Non ho *niente fame*. 私は全然お腹が空いていない．

(11) **文全体に代る niente**

Ho provato a convincerlo, ma lui *niente*! 説得してみたんだが，彼ときたらてんで受けつけない．

(12) **副詞としての niente**「まったく…ない」

Non ci credo *niente*. 私はそのことをまったく信じない．

(13)
1) **niente da fare**「(これ以上) どうしようもない, (ほかに) 打つ手がない；だめだ」

Niente da fare, forse dovremo mettere un altro telefono. 仕方がない，もう一つ電話機をつけなければならんだろう．

2) **niente da dire**〔**eccepire**〕「文句のつけようがない，完璧だ」

(14) **niente affatto**「まったく〔全然〕…ない」

Non lo trovo *nient'affatto* interessante. 私にはそれは全然面白くない．

(15)
1) **niente altro**〔**nient' altro**〕「なにかほかのもの (は・を…ない)」

Non ho *nient'altro* da dire. ほかに言うことはない．

2) **non... niente altro**〔**nient' altro**〕**che**「…しか…ない，まさに…」

Non fa *nient'altro che* dormire. (彼は) 眠ってばかりいる．

3) **niente altro**〔**nient' altro**〕**che**「ほんの…だけ」

Voglio vederlo, *nient'altro che* per un minuto. ほんの１分だけでも彼に会いたい．

(16) **niente di**＋*agg*.「…のものはなにも (…ない)」

Non è accaduto *niente di* spiacevole. 不愉快なことはなにも起らなかった．

(17) **niente の強調形**

1) **niente di niente, meno che**〔**di**〕**niente** (副詞句，不定代名詞として)「まったく…ない」同じような意味の表現形式に，**niente e poi niente, niente nientissimo** がある．

Questa minestra non sa di *niente di niente*. このスープはまった

く味がない．

2）**un bel niente, un cavolo di niente**《話》（１）同様, niente の強調）
「まったく…ない，まったくゼロ」

  Nonostante gli sforzi non ottenne *un bel niente*. 努力はしたものの，得たものはなにもなかった．

(18) **niente male**「すばらしい，いいねえ」

  O magari preferisci bistecche di maiale con crauti?—*Niente male*.「それともザワークラウトの付け合わせで豚のステーキはどうかね？」「結構だねえ」

(19) **niente meno**〔**nientemeno**〕**(che・di), niente di meno**〔**nientedimeno**〕**(che・di)**「正に，まさしく」(cf. 7.5. meno(17))

  Pretende *nientedimeno* la metà degli utili. 彼は儲けのちょうど半分を要求している．

(20) **niente niente (che)**＋*ind.*〔*cong. vo*〕／**se niente niente**＋*ind.*〔*cong. vo*〕「ほんの少しでも…したら，万が一…したら」

 ① *Niente niente che* avanzi, cade nel precipizio.（あなた）少しでも前に出たら，断崖へ真逆様ですよ．

 ② *Se niente niente* glielo accenni, va in bestia. 少しでもそのことをほのめかしてごらん．彼かっとするから．

(21) **non per niente**

1）（おおむね，＋ma）「失礼ながら，そういってはなんなんだけれど，あのう…」

  Non per niente, ma cosa fai qui a quest'ora? あのう，こんな時間にここで何をしているの？

2）「…は偶然ではない，…は理由のないことではない，正にそれだけの理由があって」

  Non per niente hanno scelto proprio lui！彼が選ばれたのも当然である．

(22) **per niente**

1）「ただで，無償で；ただ同然で，端金で」

  Ha lavorato due mesi *per niente*. 彼は2ヶ月間ただ働きをした．

2）「なんの収穫もなく，無駄に；意味もなく」

Sono venuto qui *per niente*. ここへ来たのは無駄だった．
3)「ごくささいなことで」
Se la prende proprio *per niente*. （彼は）本当にごくささいなことで腹を立てる．
4)〈non ... per niente〉「まったく〔ぜんぜん〕…ない」
Non è vero *per niente* quello che dici. 君のいうことは少しも本当ではない．
5)（間投詞的に）=Di niente !
Mi scusi, la disturbo ?—*Per niente*. 「失礼ですが，お邪魔でしょうか」「全然」

7.7. non

7.7.1. 熟語，成句
(1) **che non, che è non ; che è** (e または 〈,〉) **che non è**「突然，不意に；気づかぬうちに」(cf. 7.2. che (7.2.1., (5)))
Che è, che non è, mi sono ritrovato ammanettato sul furgone della polizia. いつの間にか私は，手錠をかけられて警察の護送車に乗っていた．
(2) **non che 〔nonché〕**
1)「…もまた，さらに〔そして〕…も」
È un lavoro lungo *nonché* complesso. 長くかかるうえに複雑な仕事だ．
2)「さらにますます」
Non lo si può consigliare, *nonché* aiutare. 彼には忠告できない．手をかすのはもちろんだけど．
3)（文，古）（しばしば，+*inf*.）「…どころか，よりむしろ」
Non che far fresco, fa freddo. 涼しいというより寒い．
(3) **non ... che, non ... altro che** (non ... altro che については, 7.1. altro, (38) 参照)
① *Non* sapeva agire *che* così. そうした行動しかできなかった．
② *Non* pensano *che* all'amore fisico, con estrema naturalezza, e ne

第7章　重要機能語の解明

parlano con una libertà e semplicità di linguaggio che stupisce. (C. Levi)（彼らは）いとも自然に肉体的な愛についてだけに考えをめぐらし，それに関しては驚くべきほど自由で率直な言葉で語るのである．

（4）**non (è) che**+*cong. vo*，《強意》**non già che**+*cong. vo*「…というわけではなく〔ないが〕；《文，古》…というだけでなく」

　　Non che io mi trovi male in compagnia, ma preferisco la solitudine. 私は他人と一緒にいるのが苦手というのではなく，独りが好きなんです．

（5）*A*, **non** *B*；*A*, **e**〔**ma**〕**non** *B*「AであってBではない」／**non** *B*, *A*；**non** *B*, **ma** *A*「Bではなくて，Aである」

　① È Carlo, *non* Giovanni che mi ha telefonato. ぼくに電話をくれたのは，ジョヴァンニでなくカルロだ．

　② Loro, *non* te, dovranno pentirsene. 君ではなく，彼らこそ後悔すべきだろうよ．

　③ *Non* domani, oggi dovevo venire. 明日ではなく，今日行くべきだったのだ．

　④ *Non* sarà intelligente, *ma* è simpatico. あの人頭はよくないかもしれないけど好きよ．

（6）**non so che**〔**nonsoché**〕，**non so che cosa, un certo non so che**「（不定形容詞）なにかの；（不定代名詞）なにか」／**non so chi, un non so chi**「誰か（未知の人）」／〈**non so**〔**non si sa**〕+**疑問詞・se**〉「どこか〔いつか，どんな風にか，なぜか，など〕（の）…」(cf. 7.2. che, 7.2.1. 疑問代名詞 che)

　① È morto di *non so quale* malattia. （その男は）なにかの病気で死んだ．

　② Una goccia d'acqua cade da *non so dove*. どこからか水滴が落ちてくる．

　③ La sua stessa carnagione appare *non so se* sciupata od opaca. (T. Landolfi) 彼の顔色はまさに，やつれたような，くすんだような感じに見える．

（7）*A* **o non** *A*「Aであろうとそうでなかろうと」Aは，形容詞，名詞，動詞などさまざまな品詞が用いられるが，動詞のときは接続法になる．

7.7. non

① Ci crediate *o non* ci crediate, ho deciso di partire. 皆さんが信じようと信じなかろうと，私は出発することに決めました．

② Giovane *o non* giovane, queste cose deve capirle. 若い若くないは別にして，こうしたことは分っていなければいけません．

③ Raccomandato *o non* raccomandato per me sono tutti uguali. 推薦のあるなしにかかわらず，私にとっては誰もみな同じだ．

7.7.2. 虚辞の non

(1) **non appena**+*ind.*「…するや否や，するとすぐに」

Non appena l'ho saputo sono corso dallo zio. そのことを知るとすぐに私は叔父のところに駈けつけた．

(2) **mancare**（3単形）**poco che non**+*cong. vo*，**per poco non**+*ind.*，《文・古》**poco meno che non**+*ind.*，《文・古》**per poco che non**+*cong. vo*「危うく…しそうになる」

① *Poco mancò che non* fosse rapito il bambino. すんでのところで子供が誘拐されそうになった．

② *Per poco non* sono caduto dal ponte. もう少しで橋から落ちるところだった．

(3) **temere**〔**dubitare・sospettare**〕 **che non**+*cong. vo*「…がどうか心配する〔疑う〕」

Temo che non si sia già smarrito. もう迷ってしまったのではないかと心配している．

(4) **a meno che non**+*cong. vo*，**eccetto che non**+*cong. vo*，**salvo che non**+*cong. vo*「…を除いて」(cf. 4.10　除外節)

Me ne andrò *a meno*〔*salvo che, eccetto che*〕lui non arrivi fra cinque minuti. 5分経って彼がやって来なかったら私は行ってしまうつもりだ．

(5) **più**〔**meno**〕(...) **di come**〔**quanto・quel(lo) che**〕 **non**+*cong. vo*，**più**〔**meno**〕(...) **che non**+*cong. vo*／*n.・agg.・avv.・prep.*「…よりもっと多く〔少なく〕…」；**altro** (...) **che non**「…以外の（…）」；**altrimenti** (...) **che non**「…とは別な風に（…）」などの比較表現 (cf. 第4章　複文の構造，4.7　比較節)

Però ci vedevamo assai *più* di frequente *che non* prima (...) (G.

Bassani) しかし私たちは，以前よりずっと頻繁に顔を合わせるようになった．
（6）**finché non**＋*cong. vo*「…するまで」，**prima che non**＋*cong. vo*「…する前に」（cf. 第4章　複文の構造　4.1　時間節，4.1.1.6. 「以前」）

　　Non mi muovo mai da qui *finché non* si presenti quella cantante. 私はあの歌手が姿を見せるまで絶対にここから動かない．

7.7.3.　その他

あらためて指摘するまでもなく，いままで見てきたもの以外にも，non を用いる熟語・成句や言い方は，当然のことながらいくつもあるが，ここではごくありふれた表現（たとえば non...affatto, non...mica, non...punto, non...mai, non...più, ecc.）はすべて除き，一般にあまり関心が向けられていないかと思われるものを，いくつか取りあげるだけにとどめたい．

（1）〈**non**＋否定・消極的意味をもつ形容詞・副詞〉

否定的な意味と non の結びつきの場合には，逆に強調的意味合が加味される．いわゆる「曲言法（litote）」の一種である．

　　① Ha faticato *non poco* (≒molto). 彼の苦労は相当なものだった．
　　② Mi hanno affidato un compito *non indifferente*. 私はどうでもよくはない（重大な）仕事を委託された．

（2）〈**non**＋名詞〉この場合 non は，「非…，不…」といった形容詞的意味合をもつ．

　　il patto di non belligeranza 不戦条約　　i non cattolici 非カトリック信者　i non fumatori 非喫煙者

（3）上記以外の成句的性格をもつ〈**non**＋語〉

non un grido〔**un gesto, una parola**, ecc.〕（強い否定的表現）「叫び声〔身振り，言葉，など〕一つ（とて）なく（い）」，**non male**「まずまず」，**non sempre**「必ずしも…でなく，ときには」，**non del tutto**〔**completamente**〕「完全ではなく；一部は」，**non tutti**「いくつか〔何人か〕（は）」

7.8.　**nulla**

nulla は niente とほぼ同義の，niente よりやや文章語的（そしてトスカーナ風）ニュアンスを備えている語であって，用法も niente とかなりの程度重なり

7.8. nulla

あってはいるものの，使用範囲は大分狭くなる．繰返しになる部分もでてくるが，重複をいとわず，重要と思われる熟語・成句ないしそれに準ずる表現を，やはりアルファベット順に並べてみよう．品詞別分類も一応 niente に準じ，**不定代名詞**（何も…ない）；つまらぬ〔取るに足らぬ〕人・物），**名詞化**（無，ゼロ；無価値，無意味），**副詞**（まったく，全然；ごく僅かだけ）の三つに分けることができるが，niente のような不定形容詞的用法は存在しない．

（1）**andare**〔**finire, ridursi, risolversi, tornare, ritornare, svanire, venire**〕**a**〔**in・nel**〕**nulla**「無に帰す；消滅する；死ぬ」（他動詞 mandare〔mettere, recare, ridurre〕を用いれば，「消滅させる」などの意になるが，すべて《文，古》）

　① Il profumo *svanisce nel nulla*. 香りは消えてなくなってしまう．
　② Il progetto per un nuovo stabilimento *finì in nulla*. 新しい建物を作るという計画は水の泡になった．

（2）**buono a nulla**「使いものにならない物，がらくた；(人が) 碌でなし，役立たず」

　　Che macchina *buona a nulla*! Avanti, su scendi. このポンコツ車め！さあ，降りてくれたまえ．

（3）**come fosse nulla, come (se) nulla fosse, come nulla**「さもなく，造作もなく，無造作に」（cf. 7.3.　come）

（4）**da nulla**（=da niente）「ささいな，重要でない；つまらない，無価値な；無能な；みすぼらしい；弱々しい」

　　Gino ha la febbre, ma il medico dice ch'è un affare *da nulla*. ジーノは熱はあるが，医者は大したことはないと言っている．

（5）**di nulla**（=di niente）

　1）（間投詞的に）「どういたしまして」：La ringrazio—*Di nulla*.「ありがとうございます」「どういたしまして」
　2）（形容詞句）「簡素な，質素な；つまらない，簡単な」
　3）《古》（副詞句）(non)...di nulla「けっして…ない」

（6）**non avere nulla a che fare con**「…とまったく無関係である」（cf. 7.2 che，7.2.1.　疑問代名詞 che，(2)）

（7）**non per nulla**

　1）「…は偶然ではない，…は理由のないことではない，正にそれだけの理

由があって」この意味の場合は，主として文章語で用いられるせいか，non per niente よりもむしろ好まれる傾向があるようである．

   Non per nulla il Doney (喫茶店の名前) rappresenta uno dei punti chiave della vita e della storia di Via Veneto. (L. Maragnani) 喫茶店ドーネイが，ヴェネト通りの生活と歴史の主要な諸点の一つを代表しているというのも，偶然ではないのである．

 2) (通常＋ma)「失礼ながら，そういってはなんだけど」こちらの場合は，non per niente のほうが一般的．

   Non per nulla, ma che sei venuto a fare qui? 失礼だけど，ここへ何しに来たんだい？

(8)
 1) **nulla nulla**「ごく僅かだけ，ごく僅かだけの(もの)」
 2) **nulla nulla che**＋*cong. vo*〔*ind.*〕／**se nulla nulla (che)**＋*ind.*「少しでも…したら (cf. 4.2. 条件節)

   Se nulla nulla ti avvicini, cadi. あなた少しでも近づいたら落ちてしまうわよ．

(9) **nulla più**「これがすべて，これ以上ではない」

   La mamma Corvetto era una buona signore e *nulla più*. (C. Arrighi) コルヴェット・ママは人のいい奥さんだったが，それだけの人だった．

(10) **nulla の強調形**
 1) **nulla di nulla, meno che〔di〕nulla, nulla e poi nulla, un bel nulla** (以上すべて nulla の強調形．副詞句または不定代名詞として)「まったく…ない；まったくのゼロ」
 2) **un non nulla**「ごく些細なこと，取るに足らぬこと」

   Carlo si scalda e s' abbacchia per *un non nulla*. カルロは些細なことでがっかりしたり，しょげたりする．

(11) **per nulla**
 1) **non ... (per) nulla**「まったく〔全然〕…ない」

   Non siamo *per nulla* pronti. われわれはまったく準備ができていない．

 2)「無駄に；意味もなく」

3）「ただで，無償で，ただ同然で」

7.9. più

　この語は，品詞と機能別には，**比較の副詞**（より多く），**比較の形容詞**（より多い），**前置詞**（…のほかに），**名詞**（最大（の物・事）；大部分；プラス符号；最大多数）の四つに分けることができる。そしてこの品詞区分という点では，この語の反対語 meno と対応の関係にある。例によって，più を含む熟語・成句は以下の通りである。
（１）**alla più peggio**「最悪の場合でも」(cf. 7.5. meno, (１) alla〔il〕meno peggio「まずはなんとか」)
（２）**al più, tutt'al più〔tutto al più〕, al più al più, alla più**
　　1）「せいぜい，多くとも」
　　　Posso darti *tutt'al più*, seicentomila lire. せいぜい60万リラしかあげられない。
　　2）「遅くとも」
　　　Tutt'al più, tornerò giovedì, 遅くとも木曜日には戻る。
（３）**al〔稀に alla〕più presto, al più subito**　　1）「できるだけ早く」(al più presto possibile の形もよく用いられる)　　2）「(以上二つのうち，al più presto だけはときに) 早くとも」
（４）**al più tardi**((文，古)では, a più tardare, alla più lunga も)「遅くとも」
　　　Al più tardi, verrò fra quattr'ore. 遅くとも4時間後には参ります。
（５）**a più non posso, a piú posso, a più potere**（俗・話）「できるかぎり，可能なかぎり；せっせと；全力をふりしぼって，懸命に」
　　① Abbiamo mangiato e bevuto *a più non posso*. 私たちはこれでもかとばかりにたらふく食べたり飲んだりした。
　　② Armandino sotto il pilone continuava a cantare *a più non posso*, appassionato. (P. P. Pasolini) アルマンディーノは大きな柱の下で情熱をこめて懸命に歌いつづけた。
（６）**che niente〔nulla〕più, che più non si può〔potrebbe〕, che non si può dire più**（文，古）「これ以上ないほど最高に」
（７）**chi più(,) chi meno／chi più e chi meno**「人それぞれ多少の違いはあ

れ」

 Chi più chi meno eravamo tutti stanchi. 多少の違いはあっても，私たちは誰もが疲れていた．

（8）**da più**〔**dappiù**〕「(能力；状況が) すぐれた；すぐれた人びと」

 ① In questo nessuno è *dappiù* di lui. このことで彼より優秀な人はいない．

 ② Se dicessero il vero non parrebbero venerandi, come paiono, e *dappiù* degli altri, e non sarebbero rispettati. (L. Settembrini) もし万が一彼らが真実を語るようなことがあれば，いまそう見えているようには，立派だとも，ほかの人より優れているとも思えないだろう．それに，尊敬されるようなこともあるまい．

（9）**dal più al meno**「ほぼ，およそ，大体」

 ① Saranno *dal più al meno* sei milioni. 大体600万というところだろう．

 ② Gli alabastrai, *dal più al meno*, un po' d'asma ce l'hanno tutti. (C. Cassola) 雪花石膏を扱う石工たちは，ほぼ全員が喘息もちである．

（10）**del più e del meno**, **sul più e sul meno**「あれやこれやについて」

 ① Ogni sera parlo *del più e del meno* con gli amici per telefono. 毎晩私は友人たちと電話で世間話をする．

 ② Ci fu dapprima un po' d'imbarazzo; poi, a poco a poco si prese a parlare *del più e del meno*. (L. Pirandello) はじめはちょっと戸惑いがあったが，やがてみんな少しずつ，なにやかや雑談をはじめた．

（11）**di più**〔**dippiù**〕

 1）「もっと，さらに，より以上〔多く〕(ときに, molto, ancor(a), tanto, assai, anche；sempre；poco, un po'などの副詞を伴なって程度の加減を表わす)

 Di queste due cravatte, quale ti piace *di più*? この二つのネクタイのなかで，あなたどちらのほうが好き？

 2）「そのうえ，それに加えて，そのほか」((per dippiù の形も用いる))

 Ti assicuro che egli sarà per te un compagno, *di più*, un rivale. はっきり言っておくけど，彼は君にとって仲間であると同時に，ライバルにもなるだろう．

 3）「もっとも，最高に」(cf. 第4章複文の構造, 4.7. 比較節, 4.7.3. 最上級)

  ① Quello che importa *di più* (＝più importa) è che lui mi abbia scelto

7.9. più

per socio. なによりも肝心なことは，彼が私をパートナーに選んだということだ．

② Fra tutti i miei amici Carlo parla *di più*. ぼくの友達のなかでカルロがいちばんのお喋りだ．

4)（形容詞句）「それ以上の；余分の」

① Quest'anno i disoccupati sono *di più*. 今年は失業者が増えている．

② Mi aspettavo qualcosa *di più*. 私はそれ以上のものを期待していた．

5)（名詞句 → un〔il〕di più）「追加分；余分な物，余計者；過剰な感情」
La casa nuova è più piccola : quindi, bisogno di fare una cernita e di dar via *il di più*. (B. Cicognani) 新しい家はもっと小さい．だから選別をして余分なものは処分する必要がある．

(12) **di più in più**, **più a più**「だんだん，次第次第に」

(13)〈数量語＋**e**〔**o**〕(＋ancora, poco, forse, quasi, ecc.)＋(**di**)**più**〉「…と〔あるいは〕それ以上／**e** (**un po'**) (**di**) **più**「さらにそれ以上に；さらにそのあとまで」

① Quell'allievo sarà assente *due mesi e forse più*. その生徒は2ヶ月かもっとそれ以上欠席するだろう．

② Per gli accessi frequenti, spesso lunghi *un mese e più*, la gamba destra gli s'è un po' raccorciata. (C. Pirandello) 頻繁な，それも1ヶ月かそれ以上も続く発作のために，彼の右脚は少し短かくなってしまった．

(14) **fare a chi più**＋*ind.*〔*ind.*＋**di più**〕「誰がいちばん…するか競う」
Facciamo a chi resiste *di più*. 誰がいちばん我慢強いか競争しよう．

(15) **il più**「大部分（のもの）；大半の時間；最重要事；最困難事」
Per non farsi vedere, stette *il più* del giorno dentro una marmorea chiesa. (M. Pratesi) 姿を見られたくないので，（彼は）一日の大半を大理石造りの教会の中に閉じこもっていた．

(16) **il più che**＋**potere** (*ind.*)「できるかぎり」

(17) **il più possibile**「できるかぎり，できるかぎり力をつくして；できるだけ多くのもの」

① Mi sbrigherò *il più possibile*. できるだけ急ぎます．

② Vorrei ottenere *il più possibile* da questa vendita. これを売って，できるだけ多くの儲けを手にしたい．

第7章　重要機能語の解明

(18)
1) 〈**il più**+*avv.*+**possibile**〔**che**+**potere**(*ind.*)〕〉, 〈**più**+*avv.*+**che sia possibile**〉「できるかぎり…」
　Cerco di vederlo *il più raramente possibile*. 彼にはできるだけ会わないようにしている.

2) 〈**più**+名詞+**possibile**〔**che**+**potere**(*ind.*)〕〉「できるだけ多くの…」
　① Riunite *più* studenti *possibili*. できるだけ多くの学生を集めてくれ.
　② Ti prego di spedirmi *più* denaro *possibile*. なるべく沢山お金を送ってください.

3) 〈定冠詞+名詞+**più**+*agg.*+**possibile**〉「できるだけ…の…」
　Fategli *la miglior* accoglienza *possibile*. 彼には最大限の歓待をしてやって欲しい.

〈備考〉
　　　7.5. meno の項では, これに類する表現は扱わなかったが, いうまでもなく, 以上の più の代りに meno を用いれば, すべて反対の意味になる.

(19) **in più**「余分に〔の〕, 超過して〔した〕, さらなる；その上, さらに」
① Nella busta c'erano cinquantamila lire *in più*. 封筒のなかには50.000 リラ余分に入っていた.
② Mi ha insultato e, *in più*, deriso. 彼は私を侮辱したばかりか, 嘲笑ったのだ.

(20) **in più in meno**「たかだか, せいぜい」
Non staremo a discutere per diecimila lire *in più in meno*. せいぜいが1万リラばかりのことで言い合いはよそう.

(21) **i più**「大部分の人びと；最大多数」
Sono certo che *i più* voteranno a favore. 間違いなく大抵の人が賛成投票をするものと思う.

(22) **mai più**「絶対に〔けっして〕…ない」
Non tornerò *mai più* al mio paese natio. 私は二度と故郷に戻るつもりはない.

(23) **né più né meno**「正に, まさしく (**che**〔**di**〕+*n.*／**che**+*cong. vo.* を伴なうこともある)；《文, 古》まったく…ない」
① Sei un bugiardo *né più né meno*. お前さんは嘘つきそのものだ.

7.9. più

② Il treno è partito *né più né meno* con un'ora di ritardo. 列車は，ちょうど1時間遅れて発った．

(24) **nessuno**〔**niente, nulla**〕(...) + *ind.* + **più**... **di**〔**che**〕「…より以上に…なる人〔物〕は…ない」

Nulla poteva esserci *più* placido e innocuo *che* quella buona barca abbandonata, oscillante presso la riva. (D. Buzzati) 河岸で水に揺れているその置き忘れられた小舟ほど，おだやかで無害な存在はなかったであろう．

(25) **non più**「やめたまえ，もう沢山だ」

Mi pento fortemente di aver divorziato da quella donna. —Ehi, *non più*.「俺はあの女と別れたことをとても後悔しているんだ」「おいおい，やめてくれよ」

(26)

1) **non... più che...**「…以上…はない，正に〔単に〕…しかない」

① *Non* ha *più che* i suoi modesti risparmi. 彼にはささやかな貯金しかない．

② *Non* v'è *più che* l'azione che mi seduca. (G. Mazzini) 私を惹きつけるものは行動だけである．

2) **non più di**〔**che**〕「…と同様，同じように」

La malattia, *non più degli*〔*che gli*〕ostacoli, non lo potè vincere. 病気もほかの障害同様，彼を挫くことはできなかった．

3) **non... più di**〔**che**〕「…と同様，同じように；…ほど…でない」

① *Non* sono *più* ricco *di* te. ぼくは君と同様金持ではない〔ぼくは君ほど金持ではない〕．

② Tale persona *non* può accorgersi della sua stupidità *più di* quanto possa vedere i suoi orecchi. その手の人間は，自分の耳が見えないのと同じように自分の愚かさには気づかないものだ．

(27)

1) **non (...) più che**〔**di**〕**tanto**「あまり〔ほとんど〕…ない；わずかしか…ない」

① *Non* me ne curo *più che tanto*. そのことはあんまり気にしていない．

② *Non* ci pensò *più che tanto* e si buttò a capofitto nella mischia. 彼はほとんど考える余地もなく，喧嘩のなかへ飛びこんだ．

2) **non (...) più di tanto**「それ以上…ない」
　　Dice che *non* vuol pagare *più di tanto*. それ以上払うつもりはないと言っている．

(28)
　　1)〈数量語+**non (di) più**〉「…で，それ以上ではない」
　　Tutto sarà pronto entro due settimane *non più*. 2週間以内にすべて準備が整います．それ以上はかかりません．
　　2)〈**non più di**+数量語〉「ほんの〔せいぜい〕…（で）」
　　Ci vorranno *non più di* due mesi. せいぜい2ヶ月要するだけでしょう．

(29)〈**non più tardi di**+時点〉「ほんの〔つい〕…に」
　　Non più tardi di domenica scorsa è venuto a trovarmi il presidente in persona. ほんのこの間の日曜日に，会長本人が訪ねて来た．

(30) **non poterne più di**+*n.*〔*inf.*〕「…に我慢できない；…に耐えられない」
　　Non ne posso più di questo lavoro. この仕事にはうんざりしている．

(31) **passare nel numero dei più, andare tra i più**「死ぬ，亡くなる」(cf. mandare *qu* tra i più 人をあの世へ送る」)

(32) **per di più**「そのうえ，さらに（加えて）；（文，古）無駄に，はかなく」
　　È antipatico e *per di più* maleducato. 彼は感じが悪いうえに無礼な奴だ．

(33) **per lo più**〔**perlopiù**〕「大抵は，通常は」
　　A Perugia gli studenti sono *per lo più* stranieri. ペルージャの学生は大抵が外国人だ．

(34)
　　1) **più che**〔**piuché, piucché**〕+*agg.・avv.*「実に，非常に，限りなく…」
　　La tua osservazione è *più che* giusta. あんたの意見は実に正しい．
　　2) **più che**+*agg.・n・inf.*「…よりむしろ，どころか；…以上に」
　　　① Le sue parole *più che* irritarmi mi addolorano. 彼の言葉は私を怒らせるというよりも悲しくさせる．
　　　② *Più che* ardito mi sembra incosciente. 大胆というより私には軽率に思える．
　　3) **più che non**+*cong. vo*〔*ind.*〕「…以上に」
　　Un alberghetto semideserto, con grosse tovaglie di bucato, mi offrì *più che non* cercavo. 閑散とした小さなホテルだったが，洗いたての大きなテ

7.9. più

—ブルクロスが用意されていて，私の要求以上のサービスをしてくれた．

(35) **più** (...) **che mai**「かつてないほど (…)，いままでよりずっと (…)，実に (…)」

Sono convinto *più che mai* della sua sincerità. 私は彼の誠実さを信ずること大である．

(36) **più che + potere**(*ind.*)「懸命に，一心不乱に」

Quando dipingo *più che posso* sono così felice, così viva, così realizzata. 私夢中になって絵を描いていると，なんとも幸せな，生き生きとした気分になり，すごい達成感が味わえるの．

(37) **più di così**「これ以上」

Non posso spendere *più di così*. これ以上お金を使うことはできない．

(38) **più** (...) **di quanto**〔**quel**(**lo**) **che**〕(**non**) + *cong. vo*「…よりもっと (…)」(cf. 第4章複文の構造，4.7. 比較節)

Ho fatto *più* velocemente *di quanto* pensassi. 私は思ったより早くやれた．

(39) **più di tutto**〔**tutti**〕「最高に，もっとも，なによりも」

Più di tutto mi dispiace il modo con cui me l'ha detto. なによりもまず，そういったときの彼の言い方が気にいらない．

(40) **più e più，e più e più，via via più**「だんだん，ますます，さらに」ちなみに，これに類似した表現に，**ogni giorno più**（日々ますます），**di giorno in giorno più**（毎日毎日ますます），**ogni volta (di) più**（その都度ますます）などがある．

In basso emergono, *più e più*, le pallide carni del santo e del padre. (R. Longhi) 下方には，聖者と神父の青白い肉体が徐々に現われてくる．

(41) **più o meno，or più or meno，or meno or più，poco più poco meno，uno più (o) uno meno**「多かれ少なかれ；ほぼ，およそ，大体」；〈*A*（数量語）+ **più** + *A* + **meno**〉「*A* 多いか少ないか」

① Tutti, nel mondo, pecchiamo, *più o meno*, o prima o poi: e per questo? (G. Deledda) 世の中の人はみんな，軽重や時期の差はあっても，誰でも罪をおかすものだよ．だとしたら，どうだというのだね？

② Di qui al paese ci saranno dieci chilometri, *poco più poco meno*. ここから村まで大体10キロというところです．

(42) **più volte，più e più volte，più di una volta**「何回も，何回となく，し

ばしば」; **le più volte**「非常にしばしば，頻繁に」
① Gli ho ripetuto *più e più volte*. 私は彼に何回となく繰返し言った．
② *Le più volte* lo vedo in compagnia di lei. 実に何回も，彼が彼女と一緒にいる姿を見かけるね．

(43)
1) **poco più di〔che〕**「せいぜい…，ほんの…，…に過ぎない」
① Malgrado la sua apparenza, è *poco più di* una bambina. 外見はともかく，彼女はまだほんの子供だ．
② A Venezia, viveva *poco più che* come un accattone (...). ヴェネツィアでは（彼は）乞食に近い生活をしていた（…）．
2) **poco più... di〔che〕**「…よりわずかだけ多く…」
I nostri danni sono stati *poco* più lievi *di* quanto non temevassimo. われわれの損害は，心配していたよりもほんの少しだけ軽かった．

(44) **(quanto〔tanto〕) più〔meno〕 *A*, (tanto) più〔meno〕 *B***「Aすればするほどに B」(cf. 4.7.　比較節; 7.12. quanto; 7.15. tanto の項)
Più avanti vai, *più* ripida diventa la strada. 前進するにつれて道は急になる．

(45) **quel(lo) che è più**「さらに〔それ以上に〕重要なことに」，**quel(lo) che è più**+*agg./ind.*「もっと〔それ以上に〕…なことに」
È un telefonino molto pratico e, *quel che più conta* (=*quel che è più importante*), non costose. とても便利な携帯電話です．それよりもなによりもお値段がはりません．

(46) **quel più**（文，古）「よりさらに；最高〔大〕に」
(47) **se non di più**「せめて，少なくとも」
(48) **sempre più**「ますます，いよいよ」
La situazione si fa *sempre più* grave. 状況はますます深刻の度を加えている．
(49) **senza più**（文，古）「直ちに；躊躇することなく；文句なく」
(50) **tanto〔molto, ancor(a), assai〕più**「(それだけに) ますます，余計に」; **tanto più per**+*n.*, **tanto più che〔in quanto, perché〕**+*ind.*「…なるが故にますます」; **tanto più se〔quando〕**+*ind.*「…ならばますます余計に」(cf. 7.15. tanto)

① Ho sempre diffidato di lui, *tanto più* ora, dopo quanto è accaduto. 彼にはいつも不信感をもっていたけど，あの出来事があってからというもの，ますますその思いが強くなっている．

② E il verdetto è *tanto più* clamoroso *perché* metà della giuria, scandalizzata dal contenuto del romanzo, si dimette in segno di protesta. (M. Fortunato) 評決結果は，審査委員の半分が，小説の内容に腹を立て，抗議のためにその職を退くという事態が生じたために，なおのこと大きなセンセーションを巻きおこすことになる．

(51) 〈数詞+**volte più**+*agg.*・*avv.*+**di**〔**che**〕〉「…より…倍の」

Ha un'automobile *due volte più* grande *d*ella mia. (彼は) 私のより2倍も大きい車をもっている．

7.10. poco

品詞・機能別に分類すれば，この語は，**程度の副詞**（僅かだけ，ほとんど…ない；あまり…ない），**不定形容詞**（僅かな，少量の；少数の），**不定代名詞**（僅かな物；僅かな時間・空間；(pochi)少数の人びと），**名詞化**（少量；少数）というように分けることができる．熟語・成句は以下の通りである．

（1）**a ogni poco**, **ogni poco**「頻繁に，しばしば」

La locomotiva mandava *ad ogni poco* il richiamo agli sperduti. (A. Loria) 機関車は，辺鄙な村々に向けて，繰返し汽笛を鳴らしながら呼びかけたのだった．

（2）**a dire**〔**fare**〕**poco**「少なくとも」

A dir poco, gli ci vorranno ancora due anni di lavoro. 少なくとも彼には，あと2年間の仕事が必要だろう．

（3）**a poco**「安い価格で；低賃金で；《古》苦労して」

I negri lavorano *a poco* e con molta disciplina. (E. Cecchi) 黒人たちは，安い賃金で，苛酷な規律を課せられて働いている．

（4）**a poco a poco**, **poco a poco**「次第に，だんだん，少しずつ」

A poco a poco s'era abituato alla vita chiusa, all' obbedienza cieca, alla disciplina (...). (G. Deledda) (彼は) 少しずつ閉ざされた生活に，盲目的服従と規律に慣れていった (…)．

（5）**avere poco di**「…の性質を僅かだけ有する」

— 519 —

（6）**correrci**（3単形）**poco**「少ししか離れていない；あまり違わない」，**correrci**（3単形）**poco che**＋*cong. vo*「危うく…するところである」
　① *Ci corre poco* tra te e me. あなたと私の間にはそんなに違いはない．
　② *C'è corso poco che* perdessi il treno. 私はもう少しで列車に乗り遅れるところだった．

（7）**da poco**
　1）「少し前から」
　Dicono che si sono separati *da poco*. 彼らはちょっと前に離婚したという話だ．
　2）（**dappoco** の形も）「（形容詞句）つまらない，価値のない，重要でない；（名詞句）無能な奴，勇気のない人」
　Sento di avergli fatto l'impressione di persona *dappoco*, e mi dispiace. (A. Panzini) 彼には私がつまらぬ人間だという印象を与えたようである．残念なことではある．

（8）**di lì a poco**「少しあとで；それから少し離れたところで」

（9）**E dico poco!**（自慢話や，誇張した表現に対して，ときに脅かすような調子で）「よくいうよ！　なんてオーバーな！」

（10）**essere**（3単形）**poco**＋*inf.*〔**che**＋*cong. vo*〕「…は大したことではない」（否定形で，「重大なことだ；満足すべきである」）
Non *è poco che* sia venuto di persona. （彼が）みずからやってきたことは無視できない．

（11）**esserci**（3単形）**poco da**＋*inf.*
　1）（*inf.*には主として dire か fare を用いる）「…すべきことはほとんどない」
　　① Oggi *c'è poco da* fare. 今日のところはどうしようもない．
　　② *C'è poco da* dire su di lui. 彼についてはとくにいうべきことはない（C'è poco da dire. には「明らかである」の意味もある）．
　2）「…するような場合ではない，すべき理由はない，することは許されない」
　C'è poco da scherzare, la situazione è grave. 冗談をいってるような場合ではない．状況は深刻だ．
　〈備考〉これに似た表現に〈**restare**〔**rimanere**〕（3単形）**a** *qu* **poco da**＋*inf.*〉「人には…すべきことはほとんど残されていない」という表現もある．

(12) **fra〔tra〕poco**「間もなく，じきに」，**fra〔tra〕un poco〔po'〕**「やがて，しばらくして」

Fra poco riusciremo a superare le difficoltà. われわれはもうすぐ難局を乗りきることができるだろう．

(13) **mancare〔mancarci〕**（3単形）**poco** (**che**) (**non**)＋*cong. vo*「危うく…しそうになる」(cf. per poco＋*ind.*, correrci（3単形）poco che＋*cong. vo*,《文，古》poco meno che＋*ind.*〔*cong. vo*〕), **mancare**（3単形）**poco a qu a**＋*inf.*「人はもう少しで…するところである」

　① *Mancò poco non* desse dell'imbecille a suo padre. (M. Pratesi) あいつはもう少しで父親を馬鹿呼ばわりするところだった．

　② *Mancava poco a* mio marito *a* bussare alla camera accanto. うちの夫は隣りの部屋をノックしそうになった．

(14) **né poco né punto, né punto né poco, né tanto〔molto, assai〕né poco, né poco né molto**「ちっとも〔まったく〕…ない」

　① Ciò non mi garba *né molto né poco*. それは私にはまったく気にいらない．

　② A chiunque avesse granaglie o farina in casa veniva proibito di comprarne *né punto né poco*. (A. Manzoni) 家に穀物や小麦粉を保存しているものには，そうしたものを買うことがいっさい禁じられたのであった．

(15) **non poco**「少なからず，大いに」

Sono stato *non poco* in pena per te. 私はあんたのことでとても心を痛めていたんだ．

(16) **per poco**

　1)「ほんの少しの間」(cf. per un po'「しばらくの間，少しの間」)

　2)「安値で」(＝a poco prezzo)

Ha venduto la villa *per poco* per liquidare il debito. 借金を清算するために，彼は別荘を安く売った．

　3)《古》「辛うじて，苦労して」

(17) **per poco non**＋*ind.*「危うく…しそうになる」

Per poco non è stato schiacciato da una macchina. 私はもう少しで車に轢かれるところだった．

(18) **poco di buono**（無変化）「碌でなし（の），ごろつき（の）」
Sono dei *poco di buono*, non devi fidarti. あれはどうしようもない連中だ．信じてはだめだよ．

(19) **poco meno**「ほぼ同じ，ほんのわずかだけ少ない」，**poco meno che**＋*agg.*・*avv.*／**non**＋*ind.*「…とほぼ同じ，といっていいほどの」，**poco meno di**＋数量語「…足らず〔弱〕，ほぼ…くらいの」（cf. 7.5. meno, (24)）

(20) **poco o niente**〔**nulla**〕「ほとんどゼロ，じつに少ない」；**poco o punto, punto o poco, meno che poco**「ほとんどまったくといっていいほど…ない」，**pochi o punti, pochi pochi**「じつに〔ごく〕少ない（人・物）」
Dolevano anche le spalle, ed io mi sentivo la bocca impastata e *poco o punto* appetito. (L. Bianciardi) 肩も痛く，口のなかはねばついていて，私はほとんど食欲がなかった．

(21) **poco più di**〔**che**〕「せいぜいのところ…，ほとんど…」，**poco più… di**〔**che**〕「…よりわずかだけ…」（cf. 7.9. più (43)）

(22) **poco più poco meno, poco dal più al più, poco su poco giù**「ほぼ，およそ，大体」

(23) **po' po' di**「多くの，たくさんの」
Che *po' po' di* sfacciataggine! なんとまた無遠慮な振舞いの数々！

(24) **presso a poco**〔**press'a poco**〕「ほぼ，ほとんど，およそ；いい加減に；（無変化の名詞句）近似形〔値〕」
I passaggi sono due, e la lunghezza è *press'a poco* la stessa. 通路は二つあって，長さはほぼ同じである．

(25) 〈冠詞・所有形容詞・指示形容詞・不定形容詞(qualche, altro, ogni, ecc.)＋**poco**〔**po'**〕（無変化）〉「…のわずか」

① *Quel poco* che possiedo un giorno sarà vostro. 私が持っているそのわずかなものは，いずれお前たちのものになる．

② Nell' inverno vi ha la neve, nell' estate vi ha la pioggia e *qualche poco* di grandine, di quando in quando alcuni sbuffetti di rovaio. (I. U. Tarchetti) 冬には雪があり，夏は雨が降ったり少々の雹が降るかと思うと，時折北から烈しい風が吹いてくる．

(26) **sapere di poco**「（食べ物が）味がない；（人・物が）面白くない，無味乾燥である」

Questa frutta *sa di poco*. この果物は味がない.

(27) **un bel poco**〔**po'**〕「かなり，多く，相当」，**un bel po' di**「かなりの，たくさんの」

① L' ho pagato *un bel po'*. それにかなりの値を払った.

② Dobbiamo chiarire prima di tutto *un bel po' di* malintesi. まず最初に数多くの誤解を解かなければならない.

(28) **un po'**「少し；しばしの時間〔空間〕」，**un po' di**「少しの，少量〔数〕の」

① Vai *un po'* a vedere che cosa succede. ちょっと，なにがあったのか見に行ってきてよ. (un po'は命令法と一緒に用いるときは，しばしば念を押すか，依頼を柔らげる)

② Dovresti avere *un po' di* buon senso. 少しは常識をもたなければいけません.

(29)

1) **un po' per** *A*, **un po' per** *B*「一つにはAのせいで，また一つにはBのために」

Era fuori di sé, *un po' per* la rabbia e *un po' per* il dispiacere. 一つには怒りの，もう一つには無念さのために，彼はわれを忘れてしまっていた.

2) **un po'** *A*, **un po'** *B*「AだったりBだったりする」，**un po' che**＋*ind*.(*A*), **un po' che**＋*ind*.(*B*)「AだったりBだったりして」

Un po' rideva e *un po'* mi sgridava. 笑ったり，ときには私を叱りつけたりした.

3) **un po' di tutto**「万事少しずつ」

C'è di tutto un pò. なんでも少しずつある.

(30) **un po' po'**《文，古》「(形容詞句) 社会的地位のある，ある程度レベルの高い；(副詞句) いくらか，若干」

(31) **volerci**（3単形）**poco a**＋*inf*.「…するのは簡単だ〔造作もない〕」

Ci vuol poco a capire che non è d'accordo! 彼が賛成でないことは容易にわかる.

7.11. quale

この quale の場合は，熟語・成句を並べる前に，品詞と機能の別に分類し，そ

れぞれにいくつかの例文を添えることによって，ひとまずその意味と機能を概観しておくことにしたい．

7.11.1. 意味・機能の概観
1 疑問詞（性質；種類；程度）
  a   疑問形容詞「どのような；どちらの；どの程度の」
    ① Con *quale* criterio scegli i dipendenti? どういう基準で従業員を選ぶんだい？
    ② Non si sapeva *quale* uomo egli fosse? 彼がどんな人物なのかわからなかった．
    ③ Qual è il prezzo di questo quadro? この絵の値段はどのくらいですか．
  b   疑問代名詞「どちら；どれ；(文)誰」(種類)
    ① Ecco due possibili soluzioni: *quale* preferisci? これが二つの可能な解決法だ．どちらがいいかね？
    ② Sono tutte belle queste cravatte: *quale* mi consiglia, signorina? このネクタイどれもすてきだけど，どれがいいでしょうかね，シニョリーナ．
2 感歎形容詞「なんたる…，なんという…」(性質・程度)
    ① *Quale* coraggio! 大変な勇気だ．
    ② *Quali* idee sciocche! なんて馬鹿ばかしい考えだ．
    ③ *Quale* gioia provo nel rivederti! あんたにまた会えて本当に嬉しいよ．
3 不定形容・代名詞
  a   不定形容詞「どんな…でも；(文，古)ある…は，またある…は」
    Devi assolutamente intervenire, *quali* che siano le tue opinioni personali. 君の個人的な考えはなんであれ，絶対に参加しなければだめだよ．
  b   不定代名詞「ある人・物は…，またある人・物は…；(古)…は誰であれ」
    ① *Quale* diceva sì, *quale* no. ある者は肯定し，ある者は否定した．
    ② *Quali* sul capo, *quali* sulle spalle. (G. Pascoli) 頭のうえになにがしか，肩のうえにいくつかが．

7.11. quale

4 関係詞
  a **関係形容詞**「…のような；それの…；として」(性質)
    ① L'appartamento, *quale* lo vedete, è in vendita per una sciocchezza. 皆さんおわかりのように，そのマンションは，馬鹿みたいな安値で売りにだされているのです．
    ② Io, *quale* rappresentante della stampa, ho diritto di assistere al dibattito. 私は，新聞界の代表として討論に参加する権利を有している．
  b **関係代名詞**
    Sono andato dal principale *il quale* mi ha rassicurato. 雇い主のところへ行ったところ，私を安心させてくれた．

全体的な見取図は以上のとおりであるが，このなかでも関係形容詞と関係代名詞には，注意を要する用法があるので，この二つだけは別な項目を立てて考えることにし，それ以外は熟語・成句的表現をアルファベット順に並べておくことにする．

7.11.2. 熟語・成句

(1) **della qual cosa** (=del che)「そのことの〔について〕」，**la qual cosa** (= il che)「そのことは〔が・を〕」，**per la qual cosa** (=per cui)「そのために」

以上3者はすべて，後述の関係形容詞 quale の仲間であるが，その使用頻度の高さを考慮し，独立した表現として扱うことにする．

  ① Sei stato promosso, *della qual cosa* sono veramente felice. お前が昇進〔進級〕したので本当に嬉しい．
  ② Non venne, *la qual cosa* fu un bene. 彼は来なかった．それでよかったのだ．
  ③ Questa macchina mi ha fatto spendere troppo, *per la quale* non ne voglio sapere. この車のためにたいへんな散財をさせられてしまった．だからそのことは知りたくないのだ．

(2) 〈(ときに不定冠詞+)**non so** 〔**saprei**〕 **quale**+名詞〉「どこか〔なんらかの，ある種の〕…」

  ① Provo *non so quale* rimpianto. 私はなんとなく後悔の念をいだいている．

② C'era in lui una *non so quale* tristezza. 彼にはどこか悲しげな風情がある．

(3) **per la quale**
1)「(品物，行為，出来事，人物が) 結構な，立派な，大した；あるべき姿の，適格要件を備えた；(ときに「副詞句」として)」なお否定形は，non(...) tanto〔molto, troppo, ecc.〕per la quale のように，しばしば tanto などの副詞を伴なう．
① Mi ha fatto un'accoglienza *per la quale*. 彼は私を大歓迎してくれた．
② L'affare non è andato tanto *per la quale*. 仕事はあまりうまくいかなかった．
2)(文・古)「真実の，本当の」

(4) **quale**〔i〕*A*, **quale**〔i〕*B*「あるものは A し，あるものは B する」
① Fra i testimoni, *quali* confermavano il suo alibi, *quali* lo negarono. 証人のなかには，彼のアリバイを認めるものもいたが，別な証人はそれを否定した．
② Ne vidi parecchi, *quali* coi fagotti e con le valigie, *quali* soli, *quali* con le donne, ma per un motivo o per l'altro, non andarono mai bene. (A. Moravia) 私はその手の人間をかなり大勢見た．荷物をいれた包みやトランクをもった連中，独りだったり，女連れだったりするものもいたが，その理由はなんであれ，誰もがみんな運から見放されていた．

(5) 〈**quale che**+**essere**(*cong. vo*)〉(稀に che なしで．譲歩表現)「…は何であろう；…は誰であろうと」
Mi comporterò così *quale che sia* la tua opinione. お前さんの考えはどうであれ，俺はこんな具合にやるつもりだよ．

(6) **quale** *A* **tale** *B*「A のような B；A が A なら B も B；A するように B する」(cf. tale *A* tale *B*)
① *Quale* il padrone, *tale* il servo. 主人が主人なら使用人も使用人だ．
② *Quale* visse *tale* morì. 彼はその人生にふさわしい死に方をした．

(7) **tale**〔**tal**〕**quale**／**tale**〔**tal**〕**e quale**
1)「(形容詞句) ～+n.／n.+～：…とそっくり同じ；(副詞句) そっくりそのまま，正にその通りに」

7.11. quale

① Questa camicia è *tale e quale* la tua. このシャツは君のものとまったく同じだ．
② Mi ha detto proprio così, *tale e quale*. （彼は）まったくこの通り，それと同じようにいった．

2）「同じこと〔もの〕」
Fate come volete, tanto per me è *tale e quale*. 好きなようにやりたまえ．どのみち私には同じことだ．

(8) 〈**un certo**〔**una certa**〕**quale**＋名詞〉（＝(9) un〔una〕tale quale＋名詞）「ある種の，なんらかの，一種の…」
In *un certo qual* modo è anche lui responsabile. ある意味で彼にも責任がある．

(9) 〈**un**〔**una**〕**tale quale**＋名詞〉「ある種の，なんらかの，なにやら…」(cf. 7.14. tale, 7.14.2., (15))

　　〈備考〉 **qualsiasi**（なんらかの，どれかの）と同義の表現で，すべて（文，古）用法であるが，**quale si voglia**〔**qualsivoglia**〕，**quale che sia**〔稀に **quale si sia**〕，**quale si fosse**〔**qualesifosse**〕などがある．

7.11.3. 関係代名詞 quale の特殊用法
(1) 文頭に置かれた quale
　　関係代名詞を文の冒頭に置く表現法（つまり，先行詞は前文にある）は，従来文章語では結構行われてきたが，その用法はとくに quale の場合に見られたのである．
Non ha mai detto che i suoi parenti dovrebbero essere invitati. Senza *i quali* per altro non si azzarderebbe a venire al ricevimento. 彼は自分の親戚が招待されるべきだとはいっていない．しかし親戚同伴でなければあえてレセプションに出かけてくることはあるまい（この例文は，4.16.6.1. 関係代名詞としての quale でも引用）．

(2) 前文全体を受ける quale
Non gli fregava più niente del Vietnam e dell'America e tagliò corto :《*La quale*（＝la quale cosa, il che）noi concludiamo al grido fatidico di《Viva la libertà, viva la pace!》(G. Guareschi) ヴェトナムとかアメリカなんぞというものは，彼にはどうでもよかった．そこで手短かに割って入った．「最後

に運命を占う喚声《自由万歳，平和万歳！》で，この問題は打ち切りとしよう」

(3) **品質形容詞つきの quale**

　文章語にあっては，quale の後ろに形容詞が並ぶこともある．次の例文がそれであるが，ここでは delle quali と形容詞の間に置かれるべき essere の変化形 sono が省略されていて，形容詞はいわば molte の同格的役割を担っている．

I ricordi dell' infanzia consistono presso tutti, credo, in una serie di impressioni visive molte *delle quali* **nettissime, prive** però di qualisiasi senso cronologico. (G. T. Lampedusa) 幼年時代の記憶というものは，誰の場合もそうだと思うが，一連の視覚的な印象のつながりという形をとるもので，ただその多くはたいへん鮮明ではあっても，なにがしか時間的脈絡が欠けているものである．

　これ以外にも，《古》用法では，定冠詞が省略された quale，先行詞を含む quale などが用いられた．

7.11.4. 関係形容詞の quale

以下，(1)～(3)の例文は，あらためて紹介するまでもなく，広く知られた用法のものであるが，最後の(4)のケースだけは，それなりの注意を払う必要がある．これはなぜか，初等文法書でも辞書のなかでもほとんど触れられることがない．しかし少なくも文章語の世界ではまま見られるからである．

(1) 〈先行詞＋**quale**＋*n.*〔*ind.*〕〉「…と同じ（ような），同種（類）の；…のような〔に〕」（なお，《古》用法では，強調形 quale quale も用いられた）

① Ha fatto una carriera *quale* non avremmo mai immaginato. 彼は私たちが想像もしなかったような出世をした．

② Città, *quali* Venezia e Firenze, sono tra le più ricche città d'arte nel mondo. ヴェネツィアやフィレンツェのような都市は，世界でももっとも豊かに芸術を開花させた都市なのである．

(2) **tale との相関用法**

Diede *tale* esempio *quale* ancora non c'era mai visto. いまだかつて見たことのないような模範を示した．

(3) 〈**quale**＋*n.*〉「…として」（＝come）

È stato assunto *quale* applicato di segreteria. 秘書課の事務員として採用された．

(4) 〈先行詞(A)＋(前置詞＋)定冠詞＋**quale**＋名詞(B)〉(＝先行詞(A)＋(前置詞＋)定冠詞＋cui＋名詞(B)〉)「A その B」

これは，通常は cui を用いるべき用法で，英語の関係代名詞所有格用法に相当する．イタリア語の文法では関係形容詞として扱われている．

① Gli ufficiali convinsero i soldati e sottufficiali a rimanere. *Ai quali* **ultimi** dovettero promettere una lauta ricompensa ad azione finita. 士官たちは，兵隊や下士官たちを，その場に留まるよう説得した．そして（その）後者には，作戦が終了したのちにたっぷり報酬を与えるという約束をせざるをえなかった．

② Erano venuti quaranta studenti all'appuntamento. *Il quale* **numero** non impressionò nessuno. 待ち合わせの場所には40名の学生がやってきた．その数には誰も驚かなかった．

7.12. **quanto**

この語の場合も，熟語・成句を並べる前に，その意味と機能を概観しておきたい．

7.12.1. 意味・機能の概観

quanto の全体的見取り図は，ほぼ次のとおりである．

1 疑問詞（数量；分量；程度）
  a 疑問形容詞「（数量が）どのくらいの，幾つの」　① *Quanto* tempo impiegherai? あんたどのくらい時間がかかるかしら？
    ② Non mi ha detto *quanti* anni ha. 何歳なのか私にはいわなかった．
  b 疑問代名詞「どのくらいの数・量の人・物；どのくらいの時間，距離，金額」
    ① In *quanti* eravate? 皆さん何人だったんですか．
    ② Fra *quanto* sarai pronta? あなたどのくらい（の時間）で準備ができる？
    ③ *Quanto* costa questo vestito? この服いくらですか．
  c 疑問副詞「（分量・程度が）どのくらい」

① *Quanto* hai mangiato ? どれだけ食べたの ?
② *Quanto* pesa ? (それ) どのくらいの重さですか．
③ Non so *quanto* sia lontana la chiesa. 教会がどのくらい遠いか私は知らない．
④ Vorrei sapere *quanto* potrà resistere. どのくらいもつか知りたいんですが．

2 感歎詞（数量・程度）
  a 感歎形容詞「なんと多くの」
①　*Quanto* chiasso per nulla！ ささいなことでなんとまた大騒ぎを．
②　*Quanto* tempo è che non lo vedevo！ 本当に長い間彼には会わなかったわ．
  b 感歎代名詞「なんと多くの人・物」
Guarda quei fiori, *quanti* sono！ あの花見て，なんて多いんでしょう！
  c 感歎副詞「なんと（多く，強く）」
①　*Quanto* sono contento！ なんて嬉しいことか．
②　Non sai *quanto* abbiamo camminato！ ぼくたちがどのくらい歩いたか，あんたはわかっていないんだ．
③　Non avete idea di *quanto* lo desiderassi！ 私がそれをどのくらい望んでいたか，あなた方には考えもつかないんだな．

3 関係詞（数量）
  a 関係形容詞「quanto＋名詞＋*ind.*：…するそれだけの…」
①　Prendi *quanti* libri vuoi. 何冊でも欲しいだけ本を持っていきな．
②　Avrà *quanto* denaro gli occorre. 彼は必要なだけの金を手にいれるだろう．
  b 関係代名詞「quanto＋*ind.*：…するところの物・事；quanti＋*ind.*：…するすべての人；quanti〔e〕＋ne＋*ind.*：それの…する数」
①　C'è molto di vero in *quanto* afferma. 彼のいっていることには本当のことがたくさんある．
②　Ha detto di no a *quanti* glielo hanno chiesto. 彼は，それを要求した人全員に断わった．
③　Se vuoi invitare i tuoi amici, chiamane *quanti* ti pare. お友達を呼びたかったら，何人でも好きなだけ呼んでいいわよ．

4 **分量・程度の副詞**「…だけ，ほど，くらい；(しばしば tanto, tale, cotanto, così, sì, altrettanto などと相関的に) …のように，と同じように」
① Aggiungi sale *quanto* basta. 充分なだけ塩を加えなさい．
② Voglio diventare ricco *quanto* loro. 彼らのように金持ちになりたい．
③ È furbo *quanto* è intelligente. (あいつは) 頭もいいが抜け目がない．
④ Non sono così ingenua *quanto* tu immagini. 私はあなたが思っているほどお人好しではない．

5 **名詞化**「量；金額」
① Ho acquistato una catasta di legna pari a *un quanto* di tre quintali. 私は3キンタル (300キロ) の量と同じだけの薪の山を購入した．
② Questa casa mi va bene e anche la data di consegna: resta solo da fissare *il quanto*. この家は気にいったし，明け渡しの期日も納得している．あとは金額を決めるだけだ．

7.12.2. 熟語・成句

(1) **a quanto**+*ind*. (接続詞句)「…するかぎりでは，によれば」
① *a quanto* pare 〔sembra〕見るところ，様子では
② *A quanto* si dice è un medico assai valente. 噂ではとても腕のいい医者のようだ．
〈備考〉この形が疑問文で用いられる場合：*A quanto* li vende a chilo? それ，キロあたりいくらで売るんですか．

(2) **da quanto**
1) (接続詞句) (+*ind*.)「…によれば，のかぎりでは；…から」
L'ho dedotto *da quanto* mi ha detto. 彼の話から私はそのことを推測した．
2) (《話，親》) (副詞句) (=per quanto)「それほどに」
Si è gelato anche il torrente, *da quanto* è freddo. 急流も凍ってしまった．それほど寒いのだ．
3) (形容詞句)「それほど多くの」
Non spera più in nulla *da quante* illusioni ha avuto. 彼はもうなにものにも希望をつないでいない．それほどにまで多くの幻滅を味わったからだ．
4) (副詞句) (《文，古》)「…のように，と同じように」

第 7 章　重要機能語の解明

　　Questa critica (...) è solleticosa come una cameriera, leggera come una ballerina e dogmatica *da quanto* il papa. (G. Carducci)　この批評は（…）小間使のようにこそばゆく，踊り子のように軽薄で，法王のように教条的だ．
　　〈備考〉　疑問詞として用いられた場合：*Da quanto* sei qui ? いつからここにいるの？／*Da quanto* vuole un francobollo ? いくらの切手が御入用で？
（3）**Ecco (il) quanto.／Questo è (il) quanto.**　「これがいいたかったことのすべてだ（＝Questo è tutto）；ここがポイントだ；明らかにすべきなのはここだ」
（4）**(È) quanto dire〔dirvi〕.**　「…というのと同じことだ，というようなものだ」
　　Quanto dire che mi trovavo nell'incerto, nel torbido, nell'indeciso, nel pasticcio dell'imperfezione, insomma. (A. Moravia)　要するに私は，不安で，当惑し，決断もできず，不完全という混乱のなかに巻きこまれていたようなものだった．
（5）**in quanto**
　1）（接続詞句，ときに in quanto che〔inquantoché〕）（＋*ind*.）「…なので」
　　Non le ho scritto, *in quanto* non conoscevo il suo nuovo indirizzo. 私は彼女の新しい住所を知らなかったので手紙を書かなかった．
　2）（接続詞句．in quanto a che＋*cong. vo* の形も）（＋*ind*.(potere 多し)）「…するかぎり」
　　Ti aiuterò *in quanto* posso. できるかぎり君を助けよう．
　3）（前置詞句的に）（＋*n*.）「…として」
　　In quanto tuo medico, ti proibisco di continuare a fumare. あんたの医者として今後喫煙を続けることを禁ずるよ．
　4）（接続詞句）（＋*cong. vo*）（古）「…の場合には；もし…ならば」
（6）**in quanto a**　「…に関しては，については」
　　In quanto ai denari che vi devo, provvederò a spedirvi un assegno. お借りしている金額については，小切手をお送りするよう手配いたします．
（7）**in tanto** A（主に *ind*.）**in quanto** B（主に *ind*.）「B する分だけそれだけ〔ほど〕（に）A である」
　　Le narrazioni *in tanto* hanno valore *in quanto* si presume che mettano in

— 532 —

diretto rapporto col fatto accaduto. (B. Croce) 物事の叙述は，起った出来事と直接接触するような感じをいだかせればいだかすほど価値がある．

(8) **né tanto né quanto**「まったく…ない」
Non mi interessa *né tanto né quanto*. 私にはまったく関心がない．

(9) **non tanto** *A* **quanto**〔ときに **come, che**〕(**piuttosto**) *B* ; **non** *A*, **quanto** (**piuttosto**) *B* ; **non tanto** *A*, *B* ; **non tanto** *A*, **ma**〔**bensì**〕*B* ; **non tanto** *A*, **ma** (**piuttosto・invece**) *B*（以上のうち，non tanto *A* quanto *B* がもっとも一般的）「A というよりもむしろ B」(cf. 7.15. tanto)

① Ciò che Sciascia vuole mettere la luce *non* è tutto ciò che di atrocemente consueto è nella vicenda di Caterina, *quanto piuttosto* gli elementi singolari. (G. B. Squarotti) シャッシャが光を当てようと思っていることは，カテリーナ事件における痛ましくも日常的な事柄いっさいではなく，むしろその特異な要素なのである．

② Mio padre chiedeva *non tanto* che noi ci chinassimo a faticare, *quanto* che gli fossimo intorno e girassimo all'aia a fargli credere che c'era lavoro per tutti. (C. Pavese) 父の願いは，われわれが身をかがめて仕事にはげむことよりも，むしろみんなが彼のそばにいて，麦打ち場のなかをあちこちと動きまわり，誰にも仕事がある，と信じこませてやることにあったのだ．

〈備考〉あらためていうまでもなく，non (...) tanto A quanto B は，文脈次第では「B ほど〔のようには〕A ならず」という意味にもなる．Il giudizio tuttavia *non* si presenta *tanto* sillogistico *quanto* la logica potrebbe suggerire. しかし論理学が教えるほどに，物事の判断が，三段論法の形をとるわけではない．

(10) **non** (**tanto**) **per** *A*, **quanto per** *B* ; **non tanto perché** + *ind*. (*A*), **quanto perché** + *ind*. (*B*)（上記(9)に原因・理由の意味合が加味されたもの）「A のためというよりもむしろ B のせいで」

① È noto *non tanto per* gli scritti, *quanto per* i dipinti. 彼は著作よりも絵のほうで有名である．

② Il saggio è importante, *non per* ciò che viene detto su Rilke, *quanto per* la critica di fondo mossa alla letteratura contemporanea. (A. Vitello) その評論は，リルケについて書かれたものだからというよりも，現代文学に向けられた根本的な批評だという意味で重要なのである．

第7章　重要機能語の解明

(11) **per quanto**
1）（接続詞句）（＋*ind.*〔sapere, potere などはときに *cong. vo*〕）「…の限りでは；…に従って〔応じて〕」
① *Per quanto* mi riguarda, non ho niente da obiettare. 私に関する限り，反対することはありません．
② Molto incerto sul farsi affida a me questa informazione. Io la comunico a voi sola, *per quanto* possa interessarvi. (G. Piovene) どうしていいかとても迷って，あの人私にこのことを知らせてきたのです．あなたに興味があればの話ですが，これあなたにだけ伝えておきます．
2）（接続詞句）〈**per quanto**（＋形容詞または副詞）＋*cong. vo*〉／〈**per quanto**〔**i, a, e**〕＋名詞＋*cong. vo*〉「たとえ…でも」
① *Per quanto* facessse finta di nulla, si intuiva in lui una certa emozione repressa. Gli occhi gli brillavano. (L. Barzini) 何気ない振りを装おってはいたが，なにか感動を抑えている様子が感じとれた．彼の眼はきらきら輝いていた．
② *Per quante* obiezioni faccia, non modificherò i miei piani. どんなに反対なさっても，私の計画は変えません．
3）（接続詞句）（＋*ind.*）「（等位接続詞句として）しかし」
Devi avvertirlo, *per quanto*..., è forse meglio non dirgli nulla. 彼に知らせるべきでしょうが，しかし…恐らくは何もいわないほうがいいでしょう．
4）（副詞句）「それほどに」
Non si resiste *per quanto* fa caldo. 我慢できない．それくらいの暑さだ．
〈備考〉　疑問詞として用いた場合は，「どのくらいの間」の意味になる．*Per quanto* potremo resistere ancora? まだどのくらい耐えられるだろうか．

(12) 〈**più**〔**meno**〕**... di quanto** (**non**)＋*cong. vo*「…よりより多く〔少なく〕…」
La montagna si rivelava *meno* difficile e ripida *di quanto non* apparisse a guardarla da basso. (D. Buzzati) 山は，下から見たとき思ったほどには，厳しくもなく，険しくもなかった．

(13) 〈**quanto＋他動詞の過去分詞**〉（受動態の助動詞〈è stato〉の省略形）「…された物・事」
① secondo *quanto disposto* dalla legge 法律の規定により〔よれば〕

7.12. quanto

② Da *quanto affermato*, sembra escluso che possiate esser ammessi. 確認したところでは，どうやら君たちの入会は認められないらしい．

(14) 〈**quanto**＋*ind.*〉「(分量・程度を表わす副詞節を形成)…するだけ〔ほど〕」(これと同じ形式になる関係代名詞 quanto の用法については，7.12. quanto 冒頭の，3，b 関係代名詞の項参照)

① Lo ripeterò *quanto* sarà necessario. 必要なだけ繰返すつもりだ．

② La gente... va e viene sulla strada *quanto* è lungo il giorno. (G. U. Tarchetti) 人びとは長い昼間の間ずっと道路上を行ったり来たりしている．

(15) **quanto a**（＋*n.*／*inf.*）（＝in quanto a）「…に関しては，はといえば」

Quanto all' India è noto che fu l'ambizione contante di Napoleone. (G. Ungaretti) インドはといえば，周知のように，ナポレオンの絶えざる野望の対象であった．

(16) **quanto a dire**（＝come a〔per〕dire）「いわば，要するに」

Quanto a dire che la Mafia non solo nasce dagli squilibri sociali ed economici, ma li crea. (G. Bocca) いうなればマフィアは，社会的，経済的不均衡から生まれたというだけでなく，それを作りだしてもいるのである．

(17) **quanto altro mai, quanti altri〔quant'altri〕mai, quanto altri mai**（話，親）「最高に，実に，かつてないほど」(cf. 7.1. altro)

Con me è stato gentile *quanto altro mai*. 彼は私に実に親切にしてくれた．

(18) **quanto basta**「(分量・程度が) 充分なだけ」(cf. tanto quanto basta, quel tanto che basta)

Si è impegnato *quanto basta*. 彼は充分努力した．

(19) 〈**quanto di**＋*agg.*＋*cong. vo*〔*ind.*〕〉「…する…のもの」

La mia famiglia è *quanto di* più caro io abbia. 家族は，私が持っているもっとも大切なものである．

(20) **quanto è vero Dio〔Iddio〕・il sole／quanto è vero che vivo〔sono〕al mondo／quanto è vero che mi chiamo〔sono〕＋名前**「確実に，間違いなく」

Quanto è vero che mi chiamo Maria, gli farò passare queste idee! 絶対にこの考えをあの人に認めさせてやるわ．

(21) **quanto mai〔quantomai〕**

第7章　重要機能語の解明

　1)「最高に，実に」
　　① È una ragazza *quanto mai* attraente. 実に魅力的な女の子だ．
　　② Fama, questa, *quantomai* pericola in qualsiasi ambiente. (L. Berra) 人気，これはどんな環境にあっても，失われる危険が大きい．
　2)（ときに **quanto mai non** の形で）「(…で) いままでなかったほど…」
　　Ho dormito *quanto mai non* avevo dormito da anni. 私はここ何年も眠ったことがないほどよく眠った．

(22) **quanto meno**〔**quantomeno**〕「少なくとも」
　Vorrei uscirne con qualche vantaggio o, *quanto meno*, senza danno. なんらかの儲けを手にいれて，少なくとも損はしないで，ここから脱けだしたいものだ．

(23) **quanto più**〔**meno**〕＋*agg.*・*avv.*＋*A*「できるだけ多く「少なく」…*A*」；
　quanto più〔**meno**〕名詞＋**potere**(*ind.*)「できるだけの多くの〔少ない〕…」；
　quanto＋potere(*ind.*)，**per quanto＋essere**（3単形）**possibile**「できるかぎり」
　① Si comporta *quanto più* disinvoltamente le riesce. 彼女はできるだけのびのび振舞っている．
　② Voglio e devo... darti *quanto più* presto *posso* una buona novella, e dirti che l'Angiolo è stato avanzato ed è tenente in primo di cavalleria. (U. Foscoli) 君にできるだけ早くいい知らせを伝えたいし，伝えなければならない．そしてアンジォロは，騎兵隊の筆頭中尉に進級した，ということをいいたいのだ．

(24) (**quanto**・**tanto**) **più**〔**meno**〕*A*（主に *ind.*）(**tanto**) **più**〔**meno**〕*B*（主に *ind.*）「*A* すればするほど *B* する」
　Ma *quanto più* procedo, *più* vado convincendomi che non esiste frontiera. (D. Buzzati) 前に進めば進むほど，国境なんぞないのだという私の確信は強くなっていく．

(25) **quanto prima**〔**quantoprima**〕「できるだけ早く」(quanto prima はときに「以前のように」の意味になる)

(26) **tanto quanto**
　1)（＋*n.*・*prep.*・*ind.*）「（程度）…と同じ〔に相当する〕だけ・ほど；（数・量：語尾変化）…と同じ〔に相当する〕数・量（の）」

7.12. quanto

① Non è poi *tanto quanto* lo si crede. それにそれは，そう思われているほどではない．

② Non lavora *tanto quanto* potrebbe. 彼は自分の能力ほどには働いていない．

③ Devi comprare dei quaderni, *tanti quanti* sono le materie scolastiche. 学校の教科と同じ数だけのノートを買うことね．

2）(=tanto o quanto)「まずまず，まずはなんとか；ほぼそのくらい；少しは，多少なりとも，少しだけ」

① Questo lavoro non è perfetto, ma *tanto quanto*, può andare. この仕事は完全ではないが，まずはなんとかオーケーだ．

② Ho deciso di comprarmelo. Mi è piaciuto *tanto quanto*. 私は買うことに決めた．まあまあ気にいったからだ．

(27) **tanto o quanto** (=(26) tanto quanto の 2))

Via, per l'amore che tu porti ai sette vizi capitali, fermati *tanto o quanto*, e guardami. (G. Leopardi) ねえねえ，あなた，七つの悪徳とやらに惹かれていらっしゃるなら，少しは立ちどまって私を見てくださいな．

(28)

1) **tanto** A (*agg.*・*avv.*) **quanto** B (*agg.*・*avv.*・*n.*・*ind.*)「(程度が) B であると同じように A」

① È un atto *tanto* inutile *quanto* assurdo. 無意味なうえに馬鹿げた振舞いだ．

② In quel momento si sentiva *tanto* felice *quanto* triste era invece stato nella vita. そのとき彼女は，それまでの人生が辛かっただけに，それに劣らぬほど仕合わせだと感じていた．

2) **tanto** A (*n.*) **quanto** B (*ind.*・*n.*)「(数量が) B (する) と同じだけの A」

Ha *tanti* appartamenti *quanti* non possiamo credere. (あの人は) われわれには信じられないほど沢山のアパートを所有している．

3) **tanto** A (*n.* など) **quanto** B (*n.* など)「A も B も」

Venderò *tanto* la casa al mare, *quanto* quella in città. 海辺の家も街中の家も売るつもりだ．

〈備考〉 tanto の代りに，tale, cotanto, così, sì, altrettanto などの副詞も用

いられる．Non è *così* ingenua *quanto* si crede. 彼女はそう思われているほどお人好しではない．

(29) **tutti quanti**「(単独で) すべての人；(+*ind.*) …するすべての人」

① *Tutti quanti* hanno assistito all' incidente. 全員がその出来事に立ち会った．

② (...) quando già Doro abbrancava Gino e lo tirava via, un lampo da quella finestra e una gran detonazione che zittì *tutti quanti*. (C. Pavese) いち早く，ドーロがジーノの手をひっつかんで連れ去らうとした瞬間，その窓からは閃光が，そして誰もが押し黙ってしまったほどの大爆音が (発したのだった)．

(30) **tutto quanto**「(単独で) すべての物・事；(+*ind.*) …するすべての物・事；(副詞的に．ただし語尾変化する) 完全に，すっかり」

① Ho perso *tutto quanto* in un giorno. 私は一日ですべてを失った．

② *Tutto quanto* aveva detto era vero. (彼が) いったことはすべて正しかった．

③ Si è sporcata *tutta quanta*. (彼女は) 全身がすっかりよごれてしまった．

(31) 〈**tutto**〔i, a, e〕**quanto**〔i, a, e〕+定冠詞+名詞〉「すべての…」

Ho girato *tutta quanta* la Francia. 私はフランス国中をめぐり歩いた．

7.13. se

se は，**名詞**化して「条件；躊躇；疑い；不安」などの意味を表わすこともあるが，通常はもっぱら**接続詞**として用いられる．そしてその場合，一般に se はもっぱら「条件 (もし…ならば)」の接続詞として考えられてはいるものの，その条件以外の意味用法が予想以上に重要な位置を占めている．その点充分な目配りが必要である．(cf. 7.13.3. 条件以外の se 節，および第 4 章複文の構造，4.2. 条件節，4.2.1.1. 広く「仮定条件」の se 節)

7.13.1. 熟語・成句

(1) **altro che se**+*ind.* (cf. 7.1. altro)「もちろん〔確かに〕…である」

Che assurdità: *altro che se* mi aveva visto. (D. Buzzati) なんとも不思議だった．確かにその前に (彼は) 私の姿を見たのである． (altro の項で引用済)．

7.13. se

（2）**anche se**〔**se anche**〕＋*ind.*（現実的譲歩）「たとえ…でも」；**anche se**〔**se anche**〕＋*cong. vo* 半過去・大過去「かりに…でも」この場合，se anche より anche se のほうがより広く用いられる（cf. 第4章　複文の構造，4.1.　譲歩節）

① *Se anche* cambiasse idea, ormai l'affare è deciso. かりに（彼が）考えを変えようと，もう取引きは成立してしまっている．

② La gita si farà con qualunque tempo, *anche se* alcuni ci rinunceranno. 行楽旅行は，どんなお天気の場合でも，辞退する人がでようとも，行われることになろう．

（3）**Che Dio mi fulmini se**＋*ind.*「絶対に…ない」

Che Dio mi fulmini se ho mancato alla parola data. 私はけっして約束を破らなかった．

（4）**come se**＋*cong. vo*（半・大過去）「あたかも…のように」(cf. 7.3.1.　come (18))

Se l'è presa con me, *come se* la colpa fosse mia. まるで悪いのは私だといわんばかりに，彼女は私のことを怒った．

（5）**Domando e dico se**＋*ind.*「なぜ〔どうして〕…なのか合点がいかない」

Domando e dico se il professore è così popolare tra gli studenti. どうしてあの先生があんなに学生に人気があるのかよくわからない．

（6）**E se**＋*ind.*〔*cong. vo*〕？「そこでもし…だったら？；…しようではありませんか」

① *E se* per caso viene a saperlo？それでもし万が一彼に知られるようなことになったらどうします？

② *E se* facessimo una partita a bridge？ブリッジを一勝負いかがでしょう？

（7）**neanche se**＋*ind.*（現実的譲歩）〔*cong. vo*（仮定的譲歩）〕「たとえ…でも」主節が否定文のとき用いる．場合によって se が省略されることもある．

Non lo perdono *neanche se* mi prega in ginocchio. たとえあいつが膝まずいて頼んでも，私は許すつもりはない．

（8）**Se Dio vuole**「とうとう，ようやく；（稀に）もし神のお恵みがあれば，もしうまくいけば」

Se Dio vuole ce l'ho fatta！Sono proprio contento. とうとうやり

第7章 重要機能語の解明

おおせた．本当に嬉しい．
(9) **se mai**〔**semmai**〕
  1)（接続詞句）（＋*cong. vo*）「万が一…したら」（稀に se giammai も）
    Se mai avessi bisogno di qualcosa, questo è il mio numero di telefono. もしなんか必要なものがあったら，これがぼくの電話番号だから．
  2)（挿入節に代る副詞節）「万が一のときは，必要な折には；その反対の場合は」
    ① Cercherò di prepararmi, *se mai*, prenderò lezioni private. 準備をすすめるつもりだ．必要なら個人レッスンも受ける．
    ② Il portone è aperto, *se mai*, c'è il citofono. 門は開いています．もし開いていなければ，インターフォンがあります．
  3)（副詞句）「せいぜい，悪くとも；(万が一そうだとしても)むしろ，どちらかといえば」
    Siamo noi, *se mai*, che abbiamo bisogno di te. むしろ君を必要としているのはわれわれのほうだ．
(10) **se no**〔**sennò**〕「さもなければ」
    Devo arrangiarmi in qualche modo, *se no*, come farei a vivere? なんとか困難を切り抜けなければなりません．そうでなかったら，どうして生きていけますか？
(11) **se non**
  1)「…でないならば；(**altro**, **non** などとの連関の形で)…のほかに，…以外に；(もっぱら，〈**non** . . . **se non** . . .〉の形で) 単に〔ただ〕(…する)，まさに (…する)；(ときに，〈**non** . . . **se non**＋*A*, **ma pure**〔**anche**〕*B*〉の形で) *A* のみならず *B*」(なお，《文，古》用法では，そしてときには現代でも，〈**se non se**〉というように余分の **se** を伴なう形を使用)
    ① Che *altro* potevo fare *se non* urtare? 衝突すること以外の，ほかの動作が可能だったのだろうか？
    ② Il suo affetto non sa dimostrarlo in *altro* modo *se non* lavorando per loro. (D. Lajolo) 彼女は，愛情を，彼らのために働くということ以外のやり方で表わすことができないのである．
    ③ *Non* si vede nulla, *se non* il cielo. 空のほかなにも見えない．

7.13. se

④ La cosa *non* è *se non* come io vi ho detto. そのことは，まさしく君たちにいったとおりなのだ．

⑤ È vero che la scelta di poetica del Flora *non* è *se non* un aspetto della civiltà letteraria del Novecento ; *ma* nella contemporaneità *pure* è fortemente incardinata, (...). (G. B. Squarotti) たしかにフローラ（文学史家，批評家，1891〜1962）の詩学の選択は，20世紀の文学的文化の一つの側面というだけにとどまらず，同時代的なるもののうちに，確固たる基盤を有しているのである．

⑥ *Non* insisto *se non se* in quanto ho ragione. 私のいうことが正しいからこそ主張しているのである．

2）（譲歩）「…でなくとも，ではないにしても」

① L'ama altrettanto *se non* di più. もっとずっと，とまではいわないにしても，やはり同じように彼女を愛している（ちなみに，〈se non di più〉は，「相変らず，やはり」という意味の成句として用いられる場合もある）．

② Ero sconcertato, perché vedevo che il parlamento non era quello che uno si aspetta, il cervello *se non* il cuore del paese. (D. Protti) 私は当惑していた．というのも，議会は人びとの期待通りの姿ではなく，国の心臓，とまではいかないまでも，脳髄ではないことがわかったからである．

3）（否定文全体を受けて）「（…でない →）もしそうだとすれば」

Era già mezzanotte.《Qui non si dorme》pensò l'ingegnere : e *se non* gli conveniva cambiare scompartimento, che ce n'erano quasi vuoti. (L. Sciascia) （7.2.che, 7.2.4.6 原因・理由節の用例再録）もうすでに真夜中だった．「ここでは眠れないな」と技師は思った．もしそうだとすれば，コンパートメントを変えたほうがよさそうだ．ほかにほとんど人のいない場所があるのだから．

4）（文，古）（=se no）「さもなければ，そうでないならば」

(12) **se non altro**（=almeno）「少なくとも」

Sapevo che non avevo probabilità di superare l'esame, ma, *se non altro*, è stata un'esperienza. 試験に受かる可能性がないことは私にはわかっていたが，少なくとも経験にはなった．

第 7 章　重要機能語の解明

(13) **se non che**〔**se non ché, sennonché**〕
　1)「しかし，だが」
　　　　Volevo uscire, *se non che* si mise a piovere. 外出しようと思っていたんだが，雨が降りだした．
　2)「…を除いて；…でなければ」
　　　　Il tuo tema è fatto bene, *se non che* è un po' lungo. あんたの作文はよくできている．少し長いということを別にすれば，
　3)《文，古》「さもなければ」
(14)〈災難引き受け表現＋**se non è vero**!〉「本当ですとも」(もし本当でなかったら首をかけてもいい，といった感じの表現)
　　　① Che mi venga un accidente *se non è vero*! 本当ですとも (← もし間違っていたら，災難が振りかかるがいい)
　　　② Possa morire *se non è vero*! 本当ですとも (← もし間違っていたら死にたいくらいだ)
(15) **se non per**＋*n.*, **se non fosse (stato) per**＋*n.*〔**perché**＋*ind.*〕, **se non fosse che**＋*ind.*〔*cong. vo*〕(後の二つは，se が省略されることもある)「…がなかったならば，でなかったならば」
　　　① *Se non fosse stato per* il tuo aiuto, non ci sarei mai riuscito. あんたの助けがなかったなら絶対うまくいかなかったよ．
　　　② *Se non fosse che* l'ho visto io stesso, non ci avrei creduto. もし私自身で見たのでなければ，そのことを信じはしなかっただろう．
(16)〈**se** *A* **o** *B*〉「AかBか」,〈**se** *A* **o no**〔**meno**〕〉「Aかそうでないか」
　　　① Chiedigli quando c'è in casa, *se* al mattino *o* al pomeriggio. 彼にいつ家にいるか訊いてくれたまえ，午前か午後か．
　　　② Sono incerto *se* andarci *o no*. 私はそこへ行くべきかどうか決断がつかない．
(17)
　1) **se pure**〔**seppure**〕＋*ind.* (現実的譲歩)「たとえ…だとしても」；**se pure**〔**seppure**〕＋*cong. vo* (仮定的譲歩)「かりに…だとしても」
　　　　Il suo appoggio, *seppure* ci sarà, non servirà a nulla. 彼の支持があるにしても，なんの役にも立たないだろう．
　2) **se pure**〔**seppure**〕＋*ind.* (条件)「もし…だとしたら」

Si tenga i Suoi soldi, *se pure* sono Suoi! もしあなたのお金でしたらとっておいてください.

3) **pur se**+*ind.*〔ときに *cond.*〕(anche se とほぼ同義だが, やや意味強)「たとえ…でも」

Pur se lo esorti, non dà ascolto. 彼は説得しても耳をかすまい.

(18) その他

1) 挿入句〔節〕:〈se+ind.〉の形式で, さまざまな挿入句〔節〕が用いられる. **se vuoi**〔**vuole, volete**〕「もしお望みなら」, **se ti**〔**Le, vi**〕**pare**「もしそう思われるなら」, **se non sbaglio**〔**erro**〕「もし私の間違いでなければ」, **se non mi inganno**「もし私の錯覚でなければ」, **se non ti**〔**Le, vi**〕**dispiace**「もしお差し支えなければ」, **se non disturbo**〔**disturbiamo**〕「もしお邪魔でなければ」, **se (è) possibile**〔**se si può**〕「もしできうれば」, **se (mi) è lecito**「もし許されるなら」, **se vogliamo**「結局のところ」, **se vogliamo dire la verità**「本当のところ, 正直」, **se è così**「もしそういうことなら」

2) 慣用的表現

Guai (a *qu*) **se**+*ind.*「もし…だったら大変なことになるぞ」, **Scusa**〔**Scusi, Scusate**〕**se**+*ind.*「もし…だったら許して欲しい」, **Ti**〔**Le, Vi**〕**dispiace・spiace se**+*ind.*?「…してよろしいでしょうか」

3) 条件の se 節（もし…ならば）によく添えられる副詞（句）

se almeno（少なくとも）, **se per caso**（万が一）, **se poi**（それに）, **se già**（すでに）, **se mai**（万が一）, **se proprio**（正に, 本当に）, **se solo**〔**soltanto**〕（単に）, **se per piacere**〔**favore**〕（できますれば）

7.13.2. 願望・祈願；遺憾；驚きなどを表わす se 節

(1) 〈**se**+*cong. vo*（半・大過去）!〉「（願望）もし…ならばいいのだが；（遺憾・無念）もし…だったらよかったのだが」

① *Se* potessi vederlo almeno una volta ancora! 少なくとももう一度だけでも彼に会えるといいのだが.

② *Se* tu mi avessi dato retta! 君が私のいうことを聞いていてくれたらねえ.

(2) 〈**se**+*ind.*!〉（驚き）「もし…だとしたら」；（脅かし）「…したら」；（強調）

第 7 章　重要機能語の解明

「間違いなく…する」
　1）驚き
　　　　Come, non era lui ? Ma *se* l'ho visto con i miei occhi !　なに彼じゃなかったんだって？　だけどこの眼でちゃんと見たんだけどなあ．
　2）脅かし
　　　　Se ce lo trovo !　もしあいつを見つけたら！　*Se* mi capita sotto !　もし俺のもとに現われたら！（ただではおかないぞ）
　3）強調
　　　　Se l'acchiappo !　あいつかならずつかまえてやる！

7.13.3. 条件以外の se 節（cf. 第 4 章　複文の構造，4.2.　条件節，4.2.1.1.　広く「仮定条件」の se 節）
（1）譲歩；対立「…とはいえ，ではあるが；…ではあるものの（一方では…）」
　　① *Se* ha qualche torto verso di me, non per questo gli servo rancore. 私に対し失礼な振舞いはあるものの，だからといって彼に怨みをいだいてはいない．
　　② *Se* la nevicata ha creato disagi in città, non minori sono stati i danni nelle campagne. 雪が降って街中にも渋滞が生じたが，地方の被害はそれより少なかったわけではない．
（2）判断・主張の根拠〔前提〕（通常は「原因・理由」とみなされている）
「…だとしたら，だとすると；…ということは；…だということになると」
　　① *Se* non mi credi, perché vuoi che continui a parlare ?　もしぼくを信じないのなら，どうしていつまでもこちらに喋らせておくんだい？
　　② *Se* c'è una cosa che detesto, è proprio quello di disturbare la gente. (G. Bassani) もし私が嫌っていることがあるとすれば，それこそまさに人びとに迷惑をかけるということにほかならない．
（3）時間「…するときには」（≒quando）
　　　　Si mette in mostra come fa il pavore *se* si vede osservata. 人に見られているときには，彼女は孔雀みたいに自分をみせびらかす．
（4）間接疑問節
　1）「…かどうか」
　　　　Mi domando *se* sia una buona idea. いい考えかどうか自問してい

2）「如何に…か」

　　　Puoi immaginare *se* io ci sono rimasto male？ どんなにぼくががっかりしたか，君想像できるかい？

3）《話》主節省略の形

　　　Se sono stanco？ Certo che lo sono. 疲れているかって？　もちろんだよ．

　〈備考〉 これ以外に，「形式的条件（…とすれば）」，「挿入句〔節〕」類などの用法があるが，それについては，7.13.1.　熟語・成句，(18) その他，および，4.2.1.1.　広く「仮定条件」の se 節，を参照されたい．

7.14. tale

　この語の場合も，熟語・成句を検討する前に，意味・機能の全体を概観しておこう．

7.14.1. 意味・機能の概観

1　指示形容詞

(1) **性質**（付加用法：**tale**＋名詞；叙述用法：**essere**＋**tale**, 動詞＋目的補語＋**tale**）「こ〔そ〕のような」

　①　*Tali* discorsi non si possono sopportare. こうした議論には我慢できない．

　②　Con gente di *tal* fatta non voglio aver nulla a che fare. そんな風な連中とはかかわりをもちたくない．

　③　Da ragazza era molto magra, ora non è più *tale*. 若いときはたいへんやせていたが，いまはそうではない．

　④　È un tipo scetico：lo hanno reso *tale* le continue delusioni. 彼は疑ぐり深い男だ．いつも幻滅ばかり味わっていたのでそうなったのだ．

(2) **指示**「こ〔そ〕の」

　①　In *tale* condizione deve cedere per primo. この条件だったら，最初にそちらが譲歩すべきです．

　②　Con *tali* parole mi ha congelato. そういって彼は私に冷水を浴びせた．

③ Quando avvenne *tale* fatto, io ero bambino. そのことが起ったとき，私は子供だった．

(3) 指示的強意 「こ〔そ〕んなにも大きい〔強い，すごい〕」
① Mi sono preso un *tale* spavento. 私はひどく驚いた．
② Come puoi sopportare una *tale* villania? あんたどうしてそんなひどい侮辱に耐えられるのだ．
③ Hanno una *tale* miseria anche loro! 彼らもまたたいへんな不幸を抱いている．

(4) 類似性
a　もう一つの **tale** と相関的に 〈tale *A* tale *B*〉「このAにしてこのBあり，AがAならBもB」
① *Tale* la moglie *tale* il marito. 妻が妻なら夫も夫〔この妻にしてこの夫あり〕
② *Tale* la botta *tale* la risposta. 鋭い言葉にはそれなりの応酬が．

b　**quale** と相関的に
1) **tale (e) quale**「(形容詞句) そっくりそのままの；(代名詞句) 同じもの〔こと〕；(副詞句) そっくりそのままに，正にそのように」
① Gli ho risposto proprio così, *tale e quale*. 私は彼にちょうどこんな風に答えた．
② Questi mobili saranno venduti *tali e quali*. この家具はそのまま売りにだすことになる．
③ Ieri ho acquistato questa camicia: ne vorrei ora un'altra *tale e quale*. 昨日このシャツを買ったのだが，もう一つ同じのを欲しい．

2) **tale (e) quale**＋*n.* 〔*ind.*〕「…とまったく〔そっくり〕同じ」
① Il ritratto è *tale quale* l'originale. 肖像は実物そっくりだ．
② È *tale e quale* me l'hai descritto. あなたが私に述べたとおりです．

3) **tale ... quale** 〔《文・古》**come**〕＋*n.* 〔*ind.*〕「…のような…」
Fece *tali* cose *quali* nessuno si sarrebbe aspettato. (彼は) 誰も予想もしなかったことをやった．

(5) 程度・結果
a　**tale**＋名詞 (…) **da**＋*inf.* 〔**che**＋*ind.*〕「…なほど…の；…するような」
① Era ridotto in uno stato *tale da* far paura. 彼はぞっとするような

状態に陥ちいってしまった．
② Sono stanco a *tal* punto *che* non mi reggo più in piedi. ぼくは立っていられないほどに疲れている．
③ Ho detto *tali* sciocchezze *da* far ridere. 私は笑われかねないような馬鹿げた発言をした．

b **essere tale da**+*inf.*〔**che**+*ind.*〕「…なほどである，のようである」
① Non è *tale da* lasciarsi impietosire. それは哀れをいだかせるほどではない．
② Il suo comportamento è *tale che* non so proprio che cosa pensare. 彼の振舞いは，私にはどう考えたらいいのかまったくわからないといった類いのものだ．

2 不定形容詞

以下，(3)，(4)の定冠詞や指示形容詞 questo〔quello〕との結合は，むしろ指示形容詞として扱うのがふさわしいとも考えられるが，不定的意味合をいくらか含むところから，この仲間に含めることにする．

(1) 〈**不定冠詞**＋**tale**＋**名詞**（どちらかといえば，人）〉，〈**tali**＋**複数名詞**〉「ある…，誰か…，何か…」
① Sembra che conosca un *tale* personaggio influente. 誰か有力な人を知っているらしい．
② La polizia ricerca un *tale* ragazza che è stata vista con uno dei rapitori. 警察は誘拐犯人の一人と一緒にいるところを目撃された，ある若い女性を探している．
③ Hanno ospiti a cena, *tali* Rossi. 夕食にロッシ夫妻とかいうお客が来ている．

(2) 〈**不定冠詞**＋**tale quale**＋（主に，抽象）**名詞**〉（（話））上記(1)と同義．quale で緩和的ニュアンスを加味）「ある種の…，なにか…，なにやら…」
① Avevo *un tal quale* presentimento. 私にはなにやら予感があった．
② Mi ha risposto con *una tal quale* arroganza. どこか威張ったような調子で私に答えた．

(3) 〈**定冠詞**＋**tale**＋**名詞**〉「この当の…，その問題の…，これこれの…」
① Ha detto che sarebbe arrivato *il tal* giorno〔*alla tal* ora〕. その日〔時間〕にやってくるといった．

② Che cosa importa a te se *la tale* signora è sposata o no？ その問題の女性が結婚しているかどうか，あんたにどんな関係があるの？
（4）〈**questo**〔**quello**〕＋**tale**＋名詞〉「こ〔そ・あ〕のなんとかいう…，あの例の…」

　　① C'è *quella tal* persona che chiede di te. そのなんとかいう人があんたを呼んでいるよ．

　　② Vorrei sapere quanto hai pagato *quel tale* articolo. 君がその例の品にいくら払ったのか知りたいんだが．

3　不定代名詞

　不定形容詞の場合と同様，定冠詞や questo〔quello〕が添えられる形（以下（3），（4），（5））も，多少の不定的意味を考慮して，指示代名詞でなく不定代名詞として扱った．
（1）〈不定冠詞＋**tale**〉「誰か」

　　① C'è *un tale* di là che ti aspetta. 誰かあそこで君を待っている人がいる．

　　② Era in rapporto d'affari con *un tale* di Milano. 彼はミラノの誰かと取引きがあった．

（2）〈**tale** (...) **che**＋*ind.*〉（文，古）(tale＝uno, taluno)「…する人」

　　① *Tal che* gli duole il capo, si medica il calcagno. 頭痛で悩んでいると，踵(かかと)の治療をしてしまうものだ（下手な考え休むにしかず）．

　　② *Tal* piglia leoni in assenza, *che* teme un topo in presenza. 眼の前の鼠をこわがる人間は，遠くのライオンを捕まえてみせたがる（臆病者の空威張り）．

（3）〈定冠詞＋**tale**〉「その当の人・者」

　　　　Io sono *il tale*, gli dissi. 私がその者です，と私は彼にいった．

（4）〈定冠詞＋**tal dei tali**〉「その例のなんとかいう（家〔仲間〕の）その人・者」

　　　　Presentati al dottore e digli che sei *la tal dei tali* e che ti manda *il tal dei tali* : vedrai che farà di tutto per aiutarti. ドットーレのところへ行って，私，例の家の者なんですけど，家の者が伺うようにと申しました，と伝えるがいい．君に精一杯力をかしてくれるだろう．

（5）〈**questo**〔**quello**〕＋**tale**〉「こ〔あ・そ〕の例の人・者」

7.14.　tale

①　Non mi parlare di *quella tale*. その女の話はしないでくれ.
②　Sono arrivati *quei tali* con cui avevate appuntamento. あなた方が面会の約束をなさったその相手の人たちがやってきました.
③　Chi è *quel tale* che mi hai presentato? あんたがぼくに紹介したそのなんとかいう人，誰だっけ？

7.14.2.　熟語・成句

7.14.1.の説明を通読するだけでも，tale の問題点はある程度捕捉できるものと思われるが，多少記述は重復するものの，ここであらためて，tale を含む熟語・成句を一覧してみよう.

（1）**a tale che**（文・古）（＝a tal punto〔segno〕che）「…する程度・点にまで」通常，〈giungere〔condursi, venire, essere condotto, ecc.〕（至る，達する）a tale〉の形で用いる.

　　①　Siamo giunti *a tale che* abbiamo perduto ogni speranza. われわれはとうとう，あらゆる希望を失なってしまった.
　　②　Son io, per quello che infine qui ho fatto, *a tal* venuto *che* io non posso far né poco né molto. (G. Boccaccio) 結局ここで私がやったことは，それ以上には絶対にやれないほどにまでがんばったということである.

（2）**come〔in quanto〕tale**「そういうものとして；それにふさわしく，それに適うように；(正に)…そのもの〔それ自体〕」

　　①　Ti sei comportato da screanzato ed io ti tratterò *come tale*. 君の態度は無作法だったな，これからそういう人間として扱うぞ.
　　②　La querela, *in quanto tale*, non è accettabile. その告訴それ自体が納得しがたいものだ.

（3）**essere tale**「こ〔そ〕うしたものである；かくも大きい」

　　①　Una volta quest'ambiente era simpatico, ora non è più *tale*. 以前このあたりは気持のいいところだったが，いまはそうではない.
　　②　Caddero tutti al loro posto di combattimento: *tale era* l'eroismo di quella gente. どんな人もそれぞれの戦場で倒れた. その人びとの英雄的行為はかくも偉大だったのである.

（4）**il〔la〕tale**「その当の人」，**il〔la〕tale＋名詞**「その当の…」

第7章　重要機能語の解明

　　　　① Lui è *il tale* che tu cerchi. 彼が，君の探している人だ．
　　　　② Voglio parlare con *la tal* persona. その当の人物と話をしたい．
（5）**il〔la〕tale dei tali**「そ〔あ〕のなんとかという（家・仲間の）そ〔あ〕の人・者」
　　　　① *il signor Tal dei Tali* そのなんとかというところの某氏
　　　　② Vai dal*la tal dei tali* e falle questa imbasciata. そのなんとかという例の家の奥さんのところへ行って，このことを伝えてくれたまえ．
　　　　③ Diceva d'averlo saputo da*l tal dei tali*. そのなんとかいう人物からそのことを聞いたといっていた．
（6）**il tale giorno〔il giorno tale〕**「その日に」，**a・alla tale ora〔all' ora tale〕**「その時間に」
　　　　　　Andrò a trovarlo *il tal giorno, alla tale ora*. その日のその時間に彼を訪ねるつもりだ．
（7）**in tal caso**「こ〔そ〕の場合は；では，じゃ」，**in tale circostanza**「こ〔そ〕の状況では」，**in tale condizione**「こ〔そ〕の条件下では」，**in tal luogo**「こ〔そ〕の場では」，**in tal modo**「こ〔そ〕んな風にして」（〈in tale＋場合・状況・場所，など〉の形のときは，おおむね tale＝questo〔quello〕）
　　　　① *In tal caso*, ha ragione lui. その場合は，彼のいうことに道理がある．
　　　　② *In tale circostanza* dimostrarono tutti molta abnegazione. その状況下で，誰もが大いに自己犠牲の精神を発揮した．
　　　　③ *In tal modo* potremo liberarci di lui. こうすればわれわれは，彼から自由になれるだろう．
（8）**la tal e〔o〕tal altra〔talaltra〕cosa, tal cosa e〔o〕tal altra**「あれこれの物・事」；**tale e〔o〕tale altro**「あれこれの人」
　　　　① Basta che uno chieda:《Voglio *la tal cosa o la tal altra*》ed è subito accontentato.「あれこれの物が欲しい」と要求するだけで，すぐに要求は満たされる．
　　　　② Non potrei accusare *tale o tale altro*. あれこれの人を非難することはできない．
（9）**perché tale**（**+essere**：*ind.*）「そうであればこそ」
　　　　　　Il suo delitto, *perché tale è*, dovrà essere punito. 彼の罪は，罪で

— 550 —

7.14. tale

ある以上罰せられなければならないだろう．

(10) **questo**〔**quello**〕**tale**＋名詞「こ〔そ〕のなんとかいう…，こ〔そ〕の例の…」；**questo**〔**quello**〕**tale**「こ〔そ〕のなんとかいう人，こ〔そ〕の例の人」

① Voglio definire *questa tale* questione. 例のこの問題に決着をつけたいものだ．

② Hai più rivisto *quel tale* Giovanni di cui m'avevi parlato? 君が私に話した，そのジョヴァンニとかいう例の男にそのあと何回か会ったの？

③ Allora *quel tale* gli ha risposto per le rime. そのとき，その問題の人物は，彼に一字一句むきになって反論した．

(11) **tale**＋名詞（...）**da**＋*inf.*〔**che**＋*ind.*〕「…するほどの…；…するような…」，**essere**＋**tale da**＋*inf.*〔**che**＋*ind.*〕「…するほどである」

① Non è una *tale* persora *da* giungere a compromessi.（彼は）妥協するような人間ではない．

② Le sue parole sono *tali che* non meritano risposta. 彼の言葉は返答に値しないものだ．

(12) **tale**〔**tal**〕**quale, tale e quale**「(形容詞句)…とそっくり同じの；(代名詞句)そっくり同じもの；(副詞)正に，そっくりそのまま」／**tale (e) quale**＋*ind.*「…とまったく同じ」／**tale ... quale**〔《文，古》**come**〕＋*n.*〔*ind.*〕「…のような…」(cf. 7.11. quale)

① Non è affatto cambiata: è *tale (e) quale* era dieci anni fa. 彼女はまったく変っていない．10年前とまったく同じだ．

② *Tale* è il tempo *quale* lo spazio: nessuno dei due ha principio e fine. 時間は空間に似ている．どちらも初めと終りがない．

③ Ho *tali* sentimenti *quali* tu certo non immagini. 私は君がけっして想像もしないような感情をいだいている．

④ (...) quei paesaggi calabresi e basilischi che a lui sembravano barbarici mentre di fatto erano *tali e quali* quelli siciliani. (G. T. di Lampedusa) 彼には，野蛮に見えたカラブリアとバジリカータの風景であったが，実はそれはシチリアの風景と同じものであった．

(13) **tale** A (名詞) (,) **tale**〔《文，古》では quale, come も〕B (名詞)「このAにしてこのBあり，Aに対してはそれにふさわしいB」

①　*Tale* il padre, *tale* il figlio. この父にしてその息子．
②　*Tale* abate, *tali* monaci. 修道院長と，それに似合いの修道士たち．
③　A *tale* domanda *tale* risposta. 質問にはその質問なりの答えを．
④　*Tal* guaina *tal* coltello. 鞘にはそれにふさわしい短刀が．（割れ鍋に綴蓋<small>とじぶた</small>）

(14) **tal sia di** *te*〔*voi*, *lui*, *ecc.*〕《文，戯》「君〔諸君，彼，など〕にとってよくないことだ〔都合の悪いことになる〕」

　　　Se gli piace contornarsi di gente così equivoca, *tal sia di* lui. 彼はあんな得体の知れない連中に取り巻かれて喜んでいたら，とんでもないことになるぞ．

(15) **un**〔**una**〕**tale**＋名詞「ある…，誰か…，ある種の…」／**un**〔**una**〕**tale quale**＋名詞（主に抽象名詞）(《話》quale で緩和的ニュアンスが加味)「なにか…，どこか…，なにやら…」／**un**〔**una**〕**tale**「誰か，ある人」

①　Mostra *una tale* distrazione in tutto！（彼は）どんなことをやってもどこか注意散漫である．
②　Sono stato convocato da *un tale* avvocato Bianchi. 私はビアンキとかいう弁護士の召喚を受けた．
③　Ha *un tal quale* modo di fare che lo rende antipatico. （彼は）どことなし人の反感をそそるようなやり方をする．
④　Ho un appuntamento con *un tale* di Genova. 私はジェノヴァのある人物と会う約束をしている．

7.15．**tanto**

　16語の重要機能語のなかでも，とりわけ注意を要するものの筆頭が，この tanto かと思われる．なによりも，tanto そのものの意味・機能が多岐にわたっているために，それが成句という形をとった場合，その成句内部における tanto の意味をどのように捉えるべきか，ときに戸惑いを感ずる場合もないではない．とりあえず，tanto の全体像を一覧したうえで，具体的な熟語・成句の検討に入ることにしよう．

7.15.1．意味・機能の概観
1　不定形容詞

7.15. tanto

（1）**強調された多数量**：「こ〔そ〕んなにも多くの」（ときに＋da＋*inf*.〔che＋*ind*.〕）
　　① Come mai *tante* mosche in questa stanza? いったいどうしてこの部屋にはこんなにも沢山の蝿がいるのかしら？
　　② Che se ne fa di *tanti* soldi? こんなに沢山のお金どうするんですか．
（2）**単なる多数量**：「多くの，沢山の」（molto, grande よりも強意で，使用範囲も広い．強調形 tanto tanto も）
　　① Te l'ho detto già *tante* volte. そのことはもう何回もいったはずだ．
　　② Sei caffè al giorno sono *tanti*. 一日にコーヒー6杯は多い．
（3）**充分なだけの数量**「充分なだけの」（essere tanto の形で）
　　① Era così infuriato, che tre non *erano tanti* a reggerlo. すごく腹を立てていたので，三人でも彼をおさえられなかった．
　　② Dieci uomini non *sono tanti* a fare quel lavoro. 10人の人間ではその仕事をこなすに充分な数ではない．
（4）**同等数量**「（と）同じだけの，それに相当する数量の」（しばしば＋quanto〔ときに tanto, che, come〕）
　　① Si comportano tutti come *tante* pecore. みんな羊のような行動をする．
　　② Prendi con te *tanto* denaro *quanto* occorre. 必要なだけお金をとりなさい．
　　③ Mi cambi il biglietto in *tante* monete da cento lire. お札を同額の100リラのコインに変えてください．
（5）**不特定数**「（全体のうちの）なにがしかの数の」
　　① Il treno parte alle dieci e *tanti*. 列車は10時何分かに発ちます．
　　② Il fenomeno si ripete ogni *tanti* giorni. その現象は何日か置きに繰り返し起る．

2　不定代名詞

（1）**tanto**（**男性単数形**）「多く（の時間，空間，距離，価格，努力，程度；物事）；大したこと」（つまり，tempo, spazio, distanza, denaro, prezzo などの意味を含む）
　　① È *tanto* che non mi scrive. 彼はもう長いこと手紙を寄こさない．

② Non c'è *tanto* da qui alla stazione. ここから駅まであまり距離はない.
③ È *tanto* se riuscirò a farlo venire. ぼくが彼を来させることができれば大したものさ.
(2) (*pl.*) **多人数**「(漠然と) 多くの人びと」(ときに定冠詞を添える)
① Ci sono *tanti*〔*e*〕che la pensano così. そんな風に考える人は沢山いる.
② Fra i *tanti* che hanno risposto all'inserzione c'è anche un mio cugino. 広告に応じた多くの人のなかに私の従弟もいる.
(3) **多数量**「(具体的な人・物の) 多く」
① Mi piacciono le ciliege, dammene *tante*. ぼくは桜んぼうが好きなんだ. 沢山くれたまえ.
② Se vuoi dei dischi, vieni da me: ne ho *tanti* da non sapere dove metterli. レコードが欲しいんだったら私のところへいらっしゃいよ. 置場に困るほど沢山あるわよ.
(4) (*pl.*) **不特定数**「(全体のうちの) いくつかの数」
① Riscuote regolarmente la pensione ai *tanti* di mese. 月の何日かに, 彼はきまって年金をひきだす.
② Dei soldi che ti do, *tanti* sono per la casa, *tanti* per le tue spese personali. 君にやる金のうち, いくらかは家の費用に, またいくらかは個人的な消費にまわしたまえ.
(5) (通常 un tanto) **不特定量**「いくらかの量」
① Costa *un tanto* al chilo. 1キロなにがしかの値段だ.
② Lavora a *un tanto* la settimana. 1週間いくらという金をもらって働いている.

3 副　　詞

(1)「非常に, とても (＝molto)」
① Ha sofferto *tanto*. 彼はたいへんな苦しみを味わった.
② Ti sono *tanto tanto* riconoscente. あんたにはとっても感謝しているよ.
(2) **強調的に指示された分量・程度**「こ〔そ〕んなにも多く〔強く, 長く〕」(ときに＋da＋*inf.*〔che＋*ind.*〕)

7.15. tanto

 ① Non credevo che costasse *tanto*. そんなに値がはるとは思ってもいなかった．
 ② Se la prende *tanto da* farne una malattia. 病気になるかと思うほどに腹を立てている．
(3) **指示された分量・程度**「こ〔そ〕れだけ，こ〔そ〕の程度に」
 ① È alto *tanto* e largo *tanto*. このくらいの高さで，このくらいの幅がある．
 ② Tagliamene *tanto*. このくらいに切ってよ．
(4) **同程度**「(と)同じ程度に」(おおむね quanto〔tanto, come〕と相関的に)
 ① Corre *tanto* il cane *quanto* la lepre. 犬は兎と同じように早く駆ける．
 ② Ammiro *tanto* il tuo coraggio *come* la gentilezza. 私はあなたの優しさばかりか，勇気にも感じいっている．
(5)「単に，もっぱら」(＝soltanto)
 ① Per una volta *tanto*, te lo posso permettere. 一度だけ許すことにしよう．
 ② Si gioca, *tanto* per passare il tempo. われわれはただの暇つぶしに賭け事をやっている．
4 **指示代名詞**的に (tanto 無変化)「こ〔そ〕れだけのこと・もの；こ〔そ〕のこと(のすべて)」(ときに **quel tanto** の形で，副詞と指示代名詞の中間的性格をもつ)
 ① *Tanto* bastò perché capisse tutto. 彼がすべてを理解するには，それだけで十分だった．
 ② E con *tanto* La riverisco. それだけであなたに敬意を表します．

5 接続詞

(1)「しかし」
 Ho tentato ogni mezzo, e *tanto* non sono riuscito a nulla. あらゆる手立てを講じたが，何事もうまくいかなかった．
(2)「とにかく」(異議，不賛成；諦念などの情をこめて)
 È inutile che tu insista, perché *tanto* non ti do nulla. いくら言いたてても駄目，とにかくあなたにはなにもあげません．
(3)「まあ結局」(重要性は認めない，という気持の表現．しばしば(2)の意味

第7章　重要機能語の解明

と交錯する）

　　　　　Perché te la prendi? *Tanto* non serve. どうして腹を立てるんだい？そんなことしても結局のところ無駄だぜ．
（4）「まずはなんとか」(tanto tanto の形も）
　　　　　Se tu non fossi ricco, *tanto tanto* capirei il tuo comportamento. 君が金持でないのなら，まあ君のやり方も理解できるけどな．
6　**品質形容詞**（文，古）「かくも著名な〔有名な；偉大な〕；かくも異様な」
　　　　　Tanto ospite va trattato con i guanti. こういう大事な客は丁重に扱わなければならない．

7.15.2. 熟語・成句
（1）**a dir〔far〕tanto**（＝**tutt'al più, al massimo**）「せいぜい・多くとも」
　　　　　Saranno state *a dir tanto* le dieci せいぜいが10時頃だっただろう．
（2）**a tanto**
　1）「こ〔そ〕んなところまで（達する，及ぶ）」（通常 giungere〔arrivare, pervenire, ammontare, ecc.〕a tanto の形で）
　　① Non credevo che poteste giungere *a tanto*. 私は君たちがそんなところにまでいくとは思ってもいなかった．
　　② Drogo lo guardò agghiacciato. *A tanto* arrivava dunque Simeoni? Voleva spedir via lui Drogo per avere una stanza libera? (D. Buzzati) ドゥローゴはぎょっとして彼を見つめた．とすると，シメオーニはこんなことまでやるつもりなのか．部屋を空けるために，ドゥローゴを移送しようと思っているのだろうか．
　2）（＝a ciò）「(一般に) こ〔そ〕のことには〔に対して，にとって，など〕」
　　① *A tanto* non seppi trattenermi. それには私は我慢できなかった．
　　② Drogo ha deciso di rimanere, tenuto da un desiderio ma non solo da questo: l'eroico pensiero forse *a tanto* non sarrebbe bastato. (D. Buzzati) ドゥローゴは残ることに決めた．そうしたかったからではあるが，それだけではなかった．おそらくヒロイックな気持だけでは，そこまではしなかっただろう．
（3）**con tanto che**＋*ind*.（＝con tutto che＋*ind*.）（譲歩）「…ではあるが」
　　（cf. 7.16 tutto）

7.15. tanto

（4）**con tanto di**＋名詞 → (36)〈tanto di＋名詞〉
（5）**da tanto**
1)「有能な，優秀な；価値ある」（しばしば否定文で）
① Non lo credo *da tanto*. 彼が有能だとは思わない．
② Non mi ritengo *da tanto*. 私は自分が大した人間だとは思っていない．
2)「ずっと前から，長いこと」
Da tanto aspettano una sua lettera.（彼らは）彼の手紙をずっと待ちわびている．
3)「それほどに」
Un brivido saliva su per la schiena, *da tanto* era splendente. (D. Buzzati) 背中を戦慄が走った．それほどにそれはすばらしかったのだ．
（6）**di tanto**「こ〔そ〕れだけ，こ〔そ〕れぐらい」
① È più lungo *di tanto*. こんだけ長めだ．
② *Di tanto* è cresciuta la temperatura. これだけ気温が上昇した．
（7）**di tanto in tanto**（＝ogni tanto）「時折，思いだしたように」
Ci vediamo *di tanto in tanto* per fare due chiacchiere. 私たちはときたま会ってお喋りをする．
（8）**dopo tanto**＋*inf.*「さんざん…して，…したあげく〔のちに〕」
Dopo tanto cercare ha finalmente trovato. さんざん探したあげく，よくやく見つけた．
（9）**essere**（3単形）**(già) tanto che**＋*cong.* vo〔**se**＋*ind.*〕「…とは〔…したら〕大したもの・ことだ」
È già tanto se finiremo fra un mese. 1ヶ月後に終えたら御の字だ．
(10) **fare tanto di cappello a**「…に脱帽する，敬意を払う」(cf. (36)〈tanto di＋名詞〉)
(11) **fare tanto d'occhi**「驚いて眼をむく」(cf. (36)〈tanto di＋名詞〉)
(12) **fino a tanto che**〔**infino a tanto che, fintantoché, finattantoché,**《古》**tanto che**〕＋*ind.*「…するまで」
Non gli darò pace *fintantoché* non mi avrà detto tutta la verità.

私にすべて本当のことをいってしまうまで，彼を安心させないつもりだ．

(13) **fra tanto**〔**frattanto**〕（ちなみに，この tanto は7.15.1, 4 の指示代名詞）

1)「その間に，同時に」

Preparati, *frattanto* farò una telefonata. 準備したまえ，その間にぼくは電話をするから．

2)〈e frattanto〉の形で「しかしそれにしても，にもかかわらず」

E *frattanto* ci siamo rovinati. しかし私たちは破産に追いこまれたのだった．

(14) **in tanto**〔**intanto**〕（この tanto も，(13) 同様，指示代名詞）

1)「その間（に），その一方で」

Io devo uscire un momento, tu *intanto* aspettami qui. ぼくはちょっと外へ出てこなければならん．その間君はここで待っていてくれたまえ．

2) ときに〈e intanto〉の形で「しかし，にもかかわらず」

Io m'affanno per tutti, *e* voi *intanto* vi divertite. ぼくはみんなのために悪戦苦闘，ところが君たちときたらお楽しみなんだから．

3)「(満足感，達成感を表わして) 結局最後には，結局のところは」

Intanto anche questo caso è stato schiarito. 最後にはこの件も明らかになった．

4) おおむね〈e intanto〉の形で「(きびしい現実を認め，諦らめの気持ちをこめて) そして結局は，ところがなんということか」

E *intanto* tutto va male. つまりはなにもかもうまくいかないのだ．

5) しばしば〈per intanto〉の形で「いまは，目下のところは」

Intanto paga tu, poi ci divideremo la spesa. ここは君が払っておいてくれ．あとで費用を折半しよう．

(15) **intanto che** + *ind*.「…する間」

Intanto che aspetti, leggiti questo articolo. 待っている間にこの論文を読んでみてくれたまえ．

(16) **in tanto** A (*ind*.) **in quanto** 〔《文，古》**che**〕 B (*ind*.) B なるが故に A

7.15. tanto

する，B であればこそ A である」

  In tanto ne parlo *in quanto* ne sono sicuro. 確信あればこそそのことをいうのです．

(17) **動詞と tanto が結合した成句**

 1）〈**動詞＋ne tante**〉(ne は殴打；非難；でたらめ，法螺(ほら)；愚行；災難などの意味を含む)

  ① averne tante さんざんひどい眼にあう，いろいろ不幸を経験する
  ② combinarne tante たいへんなへまをしでかす；悪事を重ねる，さまざまな企らみをする
  ③ darne tante a *qu* 人をこっぴどく殴る
  ④ darne a intendere tante a *qu* 人に嘘八百を信じこます
  ⑤ dirne tante (a *qu*) (人を) きびしく非難する，侮辱する；多少なりとも真実をいう
  ⑥ farne tante 軽はずみな真似をする，愚行を重ねる；悪ふざけをする，羽目をはずす
  ⑦ prenderne tante しこたま殴られる
  ⑧ raccontarne tante 駄(だ)法螺(ぼら)を吹く，大風呂敷を広げる

 2）〈**動詞＋ne tanti**〉(ne は金銭の意味)

  ① buttarne〔spenderne〕tanti 金(かね)を湯水のように使う，浪費する
  ② gnadagnarne tanti しこたま稼ぐ
  ③ viverne tanti 裕福な暮しをする

(18) **né tanto né quanto〔poco〕**「まったく・少しも…ない」(cf. 7.12. quanto)

  Ciò non mi riguarda *né tanto né quanto*. それは私にはまったく関係がない．

(19)

 1）**non (...) più che〔di〕tanto**「そんなに…ない，ほとんど…ない；まったく…ない」(cf. 7.9. più)

  ① *Non* mi preoccupo *più di tanto*. 私はあんまり心配していない．
  ② (...) gli italiani dimostrano di avere ancora i piedi per terra e di *non* volersi lasciare travolgere *più che tanto* dalle nuove mode e dai nuovi miti. (A. Levi) イタリア人は，今もなお足を大地につけ，新し

第7章　重要機能語の解明

い流行や新しい神話にはほとんど動かされまいという態度を見せている．

③　Ma sapendo bene che non si può, rassegnato alle mie fattezze, *non* me ne curavo *più che tanto*. (L. Pirandello) しかし，自分の顔立ちに諦らめをいだいていた私は，だめなことは百も承知だったので，そのことはまったく意に介さなかった．

2) **non** (...) **più di tanto**「それ以上…しない」

　　Dice che *non* vuol pagare *più di tanto*. 彼はそれ以上払うつもりはないといっている．

(20)

1) **non tanto** *A*, *B* 〔*B*, **non tanto** *A*〕; **non tanto** *A* **quanto** (**anche**) *B*; **non** (**tanto**) *A* **quanto** 〔**che, come, piuttosto**〕*B*; **non tanto** *A* **ma** (**soprattutto** 〔**invece, piuttosto**〕) *B* (以上のうち，〈non tanto *A* quanto *B*〉が代表的な形)「*A* というよりむしろ *B*」(cf. 7.12.　quanto)

　①　La violazione della nostra casa da parte di brutali saccheggiatori *non tanto* arreca danni materiali, *quanto* ci oltraggia come stupro e profanazione. (L. Firpo) われらが邸(ｶしき)（高名な比較文学者 Mario Praz の旧居）への粗暴な泥棒どもの侵入は，物質的損害をもたらしたということよりもむしろ，レイプや瀆神的行為にも似て，われわれを深く辱しめるものである．

　②　È verosimile che il futuro della società *non* consista *tanto* nell'aumento della produzione di beni (case, macchine) *ma* nell'intensificarsi della comunicazione e del dialogo. (G. Vattimo) どうやら社会の未来は，財（家，車）の生産の増加ということよりも，コミュニケーションや対話の拡大のほうにおかれているのである．

　〈備考〉蛇足ながら，同じ〈non...tanto...quanto〉の形式でも，次のタイプの文はこれとは明らかに性質が異なるものである：Lui *non* è *tanto* aperto *quanto* suo fratello. （彼は弟のようには性格が明るくない）．

2) **non tanto per**+*n.*(*A*) 〔**perché**+*ind.*(*A*)〕(,) **quanto per**+*n.*(*B*) 〔**perché**+*ind.*(*B*)〕「*A* の故というよりも *B* のせいで」(cf. 7.12.　quanto〉

　　Io lavoro *non tanto per* il denaro, *quanto per* la soddisfazione. 私

— 560 —

7.15. tanto

は金のためというよりも，満足感をえるために働いている．

(21) **ogni tanto**「(比較的間隔のあいた) 時折」(tanto は不特定量を表わす．ちなみにこれとほぼ同義の di tanto in tanto には，ogni tanto 以上に間隔があく，というニュアンスがこめられる)

  Lo vedo *ogni tanto* alla stazione. 私は駅でときたま彼を見かける．

(22) 〈**ogni tanto**＋名詞〉「…毎に」

  Quel ragazzo si fa vivo *ogni tanti* giorni in questo negozio di libri usati. その若者はこの古本屋に何日か置きに姿を見せる．

(23) **or non è tanto**「少し前に」

  Quel vecchio amico l'ho incontrato *or non è tanto*. その旧友にはちょっと前に会った．

(24)

 1) **per tanto**〔**pertanto**〕「それ故，だから；だから結局，その結果」

  Mi sentivo stanco, *pertanto* decisi di andarmene. 私は疲れていたので退散することにした．

 2) **non per tanto**〔**pertanto**〕**, ciò non per tanto, né per tanto**「しかし，にもかかわらず」

  So che lei è molto impegnato, *ciò non pertanto* la prego di dedicarmi cinque minuti. あなたがとても御多忙だということは存じておりますが，私に5分間だけ時間をさいてください．

(25) **quanto**＋比較級(*A*)**, tanto**＋比較級(*B*)**；tanto**＋比較級(*A*)**, tanto**＋比較級(*B*)**；**比較級(*A*)**, **比較級(*B*)「AすればするほどBである」(cf. 7.9. più, 7.12. quanto)

  Tanto più aspetto, *tanto meno* ho voglia di rivederla. 待つ時間が長くなればなるほど，彼女にもう一度会いたいという気持はうすれてくる．

(26) **quel tanto**「(代名詞句)（正に〔ちょうど〕）それだけのもの・こと；(副詞句的に) それだけのものとして」

 ① Ho *quel tanto* che mi consente di vivere. 私は生きていくことができるくらいの持ち合わせはある．

 ② Venne il tram, evanescente come fantasma, scampanellando lentamente; le cose esistevano appena *quel tanto* che basta (...). (I

第7章　重要機能語の解明

　　　　Calvino) ゆっくりと警笛を鳴らしながら，まるで幽霊のようにすうっと，消えてしまわんばかりの気配をただよわせながら電車が近づいてきた．事物はまさにかつかつの状態で辛うじて存在していた（…）．
(27) **sapere tanto fare che**＋*ind.*「…するほど熱心〔懸命〕にやる」
　　　　Ha saputo tanto fare che mi ha convinta.（あの人は）一所懸命がんばってとうとう私を説きふせてしまった．
(28) **se fare tanto di**＋*inf.*「一回でも…したら，いったん…したら」
　　① *Se faccio tanto di* voltare gli occhi, ne combina una grossa. 私がちょっとでも眼をそらすと，あいつとんでもないことをやってくれる．
　　② Adesso c'era una padrona grassa, che grida sempre, e *se faccio tanto di* toccare una barca, mi vede, forse anche dalla cantina, e grida che non è roba mia. (C. Pavese) いまは，いつも叫び声をあげている肥った女主人がいて，もし私がボートにちょっとでも手を触れようものなら，おそらくは酒蔵にいるときでも私から眼を離さず，それはお前さんのものじゃないよ，と大声で叫ぶのである．
(29) **senza tanto**＋*n.*〔*inf.*〕「あまり…なく」
　　① Serviti *senza tante* cerimonie. そんなに遠慮しないで，食べなさいよ．
　　② Io al tuo posto accetterei, *senza* pensarci *tanto*. 私があなただったら，あまり考えたりしないで承諾するわ．
(30) **se tanto mi dà tanto**「この調子で事態が進行したら，こうした状況のもとでは」
　　　　Se tanto mi dà tanto finirà che un giorno ci butterà fuori di casa. こんな調子でやっていたら，いつの日か私たちは，家から放りだされてしまうだろう．
(31) **tant'è**〔**tanto è**〕
　1)「(まあ) 仕方がない，やむをえない」
　　　　Ma noi, *tant'è* non siamo in grado di aiutarvi. しかしやむをえないことだけど，あなた方を助けることはできない．
　2)「大丈夫，心配はない；大したことではない」
　　　　Tant'è fa sempre di testa sua. 御心配なく．彼はいつも自分で考えてやっている．

7.15. tanto

3）「同じことである」

　　Se debbo andarci per niente, *tant'è*, resto qui. 無駄骨になるのがわかっていながら行かなければならないんだとしたら，同じことだから，ここにいるよ．

(32) 〈**tant'è**＋inf.／**che**＋*ind.*〔*cong. vo*〕〉の表現

1）**tant'è**〔**tanto è**〕＋*inf.*〔**che**＋*cong. vo*〕「…と同じことである」

　　Se prima o poi deve pur saperlo, *tant'è* dirglielo subito. 遅かれ早かれそのことを知ることになるのなら，今すぐ彼に告げても同じことだ．

2）**tant'è**＋*inf.* (A)(,) **che**＋*inf.* (B)「AするのはBするのと同じことである」

　　Tant'è fare male una cosa *che* non farla punto. 物事をいい加減にやるなら，なんにもやらないのと同じことだ．

3）**tant'è**〔**tanto è**〕**che**＋*ind.*「だからこそ…である，その証拠に…である」（＝(33) tant'è〔tanto è〕vero che＋*ind.*)

　　Tanto è che il titolo dell'opera suonava: *Essai sur l'inégalité des races humaines.* (原文イタリック)．だからこそ作品の題名が，『人種不平等に関する議論』と称するものになったのである．

(33) **tant'è**〔**tanto è**〕**vero che**＋*ind.*「だからこそ…である，その証拠に…である」

　　A forza di ripetere che il futuro è già cominciato perfino la parola moderno ci sembra vecchietto, *tant'è vero che* abbiamo coniato il post-moderno. (C. Marchi) 未来はすでに始まっていると繰返しいわれたために，モダンという言葉すら古臭く感じられるのであり，であればこそわれわれは，ポスト・モダンという用語を作ったのである．

(34) 程度・結果表現の **tanto**

1）**tanto che**〔**tantoché**〕＋*ind.*「その結果…；それは…するほどである」

　① Le finestre erano chiuse, *tanto che* pensai che non ci fosse nessuno. 窓は閉まっていたので私は誰もいないものと思った．

　② Entrarono in sala dal soffitto alto alto, *tanto che* ci stava dentro un grande abete. (I. Calvino) (二人は) たいへんに天井の高い広間

に入った．その高さときたら真中に樅の木が据えられていたほどだった．

〈備考〉 これと似た形に，tanto che〔tantoché〕+cong. vo（古）「…するまで」がある．

2) **tanto** (...) **da**+*inf.*／**che**+*ind.*〔目的の意味を含むときは *cong. vo*〕「あまり…なので…，…なほど…」

① Non sono *tanto* ricco *da* permettermi questo lusso. こんなぜいたくができるほど私は金持ではない．

② È *tanto* noioso *che* non lo sopporto più. まったくうんざりだ．とうてい我慢できない．

(35) 〈**tanto** (...) **che**+*ind.*〉の派生形

1) 上記〈che+*ind.*〉の部分を先行させ，che を省略した形

Si lascerebbe ingannare da un bambino, *tanto* è ingenuo. (=È tanto ingenuo, che si lascerebbe ingannare da un bambino) 彼は子供にすらだまされてしまうだろう．それほどのお人好しだ．

2) 〈tanto che+*ind.*〉の che が省略されたような形

Non ho vergogna di confessare che ho paura del buio—io che pure tenni duro in quel campo della desolazione, dove lo spuntare di una bella giornata ci faceva pena *tant*'era assurdo. (C. Pavese) 恥かしげもなく告白するが，私は暗闇が恐ろしいのである．その荒涼とした野営地(キャンプ)で挫けずにがんばった私ではあったが，そこでは晴れ渡った一日のしらじらとした夜明けが，われわれを奇妙なほど物哀しい気持にさせるのだった．

(36) 〈**tanto di**+名詞〉「大きい，すごい；見事な，申し分ない；（ときに否定的に）大変な，碌でもない」（名詞の誇大・強調表現．ときに（戯）．とくに〈con tanto di+名詞〉，あるいは〈動詞+tanto di+名詞〉の形で）

① Chiuse l'uscio *con tanto di* catenaccio. （彼は）頑丈な鎖で戸口をがっちり閉めた．

② Sono rimasto *con tanto di* naso. 私はひどく失望した．

③ Ho qui *tanto di* licenza. 私はここに確かな許可証をもっています．

④ Michelino, *con tanto d*'occhi, andava dietro al padre. (I. Calvino) ミケリーノは，大きく眼を見開いたまま父親に後に従っていた．

7.15. tanto

(37) **tanto di guadagnato**「それはますます好都合だ〔具合がいい〕」
　　　Se vuole, se ne vada, *tanto di guadagnato*. もしお帰りになりたかったらそうなさってください。そのほうが好都合です。

(38) **tanto e poi tanto, tanto ma tanto, tanto tanto, tanto mai**（すべてtantoの強調形）「(形容詞句) たいへんに沢山の，実に多くの；(副詞句) 実に実に，まったく本当に」
　　　Me ne allegro *tanto e poi tanto*. そのことを実になんとも愉快に思う。

(39) **tanto fa**〔**vale, varrebbe**〕+*inf.*〔**che**+*cong. vo*〕
　1)「…と同じことである」
　　　Se non c'è nessuna speranza di successo, *tanto vale* rinunciarvi. もし成功の望みがないのなら，諦めてしまっても変りはない。
　2)「…するほうがいい，するのが好都合である」
　　　Forse egli era già in mezzo al campo minato, un passo falso avrebbe voluto perderlo: *tanto vale* proseguire. (I. Calvino) 恐らく彼はもう地雷地帯の真只中にいるのにちがいない。一歩間違えば破滅を迎えることになるわけだ。だとしたらこのまま進んでいくほうがいい。

(40) **Tanto meglio**〔**peggio**〕(per *qu*, così)！「(人にとって，こ〔そ〕うなれば) ますます好都合だ〔具合が悪い〕」
　　　Tanto meglio se tutto ciò non si verificherà. (G. E. Rusconi) すべてそうしたことが起らないのなら，それに越したことはない。

(41) **tanto meno**〔**tantomeno**〕「ますます少なく，それだけに余計少なく」
　① Nessuno dovrebbe lamentarsi, *tanto meno* tu. 誰も文句をいうべきではないだろうが，なおさら君はそうだ。
　② L'identità nazionale non sostiene più la forza politica, *tanto meno* la surroga. (G. E. Rusconi) ナショナル・アイデンティティは，もはや政治力の支えにはならないし，ましてやそれに代ることもない。

(42) **tanto per**+*n.*〔*inf.*〕
　1)**tanto per**+*n.*「もっぱら…のために」
　　　Eccoti centomila lire, *tanto per* il pranzo. さあ10万リラやろう。ほんの食事代のつもりだ。

第7章　重要機能語の解明

2）**tanto per**+*inf.*「ただ単に…すべく」
 ① *Tanto per* fare qualcosa, andrò a fare due passi. なんでもいいからやることにして（暇つぶしに），散歩にでかけるとするか．
 ② *Tanto per* cambiare, piove anche oggi. 相変らず（← 気分転換に．この場合は反語）今日も雨降りだ．

(43) **tanto più**「それだけにますます」
 Se ti è piaciuto il suo primo romanzo, *tanto più* ti piacerà il secondo. 彼の最初の小説が気にいったんだったら，二番目はもっと好きになるよ．

(44) **tanto più** (...) **che**+*ind.*などの表現
1）**tanto più** (...) **che**〔**in quanto, perché**〕+*ind.*「…なるが故にますす，…だからこそ余計に」
 Giuseppe illude tutti, *tanto più che* negli anni del liceo s'era acquistata la fama, non certo immeritata, di ragazzo intelligente e studioso.（A. Vitello）ジュゼッペはみんなをがっかりさせてしまう．高校時代には，頭がよくて勉強家の若者という，けっして不当とはいえない評判をとっていただけに，なおさらそうであった．

2）**tanto più se**〔**quando**〕+*ind.*「…だとしたら〔…のときは〕なおさら」
 Ma si capisce che fermarsi era meglio; *tanto più quando* davanti all'osteria ci aspettavano altri carri che avevano già fatto accendere il fuoco.（C. Pavese）しかし，もちろんそこへ足を停めるのはもっと楽しかった．早くも店のかまどに火をいれさせた別の荷馬車仲間が，居酒屋の前でわれわれを待ち構えているときなどは，なおのことそうであった．

(45) **tanto** (**o**) **quanto** (cf. 7.12.　quanto)
1）「まずまず，まずはそのくらい」
 ① "Ti sarà costato qualche milione" "Sì, *tanto quanto*"「数百万はしただろうな」「うん，まあそんなところだ」
 ② Se si trattasse di un percorso breve, *tanto quanto* potrei farlo. もし短かい距離だったら，なんとか行くことができそうだ．

2）「多少は，少しは；少しだけ」
 Ho deciso di comprarmelo; mi è piaciuto *tanto quanto*. 私はそれ

7.15. tanto

を買うことにした．多少は気にいったので．

(46) **tanto quanto**＋*n*.〔*ind*.〕「(程度)…と同じ〔に相当する〕だけ・ほど；(数量：語尾変化)…と同じ〔に相当する〕数・量（の）」

① Non ha lavorato *tanto quanto* poteva. 彼は自分に可能なだけの働きをしなかった．

② Eravamo in *tanti quanti* non osavo sperare. われわれは，私自身では期待していなかったくらいの人数であった．

(47) **tanto** *A* **quanto**〔**come, che**〕*B* (cf. 7.12. quanto)

1)「(程度) B と同じように〔ほどに〕A」

Il pericolo non è *tanto* imminente *quanto* si credeva. 危険は信じられていたほどには，差し迫ってはいない．

2)「(数量：語尾変化) B と同じだけの A」

C'era *tanta* gente *quanta* mai se n'era vista. かつて見たこともないほど多勢の人がいた．

3)「A も B も」

Vorrei comprare *tanto* un computer *quanto* un telefax. コンピューターもファックスも購入したいのだが．

(48) **tanto** *A* **tanto** *B*

1)（A，B ともに名詞）「A と同じだけの B」

① *Tanti* paesi *tante* usanze. 地方ごとに習慣は異なる．

② *Tante* persone, *tanti* opinioni. 人間の数だけ意見も様々だ（各人各様）．

2)（A，B ともに動詞 (*ind*.)）「A するだけ，それだけ B する」

Tanti ne guadagna e *tanti* ne spende. 彼は稼いだだけ使ってしまう．

(49) **una volta tanto**

1)（per una volta tanto の形も）「一度くらいは，一度だけ（は）；一度でいいから，そのときだけは」

① *Per una volta tanto* te lo posso permettere. 一度だけそれを許可しよう．

② All'insaputa della famiglia, Giuseppe, *una volta tanto*, agì di sua iniziativa. (A. Vitello) 家族は知らなかったが，ジュゼッペはそのと

きだけは自分の考えで行動した．
2)「ときたま，ときには(**una volta ogni tanto** も)；そうしたときには」
① *Una volta tanto* mi piacerebbe andare al ristorante. たまにはレストランへ行きたいものだ．
② Il cane, *una volta tanto*, invece di infastidire la nonna, si accontenta di dilaniare i sacchi di juta. (G. Monduzzi) そうしたときには，犬は祖母を悩ます代りに，ジュートのバッグを嚙み裂くだけで満足する．

(50) 不特定数量の tanto
1) **un tanto**「(不特定量) いくらかの量，ある程度の量」
Lui guadagna *un tanto* e spende *un tanto*. 彼はなにがしか稼いで，なにがしか使っている．
2) **tanti**〔**e**〕「(不特定数) いくらかの数」
È una festa che cade ai *tanti* d'ottobre. それは10月何日かのお祭りです．

(51) 〈数量＋**volte tanto**〉「…倍(分)だけ」
L'esercito nemico era *due volte tanto*. 敵軍は2倍の数だった．

7.16. tutto

tutto の場合は，tanto などと異なり，意味・機能は，それほど多様でもなければ，複雑でもない．ただ(不定)形容詞でありながら，副詞的な使われ方をする，というこの語の特徴を摑むために，まずはとりあえず同じように，その全容を概観しておくことにしよう．

7.16.1. 意味・機能の概観

1 不定形容詞
(1)「すべての，全部の」
a 〈**tutto**＋定冠詞＋名詞〉
① *Tutta la* città è in subbuglio. 街中大混乱に陥入っている．
② Sarà in casa *tutta la* settimana. (彼は) 週の間ずっと在宅することになるだろう．
③ Questi sono *tutti i* soldi che ho. これが私が持っている全財産だ．

7.16. tutto

  b 〈**tutto**＋地名〉,〈**tutto**＋人名〉
    ① L' ho cercato per *tutta Roma*. ローマ中それを探しまわった．
    ② Conosce *tutto Dante* a memoria. 彼はダンテの全作品を暗記している．

  c 〈**tutto**＋**questo**〔**quello**〕(＋名詞)〉,〈**tutto ciò**〉
    ① *Tutto questo* non dimostra nulla. こうしたことはすべてなんの証明にもならない．
    ② *Tutte queste* domande mi innervosiscono. こういう質問はどれも私を苛立たせる．

  d 〈主語＋**essere**〔**stare**〕＋**tutto**＋場所などの状況補語・叙述補語〉
    ① I biscotti *sono tutti* nella scatola. ビスケットはみんな缶の中にある．
    ② La difficoltà *sta tutta* nel trovare il denaro. 困難はすべてお金を見つけることにある．

(2) 副詞的用法
  a (語尾変化)「全体（が・で・を）」(しばしば〈**tutto**＋形容詞・名詞〉)
    ① Tremava *tutta* come una foglia. 彼女は全身を葉っぱのようにわなわな震わせていた．
    ② Il corpo era *tutto* una piaga. 傷が身体全体に及んでいた．

  b (語尾変化)「完全に，すっかり，まったく；実に，正に；…そのもの，本物の…，正真正銘の…」
    ① Se ne stavano *tutti* raccolti in meditazione. (彼らは) ただひたすら瞑想の境地にあった．
    ② La nave era inclinata *tutta* su un fianco. 船はすっかり一方に傾いていた．
    ③ È *tutta* una menzogna. 完全な嘘だ．

2 不定代名詞
(1) (無変化)「すべての物・事，あらゆる物・事」
  ① Ha trovato *tutto* in perfetto ordine. なにもかも実に整然としていることがわかった．
  ② Ora penserò a *tutto* io. さて，万事私が気を配ることにしよう．
  ③ Ormai *tutto* è finito. いまやすべてが終った．

(2) (*pl.*) (具体的な対象を指して)「(そこにいる) すべての人，全員みんな」

① Contenta lei, contenti *tutti*. 彼女が満足すれば，みんなも満足．
② In una piccola città si conoscono *tutti*. 小さな町では誰もが顔見知りだ．
（3）(*pl.* 主に男性形)「(漠然と) 万人，すべての人，人は誰でも」
Tutti desiderano la pace. 誰もがみんな平和を望んでいる．
（4）**名詞化** 〈il tutto, un tutto〉「全体，全部；一揃い」
　① *Il tutto* costa trecentomila lire. 全部で30万リラです．
　② Vogliate spedirmi *il tutto* all'indirizzo sottoindicato. すべてを下記の宛先に送ってください．

7.16.2. 熟語・成句

（1）〈**a tutto**＋**名詞**〉　この結合形には，相当数の熟語・成句がある．とりあえず次のように，いくつかのタイプに分けてみよう．
　1）〈**a tutto**＋**スピード・力**など〉「すべての…で」
　　a tutto andare ひどく，めちゃくちゃに，過度に，絶え間なく
　　a tutta birra 〔briglia, velocità, gas, vapore. gas, vapore は tutto〕
　　(以上，多少のニュアンスの違いはあるが，すべて) 全速力で
　　a tutta forza 全力で
　　a tutto spiano 休みなく，間断なく (lavorare 働く)；最大限，全力で (correre 駆ける)；たっぷり，ふんだんに (spendere 使う)
　　a tutto uomo 全力を傾けて
　　① Piove *a tutto andare*. はげしく雨が降る．
　　② Mangia *a tutto spiano*. たらふく食べる．
　2）〈**a tutto**＋**日付・曜日**など〉「…一杯で，の間ずっと」
　　a tutto ieri 昨日まで
　　a tutto oggi 今日までのところ；今日一日中
　　a tutto domani 明日一杯まで
　　a tutto sabato 土曜日の日が終るまで
　　a tutto il 1995　1995年の間ずっと．
　3）その他—1
　　a tutta prova 絶対保証つきの，絶対安全の (un galantuomo *a tutta prova* 正真正銘間違いなしの紳士)

7.16. tutto

　　a tutto servizio フルタイムの（una donna *a tutto servizio* フルタイムのお手伝い）

　　a tutto fondo 丸彫りの

4）その他—2

　　a tutte le ore どんな時間でも，好きなときに

　　a tutte le età すべての年齢に〔で〕，どんな年齢になっても

（2）〈**con tutto**＋定冠詞（ときに無冠詞）＋名詞〉

　1）**成句類**「すべての…を傾けて〔注いで〕」〈con tutto（＋定冠詞）＋努力，愛情，精神的態度など〉

　　con tutta libertà のびのびと　con tutta franchezza 率直に　con tutto l'impegno 一所懸命，全力を傾けて　con tutto il cuore 心をこめて，心から　con tutta l'anima 心の底から熱心に　con tutta la cura possibile できる限り念入りに　con tutta la sincerità 真心をこめて　con tutto l'affetto 心からの愛(情)をこめて　con tutte le (sue) forze〔energie〕全力で　con tutta la sua volontà 意力を傾けて，全力で

　2）**付帯状況**「…したまま」

　　① La nave è affondata *con tutto il carico*. 船は積荷もろとも沈没した．

　　② È caduto in acqua *con tutti i vestiti*.（彼は）服を着たまま水の中に落ちた．

　　③ Si distese sul letto *con tutte le scarpe*. 靴をはいたままベッドに身を投げだした．

　3）**原因・原因**「…だから，である以上」

　　① *Con tutta la forza* che hai, riuscirai a vincerlo. 君はずいぶん力があるんだから，彼には勝てるよ．

　　② *Con tutti i soldi*, potrebbe anche di smettere di lavorare. 沢山お金をもっているんだったら，仕事をやめることもできるだろう．

　4）**譲歩**「…にもかかわらず」

　　① *Con tutta la mia volontà* non posso aiutarti. その気持は充分あるものの君を助けることは不可能だ．

　　② *Con tutta la sua presunzione*, rimane sempre un ignorante. 偉そうなことはいうが，相も変らずあいつ何も知らない．

（3）**con tutto che**＋*cong. vo*〔稀に *ind.*〕「…にもかかわらず」

① *Con tutto che* l'avessi scongiurato di non farlo, è partito lo stesso. 思いとどまるよう懇願したが，彼はやはり発ってしまった．

② *Con tutto che* avesse la febbre, è andato lo stesso in ufficio. 熱があったにもかかわらず出勤した．

（4）**del tutto**「全く，すっかり，完全に」（ちなみに，〈non(...) del tutto〉は部分否定で「全く…というわけではない」．ただし《古》用法では，「全く…ない」の全否定）

① Le conclusioni sono *del tutto* sbagliate. そうした結論は完全な誤りである．

② Ero *del tutto* all'oscuro della vicenda. 私はその出来事についてはまったく知らない．

（5）**di tutti i colori**「（難儀；悪事；悪口など，否定的意味をこめて）あらゆる種類の」通常次のような動詞句を形成する．

① combinarne *di tutti i colori* いろいろ謀り事を企らむ

② dirne *di tutti i colori* 言いたい放題好き勝手なことをいう

③ diventare〔farsi〕*di tutti i colori* 青くなったり赤くなったりする

④ farne *di tutti i colori* さんざん奇行・悪事を重ねる；さまざまな経験をする

⑤ farne vedere a qu *di tutti i colori* 人をさんざんな眼に遭わせる

⑥ passarne *di tutti i colori* いろいろ辛い経験をする，辛酸をなめる

（6）**di tutto**（di は部分を表わす）「あらゆるもの・こと」，ときに**un po' di tutto**「すべてのもの・ことが〔を〕少し（ずつ））」（cf. (13) fare di tutto, (21) mangiare di tutto）

① C'è *di tutto* in questo bazar. このバザール市場にはなんでもある．

② Può capitare *di tutto*, l'estate. La televisione deve riempire le sue serate in qualche modo. (O. del Buono) 夏にはどんなことでも起りうる．テレビはなんとかして夜の時間を満さなければならない．

③ Il lettore troverà, quindi, *di tutto*, nelle pagine dell' Autodizionario (degli scrittori italiani). したがって読者は，『イタリア作家　私(わたくし)事典』のページのなかから，どんなことでも見つけだせるわけである．

（7）**di tutto punto**「完璧に，寸分の隙もなく」

① Era armato *di tutto punto*. 完全武装をしている．

② Si presentò truccata *di tutto punto* per il veglione. 彼女は，寸分の隙もない化粧をして舞踏会に現われた．
(8) **dopo tutto**〔**dopotutto**〕「結局，要するに」
　① Fate come volete, *dopo tutto* siete voi i responsabili. 好きなようにやりたまえ．つまりは君たちが責任ある立場の人間なんだから．
　② *Dopotutto* non ci vedo una gran differenza. 結局そのことには大差はないと思う．
(9) **Ecco tutto．／È tutto**．「(陳述の結論)これで終り，これが結論，これがすべてです」
(10) **essere**〔**fare**〕**tutt'uno**（**con**）
　1) **essere**〔**fare**〕（3 単形）**tutt'uno**「まったく同じことである」
　　Andare o venire, per me *è tutt'uno*. 行くか来るか，私にとっては同じことだ．
　2) **essere**〔**fare**〕**tutt'uno con**「…と一つである〔になる〕」
　　① *È tutt'uno con* il padrone. 彼は主人と一身同体である．
　　② È strano che la sua immagine non *abbia fatto tutt'uno con* la decisione di diventare uno scrittore. 奇妙なことに，彼のイメージは，作家になろうというその決心と重なるところがなかった．
(11) 〈*A*（名詞），*B*（名詞）（…），**e tutto**〉「A，B（…）その他すべて」
　　Venderò la scrivania, libri, scaffali *e tutto*. 私は机，本，書棚なにもかもひっくるめて売り払うつもりだ．
(12) **È tutto dire**〔**detto**〕「(異常性の強調)これですべて言いつくされている．二の句が告げない；一時が万事この調子だ」
　① Sei più noiosa di una zanzara, che *è tutto dire*. 君ったら蚊よりもうるさいな．まったくなんだってこうなんだから．
　② È più pigro di suo fratello, che *è tutto dire*. あいつは弟以上の怠け者だ．それ以上いうことなしだよ．
(13) **fare di tutto**「(ときに di なしで) なんでもこなす，どんなことでもできる；あらゆる努力をする，懸命にやる」(cf.（6）di tutto)
　① È uno che sa bene *fare*（*un po'*）*di tutto*. なんでもうまくこなせる人だ．
　② *Ho fatto di tutto* per convincerlo, ma non ci sono riuscito. 彼を説得し

ようといろいろ手をつくしたがうまくいかなかった．

(14) **fra tutto〔tutti〕**「全部〔全体，全員〕で」
① *Fra tutti* saranno stati una trentina. 全部で30人くらいだったろう．
② *Fra tutti,* cercheremo di aiutarlo. 全員で彼を助けることにしよう．

(15) **giocare〔riuscire, tentare〕il tutto per tutto**．「一か八かの危険をおかす，賭けをする」

(16) **innanzi tutto**（＝(25) prima di tutto）「なによりもまず，まず最初に」
Innanzi tutto vorrei mandare giù un bicchiere di grappa squisita. まずなによりも，極上のグラッパをぐっと一杯やりたいね．

(17) **in tutti i modi**「なんとかして；なにはともあれ」
① Devo ritrovarlo *in tutti i modi*. なんとかそれを見つけだしたいものだ．
② Non so se sarà in casa a quell'ora, *in tutti i modi* prova a telefonargli. 彼その時間に家にいるかどうかわからないけど，なんとか電話してみてよ．

(18) **in tutto**「合計で〔して〕」
Gli alunni dell'istituto sono *in tutto* 600 circa. 学院の生徒は全体で約600です．

(19) **in tutto e per tutto**「あらゆる点で，完全に」
① Dipende da me *in tutto per tutto*. 全面的に私に頼っている．
② Sono *in tutto e per tutto* d'accordo con te. 完全に君と同意見だ．

(20) **malgrado〔nonostante〕tutto**「にもかかわらず」
① *Nonostante tutto* ce l'abbiamo fatta. それにもかかわらず，われわれはやりとげた．
② *Malgrado tutto* non ha ammesso il suo errore. にもかかわらず，彼は自分のあやまちを認めなかった．

(21) **mangiare (di) tutto**「大食いである；なんでも食べる，好き嫌いがない」（cf. (6) di tutto）
È di bocca buona e *mangia di tutto*. 彼は好き嫌いがなくてなんでも食べる．

(22) **mettercela tutta**「全力を尽す」
Ce la stiamo *mettendo tutta* per rimettere in piedi l'azienda. われわれは会社を建てなおすために懸命な努力を重ねている．

7.16. tutto

(23) **oltre a tutto** 〔**oltre tutto**, **oltretutto**〕「そればかりか，それに加えて，さらに」

Dovrebbe essermi grato: *oltre a tutto*, sono stato io a tirarlo fuori degl'impacci. 彼は私に感謝してもいいのだ。それどころか，苦境から救いだしてやったのも私なのだから。

(24) 《〈動詞＋le〉 tutte》（通常 **pensar**〔**inventar**, **saper**, **trovar**〕＋**le tutte** の形で。le は，策略，悪知恵；言い訳け，などの意）「あらゆる…を考える〔考えだす，知る，見つける〕」

Le inventa tutte per non studiare. 勉強しないために，ありとあらゆる口実を考えだす。

(25) **prima di tutto**「なによりもまず，まず最初に」(cf. (16) innanzi tutto)
Prima di tutto dimmi come ti chiami. まずあんたの名前を教えてよ。

(26) **tutt'al**〔**tutto al**〕**più, al più**「せいぜい，多くとも；遅くとも」
① Il paese è distante *tutt'al più* una ventina di chilometri. その村はせいぜい20キロほどしか離れていない。
② *Tutt'al più* tornerò fra tre giorni. 遅くとも三日後には戻ります。

(27) **tutt'altro** (cf. 7.1. altro)
１）〈**tutt'altro**＋名詞〉「まったく別の…」；〈**tutt'altro che**〉「…とはまったく別，どころではない」
① Sono di *tutt'altro* parere. ぼくは全然違う意見だ。
② È *tutt'altro* che onesto. 誠実とはほど遠い人間だ。
２）「（否定的意味）全然〔まったく〕(…ない)」
Hai studiato? -*Tutt'altro*.「勉強したかい？」「全然」

(28) 〈**tutti**〔**e**〕**e**〔**tutt'e**〕＋数詞((＋定冠詞)＋名詞)〉「…ともすべて（の）」
① Bisogna considerare *tutt'e tre le* possibilità. 三つの可能性すべてを考えてみる必要がある。
② Quegli stranieri li ho conosciuti *tutti e cinque* da lui. その外国人たちには5人とも彼の家で知り合いになった。

(29) 〈**tutto**＋過去分詞〉tutto compreso「すべてを含めて」，tutto considerato「すべてを考慮して」，tutto sommato「要するに，結局」

Tutto sommato non mi posso lamentare così. 要するに，私はこんな風に歎いてはいられないのです。

(30) 〈**tutto**＋**名詞**〉広く，一種の「形容詞句」を形成．通常 tutto は，この形容詞句によって修飾される名詞の性・数によって語尾変化する

1）〈**tutto**＋**部分・構成要素** → 全体(の印象)〉「(外形；実体)：…がとくに目立つ；…だらけの；もっぱら…から成る」

① Lui è *tutto naso* 〔*bocca*, *occhi*, *gambe*〕彼は鼻〔口，眼，脚〕だけがやけに目立つ．

② Giovannino e Serenella giocavano alla guerra. C'era un torrente asciutto, con le rive *tutte canne* e il letto *tutto massi* grigi e gialli. (I. Calvino) ジョヴァンニーノとセレネッラは，戦争ごっこをして遊んでいた．両方の岸辺には葦が生い茂り，川床には灰色や黄色の岩がごろごろしている，水が乾あがってしまった流れがあった．

③ In acqua chi va meglio sono i tipi un po' tracagnotti, *tutti fiato e muscolo*; e Zeffirino veniva su così. (I. Calvino) 海の中でたくみな活躍ができるのは，ちょっぴりずんぐりした体型の，息が長く続き，筋肉が発達したタイプである．ゼッフィリーノはそんな感じの子供に成長していた．

2）〈**tutto**＋**身体部分** → 部分の集中活用〉「(態度)：全身が…，…の化身」

① essere〔stare〕*tutt'occhi* 眼を皿のようにして注視する　essere〔stare〕*tutt'orecchi* 全身を耳にして聞き耳をたてる

② Mentre il vecchio raccontava la vicenda visibilmente, eravamo *tutt'occhi e tutt'orecchi*, 老人がその出来事を眼に見えるようにいきいきと語っている間，私たちは眼を大きく見開いて，その話に熱心に耳を傾けていた．

3）〈**tutto**＋**人** → 相似形〉「…にそっくりの」

《…Oddio, mia figlia modestamente è *tutta la mamma* da giovane...》(G. Monduzzi)「…やれやれ，うちの娘ときたら，控え目に見ても，母の若い頃と瓜二つなんだから…」

4）〈**tutto**＋**関心の対象** → 精神的傾注〉「(生きる情熱が)…一途である，にすべて関心〔注意〕を向けている，のことしか考えない」

essere *tutto casa* 〔*famiglia*, *studio*, *ufficio*, *lavoro*, *partito*, *chiesa*, ecc.〕家〔家庭，学問，会社，仕事，党，教会など〕一途である．

(31) **tutto di un pezzo**「堅固な性格の；(道徳的に) 節操が堅い」

7.16. tutto

È una donna *tutta d'un pezzo*. 身持が堅い女性である.

(32) **tutto fare**〔**tuttofare**〕(無変化)「(形容詞句)(とくに家事で)どんな仕事でもこなす；(名詞句)どんな仕事でもこなすお手伝い・家政婦；どんな仕事でもできる秘書・社員」

Cercasi collaboratrice domestica *tuttofare*〔a ore〕. 住みこみの〔パートの〕お手伝い求む.

(33) **tutto intero**「すべての，まるまる(の)；すっかり，全部」
① Fu promossa la classe *tutta intera*. クラス全員が進級した.
② Ho speso lo stipendio *tutto intero*. 給料を全部はたいてしまった.

(34) **tutto il**〔**al**〕**contrario** (di)「(…とは)正反対，まるで違う」

Non è come dici tu, ma *tutto al contrario*. あなたのいうとおりではないわ. まるっきり反対よ.

(35) **tutti quanti**「(単独で)すべての人；(〜+*ind*.) …するすべての人」(cf. 7.12. quanto)
① *Tutti quanti* la pensano come me. 誰もが私のように考えている.
② *Tutti quanti* hanno ricevuto l'invito parteciperanno alla riunione. 招待状を受けとった人は全員集まりにやってくるだろう.

(36) **tutto quanto** (cf. 7.12. quanto)
1)「(単独で)すべての物・事；(+*ind*.) …するすべての物・事」
① Ha mangiato biscotti, caramelle, cioccolati, torte e *tutto quanto*. 彼はビスケット，あめ，チョコレート，ケーキその他なにもかも食べてしまった.
② Dimmi *tutto quanto* senza esitare. もじもじしないで洗いざらい喋ってしまいなさいよ.
③ Allora ti dimosterò *tutto quanto* intendo di fare. では，私がやろうと思っていることをすべて説明しよう.

2)「(副詞句的に)完全に，すっかり，なにもかも」
Si è bagnato *tutto quanto*. すっかり濡れてしまった.

(37) 〈**tutto quanto**＋定冠詞＋名詞〉「すべての…」
① Ha sofferto per *tutta quanta la* vita. (その人は)一生の間苦しんだ.
② Dedico *tutto quanto il* mio tempo a questo lavoro. 私はこの仕事にすべての時間を捧げている.

第 7 章　重要機能語の解明

(38) **tutto stare**（3 単形）**a**〔**nel**〕+*inf.*〔**che**+*cong.* **vo**, **se**+*ind.*〕「万事…にかかっている，大切なことは…にある」
  ① *Tutto sta nell'* andare d'accordo. 大切なのは意見の一致を見ることです．
  ② *Tutto sta che* mi diano quell'incarico, al resto penserò io. 問題はぼくにその仕事が任せられるかどうかだ．あとはこちらでうまくやる．
  ③ *Tutto sta se* lui vorrà contentarsi di così poco. 要は，彼がこれっぽちのもので満足するかどうかである．

(39) **tutto tutto, tuttissimo**（tutto の強調形）
  ① Non puoi fare *tutto tutto* da solo. 何もかも君独りだけでやるなんて無理だよ．
  ②《Hai previsto proprio tutto ?》《*Tuttissimo*》「本当になにもかも予測していたの？」「なにもかも」

(40) **una volta per tutte**（＝una volta per sempre）「今度こそは，決定的に，これを最後に」
  Voglio sapere la verità *una volta per tutte*. 今度こそは真実を知りたいものだ．

(41) **vedere tutto nero**「万事物事を悲観的に見る」，**vedere tutto (in) rosa**「万事物事を楽観的に見る」，**vedere tutto rosso**「すぐ腹を立てる，たちまちかっかする」

  〈備考〉　以上のほか，tutto を用いた成句的表現としては次のようなものがある．例文は省略して，意味だけ記しておく．
    1）da per tutto〔dappertutto〕あらゆるところで・に・を
    2）fuori tutto（船の）全長
    3）(o) tutto o nulla〔niente〕すべてかゼロか（＝all or nothing）
    4）tutt'a〔tutto a〕un tratto 不意に，突然
    5）tutti〔e〕insieme〔assieme〕全員一緒で・に
    6）tutt' intorno, tutt' in giro ずっとまわりに，ぐるりまわりに
    7）tutti per uno〔uno per tutti〕全員一つになって
    8）Tutto a posto. 万事 OK，すべて問題なし．
    9）tutto di＋名詞　…のすべて
    10）tutto insieme 全部ひっくるめて；結局のところ
    11）tutto in un botto 一瞬のうちに，たちまち；すぐに
    12）Tutto libero！（海事）すべて舫いを解け！

第8章　語順に関する補章

「構造」という観点に立ったイタリア文の分析という本書の目的を達成するためには，どうやら最後に控えている「語順」の問題を避けて通るわけにはいかないようである．

ところがイタリア語の場合，この「語順」なるものがなかなかの難物であって，一向にその正体が摑めないのである．もっとも，語調を変えることによって，意味のニュアンスを変えることのできる話し言葉の語順に関しては，ときに簡単な論考を散見しないでもない．しかし少なくとも文章語に関するかぎり，残念ながら筆者は，現在までのところ語順についての立ちいった分析と説明に遭遇することができないでいる．

さて，この国語に接した場合，まず最初に知らされるのは，主語の省略という特徴である．そしてこの事実にはすぐに慣れはするものの，おそらく学習者のなかには，だとしたらこの言語の語順はいったいどのような仕組みになっているのだろうか，という基本的な疑問をいだく人もでてくるにちがいない．現にその昔，筆者自身そうした疑問が頭をもたげ，ある文法書を覗いてみたことがある．ところがそこには，平叙文は通常〈主語＋動詞＋目的・状況・叙述補語〉という正置の構造になるのに反し，一方疑問文は，〈動詞＋補語類＋主語？〉という倒置形式になる，というただのタテマエしか述べられてはいなかったのである．しかしこれでは結局のところ，説明しているようでいて，実はなにも説明していないに等しい．

なぜなら，実際のイタリア語の現場では，上の定式とは逆に，いわゆる正置形式の疑問文はむしろごく普通に見られる現象であり，そればかりかもう一方の平叙文の場合も，正置もさることながら，倒置形式がこれまたたいへんに広い用途をもっているからである．それに第一，肝心の主語が省略されてしまえば，正置か倒置かという問いかけ自体がまったく意味を失なってしまうのである．

では，そもそもイタリア語の語順は，むしろただ単に，自由である，と考えていいのであろうか．いやいや，けっしてそうではない．それどころかむしろそこには，なんらかの法則めいたものが潜んでいることは間違いないのである．

第8章 語順に関する補章

にもかかわらずなぜかいままで，あくまでも筆者の狭い見聞の範囲内ではあるが，この問題に対し明快な分析のメスが加えられたことはなかったように思われる．

そこでここではその一つのささやかな試みとして，イタリア語で広く用いられている「倒置」構造の平叙文と，強調構文にもっぱら焦点をしぼり，それをいくつかのタイプに分類したうえで，用例を相当数検討してみるという方法を採用してみることにした．果して実現可能かどうかは別として，恐らくはこうすることによって，なんらかの経験則なりとも浮びあがってくるのでは，という秘かな期待もここにはこめられている．

ところでその説明にあたっては，新しい言語学の普及とともに，文法の世界にも入りこんできた2組の新用語の利用を試みたいと思う．すなわち，「主題 (tema)」と「評言 (rema)」，そして「無標 (non-marcato)」と「有標 (marcato)」の四つの語がそれである．

ただ，従来の文法記述の常識からなるべく逸脱したくないと思っている筆者としては，新用語の採用には多少のためらいも覚えるのであるが，しかし一方では，この4語は，すでに「新」の域を脱し，ほとんど常識化していることも事実であり，なによりも語順分析での有用性に免じて，ぜひともその使用をお認めいただきたいのである．

まずは順序として，この4語についてごく簡単な説明を加えておくことにしたい．さて最初の「主題」と「評言」であるが，「主題」とは，文字通り話し手〔作者〕が，聞き手〔読者〕に提供する言述の主題であり，そして「評言」とは，その主題に関し話し手が加える意見，あるいは情報を意味する．「主題」は一応本来的には「主語（あるいは広い意味で主語的なもの）」であり，一方の評言は，印欧語では通常「述語」と同一視されている．

つまり「主題」は一般に，文の冒頭ないし前半に置かれることによって，話し手〔作者〕が聞き手〔読者〕に対し，いまから語られるテーマはこれこれであることを示し，そのあと文の後半にいたって，その「主題」に対する「評言」が加えられる，という仕組みになっている．たとえば，Il sole si è levato. という文ならば，Il sole（太陽が）が「主題」，si è levato（昇った）が「評言」である．

ただこれは，あくまでも〈主語＋述語〉の標準的語順に従ったときにのみいえることであって，どのような場合でも，「主語」すなわち「主題」，「述語」イ

8.1. 倒置構文

コール「評言」という構造になるわけではない．反対に，「述語」を「主題」に，「主語」を「評言」として扱う形式も，状況によっては，ごく普通に行われるのである．つまり上記の例文を倒置させて，Si è levato il sole. とすれば，Si è levato（昇ったよ）が，「主題（としての述語）」，il sole（太陽が）は「評言（としての主語）」ということになる．

では次の，「無標」と「有標」はいったいなにを意味する用語なのであろうか．まず「無標」とは，要するに普通の言い方，発音，音調の面，そしてシンタックスその他の面でも，とくに特徴をもたない表現の仕方であって，その意味では，さきにあげた Il sole si è levato. は「主語＋述語」という普通の語順，つまりシンタックス面での「無標」文であり，逆にこの文を倒置させた Si è levato il sole. は，その反対の「有標」の形式の文ということになる．

「無標」と「有標」はこのように，意味のうえで相対立する用語であって，簡単に概括すれば，「無標」は「普通」「簡単」「ノーマル」「標準的」かつ「予測可能」なるものであり，一方「有標」は，「特殊」「複雑」「ユニーク」「規格外れ」「予測困難」なもの，ということになる．したがって欧米語では一般に，〈主語＋述語〉の平叙文を「無標」として捉えている以上，これから検討する平叙文の倒置形式は，つまるところすべてが「有標」の文ということになる．

ということは，「有標」の文は，「無標」文に較べて，なんらかの特殊性をもっているということであって，たとえば上に挙げた簡単な文例を見てもわかるとおり，正置の Il sole si è levato. が，なだらかで平淡，かつめだたない表現形式であるのに反し，Si è levato il sole. になると，「主題」化した「述語」の Si è levato，「評言」化した「主語」il sole の両者ともに，正置の場合よりも輪廓が鮮明になるように思われる．もう一歩進めていえば，文がより個性的になる，といえるかもしれない．このように「倒置」には，文を構成する要素の配列を移し変えることによって，文全体にめりはりないしアクセントをつける，という働きがあるものと考えられる．とりわけ「述語」，あるいはその修飾語句を含めての「述部」は，前面に押しだされるために，よりはっきりと印象づけられるのではないだろうか．

ただイタリア語の場合，この平叙文の「倒置構造」をただ単純に「特殊」とか「規格外れ」という言い方のなかだけにあっさり閉じこめてしまうことが妥当かどうか，かなりのためらいを覚えざるをえない．おそらく大方の予想以上に広く，この倒置の形式は用いられているのであり，そうした広い用途に加え

第8章　語順に関する補章

て，文が話され（または書かれ）る状況や背景，つまり広い意味での文脈や，意味の流れ，音調のよしあしなどの側面を考慮すれば，「倒置構造」は形式面では有標でも，そこにはごく「自然」で「普通」，ときに「標準的」とすらいってもいいような，いうなれば「実質的無標文」とでもいうべき文を想定できるように思われる．

さて，問題の「倒置構文」と「強調構文」であるが，倒置を4種，強調を4種，以下計8種類のタイプに分類してみた．そのうえで，それぞれのタイプの特徴を検討しようというわけである．わかりやすいように，引用の文例内では，主語〔ときに主部〕をボールド（ゴチック）体，動詞をイタリック体で示すことにする．そして補語（あるいは補句，つまり二つ以上の語句の結びつき）類は，その都度指示するつもりであるが，通常はボールド・イタリック体で記しておく．

なお，いま「主語〔ときに主部〕」という言い方をしたのは，関係詞節，分詞，〈前置詞＋名詞〉その他，主語にはさまざまな修飾語句がつくためで，その場合は主語でなく主部と呼ぶのが相応しいと考えるからであるが，かといってとくに関係詞節などのように，かなり長めの修飾語句まですべて活字を変えるのは，かえって煩わしい感じを与えかねない．従って，そうした長い付帯語句は普通のローマン体のままにしておく．その辺は適宜御判断願いたい．

8.1.　倒置構文

8.1.1.　〈自動詞・再帰動詞・受動態（＋状況補語）＋主語〉

8.1.2.　〈時間・場所・方式その他，広く状況補語＋自動詞・再帰動詞・受動態＋主語〉

8.1.3.　〈(状況補語＋)目的補語＋他動詞〔または，他動詞＋目的補語〕＋主語〉

8.1.4.　〈叙述補語（complemento predicativo. 英語でいう補語）＋essere類〔またはessere類＋叙述補語〕＋主語〉

8.2.　強調構文

8.2.1.　〈直接・間接目的補語（名詞）＋（目的補語に代る）補語人称代名詞＋動詞（＋主語)〉

8.2.2.　〈(動詞の後の目的補語に代る）補語人称代名詞＋（主語＋）動詞＋直接・間接目的補語（名詞)〉

8.2.3. 〈essere＋名詞＋a＋*inf.*〉
8.2.4. 〈essere＋名詞・副詞・《前置詞＋名詞》＋che＋*ind.*〉

8.1. 倒置構文

8.1.1. 〈自動詞・再帰動詞・受動態（＋状況補語）＋主語〉

　これは，「動詞（＋状況補語）」つまり「述語〔述部〕を「主題（tema）→ A」に，一方「主語〔主部〕」を「評言（rema）→ B」にするだけの，4タイプ中もっとも単純な倒置構造の形式である．こうして「A なのである，B なるものは」という表現形態をとった場合，特別なケースを除き，おおむね主部は述部にくらべ，同じ程度の長さか，多少（ときにかなり）長めになるようである．つまり文の後半に重心を置いて，文の座りをよくしようというわけである．

　① *Cambia* dunque **l'interpretazione del sogno** ma gli uomini, che hanno sempre sognato e raccontato i loro sogni, continuano a farlo, dai primordi della civiltà. (L. Mannarini)　したがって夢の解釈は変化するのであるが，絶えず夢を見，その夢を語ってきた人間たちは，文明の始まり以来その作業をいまもなお続けているのである．

　この①の例は，二つの文から成り，前半が「倒置」，後半が「正置」の文であるが，もしかりに最初の文の主語を動詞に前置させ，「正置」構造に転換させたならば，文の流れに淀みが生じ，本来備えていた滑らかさが失われてしまうかと思われる．

　② *Colpisce* **la somiglianza** con lo scrittore, solo leggermente accentuata dal trucco. (M. Seni)　化粧で少しだけ強調されてはいるものの，作家との相似性が注目をひく．

　この②は，①よりもさらに主部が長い文であるが，この場合も，動詞を後へ送って「正置」させたならば，形のバランスが失われて文のリズムにも狂いが生じ，どこかぎこちない感じのものになることは免がれない．次の③も同様である．

　③ *Appartiene* poi a questo tempo **la maggior opera italiana** che abbia affrontato il problema storico-linguistico prima dell'avvento della linguistica comparata. (G. Devoto)　さらにこの時代に属するのが，比較言語学の誕生以前に，歴史的・言語学的問題と取り組んだイタリア最高の作

品である．

④ *Si impone* così al tecnico, allo specialista, al letterato, al critico sperimentalista, al gruppo che vuole difendere la sua individualità anche linguistica, **una sempre nuova ricerca di mezzi** che siano solo suoi (...). (M. L. A. Biagi)　かくて技術者，専門家，文学者，実験的試みを目指す批評家，さらには言語の面でも自らの個性を擁護しようとする集団にとって，自分だけの方法を絶えず新たに探究しようとする試みが，不可欠の要請になるのである．

　ところで，この④の文だけは，①〜③の例とは異なり，主部はそれほど長くはなく，逆に述部が相対的にかなり長い文である．だとしたらこの場合は，むしろ「正置」のほうが望ましいと考えるべきであろうか．いや，おそらくそうではない．多分ここでの作者の狙いは，長い「述部」を「主題」として前面に押しだし，それをはっきり印象づけることにあるからである．従って，もし反対に主部が主題，述部が評言という平凡な構造に変ったならば，そうした効果は失われてしまうであろう．ただここで注意すべきことは，この文例の場合，長い述部と短い主部との間に virgola（コンマ）が置かれていることである．つまりここに一種の間合いを置くことによって，述部と主部との間のバランスを保とうとしているかに見える．

8.1.2.　〈時間・場所・方式その他，広く状況補語＋自動詞・再帰動詞・受動態＋主語〉

　この形は，ここで取りあげた4タイプの倒置構文のなかでは，おそらくもっとも広く見られる形式であり，しかも冒頭に状況補語が置かれているために，この形式かどうかの判断を比較的容易に行なうことができるという，読解上の利点も備えている．そしてこの形式が好んで用いられるのは，おそらく文頭の状況補語によって，最初に動作の方式や，それが展開される舞台が設定され，そのあとから動作が登場するという仕組みになっているためにちがいない．なぜなら，読者の側では，動作が先に提示されるよりも，明らかにこの方が状況や動作の内容を立体的，具体的にイメージしやすいからである．そうした意味ではこのタイプは，8.1.1.④の例文の説明のところで述べた，「述部」を「主題」として先行させ，それをまず鮮明に印象づける，という倒置文の目的にもっとも適した文形式だといっていいだろう．と同時にこの形式の場合にも，おお

8.1. 倒置構文

むね主部の長さは，述部と同じ程度か，いくらか（ときにかなり）それより長めにする，という形態上のバランス感覚も関係してくるものと思われる．

まず試みに，次の2組の簡単な文で，このタイプの倒置文とその正置の形を較べてみることにしよう．

（1）（倒置文）*Sul far del giorno è accaduto* **il terremoto terrificante**. ⟷ （正置文）**Il terremoto terrificante** *è accaduto sul far del giorno*. 夜明け方，その戦慄すべき地震が発生した．⟷ その戦慄すべき地震は，夜明け方に発生した．

（2）（倒置文）*In quella piccola città sparirono* **i due ragazzi** ⟷ （正置文）**I due ragazzi** *sparirono in quella piccola città*. その小さな町で，二人の若者は姿を消してしまったのである ⟷ 二人の若者は，その小さな町で姿を消してしまった．

如何なものだろうか．この場合の倒置か正置かいずれかの選択は，広く文脈や文のリズムなどによっても決定されるとはいえ，目鼻立ちのはっきりした倒置文と，平淡でなだらか，ややもすると平板な印象を与えかねない正置文，という対比がここには見られるように思われる．

なにはともあれ，以下6組の例文を通読してみることにしよう（状況補語〔あるいは補句〕）は，ボールド・イタリック体で記す）．

① *Di questa malattia si raccontava* **una quantità di cose strane**. (D. Buzzati) この病気については，奇妙なことがいくつも語られていた．

② *Con la decadenza politica ed economica va* di pari passo **quella della coltura**, che in Italia nel III secolo si manifesta quasi totalmente sterile. (L. Salvatorelli) 政治および経済の凋落と歩調を合せて，3世紀のイタリアでは，ほとんど全域で不作の様相を見せる，農業栽培の衰退が進行していく．

③ *Alla soglia del salottino debolmente rischiato dal trepidante lume di una candela, apparve* **Rosina**, con in mano la scodella del brodo nel quale aveva sbattuto un rosso d'uovo. (A. Palazzeschi) 蠟燭の不安気な光にぼんやり照された居間の入口に，卵の黄味をかきまぜたスープ皿を手にして，ロジーナが姿を現わした．

④ *Della vita di Daniele Solospin,* il 《triste eroe》 del 《Fantasma di Trieste》, ci *viene raccontato* soltanto **il primo atto**, l'infanzia e l'adole-

— 585 —

scenza di un uomo che diventerà nella Russia dei Soviet un ministro zelante e spietato del potere. (L. Mondo) 『トリエステの亡霊』の「悲しき英雄」，ダニエーレ・ソロスピンの生涯の，ほんの第一幕，つまり後年ソヴィエト・ロシア政権の精力的で冷酷な大臣になる一人の男の，幼少年時代と青春期が，そこに語られている．

⑤ ***Su questo registro nostalgico*** *si delinea* **un angolo di provincia**, con il suo teatrino di personaggi buffi o patetici (...). (M. Romano) このようなノスタルジックな調子で描かれるのは，滑稽で，ときに哀れを誘う人物たちが登場する，イタリアのある地方の一隅である．

⑥ ***Alla nascita di maschio***, più che il nonno《Pepè》il cinquantottenne principe di Lampedusa, *teneva* **il padre Giulio**, giovane duca di Palma. (A. Vitello) 男児の誕生は，58歳のランペドゥーサ公，祖父の「ペペ」よりもむしろ，父親の若きパルマ公爵ジューリオが待ち望んでいたものであった．

⑦ ***All'efficace azione distruttiva di certi schemi*** *non si affiancò*, però, **un' altrettanto efficace azione** ricostruttiva di schemi diversi. (M. L. A. Biagi) しかしながら，ある種の規範を破壊しようとする有効な行為に，別な規範を作りだそうとする同じように有効な試みが伴わなかったのである．

⑧ E ***per aree geografiche*** *non si intendono* soltanto **i confini di una nazione** ma piuttosto quelli regionali, o addirittura cittadini. (T. G. Gallino) そして地理的領域についていえば，たんに国の境界がそうした領域として了解されているのではなかった．むしろ州いやまさに都市の境界がそれと考えられているのである．

⑨ ***Di fronte alle durezze e alle angolosità di un periodo storico irrequieto e spietato*** com'è il nostro, degli antichi piacimenti estetici che idealizzavano gitanti e *bohêmiens*（原文イタリック体）*soprarvive* a stento **il ricordo**. (M. L. Straniero) 現代のような，不安で非情な時代の，厳しさや険しさとの対決を余儀なくされながらも，旅人や「ボヘミアン」たちが理想としていた，古き時代の美的趣味の記憶は，辛うじて生きながらえている．

もはや充分な数かと思われるが，やはり予想どおり，以上のほとんどの文例

で，倒置された主部（さきにも述べたように，ボールド体の部分だけでなく，関係詞節など，その後に従う修飾語句も含んでいる）が，述部と同じ程度か，むしろ相対的にそれより長めになるという特徴を備えていることが判明する。なかには最後の⑨の例文のように，一見その部分がたいへん短いように思える文もあるが，じつはこの主語 il ricordo は，その前に置かれた degli antichi piacimenti estetici 以下の語句を伴っているわけで，それらを含む全体が主部になるわけである。しかも興味深いことに，この主部内部にはもう一つの倒置的語句配列が見られる。つまり il ricordo の前にある degli antichi 以下の修飾語句は，普通の言い方であれば，前でなく後ろへまわるべきもので，従ってこの文章の場合，述部を先行させただけにとどまらず，さらに主語そのものの修飾語句もさきに提示して，その印象づけを狙う仕組みになっている。いずれにせよ，冒頭の文例でも見たとおり，この種の倒置文は，同じ文の正置文に較べて，なにがしか立体感を盛りこみやすく，より輪郭鮮明，ときにより説得力を帯びた文になる可能性すら秘めているように思われる。

　ところでこの形式の，状況補語に相当する部分が，従属節（副詞節）の形をとる場合にも，同じようなことが起る。たとえば次のような例文がそうである。

Quando sparisce la morale soggettiva, quando si dissolve l'intenzione buona, *si incrina* anche **la morale oggettiva** o si corrompe. (F. Alberoni)　主観的道徳が姿を消し，よき意図が壊れてしまえば，客観的倫理もひび割れるか退廃するのである．

8.1.3.　〈（状況補語＋）目的補語＋他動詞〔または，他動詞＋目的補語〕＋主語〉

　これは，他動詞と目的補語からなる述部が前半に置かれる形で，いわば8.1.2. のタイプの他動詞版である。ただ8.1.2. と違って，かならずしも状況補語が冒頭に置かれるとは限らない。いずれにせよ，文の前半に置かれた名詞・代名詞が，主語でなく目的補語であることをすぐ感じとれるかどうかが，読解上最大のポイントになる。そしてこのタイプの倒置文の狙いは，目的補語そのもの，もしくは目的補語と他動詞の結びつきである「述部」にまず読者の注意を向けるべく，それを「主題」として提示することにある。やはりこのタイプでも，主部の長さはおおむね，述部と同じ程度か，より長めである。さらに述部の形は，以下①～④の例文が〈目的補語＋他動詞〉，⑤～⑧が逆の〈他動詞＋目的補

語〉の順になっているが，そのどちらにするかの決定にあたった場合，これまた結局は，動詞と目的補語のどちらを先に読者に印象づけるかという選択と，それぞれの語の長さのバランスや音調が関係してくるように思われる．なるべく原文の語の配列をそのまま生かすような形で，日本語に移しかえてみよう（以下，目的補語〔補句〕はボールド・イタリック体で記す）．

① E finalmente *un carattere nuovo* ha questa letteratura che culmina nel principe O'Henry: essa è una letteratura dialettale. (D. Lajolo)　結局，新しい性格を，プリンス，オー・ヘンリーで頂点をきわめることになるこの文学は，帯びるのだ．すなわちそれは，一つの方言文学なのである．

② Anche il maoismo è stato antimoderno ed antindustriale. **Lo dimostra l'esperimento delle comuni e《la grande rivoluzione culturale proletaria》**. (...) *Un significato analogo* ha l'integralismo islamico che sta dilagando tanto in Africa come in Asia. (F. Alberoni)　毛沢東主義もまた，反近代であり反産業的であった．人民公社の実験と，「プロレタリア大革命」がそれを証明している．（略）同じような意味を有しているのが，アフリカやアジアで広まりつつあるイスラム原理主義である．

③ *Altri eventi*, più concreti dell'araldica, *sembrava ignorare o dimenticare* **l'orgoglio della duchezza di Palma**. (A. Vitello)　紋章以上に具体的なほかの出来事については，パルマ公爵夫人の自尊心が，それを無視するか忘れてしまおうとしているかに見えた．

④ *Ultimi indizi* ci *danno* **i testi delle serie** che per il loro carattere pratico non possono troppo discostarsi dal lessico popolare: agronomia, agrimensura, medicina veterinaria. (B. Migliorini)　われわれに究極的手がかりを与えてくれるのは，複数のシリーズのテキストであって，それらは，その実際的性格のために，世間に流布した語彙，すなわち耕種学 (agronomia)，土地測量学 (agrimensura)，獣医学 (medicina veterinaria) などの語から，あまり遠く離れることはできないのである．

⑤ Di consegnenza *otterrà* *i migliori risultati* il partito che avrà maggior capacità di trovare alleati. (N. Bobbio)　その結果最良の成果を手にいれるのは，同盟勢力を見つけることによりすぐれた能力をもつ政党であろう．

⑥ *Completa* **il suo assetto** una catena di acciaio che gli pendeva dalla

8.1. 倒置構文

cintura e che assicurava un temperino nella tasca destra (...). (C. Alvaro) 彼の身づくろいを最終的に決めているのは，ベルトから垂れさがり，右のポケットのなかのナイフをしっかりつなぎとめている，鋼(はがね)の鎖りであった．

⑦ A tentare di conciliare un'opposizione che sembra insolubile, *presentano* contemporaneamente **tre volumi di racconti, altrettanti senatori delle patrie lettere** che proprio con il romanzo si sono costrutti negli anni un pubblico fedele. (E. Ferreo) 解決不可能かと思われる対立を解消すべく，三つの短篇集を同時に世に問うのは，その歳月の間に，まさに長編小説によって忠実な読者を獲得してきた，文学の祖国を代表するそれと同じ数の大立物（上院議員）たちである．

⑧ Così *sintetizza* **la conclusione del secolare rapporto** tra Europa occidentale e Russia **lo studioso tedesco Broch**, autore d'un esemplare saggio di storia delle idee che illustra la vicenda di questo rapporto intellettuale dal' punto di vista dell' Europa. (F. Vegas) こうして西欧とロシアの間の百年にも及ぶ関係の結論を，ドイツの学究ブロッホが総括する．彼は思想史に関する模範的ともいえる論考を著わすことによって，ヨーロッパという視点から，この知的交流の成り行きを明らかにしたのである．

8.1.4. 〈叙述補語（英語でいう補語）＋essere 類〔または essere 類＋叙述補語〕＋主語〉

この形も，8.1.2., 8.1.3. のタイプ同様，文の冒頭に補語と動詞が組み合わさった述部を置き，後半に主語〔主部〕を配する形で，おそらく8.1.2. のタイプに次いで広く用いられている．ただここでの補語は，いわゆる叙述補語〔補句〕であって，動詞は essere 類（essere, diventare, rimanere, restare などの連結動詞 verbi copulativi）に限られる．従って，もしこの種の文に遭遇したならば，なによりもまず文の冒頭部分に置かれた形容詞・名詞（句）が，動詞 essere 類とかかわっているかどうかを，すばやく読みとることが肝心である．

結局このタイプの特徴は，「A（主語）は B（叙述補語）である」という平凡で月並みな言い方を避けて，「Bなのだ，Aは」とか，「Bなのである，Aなるものは」とかいうように，とくに「主題」化した叙述補語〔補句〕に読者の注

第8章　語順に関する補章

意を向けることにある．同時に，後置された「主部」の長さが，essere 類と叙述補語が結びついた「述部」と同じ程度か，それより長めになるという点でも，これまでに触れた8.1.1.〜8.1.3.の先行のタイプとほとんど変りがない．

以下，①〜⑤の例文が〈叙述補語＋essere 類〉，⑥〜⑦が〈essere 類＋叙述補語〉の順になっていて，どちらかといえば前者のほうが一般的のように思われるものの，この両者の選択にあたっても，語の長さ，そして語調やリズムというスタイル面の要因が微妙にかかわっているように思われる．なおここでは，ボールド・イタリック体が叙述補語〔補句〕である．

① ***Una delle poche cose davvero positive*** dell' ultima annata letteraria *sono*, a mio parere, **le fiammate d'interesse per uno scrittore** come Beppe Fenoglio. (L. Mondo)　今次文学年度における，数少ない真に積極的な意味をもつ出来事の一つは，私見によれば，ベッペ・フェノーリオのような作家に対する関心が大きく燃えあがったことである．

② ***Decisiva per lo sviluppo*** delle ricerche storiche e delle riflessioni teoriche di Pasolini *fu* **la lettura di Gramsci**, le cui opere cominciarono a esser pubblicate dall' editore Einaudi. (T. De Mauro)　パゾリーニが，歴史研究と理論的思索を展開させるにあたって，決定的な意味をもったのは，グラムシ読書体験であった．当時，その作品はエイナウディ社から刊行がはじまっていたのである．

③ ***Il fenomeno nuovo*** che fa parlare di moda italiana in Francia *sono* **gli intellettuali e traduttori**, che hanno creato le loro case editrici. (A. Elkann)　フランスでイタリアの流行が話題になるという新しい現象をもたらしたのは，自分たち自身で出版社を興した知識人や翻訳家たちである．

④ ***Il fatto più rilevante*** nei rapporti intercomunisti *diventano* **le vacanze di Berlinguer**. (F. Barbieri)　ベルリンゲル（かつてのイタリア共産党書記長）の休暇は，共産主義国家間の関係において，もっとも眼をひく出来事になる．

⑤ ***Molto più seria*** ci *pare* **l'atteggiamento della ricerca medica** che, a proposito del mondo dei sogni, ha escluso il《che cosa》e si è concentrata sul《come》. (G. Campolieti)　夢の世界に関して，「何が」を排除し，「どんな風に」に関心を集中してきた医学研究の姿勢は，われわれにはもっとずっと真摯なものに思われる．

8.1. 倒置構文

⑥　Così oggi *sono* **innegabili talune connessioni** tra le cosche camorristiche e uomini del potere. (A. G. Garrone)　こうして今日では，犯罪組織カモッラと権力者たちとの間に，なんらかの関係があることは否定しがたいものになっている．

⑦　Ma *è* sempre ***vasta e rigorosa* la documentazione**, e *sono* sempre ***interessanti e impegnative* le conclusioni**, per lo più offerte come "ipotesi", con una correttezza metodologica che torna a suo onore. (A. Rizzo)　しかし文献の考証は，つねに広範囲かつ厳密をきわめたもので，氏にとって名誉なことに，方法論的正確さに基づいて，たいていは「仮説」として示される結論が，例外なく興味深く，重大な意義を備えている．

　最後に，番外として，非人称構文の主語節という，従属節の中で，上記と同じ語順になる例を一つだけあげておこう．この場合もいままで述べてきた例文と同じように考えることができる．

　Ci pare che, in questo caso, **subalterna ed estranea** rimanga soprattutto **la lingua italiana**. (I. Montanelli)　こうした場合とりわけイタリア語は，相変らず二次的で無縁な位置にあるようにわれわれには思われる．

　以上，8.1.1. から8.1.4. にかけて，4タイプの「倒置構文」を見てきたが，その特徴はほぼ次のように概括できるのではないだろうか．

　まず第一に，すべてのタイプに共通する形態上の特徴として，後置される主部の長さはおおむね，述部に較べ同じ程度か，多少（ときに相当）長めになる，ということがあげられる．おそらく倒置にあたっては，むしろ長めの主部のほうが，述部とのバランスをとりやすく，その結果当然，文の音調やリズムもより自然で滑らかなものになる．一方反対に，短い主部を用いる必要がある場合は，たとえば，8.1.1. ④の例文に見られるように，述部と主部の間にポーズを置くなど，両者の間のバランスを保つためのなんらかの工夫がなされるようである．

　もう一つ，ある程度最初の説明の繰返しになるが，倒置文は基本的に，次のような文体上の特徴を備えているように思われる．すなわち主部と述部の位置が逆転することによって，文にはっきりとした節目が生じ，主部，述部ともにその顔立ちがより際立ってくる，ということである．とりわけ述部は，「主題」化して前面に押しだされ，一段と明確な印象を与えるように思われる．別な言い方をすれば，よりアクセント，あるいはめりはりのきいた文になる可能性を

秘めている，ということになろうか．

いずれにしろ，この「倒置構造」をすばやく読みとることは，やはりイタリア文読解上の重要なポイントの一つであることに変わりはない．

8.2. 強調構文

さて，強調構文としては，とりあえず次の4タイプを考えてみたが，まだほかにも取りあげるべき形式があるかもしれない．8.2.1. は目的補語，8.2.2. は動作（つまり動詞）と目的補語が，8.2.3. は名詞・代名詞，8.2.4. は名詞・代名詞か状況補語（つまり副詞（句）および〈前置詞＋名詞〉などの結びつき，など）が，強調の対象になる．最初の二つと，あとの二つは多少性格を異にするが，いずれもたいへんポピュラーな形式である．

8.2.1. 〈直接・間接目的補語（名詞）＋（目的補語に代る）補語人称代名詞＋動詞（＋主語）〉

これは，目的補語を先行させてそれを「主題 → A」として提示し，あとからもう一度代名詞に置きかえることによって，あらためて「評言 → B」として提示される動詞（述語）のうちに組みいれる（しばしば主語省略）表現形式で，「A（目的補語），それをBする（動詞）」という言い方であるが，ほかの情報にさきがけてなによりもまず，直接・間接目的補語で表わされた情報を伝えるべく，その補語を強調し浮彫りにする仕組みである．まずは次の二つの短い例文を見ていただきたい．

（1） **Quel giallo** l'*ho comprato* a Londra. その推理小説は，ロンドンで買ったんです．
（2） **Alla moglie**, **Carlo** (**le**) *regalerà* una sciarpa di seta. 奥さんには，カルロは絹のスカーフを贈るようです．

なお，この8.2.1. の項で以下に引用する例文ではすべて主語が省略されているが，上の二つの例文同様，ここでは目的補語のうち名詞はボールド・イタリック体，代名詞はボールド体で記すことにする．

① Erano amici, ma ***il soldato*** non l'*avevo* mai *visto*. (C. Pavese) 彼らは友人だった．しかし兵隊の姿は見かけなかった．
② ***La prima occhiata,*** come ogni sera **la** *diede* alla sagoma nera della fabbrica, con la luce che fiottava dalle vetrate. (C. Cassola) 彼女が毎

8.2. 強調構文

晩のように最初に視線を向けるのは，そのガラス窓から，ちらちらこぼれるように光がもれてくる，くろぐろとした工場の横顔であった．

③ (...) e anche *il letto di casa* non lo *ricordava* più così duro. (I. Calvino) それに家のベッドも，彼の記憶ではこんなに堅くはなかった．

④ *I capelli* li *aveva* sempre nerissimi : appena qualche filo bianco gli scintillava sulle tempie. (C. Cassola) 髪はいつも黒々としていた．わずかに数本の白いものがこめかみの上に光って見えた．

8.2.2. 〈(動詞の後の目的補語に代る) 補語人称代名詞＋(主語＋) 動詞＋直接・間接目的補語 (名詞)〉

　この形は，8.2.1.とは反対に，ひとまず代名詞と動詞から成る「主題」を提示し，名詞の目的補語は逆に「評言」として後置させるやり方である．つまりまず最初に，動詞によって表現される「動作」の内容を読者に伝え，そのあとおもむろにその動作の対象（つまり目的補語）がなんであるかを明かそうとする．こうして，動作と，後置させるその対象の双方が浮彫りになるように思われる．

　とりあえず簡単なサンプルを二つ示し，そのうえで作家の文章を三つほど紹介することにしたい．この場合も，補語人称代名詞はボールド体，それが名詞の形になった直接・間接目的補語は，ボールド・イタリック体で表わすことにする．

(1) **Lo** *spedirò* subito alla sua famiglia, ***il videotape***. すぐに彼の家族に送るつもりです，そのヴィデオテープは．

(2) **Gli** *parliamo* dopo, ***a Giovanni***. あとで話すつもりです，ジョヴァンニには．

① **Gli** *era dato* di volta il cervello ***a quel disgraziato di Deroz***? (D. Buzzati) 気の毒にあのデロスめ，頭がいかれてしまったのだろうか．

② E sì che il Governo **l'**aveva curata, ***questa sua giovane truppa***. (D. Buzzati) 確かに政府は面倒を見てきたのである，この若き軍隊の．

③ Mi piacerebbe sapere com'egli **li** *ragionasse* con la sua propria coscienza ***i furti*** che di continuo perpetuava a nostro danno. (L. Pirandello) あの男が自分の良心に照らしてどんな風に考えているのか知りたいものである．われわれに対して絶えず行なった窃盗行為のことを．

8.2.3. 〈essere＋名詞・代名詞(A)＋a＋*inf.*(B)〉「A こそ B するものである，B するのは A である」

見られるとおり，強調される名詞・代名詞(A)は essere と結びついてその叙述補語の役をしているが，実質的には，*inf.*(B)の主語の役目も果していることがわかる．そして通常は後置される〈a＋*inf.*〉が，ときに③の例文のように〈essere＋名詞〉に先行し，この *inf.* にも強調が加えられることがある．

① Comunque, *furono* **queste differenze economiche** *a determinare* anche quelle politiche. (I. Montanelli)　ともあれ，この経済的な隔差こそが，政治的な隔差も決定したのである．

② Non *era* più **l'Italia sola, ma tutto l'impero**, *a formare* una rete di città con amministrazione autonoma sotto la direzione politica del centro, Roma. (L. Salvatorelli)　もはや単にイタリアだけにとどまることなく，帝国全体がその中心たるローマの政治的指令のもとに，それぞれ自治政府を備えた都市連合を形成したのである．

③ *A perdere* la calma sentendo gridare l'anziano *furono* **i paesani armati**: vollero farla finita al più presto e cominciarono a sparare alla rinfusa, senz'attendere un ordine. (I. Calvino)　年嵩の男が叫ぶのを聞いて落着きを失なったのは，武装した村人たちであった．彼らはできるだけ早くことを終らせようとして，命令を待つこともなく，やみくもに銃を発射しはじめたのであった．

〈備考〉

参考までに，この形によく似た，〈esserci＋名詞(A)＋a＋*inf.*(B)〉の構文を紹介しておこう．これにはとくに強調がこめられるわけではなく，「Bする人・物は A だけいる〔ある〕」くらいの意味になる．

A non capire la politica italiana *ci sono* anche **cinquantacinque milioni di italiani**, compresi coloro che lo fanno. (I. Montanelli)　イタリアの政治が理解できないのは，その政治を行なっている当事者を含めた，5500万人のイタリア人もまたそうなのである．

8.2.4. 〈essere＋名詞・副詞・〈前置詞＋名詞〉(A)＋che＋*ind.*(B)〉「A なのである B するのは，B するのは A である」

英語の〈It＋be 動詞～that 節〉の構文に似ているが，いうまでもなく，it に

8.2. 強調構文

代る代名詞はイタリア語では用いられない．

① *È* **questa emozione profonda** *che ha spinto* la gente verso i Profeti. (F. Alberoni)　こうした深い感動こそが，人びとを預言者へと向わせたのであった．

② *Fu* **a Santa Margherita** *che*, alla non tenera età di otto anni, *mi venne insegnato* a leggere. (G. T. di Lampedusa)　もはや幼ないとはいえない8歳の年齢を迎えたとき，サンタ・マルゲリータの土地で私は字を読むことを教えられたのである．

③ *È* proprio **ai giovani dei Paesi** che hanno forti problemi d'identità nazionale *che* **il calcio** *offre* su un piatto d'argento una solidarietà sociale altrimenti irraggiungibili. (E. Ferreo)　まさにナショナル・アイデンティティという点で大きな問題を抱えている国の若者たちにとって，サッカーこそが，それ以外の方法では手にいれることのできない社会的連帯を，銀の皿に載せて与えてくれるものなのだ．

④ *Fu* **in tale periodo** *che* **egli** *mi consigliò*, con ogni energia, di andare a lavorare oltre oceano, negli Stati Uniti d'America. (M. Abba)　その頃のことであった．彼が熱心に大西洋の向う側の，アメリカ合衆国へ働きに行くことをすすめてくれたのは．

以上8.1.が4種，8.2.も4種，計8項目にわたって，とりあえず読解上問題になるかと思われる，「倒置構文」および「強調構文」の主要なタイプをひとわたり概観したわけである．これ以外に倒置形式が関係する構文としては，（1）挿入文，（2）関係詞節，などをあげることができようか．（1）は初等文法でも取りあげている問題なので，ここであらためて検討するのは差控えておくが，（2）の関係詞節について，最後に少しだけ触れておこう．

関係詞節内でしばしば行われる〈動詞＋主語〉という倒置形式は，もちろん主語（主部）の形態上の長さも関係するが，それ以上に，文のバランスをよくするという狙いもあって，意味が曖昧にならないかぎり好んで用いられる，これまたたいへん自然な構文である．参考までに，一つだけその種の例文をあげておく．

Non sempre i termini della vertenza che *ha opposto* per molti giorni **la Fiat** ai sindacati, e che è stata finalmente composta giovedì scorso, sono apparsi chiari a chi non fosse addetto ai lavori. (I. Montanelli)　フィアッ

第8章 語順に関する補章

ト社が，何日間にもわたって組合に挑み，最終的に先週木曜日に和解を見た，その紛争締結の条件は，直接仕事に従事していないものにとっては，かならずしも明快なものではなかった．

このほか，語順については，〈名詞＋形容詞〉か〈形容詞＋名詞〉かという，付加形容詞の位置，さらには副詞の位置などといった問題が考えられるが，それらはすべて他の文法書に譲ることにしたい．

著者紹介

小林　惺 ［こばやし・さとし］
　　　　武蔵野音楽大学教授（イタリア語・比較文化）

目録進呈　落丁本・乱丁本はお取替えいたします。

平成13年 3 月10日　　ⓒ 第 1 版発行
平成13年 9 月10日　　　　第 2 版発行

著　者	小　林　　　惺
発行者	佐　藤　政　人

発　行　所
株式会社　大 学 書 林
東京都文京区小石川 4 丁目 7 番 4 号
振替口座　00120-8-43740番
電話　(03) 3812-6281〜3番
郵便番号112-0002

イタリア文解読法

ISBN4-475-01847-1　　写研・横山印刷・牧製本

大学書林
イタリア語参考書

著者	書名	判型	頁数
野上素一著	イタリア語四週間	B6判	420頁
徳尾俊彦／下位英一著	基礎イタリア語	B6判	192頁
菅田茂昭著	現代イタリア語入門	B6判	260頁
土井晃著	音楽イタリア語入門	B6判	260頁
高橋久著	イタリア語文法入門	B6判	174頁
奥野拓哉／鈴木信吾著	書くイタリア語	A5判	272頁
菅田茂昭編	イタリア語基礎1500語	新書判	120頁
柏熊達生編	イタリア語常用6000語	B小型	320頁
小林勝著	イタリア語分類単語集	新書判	356頁
下位英一編	日伊会話練習帳	新書判	140頁
下位英一著	英語対照イタリア語会話	B6判	168頁
菅田茂昭／L.イヤロッチ著	海外旅行ポケットイタリア語会話	A6変型	188頁
矢崎源九郎著	イタリア語の話	B6判	150頁
アミーチス作／赤沢寛訳注	クオレ	新書判	120頁
ボッカチォ作／高橋久訳注	デカメロン（I）	新書判	112頁
ボッカチォ作／高橋久訳注	デカメロン（II）	新書判	96頁
ピランデッロ作／小林勝訳注	エンリーコ四世	B6判	360頁
ヴァザーリ作／亀崎勝訳注	美術家列伝I ジオット／ブルネッレスキ	新書判	152頁
ヴァザーリ作／亀崎勝訳注	美術家列伝II ドナテッロ／レオナルド・ダ・ヴィンチ	新書判	136頁
下位英一／坂本鉄男編	イタリア語小辞典	ポケット判	490頁
下位英一編	和伊辞典	新書判	1200頁

―― 目録進呈 ――

大学書林 語学参考書

著者	書名	判型	頁数
小泉　保著	音声学入門	Ａ５判	248頁
小泉　保著	言語学とコミュニケーション	Ａ５判	228頁
下宮忠雄編著	世界の言語と国のハンドブック	新書判	280頁
大城光正 吉田和彦著	印欧アナトリア諸語概説	Ａ５判	392頁
中井和夫著	ウクライナ語入門	Ａ５判	224頁
三谷惠子著	クロアチア語ハンドブック	Ａ５判	278頁
直野　敦著	アルバニア語入門	Ａ５判	254頁
児玉仁士著	フリジア語文法	Ａ５判	306頁
上田和夫著	イディッシュ語文法入門	Ａ５判	272頁
栗谷川福子著	ヘブライ語の基礎	Ａ５判	478頁
福田千津子著	現代ギリシャ語入門	Ａ５判	226頁
チャンタソン 吉田英人著	ラオス語入門	Ａ５判	302頁
坂本恭章著	カンボジア語入門	Ｂ６判	574頁
縄田鉄男著	パシュトー語文法入門	Ｂ６判	334頁
黒柳恒男 飯盛嘉助共著	現代アラビア語入門	Ａ５判	294頁
石川達夫著	チェコ語初級	Ａ５判	398頁
冨田健次著	ベトナム語の基礎知識	Ｂ６判	382頁
中島　久編	スワヒリ語文法	Ａ５判	368頁
塩谷　亨著	ハワイ語文法の基礎	Ａ５判	190頁
田澤　耕著	カタルーニャ語文法入門	Ａ５判	234頁
浅香武和編	現代ガリシア語文法	Ｂ６判	224頁
岡田令子 菅原邦城編 間瀬英夫	現代デンマーク語入門	Ａ５判	262頁
森　信嘉著	ノルウェー語文法入門	Ｂ６判	210頁
山下泰文著	スウェーデン語文法	Ａ５判	358頁
森田貞雄著	アイスランド語文法	Ａ５判	304頁

—— 目録進呈 ——

┌─────────────────┐
│ **大学書林** │
│ 語学四週間双書 │
└─────────────────┘

著者	書名	判型	頁数
松本　環　著 半田一郎	英　語　四　週　間	B 6 判	384 頁
森　儁郎　著	ドイツ語四週間	B 6 判	384 頁
徳尾俊彦　著 畠中敏郎	フランス語四週間	B 6 判	376 頁
和久利誓一著	ロシヤ語四週間	B 6 判	384 頁
金丸邦三著	中　国　語　四　週　間	B 6 判	408 頁
中嶋幹起著	広　東　語　四　週　間	B 6 判	344 頁
笠井鎮夫著	スペイン語四週間	B 6 判	420 頁
星　　誠著	ポルトガル語四週間	B 6 判	424 頁
朝倉純孝著	オランダ語四週間	B 6 判	384 頁
尾崎　義著	スウェーデン語四週間	B 6 判	440 頁
今岡十一郎著	ハンガリー語四週間	B 6 判	352 頁
尾崎　義著	フィンランド語四週間	B 6 判	408 頁
村松正俊著	ラテン語四週間	B 6 判	432 頁
古川晴風著	ギリシヤ語四週間	B 6 判	480 頁
大島義夫著	エスペラント四週間	B 6 判	388 頁
朝倉純孝著	マライ語四週間	B 6 判	296 頁
小沢重男著	モンゴル語四週間	B 6 判	336 頁
石原六三　著 青山秀夫	朝　鮮　語　四　週　間	B 6 判	352 頁
小川芳男　著 佐藤純一	日　本　語　四　週　間	B 6 判	320 頁
黒柳恒男著	ペルシア語四週間	B 6 判	616 頁
ガルホール　著 三橋敦子	ゲール語四週間	B 6 判	424 頁
大野　徹著	ビルマ語四週間	B 6 判	280 頁
竹内和夫著	現代ウイグル語四週間	B 6 判	464 頁
下宮忠雄著	ノルウェー語四週間	B 6 判	656 頁

――― 目録進呈 ―――